Mikroökonomik

Eine Einführung aus sozial-ökologischer Perspektive

Von

Prof. Dr. Adelheid Biesecker
Dr. Stefan Kesting

R. Oldenbourg Verlag München Wien

Bibliografische Information Der Deutschen Bibliothek

Die Deutsche Bibliothek verzeichnet diese Publikation in der Deutschen Nationalbibliografie; detaillierte bibliografische Daten sind im Internet über <http://dnb.ddb.de> abrufbar.

Rosenheimer Straße 145, D-81671 München
Telefon: (089) 45051-0
www.oldenbourg-verlag.de

Gedruckt auf säure- und chlorfreiem Papier
Gesamtherstellung: Druckhaus „Thomas Müntzer“ GmbH, Bad Langensalza

ISBN 3-486-27334-5

Inhaltsverzeichnis

Inhaltsverzeichnis

Vorwort

Mikroökonomik – das ist die Lehre vom ökonomischen menschlichen Handeln in ihrem alltäglichen Mikrokosmos, sei es im Haushalt, im Unternehmen, an Märkten. Menschen wirtschaften, um ihre Lebensmittel zu produzieren, zu verteilen und zu verbrauchen – und sie tun dies in der Vorstellung, für sich und ihre Mit-Menschen ein möglichst „gutes Leben" zu gestalten. Menschen leben und handeln in Beziehungen – in Beziehungen zu anderen Menschen und zur natürlichen Mitwelt, deren Teil sie gleichzeitig sind. Ihre Weltbilder, ihre Normen und Werte, ihre gelernten Handlungsmuster prägen dieses Handeln. Die Mikroökonomik bildet, da sie die Grundlagen ökonomischer Prozesse, das Zusammenhandeln von Menschen, analysiert, selbst eine Grundlage jeder ökonomischen Theorie. Eine wesentliche Aufmerksamkeit richtet sich auf die Entstehung von Werten, die Entfaltung von Produktivitäten, den Beitrag zur Wohlfahrt, der auch mit Hilfe des Staates zur gesellschaftlichen Wohlfahrt integriert wird. Ökonomisches Handeln wird beurteilt aus der Perspektive seiner Wohlfahrtseffekte. Diese Frage nach der Wohlfahrt ist seit Adam Smith die eigentlich ökonomische Frage.

Die Wohlfahrt im Handeln der Menschen gilt ihnen selbst, anderen Menschen sowie der natürlichen Mitwelt. Es geht also um die Frage eines „guten Lebens", das die natürlichen Lebensgrundlagen erhält und sie nicht nur als Ressourcen verbraucht. Die Einbeziehung des Lebendigen und seiner Reproduktion stellt eine große Herausforderung für die Mikroökonomik dar. Nicht nur gelegentlich wird der ökonomischen Disziplin ein Widerspruch zu Lebensprozessen, d. h. ein Widerspruch zum Leben von Menschen und der natürlichen Mitwelt, bescheinigt. So heißt es bei dem Physiker und Träger des Alternativen Nobelpreises Hans-Peter Dürr:

> „Das Paradigma der Wirtschaft steht im Widerspruch zum Paradigma des Lebendigen ... Das Paradigma des Lebendigen verlangt eine Teilnahme aller an einem Plussummenspiel, in dem gemeinsam erprobt wird, was sich langfristig bewährt. Das wirtschaftliche Paradigma bedeutet dagegen Beschränkung der Spieler auf einige wenige und wesentliche Ausschaltung der anderen (die 20:80-Gesellschaft)" (Dürr 1998: 21).

Wir stellen die mikroökonomischen Ansätze vor dem Hintergrund der Frage vor, in welcher Weise sie einen Beitrag zu einem solchen „Plussummenspiel" leisten. Wir meinen, dass es heute eine Vielfalt von mikroökonomischen Ansätzen gibt, die zur Beantwortung der Frage schon viel beigetragen haben. Das vorliegende Lehrbuch stellt den Versuch dar, diese Vielfalt sichtbar zu machen und in einem eigenen Konzept, der Mikroökonomik aus sozial-ökologischer Perspektive (MiSÖP), zusammenzuführen. Ökonomik wird so selbst zur „Lebenswissenschaft“ (Christiane Busch-Lüty).

Um dieses Projekt zu entwickeln und zu einer Gestalt in Buchform zu bringen, war vielerlei nötig: die jahrelange Erfahrung in Forschung und Lehre in diesem Bereich sowie Studierende, die schon in den ersten Semestern eine Vielfalt von ökonomisch-theoretischen Gedanken anregend fanden; Netzwerke, in denen wir unsere Ideen im Rahmen von Vorträgen und Diskussionen ausprobieren konnten, wie das Netzwerk Vorsorgendes Wirtschaften sowie der Arbeitskreis Politische Ökonomie und das Network Institutional Theory; Kolleginnen und Kollegen im Institut für Institutionelle und Sozial-Ökonomie (iiso) und anderswo, die kritische und gleichzeitig anregende DiskussionspartnerInnen waren. Ihnen allen verdanken wir fruchtbringende Ideen. Bei der Umsetzung der Gedanken und ersten Formulierungen in ein fertiges Buch waren sodann viele kooperative Mit-Tätige nötig – vor allem die Sekretärinnen Heike Papajewski, Friederike Voet und Heidi Schröder, die die Mühe des Kleinteiligen hatten; die Studentinnen Melanie Rehbein und Petra Arnemann, die die verschiedenen Grafiken gestalterisch entwickelt haben, und Christina Lammers, die zum Schluss nicht nur die Mühe der Anfertigung von Verzeichnissen, sondern auch der Gesamtkoordination hatte; die wissenschaftlichen MitarbeiterInnen und DoktorandInnen Annegret Ergenzinger, Andreas Hirt, Carsten Köllmann, Changhoon Lee und Seong-Ju Lee sowie der Kollege Klaus Grenzdörffer, die immer wieder Textteile gelesen und kritisch kommentiert haben. Ihnen allen sei ganz herzlich gedankt. Der Dank gilt auch Marion Beier, die das Manuskript mit Kompetenz und Geduld in eine den Anforderungen des Verlages gemäße Form brachte, sowie Daniela Gottschlich, die sich intensiv an der Endkorrektur beteiligte und insbesondere mithalf, die Hürde der neuen Rechtschreibung zu überwinden.

Grundlage dafür, dass dieses Buch schließlich wirklich entstanden ist, war die Entwicklung einer kreativen, partnerschaftlichen und fröhlichen Zusammenarbeit zwischen uns beiden VerfasserInnen: Adelheid Biesecker, Jahrgang 1942, weiblich, Professorin, und Stefan Kesting, Jahrgang 1965, männlich, Assistent. Die Entwicklung dieser Kooperation brauchte Zeit – und so ist denn das vorliegende Buch selbst Ausdruck eines evolutionären Prozesses, der auch noch nicht abgeschlossen ist – Mikroökonomik aus sozial-ökologischer Perspektive bleibt „work in progress“.

Adelheid Biesecker Stefan Kesting

0 Einführung

(a) Haushalten, Arbeiten in der Landwirtschaft, Produzieren im Unternehmen, als Managerin tätig sein, einen selbständigen Pflegedienst leiten, Einkaufen, Sparen, Investieren, Reste verwerten, Spekulieren – all das ist ökonomisches Handeln. Mitdiskutieren und -gestalten im Agenda 21-Prozess, Mediation bei Umweltstreitigkeiten, Teilnehmen an Unternehmensdialogen – all das auch. Produzieren, Verteilen, Verbrauchen, Rückführen – diese Begriffe kennzeichnen abstrakt die Vielfalt der ökonomischen Handlungsprozesse.

(b) Dies alles ist ökonomisches Handeln und ist damit auch Gegenstand mikroökonomischer Analyse. Zu deren Entwicklung sind schon viele Lehrbücher geschrieben worden. Woher nehmen wir also die Berechtigung und Motivation, diesem Berg von Literatur noch ein Exemplar hinzuzufügen? Ein Überblick über die vorliegenden mikroökonomischen Lehrbücher führt zu einer ersten Antwort auf diese Frage.

Diese Lehrbücher lassen sich im Großen und Ganzen in zwei Gruppen unterteilen: In solche, die dem neoklassischen Ansatz verpflichtet sind, und solche, die sich darüber hinaus auf die sich in den letzten beiden Jahrzehnten entwickelnde Spieltheorie beziehen. So unterschiedlich die entsprechenden entwickelten formalen Methoden auch sind, so gleichartig sind die zentralen Grundannahmen: Ökonomisch handelnde Menschen haben die Maximierung ihres Nutzens zum Ziel und blicken ausschließlich mit diesem Ziel aus ihrer ebenfalls ausschließlich individuellen Perspektive auf die Güterwelt (Neoklassik) sowie auf andere Menschen als Konkurrenten oder strategische Kooperationspartner („Mit-Spieler“). Dieses nutzenmaximierende Verhalten wird „rational“ genannt. Mikroökonomik ist auf dieser Grundlage vor allem Theorie zur Erklärung der relativen Preise bzw. der Preisbildungsprozesse, die sich aufgrund des Verhaltens rationaler Individuen an Märkten entwickeln.

(c) Die in diesen Lehrbüchern dargestellte Mikroökonomik hat damit einen ganz spezifischen Zugang zur Analyse ökonomischen Handelns einzelner Menschen, einzelner „wirtschaftlicher Akteure“. Theoriegeschichtlich ist dieser Zugang in der zweiten Hälfte des neunzehnten Jahrhunderts entstanden, weshalb diese Analyse hier als „orthodox“ bezeichnet wird. Gegenstandsbereich der damals entstehenden Mikroökonomik war der Markt mit seinen Preisbildungsprozessen. Naturwissenschaftliche Grundlage war die klassische Mechanik, nach deren Naturverständnis Natur nach Gesetzen funktioniert, die erkennbar, im Labor wiederholbar und mathematisch formulierbar sind. Dabei wurde alles auf kleinste Einheiten, die Atome, zurückgeführt, von denen aus Natur dann (im Labor) wieder zusammengesetzt werden konnte. Natur war somit planbar, prognostizierbar, beherrschbar. Für die Ökonomik galt es, analog zu diesem „mechanistischen Weltbild“, 1. ökonomische Gesetze aus 2. kleinsten Einheiten ähnlich den Atomen (in der Ökonomik: individuelle Akteure) abzuleiten, diese 3. mathematisch zu formulieren und 4. Veränderungsprozesse als Abweichungen von Gleichgewichten darzustellen. Philosophische Grundlage war die utilitaristische oder Nützlichkeitsphilosophie (die auf Jeremy Bentham (1748-1832) und John Stuart Mill (1806-1873) zurückgeführt wird) mit einem Menschenbild, das die Menschen als nach maximalem subjektivem Nutzen strebend kennzeichnet.

(d) Joseph Alois Schumpeter (1883-1950), der einflussreiche österreichische Wirtschaftswissenschaftler, hat für diese der Theoriebildung vorgelagerten und ihr (häufig unsichtbar) zugrunde liegenden Annahmen und Vorverständnisse, für diesen „preanalytic cognitive act“, den Begriff „vision“ geprägt (Schumpeter 1954: 41). Die wirtschaftswissenschaftliche Literatur hat daraus den Begriff „preanalytic vision“ entwickelt. Jede Wirtschaftswissenschaftlerin, jeder Wirtschaftswissenschaftler geht mit einem spezifischen Vorverständnis an die wissenschaftliche Analyse heran und trifft dieser eigentlichen Analyse vorgelagerte vor-analytische Annahmen. Dieses Vorverständnis prägt sowohl den Gegenstandsbereich als auch die für die eigentliche Forschung entwickelten Fragestellungen. Es ist somit nicht die Tatsache, *dass* die orthodoxe Mikroökonomik eine solche „preanalytic vision“ hat, die sie von anderen Ansätzen unterscheidet, sondern *welche* Vision das ist.

(e) In diese orthodoxe „preanalytic vision“ geht, neben dem Naturbild der klassischen Mechanik und dem Menschenbild des Utilitarismus, ein Bild von Ökonomie als „autonome Marktökonomie“ ein, das diesen Bereich menschlicher wirtschaftlicher Tätigkeit als unabhängig ansieht sowohl von Zusammenhängen mit der Natur (der natürlichen Mitwelt[1]) als auch von dem Lebensalltag der Menschen (der sozialen Lebenswelt[2]). Genauer: Die Funktionsweise dieser beiden Bereiche für den Markt – die Rolle der natürlichen

---

[1] Der Begriff „natürliche Mitwelt“ stammt von dem Philosophen Meyer-Abich und ersetzt den Begriff „Umwelt“. Er drückt die Gleichwertigkeit von menschlicher Gesellschaft und natürlichen Lebensprozessen aus und hebt die Trennung zwischen Mensch und Natur auf. Deshalb übernehmen wir ihn (vgl. Meyer-Abich 1997).

[2] Der Begriff „Lebenswelt“ entstammt der Soziologie. Hier wird er insbesondere unter Bezug auf die „Theorie des kommunikativen Handelns“ von Habermas (1982) verwendet. Eingeführt wurde dieser Begriff durch Alfred Schütz und Thomas Luckmann 1979. Gemeint sind damit die zwischen handelnden und miteinander kommunizierenden Subjekten unhinterfragt geteilten Hintergrundannahmen wie Sprache und Kultur. Diese sind „immer schon“ vorausgesetzt, wenn über miteinander handelnde und kommunizierende Subjekte nachgedacht wird (zur Vertiefung vgl. Reese-Schäfer 1991).

Mitwelt als Lieferantin von Ressourcen und Abnehmerin von Abfällen und die der sozialen Lebenswelt als Anbieterin von Arbeitskräften und Abnehmerin von Konsumgütern – wurde unhinterfragt als immer existierend vorausgesetzt. Historisch erklärt sich das aus dem rasanten Entstehen von Märkten zu dieser Zeit und der durch diese Märkte gesteigerten Produktivität und Verbesserung der Lebensweise breiter Teile der Bevölkerung. Es schien, als vollende der Markt die politisch erlangte Befreiung des Individuums aus den Zwängen von Amtskirche und feudaler Herrschaft. Es galt daher, dieses „Hier und Heute“ zu gestalten. Vergangenheit schien ausgelöscht, Zukunft unwichtig. Der nutzenmaximierende Mensch (später nennt ihn die ökonomische Theorie „homo oeconomicus“) stand einer ständig wachsenden Güterwelt gegenüber, die er aus eigener Kraft geschaffen zu haben schien. Die „orthodoxe Mikroökonomik“ war insofern bezüglich ihrer „preanalytic vision“ ganz das Kind ihrer Zeit.

(f) Diese Zeiten haben sich jedoch geändert – genau wie das Naturverständnis der modernen Naturwissenschaft und das Menschenbild der modernen Sozialwissenschaft sich gewandelt haben. Wir haben inzwischen erfahren, dass Märkte nicht nur Wohlfahrtseffekte haben, sondern durch fehlende Rücksichtnahme auf die natürliche Mitwelt und die soziale Lebenswelt auch zerstörerisch wirken können. Wir wissen heute aus der modernen Naturwissenschaft, dass die natürliche Mitwelt ein sich selbst steuerndes, kooperatives Netzwerk ist, das sich in Zyklen und Kreisläufen durch kleine Veränderungen weiterentwickelt und nicht-linearen Gesetzmäßigkeiten folgt. Wir wissen auch, dass die Vorstellung, wir Menschen stünden außerhalb dieser natürlichen Mitwelt, ein Trugschluss ist. Und wir haben von der modernen Psychologie, Soziologie und Philosophie gelernt, dass Menschen nur auf der Basis von Beziehungen zu anderen Menschen handlungsfähig sind, wobei Verständigung und Emotionalität wesentliche Elemente der Handlungskoordination sind. Die Vorstellung von dem, was „ökonomisch rational“ ist, wird entsprechend komplex.

(g) Diese realen und wissenschaftlichen Veränderungen wurden in den letzten Jahren von einer Vielzahl von mikroökonomischen Theorieansätzen aufgegriffen, die versuchen, aufgrund einer entsprechend veränderten „preanalytic vision“ zu arbeiten. Wir nennen sie hier daher „heterodoxe Ansätze“. Sie unterscheiden sich von der orthodoxen Mikroökonomik bezüglich des Menschenbildes, der zugrunde liegenden Philosophie bzw. Ethik sowie des Rationalitätskonzeptes. In den ökologisch orientierten Ansätzen spielt außerdem ein neues Naturbild eine Rolle – die Marktökonomie wird verstanden als eingebettet in die natürliche Mitwelt. Und feministische Ansätze erweitern den ökonomischen Gegenstandsbereich selbst, indem sie die dem Markt vorgelagerte, in der sozialen Lebenswelt „versteckte" Versorgungsökonomie einbeziehen.

Durch diese heterodoxen Ansätze, das wird im Laufe diese Buches deutlich werden, werden die orthodoxen Theorien nicht hinfällig – sie behalten ihren Platz für die Erklärung von ökonomischen Problemen dort, wo ihre Grundannahmen zutreffen, d. h. für spezielle Situationen.

(h) Die „preanalytic vision" der vorliegenden mikroökonomischen Konzeption

- sieht Menschen als Individuen in sozialen Beziehungen, die in unterschiedlichen Situationen gemäß verschiedener Rationalitäten und mit Hilfe verschiedener Koordinationsmittel (z. B. Geld, Macht, Sprache, Gefühle, Regeln) handeln;
- versteht Natur als globales Ökosystem, das sich mit Hilfe der Sonnenenergie qualitativ (evolutionär) entwickelt, quantitativ aber nicht wächst (vgl. Busch-Lüty 1995);
- definiert den Gegenstandsbereich der Ökonomik als Einheit von Marktökonomie und Versorgungsökonomie mit den versorgungsökonomischen Tätigkeiten als Grundlagen und macht so die geschlechtliche Arbeitsteilung wie überhaupt die geschlechtliche Prägung der Ökonomie mit zum Gegenstand der Analyse;
- bettet die so erweiterte Ökonomie in die soziale Lebenswelt und beide in die natürliche Mitwelt ein und akzeptiert und bestimmt damit Grenzen für die Ökonomie;
- analysiert Ökonomie daher, wie es heute auch im Diskurs um „Nachhaltiges Wirtschaften" oder „Sustainability" geschieht, über drei Dimensionen: die physische, die soziale und die kommerzielle.

Die reale Ökonomie befindet sich heute in einer umfassenden Krise. Große Probleme wie Arbeitslosigkeit und Zerstörung unserer natürlichen Lebensgrundlagen weisen darauf hin, dass wir so wie in den letzten Jahrzehnten nicht weitermachen können, dass wir am Beginn einer neuen Entwicklungsphase stehen. Die Frage ist nur: Welche ist das? Ist das 21. Jahrhundert das „Jahrhundert der Ökologie" (Ernst Ulrich von Weizsäcker) oder das der Informationsgesellschaft oder das der Wissensgesellschaft oder das der weltweiten Wanderungs- und Fluchtbewegung oder das der Zerstörung der Menschheit durch Armut und neue Seuchen? Diese Frage beantwortet sich nicht von allein – hier können Ökonominnen und Ökonomen Entwicklungswege und deren Bedingungen aufzeigen.

Ökonomie ist gemäß der eingangs beschriebenen „preanalytic vision" nicht naturgegeben, nicht durch natürliche Gesetze geprägt, sondern von Menschen gemacht. Sie hat Geschichte, ist von sozialen Beziehungen und Institutionen geprägt. Sie ist somit „sozial konstruiert". Daher ist sie auch veränderbar. Gemäß unserer Vision liegt die Gestaltungsaufgabe und –möglichkeit darin, unsere Ökonomie in dem Sinne zukunftsfähig zu machen, dass nicht nur die heutigen Menschen des sogenannten Nordens, sondern alle heute lebenden Menschen und auch zukünftige Generationen die Chance haben, ein jeweils von ihnen selbst definiertes „gutes Leben" leben zu können. Damit unterliegt diese Gestaltungsaufgabe der Verantwortung sowohl für zukünftige Generationen als auch für die natürliche Mitwelt. Wirtschaftswissenschaft ist gemäß unserem Vorverständnis nicht nur verantwortlich für die Erklärung und die Prognose ökonomischer Entwicklung, sondern auch für deren Gestaltung. Diese Gestaltung beginnt schon bei der Theorieentwicklung.

(i) Das Ziel des vorliegenden Buches ist es daher, die StudentInnen in eine mikroökonomische Konzeption einzuführen, die auf der letztgenannten „preanalytic vision" beruht und somit in die ökonomische Analyse die soziale und ökologische Dimension einbezieht. Daher nennen wir diese Konzeption „Mikroökonomik aus sozial-ökologischer Perspektive" (MiSÖP).

(j) Aus den bisherigen Überlegungen begründet sich unsere Gliederung. In *Teil I* geht es zunächst um die Schaffung von Grundlagen für die später durchzuführende Analyse mikroökonomischer Prozesse (*Kap. 1*). Hier wird zunächst (1.1) ein erster Begriff von Mikroökonomik, wie er in diesem Buch entwickelt werden soll, abgeleitet. Sodann wird (1.2) der Gegenstandsbereich unserer *„Mikroökonomik aus sozial-ökologischer Perspektive (MiSÖP)"* diskutiert – die „eingebettete Ökonomie". Erst, wenn ein Verständnis über den historischen Charakter, die gesellschaftliche Prägung und die sozialen und natürlichen Bedingungen der Ökonomie erarbeitet worden ist, lassen sich ökonomische Fragen diskutieren.

Moderne mikroökonomische Gedanken haben Geschichte. Ohne Verständnis für diese Geschichte können oft der Gehalt dieser modernen ökonomischen Theorien, ihre unausgesprochenen Wertvorstellungen und Visionen missverstanden werden. Deshalb wird in *Kap. 2* ein kurzer Überblick über die Gedanken der Theoriegeschichte gegeben, die die mikroökonomischen Diskussionen bis heute prägen.

Da allen Entwürfen einer mikroökonomischen Theorie bestimmte Grundannahmen über Menschenbilder, philosophische Vorstellungen und Konzepte von Vernunft zugrunde liegen, geht es anschließend (*Kap. 3*) um diese Fragen. Theoriegeschichtlich wurde hier ein spezifisches Menschenbild in den Mittelpunkt gerückt, das wir heute als „homo oeconomicus" bezeichnen – gemeint ist damit ein sozial isoliertes Individuum, das ökonomische Entscheidungen gemäß der Zielsetzung trifft, seinen individuellen Nutzen zu maximieren. Die aktuelle, heterodoxe Diskussion ist von diesem Menschenbild inzwischen weit abgerückt, wenn es auch in orthodoxen Lehrbüchern immer noch im Mittelpunkt steht. Die verschiedenen Konzepte dieses Abrückens sollen vorgestellt werden, um auf dieser Grundlage das im vorliegenden Buch vorausgesetzte Menschenbild mit einem komplexen Vernunftpotenzial zu begründen.

Dieser erste Abschnitt endet (*Kap. 4*) mit der Entwicklung des vielfältigen Handlungsmodells, das die Struktur der Mikroökonomik aus sozial-ökologischer Perspektive bestimmt. Menschen werden darin nicht als sozial isolierte, eigennützige Individuen, sondern als „Menschen im sozialen Kontext" verstanden. D. h. auch, dass ihre Handlungsmuster historisch entstanden und von ihnen durch Sozialisation angeeignet sind. Diese Handlungsmuster nennen wir „Institutionen". Der ökonomische Handlungsraum ist aus dieser Sichtweise durch solche Institutionen geprägt, die sich im Rahmen spezifischer Handlungszusammenhänge entfalten, z. B. in Unternehmen, Haushalten, an Märkten. Ökonomie wird daher als „institutionalisierter Raum sozial-ökologischen Handelns" definiert. Dabei wird gleichzeitig deutlich: Mikro-Ökonomik ist, sobald der soziale Kontext des ökonomischen Handelns der Menschen mit bedacht wird, selbstverständlich auch Meso-Ökonomik. Das bedeutet, dass die Ansatzpunkte der ökonomischen Analyse keine einzelnen Individuen, sondern größere Einheiten sind, Menschen in Gruppen, die mithilfe von gelernten Regeln handeln.

Teil II dient dann der jeweiligen Analyse der verschiedenen ökonomischen Handlungszusammenhänge. In der mikroökonomischen Analyse werden hier üblicherweise die Haushalte, Unternehmen und die verschiedenen Märkte (Märkte für Waren und Dienstleistungen, Arbeitsmärkte und mikroökonomische Aspekte von Finanzmärkten) behandelt. Unterschiedlich ist in den verschiedenen Ansätzen der Zugang zu diesen Handlungseinheiten. Die Entscheidung, womit die Analyse begonnen werden soll, wird von den verschiedenen mikroökonomischen Ansätzen und Lehrbüchern unterschiedlich getroffen. Gemäß der oben erläuterten „preanalytic vision", in der die Rolle der Ökonomie als Mittel zum Lebenszweck angesehen wird, beginnt im vorliegenden Buch die Analyse mit dem Haushalt als ökonomischem Handlungszusammenhang (*Kap. 1*). Von hier aus wird der Bogen gespannt zu den Unternehmen (*Kap. 2*). Die Koordination der ökonomischen Handlungen von Haushalten und Unternehmen über den spezifischen Prozess des Marktes wird dann in zwei verschiedenen Marktsphären untersucht: auf Märkten für Güter und Dienstleistungen (*Kap. 3*), sowie auf Märkten, an denen Arbeitskraft angeboten und nachgefragt wird (*Kap. 4*). Dass der Markt nicht die einzige ökonomische Koordinationsform ist, wird im Laufe dieser Analyse deutlich gemacht werden. Insbesondere innerhalb der Handlungseinheiten „Haushalt" und „Unternehmen" werden dabei Koordinationsprozesse über „Verständigung/Diskurs" sowie „Vorsorgen/Mitgefühl" diskutiert. Ökonomische Handlungszusammenhänge, in denen sich die Handlungslogiken von vornherein mischen, sind die sog. Nonprofit-Organisationen (NPO). Hier handelt es sich um Organisationen in allen Bereichen der sozialen Lebenswelt, deren Ziel die Bereitstellung einer guten, effektiven Leistung ist (z. B. Sportvereine, Umweltgruppen, Krankenhäuser). Sie arbeiten nicht gewinnorientiert.

Bisher ist es nicht üblich, NPO in mikroökonomischen Lehrbüchern zu behandeln. Sie leisten jedoch einen beachtlichen Beitrag zu gesellschaftlicher Wohlfahrt und werden daher in einem gesonderten Kapitel (5) diskutiert.

Wie kommt es über die von den verschiedenen Handlungseinheiten unabhängig geplanten und durchgeführten ökonomischen Handlungen gesellschaftlich zu einem Prozess, in dem sich gesellschaftliche Wohlfahrt herausbildet? Wie werden die partiell geschaffenen Wohlfahrtseffekte integriert? In die Behandlung dieser Frage mündet die mikroökonomische Analyse. Das unterscheidet den vorliegenden Ansatz nicht von der orthodoxen Ökonomie. Was ihn unterscheidet, ist das Wohlfahrtskriterium und der Prozess der Wohlfahrtsbestimmung.

In *Teil III* geht es um diese Wohlfahrtsbestimmung. Zunächst wird das Wohlfahrtskriterium der orthodoxen Theorie diskutiert, und es werden die verschiedenen Einwände gegen dieses Kriterium dargestellt (*Kap. 1*). Ein zentraler Begriff ist hier der des „Marktversagens". Damit ist gemeint, dass die Wohlfahrt, zu der die Marktprozesse führen, nur eine eingeschränkte Wohlfahrt ist, da viele Aspekte nicht berücksichtigt sind. Deshalb gilt es sodann (*Kap. 2*), andere Vorstellungen von gesellschaftlicher Wohlfahrt zu diskutieren und zu zeigen, über welche gesellschaftlichen Koordinationsformen sie erreicht werden. Hier kommt, neben dem Marktprozess und den anderen bei Teil B diskutierten Koordinationsformen, der Staat als hierarchischer Koordinator, als Handlungsraum und als Akteur in die mikroökonomische Analyse herein. Auf der Grundlage der Einsicht, dass die Trennung zwischen Staat und Markt schon immer ein Mythos war, wird hier (*Kap. 3*) diskutiert, welche Rolle der Staat bei der Gestaltung gesellschaftlicher Wohlfahrt spielt und welches dabei sein Verhältnis zu den anderen ökonomischen Handlungszusammenhängen ist. Nach einer Auseinandersetzung mit der orthodoxen Theorie, die ihren ökonomischen Ansatz auf die Analyse des Staates bzw. der Demokratie überträgt, wird dieser Abschnitt mit dem Hinweis auf neue Staatskonzepte, die sich sowohl in der Realität als auch in der Theorie entwickeln, abgeschlossen.

(k) Auf diesem Weg durch die verschiedenen Facetten mikroökonomischer Analyse gehen wir methodisch so vor, dass wir mit unserem weiten Blick auf den jeweiligen Handlungszusammenhang beginnen, um die Perspektive sodann auf die orthodoxe Modellstruktur einzuengen und deren jeweiligen Beitrag zu den Einzelfragen zu diskutieren. Danach wird der Blick wieder geweitet – insbesondere durch das Hereinholen ökologischer und sozialer Dimensionen wie Geschlechterverhältnisse. Unsere Methode gleicht damit einer Sanduhr – deren enger Bereich wird durch die orthodoxe Theorie gekennzeichnet, deren Mit-Behandlung im vorliegenden Lehrbuch sich aus der Rolle dieses theoretischen Ansatzes bis in unsere Gegenwart hinein erklärt.

(l) Die Menschen, die im ökonomischen Raum handeln, sind, wie auch im gesamten gesellschaftlichen Leben, männlich und weiblich. Dennoch hat sich in der Wirtschaftswissenschaft eine Sprache durchgesetzt, die in der Regel die männliche Form betont. Der Handlungsraum Ökonomie erscheint so als eine männliche Domäne. Die Realität sieht jedoch anders aus. Um ihr gerecht zu werden, verwenden wir eine Sprache, welche die weibliche und die männliche Form mischt. Wir verwenden nicht konsequent eine weibliche Ausdrucksweise, denn das würde wiederum eine Einseitigkeit bedeuten, würde das Bild vermitteln, als sei unsere moderne Ökonomie durchgängig weiblich. Das ist sie bei weitem nicht.

I Grundlagen

Jede Wissenschaft lässt sich gegen andere Disziplinen mit Hilfe dreier Kriterien abgrenzen: über ihren Gegenstandsbereich, ihre Fragestellungen und ihre Methodik. Dieser Teil beginnt daher mit einer entsprechenden Abgrenzung (1.1), um sodann die Besonderheiten unseres sozial-ökologischen Zugangs zur Mikroökonomik herauszuarbeiten: die eingebettete Ökonomie als Gegenstandsbereich (1.2). Danach geht es in den theoriegeschichtlichen Überblick (2). Dem folgt die Diskussion der gegenüber der Orthodoxie in der hier vorgelegten Konzeption veränderten Menschenbilder (3). Abschließend wird in diesem Teil die Grundstruktur der hier entwickelten „Mikroökonomik aus sozial-ökologischer Perspektive (MiSÖP)" als Meso-Ökonomik dargestellt (4). Kernpunkte sind dabei ein komplexes Handlungsmodell und die Vorstellung von Ökonomie als „institutionalisiertem Handlungsraum". In diesem Zusammenhang wird ein Begriff von „Institutionen" entwickelt.

1 Mikroökonomik und ihr Gegenstandsbereich

1.1 Was ist Wirtschaftswissenschaft (Ökonomik)?

Was ist Wirtschaftswissenschaft? Auf diese scheinbar einfache Frage bekommen Studentinnen und Studenten unserer Disziplin vermutlich so viele Antworten, wie sie VertreterInnen dieser Wissenschaft befragen. Es gibt darüber keine einheitliche Auffassung. Das unterscheidet die Wirtschaftswissenschaft nicht von anderen Disziplinen. Überall gibt es fruchtbare Auseinandersetzungen gerade auch um solch grundlegende Fragen.

Für StudienanfängerInnen ist das aber oft verwirrend, lästig, verunsichernd. Haben sie jedoch erst einmal ein bisschen intensiver in die Wirtschaftswissenschaft hineingeschnuppert, so wird deutlich: Diese Vielfalt von Auffassungen birgt in sich auch eine Chance, eine Chance für die Entwicklung von neuen Ideen.

Worum geht es bei den unterschiedlichen Antworten auf die Frage, was denn Wirtschaftswissenschaft sei? U. E. lässt sich die Vielfalt der Antworten mit Hilfe von *drei wissenschaftlichen Streitpunkten* strukturieren:

Der *erste wissenschaftliche Streitpunkt* bezieht sich auf die Frage, ob Wirtschaftswissenschaft substanziell, d. h. über den Gegenstandsbereich, oder formell, d. h. über einen bestimmten Ansatz, eine bestimmte Methode, definiert wird. Für die erste Position steht z. B. Polanyi (1992 [1957]), für die zweite Robbins. Seine Definition hat ganzen Generationen von Ökonominnen und Ökonomen als Richtlinie gedient. Sie lautet: „Economics is the science which studies human behaviour as a relationship between ends and scarce means which have alternative uses“ (Robbins 1949 [1932]: 16).

Wenn, was für das vorliegende Buch vorgeschlagen wird, Wirtschaftswissenschaft substanziell, d. h. über ihren Gegenstandsbereich, definiert wird, taucht sofort der *zweite wissenschaftliche Streitpunkt* auf: Was ist dieser Gegenstandsbereich? Sollen wir mit einem engen oder einem weiten Blick auf die Ökonomie arbeiten? Ist Ökonomie ausschließlich Marktökonomie, oder sind die versorgungswirtschaftlichen Tätigkeiten eingeschlossen? Ist die Ökonomie autonom, d. h. in ihren eigenen Gesetzen unabhängig von sozialer Lebenswelt und natürlicher Mitwelt, oder ist sie in diese eingebettet?

In diesem wissenschaftlichen Streit entscheidet sich das vorliegende Buch für den weiten Blick auf die Ökonomie, d. h. für Ökonomie als Markt- und Versorgungsökonomie (ergänzt um die Nonprofit-Ökonomie), eingebettet in soziale Lebenswelt und natürliche Mitwelt. Diese Entscheidung bedeutet, dass der Gegenstandsbereich der Wirtschaftswissenschaft im vorliegenden Buch historischen Charakter hat, durch soziale Verhältnisse geprägt ist und durch soziale und natürliche Grenzen beschränkt wird.

Insbesondere der Hinweis auf den historischen Charakter der Ökonomie macht deutlich, dass es keine allgemeine ökonomische Theorie für alle möglichen Arten von realen Ökonomien geben kann, sondern nur theoretische Erklärungsmuster für historisch spezifische ökonomische Formen, z. B. für die heute vorherrschende Form, die kapitalistische Marktwirtschaft (zum Begriff vgl. Abschnitt 1.2.1 dieses Teils). Damit sind wir beim *dritten wissenschaftlichen Streitpunkt*. Es kennzeichnet nämlich gerade moderne Zweige der neoklassischen Theorie bzw. viele Werke der Spieltheorie, dass sie sich als solch eine allgemeine Theorie verstehen. Anhängerinnen und Anhänger der sogenannten „Chicagoer Schule“, an die in den vergangenen Jahren die meisten Nobelpreise für Wirtschaftswissenschaft verliehen wurden, definieren z. B. die Wirtschaftswissenschaft über ihren „ökonomischen Ansatz zur Erklärung menschlichen Verhaltens“ (Becker 1993 [1976]). Dieser ist derart aller Inhalte entkleidet, dass er von Seiten der ihn vertretenden Wissenschaftler und Wissenschaftlerinnen auf alle, auch nicht-ökonomische, Lebensbereiche ausgedehnt wird.

Nach einem kurzen Durchgang durch diese drei wissenschaftlichen Streitpunkte bei der Abgrenzung der Wirtschaftswissenschaft lautet unser *vorläufiger Arbeitsbegriff*:

Wirtschaftswissenschaft ist durch ihren Gegenstandsbereich definiert. Dieser umfasst neben der Marktökonomie auch die Versorgungsökonomie sowie die Nonprofit-Ökonomie. Ökonomie ist eingebettet in die soziale Lebenswelt und die natürliche Mitwelt. Weil dieser Gegenstandsbereich historisch geprägt ist, kann die ökonomische Theorie keine generelle Theorie sein, sondern sie ist eine je spezifische Theorie für eine historisch spezifische Ökonomie.

Das gilt es jetzt, genauer zu bearbeiten: Wie lässt sich dieser weite Gegenstandsbereich der ökonomischen Wissenschaften abbilden? Und mit welchen spezifischen, sich von anderen Disziplinen unterscheidenden Fragestellungen geht die Wirtschaftswissenschaft an diesen Gegenstandsbereich heran?

1.1.1 Gegenstandsbereich und zentrale Fragestellung

(a) Der *Gegenstandsbereich* der orthodoxen mikroökonomischen Theorie ist der Markt, Ökonomie ist Marktökonomie. Dieser Markt funktioniert nach einem bestimmten Prinzip, dem Mechanismus von Angebot und Nachfrage, über den die Preise bestimmt werden. Wir sprechen vom Preis- oder Marktmechanismus. Dieser ist Kern eines ökonomischen Systems, das als eigenständiges System begriffen wird, abgekoppelt von der sozialen Lebenswelt und der natürlichen Mitwelt. Diese Ökonomie folgt ihren eigenen Prinzipien: Konkurrenz, Maximierung von Eigennutz, Handlungskoordination über Geld bzw. Preise, Kurzfristigkeit. Ihre Beziehung zur sozialen Lebenswelt besteht darin, dass sie sich von dort die Arbeitskräfte holt und dorthin ihre Produkte als Konsumgüter bzw. Dienstleistungen abgibt. Die Beziehungen zur natürlichen Mitwelt sind derart, dass diese als Quelle für Rohstoffe und Energie und als Senke für den gesamten Abfall genutzt wird. Wie selbstverständlich wird davon ausgegangen, dass immer genügend Arbeitskräfte, KonsumentInnen, Rohstoffe und Möglichkeiten für Abfall, Abgase und Abwasser für diese „autonome Ökonomie" existieren. Und wie selbstverständlich wird angenommen, dass nicht mehr benötigte Arbeitskräfte in die Verantwortung der sozialen Lebenswelt zurückgegeben werden können – wie der Abfall an die natürliche Mitwelt. Dieses Bild einer „autonomen Ökonomie", das den Gegenstandsbereich der orthodoxen Ökonomik kennzeichnet, verdeutlicht Abb. 1.

Auch wenn diese Position hier als „orthodoxe Position" bezeichnet wird, so ist es wichtig, darauf hinzuweisen, dass dieser Blick auf die Ökonomie nicht immer galt. Sogar der als Begründer der sich seit 200 Jahren entwickelnden

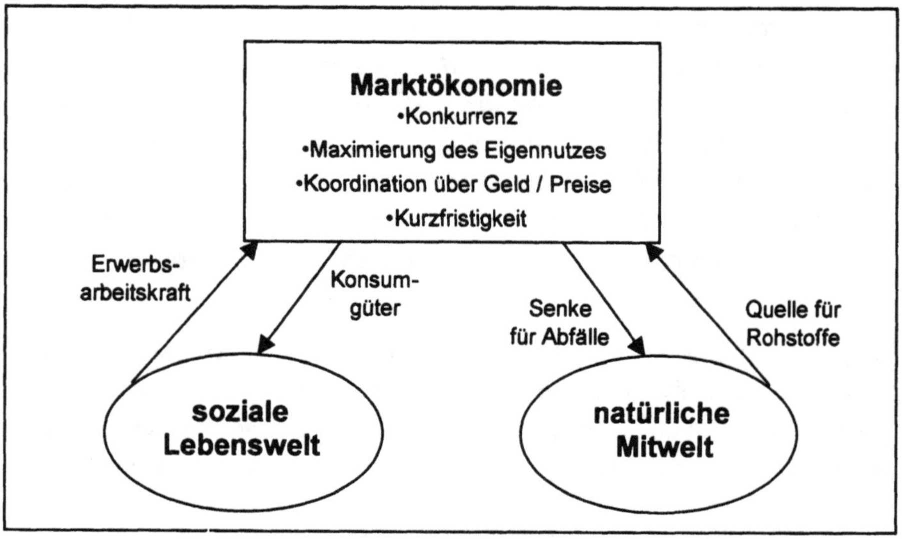

Abb. 1: Die autonome Marktökonomie

modernen ökonomischen Theorie bezeichnete Adam Smith (1723-1790) verstand die Ökonomie als eingebettet in die Gesellschaft. Und sein französischer Vorgänger François Quesnay (1694-1774) ging noch von einer vollständigen Einbettung der Ökonomie in die Natur aus (vgl. dazu Kap. 2 dieses Teils). Aber über verschiedene Entwicklungsphasen hat sich das in Abb. 1 verdeutlichte Bild als in der orthodoxen Theorie gültig herausgebildet.

(b) Dieses Bild ist jedoch in den letzten 20 Jahren von Seiten der heterodoxen ökonomischen Theorien in die Kritik geraten. *Eine* Basis dieser Kritik ist die inzwischen unübersehbare Tatsache, dass diese als autonom begriffene Ökonomie viele Auswirkungen sowohl auf die soziale Lebenswelt als auch auf die natürliche Mitwelt hat, die aufgrund des eng definierten Gegenstandsbereichs in der ökonomischen Theorie nicht berücksichtigt werden. So ruft die Marktökonomie Kosten hervor, die in ihre Preiskalkulation nicht eingehen, die sie auf diese beiden anderen Welten abschiebt. In der ökonomischen Sprache sagen wir, diese Kosten werden „externalisiert". Zu diesen Kosten zählen z. B. Gesundheitsschäden, Lärmbelästigungen, Landschaftszerstörung, Luftverschmutzung, Klimaveränderungen, Zerstörung der Artenvielfalt usw. Erstmals wurden diese Kosten von Kapp (z. B. 1988 [1950]) diskutiert und von Leipert 1989 berechnet. Neuere Schätzungen gehen davon aus, dass diese „Kosten unseres Wohlstands" 1990 in Deutschland 53 % des Netto-Sozialprodukts betrugen (vgl. Scherhorn u. a. 1997: 30). *Eine andere* Basis für diese Kritik ist die weltweite Frauenbewegung, die die von Frauen geleistete Arbeit im versorgungswirtschaftlichen Bereich als gesellschaftlich anerkannte Arbeit einfordert. Deren Anteil an der insgesamt gesellschaftlich geleisteten Arbeit wird auf weit mehr als 50 % geschätzt (vgl. z. B. Waring 1988).

Es hat sich daher eine neue Sicht herausgebildet, die die Ökonomie als Teil der Gesellschaft, als eingebettet in soziale Lebenswelt und natürliche Mitwelt begreift. Diese aufgrund unterschiedlicher Kritik an der Orthodoxie entwickelte Sicht lässt sich unter dem Begriff „sozial-ökologische Sicht" bündeln. Dieser weite Blick auf die Ökonomie hat nicht nur die Konsequenz, dass das ökonomische Geschehen in sozialen und natürlichen Grenzen analysiert wird, sondern es hat auch zur Folge, dass der Ökonomiebegriff selbst sich verändert, dass sich der *Gegenstandsbereich weitet* – kommen doch neben der Marktwirtschaft oder Erwerbsökonomie die Hauswirtschaft oder Versorgungsökonomie in den Blick. Die orthodoxe Sicht ist insofern einäugig, weil sie übersieht, dass die moderne Wirtschaft sozusagen eine „Zwillingsgeburt" ist, deren männlicher Teil Marktökonomie, deren weiblicher Teil Versorgungsökonomie heißt. In der Versorgungsökonomie gelten andere Prinzipien als am Markt, z. B. Kooperation statt Konkurrenz, Orientieren am Lebensnotwendigen, d. h. am gemeinsamen „guten Leben", anstatt an der Maximierung des

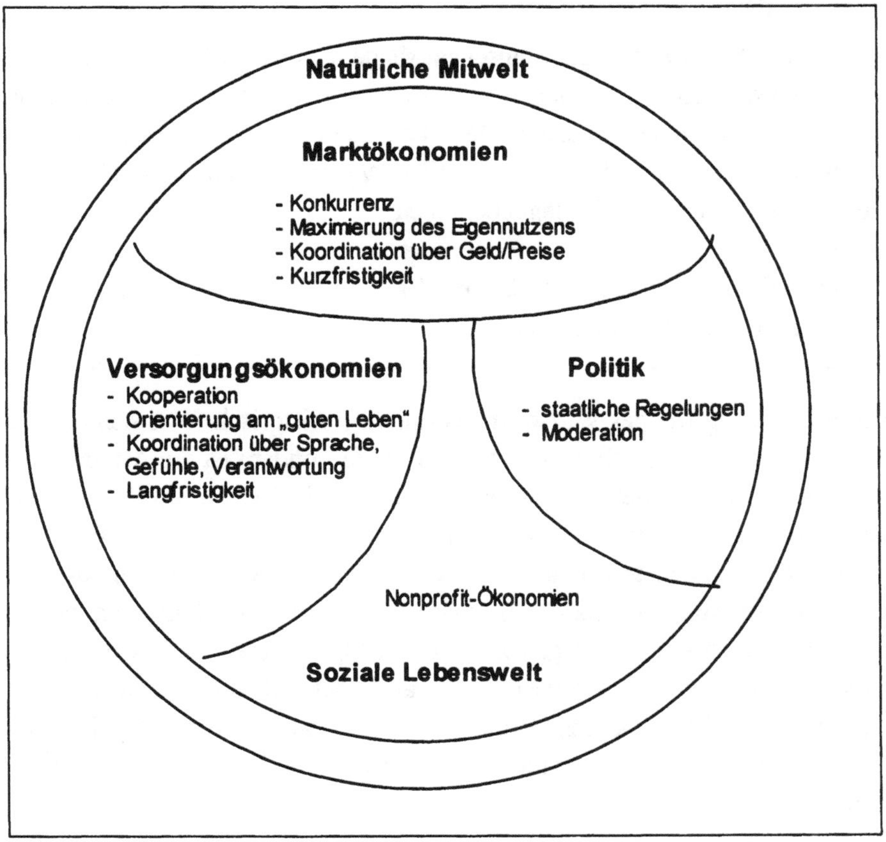

Abb. 2: Die eingebettete Ökonomie

Eigennutzes, langfristige Vorsorge statt Kurzfristigkeit und Nachsorge, Koordination über Sprache und Mitgefühl. Hinzukommt die NPO-Ökonomie. Ökonomie wird damit vielfältig, und diese Vielfalt wirft die Frage nach dem Verhältnis der verschiedenen Prinzipien wie auch der verschiedenen Ökonomie-Bereiche auf. Diese sozial-ökologische Sicht auf die Ökonomie verdeutlicht Abb. 2.

Ökonomie in der genannten Vielfalt ist hier Teil der Gesellschaft, in diese und die natürliche Mitwelt eingebettet. Sie ist damit nicht autonom, sondern kann sich nur ko-evolutionär entwickeln, was bedeutet, dass sie ihre Handlungsprinzipien und Handlungsprozesse mit sozialen und natürlichen Entwicklungsprozessen koordinieren muss. Der kommerziellen Marktökonomie vorgelagert werden in diesem Bild von Ökonomie die sozialen und physischen Bedingungen ökonomischen Handelns sichtbar. (In Abb. 2 ist außerdem der gesellschaftliche Handlungsraum „Politik" integriert. Wie die Markt- und die Versorgungsökonomie ist auch er integraler Teil der Gesellschaft. Im orthodoxen Bild ist die Politik nicht enthalten, da sie als der Ökonomie äußerlich, deren Autonomie störend, angesehen wird. In Teil III kommen wir auf das Verhältnis von Ökonomie und Politik zurück, soweit es aus mikroökonomischer Perspektive diskutierbar ist.)

(c) Gewirtschaftet haben die Menschen, seitdem es sie gibt. Denn Wirtschaften ist notwendige Betätigung der Menschen, da sie weder gegenüber der Natur noch gegenüber anderen Menschen autonom sind. In diesem Sinne meint Wirtschaften Produzieren, Verteilen, Verwenden und Rückführen von Gütern und Diensten für das tägliche Leben.

> *Wirtschaften meint Produzieren, Verteilen, Verwenden und Rückführen von Gütern und Diensten.*

Diese Grundbegriffe des Wirtschaftens sind über-historisch. Was sich im Lauf der Geschichte ändert, sind nicht diese Begriffe, sondern ist die Art und Weise, in der gewirtschaftet wird, in welchen gesellschaftlichen Strukturen, Institutionen, Verhältnissen. Die Wirtschaftswissenschaft als eigenständige Wissenschaft bildet sich erst heraus, als sich im Prozess der Entstehung der modernen kapitalistischen Produktionsweise diese Wirtschaftstätigkeiten zu dem oben skizzierten eigenständigen Zusammenhang mit eigenen Prinzipien verdichten, dem Prozess also, der Märkte herausbildet und dabei die Ökonomie in die (sichtbare) Marktökonomie und die (unsichtbare) Versorgungsökonomie teilt. (Die Nonprofit-Organisation kann entstehen auf der Grundlage dieser Teilung.)

(d) Produzieren, Verteilen, Verwenden, Rückführen – diese Tätigkeiten zu analysieren ist jedoch nicht alleinige Aufgabe der Wirtschaftswissenschaft. Viele andere Disziplinen haben diesen Gegenstandsbereich ebenso, z. B. die Soziologie, die Politologie, die Produktionstechnik, die Arbeitswissenschaft usw. Was also ist das spezifisch Ökonomische? Dieses spezifisch Ökonomische wird deutlich in der *spezifischen Fragestellung*, mit der die Wirtschaftswissenschaft an die genannten Prozesse herangeht. Diese spezifische Frage lautet:

> ***Wie kann in der modernen Gesellschaft produziert, verteilt, verwendet und rückgeführt werden, so dass eine „bestmögliche gesellschaftliche Wohlfahrt" erreicht wird?***

So lautet der Titel des berühmten Buches von Adam Smith „An Inquiery into the Nature and Causes of the Wealth of Nations" (1776). Dabei geht es bei der Gestaltung dieser gesellschaftlichen Wohlfahrt von Seiten der ökonomischen Wissenschaft zunächst um eine möglichst optimale Verteilung der Produktionsfaktoren. In der Sprache der Ökonomie heißt das: Es geht um die „optimale Allokation der Ressourcen". Mit David Ricardo (1772-1823), der auf Adam Smith folgt und die klassische politische Ökonomie weiter ausformuliert, rückt das Problem der Einkommensverteilung in den Mittelpunkt. Wie sieht die Einkommensverteilung, d. h. die Verteilung des Einkommens auf unterschiedliche Produktionsfaktoren wie Kapital, Boden, Arbeit in unterschiedlichen Marktzuständen aus, z. B. im Gleichgewicht oder Ungleichgewicht? Thematisiert wird hier die sog. „funktionale Einkommensverteilung", die Verteilung gemäß der Funktion im Produktionsprozess. Es geht nicht um die „personelle Einkommensverteilung", die Verteilung des Einkommens auf Personengruppen (vgl. I.2.3). Die Frage lautet auch nicht: Wie sieht eine gerechte Einkommensverteilung aus? Diese Frage der Gerechtigkeit ist eine normative Frage und wird zunächst aus der Analyse ausgeschlossen. Im Streit um Wertungen im Rahmen der Wirtschaftswissenschaft kommt diese Frage jedoch immer wieder herein (vgl. III. 1 und 2).

(e) Lange war die Vorstellung von einer Verbesserung der gesellschaftlichen Wohlfahrt ausschließlich verbunden mit der Vorstellung von Wachstum. Eine wachsende Wirtschaft erlaubt es, jedem etwas von dem Zuwachs abzugeben. Verteilungskonflikte spielen so keine Rolle, allen scheint es bei Wachstum besser zu gehen. Der Mechanismus, der dieses beständige Wachstum garantieren sollte, war die Konkurrenz, die Konkurrenz unter eigennützigen Individuen. Adam Smith hatte die Vorstellung, dass, würde jeder (in Grenzen von Moral und Gerechtigkeit) seinem Eigennutz folgen, dies die größtmögliche gesellschaftliche Wohlfahrt hervorbringen würde. Das war die Idee. Mehr als

200 Jahre später sind wir mit den Ergebnissen der Praxis dieses Konkurrenzprinzips konfrontiert und wissen heute: Adam Smith hatte die Wohlfahrtseffekte der Konkurrenz im Auge, aber er hat ihre Kosten übersehen. Denn: Konkurrenz bedeutet Symmetrie, sie basiert auf dem Gegenseitigkeitsprinzip des „Gibst du mir, so geb ich dir". Wer nichts anzubieten hat in diesem Prozess, fällt aus der Konkurrenz-Gesellschaft heraus. Das gilt für Arme, das gilt für viele Menschen in den Ländern der sog. „Dritten Welt" bzw. des „Südens", das gilt auch für die natürliche Mitwelt. Das Problem ist alt, es existiert spätestens seit der Entstehung der scheinbar autonomen Märkte seit dem 16./17. Jahrhundert. Neu ist, dass wir es heute als Kostenproblem erkennen und behandeln und in den genannten „Kosten des Wohlstands" quantifizieren können. Sie sind ein Maß für die nicht beabsichtigten Nebeneffekte des Wirtschaftens, die damit auch Ergebnis von Wirtschaften sind. Sie müssen daher in der mikroökonomischen Theorie berücksichtigt werden.

(f) Die Frage nach der inhaltlichen Bestimmung der „gesellschaftlichen Wohlfahrt" steht daher erneut zur Diskussion. Wir können sie als *vierten wissenschaftlichen Streitpunkt* bezeichnen. Eine wesentliche Diskussionslinie ist dabei die zwischen „Wachstum" und „Nachhaltigkeit". Mit „Wachstum" ist meistens das Wachstum der produzierten Güter und Dienstleistungen gemeint, das Wachstum des realen Nettoprodukts. Es ist ein rein quantitativer Wohlfahrtsindikator. Unter „Nachhaltigkeit" als Leitbild für Wohlfahrt wird die Frage folgendermaßen formuliert: Wie muss eine „zukunftsfähige" Ökonomie aussehen – eine Ökonomie, die die dauerhafte Garantie dafür in sich trägt, dass auch zukünftige Generationen eine natürliche Mitwelt vorfinden, in der sie mit vergleichbarer Handlungsautonomie, wie wir sie heute haben, ihr Leben gestalten, ihre Bedürfnisse befriedigen können? Das Wohlfahrtsmaß beinhaltet auch die Frage nach der Qualität der Bedürfnisse selbst. Es ist ein qualitativer Wohlfahrtsindikator. (Zur weiteren Diskussion der Frage nach der „gesellschaftlichen Wohlfahrt" vgl. Teil III.)

1.1.2 Mikro-, Meso- und Makroökonomik

(a) Der so bestimmte Gegenstandsbereich und die so bestimmte zentrale Fragestellung beziehen sich auf das gesamte Feld der Ökonomik. Im vorliegenden Buch geht es jedoch im Kern um Mikroökonomik: *Was unterscheidet sie von anderen Bereichen der Wirtschaftswissenschaft, was ist ihre spezielle Fragestellung?*

Die Trennung zwischen Mikro- und Makroökonomik ist heute umstritten. Sie ist auch noch nicht sehr alt. Sie erfolgte in den dreißiger Jahren des letzten Jahrhunderts, d. h. ca. 170 Jahre nach Begründung der modernen Wirtschaftswissenschaft durch Adam Smith. U.W. ist einer der ersten, der diese

Trennungsbegriffe verwendet, der norwegische Ökonom Ragnar Frisch (1895 -1973). Er spricht von „Microdynamics" und „Macrodynamics". Bei ihm heißt es: „Microdynamics is concerned with particular markets, enterprises, etc. while macrodynamics relates to the economic system as a whole" (Marschak 1934: 189). Dass diese Trennung von Mikro und Makro so spät geschieht, ist nicht erstaunlich. Denn sie wird erst auf der Grundlage der Theorie von John Maynard Keynes (1883-1946) benötigt, die in den dreißiger Jahren des letzten Jahrhunderts entwickelt wird. Keynes entwirft bewusst eine Makroökonomik. Er trennt sich von den bis dahin entwickelten preistheoretischen Grundlagen der Neoklassik, insbesondere von der Annahme vollständiger Preisflexibilität und der Voraussetzung maximierenden Verhaltens der Akteure, die vor allem auf die Bestimmung von wirtschaftlichem Gleichgewicht zielten.

(b) Arbeitstechnisch hat sich die Trennung zwischen Mikro und Makro in gewisser Weise bewährt, konnten so doch Fragen unterschiedlicher Aggregationsniveaus zunächst getrennt geklärt werden. In den letzten Jahrzehnten wurde aber immer deutlicher, dass es Zusammenhänge zwischen der Mikro- und der Makroebene gibt, die es problematisch erscheinen lassen, diese Trennung aufrecht zu erhalten. Ein Beispiel ist die Inflationstheorie, die traditionellerweise in die makroökonomische Ebene gehört, während auf der Mikroebene einzelne Preisbildungsprozesse untersucht werden. Welche Rolle spielen aber diese verschiedenen Preisbildungsprozesse für das gesamte Preisniveau? Ein anderes Beispiel ist die Entwicklung der Europäischen Union: Es ist eher ein Beispiel aus der Wirtschaftspolitik. Hier wird immer wieder gefragt, wie die einzelnen Akteure (Ebene der Mikroökonomie) von dieser Integration mehrerer Volkswirtschaften (Ebene der Makroökonomie) betroffen sind bzw. wie sie diese beeinflussen. Und ein drittes Beispiel betrifft die Frage der ökologischen Modernisierung der Volkswirtschaft: Wie hängen hier Handlungen der Individuen (Ebene der Mikroökonomie) mit wirtschaftspolitischen Anreizen (z. B. über eine ökologische Steuerreform, Ebene der Makroökonomie) zusammen?

So ist denn die Wirtschaftswissenschaft seit der Trennung in Mikro und Makro um eine neue Debatte reicher: die Debatte zur „Mikrofundierung der Makroökonomie", worin versucht wurde, die im wesentlichen von Keynes geprägte Makroökonomie mit der im wesentlichen neoklassisch geformten Preistheorie zu verbinden. Maßgeblichster Vertreter war hier zunächst Paul A. Samuelson (geb. 1915), der in seinem eine ganze Generation amerikanischer ÖkonomInnen prägenden Lehrbuch „Foundations of Economic Analysis" (1947) die Keynes'sche Theorie doch wieder mit einem mikroökonomischen Modell unterlegte, das alle ökonomischen Handlungen als Wahlhandlung mit Maximierungsziel beschrieb, und dies mathematisch modellierte. Heute gibt es verschiedene andere Integrationsversuche der Keynes'schen Makroökonomie mit der orthodoxen Mikroökonomie (z. B. die sog. Neu-Klassik oder den sog. Neo-Keynesianismus; vgl. dazu Phelps 1990). Qualitativ bedeutet das, dass versucht wird, die makroökonomischen Phänomene auf die individuellen Handlungen der ökonomischen Akteure zurückzuführen.

Unabhängig davon und parallel dazu entwickelte sich eine Theoriedebatte, die zwischen die Mikro- und die Makroebene eine dritte Ebene schob, die sogenannte Mesoebene. Auf dieser Ebene geht es weder um die Handlungen von einzelnen, noch um gesamtwirtschaftliche Probleme, sondern um das Handeln von Gruppen, Netzwerken, Organisationen. Über diese Theoriedebatte gerät der Begriff „Institution" in den Mittelpunkt. Damit sind Handlungsregeln, -routinen oder -gewohnheiten gemeint, die sich gesellschaftlich herausbilden und das ökonomische Handeln prägen. Individuen sind somit nicht völlig frei in ihren ökonomischen Handlungen, sondern auch institutionell geprägt. Sie prägen ihrerseits die Institutionen. (zum Institutionenbegriff vgl. Teil I, Kap. 2.7 sowie Kap. 4.3)

(c) Daher unterscheiden wir zwischen drei ökonomischen Ebenen: Auf der *Mikroebene* stehen die einzelnen ökonomisch handelnden Individuen im Mittelpunkt. Gefragt wird nach deren Handlungsmotiven, Handlungszielen und Handlungsmöglichkeiten. Die Ökonomik spricht hier gern von „Wirtschaftssubjekten" oder „AkteurInnen". Dabei geht es der orthodoxen Theorie nicht um die Handlungsprozesse selbst, sondern um die Auswirkung des individuellen Handelns auf die Preisbildung und die Produktionsmenge bzw. um die durch die Handlungen hervorgerufenen Wohlfahrtseffekte. Gesucht wird nach einem optimalen Handlungserfolg, der als Maximierung individueller Nutzen definiert ist. Handlungen, die zu diesem Erfolg führen, gelten als rational. Die Handlungskoordination erfolgt über relative Preise.

Die sozial-ökologische Sicht dagegen betont den Prozesscharakter individuellen ökonomischen Handelns und stellt neben der Frage nach der Bestimmung von Preisen und Mengen vor allem Fragen nach der sozialen und ökologischen Qualität der Prozesse (z. B. Arbeitsbedingungen, Ressourcenverbrauch). Gemäß ihrer oben erklärten Erweiterung des Gegenstandsbereichs schließt sie außerdem die Versorgungsökonomie und die Nonprofit-Ökonomie in die Analyse ein. Hier führen die Handlungen der Individuen nicht nur zu Preisen (über ihre Rolle als NachfragerInnen), sondern vor allem zu Lebensmöglichkeiten und gesellschaftlicher Gestaltung. Hier ist der Handlungsprozess integriert in Lebensprozesse, die ihn prägen und seine Rationalität bestimmen. Damit vervielfältigen sich auch die Koordinationsmittel der Handlungen: Sprache, Mitgefühl, Verantwortung treten neben Preise.

(d) Die *Mesoebene* kommt dann in den Blick, wenn wir uns klar machen, dass das Handeln der Menschen sich nicht als isolierte Tat abspielt, sondern dass Menschen in sozialen Gemeinschaften leben, die, mit dem mikroökonomischen analytischen Blick betrachtet, ökonomische Handlungszusammenhänge darstellen, die durch Regeln und Normen geprägt sind. Individuen handeln also in institutionalisierten Handlungszusammenhängen. Das sind z. B. Familienhaushalte, Unternehmen, Märkte, Nonprofit-Organisationen. Das Handeln in diesen Zusammenhängen ist durch tradierte Handlungsmuster, mehr oder weniger geformte Handlungsregeln geprägt – durch Institutionen eben.

Institutionen sind historisch entstanden und durch gesellschaftliche Werte sowie Technologien geprägt. Individuen handeln von vornherein in solchen Zusammenhängen, ihr Handeln wird beschränkt und ermöglicht durch Regeln und Normen, die sie zunächst vorfinden, dann aber durch ihr Handeln selbst beeinflussen:

> „There is a reciprocal interdependence between institutions and individuals in which actors shape institutions and are themselves reshaped by institutions. Institutions form actors identities and preferences“ (Heidenreich 1998: 969).

Diese Eingebundenheit in von den Individuen selbst nicht in jeder konkreten Handlung zu verändernden institutionalisierten Zusammenhängen bringt uns dazu, die Mesoebene als die zentrale anzusehen. In ihr ist die Mikroebene sozusagen aufgehoben.

Der Begriff „Mesoökonomie“ stammt ursprünglich aus der Regionalwissenschaft. In der Organisationssoziologie wird er als Bezeichnung für Organisationen wie z. B. Unternehmen verwendet. Wir beziehen uns bei unserer Definition auf Regine Heidenreich, die in ihrer Interpretation von Kapp den Meso-Begriff folgendermaßen einführt:

> „Furthermore, his (Kapps, A.B./S.K.) analytical frame stresses a meso-level of institutions, roles, and orientations mediating between individuals, cognitions, and the social structure“ (Heidenreich 1998: 980).

(e) Auf der *Makroebene,* das wurde schon im Zitat von Frisch deutlich, geht es um eine Ökonomie als Gesamtheit, sei es eine National-Ökonomie, die europäische, die afrikanische, asiatische oder amerikanische Ökonomie, oder die Weltwirtschaft. Insbesondere durch den Prozess der Globalisierung, begleitet durch einen parallelen Prozess der Regionalisierung, wird heute der Begriff „National-Ökonomie“ immer fragwürdiger. Auf der Makroebene geht es um Fragen der Stabilität der Volkswirtschaft (Konjunktur), um Wachstum, Einkommensverteilung, Geldwertentwicklung (Inflation, Deflation) und außenwirtschaftliche Beziehungen. Seit dem Entstehen der Debatte um eine nachhaltige Entwicklung, d. h. um eine ökologisch langfristig verträgliche

Ökonomie, geht es auf der Makroebene zusätzlich um die Frage nach dem Gesamtverhältnis der Ökonomie zur natürlichen Mitwelt, der sogenannten „carrying capacity". Hier lauten die Fragen: Wieviel und welche Ökonomie verträgt die Natur?

1.1.3 Was ist – nach diesen Überlegungen – Mikroökonomik aus sozial-ökologischer Perspektive?

Mikroökonomik aus sozial-ökologischer Perspektive versteht sich als Wissenschaft vom ökonomischen Handeln (Produzieren, Verteilen, Verwenden, Rückführen) sozialer Individuen in institutionalisierten Handlungszusammenhängen in der „eingebetteten" Ökonomie, die sowohl aus der Markt- als auch aus der Versorgungsökonomie besteht und durch die Nonprofit-Ökonomie ergänzt wird. Untersucht werden die Handlungen unter dem Blickwinkel des jeweiligen Beitrags zur Wohlfahrtsverbesserung, zum „guten Leben" auf der Ebene von Handlungseinheiten, sodann der Gesamtgesellschaft. Die Handlungszusammenhänge wie auch die in ihnen geltenden Handlungsregeln – Institutionen – sind den Individuen zunächst vorausgesetzt, werden durch ihre Handlungen jedoch mittel- und langfristig selbst verändert und sind somit ebenfalls Gegenstand der Analyse.

Mikroökonomik aus sozial-ökologischer Perspektive ist somit Meso-Ökonomik. Sie versteht sich als Handlungs- und Institutionentheorie.

1.2 Der Gegenstandsbereich der Mikroökonomik aus sozial-ökologischer Perspektive: die eingebettete Ökonomie

Obwohl die hier vorgestellte Mikroökonomik einen weiten Gegenstandsbereich hat, stoßen auch wir bei dessen Eingrenzung auf das Problem des „in" und „out", auf das Problem der Bestimmung dessen, was wir berücksichtigen wollen und was nicht. Was gehört in den Gegenstandsbereich hinein – und was wird bewusst ausgeschlossen? Das klingt beliebig entscheidbar – aber so ganz frei ist die Forscherin im Rahmen der ökonomischen Disziplin bei dieser Entscheidung nicht. Denn ihr Gegenstandsbereich hat Geschichte, und in dieser Geschichte sind gesellschaftliche Verhältnisse für die Ökonomie prägend geworden, die berücksichtigt werden wollen. Dennoch: Die Antwort auf die Frage, was wie eingeschlossen werden soll, ist Sache der jeweiligen Theorie.

1.2.1 Der historische Charakter der Ökonomie

(a) Einfach ist das Problem zu lösen, wenn wir die Ökonomik als eine Art Naturwissenschaft, als „Physik“ verstehen, wie es der orthodoxen Theorie entspricht. Diese Sichtweise wird im folgenden Zitat des bekannten amerikanischen Wirtschaftswissenschaftlers Robert M. Solow karikiert:

> „There is a single universally valid model of the world. It only needs to be applied. You could drop a modern economist from a time machine – a heliocopter, may be, like the one that drops the money – at any time, in any place, along with his or her personal computer; he or she could set up in business without even bothering to ask what time and which place“ (Solow 1985: 330, zit. n. Biervert/ Wieland 1990: 8).

(b) Aber Zeit und Ort sind eben nicht ohne Geschichte. Sowohl die Zeitformen als auch die Geschwindigkeiten, in denen wir leben, sind historisch entwickelt und gesellschaftlich geprägt. So galt es jahrezehntelang als selbstverständlich, dass es einen „Normalarbeitstag“ gab. Dieser war aber kein Naturereignis, sondern Ergebnis eines langen historischen Prozesses, in dem dieser Arbeitstag kulturell und sozial entstand (vgl. Deutschmann 1985). So sprechen wir z. B. heute davon, dass wir einem „linearen“ Zeitmodell folgen, in dem die Zyklen und Rhythmen (z. B. Jahreszyklen, persönliche Zeit-Rhythmen) unwichtig geworden sind. Wir sprechen vom Zeittakt und meinen damit, dass der Takt der Fließbänder, über den die kooperative Produktion vieler an einem Produkt gemeinsam arbeitender IndustriearbeiterInnen organisiert wird, die ganze Gesellschaft prägt. (Das ist der Inhalt des berühmten Films „Moderne Zeiten“ von Charly Chaplin.) Gerade in den letzten Jahren erleben wir, dass auch diese „Modernen Zeiten“ nur eine besondere geschichtliche Zeitform waren: Jetzt heißt das Zauberwort „Flexibilisierung“, viele verschiedene Arbeitszeitmodelle bestehen nebeneinander. Der gemeinsame Zeittakt wird brüchig – sowohl in der Produktion als auch im Alltag. Der Anpassungsprozess an die „flexiblen Arbeitszeiten“ von Seiten der sozialen und kulturellen Einheiten sowie familialen Lebensformen braucht selbst viel Zeit.

Ähnliches gilt für die Raumstruktur sowie die Bedeutung verschiedener räumlicher Dimensionen in unserer Gesellschaft und ihrer Ökonomie. So wurde z. B. der nationale Raum des späteren Deutschen Reiches durch den Wegfall der Zollschranken zwischen den einzelnen Staaten des Deutschen Bundes vorbereitet. Die entsprechenden Verträge des Deutschen Zollvereins traten am 1. Januar 1834 in Kraft. Und so galt lange Zeit „die Nation“ als lebensalltägliche, ökonomische und politische Zentraleinheit. Heute sprechen wir jedoch von Globalisierung, womit gemeint ist, dass die industrielle Wirtschaftsweise sich über den ganzen Globus ausbreitet und diesen sozusagen zu einem einzigen Raum macht. Gleichzeitig beobachten wir einen Prozess der Regionalisierung, des Bedeutungszuwachses von Regionen als Lebensräume von Menschen und natürlicher Mitwelt und Standorte für Unternehmen. Globalisierung und Regionalisierung sind ebenfalls keine schon immer gültigen Kategorien, sondern kennzeichnen räumliche Entwicklungen unserer modernen Gesellschaften seit dem letzten Drittel des zwanzigsten Jahrhunderts.

(c) Gesellschaft und die in sie eingebettete Ökonomie haben somit Geschichte. Wir leben in einer historisch besonderen Gesellschaftsform, mit einer historisch besonderen Wirtschaftsweise. Ökonomische Analyse findet immer in einem solch historisch geprägten Zusammenhang statt. Diese Geschichtlichkeit drücken wir aus in dem Begriff der „Pfadabhängigkeit“. Damit ist nicht nur gemeint, dass die für unsere Disziplin bedeutenden Dinge und sozialen Verhältnisse Geschichte haben, sondern auch, dass ihre Veränderung von dieser Geschichte, von diesem historischen Pfad, geprägt ist. Hier wird noch einmal deutlich, was vorne schon angesprochen wurde: Diese Analyse braucht auch historisch spezifische Theorien mit historisch spezifischen Kategorien. Eine generelle ökonomische Theorie für alle Zeiten und alle Lebensräume kann es nicht geben. Wir sprechen daher nicht nur, wie oben diskutiert, von der „sozialen Konstruktion“ der Wirklichkeit, sondern auch von der „sozialen Konstruktion“ der für die gesellschaftliche und ökonomische Analyse wichtigen Kategorien.

In unserer Wissenschaft haben wir es also mit solch sozial konstruierten und pfadabhängigen Kategorien und Prozessen zu tun. Was das methodisch und inhaltlich heißt, wird sich noch erweisen. Zunächst gilt es jedoch, die Frage zu beantworten: Wie lässt sich unsere spezifisch historische Form der Gesellschaft mit der in sie eingebetteten Ökonomie kennzeichnen?

1.2.2 Die kapitalistische Marktwirtschaft

(a) Der historische Charakter der Ökonomie macht es nötig, jeder spezifisch-historischen Form einen Namen zu geben. Wir nennen unsere heutige Form „*kapitalistische Marktwirtschaft*“. Andere nennen sie „industrieller Kapitalismus“, „soziale Marktwirtschaft“ oder nur „Marktwirtschaft“. Die unterschiedlichen Formulierungen sind Ausdruck unterschiedlicher „Brillen“, durch die auf dieselbe Ökonomie geblickt wird. Unsere „Brille“ macht im Begriff „Kapitalismus“ die Privatisierung des Eigentums an den Produktionsmitteln in den Händen der Kapitaleigentümer bzw. -besitzer (Kapitalisten) deutlich, denen die an Produktionsmitteln eigentumslosen ArbeiterInnen gegenüberstehen. Die Vereinigung dieser verschiedenen, für die Produktion notwendigen Elemente (der sog. „Produktionsfaktoren“, zu denen, wie wir noch sehen werden, auch die natürliche Mitwelt ihren Beitrag leistet) erfolgt durch Kauf der Arbeitskraft durch die Kapitalbesitzer bzw. ihre Manager. Und „Marktwirtschaft" bedeutet, dass der vorherrschende Koordinationsmechanismus der verschiedenen ökonomischen Handlungen der Markt ist (vgl. dazu Teil II, Kap. 3 und 4).

(b) Was aber meint „Kapitalismus"? Hierzu gibt es eine umfangreiche wissenschaftliche Debatte – die Debatte darum, was bestimmende Merkmale des Kapitalismus sind, wie er entstanden ist, welche Ausprägungen es heute gibt. Grundlegende Beiträge zu dieser Debatte sind die Arbeiten von *Karl Marx, Max Weber, Karl Polanyi, Thorstein B. Veblen,* die im folgenden kurz vorgestellt werden:

Die zentrale These von *Karl Marx* (1818-1883, Hauptwerk: Das Kapital Bd. I-III, ab 1867) lautet, dass Kapital ein gesellschaftliches Verhältnis darstellt, welches sich im Klassenverhältnis zwischen Kapitalisten und Arbeitern ausdrückt. Kapital ist somit nicht nur Produktionsmittel, sondern auch gleichzeitig Herrschaftsverhältnis, da die Kapitaleigentümer über den Produktionsprozess bestimmen. Dieses gesellschaftliche Verhältnis reproduziert sich nach bestimmten Gesetzen selbst, wenn es einmal entstanden ist. Und entstanden ist es in einem historischen Prozess (der sog. „Ursprünglichen Akkumulation"), in welchem auf der einen Seite eigentumslose, aber formell freie Lohnarbeiter, auf der anderen Seite private Kapitaleigentümer entstanden. Im Kapitalismus, so die These von Marx, handeln die Menschen nach dessen Gesetzen, sie sind Ausführende dieser Gesetze („Charaktermasken") (vgl. vertiefend das nächste Kapitel, Abschnitt 2.4).

Für *Max Weber* (1864-1920, Hauptwerke: Die protestantische Ethik und der Geist des Kapitalismus (ab 1904), Wirtschaft und Gesellschaft (unvollendet, erste Aufl. 1922)) steht im Mittelpunkt der Antwort auf die Frage nach dem Besonderen der bürgerlichen Gesellschaft und des modernen Kapitalismus das Wechselspiel zwischen kapitalistischer Form und dem „Geist des Kapitalismus". Der moderne Kapitalismus entsteht bei Max Weber auf der Basis der protestantischen Ethik. Die kapitalistische Form wird charakterisiert als marktmäßige Kapitalverwertung und rationale Betriebsorganisation. Die Grundlage ist formell freie Arbeit. Die Herausbildung und Weiterentwicklung des Kapitalismus ist ein Prozess der Rationalisierung. Diese kapitalistische Form der Wirtschaft sowie das moderne kapitalistische Unternehmen sind charakterisiert durch einen spezifischen „ökonomischen Rationalismus", womit eine Handlungsweise gemeint ist, in der Mittel zielgerichtet und erfolgsorientiert verwendet werden (Zweckrationalität).

In der Theorie von *Karl Polanyi* (1886-1964, Hauptwerk: The Great Transformation, 1944) steht der Begriff des „selbstregulierenden Marktes" im Zentrum. Für Polanyi entwickelt sich der moderne Kapitalismus in einem Transformationsprozess aus einer Gesellschaft heraus, in der die Ökonomie noch in die Gesellschaft eingebettet war. In diesem Transformationsprozess entsteht, unterstützt durch den Staat, ein eigenständiger ökonomischer Bereich, der selbstregulierende Markt. Die Triebkraft für die Herausbildung und Entwicklung der bürgerlichen Gesellschaft, für „die große Transformation", ist der Selbststeuerungsprozess des Marktes: Indem die Menschen diesen „sich selbst überlassen", liefern sie sich ihm aus und geraten in einen umfassenden Zerstörungsprozess integrierter sozialer Systeme. Kapitalistische Ökonomie ist bei Polanyi „disembedded".

Thorstein B. Veblen (1857-1929, Hauptwerk: The Theory of the Leisure Class (Die Theorie der feinen Leute) 1899) schreibt die Entstehung von Privateigentum an Produktionsmitteln in der kapitalistischen Wirtschaft „räuberischer Ausbeutung" zu, während aus seiner Sicht gleichzeitig „technologische Innovation" eine entscheidende Rolle bei der Errichtung des Kapitalismus spielt. Hintergrund dieser zwei gegensätzlichen Pole, die die kapitalistische Entwicklung beeinflussen, ist Veblens Auffassung von einem in der gesamten Menschheitsgeschichte beobachtbaren Konflikt zwischen dem aggressiven räuberischen Instinkt, der vorwiegend dem egoistischen individuellen Interesse dient, und dem Bedürfnis nach nützlicher Arbeit, das allen Menschen eigen ist und das allein die Interessen der gesamten Gesellschaft fördern kann. In seinen Untersuchungen sucht Veblen zu zeigen, dass sozialer Wandel regelmäßig Veränderungen in den Denk- und Verhaltensgewohnheiten beinhaltet, wie sie sich in Institutionen niederschlagen. Nach Veblen wird im Kapitalismus verschwenderischer Schaukonsum („conspicuous consumption") betrieben. Triebfeder des Konsums als öffentliche Verschwendung ist der neidvolle Vergleich („emulation", „invidious distinction") insbesondere der oberen Schichten der Gesellschaft. Kennzeichnend für den Kapitalismus ist also aus Veblens Sicht weniger eine besondere Produktionsweise als vielmehr eine ihm eigene Form von Konsum (vgl. vertiefend das folgende Kapitel, Abschnitt 2.7).

(c) Schon die kurze Skizze dieser vier grundlegenden Werke verdeutlicht, wie kontrovers die Analyse des Kapitalismus und seiner Entstehung diskutiert wird. Neuere Werke vertiefen diese Kontroverse noch: So rückt seit Mitte der achtziger Jahre wieder der Konsum in den Mittelpunkt sozio-ökonomischer Analysen, und es wird die Geschichte des Kapitalismus als Geschichte des Konsumismus geschrieben. In seinem Buch „The Romantic Ethic and the Spirit of Modern Consumerism" (1987) nimmt *Colin Campbell* bewusst Bezug auf den Titel von Max Webers Hauptwerk, um ihn darin zu kritisieren, dass er den Konsum bei der Entstehung des Kapitalismus völlig vernachlässigt habe. Campbell betont die „romantische Ethik", die, verbunden mit einem Hedonismus, d. h. der Vorstellung, das private Glück als höchstes Gut werde über eine dauerhafte individuelle Lusterfüllung erzielt, gemäß seiner Theorie die Grundlage für den modernen Konsumismus gelegt hat. Den Beginn dieser Entwicklung sieht Campbell in der Konsum-Revolution im achtzehnten Jahrhundert in England. Nach dieser Analyse ist der Kapitalismus gleichermaßen als Form der Massenproduktion und des Massenkonsums entstanden.

Andere soziologische Werke mit eigenständigen Theorien über den Kapitalismus sind z. B. die von *Niklas Luhmann* (1927–1998) und *Jürgen Habermas* (geb. 1929). Luhmann entwickelt eine Systemtheorie, mit deren Hilfe er Ökonomie als eigenes System in der Umwelt anderer Systeme (z. B. Gesellschaft, Kunst, Politik) versteht. Dieses System Ökonomie ist autonom in sich selbst (vgl. Luhmann, Die Wirtschaft der Gesellschaft, 1988). Bei Habermas dagegen (Theorie des kommunikativen Handelns, 2 Bde., 1982) ist Ökonomie als System aus der Gesellschaft zwar historisch ausdifferenziert, folgt auch eigenen Gesetzen, ist aber mit der Gesellschaft, der sozialen Lebenswelt, verbunden. Diese Verbindung ist für Habermas zum einen eine Bedrohung der Gesellschaft durch eine expandierende Ökonomie, zum anderen eine Begrenzung der Ökonomie durch die der sozialen Lebenswelt eigene Vernunft (vgl. dazu Teil I, Kap. 3.6). In diesen neueren Werken, und insgesamt in der neueren Debatte, werden die Begriffe „bürgerliche Gesellschaft“ oder „Kapitalismus“ oft durch den umfassenden und gleichzeitig unscharfen Begriff „Moderne“ ersetzt.

(d) So kontrovers diese Analysen auch sind, so eint sie doch eines: Sie sagen nichts zur geschlechtlichen Prägung der modernen Ökonomie, und sie sagen nur wenig zum Bezug zur natürlichen Mitwelt. Ersteres hat die feministische Forschung, die sich als eigenständige wissenschaftliche Disziplin seit Beginn der siebziger Jahre entwickelt hat, nachgeholt, z. B. in der Untersuchung von Gisela Bock und Barbara Duden von 1976 mit dem Titel „Arbeit aus Liebe – Liebe als Arbeit. Zur Entstehung der Hausarbeit im Kapitalismus“. So wissen wir heute, dass der Kapitalismus, wie auch die ihm vorhergehenden Gesellschaftsformationen, eine Gesellschaft ist, deren Ökonomie wie alle anderen Bereiche geschlechtlich geprägt ist. Es gibt viele Untersuchungen, die die Entstehung der geschlechtlichen Arbeitsteilung im Kapitalismus historisch nachverfolgen und zeigen, dass die (männliche) Ganztags-Erwerbsarbeit auf einer von dieser abgespaltenen, aus der Ökonomie und damit aus der Bezahlung verdrängten (weiblichen) Hausarbeit basiert.

Auch die Ökologie-Bewegung und mit ihr die Ökologische Ökonomik haben inzwischen ihre historische Analyse des Kapitalismus vorgelegt (vgl. dazu z. B. Binswanger, Geld und Natur. Das wirtschaftliche Wachstum im Spannungsfeld zwischen Ökonomie und Ökologie, 1991). Sie hat gezeigt, dass dieses Produktions- und Konsumtionssystem sich auf der Grundlage eines Naturverständnisses entwickelt, das Natur als unhinterfragte und unbezahlte

Existenzbedingung einer immer wachsenden Ökonomie voraussetzt. Natur ist Mittel zum Produktions- und Konsumtionszweck. Wie das Geschlechterverhältnis so ist auch dieses Mensch/Natur-Verhältnis hierarchisch.

(e) Da der Begriff „Kapitalistische Marktwirtschaft" sich auf der Grundlage der Analysen des 19. Jahrhunderts und der ersten Hälfte des 20. Jahrhunderts entwickelt hat, blendet er die der Produktion gleichwertige Rolle der Konsumtion wie auch Geschlechter- und Naturverhältnisse aus. Wir verwenden ihn hier auf der Grundlage der Erweiterung durch diese Dimensionen.

> *Die „Kapitalistische Marktwirtschaft" ist eine Ökonomie, deren Produktion Warenproduktion ist, Produktion für den Verkauf, für den Markt, Produktion für andere, nicht für sich selbst. Diese Warenproduktion erfolgt wieder mit Hilfe von Waren. Alle Rohstoffe, Halbfabrikate und auch die Arbeitskraft werden als Waren bezeichnet, werden als Waren an Märkten gekauft und verkauft.*

1.2.3 Die Prägung der kapitalistischen Marktwirtschaft durch gesellschaftliche Verhältnisse

(a) Anders als bei Polanyi ist für uns auch die kapitalistische Marktwirtschaft eine eingebettete Ökonomie, die durch gesellschaftliche Verhältnisse geprägt ist. Und auch diese haben eine spezifisch historische Form. Dabei geht es um gesellschaftliche Verhältnisse aus dem Blick der ökonomischen Analyse. Karl Marx (1818-1883) hat sie als „*Produktionsverhältnisse*" bezeichnet. Wir richten also unseren Blick auf diese Produktionsverhältnisse.

Insgesamt bilden die Produktionsverhältnisse in einer Gesellschaft ein komplexes Ganzes, in dem alle Beziehungen der Menschen, die sie zur gemeinschaftlichen Produktion und Reproduktion (d. h. zur Wiederherstellung der in der Produktion verbrauchten Elemente) eingehen, zusammengefasst sind. Dazu gehören z. B.:

- die Eigentumsverhältnisse (wer besitzt welche Produktionsmittel?);
- die Verhältnisse der Arbeitsteilung sowie der Kooperation in der Arbeit (wer macht welche Arbeit?);
- die Verteilungsverhältnisse (auf welche Art und Weise wird das Produkt verteilt? Wie wird das Einkommen verteilt?);
- die Verwendungsverhältnisse (wer verwendet wofür welche Teile des Produkts?).

Als den im engeren Sinne ökonomischen Verhältnissen übergeordnet bzw., gemäß unserer Begrifflichkeit, sie einbettend gehören hierzu die Rechtsverhältnisse und Regierungsformen.

Für die Marxsche Theorie standen die Eigentumsverhältnisse im Mittelpunkt der Analyse. Die Ursache für diese Schwerpunktsetzung war, dass jede wichtige Veränderung in einer Gesellschaft als verbunden mit der Veränderung der Eigentumsverhältnisse angesehen wurde. Noch heute geht es bei Theorie und Praxis von gesellschaftlicher Veränderung immer wieder auch um die Neugestaltung der Eigentumsverhältnisse. Unsere historische Erfahrung mit Gesellschaftssystemen, in denen das Privateigentum an Produktionsmitteln zugunsten eines sogenannten gesellschaftlichen Eigentums abgelöst wurde, zeigen jedoch, dass die Veränderung der Eigentumsformen *allein* noch kein Garant für eine gesellschaftliche Entwicklung im Sinne besserer Lebensverhältnisse bedeutet. Parallel zu dieser geschichtlichen Erfahrung und zum Teil in Kritik an ihr sind, wie oben schon angesprochen, zwei andere Dimensionen der Produktionsverhältnisse in den Mittelpunkt der Diskussion gerückt:

- die Geschlechterverhältnisse (welche Rolle spielt das Geschlecht bei der Zuweisung ökonomischer Positionen?);
- die Mensch/Natur-Verhältnisse (wie verstehen die ökonomisch handelnden Menschen sich im Verhältnis zur Natur?).

(b) Jedes dieser Verhältnisse hat seine eigene Geschichte, die wieder mit der Geschichte der anderen Verhältnisse verwoben ist. Wie diese jeweiligen Verhältnisse in ihrer ökonomischen Wirkung beurteilt werden, hängt von der jeweiligen Theorie ab. Im hier vorgestellten Konzept einer Mikroökonomik aus sozial-ökologischer Perspektive wird der Blick gerichtet auf die *Eigentumsverhältnisse, die Geschlechterverhältnisse und die Mensch/Natur-Verhältnisse*. Dies basiert zum einen auf unserer „preanalytic vision". Es begründet sich zum zweiten in der Ansicht, dass zwischen den Produktionsverhältnissen eine gewisse Hierarchie besteht: Eigentums-, Geschlechter- und Mensch/Natur-Verhältnisse sind sozusagen die fundamental prägenden Verhältnisse, aus denen sich Arbeitsteilungs-, Verteilungs- und Verwendungsverhältnisse bestimmen lassen. Zum dritten folgt diese Auswahl systematisch aus der Bestimmung unseres Gegenstandsbereichs als eingebettete Ökonomie mit dem „ökonomischen Zwillingspaar" Markt- und Versorgungsökonomie. Hier sind Geschlechter- und Mensch/Natur-Verhältnisse direkt prägend für die konkrete historische Form der Ökonomie.

(c) *Eigentumsverhältnisse:*

Zwei Eigentumsrechte sind für die kapitalistische Marktwirtschaft wesentlich: die Eigentumsrechte der Produktionsmittelbesitzer und die der Arbeitenden an ihrer Arbeitskraft.

Die Eigentumsrechte der Produktionsmittelbesitzer am Kapitaleigentum beinhalten auch, dass die Ergebnisse des Produktionsprozesses, die produzierten

Waren selbst, nicht das Eigentum der unmittelbaren Produzenten, der ArbeiterInnen, sondern das Eigentum der Kapitalbesitzer sind. Das Eigentum der Arbeitenden ist und bleibt ihre eigene Arbeitskraft. Dieses ist nicht loslösbar von ihnen – die Wiederherstellung der Arbeitskraft z. B. nach einem Arbeitstag heißt, dass sich der Arbeiter oder die Arbeiterin selbst als Mensch erholen muss. Hier kommt der qualitative Unterschied der beiden Eigentumskategorien „Arbeitskraft" und „Kapital" zum Ausdruck. Im Begriff des Eigentumsrechtes wird jedoch von diesem qualitativen Unterschied abstrahiert – die bürgerliche Gesellschaft versteht sich so insgesamt als eine Gesellschaft von Eigentümern mit Eigentumsrechten. Die kapitalistische Marktwirtschaft wird daher auch als „Eigentümer-Markt-Gesellschaft" bezeichnet. *Ihre historisch spezifischen Eigentumskategorien heißen „Kapital" und „Arbeitskraft".*

Das private Eigentum ist eine ganz zentrale Kategorie sowohl in der Realität der kapitalistischen Marktwirtschaft als auch in ihrer ökonomischen Theorie. Was am Markt geschieht, ist nicht einfach der Verkauf von Waren, sondern die Übertragung von Eigentumsrechten. Die Warenbesitzer (Käufer und Verkäufer) treten sich als Eigentümer gegenüber. Und als solche gelten sie als ökonomisch gleich.

Eigentum in dieser Betrachtung kann als Gesamtheit von Rechten definiert werden, von „*property rights*". Über diese Rechte ist bestimmt, was die EigentümerInnen von Waren bezüglich der Waren tun dürfen. Gleichzeitig wird darüber definiert, was den Nicht-Eigentümern untersagt ist. Eigentum schließt insofern andere von der Nutzung aus. Eigentumsrechte sind nicht nur Rechte zwischen den Warenbesitzern und den Waren, sondern definieren soziale Verhältnisse zwischen Menschen. Welche Eigentumsrechte lassen sich unterscheiden? Hier lassen sich vier Gruppen benennen:

- das Recht zum Verkauf, zur Vermietung bzw. Verpachtung;
- das Recht, Erträge aus dem Eigentum (in der ökonomischen Sprache auch: der Ressource) zu ziehen;
- das Recht, die Ressource zu verändern;
- das Recht, die Ressource zu verbrauchen.

Die Regelung dieser Rechte erfolgt in der Eigentums- oder Verfügungsordnung. Sie ist in Verfassung und Gesetzen verankert und wird durch die Rechtsprechung ausgedeutet. Die Art der Regelung bestimmt, was konkret am Markt getauscht werden kann, wie dieser Tauschprozess aussieht und welches Eigentum wie genutzt werden kann. Diese Regeln sind insofern Voraussetzung des Marktes. Beispiele hierfür sind: das Vertragsrecht, das die Art verschiedener Verträge, z. B. Verträge zur Vermietung von Wohnungen, regelt; die Straßenverkehrsordnung, die regelt, in welcher Art und Weise der private PKW genutzt werden darf (inklusive Geschwindigkeitsbegrenzungen); Produkthaftungsregelungen mit entsprechenden Folgen für Versicherungspflichten; Entsorgungsvorschriften bzw. Rücknahmeverpflichtungen bezüglich langlebiger Wirtschaftsgüter wie z. B. Kühlschränke oder Personal Computer. Diese Beispiele machen deutlich, dass Eigentumsrechte nicht nur gesichert, sondern auch begrenzt werden und mit Verpflichtungen verbunden werden können. Über sie lässt sich somit auch die soziale Verantwortlichkeit von Eigentümern definieren.

Als EigentümerInnen, so hieß es oben, gelten die ökonomisch handelnden Menschen als gleich. Sie gelten auch als frei, da sie die Freiheit haben, über ihr Eigentum zu verfügen. Diese Sichtweise bringt *zwei Probleme* mit sich:

Das erste Problem besteht darin, dass über diesen Blick all die Menschen aus den ökonomischen Prozessen ausgeschlossen sind, die kein Eigentum haben. Das sind z. B. Arme, viele Menschen der sog. dritten Welt oder des „Südens“, die ganze natürliche Mitwelt und zukünftige Generationen.

Ein anderes Problem liegt im Unterschied von Eigentumsform und Inhalt der Eigentumsrechte. Als Form macht Eigentum die Menschen als Eigentümer gleich. Oben wurde jedoch schon deutlich, dass der Inhalt sie sehr wohl unterscheidet. So kann z. B. Kapital als Eigentum weggegeben werden, angelegt werden, während der Eigentümer zu Hause am warmen Ofen sitzt. Oder es wird investiert. Im ersten Fall erbringt es Zinsen, im zweiten Profit. Die Eigentümer können sich während dieses Prozesses vom Kapitaleigentum trennen, haben mit dem Prozess der Zins- bzw. Profiterwirtschaftung nichts zu schaffen, erhalten qua Eigentum die Erträge.

Anders sieht es beim Eigentum an Arbeitskraft aus. Die Arbeitskraft kann nicht „angelegt“ werden, kann nicht ertragsbringend weggeben werden, während der Eigentümer zu Hause am warmen Ofen sitzt. Die Arbeitskraft erbringt nur Ertrag in Form des Lohnes, wenn die EigentümerIn, d. h. die ArbeiterIn, arbeitet.

Insbesondere auf der Suche nach neuen Handlungsspielräumen wird immer wieder über *veränderte Eigentumsformen* diskutiert. So machen sich insbesondere Nicht-Eigentümer, nämlich arbeitslose Menschen, auf die Suche nach neuen Formen von *Gemeinschaftseigentum*, um der Arbeitslosigkeit mit neuen, selbstorganisierten Formen von Arbeit zu begegnen. Und insbesondere junge Menschen versuchen immer wieder, durch Formen des Gemeinschaftseigentums die Grenzen des privaten Eigentums zu überwinden.

An einem anderen Punkt setzt die Diskussion *„Nutzung statt Eigentum“* an – an dem Gedanken nämlich, dass das Privateigentum insbesondere an langlebigen Wirtschafts- oder Konsumgütern (z. B. Kopiermaschinen, PCs, Autos) eine Ursache für den riesigen Rohstoff- und Energieverbrauch ist, der in der kapitalistischen Marktwirtschaft entsteht. Vorgeschlagen wird daher, sich das Eigentum zu teilen (z. B. in Car-Sharing-Projekten) bzw. Eigentum gar nicht erst entstehen zu lassen (z. B. indem nicht mehr Eigentumsrechte an solchen Waren, sondern nur noch Nutzungsrechte verkauft werden). Alle diese Vorschläge machen deutlich, dass nach Eigentumsformen gesucht wird, die sowohl lebensdienlicher als auch naturgemäßer sind. Wissenschaftlich aufgearbeitet werden diese Gedanken im Rahmen der heterodoxen Ökonomik, insbesondere der Ökologischen Ökonomik (vgl. Teil I.3).

(d) Mensch/Natur-Verhältnisse:

Mehrfach wurde in diesem Kapitel schon darauf hingewiesen, dass die moderne Ökonomie, die kapitalistische Marktwirtschaft, darauf beruht, dass die Natur unhinterfragt als Lieferantin und Abnehmerin von Ressourcen bzw. Abfällen zur Verfügung steht. Sowohl diese Praxis als auch ihre Theorie sind daher als „naturvergessen" oder „naturblind" bezeichnet worden. Die natürliche Mitwelt werde als unhinterfragte Produktionsvoraussetzung behandelt, der selbst keine eigenständige Produktivität zugestanden werde, lautete die Kritik. Wirtschaftliche Entwicklung heiße Steigerung der Arbeits- oder Kapitalproduktivität, die Naturproduktivität komme als Begriff nicht vor. So ganz passt der kritische Begriff „naturvergessen" jedoch nicht: So dringt z. B. in der Theorie der Bodenrente die Naturproduktivität durch (vgl. dazu Kap. 2 dieses Textes).

Dieses Naturverständnis der kapitalistischen Marktwirtschaft wurde und wird da zum Problem, wo die Zerstörung der natürlichen Mitwelt offensichtlich wird. Ökologisch orientierte ÖkonomInnen begannen damit, das Problem mit den der orthodoxen Ökonomik eigenen Kategorien zu bearbeiten – mit den Kategorien von Kosten und Nutzen. Wurden bisher die Ergebnisse eines jährlichen Produktionsprozesses in Geld bewertet und im Sozialprodukt festgehalten, so wird nun versucht, die Kosten dieses Wohlstands, die in der Zerstörung von Teilen der natürlichen Mitwelt (und auch in der Störung sozialer Lebensprozesse) bestehen, zu messen. Erstes quantitatives Ergebnis solcher Untersuchungen war die schon erwähnte Studie von Leipert 1989. Ihre zentrale Aussage war: Die Kosten des Wohlstands fressen einen großen Teil dieses Wohlstands gleich wieder auf.

Eingefordert werden daher neue ökonomische Handlungsprinzipien einer *naturbewussten Ökonomie.* Die ökonomische Disziplin, die sich die Entwicklung dieses Konzepts zur Aufgabe gemacht hat, ist die „Ökologische Ökonomik". Sie basiert auf dem Konzept der dauerhaften Entwicklung, des „Sustainable Development", wie es im Bericht der Weltkommission für Umwelt und Entwicklung 1987 (genannt „Brundtland-Bericht" nach der Vorsitzenden der

Kommission, der damaligen norwegischen Ministerpräsidentin Gro Harlem Brundtland) formuliert wurde:

> „Unter dauerhafter Entwicklung verstehen wir eine Entwicklung, ... die den Bedürfnissen der heutigen Generation entspricht, ohne die Möglichkeiten künftiger Generationen zu gefährden, ihre eigenen Bedürfnisse zu befriedigen und ihren Lebensstil zu wählen“ (Hauff 1987: XV).

Gefordert wird ein neues Leitbild des Wirtschaftens, das als „Nachhaltigkeit“ bezeichnet wird. Damit ist gemeint, dass das Prinzip der Substanzerhaltung des Produktionspotenzials (=Nachhaltigkeit), das in der betriebswirtschaftlichen Praxis eine Selbstverständlichkeit ist, auch auf das Verhältnis zur natürlichen Mitwelt übertragen wird. Das beinhaltet kein „zurück zur Natur“, weil es eine „heile“ Natur, zu der eine Rückkehr möglich wäre, nicht gibt: Natur ist immer auch kulturell geprägt. So sind z. B. die Lüneburger Heide und der Schwarzwald, die oft als „heile Natur“ angesehen werden, Kulturprodukte, von Menschen gemacht – die Heide entstand infolge des Salzabbaus, der Schwarzwald als Wiederaufforstung vorher abgeholzter Mischwälder mit schnell wachsenden Nadelbäumen. Das nachhaltige Wirtschaften erfordert vor allem das Studium der Evolutionsbedingungen der natürlichen Mitwelt und die Entwicklung entsprechender ökonomischer Regeln, die der Komplexität der Natur gerecht werden und damit nicht nur die Quantität von Ressourcen- und Senkenfunktionen reduzieren, sondern auch die Zerstörung dieses komplexen Funktionszusammenhangs Natur zu vermeiden suchen, um die Naturproduktivität als Grundlage für menschliche Produktionsprozesse auch für zukünftige Generationen zu erhalten. Mit dem Konzept der Nachhaltigkeit geht daher auch eine Kritik der Vorstellung vom „quantitativen Wachstum“ einher. An dessen Stelle werden Konzepte des „qualitativen Wachstums“ oder der „Entwicklung“ gesetzt.

An der Ausarbeitung von Handlungsregeln für Nachhaltigkeit wird seit dem Brundtland-Bericht im Rahmen der Ökologischen Ökonomik gearbeitet. In diesem ökologischen Diskurs heute unbestritten sind folgende Regeln:

- Die Abbaurate erneuerbarer Ressourcen darf die Regenerationsrate nicht übersteigen.
- Die Abgabe von Schadstoffen muss unter der Assimilationskapazität des Öko-Systems liegen.
- Die Abbaurate nicht-erneuerbarer Ressourcen muss durch eine entsprechende Zunahme des Bestandes an erneuerbaren Ressourcen oder durch eine entsprechende Effizienzsteigerung bei der Nutzung nicht-erneuerbarer Ressourcen kompensiert werden.
- Das Zeitmaß anthropogener Eingriffe in die Umwelt muss im ausgewogenen Verhältnis zum Zeitmaß der für das Reaktionsvermögen der umweltre-

levanten natürlichen Prozesse stehen (zum Letzten vgl. Enquête-Kommission „Schutz des Menschen und der Umwelt" 1994: 32).

Eine Ökonomie, die solchen Regeln folgt, ist eine naturbewusstere Ökonomie als die heutige kapitalistische Marktwirtschaft. Sie impliziert ein verändertes Mensch/Natur-Verhältnis. An Stelle eines Mensch/Natur-Verhältnisses, das die Menschen außerhalb der Natur sieht und ihnen für ihre Lebenszwecke uneingeschränkt Eingriffe in die Natur zugesteht, bildet sich ein Mensch/Natur-Verhältnis heraus, das Menschen wieder als Teil der Natur, als auch sie gestaltend begreift. Es ist ein kooperatives Mensch/Natur-Verhältnis. Ökonomisch bedeutet dies, dass Menschen und natürliche Mitwelt Mit-ProduzentInnen sind. (Zum Einbeziehen der Natur als produktive Kraft in die mikroökonomische Produktionstheorie vgl. Teil II, Kap. 2.5)

(e) Geschlechterverhältnisse:

Die kapitalistische Marktwirtschaft wird nicht nur als naturblind, sondern auch als *„geschlechtsblind"* kritisiert. Ein Ausdruck dieser Geschlechtsblindheit ist die oben schon angedeutete Tatsache, dass Arbeit nur als Erwerbsarbeit etwas gilt, dass Hausarbeit nicht bezahlt wird – sie ist unbezahlte Arbeit. Weil die kapitalistische Ökonomie nur als Marktwirtschaft beschrieben wird, wird diese Arbeit nicht als gesellschaftliche Arbeit bestimmt. Sie ist nicht als solche anerkannt, da sie nicht gegen Lohn verkauft wird und da ihre Produkte nicht als Waren an Märkten gehandelt werden. „... [W]eil nur zählt, was Geld bringt ..." (Kontos/Walser 1979), wie einer der frühen Titel einer feministisch-ökonomischen Analyse lautet, gilt diese Arbeit als wertlos. (Zu Gedanken bezüglich einer Erweiterung des Arbeitsbegriffs vgl. Teil II, Kap. 1 und 4) Insgesamt jedoch kommt diese Geschlechtsblindheit darin zum Ausdruck, dass überhaupt die Bedeutung der Geschlechterverhältnisse für die ökonomische Praxis geleugnet wird.

Die feministische Forschung, aus der sich als Spezialzweig die *Feministische Ökonomik* entwickelt hat, hat den Begriff des Patriarchats in die ökonomische Theorie hereingebracht. Patriarchat kennzeichnet ein Ungleichverhältnis, ein Hierarchie- und Herrschaftsverhältnis zwischen Mann und Frau, das sich ökonomisch relevant vor allem darin ausdrückt, dass dem Mann der Zugang zu den Eigentumsrechten in der Gesellschaft ganz anders geebnet wird als der Frau. Zusätzlich wird gezeigt, dass die Höherstellung des Mannes in der beruflichen Hierarchie (d. h. in der Marktökonomie) auch seine Vorzugstellung gegenüber der Frau in der Familie begründet. Dieses hierarchische Geschlechterverhältnis, so ein Ergebnis der Feministischen Ökonomik, prägt somit sowohl die Markt- als auch die Versorgungsökonomie.

Damit geht es nicht mehr nur um einen erweiterten Arbeitsbegriff, sondern um eine Erweiterung des Begriffs von Ökonomie überhaupt, um eine Sichtweise, die das Ganze der Ökonomie in den Blick nimmt und damit auch die Versorgungsökonomie in ihren Gegenstandsbereich hereinholt. „Der blinde Fleck ist das Ganze" formulierte Sabine Hofmeister 1995. Und ungefähr seit dieser Zeit arbeitet im deutschsprachigen Raum auch ein Netzwerk von Frauen, das sich „Netzwerk Vorsorgendes Wirtschaften" nennt, an einem Konzept mit entsprechend erweitertem Ökonomieverständnis. Es basiert bewusst auf der tragenden Rolle der Versorgungsökonomie für die ganze Ökonomie und versucht, die dort seit langem praktizierten Formen des Wirtschaftens (Orientierung am Lebensnotwendigen, Kooperation, Vorsorgen) zu konkretisieren und als Prinzipien für die ganze Ökonomie zu entwickeln (vgl. dazu Kap. 3.8).

(f) Auch wenn sie bisher nicht im Mittelpunkt mikro-ökonomischer Analyse stehen, sollen hier noch zwei Aspekte gesellschaftlicher Verhältnisse angesprochen werden, die in der gesellschaftlichen und wirtschaftlichen Praxis zunehmend an Bedeutung gewinnen: *Generationen-Verhältnisse* und *Inländer/Ausländer-Verhältnisse*. Beide kommen insbesondere in der sozial-politischen Diskussion in den Blick, wenn es darum geht, eine sichere Finanzierungsbasis für Altersrenten zu finden.

Gesellschaftlich wird die Frage, wie Menschen aus anderen Ländern in den entwickelten Industrienationen leben können, welche Rechte und Pflichten sie haben, immer wichtiger, da die internationalen Flüchtlings- und Wanderungsströme beständig wachsen. Wirtschaftspolitisch sind Inländer/Ausländer-Verhältnisse z. B. bezüglich des Arbeitsmarktes und bezüglich der Sozialversicherung bedeutend. So sind z. B. in den fünfziger und sechziger Jahren bewusst ausländische ArbeiterInnen, insbesondere Menschen aus der Türkei, nach Deutschland geholt worden. Sie füllten die Lücken, da es hier zu wenig Arbeitskräfte gab. Später gab es einen Anwerbestop, und heute, auf Basis einer hohen inländischen Arbeitslosigkeit, gibt es Arbeitsverbote für Menschen aus anderen Ländern in Deutschland. Theoretisch diskutiert werden solche Fragen in der Mikroökonomik z. B. mit Hilfe sog. Diskriminierungstheorien, die auch zur Erklärung von Unterschieden im Geschlechterverhältnis herangezogen werden (vgl. dazu Teil II, Kap. 4).

1.3 Fragen der Methodik

(a) Die Wirtschaftswissenschaft und, als Teil von ihr, die Mikroökonomik arbeitet mit Hilfe von *Modellen*. Der komplexe Gegenstandsbereich wird mit Hilfe analytischer Kategorien und Annahmen über deren Beziehungen zueinander geordnet. Wir beginnen also nicht mit der Beschreibung der konkreten Realität, sondern versuchen, aus dieser Realität Abstraktionen herauszufiltern, mit deren Hilfe ökonomische Prinzipien in der realen Gesellschaft geordnet und so der wissenschaftlichen Analyse zugänglich gemacht werden können.

(b) Z. B. die Bevölkerung – wir können sie beschreiben als Ansammlung von Menschen, geordnet nach Zahl, Größe, Gewicht, Häufungen, und zwar in einer ganz konkreten Zeit, in einem ganz bestimmten Raum, bestehend aus verschiedenen Geschlechtern und verschiedenen Generationen. Unter dem mikroökonomischen Blick wird diese komplexe Bevölkerung geordnet: Bezogen auf den Arbeitsprozess z. B. in Arbeitskräfte und Unternehmer bzw. ManagerInnen; bezüglich der Art des Einkommens, das die Menschen beziehen, in Lohn- bzw. GehaltsempfängerInnen sowie GewinnbezieherInnen, sei es aus Unternehmertätigkeit oder aus Vermögen; bezüglich der Aktivität im gesamtwirtschaftlichen Reproduktionsprozess in ProduzentInnen, KonsumentInnen und „RückführerInnen", d. h. ökonomische Akteure, die die nichtkonsumierten Elemente der Waren dem Produktionsprozess wieder zuführen; oder bezüglich des Marktprozesses in Anbieter und Nachfrager. Da es die ökonomische Wissenschaft mit handelnden Menschen zu tun hat, gilt es, um die ökonomischen Beziehungen zwischen ihnen zu bestimmen, Annahmen über dieses Handeln zu treffen. Eine in der orthodoxen Theorie übliche Annahme ist z. B., dass Anbieter und Nachfrager so handeln, dass sie ihren jeweiligen individuellen Nutzen maximieren. Eine in der MiSÖP übliche Annahme ist dagegen, dass in diese ökonomischen Handlungen die Beziehungen zu den anderen Menschen der jeweiligen Einheit (z. B. Haushalt oder Unternehmen) sowie Werthaltungen eingehen und dass dadurch auch das Handlungsziel geprägt ist.

(c) Die so gefundenen Modelle können auf verschiedene Art und Weise dargestellt und bearbeitet werden: *verbal, graphisch oder mathematisch.* So kann z. B. ein (Familien-)Haushalt *verbal* beschrieben werden als ein Handlungszusammenhang von Menschen, die, geprägt durch das Geschlechter- und Generationenverhältnis und durch gelernte Handlungsregeln, gemeinsam ihren Werten gemäß für ein „gutes Leben" wirtschaften. Konkret drückt sich diese Prägung in der Aufteilung der Arbeit aus, darin, wieviel der Hausarbeit Mann, Frau und Kind leisten, wie hoch der Lohn ist, den Frau und Mann durch Erwerbsarbeit verdienen. Die Wohlfahrt des Haushalts wird von den Preisen der Güter bestimmt, die mit dem Haushaltseinkommen gekauft werden können.

Mathematisch heißt das:

$$GL_{HH} = F(HA_F, HA_M, HA_K, L_F, L_M, p_i, W, R)$$

mit: GL_{HH} = *Gutes Leben des Haushalts*
HA_F = *Hausarbeit der Frau*
HA_M = *Hausarbeit des Mannes*
HA_K = *Hausarbeit des Kindes*
L_F = *Lohn der Frau*
L_M = *Lohn des Mannes*
p_i = *Güterpreise*
W = *Werte*
R = *Regeln*

Nun gilt es, diese Wohlfahrtsfunktion des Haushalts zu konkretisieren, z. B. durch folgende Annahmen:

$$\partial GL_{HH} / \partial HA_M > 0$$

D. h. wenn die vom Mann geleistete Hausarbeit steigt, geht es dem Haushalt besser. Graphisch lässt sich das folgendermaßen darstellen (weitere Darstellungen finden sich im Teil II., Kap. 1).

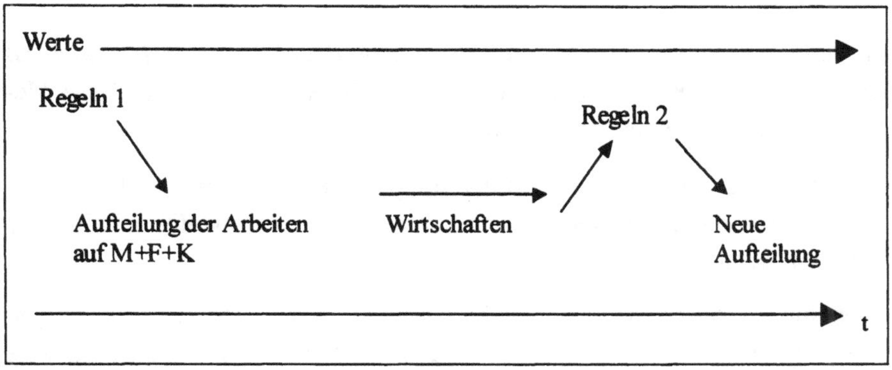

Abb. 3: Mögliche graphische Darstellung eines Haushalts

(d) Jede Theorie braucht solch abstrakte Kategorien, das ist in der Wirtschaftswissenschaft unumstritten. Umstritten ist jedoch, *wie diese Kategorien entstehen*, welche Rolle bei diesem Entstehungsprozess die Komplexität der Realität spielt. Werden die Kategorien aus dieser komplexen Realität über einen Abstraktionsprozess herausgefiltert, oder werden sie „abstrakt gesetzt" und dann benutzt, um diese Komplexität zu ordnen? D. h., gewinnen wir die Kategorien „induktiv" oder „deduktiv"?

Diese Frage war Gegenstand des *Ersten Methodenstreits*, der Ende des vorletzten Jahrhunderts begann und der bis heute aktuell ist. Hierbei geht es um die Frage, ob die Ökonomik eher deduktiv arbeiten und daher eine exakte Wissenschaft mit entscheidungslogischen Aussagen sein soll, oder ob sie induktiv arbeiten soll, ob sie Erfahrungswissenschaft sein soll, und ob sie insofern empirisch-gehaltvolle Aussagen machen soll. Die orthodoxe ökonomische Theorie betont die deduktive Methode, während neuere heterodoxe Ansätze für eine stärkere Hinwendung zur induktiven Methode argumentieren. Dabei macht der Blick auf den aktuellen Streit um diese Frage deutlich: Ging es damals um ein Entweder/Oder zwischen induktiv und deduktiv, so geht es heute eher darum, zu klären, wie sich die verschiedenen Ansätze miteinander mischen. Eine Grundlage für diese Auflösung des Dualismus zwischen „induktiv" und „deduktiv" ist die hier geteilte, allerdings umstrittene moderne Einsicht, dass es keine objektive ökonomische oder gesellschaftliche

Realität gibt. Diese gilt vielmehr als sozial konstruiert, somit von sozialen Beziehungen und Wertvorstellungen geprägt. Und das jeweils diese Realität erforschende Individuum bzw. die entsprechende Gruppe geht mit in den jeweiligen Köpfen vorhandenen Bildern von der Realität selbst an diese heran. Wo es keine objektive Realität gibt, ist auch objektive sozialwissenschaftliche Erkenntnis nicht möglich. Theorien sind damit auch nicht objektiv richtig bzw. wahr oder falsch, sondern mehr oder weniger plausibel in der Lage, zeitgebundene ökonomische Phänomene zu erklären und zu Problemlösungen beizutragen.

(e) *Die Frage, auf welche Art und Weise ökonomisch-theoretische Aussagen überprüfbar sein müssen*, kennzeichnet ebenfalls eine bis heute geführte Methodendebatte. In ihr geht es insbesondere um die Fragen:

- ob das Kriterium für den Informationsgehalt einer Theorie in der Falsifizierbarkeit dieser Theorien (durch kontrollierte Experimente) besteht (sog. Popper-Kriterium),
- ob die Gültigkeit dadurch gewährleistet ist, dass Theorien neue Fragen aufwerfen und neue Wege zu deren Bearbeitung anbieten (sog. 1. Lakatos-Kriterium) bzw. einen empirischen Fortschritt darstellen (sog. 2. Lakatos-Kriterium),
- ob Theorien durch den Diskurs in der wissenschaftlichen Gemeinschaft als anerkannt bzw. nicht anerkannt gelten sollen (Kriterium von Kuhn).

Kuhn nennt die anerkannte Theorie „Paradigma". Darunter wird ein allgemein akzeptiertes Denkmuster verstanden, das einen von einer bestimmten wissenschaftlichen Disziplin akzeptierten und als tragfähig angesehenen Ansatz kennzeichnet. Dieses Paradigma umfasst die Art und Weise des wissenschaftlichen Denkens in dieser Disziplin und bestimmt die als bedeutend angesehenen Problemstellungen. Im Rahmen eines solchen allgemein akzeptierten Paradigmas entwickelt sich auch eine spezifische Wissenschaftssprache der jeweiligen Disziplinen (zur Vertiefung vgl. Kuhn 1973). Die ersten beiden Positionen (der „Kritische Rationalismus" von Popper und dessen Weiterentwicklung durch den Popper-Schüler Lakatos) beharren dabei noch auf der Position, es gebe eine „objektive Realität". Für Kuhn gibt es keine „Wahrheit". Seine zentrale Frage lautet: Wann werden Theorien aufgegeben – und warum?

(f) Die *Methodik der im vorliegenden Buch entwickelten mikroökonomischen Analyse* mischt die induktive und deduktive Herangehensweise folgendermaßen: Zunächst werden erste Kategorien und Aussagesätze "induktiv" gewonnen. Dabei ist unser Material nicht die praktische Ökonomie, sondern die ökonomische Theorie in ihrer Vielfalt. Deshalb ist die Kenntnis der Theoriegeschichte wichtig. Eine andere Quelle ist die Erfahrung – die eigene sowie die gesellschaftlich vermittelte. Dann werden Beziehungen zwischen diesen Kategorien in Form von ersten Hypthesen über Zusammenhänge hergestellt. Daraus entsteht eine vorläufige Theorie, die versucht, diese Zusammenhänge zu erklären. So wird ein erster Erklärungszusammenhang gefunden. Dieser wird dann rückbezogen auf das Datenmaterial, d. h. auf die Empirie, um die Brauchbarkeit dieser Aussagesätze zu prüfen. In diesem Prüfungsprozess werden die gefundenen Kategorien verbessert, werden die Annahmen über ökonomisches Handeln geschärft, so dass dann auf einem zweiten Niveau analytischer Arbeit neue analytische Aussagen gewonnen werden können. Diese werden dann wiederum an der Wirklichkeit gemessen und so fort. Dieser Prozess der wissenschaftlichen Erkenntnisgewinnung ist also ein Prozess, in dem das Niveau der wissenschaftlichen Aussagen immer besser entwickelt wird. Die Institutionalisten nennen diese Methode daher „pattern building". In diesen Wissenschaftsprozess gehen Erfahrungen auf zweierlei Art und Weise ein: zum einen als Erfahrungen der im Gegenstandsbereich ökonomisch tätigen Menschen, zum anderen als Erfahrungen der Wissenschaftlerinnen und Wissenschaftler selbst. Im wissenschaftlichen Diskurs kommen dann die Erfahrungen anderer WissenschaftlerInnen hinzu.

Vom Konkreten zum Abstrakten und wieder zurück – der Rückweg ist dann die gedankliche Aneignung der „Realität" mit Hilfe der gefundenen Kategorien. Dabei werden nicht nur diese verändert, sondern die Realität selbst wird auch geformt – sie ist nichts Starres, objektiv Gegebenes, sondern eben ein soziales Konstrukt, und an dieser sozialen Konstruktion von Realität arbeitet die Wissenschaft selbst mit.

(g) Die Diskussionen um die Methoden in der Wirtschaftswissenschaft beschränken sich jedoch nicht auf diesen „Ersten Methodenstreit" und auch nicht auf die Frage, wie Theorien überprüft werden könnten, sondern hinzu kommt die Frage, ob die Wirtschaftswissenschaft, und als Teil von ihr die Mikroökonomik, eine wertende, d. h. eine normative Wissenschaft, oder eine nichtwertende, d. h. eine positive Wissenschaft ist. Dies war die Frage des *Zweiten Methodenstreits*, des sog. Werturteilsstreits, der zu Beginn des zwanzigsten Jahrhunderts offen ausbrach. Auch dieser Streit ist bis heute aktuell. Zwar gab es zwischenzeitlich eine Phase, in der es schien, als ob es einen gesicherten „Mainstream" gebe, mit dessen Hilfe sich die Position „wertfreie Entscheidungslogik" durchzusetzen begann. Aber heute ist deutlich, dass auch der Zweite Methodenstreit immer noch lebendig ist. Neuere heterodoxe Ansätze verstehen sich sowohl als positiv als auch als normativ. Das gilt auch für die im vorliegenden Buch entwickelten theoretischen Gedanken (zur Vertiefung vgl. Teil II, Kap. 6).

Dass diese methodischen Positionen nach wie vor nicht entschieden sind, unterstreicht folgendes Zitat:

> „Angesichts dieser Lage sind so scheinbar einfache Fragen wie die, ob die Aussagen der Mikroökonomik normativer oder empirischer Natur seien, oder auch, mit welchem Erklärungsanspruch (entscheidungslogische Aussage oder empirisch-gehaltvolle Aussage) diese Theorie auszustatten sei, bis heute umstritten, nicht eindeutig beantwortet und werden vor allen Dingen in der Regel einfach verdrängt. Die häufig diagnostizierte „Krise in der Wirtschaftstheorie" (Bell/Kristol 1984) ist, aus diesem Blickwinkel gesehen, direkt begründet in der nach wie vor andauernden Ungeklärtheit des Gegenstandsbereichs der Ökonomie und der ihm adäquaten Forschungsmethoden" (Biervert/Wieland 1990: 10).

Die Vielfalt dieser Positionen nötigt jede Wissenschaftlerin und jeden Wissenschaftler im Bereich der Ökonomik zu Grundentscheidungen. Für das vorliegende Buch wurden diese Grundentscheidungen, um das noch einmal zusammenfassend darzustellen, dahingehend gefällt, dass die Wirtschaftswissenschaft über ihren Gegenstandsbereich und über die in diesem Bereich zu stellende zentrale Fragestellung definiert wird. Methodisch wird mit Hilfe einer Mischung von Induktion und Deduktion gearbeitet, die in der Wissenschaftstheorie „Abduktion" genannt wird und dem „pattern building" des Institutionalismus nahe kommt. Und es werden positive und normative Elemente miteinander gemischt – in der Überzeugung, dass jede wissenschaftliche Position, auch eine solche, die sich als wertfrei bezeichnet, Werturteile in sich trägt. Es kommt jedoch darauf an, diese offen zu legen.

2 Theoriegeschichtliche Spurensuche

Mikroökonomische Theorie aus sozial-ökologischer Perspektive (MiSÖP) versteht sich als Handlungstheorie, hieß es oben. Es ist eine Theorie, die das Handeln aktiver Menschen erklärt, die zur Gestaltung ihres Lebens wirtschaften müssen und dies nach Prinzipien tun, von denen sie glauben, dass sie, im Rahmen ihrer Möglichkeiten, ihnen ein möglichst „gutes Leben" sichern. Sie tun dies nicht allein, sondern in Gemeinschaft mit anderen und im gesellschaftlichen Zusammenhang.

Ökonomisches Handeln als aktiv und damit auch autonom bzw. selbstbestimmt zu verstehen, setzt mindestens dreierlei voraus:

Erstens, dass die zur Verfügung stehenden Mittel ausreichen, um mehr als die existenz-notwendigen Bedürfnisse zu befriedigen. Ist dies nicht der Fall, ist die Rede von Aktivität und Selbstbestimmtheit reiner Hohn. Für die modernen kapitalistischen Gesellschaften ist diese Annahme als durchschnittliche Annahme sicherlich zutreffend. Die meisten Menschen in diesen Gesellschaften haben mehr als das Existenzminimum zur Verfügung. Knappheit heißt für sie nicht absolute Knappheit, sondern ist relativ im Verhältnis zu ihren Lebensvorstellungen jenseits eines Existenzminimums zu verstehen. Für viele Menschen in den Ländern der sogenannten Dritten Welt oder des „Südens" gilt das jedoch nicht. Insofern wird hier deutlich: MiSÖP ist ein Theorieentwurf, der sich zunächst auf die Entwicklung der kapitalistischen Länder in Europa und Nord-Amerika bezieht. Was davon auf andere Gebiete übertragbar ist, muss im je konkreten Fall geklärt werden.

Zweitens setzt die Vorstellung selbstbestimmten ökonomischen Handelns voraus, dass dies Handeln im Rahmen gesellschaftlicher Normen geschieht, die es als „gut", „richtig" oder „passend" gelten lassen. Die persönliche Freiheit kann sich nur im Rahmen gesellschaftlicher Regelungen entfalten. Ansonsten stößt sie schnell an die Grenzen anderer individueller Freiheitsvorstellungen.

Drittens schließlich ist autonomes wirtschaftliches Handeln „in Reinform" nur möglich bei Abwesenheit von Macht. Denn unterliegt jemand der Macht durch andere, so ist er/sie nicht nur nicht in der Lage, seinen/ihren Handlungswillen zu realisieren, sondern er/sie wird gezwungen, den Willen anderer auszuführen. Diese Vorstellung von Macht geht auf Max Weber zurück. Bei ihm heißt es:

> „Macht bedeutet jede Chance, innerhalb einer sozialen Beziehung den eigenen Willen auch gegen Widerstreben durchzusetzen, gleichviel worauf diese Chance beruht" (Weber 1964 [1922]: 38).

Damit wird sofort deutlich, dass die Annahme einer machtfreien Gesellschaft ganz unrealistisch ist. Die drei oben diskutierten gesellschaftlichen Verhältnisse (Eigentumsverhältnisse, Geschlechterverhältnisse, Mensch/Natur-Verhältnisse) beinhalten alle Dimensionen von Macht. Insofern kann sich Handlungsautonomie immer nur im Rahmen solcher gesellschaftlicher Strukturen entwickeln.

Die raum-zeitliche Beschränkung der Theorie, die oben angesprochen wurde, gilt auch für die Theoriegeschichte, der wir uns in den folgenden Seiten zuwenden, um in ihr nach Spuren einer ökonomischen Handlungstheorie zu suchen, die zum Verständnis heute geltender ökonomischer Theorien und als Material zur Ausformulierung von MiSÖP nützlich sind. Es ist die Geschichte ökonomischer Theorien im entstehenden und sich entwickelnden Kapitalismus europäischer und nord-amerikanischer Prägung. Allerdings gehen in ihre philosophischen Grundlagen häufig Gedanken und Lebensvorstellungen anderer Kulturen ein, als Weltverständnis der/des jeweiligen Theoretikerin/ers oder als Kritikgrundlage in der Auseinandersetzung mit anderen Auffassungen.

Bevor wir nun in die Theoriegeschichte eintauchen, ist ein Hinweis nötig: Jede/Jeder von uns WirtschaftswissenschaftlerInnen interpretiert die Geschichte mit ihren/seinen eigenen Kategorien, interpretiert sie auf der Basis ihrer/seiner eigenen Bilder von der Welt und Vorstellungen von den Wichtigkeiten in der ökonomischen Theorie. So gibt es viele Interpretationen der Theoriegeschichte, die sich stark unterscheiden. Derselbe Text wird, auf den jeweils unterschiedlichen wissenschaftlichen Folien, ganz unterschiedlich interpretiert. Deshalb geht es auch im folgenden nicht um *die richtige* Interpretation, sondern um *eine* Interpretation, eine Interpretation aus der Perspektive ökonomischer Theorie als Handlungstheorie.

Dabei sei daran erinnert, dass die Teilung in Mikro- und Makroökonomik, wie bereits erwähnt, erst Mitte des 20. Jahrhunderts erfolgte. So kann denn in der Theoriegeschichte nicht zwischen diesen beiden Theoriegebieten unterschieden werden. Die Geschichte der Mikroökonomik ist zunächst die Geschichte der Wirtschaftswissenschaft allgemein. Dennoch können wir, mit Hilfe von spezifischen mikroökonomischen Fragestellungen, unseren Blick in die Theoriegeschichte hinein konzentrieren.

Gemäß den bisher geäußerten Grundgedanken stehen in unserer theoriegeschichtlichen Spurensuche folgende Fragen im Mittelpunkt:

1. Wie wird der *Gegenstandsbereich* der jeweiligen Theorie bestimmt?

2. Welche *Naturbilder* spielen eine Rolle?
3. Wie werden welche *Menschen* mit welchen *ökonomischen Handlungen* erfasst?
4. Wie wird die *Koordination* der Handlungen erklärt?
5. Wie wird die Schaffung ökonomischer *Werte* diskutiert, und welche *Bewertungsprozesse* spielen eine Rolle?
6. Wie wird die *gesellschaftliche Wohlfahrt* konzipiert?

Theorien entstehen nicht im sozial leeren Raum, sondern sie sind immer auch Ausdruck der Probleme und Widersprüche ihrer Zeit. Deshalb beginnt die Diskussion der jeweiligen Theorieentwürfe mit einer kurzen Skizze der historischen Zusammenhänge, in denen sie entstanden sind.

2.1 Die Physiokraten: Die Gründung des Werts auf die Natur

2.1.1 Historische Zusammenhänge

(a) Physiokratie heißt Naturherrschaft. Das Konzept der Physiokraten entstand im 18. Jahrhundert in Frankreich, am Ende der Zeit des sogenannten Merkantilismus. Dieser hatte die französische Landwirtschaft in eine Krise gebracht, die Bauern waren verarmt; die enorme Steuerlast, die ihnen zur Finanzierung u. a. von Kriegen (z. B. Spanischer Erbfolge- und Siebenjähriger Krieg) auferlegt wurde, führte zu großen politischen Spannungen, die sich im Endeffekt in der französischen Revolution von 1789 entluden.

(b) Die wesentlichen Züge des Merkantilismus lassen sich folgendermaßen kennzeichnen:

> „Edelmetall und andere Kostbarkeiten sind die Grundlage jeden Reichtums; der Außenhandel wird so betrieben, daß ein Zufluß von Münzmetall erfolgt; Förderung der Industrie durch die Ermöglichung billiger Rohmaterial-Importe; Schutzzölle auf importierte Gewerbegüter; Förderung der Exporte, insbesondere von fertigen Produkten; die Bedeutung des Bevölkerungswachstums und niedriger Löhne. Es ist der Kerngedanke der merkantilistischen Doktrin, daß eine aktive Handelsbilanz irgendwie den nationalen Reichtum fördert. ... Die Merkantilisten propagieren ehrgeizig die Ansammlung von Hartgeld oder „Schätzen"; Geld wurde mit Kapital gleichgesetzt und eine aktive Handelsbilanz mit dem jährlichen Überschuß des Einkommens über den Konsum" (Blaug 1971: 42).

Geld belebt den Handel, das war die Kernaussage der monetären Theorie des Handelsvolumens der Merkantilisten. Und niedrige Preise waren diesem Handelsvolumen ebenfalls zuträglich. Gemäß der Philosophie der Merkantilisten, Rohstoff zu importieren, ihn im Inland verarbeiten zu lassen und als Fertigwaren wieder zu exportieren, waren diese niedrigen Preise auch notwendig, um das Lohnniveau niedrig zu halten. Eben deshalb wurde vor allem die Landwirtschaft besteuert, nicht das verarbeitende Gewerbe. Dabei trugen die direkt in der Landwirtschaft Tätigen, die Bauern, diese Steuerlast. Dies war einer der Gründe der breiten Beteiligung der Bauern an der französischen Revolution.

(c) Hier lag der Ansatz der Kritik der Physiokraten. Gerade diese steuerliche Belastung der Landwirtschaft hielten sie für falsch. Die physiokratische Theorie entstand insofern als Theorie in politischer Absicht – sie wollte eine Grundlage entwickeln für die Forderung, das Steuersystem zum einen zu vereinfachen und zum zweiten grundlegend zu verändern. Begründet werden sollte eine einzige Steuer auf den Grundbesitz gegenüber der Vielfalt der Steuern, die die Landwirtschaft belasteten.

Die Kernaussage dieser Theorie lautet: Die Natur allein ist produktiv. Die landwirtschaftliche Arbeit hilft, die Produktivkräfte der Natur zu entwickeln. Daher muss die Landwirtschaft gefördert und nicht über Steuern belastet werden.

2.1.2 Das Tableau Économique von François Quesnay (1694 – 1774)

(a) In der physiokratischen Lehre wird Ökonomie als Doppeltes begriffen, als stofflicher und als wertmäßiger Kreislauf. Und Ökonomie wird auch begriffen als Einheit von Produktion und Reproduktion. D. h., der Produktionsprozess wird nicht nur bezüglich seines Nettoergebnisses untersucht, sondern auch gleichzeitig bezüglich der Frage, wie die produktiven Faktoren in diesem Prozess wiederhergestellt (reproduziert) werden. Diese Reproduktion betrifft auch die Natur, die eigentliche produktive Kraft. Die Menschen sind gehalten, entsprechende Grenzen bei ihren Eingriffen in die Natur zu akzeptieren.

In der Vorstellung der Physiokratie gibt es zwar nur eine Art menschlicher Produktivität, die Arbeit in der Landwirtschaft. Hier eben hilft die menschliche Arbeit, die Produktivität der Natur zu entfalten. Insgesamt gibt es jedoch drei Klassen:

- die produktive Klasse, die Pächter und Landarbeiter (hier vermischt die Physiokratie die Rolle der landwirtschaftlichen Unternehmer, der Pächter, und der eigentlichen landwirtschaftlichen Arbeitskräfte);
- die besitzende Klasse, die Grundeigentümer;
- die sterile Klasse, die Handwerker, Gewerbetreibenden und Händler.

Das für die Gesellschaft zur Verfügung stehende Bruttoprodukt wird ausschließlich von der produktiven Klasse hergestellt. Sie behält davon den Teil, der nötig ist, um die jährlichen Vorschüsse zu ersetzen (avances annuelles). Da auch die sterile Klasse Vorschüsse in Form von Arbeitsmitteln (avances primitives) gemacht hat, erhält sie ebenfalls einen entsprechenden Teil des Bruttoprodukts zu deren Ersatz. Das Nettoprodukt geht insgesamt an die besitzende Klasse. Diese hat die Aufgabe, die langfristigen Vorschüsse, z. B. für Maßnahmen der Bodenmelioration (avances foncières), zur Verfügung zu stellen. Sie hat also die Verantwortung für die Qualität des Bodens. Das legitimiert sowohl ihr Eigentum als auch die Aneignung des Nettoprodukts. Gesichert wird dieses Eigentum durch die politische Macht, die daher auch einen Anspruch auf einen Teil des Nettoprodukts hat. Hier liegt die Begründung für den Vorschlag der Physiokraten, eine einzige Steuer zu erheben, und zwar eine Steuer auf den Grundbesitz. „Allein die oberste Macht, welche das Eigentum der Untertanen sichert, hat ein ursprüngliches Recht auf Anteil an den Früchten des Bodens, des alleinigen Quells der Reichtümer" (Quesnay 1976 [1757]: 296). Der Gesamtzusammenhang wird in einem ökonomischen Tableau folgendermaßen dargestellt:

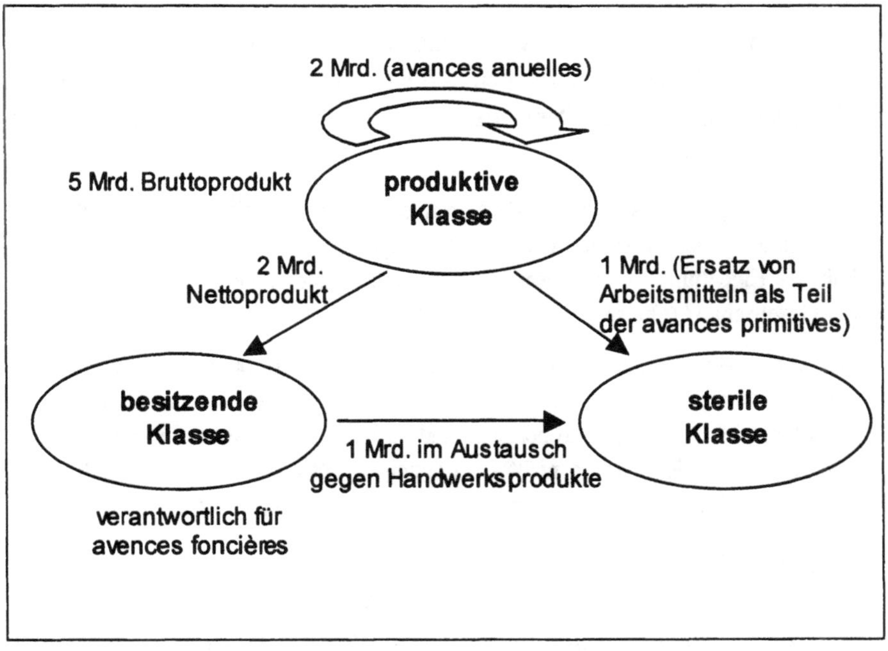

Abb. 4: Das Tableau Économique

(b) Die Zahlen drücken aus: Die produktive Klasse macht Vorschüsse pro Jahr in Höhe von 2 Milliarden (z. B. Tonnen Getreide für Saatgut sowie als Nahrungsmittel der LandarbeiterInnen). (Wir befinden uns hier in einer Ökonomie mit nur einem Produkt, was gleichzeitig als Konsumgut und als Produktionsmittel verwendet wird.) Mit deren Hilfe erzeugt sie ein Bruttoprodukt von 5 Milliarden. Davon behält sie zwei Milliarden für den Ersatz ihrer Vorschüsse und gibt eine Milliarde an die sterile Klasse ab, die ihr in Form vom Arbeitsmitteln ebenfalls Vorschüsse gegeben hat. Das Nettoprodukt in Höhe von zwei Milliarden, der volkswirtschaftliche Reinertrag, geht an die besitzende Klasse. Im Austausch mit der sterilen Klasse, von der sie Handwerksprodukte erhält, gibt sie davon eine Milliarde ab, eine Milliarde behält sie als eigene Nahrungsmittel.

(c) Die Grundaussagen des Tableau Économique sind damit:

1. Die Gesellschaft besteht aus drei Klassen: der besitzenden Klasse, der produktiven Klasse, der sterilen Klasse.
2. Das gesellschaftliche Produkt wird ausschließlich von der produktiven Klasse hergestellt. Die beiden anderen Klassen hängen von ihr ab. Handwerker und Händler (sterile Klasse) tragen nicht zur Wertschöpfung bei, sondern kombinieren nur von der produktiven Klasse produzierte Rohmaterialien und konsumieren sie.
3. Die Landarbeiter erhalten einen Existenzminimumlohn. Er dient der Reproduktion ihrer Arbeitskraft.
4. Die Bodenrente ist Ergebnis der Produktivkräfte der Natur in Kombination mit der landwirtschaftlichen Arbeit. Sie fällt jedoch zu Recht den Grundeigentümern zu. Denn diese haben eine sehr bedeutende Funktion in diesem Prozess:

   „Daß das Eigentum an den Ländereien und an den beweglichen Reichtümern denjenigen gesichert sei, die deren rechtmäßige Besitzer sind; denn die Sicherheit des Eigentums ist die wesentliche Grundlage der ökonomischen Ordnung der Gesellschaft“ (Quesnay 1976 [1757]: 295), und:

   „Ohne die Sicherung des Eigentums bliebe das Land unbebaut. Es gäbe weder Eigentümer noch Pächter, die all dort die notwendigen Ausgaben machten, um es auf die Verwertung vorzubereiten und es anzubauen, wenn die Erhaltung des Fonds und der Erträge nicht für diejenigen gesichert wäre, die die Vorschüsse für diese Ausgaben leisten“ (Quesnay 1976 [1757]: 295/6).

5. Es gibt noch keine eigenständige Profittheorie.
6. Die Physiokraten haben erste Kapitalbegriffe:
   - zirkulierendes Kapital (avances annuelles) in Form von Saatgut und Nahrungsmitteln für die Landarbeiter;
   - fixes Kapital als Viehbestand, Gebäude, Werkzeuge (avances primitives) und Drainagen, Zäune etc. (avances foncières).

Versuchen wir, die Reproduktion der Kapitalvorschüsse im Tableau Économique mit Hilfe der von Quesnay selbst vorgegebenen Zahlen nachzuvollziehen, so wird deutlich, dass die Zahlen nicht stimmig sind. Insofern ist das Tableau Économique quantitativ fehlerhaft. Das schränkt jedoch nicht seine qualitative Bedeutung ein, die in der Berücksichtigung des Erhalts der produktiven Grundlagen des Kreislaufs liegt.

(d) Die Physiokraten werden häufig interpretiert als Anhänger eines wirtschaftlichen Liberalismus. Von ihnen stammt die Parole «Laissez faire, laissez passer, le monde va de lui même». Diese Vorstellung geht zurück auf die Philosophie der Stoa, die auf den Verlauf der natürlichen Gesetze setzt. Es ist diese „ordre naturel", in die sich die menschliche Ordnung, die „ordre positif", einzupassen hat. Leben im Einklang mit der Natur – aus dieser Vorstellung kommt die Forderung des „laissez faire" der Physiokratie (vgl. dazu Immler 1985).

Diese gesellschaftlich-politische Ordnung, die sozusagen der Natur abgeguckt worden ist, bestimmt auch die Verteilung des aus der Natur gewonnenen Werts. Ökonomie wird so hierarchisch koordiniert, Märkte spielen keine aktive Rolle in diesem Koordinationsprozess. Normative Basis für die Gesellschaft ist dabei der Rekurs auf die natürliche Ordnung. Alle menschlichen ökonomischen Handlungen haben sich in sie einzupassen. Denn ohne Natur kann die menschliche Arbeit nichts ausrichten. Der Mensch ist, so gesehen, „ein passives Wesen, erfüllt von Bedürfnissen" (Skourtus 1994: 41).

2.1.3 Werttheorie und Wertbildungsprozess

(a) Wert, das wurde schon deutlich, wird in der Physiokratie verstanden als physischer Naturwert. Der Boden ist der alleinige Quell der Reichtümer, die landwirtschaftliche Arbeit hilft, diese hervorzubringen. Arbeit allein ist nicht produktiv. Die Wertlehre der Physiokratie wird daher als „Naturwertlehre" bezeichnet.

(b) Der Wertbildungsprozess ist im Großen und Ganzen identisch mit dem Produktionsprozess. Die Zirkulation des produzierten Reichtums hin zu der besitzenden und der sterilen Klasse tragen nichts zur Wertbildung bei. Die gesellschaftliche Organisation dieses Prozesses ist notwendig, aber nicht wertbildend. Die schon entstandenen Manufakturen und die aktiven Handelstätigkeiten werden von der Physiokratie als nicht produktiv behandelt.

(c) Die Physiokraten kennen jedoch auch andere Wertbegriffe: „Gebrauchswert" und „Tauschwert". Beides sind jedoch keine eigenständigen Wertbegriffe, sondern sie beruhen auf dem Naturwert, drücken diesen sozusagen nur aus. Genauer: Der Naturwert drückt sich in den Naturprodukten, d. h. in den Gebrauchswerten aus. Tauschwerte wiederum sind nichts weiter als die Form, die die Gebrauchswerte im Tausch annehmen. Da dieser Tausch schon zu Quesnays Zeiten mit Geld vonstatten ging, ist der Tauschwert nichts weiter als der Geldausdruck des Gebrauchswerts der Naturprodukte. Die Gesellschaft bedarf dieser Form, um den Naturwert unter den Gesellschaftsmitgliedern gemäß der gesellschaftspolitischen Ordnung zu verteilen. Diese Ordnung ist dabei selbst Abbild der natürlichen Ordnung:

> „Ohne den freien Wettbewerb im einzelnen zu analysieren, betrachten die Physiokraten ökonomische Freiheit als eine Form höherer Gewalt, der die Regelung der Preise im Einklang mit der natürlichen Ordnung überlassen werden konnte" (Pribram 1992, Bd. 1: 215).

(d) Die Natur produziert, der Mensch hilft – welches Bild von Natur findet sich bei der Physiokratie? Es ist nicht mehr die wilde Natur, sondern eine gezähmte Natur, gezähmt in der Landwirtschaft. Natur wird mit Boden identifiziert, der bearbeitet werden kann. Grundlage der Wertbildung gemäß der physiokratischen Theorie ist also menschliche Macht über die Natur. Diese Macht drückt sich, wie schon deutlich wurde, im feudalen Bodeneigentum, gesichert durch die politische Macht, aus. Sie drückt sich aber auch aus in den Eingriffen der landwirtschaftlichen Arbeit in den Boden. Zwar gilt es, gemäß der „ordre naturel", dessen Reproduktionsfähigkeiten zu beachten – dennoch scheint hier schon ein Naturbild durch, wie es in späteren Theorien verstärkt wird: Ein mechanistisches Naturbild – das Bild von einer Natur, der der Mensch äußerlich ist, der er gegenübersteht.

2.1.4 Gesamteinschätzung

(a) Im Ergebnis können wir festhalten: In der physiokratischen Theorie folgen alle ökonomischen Handlungsanweisungen aus der natürlichen Ordnung und der Grundüberzeugung, dass nur die Natur (der Boden) Werte produziert. Gesellschaftlich wird diese Ordnung über die politische Macht gesichert. Innerhalb dieser Hierarchie gibt es keine marktmäßigen Bewertungsverfahren. Ökonomisches Handeln erfolgt in Bezug auf die natürliche Ordnung. Diese gibt die normative Grundlage des Handelns der Menschen ab. Insofern als diese Norm ihnen vorgegeben ist, sind sie „passiv".

(b) Ist eine solche Naturwertlehre heute noch aktuell? Die Antwort lautet: ja und nein. Ja, weil aufgrund der wachsenden Umweltprobleme immer deutlicher wird, dass die moderneren Wertlehren, die die Natur vollständig aus ihrer Werttheorie verbannt haben, hier offensichtlich eine Lücke konstruiert haben, die dazu geführt hat, dass die Natur maßlos benutzt und vernutzt worden ist. Insofern wird heute wieder eine ökonomische Theorie eingefordert, die die physische Produktion und Reproduktion mit in den Blick nimmt. Die Antwort lautet aber insofern nein, als zur Entwicklung einer solchen ökonomischen Theorie sicherlich nicht einfach die Physiokratie wiederbelebt werden kann – allein die Vernachlässigung der Wertbildungsfunktion der Arbeit in den Manufakturen, später in der Industrie, macht das deutlich. Die grundlegende Konzeption der Physiokratie jedoch, Ökonomie auch als physischen Prozess zu begreifen und Produktion und Reproduktion als Einheit zu sehen, wird heute als erkenntnisleitend für die Herausbildung einer Ökologischen Ökonomik angesehen (vgl. dazu Immler 1985).

(c) Das Gesamtkonzept und damit der Gegenstandsbereich der ökonomischen Vorstellungen der physiokratischen Theorie kann zusammenfassend folgendermaßen dargestellt werden (wobei zu berücksichtigen ist, dass Ökonomie und Gesellschaft in dieser Theorie noch in eins gehen):

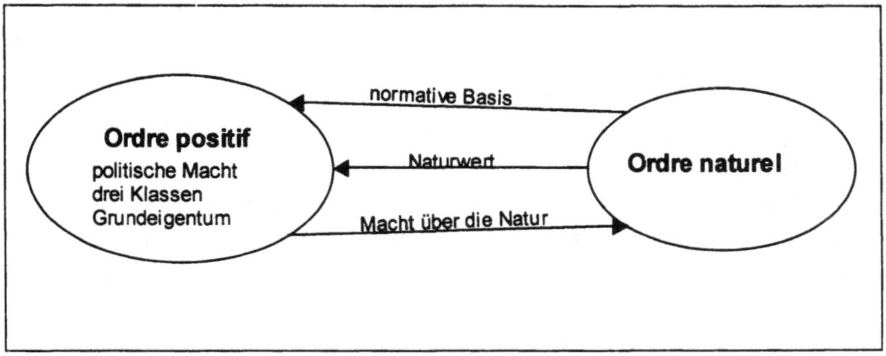

Abb. 5: Der Gegenstandsbereich der physiokratischen Theorie

2.2 Adam Smith (1723 - 1790): Die Gründung des Werts auf die (Erwerbs-)Arbeit

2.2.1 Historische Zusammenhänge

(a) Die Physiokratie bleibt auf Frankreich beschränkt. Der Ursprung dessen, was wir heute „Klassische Politische Ökonomie" nennen, liegt in Großbritannien, genauer: in Schottland, wo Adam Smith im Kreis schottischer Intellektueller seine Auffassungen von der kommenden bürgerlichen Konkurrenzgesellschaft formuliert (vgl. Hurtienne 1984).

Smith kennt die Physiokratie. Aber er sieht in ihr viele Irrtümer. So heißt es in einem Hauptwerk von ihm, das als „Wealth of Nations" bzw. im Deutschen als „Wohlstand der Nationen" bekannt ist:

> „Dieses System, welches das Erzeugnis des Bodens als die einzige Quelle des Einkommens und Wohlstandes eines jeden Landes darstellt, hat, soviel ich weiß, noch bei keiner Nation Aufnahme gefunden und existiert bis jetzt nur in der Theorie einiger sehr gelehrter und begabter Männer in Frankreich. Es würde gewiß nicht der Mühe lohnen, die Irrtümer eines Systems, das noch nirgends in der Welt Schaden angerichtet hat und auch wohl niemals anrichten wird, weitläufig auseinanderzusetzen. (Smith 1973 [1776], Bd. 2: 329 (angegeben sind die Zahlen am Fuß der Seiten)).

Als Hauptirrtum der Physiokraten bezeichnet Smith die Behandlung der „sterilen Klasse“ als unproduktiv.

(b) Smith, der Moralphilosoph, hat im England des 18. Jahrhunderts schon die frühbürgerliche Konkurrenzgesellschaft vor Augen, mit Privateigentum an Produktionsmitteln und entwickelten Warentauschbeziehungen. Die wirtschaftliche Entwicklung ist hier schon viel weiter gediehen als in Frankreich. Das mag diese Gegensätze erklären. Das „ökonomische System“, das Smith darlegen will und in dem er „Natur und Wesen des Volkswohlstands“ untersuchen will, besteht also schon in seinen wichtigsten Grundzügen. Er beschreibt diese Gesellschaft folgendermaßen:

> "Das ganze jährliche Produkt des Bodens und der Arbeit jeglichen Landes, oder, was auf dasselbe herauskommt, der ganze Preis dieses jährlichen Produktes zerfällt, wie bereits gezeigt worden ist, naturgemäß in drei Teile: die Grundrente, den Arbeitslohn und die Kapitalprofite, und bildet ein Einkommen für drei verschiedene Volksklassen: die, welche von der Rente leben, die, welche vom Lohn leben, und die, welche vom Profit leben. Dies sind die drei großen, ursprünglichen Klassen, aus denen jede zivilisierte Gesellschaft besteht, und von deren Einkommen schließlich das Einkommen jeder anderen Klasse herrührt“ (Smith 1973 [1776], Bd.1: 350).

Smith sieht also nicht nur die drei großen Klassen der bürgerlichen Gesellschaft, sondern auch die zentralen ökonomischen Kategorien des Lohnes, der Grundrente, des Profits sowie die Tatsache, dass sie Preisbestandteile sind. Er kann damit bei seiner theoretischen Analyse mit diesen Kategorien arbeiten.

Dabei ist für den Gesamtrahmen dieser Arbeit wichtig: Wie sich das ökonomische System als eigenständiges aus der Lebenswelt der Menschen erst herausbildet, so ist auch die ökonomische Wissenschaft bei Smith noch eingebettet in sein Gesamtwerk, das als einheitliche Vorlesungen über Moralphilosophie entstanden ist. Es sollte aus drei großen Werken bestehen, wovon das letzte nie gedruckt wurde:

- Theorie der ethischen Gefühle (1759),
- Wohlstand der Nationen (1776),
- Theorie und Geschichte des Rechts und der Regierung. (Dieses Werk wurde nie fertiggestellt und 1790 auf Anweisung von Smith kurz vor seinem Tod vernichtet. Für ihn sollte es allerdings sein wichtigstes Werk werden.)

(c) Der Grundgedanke der Theorie von Smith bezüglich der Wertbildung wird gleich im ersten Satz der Einführung zum „Wohlstand der Nationen“ folgendermaßen formuliert:

> „Die jährliche Arbeit eines Volkes ist der Fonds, der es ursprünglich mit allen Lebensbedarfs- und Genußgütern versorgt, die es jährlich konsumiert, ..." (Smith 1973 [1776], Bd. 1: 13).

Wohlstand entsteht also jetzt nicht mehr aus der Natur, sondern ausschließlich durch Arbeit. Die Naturwerttheorie der Physiokraten wird ersetzt durch die Arbeitswerttheorie. Gemeint ist damit die Erwerbsarbeit. Das heißt, dass in diesem Konzept von Arbeit der ganze Bereich der sorgenden Arbeit im Familienzusammenhang ausgespart, abgespalten wird. Schon hier wird deutlich, dass Smith im Entwurf der Theorie der neuaufkommenden kapitalistischen Ökonomie die alte geschlechtliche Arbeitsteilung nicht nur mitschleppt, sondern sie in eine Teilung von Ökonomie und Nicht-Ökonomie umdefiniert. Was in der Erwerbsarbeit, in den Unternehmen, am Markt geschieht, ist Ökonomie – was in der Sorge-Arbeit, in der Familie, in den Haushalten geschieht, ist Nicht-Ökonomie.

Wohlstand zu steigern bedeutet, die Produktivität der (Erwerbs-)Arbeit zu steigern. Das geschieht vor allem durch die Arbeitsteilung:

> „Die größte Vervollkommnung der Produktivkräfte der Arbeit und die vermehrte Geschicklichkeit, Fertigkeit und Einsicht, womit die Arbeit überall geleitet oder verrichtet wird, scheint eine Wirkung der Arbeitsteilung gewesen zu sein" (Smith 1973 [1776], Bd. 1: 17)

Gemäß dem auf Erwerbsarbeit reduzierten Arbeitsbegriff untersucht Smith die Arbeitsteilung von vornherein „in der allgemeinen Gewerbstätigkeit der Gesellschaft" (Smith 1973 [1776], Bd. 1: 5). Er diskutiert die Arbeitsteilung *in* einer Manufaktur und *zwischen* Manufakturen. Berühmt geworden ist sein Stecknadel-Beispiel: Hier vergleicht er Stecknadel-Produzenten, die alle Arbeitsschritte alleine machen und pro Tag maximal zwanzig Nadeln zustande bringen, mit einer arbeitsteiligen Produktion, in der sich zehn Arbeiter die verschiedenen Handgriffe zur Produktion der Nadeln aufteilen. Ihr tägliches Produkt beträgt dann 48.000 Nadeln, 4.800 Stück pro Kopf. Die Arbeitsteilung hat so zu einer 240-fachen Steigerung des Produktes geführt.

Dass es zur Arbeitsteilung kommt, ist für Smith kein Zufall, sondern menschliche Erfüllung. Arbeitsteilung entsteht aus einer natürlichen Eigenschaft der Menschen heraus, aus dem Hang zum Tauschen:

> „Diese Arbeitsteilung, aus welcher soviele Vorteile sich ergeben, ist nicht ursprünglich das Werk menschlicher Weisheit, welche die allgemeine Wohlhabenheit, zu der es führt, vorhergesehen und bezweckt hätte. Sie ist die notwendige, wiewohl sehr langsame und allmähliche Folge eines gewissen Hanges der menschlichen Natur, der keinen solch ausgiebigen Nutzen erstrebt, des Hanges zu tauschen, zu handeln und eine Sache gegen eine andere auszuwechseln" (Smith 1973 [1776], Bd. 1: 29).

Arbeitsteilung kann sich auf der Grundlage des Hanges zum Tauschen über Märkte entfalten – deren Ausdehnung bestimmt den Grad der Arbeitsteilung. Der Markt wird so zu einem zentralen Mechanismus in der Theorie von Adam Smith. Ein Blick auf das Gesamtmodell macht jedoch die Begrenzung dieses Marktprinzips deutlich.

2.2.2 Das Gesamtmodell: Zusammenspiel von Selbstinteresse, Moralität und staatlicher Regulierung

(a) Smith gilt heute für viele als derjenige, der die ökonomische Analyse auf dem Selbstinteresse der Menschen aufbaut (sogenanntes Egoismus-Prinzip). Zur Begründung dient in der Regel folgendes Zitat:

> „Wer einem anderen einen Handel anträgt, macht ihm den folgenden Vorschlag: Gib mir, was ich will, und du sollst haben, was du willst – das ist der Sinn jedes derartigen Anerbietens; und so erhalten wir voneinander den bei weitem größeren Teil der guten Dienste, die wir benötigen. Nicht von dem Wohlwollen des Fleischers, Brauers oder Bäckers erwarten wir unsere Mahlzeit, sondern von ihrer Bedachtnahme auf ihr eigenes Interesse. Wir wenden uns nicht an ihre Humanität, sondern an ihre Eigenliebe, und sprechen ihnen nie von unseren Bedürfnissen, sondern von ihren Vorteilen" (Smith 1973 [1776], Bd. 1: 30/31).

Die Menschen scheinen somit ausschließlich egoistisch handelnde Individuen zu sein, die nur das Erlangen ihres eigenen Vorteils antreibt. Damit dieses jeweils eigennützige Handeln jedoch zum gesamtgesellschaftlichen Optimum führt, ist das Wirken dessen nötig, was Smith „die unsichtbare Hand" nennt. Auch diese scheint zunächst ausschließlich auf eigennützigem Handeln zu beruhen. Denn im ersten Kapitel des zweiten Buches des Werkes „Reichtum der Nationen" (dieses Buch trägt die Überschrift „Wesen, Aufhäufung und Verwendung des Vorrats (Kapitals)"), wo es um den Kapitaleigentümer und dessen Kapitalanlage geht, heißt es:

> „Allerdings strebt er in der Regel nicht danach, daß allgemeine Wohl zu fördern und weiß auch nicht, um wieviel er es fördert. Indem er die einheimische Erwerbstätigkeit der fremden vorzieht, hat er nur seine eigene Sicherheit im Auge, und indem er diese Erwerbstätigkeit so leitet, daß ihr Produkt den größten Wert erhalte, verfolgt er lediglich seinen eigenen Gewinn und wird in diesem wie in vielen und anderen Fällen von einer unsichtbaren Hand geleitet, einen Zweck zu fördern, den er in keiner Weise beabsichtigt hat. Auch ist es nicht eben ein Unglück für die Gesellschaft, daß dies nicht der Fall war. Verfolgt er sein eigenes Interesse, so fördert er das der Gesellschaft weit wirksamer, als wenn er dieses wirklich zu fördern beabsichtigt" (Smith 1973 [1776], Bd. 2: 43/44).

Kapitaleigentümer werden so zum Vorbild für das sich später in der ökonomischen Theorie durchsetzende, nur durch seinen Eigennutz getriebenen Menschenbild. Aber sogar diese Kapitaleigentümer werden in ihren Handlungen begrenzt – begrenzt durch eine Moral, die es den eigennützig handelnden Individuen sozusagen vorschreibt, gemäß einer Art „Fairplay“ der Warenbesitzer zu handeln. Das wird deutlich, wenn wir zu der Untersuchung von „Reichtum der Nationen“ das zweite Hauptwerk von Smith, die „Theorie der ethischen Gefühle“, hinzuziehen. Dort macht Smith klar, dass die Basis eines Marktsystems mit eigennützigen Individuen Moral ist, die den Eigennutz in Grenzen hält.

(b) In der „Theorie der ethischen Gefühle“ spricht Smith von Menschen als solchen, die anderen sympatisch sein wollen und sich in andere hineindenken (*Sympathieprinzip, häufig auch benannt als Empathieprinzip*). In diesem Werk heißt es nämlich:

> „Mag man den Menschen für noch so egoistisch halten, es liegen doch offenbar gewisse Prinzipien in seiner Natur, die ihn dazu bestimmen, an dem Schicksal anderer Anteil zu nehmen, und die ihm selbst die Glückseligkeit dieser anderen zum Bedürfnis machen, obgleich er keinen anderen Vorteil daraus zieht, als das Vergnügen, Zeuge davon zu sein“ (Smith 1985 [1759]: 1).

Und an anderer Stelle:

> „In dem Wettlauf nach Reichtum, Ehre und Avancement, da mag er rennen, so schnell er kann und jeden Nerv und jeden Muskel anspannen, um all seine Mitbewerber zu überholen. Sollte er aber einen von ihnen niederrennen oder zu Boden werfen, dann wäre es mit der Nachsicht der Zuschauer ganz und gar zu Ende. Das wäre eine Verletzung der ehrlichen Spielregeln, die sie nicht zulassen könnten“ (Smith 1985 [1759]: 124).

Wo kommen diese „ehrlichen Spielregeln“ – wo kommt nun diese Moral her? Wie erklärt es sich, dass der sein Eigeninteresse verfolgende Mensch dieses Handlungsprinzip zugunsten der Mitmenschen begrenzt? Die Grundlage für eine Erklärung liegt in der schon genannten Fähigkeit der Menschen für Sympathie und Empathie. Sie können die Gefühle der anderen nachempfinden, und indem sie dies tun, richten sie ihr eigenes Tun an den Gefühlen der anderen aus. Smith sagt: Sie verhalten sich tugendhaft. Das wird in dem ersten der beiden o. g. Zitate deutlich. Mit Hilfe der Konstruktion eines „unparteiischen Beobachters oder Zuschauers“ wird aus diesen individuellen Gefühlen eine gesellschaftlich verbindliche Moral, die allgemeingültig ist. Das macht das zweite Zitat deutlich. Dieser „unparteiische Zuschauer“ repräsentiert die gesellschaftlich gültige Moral. Wird sie verletzt, zeigt er die Regelwidrigkeit der sittlichen Gefühle an, wodurch Präferenzänderungen ausgelöst werden. Diese Konstruktion einer gesellschaftlich verbindlichen Moral auf der Basis von

Menschen, die zu Sympathie/Empathie fähig sind, setzt eine gewisse Nähe der Anderen voraus. Wo aber finden sich solche Situationen – solch Andere, die nahe sind? Märkte sind ja gerade durch soziale Distanzen gekennzeichnet. Für Smith liegt die Antwort auf der Hand: Sie finden sich in der Familie. Smith plädiert denn auch für eine häusliche Erziehung und betont immer wieder die Wichtigkeit der Familie und die Rolle der Frau, das familiale Umfeld zu gestalten: ein Umfeld, wo neben Friede, Frohsinn, Harmonie und Zufriedenheit eben auch die Grundlage der Moral erzeugt wird, die die Menschen zur Eindämmung ihres Eigennutzes am Markt benötigen. Damit wird auch deutlich: Die Sorge-Arbeit von Frauen in der Familie, die Versorgungsökonomie, die Smith aus seinem Ökonomiebegriff ausgrenzt, ist für ihn eine Existenzbedingung für das Funktionieren von Märkten.

Neben der Beschränkung des Egoismus-Prinzipes am Markt durch Moral gibt es für Smith eine weitere Beschränkung – durch den Staat. Dieser hat die Aufgabe, für *Gerechtigkeit* zu sorgen. Seine Tätigkeit ist damit ebenfalls eine Voraussetzung des Marktes, dessen institutionelle Ordnung so beschaffen sein muss, dass die eigennützigen Individuen gleiche Ausgangsbedingungen haben und nach gleichen Spielregeln handeln. Zwar wird der Markt von Smith als „das klare und einfache System der natürlichen Freiheit" (Smith 1973 [1776], Bd. 2: 555/6 bezeichnet, aber dieses funktioniert eben nur in einem bestimmten Rahmen:

> „Nach dem System der natürlichen Freiheit hat das Staatsoberhaupt nur drei Pflichten zu beobachten, drei Pflichten freilich, die höchst wichtig, aber die auch ganz einfach und für den gemeinen Menschenverstand faßlich sind: 1. die Pflicht, die Gesellschaft gegen die Gewalttätigkeiten und Angriffe anderer unabhängiger Gesellschaften zu schützen, 2. *die Pflicht, jedes einzelne Glied der Gesellschaft gegen die Ungerechtigkeit und der Unterdrückung jedes anderen Gliedes derselben soviel als möglich zu schützen, d. h. die Pflicht, eine genaue Rechtspflege aufrechtzuerhalten* (Hervorhebung durch die Verfasser), 3. die Pflicht, gewisse öffentliche Werke und Anstalten zu errichten und zu unterhalten, deren Errichtung und Unterhaltung niemals in dem Interesse eines Privatmannes oder einer kleinen Zahl von Privatleuten liegen kann, weil der Profit daraus niemals einem Privatmanne oder einer kleinen Zahl von Privatleuten die Auslagen ersetzen würde, obwohl er in einer großen Gesellschaft oft mehr als die Auslagen ersetzen würde" (Smith 1973 [1776], Bd. 2: 364).

(c) Damit wird klar, dass die Metapher von der „unsichtbaren Hand" bei Smith *keine Rechtfertigung für einen ungeregelten Marktmechanismus* bietet. Vielmehr ist dieser bei Smith eingebunden in die Prinzipien von Sympathie und Gerechtigkeit. Die Wohlfahrtsfunktion des Marktes kann sich nur entfalten, wenn der Staat und die Gesellschaft die entsprechenden Rahmenbedingungen so gestalten, dass es nicht zu Ungerechtigkeiten kommt. Insofern erweist sich Adam Smith schon als Vorläufer des Institutionalismus (vgl. dazu Abschn. 2.7). Der zweite Grund für die notwendige Regelung des Marktmechanismus ist in der dritten Staatsfunktion angesprochen. Hier wird deutlich, dass allein aufgrund des Egoismus-Prinzips viele Straßen nicht gebaut, viele Krankenhäuser, Schulen, Kunsthallen und Theater nie entstanden wären. Für Smith gibt es gesellschaftliche Aufgaben, die nicht durch den Marktmechanismus gewährleistet werden und daher Sache des Staates sind. (Allerdings hat Smith empfohlen, diese Aufgaben nicht durch allgemeine Steuern sondern z. B. im Falle von Straßenbau durch Maut zu finanzieren.)

Soweit ist die Einbettung des Marktes in der Smith'schen Theorie auf der Grundlage der abgetrennten Versorgungsökonomie und des Staates deutlich geworden. Im weiteren bleibt noch zu klären, wie Smith das Geschehen im Markt im Rahmen dieser Einbettungen analysiert. Das ist vor allem eine Frage seiner Wert- und Preistheorie.

2.2.3 Wert- und Preistheorie bei Adam Smith

(a) Der *Wertbegriff* wird von Smith von vornherein als doppelter gesehen, als *Gebrauchswert* und als *Tauschwert*. (Diese beiden Begriffe kennen wir schon von Quesnay.)

> „Das Wort *Wert* hat, – was wohl zu bemerken ist, – zweierlei Bedeutung, und drückt bald die Brauchbarkeit einer Sache, bald die Möglichkeit aus, mittels des Besitzes dieser Sache andere Güter zu erlangen. Das eine mag *Gebrauchswert*, das andere *Tauschwert* genannt werden. Dinge, die den größten Gebrauchswert haben, haben oft wenig oder keinen Tauschwert und umgekehrt: die, welche den größten Tauschwert haben, haben oft wenig oder gar keinen Gebrauchswert. Nichts ist brauchbarer als Wasser, aber man kann kaum etwas dafür erhalten; man kann fast nichts dafür eintauschen. Dagegen hat ein Diamant kaum einen Gebrauchswert, und doch ist oft eine Menge anderer Güter dafür im Tausch zu haben“ (Smith 1973 [1776], Bd. 1: 47).

Diese Aussage ist als These von „Werteparadoxen” in die Theoriegeschichte eingegangen.

Der Gebrauchswert ist hier definiert als konkrete Nützlichkeit der Ware, während der Tauschwert die Fähigkeit darstellt, andere Güter im Tausch zu erwerben. Hieraus ergibt sich die Frage, welches das Maß für diesen Tauschwert ist. Hier ist Smith's Antwort eindeutig: Dieses Maß ist die Arbeit.

> „Demnach ist der Wert einer Ware für denjenigen, der sie besitzt und nicht selbst zu gebrauchen oder zu verzehren, sondern gegen andere Waren auszutauschen gedenkt, der Quantität Arbeit gleich, welche sie ihn dafür zu kaufen oder sich dienstbar zu machen befähigt. Die Arbeit ist also der wahre Maßstab des Tauschwertes aller Waren“ (Smith 1973 [1776], Bd. 1: 49).

Smith kommt in seiner Wertanalyse von der Tauschebene her, nicht wie Quesnay von der Produktionsebene. Er sucht nach dem, was sich tauscht, wenn Waren miteinander getauscht werden – eben nach dem Tauschwert. Er findet die Arbeit. Damit diese die Rolle des Maßes des Tauschwertes spielen kann, muss ihr eigener Wert beständig sein. Das setzt Smith nach einigen Überlegungen voraus:

> „Nur die Arbeit, die niemals in ihrem eigenen Werte schwankt, ist daher das letzte und wirkliche Maß, wonach der Wert aller Waren immer und überall geschätzt und verglichen werden kann. Sie ist ihr wirklicher Preis: Geld ist nur ihr Nominalpreis" (Smith 1973 [1776], Bd. 1: 53).

In seiner weiteren Untersuchung wechselt Smith jedoch die Perspektive und geht, um den Gehalt der Waren an Arbeit zu erklären, zur Produktion über. Das wird deutlich in seinem berühmten Beispiel vom Biber-Jäger und Hirsch-Jäger. Hier schreibt er:

> „In jenem frühen und rohen Zustand der Gesellschaft, welcher der Kapitalanhäufung und Landaneignung vorhergeht, scheint das Verhältnis der zur Beschaffung verschiedener Dinge nötigen Arbeitsquantitäten zueinander der einzige Umstand zu sein, der eine Regel für den Tausch derselben bilden kann. Wenn z. B. bei einem Jägervolke zweimal soviel Arbeit kostet, einen Biber zu erlegen, als das Erlegen eines Hirsches erfordern würde, so wird natürlich ein Biber zwei Hirsche Wert sein, oder dafür in Tausch gehen. Es ist natürlich, daß dasjenige, was gewöhnlich das Produkt von zweier Tage oder zweier Stunden Arbeit ist, doppelt soviel Wert sei, als das, was das Produkt von eines Tages Arbeit oder einer Stunde Arbeit zu sein pflegt" (Smith 1973 [1776], Bd. 1: 71/72).

Bezeichnen wir Biber mit B, Hirsch mit H und messen die Arbeit in Arbeitsstunden, so gilt:

1B = 2 Stunden, 1 H = 1 Stunde.

Das Austauschverhältnis lautet:

1 Biber = 2 Hirsche oder: Der Tauschwert des Bibers beträgt 2 Stunden.

Der Tausch ist Äquivalententausch, gleiches wird gegen gleiches weggegeben. Die Gleichheit liegt in der zur Herstellung der Waren nötigen Arbeit, nicht in ihrem Gebrauchswert. Der ist verschieden.

Solange nur Arbeit zur Produktion nötig ist (was hier vorausgesetzt ist), gehört nach Smiths Meinung auch das ganze Produkt dem Arbeiter. D. h., dass auch der Lohn (L) zwei Arbeitsstunden gleich ein Biber beträgt.

Das gilt jedoch nur bei Abwesenheit von Kapital- und Bodeneigentum. Die Wirklichkeit der bürgerlichen Gesellschaft kennt aber gerade diese beiden

Eigentumsarten und kennt somit Kapitalprofit und Bodenrente. Smith macht es sich daher zur Aufgabe, auch diese beiden Kategorien als Bestandteile des Warenpreises zu erklären.

(c) Zunächst führt Smith *Kapital und Kapitalprofit* ein.

Lautete die Preisgleichung in Abwesenheit von Kapital- und Bodeneigentum $P = L$, so lautet sie jetzt:

$$P = MK + L + Pr$$

mit: P = Preis,
MK = Materialkosten,
L = Lohn, Pr = Profit

Setzen wir der Einfachheit halber die Materialkosten = 0, so gilt:

$$P = L + Pr = 2\,Stunden$$

Damit ist der Profit innerhalb des Wertes definiert, er ist Teil des Wertes:

> „Es zerfällt folglich der Wert, den die Arbeiter dem Material hinzufügen, in diesem Falle in zwei Teile, von denen der eine den Arbeitslohn bestreitet, der andere den Profit, den der Arbeitgeber für das ganze Kapital an Material und Arbeitslohn, das er vorgestreckt hat, erhalten muß" (Smith 1973 [1776], Bd. 1: 73).

Der Preis entspricht hier zwar noch dem Wert, aber der Arbeiter erhält nicht mehr den ganzen Wert, sondern der Kapitaleigentümer kann sich aufgrund seines Kapitaleigentums einen Teil des vom Arbeiter hergestellten Wertes aneignen. Kapitaleigentum ist hier Aneignungsmacht.

Auf dieser Stufe der Analyse führt Smith die Profitrate ein. Sei diese r, und sei das Kapital K, so gilt jetzt für den Profit:

$$Pr = rK$$

Das Kapital besteht aus dem Vorschuss für das Material und den Lohn, d. h.:

$$Pr = r(MK + L)$$

Mit Hilfe dieses Ausdrucks wird jetzt die Preisgleichung zu:

$$\begin{aligned} P &= MK + L + r(MK + L) \\ &= (1+r)(MK + L) \end{aligned}$$

Setzen wir wieder der Einfachheit halber die Materialkosten = 0, so folgt:

$$P = (1+r)L$$

Da die Lohnsumme L dem Produkt aus Lohnsatz l mal Arbeitsstunden St entspricht, gilt:

$$P = (1 + r)l\,St.$$

Damit hängt der Preis jetzt sowohl von der Profitrate als auch vom Lohnsatz ab.

Noch scheinen sich Wert- und Preisebene zu vertragen, noch wird der Wert bei Smith geschaffen durch Arbeit, noch teilt sich die Wertgröße in Lohn und Profit. Wie aber wird die Profitrate r bestimmt? Hierauf findet Smith keine Antwort. Er setzt eine einheitliche Profitrate wie selbstverständlich voraus, erklärt sie aber nicht.

Und weil Smith eine solche Theorie nicht entwickeln kann, gibt es jetzt einen methodischen Bruch in seiner Theorie. Die Profitrate wird zu einem selbständigen Preiselement, der Profit wird damit selbständig erklärt, ist nicht mehr Wertbestandteil, der sich zusammen mit dem Lohn zur gesamten Wertgröße addiert.

Als nächste Stufe führt Smith *Bodeneigentum und Grundrente* ein. Hier kommt er zu ähnlichen Ergebnissen wie bei der Untersuchung von Kapitaleigentum und Kapitalprofit. Nennen wir die Grundrente R, so gilt jetzt für die Preisgleichung (bei Annahme der Materialkosten = 0)

$$P = L + Pr + R.$$

Die Rente wird von vornherein nicht mehr als Teil angesehen, in den der durch Arbeit geschaffene Wert zerfällt. Vielmehr werden jetzt alle drei Bestandteile des Preises als eigene Wertquellen bezeichnet: „Arbeitslohn, Profit und Rente sind die drei ursprünglichen Quellen sowohl allen Einkommens als auch aller Tauschwerte“ (Smith 1973 [1776], Bd. 1: 78).

Damit steckt Smith in einem Dilemma: Der Wert entsteht bei ihm nur durch Arbeit, und damit müsste aller Wert auch der Arbeit als Lohn zustehen. Das entspräche dem Prinzip des Äquivalententausches. Gleichzeitig sieht Smith jedoch, dass der Preis neben dem Lohn die Bestandteile Profit und Rente enthält. Es gelingt ihm nicht, dieses von seiner Arbeitswerttheorie her zu erklären. Somit kann er nicht zwischen seiner Wertauffassung und seiner Preistheorie vermitteln. Stattdessen geht er über zu einer Komponenten-Theorie des Preises, die im Grunde eine Komponenten-Theorie des Wertes enthält. (Hier deutet sich das an, was wir später die „Produktionsfaktoren-Theorie“ nennen: Die Produktionsfaktoren Arbeit, Kapital und Boden haben eine je eigene Produktivität, die zu den jeweiligen Vergütungen Lohn, Profit und Rente führt.)

Folgerichtig versucht Smith daher, die verschiedenen Komponenten gesondert zu erklären: Er entwickelt eine eigenständige Lohntheorie, indem er den Lohn als eine Art Existenzminimum-Lohn erklärt. Er entwickelt eine eigene Rententheorie, indem er die Bodenrente als ihrer Natur nach einem Monopolpreis ähnlich beschreibt. Es gibt die Grundrente, weil es das Grundeigentum gibt. (Damit kommt über die Rente keinerlei Naturwert in die Werttheorie herein, wie es bei der Physiokratie der Fall war.)

Smith entwickelt jedoch keine eigene Profittheorie, sondern er bestimmt den Profit als Restgröße, als Residuum zwischen dem gesamten Preisausdruck und Lohn plus Rente.

Langfristig sieht Smith die Entwicklung folgendermaßen: Die Arbeitsteilung steigert die Arbeitsproduktivität. Das führt zu Wachstum, der Preisausdruck des Nationalprodukts steigt, und damit können Lohn, Profit und Rente gleichermaßen steigen. Langfristig wird es also allen durch die steigende Arbeitsteilung besser gehen - Smith wird deswegen in der Theoriegeschichte auch als „Optimist" bezeichnet.

(c) Bisher gibt es keinerlei Einfluss der Nachfrage auf den Preis. Er wird ausschließlich von der Angebotsseite her erklärt. Wir könnten auch sagen: Unbewusst haben wir die Übereinstimmung von Angebot und Nachfrage unterstellt. Um die Situation des *Abweichens von Angebot und Nachfrage* zu erklären, unterscheidet Smith zwischen dem *natürlichen Preis* und dem *Marktpreis*. Bisher haben wir den natürlichen Preis behandelt. Er ist der Preis, der besteht, wenn Lohn, Profit und Rente ihre „natürlichen Sätze" haben. Natürliche Sätze sind dabei „übliche" oder „durchschnittliche" Sätze in einer Gesellschaft.

> „Wenn der Preis einer Ware weder höher noch niedriger ist, als er sein muß, um die Grundrente, den Arbeitslohn und den Profit des auf Erzeugung, Bereitung und Transport bis zum Markte verwendeten Kapitals nach ihrem natürlichen Satze zu bezahlen, so wird die Ware für einen Preis, den man ihren natürlichen nennen kann, verkauft. Die Ware wird dann genau für das verkauft, was sie Wert ist" (Smith 1973 [1776], Bd. 1: 82).

Der tatsächliche Preis, den Smith Marktpreis nennt, kann von diesem natürlichen Preis abweichen. Diese Abweichung wird durch das Verhältnis von Angebot und Nachfrage geregelt.

> „Der Marktpreis einer Ware wird geregelt durch das Verhältnis der Quantität, die tatsächlich zum Markte gebracht wird, zur Nachfrage derer, welche Willens sind, den natürlichen Preis, d. h. den ganzen Wert von Rente, Arbeit und Profit, der gezahlt werden mußte, um sie bis dahin zu bringen, zu zahlen. Solche Leute kann man die wirksamen Nachfrager, und ihre Nachfrage die wirksame Nachfrage nennen" (Smith 1973 [1776], Bd. 1: 83).

Bezeichnen wir das Angebot mit A und die Nachfrage mit N sowie den natürlichen Preis pro Stück mit p_n und den Marktpreis mit p_m, so gilt:

$$A > N : p_n > p_m$$
$$A < N : p_n < p_m$$
$$A = N : p_n = p_m$$

Graphisch lässt sich das Verhältnis von natürlichem Preis und Marktpreis folgendermaßen darstellen (Da p den Stückpreis angibt und die Arbeitsproduktivität langfristig steigt, sinkt p langfristig.):

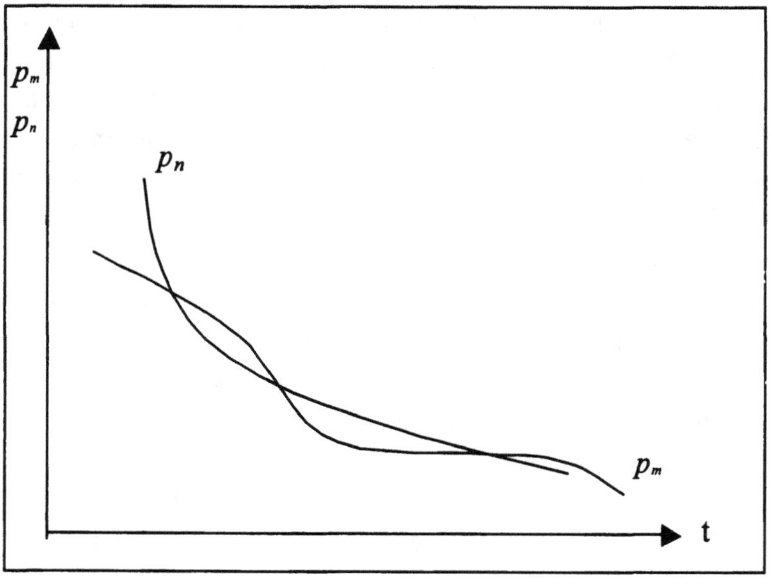

Abb. 6: Natürlicher und Marktpreis

Der natürliche Preis kann auch interpretiert werden als der Preis, der langfristig die gesellschaftliche Reproduktion sichert. Das lässt sich an der Bestimmung des natürlichen Lohnes zeigen: Es ist der Lohn, der das Leben der Arbeitenden sichert, also langfristig die Reproduktion der Arbeitskraft garantiert. Über diesen natürlichen Preis kommt insofern ein gesellschaftliches Regulativ in die Ökonomie herein, eine Art gesellschaftlicher Rationalität.

Langfristig tendieren bei Smith alle Marktpreise hin zum natürlichen Preis. Hinter dieser Tendenzaussage steht die Vorstellung, dass sich beim Abweichen von Angebot und Nachfrage das Angebot der wirksamen Nachfrage anpasst. Dieser Angebots-Nachfrage-Mechanismus verläuft bei Smith darüber, dass der geringe oder hohe Marktpreis Anbieter dazu anregt, ihre Produktion einzuschränken oder auszudehnen, wodurch es dann wieder zu einer

Preisanpassung in Richtung des natürlichen Preises kommt. Langfristig hat somit der Markt die Rolle, die im natürlichen Preis ausgedrückten Werte zu realisieren, sie ins Bewusstsein der Marktakteure zu bringen. Eine dauerhafte Abweichung der Marktpreise und damit deren selbständige Bestimmung ist in der Smith'schen Theorie nicht möglich.

(d) *Und wo ist die Natur geblieben?* Als produktive Kraft taucht sie in der Theorie von Adam Smith nicht mehr auf. Seine Grundphilosophie lässt sich folgendermaßen charakterisieren: Alles ist machbar durch menschliche Arbeit. Das richtet sich gegen die Zwänge der feudalen Gesellschaft und begründet die neue bürgerliche Gesellschaft, in der es keine Zwänge mehr von Kirche, König oder Kaiser gibt, sondern nur die freien, eigennützig handelnden Individuen. Deren Arbeit schafft alles, schafft Werte. Die Natur kommt als Wertquelle nicht mehr vor, sondern nur noch als Grundeigentum, als Einrichtung, über die die Grundeigentümer sich einen Teil des Preises aneignen können.

Was aber steckt in den Waren, die durch die Arbeit produziert werden? Rohstoffe, Energie – Ressourcen der Natur also. Davon jedoch taucht kein Quäntchen mehr in dem zentralen Wertbegriff auf, dem Begriff des Tauschwerts. Von dem doppelten Wertbegriff, Gebrauchswert und Tauschwert, ist nur Letzterer übrig geblieben. Er steht im Mittelpunkt der Analyse, die Gebrauchswerteigenschaften der Waren werden vorausgesetzt. Formuliert Smith noch in dem unter (a) vorgestellten Zitat über das sogenannte „Werteparadoxon" – das Problem, dass Dinge mit hohem Gebrauchswert keinen Tauschwert haben und umgekehrt – so bekümmert ihn diese Frage nicht weiter. Er verfolgt die Analyse des Tauschwerts. So hat Natur wie z. B. Wasser eben keinen Wert und ist nicht weiter Gegenstand der Analyse. Es spielt nur als Natur*eigentum* eine Rolle. Natur wird so bei Smith, wie auch die sorgende Arbeit der Frauen in der Familie, „unhinterfragte Existenzbedingung" der Warenproduktion. Denn Waren brauchen einen Warenkörper, einen Gebrauchswert, um Tauschwert werden zu können.

Für Smith ist diese Voraussetzung kein Problem. Sie ist selbstverständlich. Ressourcen scheinen im Übermaß vorhanden zu sein, es kommt nur darauf an, sie durch menschliche Arbeit umzuformen, damit sie für die menschliche Bedürfnisbefriedigung nützlich sein können. Für uns heute, für die diese Selbstverständlichkeit nicht mehr existiert, da wir die Folgen eines solchen sorglosen Umgangs mit den natürlichen Ressourcen kennen, stellt sich die Frage, inwiefern diese Fixierung auf den Tauschwert nicht selbst ein Grund für die zunehmende Naturzerstörung darstellt. Das Werteparadoxon bietet damit einen Ansatzpunkt für die Neuformulierung der ökonomischen Theorie als „Ökologische Ökonomik".

2.2.4 Gesamteinschätzung: Ökonomie als eingebettete Marktökonomie

(a) Bei Smith besteht die Gesellschaft aus einem eigenständigen marktökonomischen Bereich, dem als Nicht-Ökonomie bestimmten Lebensbereich der Familie und dem Staat. Die Marktökonomie ist eingebettet in diese Gesellschaft, der Gegenstandsbereich der ökonomischen Theorie ist damit weiter gefasst als der Markt. Aber: Trotz dieser Weite spaltet Smith den ökonomischen Bereich der reproduktiven, lebenserhaltenden Tätigkeiten ab. Er begründet damit die dualistische Struktur der ökonomischen Theorie (vgl. Biesecker 2000). Die weitere Theorieentwicklung radikalisiert diese Abspaltung, wie wir noch sehen werden.

(b) Diese Abspaltung gilt auch für die natürliche Mitwelt. Ist sie bei den Physiokraten noch einzige Quelle des Werts, wird sie bei Smith gar nicht mehr eigenständig thematisiert. Vielmehr ist sie „unhinterfragte Existenzbedingung" der Marktökonomie.

(c) In der Marktökonomie handeln die Menschen in ihrem Selbstinteresse. Handeln heißt hier vor allem tauschen. Der Tausch koordiniert die verschiedenen Handlungen. Koordinationsmittel ist der Preis. Das Prinzip des Selbstinteresses wird jedoch durch Sympathie und Gerechtigkeit begrenzt. Hinter der Fähigkeit zur Sympathie steht die Familie, hinter der Gerechtigkeit die staatliche Macht. Auch diese beiden Elemente tragen zur Koordination der ökonomischen Handlungen bei. Erst in dieser Gesamtheit sind Wohlfahrtseffekte für alle Marktteilnehmer garantiert. Smith hat somit ein komplexes Handlungsmodell (vgl. Ulrich/Meyer-Faje 1990).

(d) Smith hatte bei seiner Analyse vor allem das Fortschrittspotential der Marktökonomie im Auge: die Produktivitäts- und Wohlfahrtssteigerung durch Arbeitsteilung und Wettbewerb. Er hat dabei jedoch die Kosten übersehen bzw. bewusst oder unbewusst externalisiert, d. h. auf die als nicht-ökonomisch definierten Bereiche (Familie, Natur) abgewälzt. Diese Kosten werden heute als soziale und ökologische Krisen deutlich. Methodisch liegt das an der Abspaltung der reproduktiven Bereiche, praktisch waren diese Kosten nicht auffällig, denn weder wehrten sich die Frauen gegen diese Diskriminierung noch die natürliche Mitwelt. Das ist heute anders. Deshalb kann es uns heute nicht mehr nur um die Fortschrittspotentiale von Märkten gehen, sondern auch um die Kosten. Wie lassen sich diese „internalisieren", den Verursachern zuschreiben? Besser: Wie lassen sie sich vermeiden? Hinter dieser Frage steht eine größere: Wie können die dualistische Struktur der Ökonomie und die Abspaltung der natürlichen Mitwelt überwunden werden?

(e) Das Gesamtkonzept von Adam Smith lässt sich folgendermaßen darstellen:

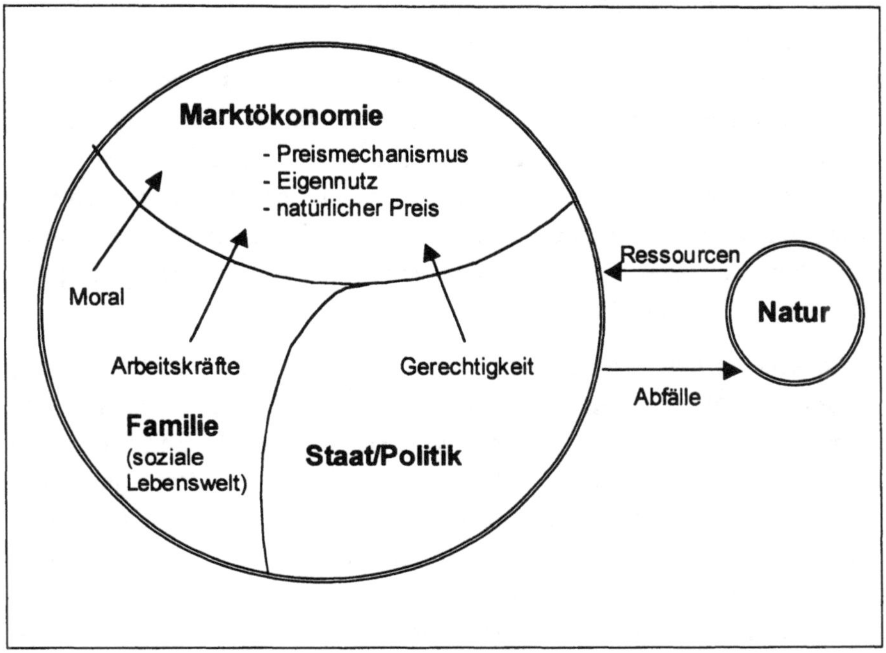

Abb. 7: Das Bild der Ökonomie bei Adam Smith

2.3 David Ricardo (1772-1823): Die Geburt des „homo oeconomicus" auf der Grundlage der Arbeitswertlehre

2.3.1 Historische Zusammenhänge

(a) Während Adam Smith eine Wirtschaftsweise beschrieb, die erst im Entstehen war, hatte David Ricardo im Glasgow des späten 18. und frühen 19. Jahrhunderts schon den entwickelten Kapitalismus und die Industrielle Revolution vor Augen. Die *Industrielle Revolution* war mehr als die Arbeitsteilung – sie bedeutete, dass die Beschränkung der Warenproduktion durch die menschliche Hand und die menschliche Energie aufgehoben wurde. Dies geschah in zwei Stufen: Zunächst wurden Werkzeugmaschinen wie z. B. der mechanische Webstuhl erfunden, die sehr viel mehr Produkte pro Zeiteinheit herstellen konnten als die Menschen. Menschen waren jetzt nur noch nötig, um diese Werkzeugmaschinen anzutreiben und mit Rohstoff zu füttern. Das war der *erste Schritt in der Industriellen Revolution.* Der zweite Schritt machte diese Produktion auch von der Energie der Menschen unabhängig – durch die Erfindung der Dampfmaschine. Diese wurde zunächst mit Kohlen angetrieben. Der *zweite Schritt der Industriellen Revolution* bedeutete somit das Ersetzen der menschlichen Energie durch Energiereserven der natürlichen Mitwelt –

durch das, was wir heute nicht-erneuerbare Ressourcen nennen. Hier wird deutlich, wo die moderne ökologische Krise ihren Anfang nahm – in der durch die Technologie scheinbar entgrenzten Warenproduktion, die entsprechend maßlos die natürlichen Ressourcen vernutzte. Diese schienen damals auch unbegrenzt vorhanden zu sein und wurden daher als unbegrenzt unterstellt (eine frühe Ausnahme bildet Jevons, einer der Begründer der frühen Neoklassik, der in seiner Untersuchung „The Coal Question" (1865) vor zu hoher Ausbeutung der Kohle warnt, da sie erschöpflich sei. Daher erachtet er den zeitgenössischen britischen Steinkohleverbrauch als bei weitem zu hoch und fordert – im Interesse künftiger Generationen – eine Verringerung des Verbrauchs (vgl. Jevons 1965 [1865])).

Für die Arbeiter und Arbeiterinnen bedeutet dieser Prozess Dequalifizierung, Lohnsenkung, Ausdehnung der Arbeitszeiten bei gleichzeitiger „Freisetzung" (Entlassung) eines großen Teils der Arbeiterklasse. Es ist die Zeit der Entstehung der *Arbeiterbewegung* als Antwort auf diese Verschlechterung ihrer Situation und die Zeit der frühen Sozialkritik, der sogenannten *Frühsozialisten* (z. B. Robert Owen). Sah Smith noch die Klassen in Harmonie und gemeinsamem Wachstumsinteresse vereint, so beginnt jetzt für alle sichtbar die Polarisierung zwischen den Klassen. Begleitet wird dieser Prozess durch eine staatliche *Armengesetzgebung*, die mithilft, Arbeits- und Obdachlose zu billigen Arbeitskräften zu machen, indem sie in Arbeitshäusern „versammelt" werden.

Eine andere Auseinandersetzung, die ebenfalls Klassengegensätze deutlich macht, ist der Streit um die *Korngesetze.* Die Frage, um die gestritten wird, lautet: Soll es einen Zoll auf Kornimport geben, als Schutz für die heimische Wirtschaft? Ja – so lautet die Antwort der Bodeneigentümer, denn dieser Zoll würde die Getreidepreise erhöhen und ihnen, deren Grundrente die Folge des Preises war (vgl. Kapitel 2.3.3), eine höhere Rente einbringen. Nein, rufen dagegen die Fabrikanten. Denn die höheren Kornpreise würden den Lohn verteuern, der als Existenzminimumlohn erklärt wurde. Und höhere Löhne bedeuten niedrigere Profite. Es geht also – auf der Grundlage einer Auseinandersetzung um den politischen Bedeutungswechsel der Grundeigentümer-Klasse und der Kapitalistenklasse – um die Einkommensverteilung. (Ricardo selbst ist als Politiker in dieser Auseinandersetzung auf der Seite der Kapitaleigentümer.)

(b) Entsprechend formuliert Ricardo seinen Ausgangspunkt. In seinem Hauptwerk „Grundsätze der politischen Ökonomie" von 1817 heißt es:

> „Die Produkte der Erde – alles, was von ihrer Oberfläche durch die vereinte Anwendung von Arbeit, Maschinerie und Kapital gewonnen wird – werden unter drei Klassen der Gesellschaft verteilt, nämlich die Eigentümer des Bo-

dens, die Eigentümer des Vermögens[stock] oder des Kapitals, das zu seiner Bebauung notwendig ist, und die Arbeiter, durch deren Tätigkeit er bebaut wird" (Ricardo 1959 [1817]: 3).

Bevor Ricardo jedoch zu den einzelnen Verteilungskategorien (Rente, Lohn, Profit) in seiner Analyse vorstößt, denkt er über deren Grundlage nach – über den Wert (so lautet der Titel seines ersten Kapitels) und die relativen Warenpreise. Hier grenzt er die Analyse von vornherein nur auf reproduzierbare Güter, Waren, die immer wieder für den Markt produziert werden können, ein:

> „Wenn wir also von Waren, ihrem Tauschwert und den Prinzipien reden, die ihre relativen Preise bestimmen, so haben wir stets nur solche im Auge, deren Menge durch menschliche Arbeit vermehrt werden kann und deren Produktion durch uneingeschränkte Konkurrenz beherrscht wird" (Ricardo 1959 [1817]: 10).

(c) Ricardo setzt in seiner Analyse an der Ware mit ihrem Gebrauchswert und Tauschwert an, wie auch Adam Smith es tat. Der Gebrauchswert wird dabei vorausgesetzt, er ist auch hier nicht weiter Gegenstand der Analyse. Kritisch gegenüber Smith vermerkt Ricardo jedoch dessen Widersprüche, die, wie oben deutlich wurde, darin bestehen, dass es Smith nicht gelingt, seine Wertaussage (Werte entstehen durch Arbeit) mit der Erklärung des Preises und seiner Bestandteile schlüssig zu verbinden. Bei Smith schwankt der Preis mit der Einkommensverteilung. Smith versucht, als einzige stabile Größe die Arbeit zu bestimmen, die nicht im Wert schwanke. Das bestreitet Ricardo. Er hält insofern die Frage nach einem „absoluten Maßstab" noch nicht für gelöst.

> „Aber es ist richtig, zu sagen, wie Adam Smith vorher festgestellt hat, ‚daß das Verhältnis zwischen den zur Erlangung verschiedener Gegenstände erforderlichen Arbeitsmengen die einzige Grundlage zu sein scheint, aus der irgendeine Regel für den wechselseitigen Austausch abgeleitet werden kann'" (Ricardo 1959 [1817]: 15).

Das Problem, mit dem er seine Analyse konkret beginnt, formuliert er wie folgt: „Zwei Waren verändern ihren relativen Wert, und wir möchten wissen, bei welcher von ihnen die Veränderung tatsächlich eingetreten ist" (Ricardo 1959 [1817]: 15/16).

Das Problem lässt sich auch gesamtwirtschaftlich formulieren: Wenn die Summe aller Preise der Waren dem Einkommen entspricht und wenn die Preise von der Einkommensverteilung (dem Profit und dem Lohnsatz) abhängig sind, dann schwankt auch das Einkommen selbst mit dessen Verteilung. Wie kann dann aber über die Einkommensverteilung gesprochen werden, wenn nicht einmal klar ist, was verteilt werden kann?

2.3.2 Die Geburt des „homo oeconomicus“

(a) Bevor wir der Ricardianischen Analyse weiter folgen, gilt es zunächst zu fragen, über welche Menschen er eigentlich spricht. Wir hatten ja bei Adam Smith gesehen, dass dort die ökonomisch handelnden Menschen noch eingebettet sind in den sozialen Kontext mit seiner Moral und, wenn auch unbegriffen, in den physischen Kontext über die Gebrauchswert-Eigenschaft der Waren. Der Markt ist noch nicht frei zum autonomen Funktionieren. Die „Befreiung“ des ökonomischen Kernmodells, des Marktes, von diesen beiden Fesseln geschah in der Theoriegeschichte in zwei Schritten, wovon die „Geburt“ der ökonomischen Kunstfigur des „homo oeconomicus“ den ersten darstellt. (Der zweite Schritt bestand im Austausch der Arbeitswertlehre gegen eine ausschließlich subjektive Wertlehre. Er wurde durch die frühe Neoklassik vollzogen (vgl. dazu Abschnitt 2.5).)

Seit der Untersuchung von Hartfield (vgl. Hartfield 1968) gilt Ricardo als der Vater des „homo oeconomicus“ (eine Mutter ist dagegen nicht bekannt). Der Mensch, den Ricardo im Auge hat, handelt, im Gegensatz zur Theorie von Adam Smith, ausschließlich ökonomisch-rational, d. h. ausschließlich im Sinne der Maximierung seines Eigennutzes. Er ist ein isoliert handelndes Individuum ohne soziale Einbettung. Verfolgt man, wie Ricardo zu diesem Menschenbild kommt, so wird deutlich: Es ist das Bild des kapitalistischen Börsenspekulanten:

> „Solange es jedermann freisteht, sein Kapital dort anzulegen (to employ), wo es ihm gefällt, wird er selbstverständlich die vorteilhafteste Anlage (employment) aussuchen. Er wird natürlich mit einem Profit von 10 % unzufrieden sein, wenn er durch eine Übertragung seines Kapitals einen Profit von 15 % erzielen kann“ (Ricardo 1959 [1817]: 73).

Ricardo, selbst Geschäftsmann und Börsenspekulant, hat zunächst nur diesen Kapitalbesitzer im Blick. Dann jedoch generalisiert er diesen ökonomischen Menschentyp, und schließlich abstrahiert er daraus seinen „homo oeconomicus“. Zwar ist er sich dessen bewusst, dass es auch noch andere Verhaltensweisen im Menschen gibt, er weiß aber nicht, wie ohne diese Kunstfigur die ökonomische Analyse möglich wäre:

> „It is self-interest which regulates all the speculations of trade, and where that can be clearly and satisfactorily ascertained, we should not know where to stop if we admitted any other rule of action“ (Ricardo, 1951 [1811]: 102).

We should not know where to stop – we should not know where to go – von Anbeginn an wird der „homo oeconomicus“ von diesem forschungspragmatischen Argument begleitet.

(b) Ricardos Methode ist für ihre besondere Form der Abstraktion bekannt. Viele seiner Abschnitte beginnen mit Formulierungen wie „Nehmen wir an“, „Wenn wir nun annehmen, dass“ oder „Angenommen, dass“. Pribram nennt diese Methode, die von Hypothesen ausgeht, die ein imaginäres ökonomisches System begründen, „hypothetische Methode“:

> „Das Ricardosche Verfahren, aus der ökonomischen Analyse den Einfluß aller ‚nicht-ökonomischen' Faktoren zu eliminieren, stand in vollkommener Übereinstimmung mit der hypothetischen Methode, die die Grundlage für die Konstruktion eines streng mechanischen ökonomischen Modells lieferte. Unter den äußeren Tatsachen oder ‚Daten', die der Ökonom als erwiesen annehmen durfte, ohne sie in seinen Theorien zu begründen, nahmen die Wirkungen ‚empirischer Gesetze' ... einen wichtigen Platz ein. Überdies glaubte man, daß beinahe alle Tatsachen, die mit dem Zeitlauf verbunden sind, außerhalb der Reichweite einer streng ökonomischen Analyse lägen“ (Pribram 1992, Bd. 1: 475).

Abstraktion als Methode ist nicht nur zulässig, sondern auch notwendig, um komplexe Realitäten zu vereinfachen. Der Unterschied zur Realität muss aber immer bedacht werden. Ricardo ist sich über diesen Unterschied nicht immer im Klaren. Ihm passiert das, was Schumpeter in seiner „Geschichte der ökonomischen Analyse“ von 1965 „Das Ricardianische Übel (The Ricardian Vice)“ genannt hat (Schumpeter 1965: 584). Übertragen auf die Modellierung des Menschenbildes durch Ricardo heißt dies:

Ricardo entwirft den „homo oeconomicus“ als Idealtypus, als Kunstfigur, mit der er theoretisch arbeiten kann. Dann jedoch wird aus diesem Idealtyp eine reale Figur, „homo oeconomicus“ wird zu einem realen Menschen. Und noch mehr – er wird zur Norm, zum Vorbild für ökonomisch-rationales Handeln. Aus idealtypischen Modellannahmen werden allgemeine, für die Realität Gültigkeit beanspruchenden Gesetze abgeleitet und normative Schlüsse daraus gezogen – das ist es, was mit dem Ricardianischen Übel beschrieben wird (vgl. dazu auch Ulrich 1993: 197).

Ricardos eigene Erfahrung als Börsenmakler setzt sich hier gegenüber der noch von der Sozialphilosophie umfangenen ökonomischen Auffassung von Adam Smith durch. Auf der Grundlage dieses Menschenbildes und damit auf der Grundlage eines von der sozialen Lebenswelt abgekoppelten autonomen Marktsystems werden dann die ökonomischen Gesetze des Warentausches, des Marktes, der Preise, der Einkommensverteilung untersucht.

2.3.3 Ricardos Wert- und Preistheorie

(a) Ricardos Interesse ist es, die ökonomischen Gesetze zu ermitteln, die die Verteilung des produzierten Reichtums bestimmen. Um die Verteilung zu bestimmen, muss zunächst geklärt werden, wie groß das Ganze ist, das verteilt werden kann – das Volkseinkommen. Dieses wird in Preisen bewertet, die jedoch mit der Profitrate schwanken, wie Ricardo von Adam Smith weiß. Deshalb macht auch er sich in seiner Analyse auf die Suche nach einem absoluten Maßstab, einem absoluten Wert, an dem solche Schwankungen gemessen werden können.

Ricardo geht in seiner Analyse sehr systematisch vor. Er beginnt mit der Grundaussage, dass Tauschwert allein durch Arbeit entsteht. Diese Grundaussage wird auch nicht dadurch verändert, dass diese Arbeit verschiedene Qualitäten hat. Diese Qualitätsunterschiede reduziert Ricardo auf ein Maß. Auch die Überlegung, dass schon in den Werkzeugen, die die Arbeitenden verwenden, Arbeit steckt, berührt nicht die grundlegende Wertaussage von Ricardo. Bis hierher bleibt die Tauschwert-Relation, die wir schon von Adam Smith her kennen, erhalten: Waren tauschen sich im Verhältnis zu der in ihrer Produktion verwendeten Arbeitszeit.

(b) Dieses Prinzip wird jedoch in der Ricardianischen Analyse gestört, *wenn dauerhaftes Kapital* eingeführt wird. Sobald Kapital eine Rolle spielt, spielt auch der Profit wieder eine Rolle – und Ricardo steht vor demselben Problem, an dem schon Smith gescheitert ist. Das Problem lässt sich an folgendem Beispiel verdeutlichen:

Zwei Kapitaleigentümer produzieren mit jeweils einem Kapital von 100 (gemessen in Arbeitsstunden) zwei Waren A und B. Es gibt zwei Produktionsperioden, die Periode *t-1* und die Periode *t*. Die Kapitale K_a und K_b sind auf diese beiden Perioden unterschiedlich verteilt. Es gilt:

$$K_a = 100 = 80_{t-1} + 20_t$$

$$K_b = 100 = 20_{t-1} + 80_t$$

Die Profitrate r ist größer als 0, denn der „rationale Kapital-Eigentümer“ bei Ricardo erwartet eine Profitrate, und zwar eine durchschnittliche Profitrate.

Nehmen wir an, die Profitrate sei 10 % und der Lohnsatz sei 1 (z. B. 1 Euro pro Stunde), und nehmen wir an, dass das Kapital für die Bezahlung der Löhne (L) zu Beginn der Produktionsperiode vorgeschossen wird, so gilt für die Warenpreise p_a und p_b:

$$p_a = 80(1{,}1)^2 + 20 \times 1{,}1 = 118{,}8$$
$$p_b = 20(1{,}1)^2 + 80 \times 1{,}1 = 112{,}2$$

oder allgemein:

$$p = (1+r)^2 K + (1+r) L$$

Dabei wird deutlich: Das Kapital der Periode *t-1* ist „produziertes Produktionsmittel“, in der vergangenen Periode ausgelegt für den Kauf von Arbeitskraft, durch die Maschinen o. ä. hergestellt wurden. Dieses Kapital wird jetzt, in der Periode *t*, mit neuer Arbeit kombiniert, für die die Lohnsumme vorgeschossen wird. Kapital ist für Ricardo somit der gesamte Fonds, den der Kapitalist vorstreckt.

Für die relativen Preise gilt:

$$\frac{p_a}{p_b} = \frac{118{,}8}{112{,}2} = 1{,}06$$

Nun nehmen wir an, die Profitrate r betrage 50 %. Dann gilt:

$$p_a = 80(1{,}5)^2 + 20(1{,}5) = 210$$

$$p_b = 20(1{,}5)^2 + 80(1{,}5) = 165$$

$$\frac{p_a}{p_b} = \frac{210}{165} = 1{,}27$$

Nur durch eine Änderung der Profitrate von 10 % auf 50 % steigt das Preisverhältnis p_a zu p_b. Und weshalb?

Weil die Kapitalzusammensetzung der Kapitale K_a und K_b unterschiedlich ist: Kapital K_a hat einen höheren Bestandteil Maschinen, die schon in der Vorperiode hergestellt werden mussten und für die die Kapitalauslage über 2 Perioden nötig ist. Entsprechend wird, gemäß der Profiterwartung des Kapitalisten, zweimal Profit auf dieses Kapital berechnet. Kapital K_b dagegen hat nur einen geringen Anteil des auf zwei Perioden festgelegten Kapitals, dagegen einen hohen Anteil an neu hinzugefügtem Kapital in Form von Ausgaben für Löhne. Die doppelte Verzinsung wirkt aufgrund der unterschiedlichen Größen des schon in der Vorperiode ausgelegten Kapitals derart, dass der Preis p_a den Preis p_b übersteigt. Ricardo nennt diesen in Maschinen gebundenen Bestandteil des Kapitals fixes oder dauerhaftes Kapital. Den anderen Bestandteil nennt er zirkulierendes Kapital.

Damit hängt die Veränderung der relativen Preise von der Zusammensetzung der Kapitale ab. Nur für eine Profitrate von 0 gilt:

$$p_a = 80 + 20 = 100$$

$$p_b = 20 + 80 = 100$$

$$\frac{p_a}{p_b} = 1$$

Nur in dem Fall, dass die Profitrate 0 ist, d. h. in dem Fall, dass die Kapitalzusammensetzung unwichtig wird bzw. identisch ist, entsprechen somit die relativen Preise den relativen Werten. Nur dann gibt es eine Übereinstimmung von Wertebene und Preisebene.

Die Veränderung der relativen Preise scheint darauf hinzuweisen, dass es bei der Bestimmung der Profitrate neben der Arbeit eine zusätzliche Wertbestimmungsgröße gibt. Denn woher kommt der Wert, der sich in einer steigenden Profitrate ausdrückt, wenn doch, was wir angenommen haben, der Lohn konstant bleibt? Wieso ist plötzlich mehr zu verteilen? Um diese Antworten zu klären, müsste Ricardo eine Theorie der Profitrate entwickeln. Das tut er aber nicht – er setzt die Existenz einer Profitrate, und zwar einer durchschnittlichen Profitrate, voraus. Genau wie bei Adam Smith bleibt hier eine theoretische Lücke.

(c) Stattdessen macht sich Ricardo auf die Suche nach einer Ware, die als Maßstab für alle anderen Preise gelten kann, weil sie in sich selber unabhängig von Profitratenschwankungen ist. Die abstrakte Anforderung an eine solche Ware hat er schon herausgearbeitet. Die Anforderung lautet: Suche eine Ware, für die die Zusammensetzung des Kapitals, mit dem sie produziert wird, der durchschnittlichen Kapitalzusammensetzung entspricht.

In seinem Hauptwerk „Grundsätze der politischen Ökonomie“ beendet Ricardo seine Wertanalyse in Kapitel 1, indem er feststellt, dass es eine solche Ware nicht geben kann. Er greift deshalb, sozusagen als Verlegenheitslösung, zu Gold als einer solchen Ware – obwohl er weiß, dass diese Annahme unsinnig ist.

Es heißt nämlich bei ihm:

> „Kann man Gold nicht als eine Ware betrachten, die mit solchen Anteilen der beiden Arten von Kapital produziert wird, die der durchschnittlichen Menge, wie sie bei der Produktion der meisten Waren angewandt wird, am nächsten kommen?“ (Ricardo 1959 [1817]: 44).

Aber:

> „Um also den Gegenstand dieser Untersuchung zu vereinfachen, werde ich, – obwohl ich vollkommen zugebe, daß aus Gold hergestelltes Geld den meisten Veränderungen anderer Dinge ebenfalls unterworfen ist – es als unveränderlich unterstellen und daher alle Preisänderungen als durch eine Veränderung im Wert der Ware, von der ich gerade spreche, verursacht annehmen“ (Ricardo 1959 [1817]: 45).

Damit versucht Ricardo, das Problem auf der Ebene der Preise zu lösen. Es zeichnet ihn jedoch aus, dass er sich bis zu seinem Lebensende mit dieser

Entscheidung nicht wohlfühlt – noch kurz vor seinem Tode, in seinem Aufsatz „Absolute and Exchangeable Value" (von 1823), endet er mit der Bemerkung, dass er keinen anderen Maßstab finden könne als die Arbeit. Er kehrt also zu seinem Lebensende wieder auf die Wertebene zurück, ohne allerdings eine konsistente Lösung zwischen Wert- und Preisebene zu finden. Er selbst kann das „Ricardianische Puzzle" (der Ausdruck stammt von Joan Robinson) nicht lösen (vgl. Robinson 1965).

(d) Wie erklärt Ricardo nun die drei Größen der Einkommensverteilung – *Lohn, Rente, Profit?*

Der Lohn wird als Existenzminimum erklärt.

Die Rente wird in einer sehr detaillierten Analyse als Differentialrente beschrieben. Die Ursache der Rente liegt dabei entweder in einer unterschiedlichen Qualität der Böden oder in einer zu den Zentren der Menschen unterschiedlichen Lage. Die Böden mit der schlechtesten Qualität bestimmen den Preis des Getreides, der durch hohe Arbeitskosten nach oben gedrückt wird. Wenn dieses Getreide von der Bevölkerung gebraucht wird, ist dieser schlechteste Boden preisbestimmend. Er wirft keine Rente ab, während alle anderen Böden, auf denen billiger produziert werden kann, eine Differentialrente abwerfen. Die Differentialrente ist dabei die Differenz zwischen dem Marktpreis und den jeweiligen Produktionskosten. Damit wird eine Besonderheit der Grundrente gegenüber den beiden anderen Einkommenskategorien Lohn und Profit deutlich: Letztere sind Ursache der Preishöhe, die Rente ist deren Folge.

Der Profit wird nicht gesondert erklärt, er stellt, wie auch bei Smith, ein Residuum dar. Langfristig dehnt sich die Bevölkerung und damit der Nahrungsmittelbedarf aus. Immer schlechtere Böden müssen für die Nahrungsmittelproduktion hinzugezogen werden, wodurch langfristig der Getreidepreis steigt. Da der Lohn als Existenzminimum definiert ist, steigt auch dieser langfristig. Dasselbe gilt für die Rente, denn aufgrund der immer schlechteren Böden, die gebraucht werden, steigt die Summe der Differentialrente. Damit sinkt der Profit, langfristig fällt in der Theorie von Ricardo die Profitrate. Im Gegensatz zu Smith, dem Optimisten, wird er daher in der Theoriegeschichte als Pessimist bezeichnet.

2.3.4 Gesamteinschätzung: Verlust des Gesellschaftsbezugs der Ökonomie

(a) Der *Gegenstandsbereich* der ökonomischen Theorie von Ricardo ist Ökonomie als Marktökonomie. Der Bezug zur Gesellschaft wird nicht mehr diskutiert. Diese Verengung des Gegenstandsbereichs findet ihren Ausdruck im Rückzug der Analyse auf die Preisebene. Hier werden auch Fragen der Verteilung diskutiert. Es sind Fragen der Preisebene. Wenn überhaupt, so scheint eine Verknüpfung zwischen der Marktökonomie und der Gesellschaft noch in der Theorie vom Existenzminimumlohn durch. Hier scheint das Leben der Arbeitenden die Schranke zu sein.

(b) Menschen sind bei Ricardo ausschließlich ökonomisch-rational handelnde Menschen, „homines oeconomici". Sie maximieren ihren Gewinn. Gegenüber Adam Smith hat Ricardo insofern ein eindimensionales Handlungsmodell. Die Handlungskoordination verläuft ausschließlich über Marktmechanismen, mit Hilfe von Preisen.

(c) In der Werttheorie gelingt es Ricardo zwar, einige Probleme genauer zu analysieren (z. B. die Ursache für die Veränderung der relativen Preise, die in der Kapitalzusammensetzung liegt), er kann aber nicht das schon von Smith ungelöst hinterlassene Problem aufklären, wie seine Wertaussage, bei der er bis zum Ende seines Lebens bleibt („nur Arbeit schafft Wert"), sich auf der Preisebene durchhalten lässt. Er selbst schwankt immer wieder zwischen diesen beiden Ebenen hin und her.

Damit bleibt Ricardo widersprüchlich und interpretationsfähig. Die verschiedenen Interpretationen führen denn auch in der Folgezeit zu verschiedenen theoretischen Richtungen. So wirft ihm Marx (vgl. den nächsten Abschnitt) eine mangelhaft ausformulierte Werttheorie vor. Jevons, Menger und Walras (die frühe Neoklassik, vgl. Abschnitt 5 dieses Kapitels) dagegen halten die Arbeitswerttheorie für eine falsche Werttheorie und setzen als neue Werttheorie die subjektive Wertlehre dagegen. Moderne Ricardianer, sogenannte Neo-Ricardianer, greifen stattdessen die Aussage, nur eine Ware mit durchschnittlicher Kapitalzusammensetzung sei im Preis stabil, als Konstruktionsanweisung für einen künstlichen Preis auf, den sie als Maßstab konstruieren (sog. Sraffa-Preise, benannt nach dem italienischen Ökononom Piero Sraffa (1898-1983); vgl. Sraffa 1976 [1960]). Sie halten eine Werttheorie überhaupt für überflüssig. Bis heute ist das Werk von Ricardo immer wieder Gegenstand heftiger wissenschaftlicher Debatten – eine „richtige" Interpretation gibt es nicht.

(d) *Wohlfahrt* bedeutet bei Ricardo wie auch bei Smith die Vermehrung des Volkseinkommens. Treibende Kraft ist das gewinnmaximierende Handeln der Individuen. Hier scheinen wieder alle ökonomisch Handelnden eine Rolle zu spielen – nicht nur die Kapitaleigentümer. In der langen Frist heißt jedoch die Aussage: Die Profitrate fällt. Das ist eine pessimistische Aussage, eine Aussage über eine sinkende Wohlfahrt. Hier ist die Wohlfahrt der Gesellschaft eng gebunden an die Wohlfahrt der Kapitaleigentümer.

(e) Die natürliche Mitwelt ist, wie auch bei Adam Smith, weiterhin von der ökonomischen Analyse abgekoppelt. Ihre Rolle scheint jedoch nach wie vor in der Kategorie des Gebrauchswerts durch. Waren können nur Tauschwert sein, wenn sie auch Gebrauchswert sind. Die stoffliche Form, damit die Naturressourcen, die diesen Gebrauchswert begründen, ist sozusagen Existenzbedingung für die Ökonomie. Sie wird jedoch, wie auch bei Adam Smith, unhinterfragt vorausgesetzt.

An einer bestimmten Stelle jedoch scheint Ricardo die Naturschranke der Warenproduktion zu berücksichtigen – im langfristigen Fall der Profitrate. Dessen Grund liegt ja darin, dass immer schlechtere Böden zur Produktion von Nahrungsmitteln herangezogen werden müssen. Das Wachstum der Bevölkerung und der Wirtschaft stößt an die Grenzen der Natur. Natur ist hier zwar nur Boden (das kennen wir schon von den Physiokraten), aber immerhin – ungewollt enthält die Theorie von Ricardo eine Ahnung davon, dass es eine „carrying capacity" gibt, wie sie heute in der Ökologischen Ökonomie diskutiert wird (vgl. zu dieser Interpretation Immler 1985).

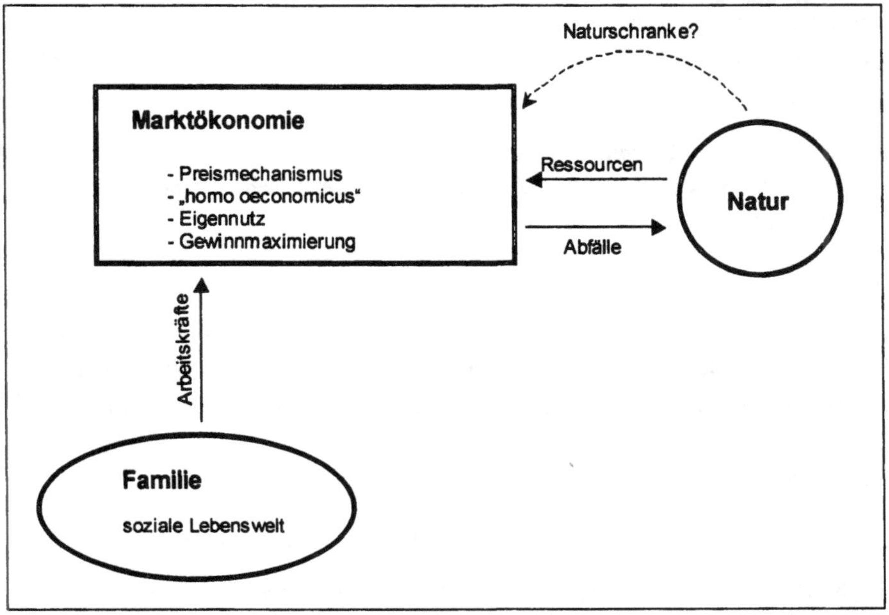

Abb. 8: Die Struktur der ökonomischen Theorie von David Ricardo

2.4 Karl Marx (1818-1883): Die Entfaltung der Arbeitswerttheorie als Kritik der kapitalistischen Produktionsweise

2.4.1 Historische Zusammenhänge

(a) Die kapitalistische Produktionsweise entwickelt sich über England hinaus west- und mitteleuropaweit – die Industrielle Revolution schreitet voran. Dies ist die Zeit, in der Karl Marx sowohl wissenschaftlich als auch politisch im

Zusammenhang mit der entstehenden Arbeiterbewegung tätig ist. Das weist auf einen entscheidenden Unterschied zwischen ihm und den vorher genannten Theoretikern hin: Während Smith seine Theorie als Vision auf die kommende, gegenüber der feudalen emanzipierte bürgerliche Gesellschaft entwirft, während Ricardo, diese kapitalistische Gesellschaft schon in der Entwicklung sehend, politisch Partei ergreift für die entstehende Klasse der Kapitalisten und theoretisch die Gesetze dieser bürgerlichen Gesellschaft weiter ausformuliert, schreibt Marx sein Hauptwerk „Das Kapital" als „Kritik der politischen Ökonomie". Damit ist sowohl die Kritik der bis dahin entwickelten Theorie als auch die Kritik an der bürgerlichen Gesellschaft gemeint. Eine zentrale Kritikdimension ist die Wirkung der kapitalistischen Entwicklung auf die Lage der verschiedenen Klassen. Hier hat auch Ricardo schon seine ursprünglich optimistische Einschätzung verändert: In der dritten Auflage seines Hauptwerks „Grundsätze der politischen Ökonomie" von 1821 fügt er ein Kapitel mit dem Titel „Über Maschinerie" ein. Darin korrigiert er seine ursprüngliche Auffassung, die Entwicklung der Maschinerie habe Wohlfahrtseffekte für alle drei Klassen, und macht deutlich, dass das nicht für die Arbeiterklasse gilt:

> „Ich bin jedoch überzeugt, daß die Ersetzung der menschlichen Arbeit durch Maschinen oft den Interessen der Klasse der Arbeiter sehr schadet" (Ricardo 1959: 382).

Hier weist Ricardo auf die massenhafte Freisetzung von Arbeitskräften durch den Einsatz von Maschinerie hin. (Bis heute wird dieses Maschineriekapitel immer wieder umstritten diskutiert. Bei diesem Streit geht es um die Frage, ob die Beschäftigungseffekte der die Maschinen produzierenden Industrie die Freisetzungseffekte in den Bereichen, in denen die Maschinen angewendet werden, kompensiert.)

Marx geht in seiner Analyse einen Schritt weiter, wenn er schreibt:

> „Solches (die Erleichterung der Arbeit durch Maschinerie, d. Verf.) ist jedoch auch keineswegs der Zweck der kapitalistisch verwendeten Maschinerie. Gleich jeder anderen Entwicklung der Produktivkraft der Arbeit soll sie Ware verwohlfeilen und den Teil des Arbeitstags, den der Arbeiter für sich selbst braucht, verkürzen, um den anderen Teil seines Arbeitstags, den er den Kapitalisten umsonst gibt, zu verlängern. Sie ist Mittel zur Produktion von Mehrwert" (Marx 1972 [1867]: 391).

Die entstehende Massenarmut und Massenverelendung der Arbeiterklasse fasst Marx in dem Begriff „Industrielle Reservearmee". Deren Anwachsen und Veränderung ist für ihn Kern seines „allgemeinen Gesetzes der kapitalistischen Akkumulation" (vgl. Marx 1972 [1867], 23. Kapitel).

(b) Das ist für Marx jedoch nicht nur Theorie, sondern er erlebt die Entwicklung der Arbeiterbewegung als Entwicklung von Widerstand gegen diese Situation. Und er ist selbst aktiv in der Entwicklung dieser Arbeiterbewegung. Aus gut-bürgerlichem Hause und promoviert in Philosophie, engagiert er sich zunächst als Redakteur der „Neuen Rheinischen Zeitung" und später in Frankreich und England auch konkret für die Organisation dieser Arbeiterbewegung. So wird er z. B. 1847 zum Präsidenten des „Bundes der Kommunisten" gewählt und gründet zusammen mit seinem Freund Friedrich Engels den Brüsseler „Deutschen Arbeiterverein". Als Beispiel für die Intensität, mit der sich die Arbeiterbewegung im 19. Jahrhundert entwickelt, seien hier Zahlen aus der deutschen Geschichte eingeführt: 1863 gründet Lassalle den Allgemeinen Deutschen Arbeiterverein. 1869 gründen Bebel und Liebknecht die „Sozialdemokratische Arbeiterpartei", beide verschmelzen 1875 zur Sozialistischen Arbeiterpartei Deutschlands (SAP). Gleichzeitig entsteht seit 1868 die deutsche Gewerkschaftsbewegung. Nach der Beendigung der von Bismarck verfügten Sozialistengesetze, die diese Arbeiterbewegung durch Verbot vernichten sollte, gründet sich die SAP 1890 als „Sozialdemokratische Partei Deutschlands" (SPD) neu.

Marx selbst wird aufgrund seiner Parteinahme für die Arbeiterklasse politisch verfolgt, sowohl aus Deutschland als auch aus Frankreich ausgewiesen und verbringt den Rest seines Lebens in England. Ein wenig traf eine solche Kritik auch schon Ricardo: Auch er wurde schon als „Sozialist" gebrandmarkt, eben weil er nicht mehr Klassenharmonie, sondern Widersprüche zwischen den Klassen sah. In seiner Nachfolge gründete sich die Gruppe der „Links-Ricardianer" oder der „Ricardian Socialists", die das Recht der Arbeiter auf den vollen Arbeitsertrag einforderten. Wir sehen hier: Es gibt eine gerade, sich verschärfende Linie von Ricardo zu Marx, eine Linie, die die Widersprüche zwischen den Klassen immer weiter hervorhebt und die Parteilichkeit der Theoretiker von der Seite des Kapitals auf die Seite der Arbeiter verschiebt.

(c) Karl Marx setzt sich in seinen „Theorien über den Mehrwert", geschrieben 1862/1863, ausführlich mit der Analyse von Smith und Ricardo auseinander. Er bleibt wie diese beiden Vorgänger in der Werttheorie auch auf dem Boden der Arbeitswerttheorie, entwickelt sie jedoch weiter und kann durch diese Weiterentwicklung die theoretischen Schwierigkeiten, in die Smith und Ricardo bei der Bestimmung der Preise auf Basis der Arbeitswerte kamen, lösen (diese Lösung ist in die Kritik gekommen unter dem Begriff „Transformationsproblem"). Der Weg zu dieser Lösung beginnt mit einer Kritik an Ricardo, der, so Marx, zwei Dinge verwechselt habe: den Begriff „Wert der Arbeit" und den Begriff „Wert der Arbeitskraft". Mit dem „Wert der Arbeit" sei die Summe der produzierten Werte gemeint, die aber nicht identisch seien mit dem „Wert der Arbeitskraft“ oder dem Lohn. Die Forderung, dem Arbeiter gehöre das ganze Produkt, sei theoretisch nicht haltbar.

Bevor diese These von Marx in der Verfolgung seiner Werttheorie verständlich gemacht wird, sei jedoch zunächst ein Blick auf sein Gesamtkonzept geworfen.

2.4.2 Die kapitalistische Produktionsweise und ihre ökonomischen Gesetze: Menschen als Charaktermasken

(a) Marx entwickelt, wie schon erwähnt, seine Theorie als Kritik an der kapitalistischen Produktionsweise. Grundlage seiner theoretischen Struktur ist die *materialistische Geschichtsauffassung*. Diese besagt, dass es die materiellen Lebensumstände sind, die alles andere (soziale, politische und geistige Lebensdimensionen) bestimmen. Marx unterscheidet zwischen materiellen Produktivkräften und den Produktionsverhältnissen, die die Menschen unabhängig von ihrem Willen eingehen. Dazu gehören z. B. die Eigentumsverhältnisse. Diese Produktionsverhältnisse bilden die ökonomische Struktur der Gesellschaft, über der sich der juristische und politische Überbau erheben. Geschichtliche Entwicklung bedeute Entwicklung der Produktivkräfte, die immer mehr in den Gegensatz zu den Produktionsverhältnissen gerieten. Dieser Gegensatz spitze sich soweit zu, dass die Produktionsverhältnisse gesprengt würden, um so eine neue Gesellschaftsformation zu beginnen. Auf diese Art habe sich z. B. die Sklavenhaltergesellschaft in die Feudalgesellschaft und diese in die kapitalistische Gesellschaft entwickelt. In der kapitalistischen Gesellschaft wird die gesellschaftliche Produktion durch das Privateigentum an Produktionsmitteln gehemmt. Zur Überwindung dieses kapitalistischen Widerspruchs ist die Aufhebung des Privateigentums an Produktionsmitteln nötig.

Deutlich wird hier das Prinzip der Dialektik, der Entwicklung in Form der Entfaltung von Widersprüchen. Diese Dialektik prägt auch die Methodik der Marx'schen Analyse. Sie wird als *„dialektischer Materialismus“* bezeichnet und beruht auf der Entfaltung der Kategorien der ökonomischen Basis der Gesellschaft in Form der Entwicklung von Widersprüchen. Dies ist die Methode der Politischen Ökonomie bei Karl Marx (zur Konkretisierung vgl. Abschnitt 2.4.3).

(b) So unterschiedlich die Methoden von Ricardo und Marx in der Analyse ökonomischer Sachverhalte sind, so ähnlich ist das Ziel – es geht um das Formulieren von ökonomischen Gesetzen. So heißt es bei Ricardo:

> „Das Hauptproblem der politischen Ökonomie besteht in dem Auffinden jener Gesetze, welche diese Verteilung (der Produkte der Erde, d. Verf.) bestimmen“ (Ricardo 1959 [1817]: 3).

Zur Interpretation dieser Formulierung schreibt Pribram:

> „Diesen Verteilungsprozeß galt es nach dem Muster eines Satzes der Mechanik zu untersuchen. Die Aufgabe, die sich Ricardo gestellt hatte, lag darin, ein zeitloses Modell eines ökonomischen Systems zu entwerfen, das ‚fast mit der Präzision und Unvermeidlichkeit einer echten physikalischen Maschine bestimmte Lohn-, Profit- und Rentensummen für die drei sozialen Klassen erzeugt.'" (Pribram 1992, Bd. 1: 277).

Wie Smith ist hier auch Ricardo der Newton'schen Mechanik verpflichtet. Für Marx gilt dieses zwar nicht – seine dialektische Methode verträgt sich damit nicht. Dennoch heißt es auch bei ihm:

> „Auch wenn eine Gesellschaft dem Naturgesetz ihrer Bewegung auf die Spur gekommen ist – und es ist der letzte Endzweck dieses Werks (des „Kapital", d. Verf.), das ökonomische Bewegungsgesetz der modernen Gesellschaft zu enthüllen -, kann sie naturgemäße Entwicklungsphasen weder überspringen noch wegdekretieren" (Marx 1972 [1867]: 15/16 (Vorwort zur 1. Auflage)).

Hier finden wir keinen „ökonomischen Mechanismus", wie bei Ricardo, aber doch einen „ökonomischen Determinismus". Ökonomische Gesetze gelten als „Naturgesetze" – sie können von Menschen nicht außer Kraft gesetzt werden.

(c) Dieser ökonomische Determinismus hat Konsequenzen für das Menschenbild in der Marx'schen Theorie, für die Handlungsfreiheit der ökonomisch agierenden Individuen. Sie haben keine Handlungsautonomie, führen nur die ökonomischen Gesetze aus. So heißt es in der oben zitierten Einleitung zum „Kapital Bd. I":

> „Zur Vermeidung möglicher Mißverständnisse ein Wort. Die Gestalten von Kapitalist und Grundeigentümer zeichne ich keineswegs in rosigem Licht. Aber es handelt sich hier um die Personen nur, soweit sie die Personifikation ökonomischer Kategorien sind, Träger von bestimmten Klassenverhältnissen und Interessen. Weniger als jeder andere kann mein Standpunkt, der die Entwicklung der ökonomischen Gesellschaftsformation als einen naturgeschichtlichen Prozeß auffaßt, den einzelnen verantwortlich machen für Verhältnisse, deren Geschöpf er sozial bleibt, so sehr er sich auch subjektiv über sie erheben mag" (Marx 1972 [1867]: 16).

Und an anderer Stelle:

> „Wir werden überhaupt im Fortgang der Entwicklung finden, daß die ökonomischen Charaktermasken der Personen nur die Personifikationen der ökonomischen Verhältnisse sind, als deren Träger sie sich gegenübertreten" (Marx 1972 [1867]: 100).

2.4.3 Werte und Produktionspreise

(a) Die Analyse von Marx beginnt bei der Ware:

> „Der Reichtum der Gesellschaften, in welchen kapitalistische Produktionsweise herrscht, erscheint als eine „ungeheure Warenansammlung", die einzelne Ware als seine Elementarform. Unsere Untersuchung beginnt daher mit der Analyse der Ware" (Marx 1972 [1867]: 49).

Die Ware ist Doppeltes, wie schon bei Smith und Ricardo, sie ist Gebrauchswert und Tauschwert. Der wird z. B. durch das Verhältnis „zwei Tage zu einem Tag" in dem Biber-Hirsch-Beispiel von Adam Smith angegeben.

Aber jetzt kommt ein analytisch neuer Schritt: Der Tauschwert ist keine eigenständige Kategorie, sondern ist die Erscheinungsform von etwas anderem, vom *Wert der Ware,* der die gesellschaftlich abstrakte Arbeit ausdrückt, die in der Ware steckt. Im Austausch wird dieser Wert als Tauschwert sichtbar. Der Tausch macht deutlich, dass in allen Waren die Substanz derselben Arbeit steckt, gleicher menschlicher Arbeit, ausgedrückt in Arbeitszeit, die gesellschaftlich notwendig ist, um die Ware auf dem Stand der vorhandenen Produktionsbedingungen herzustellen.

Das Zusammenspiel dieser drei Wertbegriffe drückt Formel (1) aus:

$$(1)\ Ware\ A = \begin{cases} GW_a \\ TW_a(W) \end{cases}$$

mit: GW_a = Gebrauchswert der Ware A
TW_a = Tauschwert der Ware A
W = Wert der Ware A

Diese neugefundene Kategorie des Werts ist eine gesellschaftliche Kategorie – sie entsteht erst im Austausch. In der Analyse dieser Austauschbeziehung wird die dialektische Methode von Marx besonders deutlich. Er untersucht die Tauschbeziehung unter zwei Aspekten – dem qualitativen und dem quantitativen (er wirft Ricardo vor, dass dieser die qualitative Analyse vernachlässigt habe). Tauscht sich die Ware A gegen eine andere Ware B, so lautet die (qualitative) Austauschbeziehung:

$$(2)\quad \begin{matrix} W_a & - & W_b \\ (GW_a) & - & (TW_a) \end{matrix}$$

Dabei ist in dem Bindestrich die Beziehung zwischen den Waren gekennzeichnet. Hier bekommt der Warenkörper B die Aufgabe, den Tauschwert der Ware A auszudrücken. (Im Beispiel von Marx ist Ware A Tuch, Ware B Rock.) Das kann Ware B nur, weil in ihr, ebenso wie in Ware A, gesellschaftlich abstrakte Arbeit steckt. Vorausgabt ist sie als konkrete Arbeit, z. B. Schneiderinnen-Arbeit. Damit sie sich aber gegen die in der Ware A steckende andere konkrete Arbeit tauschen kann, z. B. Weberinnen-Arbeit, muss sie gleiches repräsentieren - gesellschaftlich abstrakte Arbeit eben. Zu dieser Austauschbeziehung schreibt Marx:

> „Der in der Ware eingehüllte innere Gegensatz von Gebrauchswert und Wert wird also dargestellt durch einen äußeren Gegensatz, d. h. durch das Verhältnis zweier Waren, worin die eine Ware, *deren* Wert ausgedrückt werden soll, unmittelbar nur als Gebrauchswert, die andere Ware hingegen, *worin* Wert ausgedrückt wird, unmittelbar nur als Tauschwert gilt. Die einfache Wertform einer Ware ist also die einfache Erscheinungsform des in ihr enthaltenen Gegensatzes von Gebrauchswert und Wert" (Marx 1972 [1867]: 75/76).

Die ganze folgende Analyse ist nichts weiter als die weitere Entfaltung dieses Gegensatzes, der qualitativ die Herrschaft des Werts über den Gebrauchswert bedeutet.

Tauschen sich Waren vielfältig, so entsteht eine Ware, deren ausschließliche Rolle es ist, die Tauschwerte der anderen Waren auszudrücken – es entsteht das Geld G:

(3) $W_a - G - W_b$

Dieses Geld ist zunächst nur Mittel zum Zweck, Mittel zur Zirkulation der Waren. Ziel und Maß dieser Zirkulation sind Gebrauchswerte.

Wenn Geld jedoch existiert, wird es zum Selbstzweck. Da Geld keinen eigenen Gebrauchswert darstellt, sondern nur Tauschwert, ist es nur quantitativ veränderbar. Der Zweck, Geld in die Zirkulation zu werfen, kann nur der sein, mehr Geld herauszuholen. Geld wird so zu Kapital G':

(4) $G - W - G'$ mit: W = Warenwert
$G' = G + \Delta G$

Hier dient der Warenkauf und -verkauf nur dem Mittel, aus Geld mehr Geld zu machen. Das Maß des Gebrauchswerts verschwindet. „Die Bewegung des Kapitals ist daher maßlos" (Marx 1972 [1867]: 167).

Wie ist es aber möglich, aus Geld über den Warentausch mehr Geld zu machen, wenn doch Marx, wie vor ihm schon Smith und Ricardo, Äquivalententausch unterstellt?

> „Die Verwandlung des Geldes in Kapital ist auf Grundlage dem Warenaustausch immanenter Gesetze zu entwickeln, so daß der Austausch von Äquivalenten als Ausgangspunkt gilt. Unser nur noch als Kapitalistenraupe vorhandener Geldbesitzer muß die Waren zu ihrem Wert kaufen, zu ihrem Wert verkaufen und dennoch am Ende des Prozesses mehr Wert herausziehen, als er hineinwarf. Seine Schmetterlingsentfaltung muß in der Zirkulationssphäre und

muß nicht in der Zirkulationssphäre vorgehen. Dies sind die Bedingungen des Problems" (Marx 1972 [1867]: 180/181).

(b) Das Problem stellt sich also folgendermaßen dar:

(5) $G - W \ldots W' - G'$

Die Lösung dieses Problems erhält Marx durch eine genauere Analyse der Arbeit. Wie auch die Ware, so hat die Arbeit bei ihm einen Doppelcharakter: Sie ist in jedem Moment konkret verausgabte Arbeit und gleichzeitig abstrakte Arbeit, die gesellschaftlichen Wert schafft. Diese Arbeit wird von einer Arbeitskraft geleistet. Und in deren Analyse entdeckt Marx die Lösung des Problems:

Die Arbeitskraft selbst wird zur Ware. Der Gebrauchswert dieser Ware Arbeitskraft liegt darin, dass der Arbeiter/die Arbeiterin die Fähigkeit hat, konkrete Arbeit zu leisten. Der Tauschwert der Ware Arbeitskraft wird, genau wie der Tauschwert aller anderen Waren, durch die gesellschaftlich notwendige Arbeitszeit gemessen, die nötig ist, die entsprechende Ware zu reproduzieren. Der Tauschwert der Ware Arbeitskraft bemisst sich also nach ihren Reproduktionskosten, d. h. nach den Lebenshaltungskosten der Arbeitenden. Damit gilt:

(6) $AK = \begin{cases} GW_{AK} \\ TW_{AK} \end{cases}$ mit: AK = Arbeitskraft

So bedeutet z. B. der Gebrauchswert der Arbeitskraft, dass eine Arbeiterin acht Stunden lang täglich konkrete Arbeiten ausführen kann. Der Tauschwert misst die Reproduktionskosten. Diese sind z. B. schon in vier Stunden erarbeitet, dann bleiben vier Stunden Differenz zwischen dem Gebrauchswert der Arbeitskraft und dem Tauschwert. Eine solche Differenz ist überall dort möglich, wo die gesellschaftlichen Produktivkräfte soweit entwickelt sind, dass die arbeitenden Menschen mehr erzeugen können, als sie selbst zum Leben brauchen. Das ist lange vor dem Entstehen der kapitalistischen Gesellschaft der Fall. Gesellschaften unterscheiden sich nach der Marx'schen Theorie nur darin, wem dieser zusätzliche Wert, das zusätzliche Produkt, zufällt.

Diese Differenz zwischen Gebrauchswert der Arbeitskraft und ihrem Tauschwert nutzt nun der Geldbesitzer, der sich zum Kapitalisten entpuppt, aus. Er kauft Produktionsmittel und Arbeitskraft und lässt die Arbeitenden im Produktionsprozess arbeiten. Das Ergebnis ist ein größerer Wert, als vorgeschossen wurde, der dann in eine größere Geldsumme auf der Grundlage des Äquivalententausches umgewandelt werden kann. Folgende Formel drückt das aus:

$$(7)\ G-W\begin{cases}PM\\AK\end{cases}\ldots PP\ldots W'-G' \qquad \text{mit: } PM = \text{Produktionsmittel},\ PP = \text{Produktionsprozess}$$

Woher kommt die Arbeitskraft als Ware? Diese Antwort kann nicht mit Hilfe der dialektischen Methode von Marx geklärt werden, sondern Arbeitskraft als Ware ist Ergebnis eines historischen Prozesses. (Marx untersucht ihn in Kapitel 24 von Band 1 des „Kapital", dem Kapitel über die „Ursprüngliche Akkumulation". In diesem Prozess werden die ArbeiterInnen als „doppelt frei" herausgebildet – frei von feudal-herrschaftlichen Zwängen, aber auch frei von jeglichem Eigentum an Produktionsmitteln.) Hier wird deutlich: Die Marx'sche Methode ist eine Mischung aus dialektischer Warenanalyse und Integration historischer Kategorien.

Nennen wir nun den Kapitalvorschuss für die Produktionsmittel = *c* (konstantes Kapital) und den für den Ankauf der Arbeitskraft = *v* (variables Kapital), und nennen wir die Differenz zwischen dem Gebrauchswert der Ware Arbeitskraft und dem Tauschwert = *m* (Mehrwert), so gilt:

$$(8)\qquad \begin{array}{ccc} G\text{-}W & & W'\text{-}G' \\ \downarrow & & \uparrow \\ c+v & \longrightarrow & c+v+m \end{array}$$

Formel (8) drückt den Produktionsprozess als Wertbildungsprozess aus. Er ist gleichzeitig Verwertungsprozess des Kapitals, denn dieses wird aus *G* zu *G'*. Dabei sieht die Wertstruktur folgendermaßen aus: Vorgeschossen wird der Wert $c + v$, neu geschaffen wird der zur Reproduktion der Arbeitskraft notwendige Wert *v* sowie *m*, der Mehrwert. Der Wert der Produktionsmittel *c* wird durch die Arbeitstätigkeit der Arbeitenden auf das neue Produkt übertragen. Der Gesamtwert dieses Produkts lautet dann: $c + v + m$. Aus der unterschiedlichen Rolle der Kapitalbestandteile *c* und *v* im Wertbildungsprozess erklären sich die Begriffe: *c*, das konstante Kapital, ändert seinen Wert nicht, während *v* die Ursache für den zusätzlichen Wert, den Mehrwert, ist.

Nehmen wir als Beispiel einen Arbeitstag von 8 Stunden, wobei innerhalb von vier Stunden die Reproduktionskosten der Arbeitskraft (*v*) erwirtschaftet werden, in den anderen 4 Stunden der Mehrwert produziert wird. Für diese Produktion sei eine Maschinerie nötig, die früher (erinnern wir uns an Ricardo und die unterschiedlichen Perioden für die Kapitalvorschüsse) z. B. in zwei achtstündigen Arbeitstagen hergestellt wurden. Insgesamt wird dann ein Produkt im Wert von $c + v + m = 16$ Stunden + 4 + 4 Stunden = 24 Stunden hergestellt. Der Neuwert $v + m$ beträgt 8 Stunden, der Mehrwert 4 Stunden.

Damit wäre das Ricardianische Puzzle auf der Wertebene gelöst: Wert wird nur geschaffen durch Arbeit (er entspringt nur dem variablen Kapitalteil *v*). Die ArbeiterInnen bekommen „zu Recht" nicht den ganzen Arbeitsertrag (8 Stunden), sie haben gemäß den Gesetzen der Warengesellschaft nur Anspruch auf den Tauschwert ihrer Ware (4 Stunden). Die Kapitaleigentümer nutzen den Gebrauchswert der Ware Arbeitskraft, und das ebenfalls „zu Recht", da sie diese Ware vorher gekauft haben. Der Mehrwert *m* ist unbezahlte Arbeit – aber „zu Recht" unbezahlte Arbeit. Er entspringt den Gesetzen der Warenproduktion. Geld wird unter Aufrechterhaltung der Gesetze des Äquivalententausches in mehr Geld verwandelt. Allerdings gelten diese Gesetze in der Zirkulation – in der Produktionssphäre ist deutlich, dass die ArbeiterInnen mehr arbeiten, als sie erhalten. Und es ist deutlich, dass die Frage der Aufteilung des Neuwertes einen unversöhnlichen Gegensatz enthält, einen Antagonismus zwischen Arbeit und Kapital. Denn je größer der Wert der Arbeitskraft *v*, desto kleiner der Mehrwert und umgekehrt. Der Widerspruch, den Ricardo bei der Untersuchung der Wirkung der Maschinerie auf die einzelnen Klassen zwischen Kapital und Arbeit ahnte, wird hier also bestätigt.

(c) Aber schon taucht ein neuer Widerspruch auf, der vermuten lässt, dass das Ricardianische Puzzle doch noch nicht ganz gelöst ist: Wir haben gesehen, dass der Mehrwert *m* ausschließlich aus dem variablen Kapitalteil *v* entspringt. Das Verhältnis von m/v wird Mehrwertrate oder Ausbeutungsrate m' genannt. Der Kapitaleigentümer jedoch bezieht dieses *m* auf das gesamte vorgeschossene Kapital, auf $c + v$. Das Verhältnis von $m/(c+v)$ ist die schon bekannte Profitrate *r* (bei Marx heißt sie p').

Marx nimmt nun an, dass durch die Konkurrenz der Arbeiter untereinander *m* für alle möglichen Kapitaleinsätze gleich ist. Das würde bedeuten, dass, je höher der Anteil des variablen Kapitals an dem gesamten Kapitalvorschuss ist, desto höher der produzierte Mehrwert *m* und desto höher die Profitrate. Die Profitrate schwankt dann also mit der Kapitalzusammensetzung (bei Ricardo hatte die Kapitalzusammensetzung einen Einfluss auf die Preise bzw. auf das gesamte Produkt bei angenommener Konstanz der Profitrate).

Machen wir uns das Problem an dem schon bekannten Zahlenbeispiel klar:

(9)			
$K_a = K_b = 100$	$m' = 100\,\%$		
$K_a = 80c + 20v$	$m' = 20\,\%$	$W'_a = 120$	$r_a = 20\,\%$
$K_b = 20c + 80v$	$m' = 80\,\%$	$W'_b = 180$	$r_b = 80\,\%$
$K_a + K_b = 100c + 100v$	$m' = 100\,\%$	$W' = 300$	$r = 50\,\%$

Wenn diese Zahlen gelten würden, würden alle Kapitaleigentümer ihr Kapital in den arbeitsintensivsten Branchen anlegen, weil dort die größte Profitrate erzielt werden könnte. Gleiche Kapitale würden also ungleiche Profitraten erzielen.

Die Wirklichkeit sieht aber auch für Marx anders aus. Wie auch Smith und Ricardo, geht er von einer einheitlichen Profitrate für gleichgroße Kapitale aus. Das bedeutet für unser Zahlenbeispiel, dass jedes Kapital in der Größe von 100 denselben Profit erzielen können muss.

Wie kann das aber sein? Muss nicht auch Marx jetzt die Werttheorie verlassen, wenn er die Preise erklären will? Holt ihn das „Ricardianische Puzzle" nicht doch wieder ein?

(d) Um diese Frage zu klären, gehen wir mit Marx von der Ebene der Werte auf die der Produktionspreise. Er schlägt eine bestimmte Form der Transformation der Werte in Preise vor, um das Problem zu lösen. Dies ist als „Transformationsproblem" in die wirtschaftstheoretische Debatte eingegangen. Auf dem Weg von der Werteebene auf die Ebene der Produktionspreise verweist Marx auf zwei Schritte der Mystifizierung der Quelle des Werts.

Für den Kapitaleigentümer ist der Unterschied von c und v bezüglich der Wertbildung unwichtig – beide vereint er zusammen in der Kategorie des Kostpreises k:

(10) $k = c + v$

Die beiden von der Wertbildung her ganz unterschiedlichen Kapitalbestandteile (aus v entspringt der Neuwert einschließlich des Mehrwerts, der Wert von c wird nur auf das Produkt übertragen) werden in der Kategorie des Kostpreises unterschiedslos miteinander zusammengefasst. Die *erste Mystifizierung* der Wertquelle liegt darin, dass v jetzt wirklich die ganze geleistete Arbeit zu bezahlen scheint.

Mit Hilfe des Kostpreises k verwandelt sich die Wertgleichung zu:

(11) $W' = k + m = k + Pr$

Pr, der Profit, ist zwar quantitativ identisch mit m, qualitativ jedoch unterschiedlich. Bezieht sich m als Wertquelle auf v, so bezieht sich Pr auf den gesamten vorgeschossenen Kostpreis. Der gesamte Kapitalvorschuss, $c + v$, scheint jetzt eine einheitliche Quelle des Wertes zu sein. Der Blick auf die lebendige Arbeit als einzige Quelle des Werts ist verschüttet. Das ist die *zweite Mystifizierung*. (Damit macht Marx deutlich, dass auf dem Weg von dem Wesen der Wertbildung zur Oberfläche der kapitalistischen Gesellschaft, zur Ebene der Zirkulation, die Arbeitswerttheorie sich in eine Produktionsfaktoren-Theorie zu verwandeln scheint.)

Nehmen wir nun an, dass die Profitrate r einheitlich ist, und setzen wir sie beispielsweise mit 50 % an, so gilt für unser Zahlenbeispiel:

$$(12)\quad \begin{aligned} K_a &= 100, r = 50\%, PP_a = 150, W'_a = 120 \\ K_b &= 100, r = 50\%, PP_b = 150, W'_b = 180 \end{aligned}$$

mit: $PP = k + kr = (1 + r)k$

(D. h., das ganze Kapital geht in den Kostpreis ein, es gibt kein länger als eine Periode angelegtes Kapital, keine Abschreibungen. Anders ausgedrückt: Es gibt kein fixes, sondern nur zirkulierendes Kapital.)

Mit PP ist der Produktionspreis der Ware bezeichnet. Seine Definition lautet:

> „Die Preise, die dadurch entstehen, dass der Durchschnitt der verschiedenen Profitraten der verschiedenen Produktionsphären gezogen und dieser Durchschnitt den Kostpreisen der verschiedenen Produktionssphären zugesetzt wird, sind die *Produktionspreise*" (Marx 1972 [1984]: 167).

Damit tauschen sich die Waren offenbar nicht mehr zu ihren Werten:

> „Es scheint also, daß die Werttheorie hier unvereinbar ist mit der wirklichen Bewegung, unvereinbar mit den tatsächlichen Erscheinungen der Produktion und daß daher überhaupt darauf verzichtet werden muß, die letzteren zu begreifen" (Marx 1972 [1894] (Band III des „Kapital"): 162).

Immer noch ist also das „Ricardianische Puzzle" nicht gelöst. Die Lösung liegt für Marx in folgendem Schema der *Transformation von Werten in Produktionspreise:*

(13) Werte:

Kapitale	m'	m	W'	r
$80c + 20v$	100%	20	120	20%
$20c + 80v$	100%	80	180	80%

Produktionspreise:

	Kapitale	m'	m	W'	r	Pr	PP	$PP - W'$
	$80c + 20v$	100%	20	120	50%	50	150	+30
	$20c + 80v$	100%	80	180	50%	50	150	−30
Σ	$100c + 100v$	100%	100	300	50%	100	300	0

Des Rätsels Lösung liegt also darin, dass sich die Waren nicht mehr zu den Werten, sondern zu den Produktionspreisen tauschen, die systematisch von

Werte den Summen der Produktionspreise, die Summe der Mehrwerte der Summe der Profite entspricht.

Das „Ricardianische Puzzle“ sieht Marx also derart gelöst, dass, wie Ricardo richtig feststellte, zwar die Kapitalzusammensetzung eine Rolle spielt, dass diese Rolle aber nur für die Mehrwertbildung gilt, nicht für die Profiterzielung. Auf der Ebene des Austausches verhalten sich die Kapitalisten nach Meinung von Marx wie eine „große Aktiengesellschaft“, aus der jeder gemäß seiner Einlage den entsprechenden Profit erhält.

Das Entstehen der einheitlichen Profitrate setzt Marx nicht voraus, sondern erklärt es durch die Kapitalwanderungen zwischen den Branchen. Kapital strömt aus Branchen mit geringer Profitrate in solche mit hoher Profitrate, wodurch der Ausgleich hervorgerufen wird.

Von den Kritikern, allen voran Eugen von Böhm-Bawerk (vgl. Böhm-Bawerk 1896), wurde dieses Ergebnis als Verrat an der Arbeitswerttheorie gewertet. Marx wurde als Scharlatan verschrien, der etwas versprochen (das Ricardianische Problem auf der Ebene der Werttheorie zu lösen), und es nicht gehalten hatte. Es setzte eine Debatte ein, die bis heute anhält – eine Debatte darum, ob diese Transformation von Werten in Produktionspreise als Problemlösung akzeptiert werden kann oder nicht. Insbesondere, da gezeigt werden kann, dass die beiden gesamtwirtschaftlichen Bedingungen (Summe der Werte = Summe der Produktionspreise, Summe der Mehrwerte = Summe der Profite) gemeinsam nicht bestehen können, haben sich die Verteidiger der Marx'schen Theorie auf zwei Argumentationsstränge konzentriert: der eine geht dahin, dass das Transformationsproblem gar nicht so wichtig sei, der Rest der Marx'schen Analyse aber von Bedeutung bleibe, der andere führt an, dass Marx selbst mit dem Transformationsschema in eine Falle geraten sei. Er habe eigentlich eine Werttheorie entwickelt, die von vornherein auf der Geldebene angesiedelt sei. Das Transformationsschema sei insofern ein Relikt aus der Auseinandersetzung mit Smith und Ricardo. Insbesondere letztere Position wird von heute arbeitenden marxistischen Wissenschaftlern weiter ausformuliert.

(e) Wie bestimmt nun Marx die drei Verteilungskategorien *Lohn, Rente, Profit?* Anders als Ricardo ist bei ihm der Lohn nicht als Existenzminimumlohn definiert, sondern der Wert der Ware Arbeitskraft ist gesellschaftlich mitbestimmt:

> „Im Gegensatz zu den anderen Waren enthält also die Wertbestimmung der Arbeitskraft ein historisches und moralisches Element. Für ein bestimmtes Land, zu einer bestimmten Periode jedoch, ist der Durchschnitts-Umkreis der notwendigen Lebensmittel gegeben“ (Marx 1972 [1867]: 185).

In die Wertbestimmung geht auch das Kräfteverhältnis zwischen Arbeit und Kapital ein. Starke Gewerkschaften z. B. können durchsetzen, dass zum Lebensstandard der Arbeiter Güter gehören, die früher als Luxus galten – z. B. eine Zentralheizung, ein Farbfernsehapparat, ein Auto, ein PC.

Die Bestimmung der Rente erfolgt bei Marx doppelt – Rente ist bei ihm Differentialrente, aber auch absolute Rente. Diese bestimmt Marx ähnlich wie Smith – die absolute Rente ist eine Monopolrente, die auf dem Grundeigentum beruht.

Im Gegensatz zu Smith und Ricardo verfügt Marx über eine eigenständige Profittheorie. Profit entsteht im Wertbildungsprozess als Mehrwert, als unbezahlte Arbeit. Durch die Konkurrenz der Kapitale untereinander bildet sich eine einheitlich Profitrate. Diese sinkt langfristig – Marx entwickelt ein „Gesetz vom tendenziellen Fall der Profitrate“. Dieses hat jedoch nichts mit einer eventuellen Naturschranke zu tun, wie bei Ricardo, sondern ist Produkt der Konkurrenz der Kapitale selbst, und zwar aus folgenden Gründen:

Die Konkurrenz innerhalb einer Branche wird über die Warenpreise geführt. In ihnen spielt der Kapitalvorschuss, der Kostpreis, eine große Rolle. Gelingt es einem Kapitalisten über die Steigerung der Produktivkraft der Arbeit mit Hilfe von Maschinerie, diesen Kostpreis zu senken, so kann er einen Extraprofit machen. Um diesen auch zu erhalten, ziehen die anderen Kapitalisten nach – die von einem begonnene Produktivkraftsteigerung setzt sich in der ganzen Branche durch. Sie ist verbunden mit einem Anstieg der Kapitalzusammensetzung c/v. Hat sich die Produktivkraftsteigerung in der ganzen Branche durchgesetzt, ist auch der Preis der Waren entsprechend gesunken, die Möglichkeit für einen Extraprofit ist entfallen. Die ganze Branche hat jetzt mehr konstantes und weniger variables Kapital, d. h. die Quelle für Mehrwert ist relativ geringer geworden. Langfristig muss daher die Profitrate sinken. Das Kapital reagiert darauf mit Konzentration und Monopolisierung. Und es reagiert derart, dass es in immer neue Bereiche eindringt, immer neue Bereiche der Gesellschaft kapitalisiert.

2.4.4 Gesamteinschätzung

(a) Ähnlich wie bei Ricardo, ist der Gegenstandsbereich der ökonomischen Theorie bei Marx zunächst die Marktökonomie. Hierbei bleibt es jedoch nicht. Die moderne Gesellschaft ist kapitalistische Gesellschaft, durchgängig geprägt durch das Kapitalverhältnis als Klassenverhältnis. Dieses unterwirft sich aufgrund seiner Eigendynamik tendenziell die ganze Gesellschaft. Ökonomie bedeutet Selbstverwertung des Kapitals und Reproduktion dessen Verwertungsbedingungen, jedoch nicht Reproduktion der Gesellschaft. Die Versorgungsökonomie mit der sorgenden Arbeit von Frauen bleibt auch bei Marx aus der ökonomischen Analyse ausgespart.

(b) Menschen handeln in der Marx'schen Theorie als Personifizierung ökonomischer Kategorien, als Charaktermasken. Sie funktionieren, handeln nicht autonom. Aktives Handeln ist nur als revolutionäres Handeln, im Kollektiv, als „Klasse für sich" möglich. Das setzt jedoch eine bewusste Handlungskoordination voraus. Diese ist nur möglich über gemeinsame Sprache.

Die typische Handlungskoordination der kapitalistischen Ökonomie ist dagegen eine unbewusste – sie erfolgt über den Markt, über den Tausch von Waren, über die Warenpreise. Und in diesen Prozessen sind die Menschen abhängig von den Wertgesetzen, unterliegen ihnen, werden von ihnen beherrscht. Das ist das, was Marx mit dem „Fetischcharakter der Ware" bezeichnet (vgl. Marx 1972 [1867]: 85 ff.). Gesellschaftliche Verhältnisse zwischen den Menschen als Warenproduzenten sind Verhältnisse von Sachen – Verhältnisse der Waren untereinander. Unbewusst bringen die Menschen im Austauschprozess die sie gesellschaftlich beherrschenden Werte hervor. „Sie wissen das nicht, aber sie tun es" (Marx 1972 [1867]: 88). Sie sind ihren eigenen Produkte entfremdet, ihnen unterworfen.

Als drittes Koordinationsmittel (neben der Sprache, dort, wo es gelingt, die Arbeiter zu einer Klasse zusammenzufassen, und neben den Werten bzw. Preisen) spielt die Macht eine Rolle – die Macht des Kapitals. Kapital wird begriffen als Herrschaftsverhältnis. Es wird unterstützt durch den bürgerlichen Staat, der diese Herrschaft aufrechterhält.

(c) Aufgrund des Gegensatzes zwischen den Arbeitern, die immer Lohnarbeiter sind, und den Kapitalisten gibt es keine gemeinsame gesellschaftliche Wohlfahrt für alle Klassen. Wohlfahrt bedeutet hohe Profite für das Kapital. Kapitalakkumulation ist daher mit weiterer Verelendung der Arbeiter verbunden: „Akkumulation des Kapitals ist also Vermehrung des Proletariats" (Marx 1972 [1867]: 642).

Das bedeutet, dass zum einen die Masse der beschäftigten Arbeiter sinkt, weil der Anteil des variablen Kapitals sinkt, das bedeutet aber auch, dass ständig Menschen aus der Beschäftigung hinausgeworfen und wieder eingesogen werden. Basis ist eine beständige „industrielle Reservearmee".

> „Die Akkumulation von Reichtum auf dem einen Pol ist also zugleich Akkumulation von Elend, Arbeitsqual, Sklaverei, Unwissenheit, Brutalisierung und moralischer Degradation auf dem Gegenpol, d. h. auf der Seite der Klasse, die ihr eigenes Produkt als Kapital produziert. Dieser antagonistische Charakter der kapitalistischen Akkumulation ... " (Marx 1972 [1867]: 675).

Hier ist die dialektische Analyse an ihrem Endpunkt angekommen – aus dem Gegensatz von Gebrauchswert und Tauschwert wurde der unversöhnliche Gegensatz zwischen Kapitalistenklasse und Arbeiterklasse.

(d) Und die Natur? Kommt auch sie bei Marx gar nicht vor? Doch, sie kommt vor – zunächst, wie auch bei Ricardo und Smith, als Existenzbedingung der Warenproduktion. Im Gegensatz zu den beiden genannten ist sie jedoch nicht mehr unhinterfragt – Marx sieht sehr wohl, was das für die Natur bedeutet:

> „Die kapitalistische Produktion entwickelt daher nur die Technik und Kombination des gesellschaftlichen Produktionsprozesses, indem sie zugleich die Springquellen alles Reichtums untergräbt: die Erde und den Arbeiter" (Marx 1972 [1867]: 529/530).

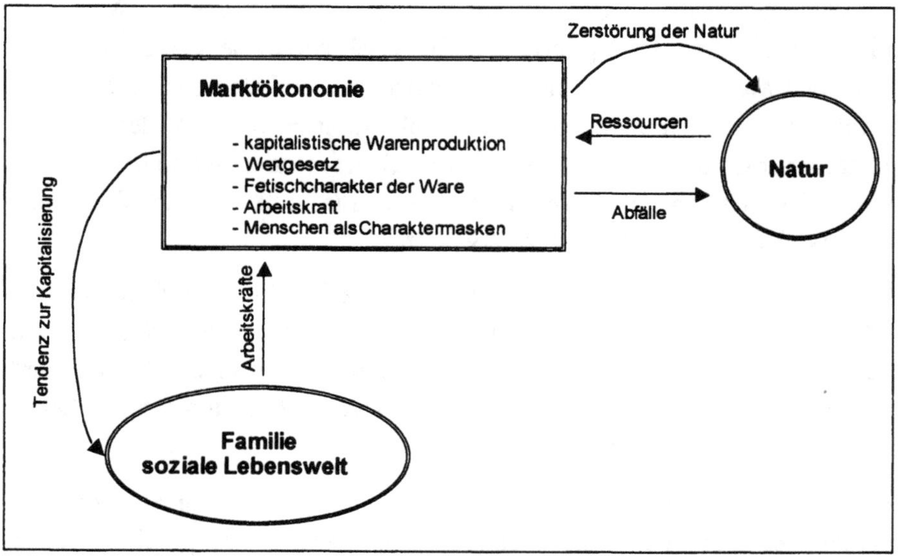

Abb. 9: Die kapitalistische Ökonomie bei Karl Marx

2.5 Frühe Neoklassische Mikroökonomik: Subjektive Werttheorie und methodologischer Individualismus

2.5.1 Historische Zusammenhänge

(a) Die von Marx erwartete Erstarkung der Arbeiterbewegung und deren sozialistische Revolution finden nicht statt. Stattdessen blüht die kapitalistische Wirtschaft. Das gilt insbesondere für England, wo die Wirtschaft in einem System des „Laisser faire" mit freien Wettbewerbsmärkten und Freihandel eine rasche Expansion erlebt hat. Das britische Empire war auf seinem Höhepunkt. Auch die französische und deutsche Wirtschaft entwickelten sich mit kräftigen Expansionsraten.

Allerdings war die Bedrohung durch die Arbeiterbewegung nicht aus der Welt: In Frankreich gründete sie für kurze Zeit die „Pariser Commune" und errichtete zum ersten Mal in der Geschichte eine Arbeiterregierung in einer großen Stadt, in Paris. Die „Pariser Commune" wurde jedoch mit Hilfe deutscher Truppen vernichtet. In Deutschland griff Bismarck zu der Peitsche der Sozialistengesetze, d. h. zum Verbot der organisierten Arbeiterbewegung. (Das Zuckerbrot als Gegenmaßnahme war die Sozialgesetzgebung.) Die Tatsache, dass die kapitalistische Ökonomie nicht selbstverständlich Harmonie, sondern auch Widersprüche produzierte, Armut hervorbrachte, die immer wieder Gegenstand von Sozialkritik war, war nicht ganz aus der Welt zu schaffen.

(b) In diesem Zusammenhang war eine Anknüpfung der ökonomischen Theorie an den Arbeiten von Karl Marx gesellschaftlich unmöglich. Er hatte zwar von Ricardo hinterlassene theoretische Probleme gelöst (er hatte als erster eine Theorie der Profitrate entwickelt), jedoch auf Kosten des Aufdeckens unversöhnlicher Widersprüche zwischen gesellschaftlichen Klassen. Eine aufstrebende bürgerliche Gesellschaft konnte mit dieser Theorie ihr eigenes Selbstverständnis nicht festigen. Es galt also, eine ganz andere Wertlehre zu finden, eine Wertlehre, die den ökonomischen Individuen im freien Wettbewerb entsprach. So schreibt auch Hofmann:

> „Der eigentliche Grund zum Ausbau einer subjektivistischen ‚Wert'-Lehre ist vielmehr in jenem verborgen wirkenden *gesellschaftlichem Bedürfnis* zu sehen, das schon zuvor zur Ablehnung der klassischen Arbeitswertlehre, mit ihren sozialkritischen Folgerungen, geführt hat. Der Theorie des objektiven Werts sollte eine Werttheorie ganz anderer Art entgegengesetzt werden. In der Tat hat die subjektivistische Wertauffassung aus ihrer Abwehrhaltung gegenüber der Arbeitswertlehre nie ein Hehl gemacht; wobei zunächst die Kritik an der Arbeitswertlehre *Ricardos,* die ‚auch nicht einen Augenblick haltbar' sei (*Jevons*), später ... die Kritik der sozialistischen Wertlehre, an der ‚so ziemlich alles falsch' sei (F. v. Wieser, 2: 66), voransteht. Auch in späterer Zeit ist es immer wieder als ein besonderes Verdienst der subjektivistischen Lehre gewertet worden, daß sie die alte Arbeitswerttheorie aus dem Felde geschlagen habe ... So erscheint auch hier eine allgemeine gesellschaftliche Tendenz in der Lehrgeschichte am Werk" (Hofmann 1971, Band 1: 119. Das von Wieser zitierte Werk ist das Buch „Der natürliche Wert" von 1889).

(c) Die neue Lehre (die subjektive Wertlehre oder auch die Grenznutzen-Schule) entstand gleichzeitig mit unterschiedlicher Ausprägung an drei Orten: in England, wo William Stanley Jevons eine auf dem Utilitarismus aufbauende Version entwickelte (Hauptwerk „The Theory of Political Economy" von 1871), in der französischsprachigen Schweiz, wo Léon Walras eine mathematische Version entwarf (Prinzip einer mathematischen Theorie des Tausches,

Denkschrift von 1873) und in Österreich, wo Carl Menger eine auf neueren psychologischen Erkenntnissen basierende Theorie des Grenznutzens schuf (Grundsätze der Volkswirtschaftslehre, 1871). Vorläufer in Deutschland war Hermann Heinrich Gossen, der schon 1854 in seinem Buch „Entwicklung der Gesetze des menschlichen Verkehrs und der daraus fließenden Regeln für menschliches Handeln" die Grundlagen für die Grenznutzenlehre legte.

Unabhängig von Unterschieden in den verschiedenen Theorien gab es einige gemeinsame Charakteristika (vgl. zum Folgenden Hofmann 1971: 120/121):

- *das Verständnis der Ökonomik als Naturwissenschaft:* Alle Theoretiker erheben mehr oder weniger explizit den Anspruch, eine im Sinne der Naturwissenschaften „exakte" Theorie zu formulieren. Ökonomie soll berechenbar werden. So schreibt z. B. Jevons:

  > „Ich habe in diesem Werke (Die Theorie der politischen Ökonomie, d. Verf.) den Versuch unternommen, die Volkswirtschaftslehre als eine Mathematik der Lust- und Unlustgefühle darzustellen, und habe, zumeist ohne auf frühere Meinungen Bedacht zu nehmen, die Form skizziert, welche diese Wissenschaft, wie es mir scheint, letzten Endes nehmen muß. Ich habe mich lange mit dem Gedanken beschäftigt, daß sie, welche durchweg Quantitäten zum Gegenstande hat, in der Tat, wenn schon nicht der Sprache nach, eine mathematische Wissenschaft sein muß. Ich habe mich bemüht, zu genauen quantitativen Begriffen betreffend Nutzen, Wert, Arbeit, Kapital usf. zu gelangen und bin oft erstaunt gewesen, zu sehen, wie deutlich einige der schwierigsten Begriffe, besonders der verworrenste aller, der Wertbegriff, eine mathematische Analyse und Darstellung zulassen. Die auf diese Weise behandelte Theorie der Wirtschaft zeigt eine auffallende Ähnlichkeit mit der Wissenschaft der statischen Mechanik, und die Gesetze des Tausches ähneln den Gleichgewichtsgesetzen eines Hebels ..." (Jevons 1924 [1871]: XXIV/XXV);

- *die einzelwirtschaftliche Analogie, später methodisch als „methodologischer Individualismus" bezeichnet:* Die neuen Theorien vertreten die Auffassung, alle wirtschaftlichen Phänomene könnten ausgehend von einem isoliert wirtschaftenden Individuum erklärt werden. So kommt die Figur des Robinson, der allein auf seiner Insel lebt, als Modell für die ganze Ökonomie ins Spiel. Damit wird ein bisher in der ökonomischen Theorie allgemein geteilter methodischer Ansatz verlassen – der Ansatz, an dem überindividuellen Phänomen des Tausches, der Ware, mit der Analyse zu beginnen;

- *den Verlust der Geschichtlichkeit, verbunden mit dem Anspruch auf eine allgemeine ökonomische Theorie:* Das Individuum Robinson, das in den verschiedenen Theorien modelliert wird, ist bar jeder gesellschaftlich-historischen Einbettung. Damit wird eine unveränderliche Natur des Menschen als Hypothese unterstellt. Auf dieser Grundlage kann dann Ökonomik als allgemeine ökonomische Theorie postuliert werden. So heißt es z. B. bei einem noch nicht genannten Vertreter der frühen Neoklassik:

> „Im wesentlichen bleibt sich die Natur des Menschen ... immer gleich und ist stets als konstante Ursache wirksam. Es gibt daher eine allgemeine ökonomische Theorie und nicht etwa eine Theorie der Wirtschaft, betreffend die Menschen in diesem oder jenem konkreten Staate, in dieser oder jener Zeit" (Sax 1887: 10).

- *die Idee des Grenznutzens*: Zwar wird der Begriff erst 1884 von Friedrich von Wieser eingeführt und später als „marginal utility" ins Englische übersetzt, die Idee findet sich aber in allen Ansätzen der bisher genannten Theoretiker. Es ist die Idee, dass der Wert jeder Einheit eines Gütervorrates, der aus homogenen Gütern besteht, entweder von der Minderung der Bedürfnisbefriedigung abhängt, die durch den Verlust einer Einheit hervorgerufen wird (subtraktiver Grenznutzen) bzw. von dem Nutzenzuwachs, der durch das Hinzufügen einer Gütereinheit erreicht wird (additiver Grenznutzen). Mit dieser Idee lässt sich auch das klassische Werteparadoxon von Smith und Ricardo lösen – das Paradoxon, das sich darin ausdrückt, dass lebenswichtige Güter wie Luft keinen Wert haben, lebens-nichtnotwendige Güter wie z. B. Diamanten dagegen einen hohen Wert haben können. Nach dem Konzept des Grenznutzens hängt der Wert eben auch von dem Bestand des Gutes, von der Knappheit oder dem Überfluss, ab. Luft, die im Überfluss vorhanden ist, hat damit z. B. keinen Wert.

2.5.2 Die Begründer

(a) Hermann Heinrich Gossen (1810-1858) – die Lehre vom Nutzen und Grenznutzen

Gossen veröffentlichte sein Werk „Entwicklung der Gesetze des menschlichen Verkehrs und der daraus fließenden Regeln für menschliches Handeln" schon 1854. Es blieb zunächst unbemerkt, er selbst fühlte sich nicht gewürdigt und zog sein Werk 1858 selbst aus dem Verkehr. Erst später gingen die von ihm gefundenen „Gesetze" als Grundregeln der neoklassischen Analyse in die Lehrbücher ein.

Im „1. Gossenschen Gesetz" wird das Prinzip des sinkenden Grenznutzens folgendermaßen formuliert:

> „Die Größe eines und desselben Genusses nimmt, wenn wir mit Bereitung des Genusses ununterbrochen fortfahren, fortwährend ab, bis zuletzt Sättigung eintritt" (Gossen 1854: 4f.).

Dieses Gesetz wird auch das „Sättigungsgesetz“ genannt. Bezeichnen wir die Nutzenfunktion mit

$$U = U(x)$$

wobei U für Nutzen (Utility) und x für die Gütermenge stehen, so hat diese Nutzenfunktion in der Vorstellung von Gossen folgenden Verlauf:

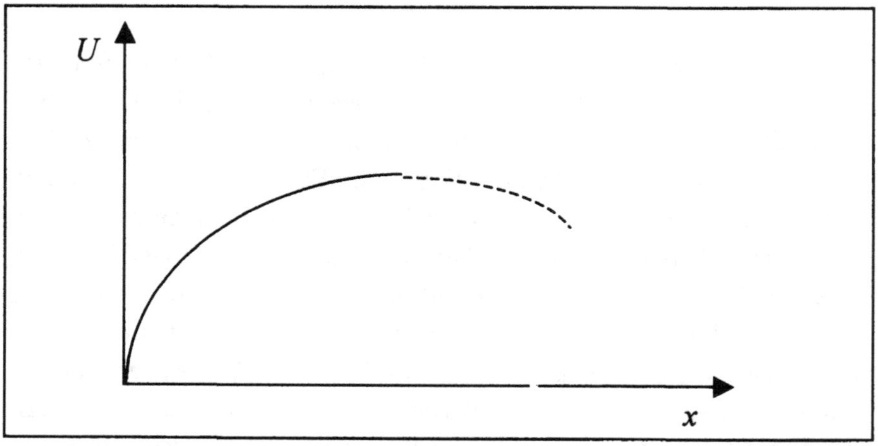

Abb. 10: Graphische Darstellung einer Nutzenfunktion

Der Graph macht deutlich: Der Nutzen U, den das ökonomisch handelnde Individuum aus dem Gebrauch eines Gutes zieht, nimmt mit steigender Menge dieses Gutes zu, erreicht ein Maximum und sinkt dann. Der durch je eine zusätzliche Einheit des Gutes geschaffene zusätzliche Nutzen (Grenznutzen) sinkt kontinuierlich und wird im Nutzenmaximum null. Dieses Nutzenmaximum ist die „Sättigungsgrenze“. Bezeichnen wir den Grenznutzen mit dU/dx, so gilt bis zur Sättigungsgrenze:

$$dU / dx > 0, \ mit \ d^2U / dx^2 < 0$$

Den Verlauf einer solchen Grenznutzenkurve zeigt Abb. 11: Die gestrichelten Linien machen deutlich, dass dieser Bereich der Nutzenfunktion ökonomisch uninteressant ist. Denn, wie wir noch sehen werden, werden die ökonomisch handelnden Individuen als rational modelliert. Rationalität bedeutet, unter den zur Verfügung stehenden Handlungsalternativen die mit dem höchsten Nutzenzuwachs zu wählen. Ein Nutzenverlust wird aus dieser Betrachtung ausgeschieden. In modernen Vorstellungen gibt es daher kein Maximum der Nutzenfunktion mehr.

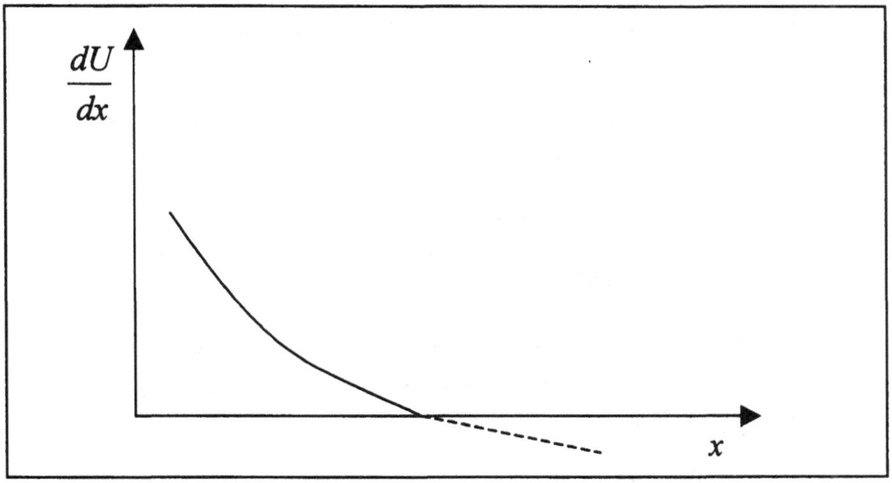

Abb. 11: Verlauf einer Grenznutzenkurve

Als „2. Gossensches Gesetz" wird formuliert:

> „Der Mensch, dem die Wahl zwischen mehreren Genüssen freisteht, dessen Zeit aber nicht ausreicht, alle voll aus sich zu bereiten, muß, so verschieden auch die absolute Größe der Genüsse sein mag, um die Summe seines Genusses zum größten zu bringen, bevor er auch nur den größten sich vollaus bereitet, sie alle teilweise bereiten, und zwar in einem solchen Verhältnis, daß die Größe eines jeden Genusses in dem Augenblick, in welchem seine Bereitung abgebrochen wird, bei allen noch die gleiche bleibt" (Gossen 1854: 12).

Dieses Gesetz wird auch „Genussausgleichsgesetz" genannt. In einfachen Worten bedeutet das, dass der ökonomisch handelnde Mensch sein Einkommen derart auf die verschiedenen Güter verteilt, dass die jeweiligen Grenznutzen gleich sind. (Wir werden dieses Gesetz später in der aktuellen neoklassischen Haushaltsanalyse wiederfinden vgl. Teil II.1.)

(b) Carl Menger (1840-1921) – vom subjektiven Wert zum subjektiven Preis

In Mengers Untersuchungen, die vor allem darauf zielen, ausgehend von der „bedürftigen Menschennatur" Preise zu erklären, finden sich diese beiden Gossenschen Gesetze ebenfalls wieder.

Die Bedürfnisse der Menschen werden nach Menger durch Güter befriedigt. (Menger entwickelt hier eine Klassifikation von Gütern, wobei er Güter, die direkt zum Verbrauch benutzt werden, von Gütern trennt, die zu deren Herstellung notwendig sind. Er spricht von Gütern niedrigerer und höherer Ordnung.) Diese Güter sind im Vergleich zum Bedürfnis, das sich am Markt nur in zahlungsfähigem Bedarf ausdrückt, immer knapp. Hier begründet sich ein zentrales Theorem neoklassischer Ökonomie, das bis heute Gültigkeit besitzt: Bedürfnisse werden als unendlich angesehen, die Mittel zu ihrer Befriedigung dagegen immer als knapp. Diese Knappheit ist immer „relative Knappheit". Absolute Knappheiten kennt diese Ökonomik nicht.

Der Wert der Güter bestimmt sich aus ihrer Fähigkeit, menschliche Bedürfnisse zu befriedigen, nicht aus den Gütern selbst:

> „Der Güterwerth ist in der Beziehung der Güter zu unseren Bedürfnissen begründet, nicht in den Gütern selbst. Mit dem Wechsel dieses Verhältnisses muß auch der Werth entstehen oder vergehen" (Menger 1968 [1871]: 85).

Dabei wird das „ursprüngliche Maß des Güterwerths" wieder durch den Grenznutzen im Sinne des „1. Gossenschen Gesetzes" bestimmt (vgl. Menger 1968 [1871]: 98/99). Und später hält Menger fest:

> „Der Werth ist demnach nicht nur seinem Wesen, sondern auch seinem Masse nach subjectiver Natur. Die Güter haben „Werth" stets für bestimmte wirtschaftliche Subjecte, aber auch nur für solche einen bestimmten Werth" (Menger 1968 [1871]: 119).

Zum Tausch kommt es, weil die Individuuen die in ihrem jeweiligen Besitz befindlichen Güter unterschiedlich wertschätzen. *Tausch gibt es also nur, weil Nicht-Äquivalente* getauscht werden. Damit hebt Menger eine zentrale Hypothese der bisherigen, der „klassischen" politischen Ökonomie, auf.

Um die Preisbildung zu erklären, entwickelt Menger die Vorstellung vom „isolierten Tausch" zwischen zwei Wirtschaftssubjekten *A* und *B*, die beide über 2 Güter verfügen: Getreide und Wein. Für *A* haben 100 Maß Getreide einen ebenso großen Wert wie 40 Maß Wein. *B* dagegen misst 80 Maß Getreide einen Wert von 40 Maß Wein zu. Kommt es zum Tausch, so bildet sich ein Preis für 40 Maß Wein heraus, der über 80 und unter 100 Maß Getreide liegt. Unter- und Obergrenzen werden durch die subjektiven Wertschätzungen der Tauschpartner gegeben.

Diesen Gedanken entwickelt Eugen von Böhm-Bawerk weiter zum „Gesetz der Grenzpaare". Der Preis, der sich schließlich einspielt, entspricht der je subjektiven Wertschätzung des „Grenzpaares", einem „Paar" von Käufer und Verkäufer, bei dem jeder das Gut, was er durch den Tausch erhält, gerade noch höher einschätzt als das, was er weggibt. Bei vollständiger Konkurrenz vollzieht sich der Tausch derart, dass der Tauschnutzen beider Seiten optimiert wird. Beide Seiten vergleichen den Grenznutzen dessen, was sie weggeben, mit dem, was sie bekommen:

> „Die Höhe des Marktpreises wird begrenzt und bestimmt durch die Höhe der subjektiven Wertschätzungen der beiden Grenzpaare" (Böhm-Bawerk 1889: 279, zit. n. Hofmann 1971, Bd.1: 139).

In diesem „Gesetz der Grenzpaare“ ist das 2. Gossensche Gesetz weiterentwickelt bis zur Preisbildung. Wie der Wert, so ist auch der Preis eine subjektive Größe. Er spielt sich so ein, dass der Tauschnutzen für beide Tauschpartner optimiert wird.

(c) William Stanley Jevons (1835-1882) – Weiterentwicklung zur Theorie der Märkte

Die Struktur des Hauptwerks von Jevons „Die Theorie der politischen Ökonomie“ von 1871 weist einen ähnlichen Analyseweg wie bei Menger auf: Nach einer Einführung, in der es u. a. um den mathematischen Charakter der Wirtschaftswissenschaft geht, gibt es ein Kapitel 2 mit dem Titel „Theorie der Lust- und Unlustgefühle“. Dem folgt das 3. Kapitel mit dem Titel „Theorie des Nutzens“, um im 4. Kapitel eine „Theorie des Tausches“ zu entwickeln (es folgen die Theorie der Arbeit, die Theorie der Rente, die Theorie des Kapitals).

Jevons ist, wie auch die noch zu nennenden Wissenschaftler Walras und Pareto, Mathematiker. Er führt die mathematischen Bezeichnungen des Grenznutzens als Differentialkoeffizient ein, wie wir es oben schon getan haben. Mit Hilfe dieser mathematischen Ausdrucksweise bestimmt er – und hier geht er weiter als Menger – das Tauschgleichgewicht und damit den Gleichgewichtspreis, der sich zwischen den Tauschenden bildet. Er nimmt hier schon die spätere Bestimmung des durch den Tausch möglichen Wohlfahrtsoptimums (des sog. Pareto-Optimums) vorweg. Das wird deutlich in seiner eigenen Bewertung dieses Marktergebnisses:

> „Das allgemeine Ergebnis des Tausches besteht demnach darin, eine bestimmte Gleichheit des Nutzens zwischen verschiedenen Gütern bei ein und dergleichen Person hervorzubringen. Zwischen verschiedenen Personen wird allerdings keine derartige Angleichung geschehen. In der Ökonomie betrachten wir nur Handelsgeschäfte und lassen einen karitativ begründeten Wohlstandsausgleich beiseite. Der Nutzensgrad, den das Vermögen eines sehr reichen Mannes diesem verschafft, wird durch den Nutzensgrad in jenem Ausgabezweig bestimmt sein, in welchem er das größte Verlangen nach weiterem Besitze zu empfinden fortfährt. Sein Grundbedarf wird schon seit langem gedeckt worden sein: er könnte, wenn nötig, Nahrung für tausend Menschen vorfinden, und er wird daher hiermit so gut versehen sein, daß er hiernach das geringste Verlangen trägt. Soweit es aber mit der Ungleichheit des Vermögens in jedem Gemeinwesen verträglich ist, werden alle Güter durch den Tausch so verteilt, daß sie ein Höchstmaß an Nutzen hervorbringen. Jeder Mann, dessen Begehr nach einem bestimmten Gegenstand seinen Wunsch nach anderen Dingen übertrifft, erhält, was er will, vorausgesetzt, daß er ein hinlängliches Opfer anderer Art machen kann. Von niemandem wird jemals verlangt, etwas, das er höher schätzt, um etwas hinzugeben, das er geringer schätzt. Die vollständige Freiheit

des Tausches muß also zum Vorteile aller gereichen“ (Jevons 1924 [1871]: 133 ff.).

(d) Léon Walras (1834-1910) – die Bestimmung des allgemeinen Marktgleichgewichts

Walras setzt die Mathematisierung der Volkswirtschaftslehre fort (vgl. zum folgenden Hofmann 1971: 174 ff.). Bezüglich der Preisbestimmung und der Erklärung des Tausches formuliert er die Aufgabe folgendermaßen:

> „Gegeben sind die Quanta der Waaren; gesucht wird das System der Gleichungen, deren Wurzeln die Preise dieser Waaren sind“ (Walras 1881 [1876]: 3).

Es geht ihm um eine mathematische Theorie des Tausches. Dabei geht er zunächst nicht von einer Nutzen- oder Grenznutzenvorstellung aus, diese entstehen vielmehr im Nachhinein, als Interpretation der mathematischen Ergebnisse. Preise sind zunächst nichts weiter als „die umgekehrten Verhältnisse oder Quotienten der ausgetauschten Waaren – Quanta ...“ (Walras 1881 [1876]: 5).

Das ist zunächst nichts anderes, als was wir schon von Smith und Ricardo kennen. Tauschen sich zwei Hirsche gegen einen Biber, so ist der Preis des Bibers, ausgedrückt in Hirschen, gleich 2.

Walras führt nun den Begriff der Nachfragekurve ein. Diese gibt die funktionale Beziehung zwischen der jeweiligen Nachfrage und dem Preis an:

$$N_A = f(p_A)$$

Sodann formuliert Walras sein Problem folgendermaßen:

> „Gegeben sind zwei Waaren (A) und (B) sowie die gegenseitigen Nachfrage-Kurven dieser beiden Waaren; gesucht sind die bezüglichen Gleichgewichtspreise“ (Walras 1881 [1876]: 9).

Das Marktmodell, mit dem Walras arbeitet und aus dem in der Theoriegeschichte später der sogenannte „Walrasianische Auktionator“ hervorgeht, beschreibt er so:

> „Auf unserem Markte haben wir die Anwesenheit der Käufer und Verkäufer selbst vorausgesetzt, doch ist dieselbe nicht erforderlich: geben sie nur ihre Anweisungen an Agenten, so wird sich der Tausch zwischen den letzteren vollziehen. Es giebt sogar in der Praxis solche Märkte, wo unter der alleinigen Betheiligung von Agenten, Bevollmächtigten, Geschäftsreisenden usw. Käufe und Verkäufe im Bietungsverfahren abgeschlossen werden; und diese Märkte sind nachweislich für die Konkurrenz am günstigsten organisiert. Nichts würde uns also hindern können, unseren Markt so anzunehmen. Doch ist für die Theorie die Anwesenheit der Agenten etwa nöthiger als die der Tauscher selbst?

> Nicht im geringsten. Jene Agenten sind die schlichten Ausführungsmaschinen der ihnen schriftlich gegebenen Anweisungen: statt sich auf das öffentliche Bietungsverfahren einzulassen, können sie gerade so gut jene Anweisungen einem Rechner übergeben und dieser letztere wird den Gleichgewichtspreis, vielleicht nicht ganz so schnell, sicherlich aber genauer ermitteln, als dies bei dem Mechanismus der Hausse und Baisse der Fall ist. Wir sind nun diese Rechner; unsere Nachfragekurven verbildlichen die Anweisungen der Tauscher; man läßt uns alle erforderliche Zeit; wir müssen also zur mathematischen Bestimmung der Gleichgewichtspreise gelangen können" (Walras 1881 [1876]: 9).

Um diesen Gleichgewichtspreis zu berechnen, führt Walras nun noch den Begriff der Angebotskurve ein, wobei er das Angebot spiegelbildlich aus den Nachfragekurven entwickelt: Wer z. B. Ware *A* zum Preis p_a sucht und dafür Ware *B* zum Preis p_b anbietet, formuliert gleichzeitig Nachfrage- und Angebots-Kurve.

> „Das Angebot einer Waare gegen eine andere ist gleich der Nachfrage dieser anderen Waare, multipliziert mit ihrem Preise in der ersteren" (Walras 1881 [1876]: 10).

Die Qualität der Nachfragekurve unterlegt Walras mit einer Nützlichkeitskurve. Hier finden wir wieder die Überlegungen vom abnehmenden Grenznutzen und das 2. Gossensche Gesetz:

> „Bedingung des Maximalgenusses: sie ist erfüllt, wenn das Verhältnis der Dringlichkeiten der letzten befriedigten Bedürfnisse oder das der Seltenheiten nach dem Tausche gleich dem Preis ist" (Walras 1881 [1876]: 14).

Und nun kommt Walras zu seinem Ergebnis:

> „Die Nachfrage-Kurven ergeben sich mathematisch aus den Nützlichkeitskurven und den Waaren-Vorräthen aufgrund der Tatsache, daß jeder Besitzer die Maximal- Befriedigung seiner Bedürfnisse zu erreichen sucht... Der Austausch von zwei Waaren untereinander auf einem Markte, wo freie Konkurrenz waltet, ist eine Operation, durch welche alle Besitzer der einen wie der anderen Waare sich denjenigen Maximal-Genuß verschaffen, welcher verträglich ist mit der Bedingung, daß sie in einem gemeinsamen und identischen Verhältnis von der Waare, welche sie verkaufen, hingeben und von der Waare, welche sie kaufen, empfangen" (Walras 1881 [1876]: 15).

Die allgemeine Preisbestimmung lautet: „Die Markt- oder Gleichgewichts-Preise sind gleich den Quotienten der Seltenheiten." Oder in anderer Form: „Die Tauschwerthe sind proportional den Seltenheiten" (Walras 1881 [1876]: 16).

Mathematisch, mit einer unendlichen Zahl von Angebots- und Nachfragekurven formuliert, ist dieses Modell mit seiner Lösung als „Walrasianisches

Gleichgewicht" in die Theoriegeschichte eingegangen. Von den ersten Aussagen von Gossen her hat sich qualitativ wenig verändert – im 2. Gossenschen Gesetz wird die Nutzenmaximierung als Zielsetzung unterstellt, die seitdem die zentrale Handlungsmaxime der Neoklassik war. Bei Walras ist das Ganze formalisiert und mathematisiert. Allerdings greift er dabei zu zwei umstrittenen Kunstgriffen:

- Er muss die Preise, die er erklären will, schon voraussetzen. Damit landet die Grenznutzenlehre in einem Zirkelschluss und kann keine befriedigende Preistheorie anbieten.
- Walras setzt voraus, dass die Nützlichkeit der Waren für die Individuen, die subjektive Größen darstellen, unmittelbar messbar ist. Er unterstellt somit das, was später „kardinale Nutzenstruktur" genannt wird. Damit setzt er sich vielfältiger Kritik aus – müsste er doch angeben, woher diese Maße kommen.

(e) Vilfredo Pareto (1848-1923) – Indifferenzkurven und die Lehre von den Wahlhandlungen

Pareto, Nachfolger von Walras auf dessen Lehrstuhl in Lausanne, setzt an dem Problem der kardinalen Nutzenstruktur an. Er deutet den Nutzenbegriff radikal subjektiv aus, löst sich aber von der kardinalen Vorstellung einer Nutzenstruktur, setzt dagegen die ordinale Struktur. Die Individuen können zwar angeben, ob eine zusätzliche Wareneinheit ihnen mehr oder weniger Nutzen bringt, d. h. sie können eine Ordnungsstruktur ihrer Nutzenvorstellungen angeben, diese aber nicht in eine exakt messbare Bewertungsskala übertragen. Um diese subjektive Radikalisierung des Nutzenbegriffs zu verdeutlichen, greift Pareto zu dem Begriff „Ophelimität". Dieser Begriff stammt aus dem Griechischen und bezeichnet die Nutzenvorstellung, die jemand mit einem Gut verbindet. (Dieser Begriff hat sich in der Theoriegeschichte nicht durchgesetzt, jedoch seine Konsequenz – die Darstellung der Nutzenfunktion als Ordnungsstruktur.)

Dazu führt Pareto den Begriff der Indifferenzkurve ein:

> „Nehmen wir an, daß ein Mensch sich ausschließlich durch seine Wünsche (gusti) leiten läßt und daß er über 1 kg Brot und 1 kg Wein verfügt. Er ist, immer entsprechend seinen Wunschvorstellungen, geneigt, auf etwas Brot zu verzichten, um etwas mehr Wein zu haben, oder umgekehrt. Er willigt beispielsweise darein, nur 0,9 kg Brot zu besitzen, um über 1,2 kg Wein zu verfügen. Mit anderen Worten: die beiden Kombinationen 1 kg Brot und 1 kg Wein sowie 0,9 kg Brot und 1,2 kg Wein laufen für diesen Menschen auf dasselbe hinaus; er zieht weder die erste Verbindung der zweiten noch die zweite der ersten vor. Unser Individuum wüßte daher nicht, welche der beiden es wählen sollte; es verhält sich *indifferent* hinsichtlich der einen oder der anderen Verbindung" (Pareto 1909, zit. n.: Hofmann 1971: 191).

Der Verlauf einer solchen Indifferenzkurve sieht folgendermaßen aus:

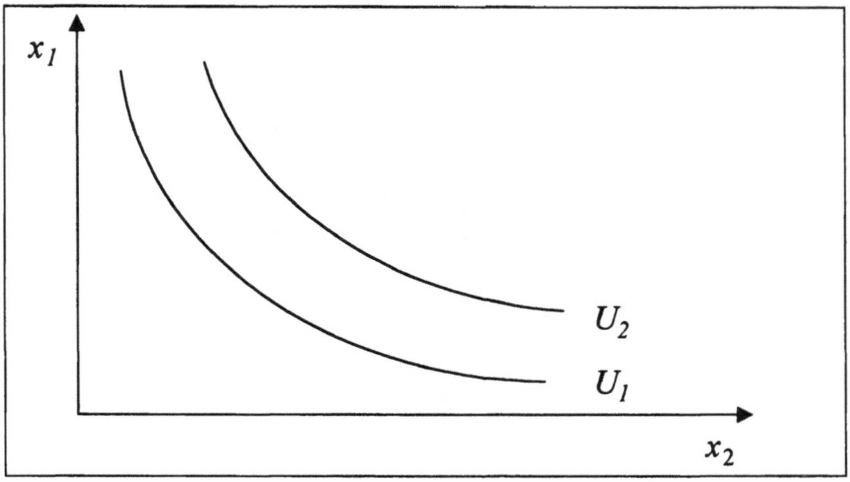

Abb. 12: Der Verlauf von Indifferenzkurven

Hier bezeichnen x_1 und x_2 die beiden Gütermengen, zwischen denen das Individuum entscheiden kann. Auf den Achsen werden Mengeneinheiten dieser Güter abgetragen. Die Indifferenzkurve mit dem Nutzenindex U_2 repräsentiert insgesamt ein höheres Nutzenniveau als die Indifferenzkurve mit dem Index U_1. Die konvexe Form dieser Indifferenzkurven entspringt dem Gesetz des abnehmenden Grenznutzens: Hat das Individuum z. B. einen hohen Bestand von Gut 1 und einen niedrigen Bestand von Gut 2, so wird es, bei einer zusätzlichen Einheit von Gut 2, sein Nutzenniveau nur erhalten können, indem es relativ viel von Gut 1 weggibt. Je mehr Gut 1 es weggegeben hat, umso geringer wird die Austauschrate – immer unter der Annahme, dass das Nutzenniveau erhalten bleibt.

Hinter dieser Indifferenzkurve mit zwei Gütern steht eine Nutzenfunktion, die folgendermaßen aussieht:

$$U = U(x_1, x_2)$$

Die graphische Darstellung dieser Nutzenfunktion (Abb. 13) macht deutlich, dass die Indifferenzkurven die horizontalen Schnittlinien dieses Nutzengebirges sind.

Indifferenzkurven sind somit der geometrische Ort aller Güterbündel, die dem Individuum den gleichen Nutzen stiften.

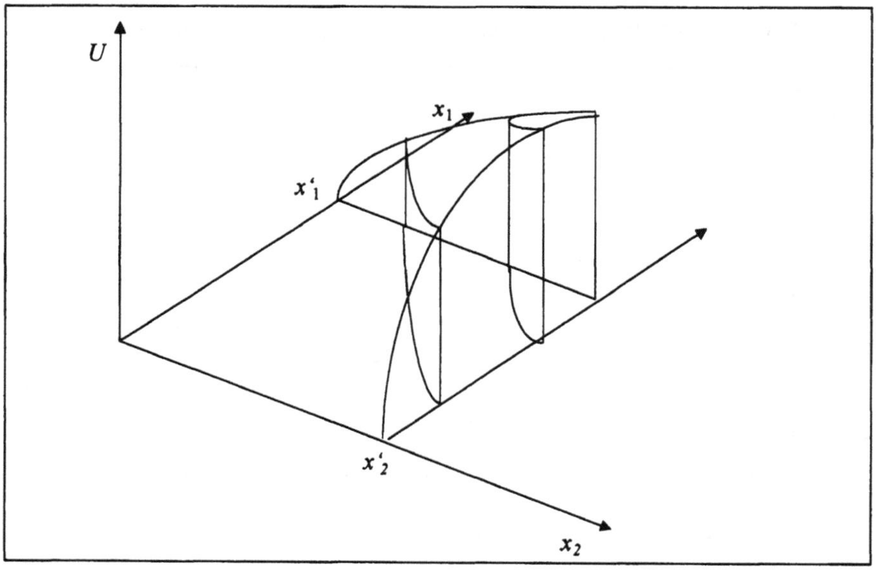

Abb. 13: Graphische Darstellung der Nutzenfunktion mit zwei Variablen (Nutzengebirge) sowie der Indifferenzkurven als horizontalen Schnittlinien

Mathematisch läßt sich eine Indifferenzkurve leicht aus der Nutzenfunktion herleiten, wenn wir bedenken, dass sie durch Konstanz des Nutzens gekennzeichnet ist. Die Nutzenveränderung entlang dem Verlauf der Indifferenzkurve ist also gleich 0. Es gilt:

$$U = U\left(x_1, x_2\right)$$

$$dU = \frac{\partial U}{\partial x_1} dx_1 + \frac{\partial U}{\partial x_2} dx_2$$

Mit $dU = 0$ wird daraus:

$$0 = \frac{\partial U}{\partial x_1} dx_1 + \frac{\partial U}{\partial x_2} dx_2$$

oder

$$\frac{dx_1}{dx_2} = -\frac{\partial U}{\partial x_2} : \frac{\partial U}{\partial x_1}$$

Die Steigung einer Indifferenzkurve (dx_1/dx_2) entspricht folglich in jedem Punkt dem umgekehrten Verhältnis der Grenznutzen. Sie ist immer negativ. Das jeweilige Tauschverhältnis zwischen x_1 und x_2 bei Konstanz des Gesamtnutzens kann mit Hilfe der Betragsstriche als $\left|dx_1 / dx_2\right|$ beschrieben werden.

Es kennzeichnet die Menge von Gut 1, die nötig ist, um bei Konstanz von U eine Einheit von Gut 2 zu substituieren. Wir nennen sie daher die „Grenzrate der Substitution". Sie ist immer negativ, weil, während die Menge eines Gutes ab-, die Menge des anderes Gutes zunimmt. Deshalb wird sie oft mit Betragsstrichen versehen.

> *Die Grenzrate der Substitution kennzeichnet die Menge des Gutes 1, die nötig ist, um bei Konstanz des Nutzens eine Einheit des Gutes 2 zu kompensieren.*

Ein Vergleich mit der Steigungsbestimmung dx_1/dx_2 ergibt, dass die Grenzrate der Substitution in jedem Punkt der Indifferenzkurve deren Steigung und damit dem umgekehrten Verhältnis der Grenznutzen entspricht:

$$\left|\frac{dx_1}{dx_2}\right| = \left|\frac{\partial U / \partial x_2}{\partial U / \partial x_1}\right|$$

Das ist ökonomisch leicht interpretierbar: Je höher der Grenznutzen des Gutes 1 im Vergleich zum Grenznutzen des Gutes 2 ist (z. B. im Verhältnis 3: 1), desto mehr von Gut 2 ist nötig, um den Nutzenumfang einer Einheit des Gutes 1 zu kompensieren (hier 3 Einheiten des Gutes 2).

2.5.3 Grundbausteine neoklassischer Mikroökonomik

(a) Zentraler Grundbaustein ist die *Nützlichkeitsphilosophie*. Bei Jevons wird direkt auf sie Bezug genommen, bei den anderen Theoretikern steckt sie in der Vorstellung des Nutzens. Ihr Begründer ist Jeremy Bentham (1748-1832). Bentham hatte die Nützlichkeitsphilosophie in folgenden vier analytischen Schritten formuliert (vgl. Ulrich 1993: 191):

- *Das Folgenprinzip*: Die Richtigkeit eines Handelns oder einer Handlungsregel bestimmt sich nicht aus dem Handlungsprozess, sondern von den Folgen der Handlung her.
- *Das Nutzenprinzip*: Maßstab für die Beurteilung der Folgen ist der Nutzen (wobei es bei Bentham nicht um den Nutzen für beliebige Ziele, sondern für das, was moralisch gut ist, geht).
- *Das hedonistische Prinzip (Lustprinzip)*: Als höchster Wert gilt die Erfüllung der menschlichen Bedürfnisse. Es geht um das menschliche Glück, um das, was am meisten Freude oder Lust bereitet. Maßstab ist der „Gratifikationswert einer Handlung", das Maß an Lust, vermindert um die mit

der Handlung verbundene Unlust. Dieser Gratifikationswert wird mit Hilfe eines „hedonistischen Kalküls" ermittelt.

- *Das Sozialprinzip (Universalisierungsprinzip)*: Es geht nicht um den Nutzen für den Handelnden oder die Handelnde allein, sondern um den Gratifikationswert für alle von einer Handlung Betroffenen. Ausschlaggebend ist also das „größte Glück der größten Zahl".

Mit Hilfe dieser vier Prinzipien glaubte Bentham, ein allgemeines Moralprinzip formuliert zu haben, mit dessen Hilfe menschliche Handlungen beurteilt werden könnten. Nach diesem Prinzip gelten solche Handlungen als vernünftig und moralisch richtig, die für *alle* von der Handlung Betroffenen die beste Bedürfnisbefriedigung erbringen. Der Benthamsche Utilitarismus enthält somit ein Element der Sozialverpflichtung.

Das Problem hierbei ist, dass insbesondere das Sozialprinzip sich mit dem hedonistischen Prinzip nur dann verträgt, wenn von vornherein Bedürfnisharmonie gegeben ist. Gibt es diese jedoch nicht, so sind nur zwei Möglichkeiten denkbar: Entweder wird die Bedürfnisbefriedigung über staatliche Maßnahmen (Rahmenbedingungen, Constraints) so beeinflusst, dass das hedonistische Kalkül der Einzelnen das Glück der Anderen nicht stört, oder die Bedürfnisse müssen durch Erziehung beeinflusst werden. Bentham setzt auf Ersteres, John Stuart Mill (1806-1873), der den Utilitarismus weiter ausarbeitete, dagegen auf Letzteres, auf die Prägung der individuellen Bedürfnisse derart, dass sie neben egoistischen Wünschen auch sozial verpflichtete Vorstellungen enthalten.

Die systematische Bearbeitung dieses Widerspruchs zwischen individuellem maximalem Glück und Gemeinwohl blieb jedoch aus. (Sie hätte das Problem der gerechten Verteilung der individuellen Nutzen in den Mittelpunkt der Diskussion gestellt, die Lösung der Konflikte hätte bedeutet, die Bedürfnisbefriedigungsmöglichkeiten der einen zu begrenzen, der anderen dagegen zu eröffnen bzw. zu erweitern.) Das Sozialprinzip ging in der weiteren Theoriegeschichte zunächst verloren. Das „größte Glück der größten Zahl" wurde mit der Maximierung eines volkswirtschaftlichen Gesamtnutzens gleichgesetzt. Das Gemeinwohl war so einfach als Summe aller individuellen Nutzen definiert, die Verteilung spielte dabei keine Rolle. Sie kam als Problem nicht mehr vor. Da es nunmehr keine Widersprüche zwischen individueller Maximierung des Glücks und Gemeinwohl gab, wurde aus dem Utilitarismus die ethische Begründung eines Wirtschaftens, das der individuellen maximalen Bedürfnisbefriedigung dient. Dies wird erreicht, indem Kosten und Nutzen (Unlust und Lust) eines zusätzlichen Mitteleinsatzes miteinander verglichen werden. So lange der Zusatznutzen (Grenznutzen) die Zusatzkosten (Grenzkosten) übersteigt, lohnt sich gemäß der Maximierungsregel ein zusätzlicher Mitteleinsatz.

Die utilitaristische Ethik ist somit eine „formale Ethik der Effizienz" (vgl. Birnbacher 1989).

(b) Die Maximierung des eigenen Glücks auf der Grundlage dieses Utilitarismus ist nicht nur moralisch richtig, sondern, das wurde eben gesagt, auch vernünftig, *ökonomisch rational*. Es gibt keinen Widerspruch zwischen beiden. Aber die Nützlichkeitsphilosophie selbst ist in der Geschichte der ökonomischen Disziplin immer wieder in die Kritik geraten. Und damit war das Fundament der Bestimmung ökonomischer Rationalität bedroht. Im Zentrum der Kritik standen dabei zwei Dinge: das Egoismusprinzip und die unterstellte kardinale Messbarkeit des Nutzens. Letzteres wird ersetzt durch eine Ordnungsstruktur, eine ordinale Nutzenfunktion. Und mit der Kritik am Egoismusprinzip geht die moderne orthodoxe Theorie derart um, dass sie entweder versucht, den Nutzenbegriff ganz wertfrei zu definieren, so dass er sowohl egoistische als auch sozial verpflichtete Bedürfnisse enthalten kann, oder sie löst sich ganz vom Nutzenbegriff und setzt an seine Stelle das Konzept der „Präferenzordnung". In diese Präferenzordnung können wiederum alle möglichen Bedürfnisse, seien sie egoistisch, sozial verpflichtet oder altruistisch, eingehen. An die Stelle des Nützlichkeitsutilitarismus tritt der Präferenzutilitarismus. Rationalität wird definiert als „Verwendung knapper Mittel zur bestmöglichen Erreichung gegebener Ziele" (vgl. Feess/Dörr 1991: 186).

Was bestmöglich ist, bestimmt jetzt die Präferenzordnung. Diese muss, soll Rationalität herrschen, bestimmte Eigenschaften erfüllen:

- sie muss *reflexiv* sein, d. h. identische Güterbündel müssen gleich hoch bewertet werden;
- sie muss *vollständig* sein, d. h. jedes Güterbündel muss eindeutig bewertbar sein und in die Präferenzordnung eindeutig eingeordnet werden können;
- sie muss *transitiv* sein, d. h., dass, wenn „homo oeconomicus" das Güterbündel A dem Güterbündel B und das Güterbündel B dem Güterbündel C vorzieht, er dann auch das Güterbündel A dem Güterbündel C vorziehen muss;
- sie muss *stetig* sein, d. h. es darf keine Sprünge oder Brüche in dieser Präferenzordnung geben;
- es muss immer *Nicht-Sättigung* herrschen, d. h. immer muss ein Güterbündel, das von irgendeiner der schon bestehenden Waren mehr enthält als das realisierte Güterbündel, Letzterem vorgezogen werden;
- sie muss *konvex zum Ursprung* sein; ökonomisch gesprochen heißt das, die Grenzrate der Substitution dx_1/dx_2 muss mit sinkendem Verhältnis von x_1/x_2

sinken. Dahinter steckt die alte Annahme der Nutzentheorie, dass zusätzliche Einheiten von Gütern zwar zusätzlichen Nutzen stiften, dass dieser Zusatznutzen, der Grenznutzen, jedoch stetig sinkt (1. Gossensches Gesetz).

Auf der Grundlage dieser Annahmen über die Präferenzordnung kann die moderne orthodoxe Theorie Nutzenindexfunktionen konstruieren, die dem Bild der Indifferenzkurven in Abb. 12, die auf der Grundlage der Nutzenfunktion entstanden sind, vollständig gleichen. Nur ist jetzt jeder Kurve ein Nutzenindex I oder II zugeordnet, wobei gilt, dass, je weiter die Indifferenzkurve vom Ursprung entfernt ist, desto höher der zugeordnete Nutzenindex ist (das folgt aus den unterstellten Eigenschaften der Präferenzordnung). Der Unterschied zwischen der ordinalen Nutzentheorie und der modernen Theorie der Präferenzen, die zur Nutzenindexfunktion kommt, ist damit praktisch gleich Null. Insbesondere die letzten beiden Anforderungen an die Präferenzordnung, die Nichtsättigungs- wie die Konvexitäts-Anforderung, haben diese Übereinstimmung herbeigeführt. Damit scheint der Nützlichkeits-Utilitarismus auch bei dem modernen Präferenz-Utilitarismus immer wieder durch.

(c) Grundlage der neoklassischen Analysen ist die vollständige soziale Isoliertheit ihres ökonomisch handelnden Menschen (später wird er „homo oeconomicus" genannt). Seine Nutzenvorstellungen hat er von irgendwoher, sie sind nicht von anderen beeinflusst, nicht in soziale Beziehungen verwickelt, sind fest gegeben. Nur aufgrund dieser angenommenen sozialen Isoliertheit ist es möglich, von seinem Modell ausgehend alle ökonomischen Prozesse zu erklären. Gesellschaft wird hier zur Summe von Individuen - nicht mehr. Nur so ist es möglich, nahtlos vom Individuum auf die Gesellschaft zu schließen. Alles lässt sich so aus der individualistischen Grundfigur des „homo oeconomicus" erklären.

Wir sprechen daher von der Methode dieses Ansatzes als *„methodologischem Individualismus"*. Alles die ökonomische Theorie Interessierende, alle ökonomischen Variablen werden aus dem individuellen Verhalten der wirtschaftenden Subjekte erklärt, die sich gemäß den gemachten Annahmen verhalten.

(d) Ein weiteres Merkmal dieser neoklassischen Theorie ist die *marginalistische Betrachtungsweise* und die Verwendung der entsprechenden mathematischen Methoden. Ökonomisch handelnde Menschen denken nur noch in Grenzgrößen – weil sie ökonomisch rational sind, vergleichen sie Zusatzkosten und Zusatznutzen. So entsteht Nachfrage, so entsteht Angebot, so entstehen Preise. Und so werden Märkte reguliert. Dabei werden Märkte angesehen als zum *Gleichgewicht* tendierend, die Tendenz zum Gleichgewicht wird über die Preisanpassung realisiert. Das lässt sich in Anlehnung an Walras darstellen:

Die Nachfragefunktionen werden benannt als:

$$x_i^D = x_i^D(p_i)$$

Die Angebotsfunktionen sehen entsprechend aus:

$$x_i^S = x_i^S(p_i)$$

Die Gleichgewichtsbedingung lautet:

$$x_i^D \overset{!}{=} x_i^S$$

Bleiben wir im Modell des Auktionators bei Walras, so lässt sich der Prozess zum Gleichgewicht folgendermaßen denken: Der Auktionator schlägt einen Preis vor, befragt die potentiellen Marktteilnehmer und setzt entsprechend den neuen Preis fest. Übersteigt die Nachfrage das Angebot, so steigert der Auktionator den Preis, übersteigt das Angebot die Nachfrage, so senkt er ihn. Das ganze geschieht so lange, bis der Preis gefunden ist, der Angebot und Nachfrage zum Ausgleich bringt – der *Gleichgewichtspreis*. Nur zu diesem Preis wird getauscht. In ihm ist eine Situation erreicht, in der alle potentiellen MarktteilnehmerInnen ihre „rationalen" Pläne erfüllt haben.

Unter Gleichgewicht wird dabei allgemein eine Situation ohne immanente Änderungstendenzen verstanden. Bezogen auf die Handelnden ist es eine Situation, in der keine/r von ihnen durch verändertes eigenes Handeln ein höheres Nutzenniveau erreichen kann.

(In der weiteren Theoriegeschichte geht es dann immer auch um die Existenz, die Eindeutigkeit und die Stabilität dieses Gleichgewichts.)

(e) Auf der Grundlage dieser Entwicklung entsteht das *Konzept einer Mikroökonomie*, welches in einer berühmten Formulierung 1932 von Lionel Robbins wie folgt charakterisiert wird:

> „Economics is the science which studies human behaviour as a relationship between ends and scarce means which have alternative uses" (Robbins 1949 [1932]: 16).

Der zentrale Gegenstandsbereich dieser Theorie ist der Markt (zunächst der Gütermarkt, dann aber auch Märkte für Produktionsfaktoren). Hier geht es um die Erklärung der relativen Güter- und Faktorpreise. Das bleibt bis in die Gegenwart bestehen. So heißt es noch 1991 bei Feess-Dörr bezogen auf die neoklassische Mikroökonomik: „Primärer Gegenstand der Mikroökonomie ist eindeutig die Erklärung der relativen Güter- und Faktorpreise in einer Marktwirtschaft" (Feess-Dörr 1991: 27).

2.5.4 Gesamteinschätzung

(a) Damit ist der Gegenstandsbereich der ökonomischen Theorie endgültig reduziert auf die Marktökonomie.

(b) Die Menschen, die hier handeln, werden verstanden als „homines oeconomici", als ökonomisch-rational handelnde Menschen, die aufgrund einer exogen vorgegebenen Nutzenstruktur ihren eigenen Nutzen maximieren. Es gibt nichts anderes. Die Bedürfnisse dieser Individuen sind unendlich, die Mittel zu ihrer Befriedigung sind immer knapp. Die Paradefigur dieser Ökonomik wird der alleinlebende und alleinwirtschaftende Robinson auf seiner Insel. Das ist ein bemerkenswerter Unterschied zu den Vorstellungen von Smith und Marx. Ihre Theorien wurden, basierend auf der Vorstellung gesellschaftlicher Individuen, als Beziehung zwischen warentauschenden Menschen entwickelt. Robinson dagegen steht jetzt nur noch einer Güterwelt gegenüber, die er zur Befriedigung seiner Bedürfnisse nutzt. Damit wird eine Mensch-Ding-Beziehung zum Ausgangspunkt der ökonomischen Analyse.

Dieser ökonomisch handelnde Mensch ist nicht zufällig durch die Figur des Robinson dargestellt – sich als „einsamen Wolf" zu betrachten, ist durch und durch männlich. Die endgültige Abtrennung der versorgungsökonomischen Bereiche bringt es auch mit sich, dass dieses Verhaltensmodell als allgemeines, für Männer und Frauen geltend, unterstellt wird. Sorgendes Handeln verschwindet ganz aus der ökonomischen Theorie. Damit bleibt als einziger Koordinationsmechanismus ökonomischer Handlungen der Markt, als einziges Koordinationsinstrument der Preis. Andere Dimensionen sind nicht mehr notwendig – der Preis regelt alles.

(c) Der Markt wird auch zum Feld, in dem sich die Bewertungsprozesse abspielen – es sind Anpassungsprozesse von Preisen, die Angebote und Nachfrage koordinieren, die auf der Basis von festen Nutzenvorstellungen, die die Individuen auch kennen, formuliert werden. Der Gleichgewichtspreis ist zugleich der Preis maximaler gesellschaftlicher Wohlfahrt, denn, wie im Zitat von Jevons deutlich wurde, es ist der Preis, zu dem alle beteiligten Individuen ihre Pläne erfüllen können. Und da sie rational handeln, bedeutet das, dass sie ihre Pläne so gemacht haben, dass sie ihren Nutzen maximieren. Wohlfahrt ist hier Güterwohlfahrt.

(d) Die Autonomisierung der Marktökonomie bezieht sich auch auf die Natur: Schien im Gebrauchswert als Basis des Tauschwertes noch die stoffliche Bindung an die Natur durch, so geht es jetzt nur noch um Nutzen, um subjektive Wertschätzungen.

> „Alternative Möglichkeiten der Bedürfnisbefriedigung werden in Nutzen ausgedrückt, auf Nutzengröße reduziert, um sie vergleichbar zu machen. Es gibt

nur noch ein Bedürfnis, das Bedürfnis nach Nutzen" (Jochimsen/Knobloch 1995: 86/87).

Bei John Stuart Mill finden sich Formulierungen, die ausdrücken, dass es auch in der Produktion nicht mehr um die Produktion von Gebrauchswerten, sondern um die Produktion von Nutzen geht (vgl. Mill 1848).

Diese Konzentration auf den Nutzen in der frühen Neoklassik lässt sich auf der Grundlage ihres Anspruchs, Ökonomik als Naturwissenschaft zu betreiben, folgendermaßen erklären: Die Naturwissenschaft hat inzwischen ihre Entdeckungen im Bereich der Thermodynamik formuliert – als ihren ersten Hauptsatz, den Energieerhaltungssatz. Dieser besagt, dass Energie zwar ihre Formen verändert, aber nie verloren geht. Damit ist die Idee, die Natur ausschließlich über Energie zu erklären, bestechend – sie kann nicht verloren gehen, Menschen müssen sich um sie nicht mehr kümmern. Der Kategorie der Energie stellt die frühe Neoklassik die Kategorie des Nutzens gegenüber. Mit ihr emanzipiert sie sich also endgültig von jeder Art Naturstoff. Diese These wird unter anderem bestätigt durch die Art, wie Jevons seine „Theorie der politischen Ökonomie" einleitet:

> „Die Natur des Gutes und des Wertes läßt sich aus der Betrachtung unendlich kleiner Größen von Lust- und Unlustgefühlen darstellen, geradeso wie die Theorie der Statik auf der Gleichheit unendlich kleiner Energiegrößen beruht" (Jevons 1924 [1871]: XXV).

Damit verschwindet die physische Dimension von Produktion und Konsumtion von Gütern, damit spitzt sich die Vernachlässigung der Natur in der ökonomischen Theorie zu einer systematischen Naturvergessenheit zu.

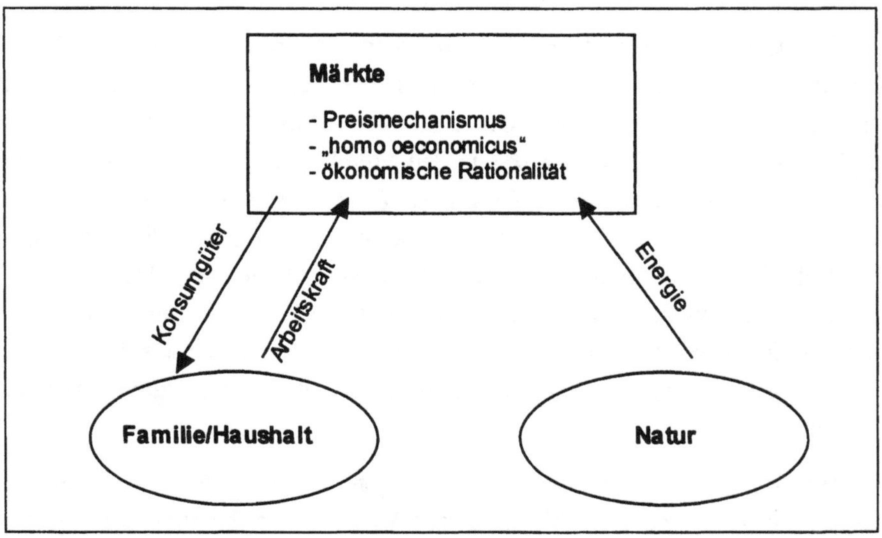

Abb. 14: Der Gegenstandsbereich der Ökonomik in der (frühen) Neoklassik

2.6 Deutsche Historische Schule, 1. und 2. Methodenstreit

2.6.1 Historische Zusammenhänge

(a) In Deutschland fanden die Gedanken der frühen Neoklassik keinen Widerhall. Dagegen entwickelte sich eine eigenständige Schule, die in der Theoriegeschichte als „Deutsche Historische Schule" bezeichnet wird. Die Ursachen für diesen deutschen Sonderweg sind in der „verspäteten" gesellschaftlichen Entwicklung Preußens und der damit verbundenen späten Herausbildung zur eigenständigen Nation zu sehen. Während in England und Frankreich die bürgerliche Revolution das Feudalsystem in seinen Grundzügen beseitigt und der Entwicklung der kapitalistischen Wirtschaftsweise die Bahn geebnet hatte, fand eine solche Revolution in Preußen, wenn überhaupt, „von oben" statt – in den sogenannten Stein-Hardenbergschen-Reformen zu Beginn des 19. Jahrhunderts. Die Ursachen für diesen besonderen Weg können hier nicht im Detail erläutert werden (vgl. dazu Hurtienne 1984, Bd. II: 45ff.). Für den hier zu diskutierenden theoriegeschichtlichen Zusammenhang ist bedeutend, dass im Preußen des 19. Jahrhunderts und im Deutschen Reich des letzten Drittels des 19. Jahrhunderts die kapitalistische Entwicklung international hinterherhinkte. Auch bestanden viele Restelemente des alten Feudalsystems, insbesondere im ostelbischen Junkertum, weiter. Als dann Preußen 1866 über Österreich siegte und der Deutsch-Französische Krieg 1871 ebenfalls zugunsten der deutschen Armeen ausging, wodurch die Basis für die Gründung einer deutschen Nation geschaffen war, brachen sich daher besonders stark ausgeprägte nationalistische Gefühle Bahn. Gesellschafts- und Sozialwissenschaft einschließlich der Wirtschaftswissenschaft waren aufgefordert, diese neue Nation zu stärken und als besondere Nation zu rechtfertigen.

(b) Eine Grundlage für diese nationalistischen Bestrebungen war durch die deutsche idealistische Philosophie gelegt. Diese stellte nicht das Individuum, sondern den „gesellschaftlichen Organismus" (Johann Gottlieb Fichte, 1762-1814) bzw. ein organisches Ganzes in den Mittelpunkt, das durch eine besondere Idee geprägt wurde, den „Volksgeist" (Georg Wilhelm Friedrich Hegel, 1770-1831). Verbunden mit dieser Auffassung der Ganzheitlichkeit eines gesellschaftlichen Organismus war eine zielgerichtete, teleologische Geschichtsauffassung. Geschichte wurde verstanden als vorbestimmt, als Abfolge verschiedener Ereignisse hin zu einem Endstadium. Nicht selten wurde dieses in einem Triumph der deutschen Nation über die anderen Nationen gesehen.

Verbunden mit diesen inhaltlichen Aussagen der deutschen idealistischen Philosophie war auch die Ablehnung der Methodik der Naturwissenschaften im Bereich der Sozialwissenschaft, wie sie insbesondere von der frühen Neoklassik praktiziert wurde. So lehnte z. B. Immanuel Kant die Anwendung mechanistischer Gesetze zur Analyse menschlichen Verhaltens deshalb ab, weil das nicht mit dem Prinzip des freien Willens der Menschen vereinbar sei. Und so entwickelte Hegel seine ganz eigene Methode der Dialektik, durch die er die seines Erachtens vorbestimmten geschichtlichen Prozesse als Entfaltung von Kategorien aus ihren Widersprüchen heraus zu erklären versuchte. Kern dieser Methode war die These, dass die Regeln des Denkens nicht nur mit den Regeln der realen Entwicklung zusammenfallen, sondern ihr wesentlicher Ausdruck sind. Die dialektische Methode wurde jedoch nicht von der Deutschen Historischen Schule übernommen. Wir sahen bei Marx, dass er sie in seiner Theorie kapitalistischer Entwicklung anwendet. Die Deutsche Historische Schule griff stattdessen zu Methoden der Intuition, des Einfühlens oder Hineindenkens in die Zusammenhänge des Ganzen. Es war die induktive Methode, die Methode, aus der Vielzahl historisch-statistischen Materials Hypothesen herauszufinden, die hier entwickelt wurde.

(c) Damit ist schon der zentrale Kritikpunkt an der Ricardianischen und frühneoklassischen ökonomischen Theorie von Seiten der Deutschen Historischen Schule benannt: Es ist die Kritik an der Methode der Deduktion aus abstrakten Hypothesen, die Kritik an der Übertragung naturwissenschaftlicher Methodik in die Sozialwissenschaften. Grundlage dieser Kritik ist die Auffassung der Deutschen Historischen Schule, dass es, da jedes organische Ganze seine eigene Geschichte hat, keine allgemeinen Gesetze zu bestimmen gilt. Jede Nation hat ihre eigenen Gesetze, jede Nation ist durch spezifische Institutionen mit spezifischer Geschichte gekennzeichnet. An die Stelle des Individuums, das im Mittelpunkt der frühen neoklassischen Analyse steht, tritt die Nation als Ganzes bzw. treten die historisch geprägten Institutionen im nationalen Rahmen. Gemäß der von der idealistischen Philosophie übernommenen Auffassung, dass Geschichte „gerichtet" sei, spielt die Historische Zeit jetzt eine entscheidende Rolle. Zentrales Anliegen der Deutschen Historischen Schule ist es daher auch, eine Theorie der Wirtschaftsstufen zu entwickeln.

Diese Auffassungen sind unverträglich mit dem Utilitarismus. Er wird denn auch kritisiert, und an seine Stelle wird die Unterordnung des Individuums unter die Ganzheit, das organische Ganze der Nation, nicht nur behauptet, sondern auch gefordert. Zusammen mit der Vorstellung einer besonderen Rolle der deutschen Nation (Johann Gottlieb Fichte (1762-1814) begründet diese besondere Rolle der Deutschen mit ihrem besonderen logischen Vermögen, Hegel spricht vom „Triumph des christlich-deutschen Staates" (zit. n. Pribram 1992, Bd. 1: 403)) entsteht auch hier eine philosophisch-gesellschaftswissenschaftliche Basis für die deutsche Geschichte des 20. Jahrhunderts einschließlich des Nationalsozialismus.

2.6.2 Die ältere Historische Schule

(a) Die sogenannte ältere Historische Schule ist eigentlich noch keine eigene Schule, sondern die Summe von Sozialwissenschaftlern, die die oben skizzierten Grundpositionen für die Analyse gesellschaftlicher Ereignisse anwendbar zu machen versuchten. Am häufigsten werden in diesem Zusammenhang vier Namen genannt: Friedrich List (1789-1846), Wilhelm Roscher (1817-1894), Bruno Hildebrand (1812-1878) und Karl Knies (1821-1898).

(b) *Friedrich List* spielt dabei eine besondere Rolle, man könnte ihn den Begründer einer eigenen Schule nennen, die erst später, im 20. Jahrhundert, die „Theorie der nachholenden Entwicklung" genannt wurde (vgl. zur Vertiefung Hurtienne 1984, Bd. 2: 111ff.). In seiner Theorie kritisiert List den Individualismus, den er seit Adam Smith in der ökonomischen Theorie entwickelt sieht. Stattdessen stellt er die Nation in den Mittelpunkt seiner Analyse. Diese verfügt über „produktive Kräfte", deren Entfaltung nicht allein den Einzelnen überlassen werden kann, sondern die gerade auch Sache staatlicher Entwicklungspolitik ist (List 1959 [1877]).

List bestimmt fünf Wirtschaftsstufen, die, gemäß der teleologischen Struktur von Geschichte, von den einzelnen Nationen durchlaufen werden: „Wilder Zustand, Hirtenstand, Agrikulturstand, Agrikultur-Manufaktur-Stand, Agrikultur-Manufaktur-Handelsstand" (List 1959 [1877]: 39).

Aufgrund der Ungleichzeitigkeit der Geschichte befinden sich die Nationen in unterschiedlichen Wirtschaftsstufen. Die liberale Handelspolitik, die von Ricardo und Jevons unterstützt wird, ist nach Auffassung von List eine Politik ausschließlich der Länder, die sich schon in der letzten Stufe befinden, deren produktive Kräfte schon voll entwickelt sind. Andere Nationen benötigen Schutzzölle, damit sie diese letzte Stufe auch erreichen können. Institutioneller Ausdruck dieser Vorstellung von List war der Deutsche Zollverein, der 1834 gegründet wurde und als Vorstufe der deutschen Nation angesehen wird. Hier wurde eine Schutzzollpolitik nach außen bei gleichzeitiger Liberalisierung des Binnenmarktes praktiziert.

(c) *Wilhelm Roscher,* Professor der Staatswissenschaften an der Universität Leipzig, systematisierte die Methode des Historismus weiter, indem er akribisch Material zur Geschichte der ökonomischen Institutionen sammelte und Ereignisse verschiedener Länder auflistete, die ihn in die Lage versetzen sollten, Ländervergleiche anzustellen. So hoffte er, die Gesetze der geschichtlichen Entwicklung schließlich doch herauszufinden. Allerdings gelang es ihm nicht, solche Gesetze zu formulieren (vgl. Roscher 1998 [1843] sowie 1854 - 1894).

Bruno Hildebrand war darin erfolgreicher – er formulierte ein Drei-Stufen-Schema geschichtlicher Entwicklung. Dabei unterschied er die Phasen „Naturalwirtschaft“, „Geldwirtschaft“ und „Kreditwirtschaft“ (Hildebrand 1848). Diese Stufen filterte er aus beobachtbaren Veränderungen heraus, ganz gemäß der historisch-statistischen induktiven Methode.

Karl Knies präzisierte diese Stufentheorie durch detaillierte empirische Untersuchungen über Geld und Kredit (Knies 1873-1879). Methodisch lehnt er ebenfalls die utilitaristische Auffassung von der Rolle des Individuums sowie quantitative Ansätze ab (vgl. Knies 1964 [1853]).

(d) *Für eine kritische Würdigung* dieser frühen Historischen Schule bleibt festzuhalten: Ihr theoretischer Gehalt ist gering. Bis auf List behalten sie in der Theoriegeschichte keine große Bedeutung. (List wird, wie schon erwähnt, in den siebziger Jahren des 20. Jahrhunderts im Zusammenhang mit dem Entfalten von Entwicklungstheorien wiederentdeckt.) Insbesondere für unsere Suche nach mikroökonomischen Grundlagen ökonomischen Denkens und Handelns ist der Beitrag dieser Schule ebenfalls gering. Das ist methodisch auch verständlich – Ökonomie wird insgesamt nicht als eigenständiger Raum angesehen, sondern ist Teil des „organischen Ganzen“. Eine eigene, ökonomische Theorie des Werts oder der Bewertung kann es daher nicht geben. Was aber bleibt und in der jüngeren Historischen Schule weiterentwickelt wird, ist die Betonung des geschichtsbezogenen Denkens für die Ökonomie. Insofern könnte die ältere Historische Schule als erster Beitrag zu einer evolutorischen Ökonomik mit der Betonung der Rolle von Institutionen angesehen werden.

2.6.3 Die jüngere Historische Schule (auch „historisch-ethische Schule“ genannt)

(a) Die Gründung des Deutschen Reichs 1871 führte bezüglich der wirtschaftlichen Entwicklung zu einem Gründerboom, der 1873 in der sogenannten „Gründerkrise“ sein Ende fand. Es gab somit erste Erfahrungen in krisenhafter Entwicklung des Kapitalismus. Hinzu kam die schon beschriebene Entwicklung der Arbeiterbewegung zu einer unübersehbaren politischen Kraft, die als Kritikerin des sich entwickelnden Kapitalismus auftrat. Für eine Gesellschaftsphilosophie, die die Nation als „organisches Ganzes“ ansah, war das in jedem Fall eine Bedrohung. Politisch wurde dem durch die Bismarckschen Sozialistengesetze begegnet, durch den Versuch der Unterdrückung dieser Kritikbewegung. Die Vertreter der jüngeren Historischen Schule dagegen nahmen den sozialen Gehalt dieser Kritik auf, indem sie sich für eine aktive Sozialpolitik einsetzten. Unter der Führung von *Gustav von Schmoller (1830-1917)* gründeten sie 1872 den *„Verein für Socialpolitik“*. Ziel dieses Vereins war es, sich um die „soziale Frage“ zu kümmern, d. h. um die Auswirkung der kapitalistischen Modernisierung von Wirtschaft und Gesellschaft auf die Lebensbedingungen vor allem der arbeitenden Bevölkerungsschichten. Da die meisten Mitglieder Professoren waren, wurden sie schnell „Kathedersozialisten" genannt (neben v. Schmoller gehörten z. B. Adolph Wagner (1835-1917) und Lujo v. Brentano (1844-1931) dazu).

Schmoller arbeitete das Programm der Historischen Schule systematisch weiter aus. Auf der Grundlage der Auffassung, dass eine enge Abhängigkeit zwischen den wirtschaftlichen, gesellschaftlichen und moralischen Dimensionen gesellschaftlichen Lebens besteht, legte er zwar den romantischen Zug der älteren Historischen Schule ab, behielt aber die Grundauffassung der Volkswirtschaft als Ganzes bei – sie war bei ihm ein „reales Ganzes". Überhaupt forderte er Realismus ein gegenüber dem Idealismus, den er als überholt ansah. Realismus hieß für ihn, durch sorgfältiges Sammeln und Beschreiben von konkret-historischem Material Erkenntnisse zu gewinnen. Diese sollten wirtschaftspolitische Gestaltungen nach sich ziehen. Schmoller behielt sein ganzes Leben lang seine moralisch-sozialpolitische Haltung gegenüber der Ökonomie bei. „Bei Gelegenheit verglich Schmoller die Wirtschaft mit einer Uhr, die von Egoismus und Quantitätsbeziehungen in Gang gehalten werde, aber von Ethik und Recht reguliert werden müsse" (Pribram 1992, Bd. 2: 413). Dazu benötigt die Gesellschaft nach Schmoller Institutionen, die sich ständig zu verbessern haben.

Schmollers Methode ist damit induktiv und stützt sich stark auf historisches Material. Er sieht die Volkswirtschaftslehre als eingebettet in Hilfswissenschaften an, zu denen neben der Geschichtswissenschaft z. B. die Sozialpsychologie gehört.

(b) Die methodischen Unterschiede zwischen der Historischen Schule und der frühen Neoklassik gipfelten im sogenannten *1. Methodenstreit.* Dieser wurde von Carl Menger eröffnet, der als Professor der Staatswissenschaften an der Universität in Wien die österreichische Version der frühen Neoklassik vertrat. In seinem Buch von 1883 mit dem Titel „Untersuchungen über die Methode der Sozialwissenschaften und der politischen Oekonomie insbesondere" kritisierte er die Methode des Historismus. Der Streit gipfelte dann in zwei Aufsätzen: einem von Gustav v. Schmoller von 1883 mit dem Titel „Zur Methodologie der Staats- und Sozialwissenschaften" und einem darauf antwortenden Aufsatz von Menger von 1884 mit dem Titel „Die Irrtümer des Historismus in der deutschen Nationalökonomie". Schmoller war zu dieser Zeit Professor in Berlin.

Inhaltlich geht es bei diesem ersten Methodenstreit um das Gegeneinander von induktiver und deduktiver Methode. Dabei vertritt Schmoller die induktive Methode, die ausgehend vom konkreten empirischen Material nach allgemeinen Begriffen, die nah an der Wirklichkeit sind, sucht (Begriffe niedrigerer Ordnung). Nationalökonomie soll nach dieser Auffassung realistisch-empirisch arbeiten. Sie findet so nie zu allgemeingültigen Gesetzen, weil es diese nicht geben kann. Aber sie findet zu gesetzmäßigen Aussagen über historische Prozesse, die der Gestaltung und Veränderung von Institutionen zur Regelung der Entwicklung zugrunde liegen sollen.

Dagegen vertritt Menger die deduktive Methode, die Methode also, vor der Beobachtung der Realität abstrakte Kategorien zu entwickeln, Hypothesen zu bilden und dann daraus Schlüsse abzuleiten (zu deduzieren). Diese Methode der Nationalökonomie ist die „exakte" Methode. Sie lehnt sich an die Naturwissenschaften an und sieht Ricardo, der, wie wir gesehen haben, das ökonomisch handelnde Individuum als ein hypothetisches eingeführt hat, als Begründer an.

Schmoller schlägt in seiner Ausführung vor, beide Methoden miteinander zu vereinbaren. Jedoch stehen sie einander als reine Methoden zur damaligen Zeit unversöhnlich gegenüber. Das macht auch der Stil der Auseinandersetzung deutlich, der in folgenden beiden Zitaten zum Ausdruck kommt:

> „Wir sind mit dem Buche fertig; es sei gestattet noch ein Wort über den Autor hinzuzufügen, dem wir gewiß ebensowenig persönlich nahetreten wollen, wie er versichert, es seinen historischen Gegnern gegnüber thun zu wollen.
>
> Menger ist ein scharfsinniger Dialektiker, ein logischer Kopf, ein nicht gewöhnlicher Gelehrter, aber es fehlt ihm ebenso sehr eine universale philosophische und historische Bildung, wie die natürliche Weite des Horizonts, die fähig ist, von allen Seiten Erfahrungen und Vorstellungen in sich aufzunehmen ... Aber als ein Reformator wird er sicher nicht wirken; er ist vielmehr ein Epigone, der ausschließlich an Mills naturwissenschaftlicher Logik geschult und ausschließlich an die ältere abstrakte Dogmatik der Nationalökonomie angelehnt, ein Eckchen des großen Gebäudes unserer Wissenschaft, das er allein genau kennt, in dem er sich mit Scharfsinn und Gelehrsamkeit eingeschworen hat, für das ganze Gebäude, jedenfalls für den besten und anständigsten Salon in demselben hält. Nicht daß sein Eckchen kein Recht habe, behaupten wir, sondern nur, daß man von hier aus das Ganze nicht genügend übersehe; nicht, daß er seine Art vertheidige, nehmen wir ihm übel, wohl aber, daß er mit zuviel schulmeisterlichem Selbstgefühl den Stock in die Hand nimmt und glaubt, in den anderen Zimmern des Gebäudes herumspazierend jedem auf die Finger klopfen zu dürfen, den er da findet und der anderen geistigen Gepräges ist, als er" (Schmoller 1883: 251).

> „‚Wir sind mit dem Buche fertig!' – Mit diesen triumphierenden Worten, aus welchen die edelste Genugthuung spricht, schließt Schmoller die Kritik meines Werkes, eine Kritik, welche in Rücksicht auf Sachkenntnisse und auf Objectivität des Urtheils, zumindest in der wissenschaftlichen Literatur kaum ihres-

gleichen haben dürfte ... Wie dem aber auch immer sein mag, eines scheint mir schon heute festzustehen. Mag der Methodiker Schmoller in Hinkunft noch so löwenhaft im Spreesande einherschreiten, die Mähne schütteln, die Pranke heben, erkenntnistheoretisch gähnen; nur Kinder und Thoren werden fürderhin seine methodologischem Gebärden noch ernst nehmen. Durch den weiten Riss in seiner gelehrten Maske wird aber mancher wissbegierige, leider vielleicht auch mancher Neugierige blicken und die wahre Gestalt dieses Erkenntnistheoretikers mit Heiterkeit und Genugtuung betrachten. Mich aber wird für meine geringe Mühe das Bewusssein entschädigen, auf dem Gebiete der deutschen Nationalökonomie, in mehr als einer Rücksicht, ein gutes Werk gethan zu haben" (Menger 1970 [1884]: 86/87).

(c) Der *2. Methodenstreit (der Werturteilsstreit)* brach auf der Tagung des Vereins für Socialpolitik im Jahre 1909 in Wien aus. Anlass war der dort gehaltene Vortrag von Eugen v. Philippovich mit dem Titel „Das Wesen der volkswirtschaftlichen Produktivität und die Möglichkeit ihrer Messung". Jetzt, so Werner Sombart zu Beginn der anschließenden Debatte, werde es sich entscheiden, ob die Nationalökonomie eine Wissenschaft sei (vgl. Ferber 1965 sowie Verein für Sozialpolitik 1910). Dabei ging es um die Frage, ob die Nationalökonomie nur positive Aussagen machen dürfe, d. h. Aussagen, die als Ergebnis von Schlussfolgerungen vorgelegt wurden, oder ob sie auch normative Aussagen machen dürfe, wertende Aussagen. Die erste Position ist die der Werturteilsgegner, die zweite die der Werturteilsbefürworter. Zur ersten zählen v.a. Max Weber und Werner Sombart, zur zweiten Gruppe Gustav v. Schmoller und Georg Friedrich Knapp. Diese Namen stehen auch für zwei Generationen innerhalb des Vereins für Socialpolitik – die ältere Generation, die die Historische Schule ausformuliert hatte, und die nun nachfolgende jüngere Generation.

Dabei ist schon bei der Gründung des „Vereins für Socialpolitik" durch Gustav v. Schmoller deutlich geworden, weshalb er für eine wertende Wirtschaftswissenschaft eintritt: Nationalökonomie als historische Wissenschaft hatte für ihn die Aufgabe, an der Verbesserung der Situation der Menschen in der Gesellschaft mitzuwirken. Trotz einer kritischen Haltung zur kapitalistischen Gesellschaft ging Schmoller dabei davon aus, dass deren Widersprüche nicht unversöhnlich, sondern durch Kompromisse auflösbar seien. An der Ausbildung eines solchen Kompromisses sollte die Nationalökonomie mitwirken. Dazu galt es, sozial- und wirtschaftspolitische Empfehlungen zu erarbeiten. Der gesellschaftliche Prozess wurde dabei gesehen als der

„große(n) Prozeß, der die sittlichen Pflichten, Tugenden und Güter, nicht im Detail, aber in den Grundzügen zu wenigen übereinstimmenden großen und letzten Idealen emporhebt" (Schmoller 1911: 494).

Schmoller vertraute darauf, dass „sich die guten hochstehenden Menschen desselben Volkes, desselben Kulturzeitalters doch immer mehr ... über die wichtigsten praktischen Werturteile einigen werden" (ebenda). Das legitimierte in seinen Augen die Kathedersozialisten, als Träger sozusagen der weitsichtigsten Ideen und der gesellschaftlichen Kompromisse, „ihrer Zeit im ‚objektiven Werturteil' die Prognose zu stellen" (Ferber 1965: 170).

Diese Position ist also von zwei Grundannahmen geprägt: von der Grundannahme, dass Gesellschaft immer wieder zu Kompromissen finden würde, in denen die gesellschaftlichen Wertvorstellungen weiter entwickelt würden, und von der Auffassung, dass die Professoren die geeigneten Verkünder und Formulierer dieser Werturteile seien.

Die Position der Werturteilsgegner dagegen forderte den Verzicht auf solche Werturteile, insbesondere vom Katheder. *Max Weber (1864-1920)* als maßgeblicher Repräsentant dieser Position ging dabei, anders als v. Schmoller, von der „Entzauberung der Welt" aus, von der Zerstörung überkommener Wertvorstellungen und deren Ersetzung durch Regeln rationaler Verwaltung. Die Nationalökonomie hatte danach die Aufgabe, an der Ausformulierung solcher Regeln mitzuarbeiten, sozusagen die Rationalität der Gesellschaft hervorzubringen, aber nicht, Werturteile zu fällen (vgl. den Diskussionsbeitrag zur Debatte im Verein für Socialpolitik von 1909 sowie den Beitrag „Der Sinn der ‚Wertfreiheit' der soziologischen und ökonomischen Wissenschaften" von 1917. Dieser Aufsatz ist die Überarbeitung eines für die Diskussion im Ausschuss des „Vereins für Socialpolitik" 1913 angefertigeten Gutachtens zu der Werturteilsfrage). Max Weber macht seine Position in beiden Texten sehr deutlich: Die Nationalökonomie soll keine Werturteile als wissenschaftliche Aussagen fällen, sie soll sie schon gar nicht vom Katheder aus fällen, im akademischen Unterricht. Deutlich wird jedoch auch, dass Max Weber nicht einfach als Werturteilsgegner bezeichnet werden kann. Denn er spricht sich vor allem dagegen aus, Werturteile als wissenschaftliche Aussagen zu formulieren. Stattdessen hat er nichts gegen Werturteile, die offen als solche gekennzeichnet sind.

Später, in einem berühmt gewordenen Aufsatz von 1963, hat *Hans Albert* diesen Werturteilsstreit unter dem Titel „Wertfreiheit als methodisches Prinzip. Zur Frage der Notwendigkeit einer normativen Sozialwissenschaft" systematisch aufgearbeitet. In der Strukturierung der Diskussion unterscheidet er drei Ebenen der methodischen Wertproblematik:

> „1. das Problem der *Wertbasis* der Sozialwissenschaften: die Frage, inwieweit sozialwissenschaftlichen Aussagen Wertungen irgendwelcher Art zugrundeliegen müssen;

2. das Problem der *Wertungen im Objektbereich* der Sozialwissenschaften: die Frage, inwieweit diese Wissenschaften Wertungen irgendwelcher Art zum Gegenstand ihrer Aussagen machen müssen; und

3. das *eigentliche Werturteilsproblem:* die Frage, inwieweit sozialwissenschaftliche Aussagen selbst den Charakter von Werturteilen haben müssen" (Albert 1965: 189).

Dabei ist heute unbestritten, dass auf den Ebenen 1 und 2 Wertungen nicht nur zugelassen, sondern unumgänglich sind. Schon bei der Entscheidung über den Problembereich, über den eine Wissenschaftlerin/ein Wissenschaftler arbeiten möchte sowie bei der Auswahl der Methodik werden Wertungen vorgenommen (diese stecken in der „preanalytic vision" der WissenschaftlerInnen). Und da die Wirtschafts- und Sozialwissenschaften Wissenschaft von Menschen in Gesellschaft sind, die selbst Wertungen durchführen, sind Wertungen im Objektbereich mehr oder weniger selbstverständlich. Der Werturteilsstreit konzentriert sich also auf die dritte Ebene. Dürfen, können oder müssen Wirtschafts- und SozialwissenschaftlerInnen wertende Aussagen in ihren wissenschaftlichen Schlussfolgerungen machen? Darum geht es.

Ein Beispiel: Untersuchungen über die Einkommensverteilung zwischen zwei Ländern. Das ist der Gegenstandsbereich, das Problem der Wertbasis. Methodisch wird z. B. ein spezifisches Verteilungsmodell ausgewählt. Dann werden die Daten gesammelt, um den Vergleich anzustellen. Als Ergebnis kommt z. B. heraus, dass das Pro-Kopf-Einkommen in dem einen Land halb so hoch ist wie in dem anderen Land. Ist nun die Aussage der Wissenschaftlerinnen zulässig, diese Verteilung sei ungerecht? Oder muss die Bewertung dieses Ergebnisses der Gesellschaft, der Politik überlassen werden?

Im Werturteilsstreit selbst ist diese Frage nicht entschieden worden. Die Positionen blieben unversöhnlich miteinander. Das ging soweit, dass sich aus dem „Verein für Socialpolitik" die „Deutsche Soziologische Gesellschaft" abspaltete. Ein Ergebnis des Werturteilsstreits war somit die Trennung von Soziologie und Nationalökonomie.

2.6.4 Gesamteinschätzung: Die Aktualität der beiden Methodendebatten

Die Deutsche Historische Schule ist, obwohl sie bis zum Tod von Schmoller 1917 die Mehrzahl der volkswirtschaftlichen Lehrstühle im deutschen Sprachgebiet besetzt hielt (vgl. Ferber 1965), theoriegeschichtlich zunächst in die hinteren Reihen verschwunden. Max Weber dagegen wird als einer der wichtigsten Vertreter der deutschen Soziologie nach wie vor stark gewürdigt. Die beiden Methodenstreits sind bis heute nicht beigelegt. Im Gegenteil: Seit der

Herausbildung einer Vielfalt von gegenüber der Orthodoxie heterodoxen Ansätzen insbesondere in der zweiten Hälfte des 20. Jahrhunderts sind diese Methodendebatten aktueller denn je. Denn diese heterodoxen Ansätze entstehen fast alle in Kritik der Neoklassik und damit in Kritik an deren Methodik – an der mathematisch-naturwissenschaftlich ausgerichteten deduktiven Methode sowie an der Beschränkung auf positive Aussagen.

Wir werden in Teil I.3, wo es um das Entdecken einer Vielzahl von mikroökonomischen heterodoxen Ansätzen geht, immer wieder auf diese unterschiedlichen Positionen treffen.

2.7 Der Amerikanische Institutionalismus

2.7.1 Historische Zusammenhänge

(a) Im letzten Viertel des 19. Jahrhunderts gab es auch in den USA die ersten großen Krisenerfahrungen. Schon vorher war es zu Konjunkturschwankungen gekommen, die die Wirtschaftswissenschaftler dazu veranlassten, nach Konjunktur- und Krisentheorien zu suchen. Die Konzepte blieben jedoch unbefriedigend. Auf der Basis des Sayschen Theorems (dieses, benannt nach dem Ökonom Jean-Baptiste Say (1767-1832), besagt, dass eine allgemeine Überproduktion nicht möglich ist und war Grundlage sowohl der Klassischen Politischen Ökonomie (außer Marx) als auch der Frühen Neoklassik) oder des Walrasianischen Gleichgewichts war der Kapitalismus als grundlegend krisenhaft nicht zu erklären. Schließlich gipfelte die wirtschaftliche Entwicklung in einer schweren Wirtschaftskrise von 1893 bis 1897. Ergebnis war nicht nur eine riesige Anzahl von Arbeitslosen, sondern auch eine Vielzahl von sozialen Unruhen. Offensichtlich war eine gesellschaftliche oder staatliche Regulierung der kapitalistischen Wirtschaft notwendig geworden. Außerdem wurde deutlich, dass die liberale Wirtschaftstheorie und -politik, die auf die Harmonie des individuellen Gewinnstrebens und der gesellschaftlichen Wohlfahrt abzielte, gescheitert war. Dies ist eine Ursache für das Entstehen der institutionalistischen Schule.

(b) Gestützt wurde diese Entwicklung durch Kontakte nach Deutschland: Studierende, die von dort zurückkamen, brachten Gedanken der Historischen Schule mit. Allerdings kamen auf demselben Wege auch die Ideen von Menger, die Ideen der Grenznutzenschule, in die USA. Insofern wurde auch der Methodenstreit importiert. Thorstein B. Veblen (1858-1929) beschäftigte sich ausführlich mit der Deutschen Historischen Schule, deren Realitätsbezug er schätzte, deren wertendes wissenschaftliches Konzept er jedoch ablehnte. So kann man den Einfluss der Deutschen Historischen Schule auf den Amerikanischen Institutionalismus vor allem in dieser Auseinandersetzung sehen. Insgesamt ist der Amerikanische Institutionalismus jedoch eine eigenständige wirtschaftswissenschaftliche Theorierichtung.

(c) Eine Ursache dafür liegt in den ganz anderen philosophischen Grundlagen. Die deutsche idealistische Philosophie, Ideen von Ganzheit und Organismen spielen keine Rolle, philosophische Grundlage ist der amerikanische Pragmatismus. Als dessen Begründer gilt Charles Sanders Peirce (1839-1914), weiterentwickelt wurde er von William James (1842-1910) und John Dewey (1859-1952). Die Grundidee ist: Das Universum ist ursprünglich spontan entstanden. Durch Zufallsereignisse haben sich Regelmäßigkeiten des Verhaltens herausgebildet. Zu deren Analyse sind keine großen Begriffe nötig, sondern Begriffe, die sich die Menschen selbst von den Dingen machen. Pragmatismus im Sinne von Peirce ist daher „eine Technik zur Beantwortung von Fragen, zur Lösung von Problemen und zur Klärung von Begriffen" (Oehler 1907 zit. n. Reuter 1994: 75). Damit geht es nicht um das Auffinden von absoluten Wahrheiten, sondern Wahrheit ist immer relativ, bezogen auf die jeweilige gesellschaftliche Praxis. Theorien sind dann wahr, wenn sie helfen, praktische gesellschaftliche Probleme zu lösen. Wahrheit heißt hier „in der Praxis bewähren". Diese Bewährung wird in dem Diskurs der wissenschaftlichen Forschungsgemeinschaft in Abwägung zur Realität geprüft. Von daher hat der Pragmatismus ein demokratisches Verständnis von Wissenschaft.

(d) Die Begründer des Amerikanischen Institutionalismus sind Thorstein B. Veblen (1857-1929), John R. Commons (1862-1945) und Wesley C. Mitchell (1874-1948). Der Hauptvertreter der 2. Generation ist Clarence E. Ayres (1891-1972), der der 3. Generation John F. Foster (1907-1985). Heute lebende Vertreter sind Paul D. Bush, Marc R. Tool und William D. Dugger.

2.7.2 Der Begründer: Thorstein B. Veblen (1858-1929)

(a) Veblen ist ein überzeugter Kritiker der frühen Neoklassik. Im Mittelpunkt seiner Kritik steht das zugrundegelegte Menschenbild, das er folgendermaßen beschreibt.

> „The hedonistic conception of man is that of a lightning calculator of pleasures and pains, who oscillates like a homogeneous globule of desire of happiness under the impulse of stimuli that shift him about the area, but leave him intact. ... He is an isolated, definitive human datum, in stable equilibrium except for the buffets of the impinging forces that displace him in one direction or another" (Veblen 1898: 73).

Außerdem kritisiert Veblen die statische Gleichgewichtstheorie der frühen Neoklassik. Für ihn ist Wirtschaftswissenschaft eine evolutorische Wissenschaft, die neoklassische Wissenschaft ist das nicht. Die Menschen seien aktive, tätige Wesen, nicht passiv, wie sie in der frühen Neoklassik abgebildet werden.

(b) Grundlage der ökonomischen Wissenschaft als evolutorische Wissenschaft ist die Theorie von Charles Darwin, die Veblen studierte. In seinem 1859 erschienenen Buch „On the origin of species“ vertrat Darwin die These, dass alle Arten von einer gemeinsamen Art abstammten und dass sie sich allmählich, d. h. evolutiv, von dorther entwickelten. Der Entwicklungsmechanismus wurde als Auslese, als Zusammenspiel von Mutation und Selektion, beschrieben. Veblen übernahm diese These und wendete sie auf die soziale Entwicklung an:

> „... each new situation is a variation of what has gone before it and embodies as casual factors all that has been effected by what went before ...“ (Veblen 1909: 242).

Dafür ist Veblen später kritisiert worden, er bewegte sich hier eng an Positionen des Sozialdarwinismus, wie sie z. B. von Herbert Spencer (1820-1903) formuliert wurden. Sein „The survival of the fittest“ ließ sich eben auch als Legitimierung des Kapitalismus lesen. Dennoch: Veblen übernimmt hier die grundliegende Idee von Wirtschaft und Gesellschaft als einem evolutorischen Prozess. Die von einigen behauptete sozialdarwinistische Interpretation dagegen wird von seinen Nachfolgern beiseite gelegt.

Methodisch entwickelt sich hier eine wirtschaftswissenschaftliche Schule, die nicht die Newtonsche Mechanik kopiert, sondern versucht den Evolutionsgedanken von Darwin in die Ökonomie umzusetzen. Diese Methode ist später als „holistisch, evolutionär und genetisch“ charakterisiert worden (vgl. Reuter 1994: 105). Ausgangspunkt ist kein methodoligischer Individualismus, sondern Institutionen als soziale Phänomene stehen am Anfang der Analyse. Diese Phänomene sind pfadabhängig, wirtschaftswissenschaftliche Analyse ist Analyse von in der Zeit veränderbaren Phänomenen. Menschliches Handeln spielt eine zentrale Rolle – als soziales Handeln, als Prozess. Von hier aus definiert Veblen den Gegenstandsbereich institutionalistischer ökonomischer Theorie:

> „Modern economic science is to an increasing extent concerning itself with the question of what men do and how and why they do it, as contrasted with the older question of how Nature, working through human nature, maintains a favourable balance in the output of goods. (Veblen 1901: 312).

(c) Das *Hauptwerk* von Veblen erschien 1899 unter dem Titel „The theory of the leisure class", deutsch: Theorie der feinen Leute (vgl. dazu auch Teil I.1). In diesem Werk entwickelt Veblen seine Auffassung von Kapitalismus bzw. dessen Kritik. Im Kern sieht er den Kapitalismus als Verschwendungskultur an. Er unterscheidet zwei Hauptklassen, die müßige Klasse (leisure class) und die arbeitende Klasse. Erstere ist für ihn unproduktiv, letztere produktiv. Letztere ist ausgestattet mit einem „instinct of workmanship", einem „Arbeitsinstinkt". Diesen Arbeitsinstinkt sieht Veblen grundsätzlich als positiv an. Er unterscheidet verschiedene gesellschaftliche Entwicklungsphasen. In der ersten Phase, in der es noch kein Privateigentum gibt, führt dieser Trieb zu einem die Gruppe voranbringenden Wettbewerb. Aber durch die Entstehung des Privateigentums ändert sich die Wirkung dieses Triebs. Jetzt ist er die Grundlage des Kampfes zwischen den Menschen, jetzt „... wirkt sich der genannte Trieb zugunsten eines vom Konkurrenzneid bestimmten, also eines neidvollen Vergleiches aus" (Veblen 1899: 29).

So wird der für alle förderliche Vergleich von Arbeitserfolgen zu einem Vergleich von Reichtum. Anders als in der frühen Neoklassik, in der die Präferenzen unabhängig voneinander sind, vergleichen sich bei Veblen die Menschen, um bessere Positionen, individuelle Überlegenheiten gegenüber den anderen zu demonstrieren. Veblen spricht hier von „demonstrativer Verschwendung" oder „demonstrativem Konsum" (conspicious consumption). Der Hauptteil des Buches „Theorie der feinen Leute" dient dem Beleg dieses demonstrativen Konsums. Dabei macht Veblen deutlich, dass, neben der Institution des Privateigentums, die industrielle Produktionsweise selbst diese Verschwendung erst möglich macht. Hier steckt der Kern der Kapitalismuskritik von Veblen. Er hält diesen Kapitalismus auch nicht für reformierbar, sondern deutet seine Abschaffung durch Beseitigung der arbeitenden Klasse oder durch Herausbildung einer Art totalitären Systems an. Hierin ist ein Einfluss von Marx auf Veblen erkennbar. (Diese Sicht wird von seinen Nachfolgern nicht geteilt. Sie übernehmen zwar die Kritik, aber entwickeln Formen der Reform durch demokratische Wirtschaftsplanung, über die die ökonomische Macht eingedämmt werden soll.)

(d) Die Kernelemente der Veblen'schen Theorie sind *Instinkte und Institutionen*. Neben dem Arbeitsinstinkt unterscheidet er noch den „Instinkt der sozialen Fürsorge" (parental bent) sowie einen Instinkt, der als „Instinkt praktischer Neugier" übersetzt werden könnte (instinct of idle curiosity). Ersterer ist auf das Wohlergehen der Gruppe, dem der Einzelne angehört, gerichtet, Letzterer auf das Entdecken von Neuem in der Welt. Alle drei Instinkte bilden die Antriebskräfte für menschliches Handeln. Sie sind nicht naturgegeben, sondern, wie es schon beim Arbeitsinstinkt deutlich wurde, gesellschaftlich geprägt und veränderbar. Diese Instinkte stellen insgesamt die Antriebskräfte für menschliches Handeln dar. Veblen hat ein aktives Menschenbild.

Gesellschaftlich geprägt und kanalisiert werden diese Instinkte durch gesellschaftliche Institutionen. Treiben die Instinkte die gesellschaftliche Entwicklung voran, so hemmen bei Veblen diese Institutionen die Entwicklung. Als Institutionen definiert er:

> „Die Institutionen stellen in erster Linie weitverbreitete Denkgewohnheiten dar, die besondere Beziehungen und besondere Funktionen des Individuums und der Gesellschaft betreffen; den Lebensplan, der aus der Gesamtheit der in einer Gesellschaft jeweils wirksamen Institutionen besteht, kann man psychologisch als vorherrschende geistige Einstellung oder Lebensanschauung bezeichnen" (Veblen 1899: 144).

Institutionen entstehen in einem historischen gesellschaftlichen Prozess, in einem Institutionalisierungsprozess. In ihnen verhärten/verkrusten, verdinglichen sich gesellschaftliche Handlungsmuster. Aufgrund dieser Geschichtsbezogenheit sind Institutionen immer rückwärts gewandt, tragen die Vergangenheit in sich, entsprechen nicht den Erfordernissen der Zukunft. So kommt es dazu, dass Institutionen, die zu gesellschaftlicher Problemlösung führten, zwecklos weiter bestehen, ihre gesellschaftliche Funktion verlieren. Hauptbeispiel ist hier für Veblen wieder das Eigentum. Es war Mittel zum Zweck gesellschaftlicher Bedürfnisbefriedigung, es wird zum Selbstzweck im Kapitalismus. Trotz dieser grundlegenden Kritik an Institutionen denkt Veblen über Verbesserung dieser Institutionen nach.

Mittel dafür ist für ihn der technische Fortschritt. In ihm vereinigen sich alle von Veblen als für die Entwicklung positiv angesehenen Momente. Er treibt die Dynamik der Entwicklung voran. Er fördert das technisch-rationale Denken, was nach Veblen die Gesellschaft voranbringt. Unter bestimmten gesellschaftlichen Verhältnissen jedoch kann dieser technische Fortschritt auch zur Unterdrückung eines Teils der Gesellschaft führen. Das ist für Veblen im Kapitalismus der Fall. So wird auch über die positiv bewertete technische Entwicklung bei Veblen keine Theorie der Reform des Kapitalismus entwickelt.

(e) Die weitere Entwicklung des Institutionenbegriffs des Amerikanischen Institutionalismus ist dadurch gekennzeichnet, dass diese Dichotomie von Technik und Institutionen, wie sie bei Veblen besteht, in die Institutionen selbst verlagert wird. Das ist der Beitrag von John F. Foster (1907-1985), der seitdem Bestandteil der institutionalistischen Theorie ist (die heute als „Alter Institutionalismus" oder, wie in unserem Buch genannt, „Kritischer Institutionalismus" weiterentwickelt worden ist). Foster unterscheidet zwischen zwei Funktionen von Institutionen – der instrumentellen Funktion und der zeremoniellen Funktion. In ersterer ist die Rolle der Technik bei Veblen integriert – die instrumentelle Funktion von Institutionen bedeutet, dass Institutionen die gesellschaftliche Entwicklung voranbringen. Die zeremonielle Funktion dagegen bedeutet, dass Institutionen dazu dienen, die aus der Vergangenheit erhaltenen privilegierten Interessen einiger (die sog. vested interests) zu erhalten. Gesellschaftliche Entwicklung ist nur möglich, wenn Institutionen dann, wenn sie beginnen, zeremoniell zu wirken, von neuen Institutionen abgelöst werden. Dieser Gegensatz spielt eine Rolle in der aktuellen „Theorie institutionellen Wandels", wie sie Paul D. Bush formuliert hat (vgl. Bush 1987). Neue Institutionen haben nur dann eine Chance, wenn sie zu den alten, den zeremoniellen Werten passen, sich aber aus deren Umklammerung lösen, d. h. nur dann, wenn die neuen problemlösenden, die „instrumentellen Werte" die Oberhand gewinnen.

2.7.3 Die Wertlehre des Amerikanischen Institutionalismus

(a) Bei Veblen selbst finden sich nur Rudimente einer Wertlehre, Rudimente allerdings, die die Grundposition deutlich machen:

Entwickelt wird weder eine subjektive noch eine objektive Wertlehre, sondern das, was später in der Literatur *kollektive Wertlehre* oder *soziale Werttheorie* genannt wird. Was wertvoll ist und was nicht, erweist sich dabei, ganz gemäß der pragmatistischen Auffassung, gemessen am Lebensprozess der Menschen. Dessen Verbesserung ist der Wertmaßstab. So heißt es bei Veblen:

> „Die verschiedenen Elemente der menschlichen Natur werden einzig und allein vom Standpunkt der ökonomischen Theorie aus betrachtet, und die diversen Eigenschaften werden an ihrem unmittelbaren Wert für die Erleichterung des kollektiven Lebens gemessen und demgemäß eingestuft" (Veblen 1899: 196).

Damit geht es Veblen nicht einfach um eine Maximierung der Güterproduktion, sondern auch um die Qualität der Güter selbst bezüglich ihrer Fähigkeit, Bedürfnisse zu befriedigen. Produkte, durch die die notwendigen Grundbedürfnisse der Gesellschaft befriedigt werden, sollen in ihrer Produktion maximiert werden, solche dagegen, die ausschließlich den demonstrativen Konsumbedürfnissen der Reichen dienen, sollen Veblen gemäß am besten gar nicht hergestellt werden.

Wer beurteilt nun den Wert von Produkten für die Steigerung der gesellschaftlichen Wohlfahrt? Bei Veblen findet sich hier die Idee der Installierung einer Gruppe von Technikern, die entsprechende Wertungen ausspricht. Auch wenn hier wieder Veblens Technik-Gläubigkeit durchschlägt, so ist doch das Prinzip der Bewertung als gesellschaftliches Prinzip deutlich. Bewertungsprozesse spielen sich im gesellschaftlichen Diskurs ab.

(b) Weiter ausformuliert wurde diese Werttheorie von John R. Commons (1862-1945). Der Prozess, in dem bei ihm Werte bestimmt werden, ist der Prozess der Kompromissbildung vor Gericht. An die Stelle der Gruppe der Techniker tritt bei ihm also das Rechtssystem als Wertsetzungssystem. Dabei spricht er von „vernünftigen Werten" (reasonable values) (vgl. Commons 1934). Wieder meint hier vernünftiger Wert nicht die Rationalität im Sinne der frühen Neoklassik (als einfache Kosten-Nutzen-Rationalität), sondern im Sinne des Pragmatismus ist eine Vernunft gemeint, die auf die Verbesserung der Lebensbedingungen der Menschen gerichtet ist.

> „... reasonableness should mean the *highest* degree of safety, health, wellbeing of employees, etc., that the nature of the industry or employment would *reasonably permit*" (Commons 1934 (Myself), zit. n. Reuter 1994: 302).

Bei Commons ist die soziale Werttheorie schon deutlich eine dynamische, eine evolutionäre Werttheorie. Werte entstehen im Prozess der rationalen Argumentation. Diese Argumentation läuft bei Commons zunächst vor Gerichten, später schlägt Commons unabhängige Kommissionen dafür vor. Ob diese als gesellschaftliche Kommissionen verstandenen Gruppen wirklich „vernünftige Werte" als Grundlage gesellschaftlicher Entwicklung herausbilden können, ist unsicher. Der Wertbildungsprozess ist damit offen – es ist Aufgabe kollektiver vernünftiger Politik, Werte zu bestimmen, die die Gesellschaft voranbringen.

Heute ist diese Werttheorie insbesondere von Marc R. Tool weiterentwickelt worden. Er nimmt, wie vor ihm schon Ayres, den Gegensatz von zeremoniellen und instrumentellen Werten auf, und macht deutlich, dass die Betonung bei ihm auf diesen instrumentellen Werten liegt. In ihnen drücken sich das Wissen und die Technologie der Gesellschaft aus. Zeremonielle Werte dagegen sind rückwärts gewandt, destruktiv, machterhaltend. Diese „instrumentelle Werttheorie" oder „soziale Werttheorie" (vgl. Tool 1977) stellt nicht den Wert selbst, sondern den Wertungsprozess in den Mittelpunkt der Untersuchung. Die von der Gesellschaft entwickelten Problemlösungen werden dabei an einem „social value principle" gemessen, das drei Elemente enthält: instrumental effectiveness, continuity of society und furtherance of mankind (vgl. Tool 1977). (Damit ist auch gleichzeitig das Wohlfahrtskriterium des Amerikanischen Institutionalismus angegeben.)

(d) Dieserart entwickelt sich die Werttheorie des Amerikanischen Institutionalismus hin zu einer Theorie demokratischer Bewertungsprozesse. Grundlage dieser Bewertungsprozesse ist der gesellschaftliche Wissenspool, der nun nicht mehr als reine Technologie, sondern als Summe des gesamten vorhandenen gesellschaftlichen Wissens behandelt wird. Er verändert sich weiter, auf seiner Grundlage verändern sich die Wertmaßstäbe, diese leiten die gesellschaftlichen Handlungen mit dem Ziel der Verbesserung von Lebenspraxis. Damit wird deutlich, was Neale 1982 meinte, als er über die instrumentelle Werttheorie des Amerikanischen Institutionalismus sagte: „... valuing is doing“ (Neale, zit. n. Reuter 1994: 319).

In diesen Bewertungsprozess geht, wie fast in allen bis hierher diskutierten Theorieansätzen, die natürliche Mitwelt nicht mit ein. Ihre Produktivität bleibt auch hier unbeachtet, verloren. Da bleibt der Amerikanische Institutionalismus ganz in der ansonsten kritisierten Theorietradition – die Natur wird nicht thematisiert, sie wird als unhinterfragte Existenzbedingung des gesellschaftlichen Produktionsprozesses vorausgesetzt.

2.7.4 Gesamteinschätzung

(a) Der Amerikanische Institutionalismus ist an der Untersuchung von Realität interessiert. Ökonomisch bedeutet das, dass Ökonomie als eingebettet in die Gesellschaft verstanden wird. Ihm liegt also ein weites Ökonomieverständnis zugrunde. Ob das jedoch auch bedeutet, dass die reproduktiven Tätigkeiten als ökonomische Prozesse verstanden werden, ist offen. Sie werden nicht thematisiert. Ökonomie ist wie die Gesellschaft historisch geprägt, pfadabhängig.

(b) Menschen handeln in diesem Konzept in Institutionen. Institutionen prägen Menschen, Menschen prägen Institutionen. Menschen sind aktive Menschen, geprägt durch Kultur, Religion, in sozialen Beziehungen lebend. Ihre Präferenzen werden im Sozialisierungprozess geformt – sie sind endogen, nicht, wie in der frühen Neoklassik, exogen und gegeben. Menschen handeln vernünftig, indem sie nach Problemlösungen suchen – vollständige Rationalität gibt es nicht. Das Handeln von Menschen ist stark von Interessen geprägt. Überkommene Interessen versuchen, ihre Positionen zu behaupten. Von daher ist der Handlungsraum Ökonomie auch stark durch Macht geprägt. Diese Macht gilt es, durch demokratische Wirtschaftsplanung zu begrenzen.

(c) Gesellschaftliche Veränderungen bedeuten institutionellen Wandel. Im Sinne einer Wohlfahrtssteigerung kommt es bei diesem Wandel darauf an, die Gesellschaft und ihre Lernprozesse so zu entwickeln, dass optimale Problemlösungen möglich werden. Das sind Problemlösungen, die instrumentell effektiv sind, die Kontinuität der Gesellschaft ermöglichen und insgesamt die Lebensqualität der Menschheit erhöhen. Was das genau ist, wird im gesellschaftlichen Bewertungsprozessen festgelegt. Somit enthält dieses Konzept von Wohlfahrt auch eine demokratische Dimension.

(d) Damit ist der Amerikanische Institutionalismus im Sinne des ersten Methodenstreits weder induktiv noch deduktiv, sondern eher eine Mischung von beiden. Gemäß der Grundlage des Pragmatismus beginnt die Modellbildung mit der Sammlung von Daten aus der Realität. Mit deren Hilfe wird eine erste Hypothesenbildung versucht, um diese Hypothesen sodann durch Vergleich mit schon Bekanntem auf ihre Brauchbarkeit zu testen. Schließlich werden die verschiedenen Hypothesen im letzten Schritt miteinander verknüpft, um so zu einem „Holistic Pattern Model“ zu kommen. Ein solches „Pattern Model“ ist nie wirklich fertig – es kann nur immer besser an die Realität angepasst werden und so Grundlage für Problemlösungen werden.

Im Sinne des zweiten Methodenstreits ist der amerikanische Institutionalismus in seinen Aussagen sowohl positiv als auch wertend. Dabei bezieht sich die Wertung, gemäß der Analyse von Hans Albert (vgl. den vorhergehenden Teil) selbstverständlich auf die ersten beiden Ebenen. Da die Gesellschaft als wertgeladen angesehen wird, da Handeln durch Werte koordiniert wird (instrumentelle und zeremonielle Werte), ist das ausdrücklich ausgesprochen. Aber auch bezüglich der dritten Ebene ist der amerikanische Institutionalismus wertgeladen und damit normativ. Denn bei der Frage, welche gesellschaftlichen Problemlösungen nützlich für die Gesellschaft sind, geht es um gesellschaftliche Bewertungsprozesse – und an diesen hat der Wissenschaftsprozess teil.

Bildlich lässt sich dieses Konzept folgendermaßen darstellen:

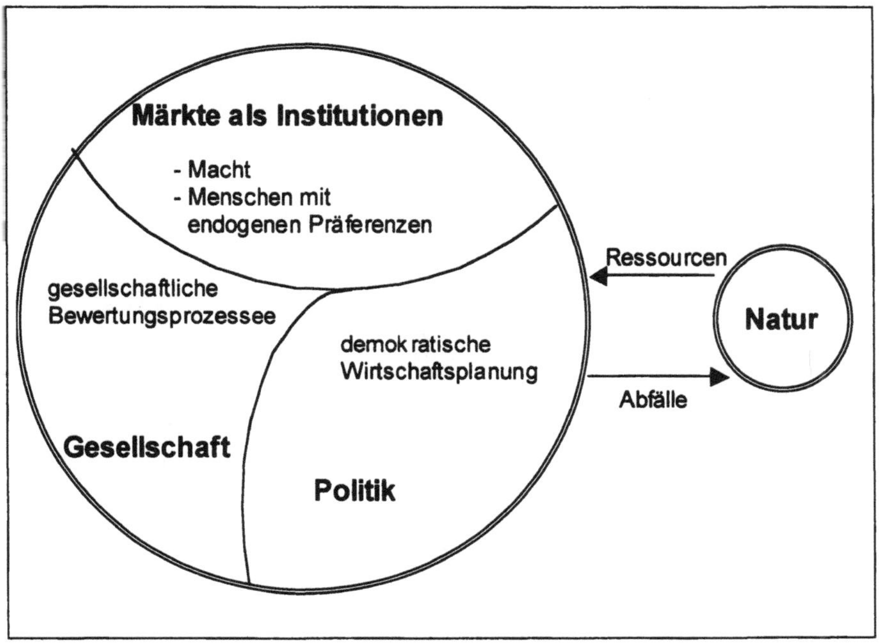

Abb.15: Ökonomie im Amerikanischen Institutionalismus

Dieses Bild ähnelt dem der ökonomischen Theorie von Adam Smith. Der Unterschied besteht darin, dass Märkte von vornherein nicht als Angebots-

Nachfrage-Mechanismen abgebildet werden, sondern als Orte, an denen Menschen mit endogenen Präferenzen, geprägt durch Institutionen, handeln, und dass Macht eine Rolle spielt. Politik beeinflusst auch nicht durch Gerechtigkeit, sondern durch demokratische Wirtschaftsplanung diese Ökonomie. Das gesellschaftliche Ziel wird in gesellschaftlichen Bewertungsprozessen bestimmt. Anders als bei Smith wird die Familie überhaupt nicht thematisiert. Und genau wie bei Smith kommt auch die Natur zunächst in dieser Theorie nicht vor.

Damit beenden wir den theoriegeschichtlichen Überblick im Rahmen dieser Einführung in die Mikroökonomik. Das 20. Jahrhundert erlebt in diesem Gebiet zunächst den Siegeszug der Neoklassik, begleitet von der Trennung in Mikro- und Makroökonomik. „Homo oeconomicus" feiert Triumphe als ökonomische Modellfigur. Erst in der zweiten Hälfte des 20. Jahrhunderts bilden sich theoretische Ansätze heraus, die diesem Menschenbild und damit der neoklassischen Mikroökonomik insgesamt Alternativen entgegensetzen. Es entstehen vielfältige Ansätze mit vielfältigen ökonomischen Grundfiguren. In ihnen scheinen theoriegeschichtliche Elemente immer wieder auf. Was ist der Beitrag dieser Konzepte zur Mikroökonomik, was kann die MiSÖP aus ihnen lernen? Um diese Frage geht es im nächsten Kapitel.

3 „Homo oeconomicus" und viel mehr – Menschenbilder, philosophische Grundlagen und Rationalitätskonzepte

Mikroökonomik ist eine Wissenschaft von Menschen. Was oben zur Methode gesagt wurde, gilt auch hier: Um das ökonomische Handeln analysieren zu können, muss von der realen Vielfalt der Menschen abstrahiert werden, müssen reale Menschen in wissenschaftlich analysierbare ökonomisch handelnde Menschen verwandelt werden, muss ein wissenschaftliches Bild vom ökonomisch handelnden Menschen entworfen werden. Wie sieht dieses aus?

Wieder gibt es auf diese Frage keine einfache Antwort. Denn die Mikroökonomik kennt viele Menschenbilder. Jeder wissenschaftliche Ansatz in diesem Gebiet beginnt mit dem Entwurf eines Menschenbildes, beginnt – bewusst oder unbewusst – mit Annahmen über menschliches ökonomisches Verhalten, beginnt also mit einem solchen Abstraktionsprozess. In diesen geht die in der Einführung erläuterte jeweilige „preanalytic vision" ein. Und diese Menschenbilder wiederum implizieren viele verschiedene Vorstellungen von Ethik und viele verschiedene Rationalitätskonzepte. Indem *ein* Menschenbild in den Mittelpunkt gestellt wird, wird auch immer *eine* Ethik als grundlegende unterstellt und wird auch *eine* Form von Vernunft als *die* Rationalität definiert.

Ein solches Vorgehen ist problemlos, solange es sich bei dem so definierten „ökonomischen Menschen" um eine analytische Kategorie handelt, mit der modelltheoretisch gearbeitet wird. Es wird aber dann zum Problem, wenn eine solche Kunstfigur plötzlich den realen Menschen darstellen soll, wenn sie Grundlage für Politikempfehlungen wird, wenn sie sogar zur Norm für *den* „rationalen ökonomischen Menschen" wird. Diese Verwechslung der verschiedenen Ebenen ist in der ökonomischen Wissenschaft wiederholt geschehen und, da sie bei Ricardo erstmals nachgewiesen wurde, als „das Ricardianische Übel" („The Ricardian Vice", vgl. Schumpeter 1965) in die Theoriegeschichte eingegangen (vgl. dazu Teil I.2.3).

Um diesem „Übel" zu entgehen, ist es jeweils nötig, genau zu klären, von welchem Menschenbild, von welcher Ethik, von welchem Rationalitätsverständnis in der jeweiligen Theorie ausgegangen wird. Und es ist notwendig zu verdeutlichen, welcher Grad von Realitätsnähe dieser menschlichen ökonomischen Figur zugeschrieben wird.

Im Folgenden werden verschiedene mikroökonomische Modell-Menschen mit den entsprechenden ethischen Grundlagen und Rationalitätskonzepten vorgestellt. Ausgangspunkt ist dabei das Modell des „homo oeconomicus". Das hat drei Gründe: Erstens hat dieses Konzept vom ökonomischen Menschen ein festes theoriegeschichtliches Fundament (vgl. dazu Teil I.2.5.), zweitens findet es sich in allen mikroökonomischen Lehrbüchern. Studentinnen und Studenten werden also immer wieder mit dieser Modellfigur konfrontiert. Und drittens schließlich haben sich alle Erweiterungen, Veränderungen oder ganz neuen Ansätze der heterodoxen Ökonomik in Kritik am „homo oeconomicus" entwickelt. Indem wir mit ihm beginnen, zeichnen wir also ein Stück moderner Theoriegeschichte nach und können gleichzeitig die verschiedenen heterodoxen Modellstrukturen besser verständlich machen.

Wir werden, ausgehend vom „homo oeconomicus", auch zwei seiner modernen Varianten im Rahmen der Orthodoxie diskutieren:

- homo oeconomicus als Spieler in der Spieltheorie,
- homo oeconomicus mit Regeln/ Institutionen in der Neuen Institutionenökonomik (NIÖ).

Sodann stellen wir sechs heute in der heterodoxen Diskussion bedeutende Alternativansätze vor:

- das Konzept des dual self der Humanistic Economics,
- das I&W - Paradigma der Sozioökonomie,
- das Konzept des homo culturalis des Kritischen Institutionalismus,
- das verständigungsorientierte, diskursfähige Selbst der Praktischen Sozialökonomie,
- den homo oecologicus der Ökologischen Ökonomik,
- das „sorgende Selbst im Kontext" der Feministischen Ökonomik.

Diese verschiedenen Ansätze beziehen sich nur selten und nur in einigen Aspekten aufeinander. Welches ihre Ähnlichkeiten sind und welche Bedeutung ihren Neuerungen zugesprochen wird, ist Sache jeweiliger Interpretation. Die hier gewählte Reihenfolge der Vorstellung dieser Ansätze liegt daher in unserer Interpretation solcher Gemeinsamkeiten und Bedeutungen begründet. Eine „richtige" Reihenfolge ist nicht möglich – eine andere sehr wohl.

3.1 „Homo oeconomicus": Eigeninteresse und enge ökonomische Rationalität

3.1.1 Das Menschenbild des „homo oeconomicus" und seine philosophischen Grundlagen

„Homo oeconomicus" ist, das wurde in Teil I.2.5 deutlich, ein isoliert wirtschaftender, nur auf sich selbst gestellter Mensch.

Seine Handlungsmaxime lautet: Setze deine Mittel (Ressourcen) so ein, dass du deinen eigenen Nutzen maximierst. Oder: Verwirkliche einen angestrebten Eigennutzen mit dem geringst möglichen Einsatz deiner Ressourcen.

Diese Handlungsregel charakterisiert „homo oeconomicus“ als:

- eigennützig,
- erfolgsorientiert,
- seinen Nutzen maximierend.

Wenn „homo oeconomicus“ dieser Handlungsregel folgt, gelangt er zu einem eindeutigen Ziel, seinem Nutzenmaximum. Modelliert wird er also, wie in Teil I.2.5 dargelegt, über seine Nutzenfunktion für die das 1. Gossensche Gesetz gilt und aus der die Indifferenzkurven folgen.

Auch die *philosophischen Grundlagen*, die Nützlichkeitsphilosophie oder deren Utilitarismus, haben wir schon kennengelernt (vgl. I. 2.5.3).

3.1.2 Das Rationalitätskonzept des „homo oeconomicus“

Dieses Konzept wurde dort ebenfalls erläutert. Es mündete in Abb. 12.

Auf der Grundlage der gemachten Annahmen über die Präferenzordnung, verbunden mit der Verhaltensannahme der Nutzenmaximierung, gibt es für „homo oeconomicus“ jeweils nur eine mögliche Güterkombination, die er wählt, wenn er *rational* handelt. Die gemachten Annahmen bedingen, *dass der Punkt rationalen Verhaltens genau bestimmbar ist.* Das soll im Folgenden näher erläutert werden.

Dazu wird angenommen, dass „homo oeconomicus“ über ein vorgegebenes Einkommen (Y) verfügt, das für den Kauf zweier Güter 1 und 2 mit den Preisen p_1 und p_2 vollständig ausgegeben wird. Da das Einkommen während der folgenden Argumentation als gegeben angenommen wird und unverändert bleibt, wird es mit einem Querstrich versehen ($\bar{y}$).

Damit lautet die Einkommensgleichung:

(1) $$\bar{y} = p_1 x_1 + p_2 x_2$$

Diese Gleichung lässt sich nach x_1 auflösen:

(2) $$x_1 = -\frac{p_2}{p_1} x_2 + \frac{\bar{y}}{p_1}$$

Gleichung (2) drückt eine Gerade aus, die in den Güterraum x_1, x_2 zusammen mit der Indifferenzkurven-Schar eingezeichnet werden kann (Abb. 16). Wir nennen diese Gerade *Bilanzgerade*.

> *Die Bilanzgerade ist der geometrische Ort aller Güterbündel, die bei gegebenen Preisen im Rahmen des gegebenen Einkommens gekauft werden können.*

Der Punkt (die Güterkombination oder das Güterbündel), den „homo oeconomicus" als nutzenmaxierendes Individuum realisieren wird, ist der, an dem diese Bilanzgerade die Indifferenzkurve mit dem höchst möglichen Nutzenindex gerade noch berührt, an dem sie somit Tangente an diese Indifferenzkurve ist. In Abb. 16 ist das der Punkt *A*. Er kennzeichnet das *Haushaltsgleichgewicht* von „homo oeconomicus". Wir stoßen hier wieder auf den Begriff des Gleichgewichts, der in der Orthodoxie eine zentrale Rolle spielt. Sie ist eine Gleichgewichts-Ökonomik, die die verschiedenen Situationen immer in Bezug auf ein Gleichgewicht beschreibt – als Gleichgewichtssituation selbst oder als Abweichung davon. Das entspricht der Methode der klassischen Mechanik.

> *Unter Gleichgewicht wird ganz grundsätzlich eine Situation ohne immanente Änderungstendenz verstanden. Bezogen auf die Handelnden ist es eine Situation, in der keiner von ihnen durch verändertes eigenes Handeln ein höheres Nutzenniveau erreichen kann. Im hier vorliegenden Fall heißt dieses Gleichgewicht „Haushaltsgleichgewicht", weil „homo oeconomicus" als Käufer von Waren charakterisiert ist. Er stellt insofern einen Haushalt dar. Unter den gemachten Annahmen ist dieses Haushaltsgleichgewicht eindeutig bestimmt. Die Realisierung dieses Punktes bedeutet, dass „homo oeconomicus" rational handelt.*

Der Punkt *A* bzw. die Güterkombination x_1*, x_2* stellt die Güterkombination dar, die „homo oeconomicus" mit seinen Mitteln (Einkommen) unter den gegebenen Bedingungen (Preise p_1 und p_2) und mit der Zielsetzung der Nutzenmaximierung realisieren wird.

Die formalen Bedingungen für dieses Maximum können wir uns schnell herleiten, wenn wir bedenken, dass in Punkt *A* die Steigung der Bilanzgeraden der Steigung der Indifferenzkurve *II* gleicht. Die Steigung der Bilanzgeraden ist in Gleichung (2) mit $-p_2/p_1$ angegeben, die der Indifferenzkurve (vgl. Teil I.2.5.) beträgt dx_1/dx_2, d. h. also:

$$(3) \qquad -\frac{p_2}{p_1} = \frac{dx_1}{dx_2} \text{ oder } \frac{p_2}{p_1} = \left|\frac{dx_1}{dx_2}\right|$$

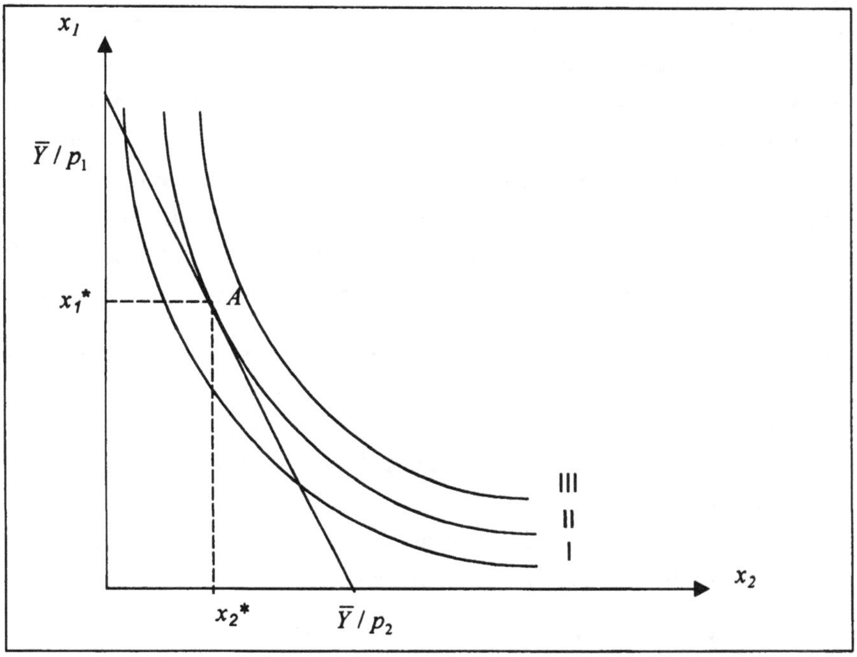

Abb. 16: Darstellung des Haushaltsgleichgewichts

> *Im Haushaltsgleichgewicht entspricht somit die Grenzrate der Substitution dem umgekehrten Preisverhältnis.*

Da auf jedem Punkt einer Indifferenzkurve gilt, dass die Grenzrate der Substitution im umgekehrten Verhältnis zum Verhältnis der Grenznutzen steht, folgt daraus:

$$\left|\frac{dx_1}{dx_2}\right| = \frac{p_2}{p_1} = \frac{\partial U}{\partial x_2} \div \frac{\partial U}{\partial x_1} \tag{4}$$

Im Haushaltsgleichgewicht entspricht die Grenzrate der Substitution dem umgekehrten Preisverhältnis bzw. dem umgekehrten Verhältnis der Grenznutzen.

Der rationale „homo oeconomicus“ vergleicht in diesem Kalkül nie Gesamtkosten mit Gesamtnutzen, sondern immer Zuwächse bzw. Verluste. Er denkt in „Grenzgrößen“, er ist „Marginalist“. Dieses Kalkül ist mit Hilfe der Differenzial- und Integralrechnung, der Infinitesimalrechnung, mathematisch formulierbar, weshalb diese Mathematik in diesem Bereich ökonomischer Orthodoxie zum Handwerkszeug von WirtschaftswissenschaftlerInnen gehört.

„Homo oeconomicus" findet dieses Haushaltsgleichgewicht, sein Nutzenmaximum, unter den angegebenen Regeln immer eindeutig. Er handelt immer rational. Und er findet diesen Punkt allein, ohne Bezug zu anderen Menschen, als nicht sozial eingebettetes Individuum. Seine exogen gegebenen Präferenzen sind unabhängig von denen seiner Mitmenschen. Er ist allein mit seiner Güterwelt. Er handelt „instrumentell", d. h. sein Handeln bezieht sich darauf, Güterkombinationen als Instrumente seiner Nutzenmaximierung auszuwählen. Dabei verfügt er über alle notwendigen Informationen: Er kennt seine Präferenzen, die Güter, deren Preise sowie deren Wirkung auf seine Bedürfnisse.

Bei der Bestimmung dieses einzigen für „homo oeconomicus" auszuwählenden Güterbündels ist etwas Eigenartiges geschehen: Wir gingen aus von einem Individuum, das eigennützig, erfolgsorientiert und seinen Nutzen maximierend handelt und dabei als vollständig frei, als vollständig autonom erschien. Jetzt müssen wir feststellen, dass es überhaupt nicht autonom ist, sondern in seinem Handeln vollständig festgelegt. Der Wirtschaftswissenschaftler Gerhard Scherhorn drückt das folgendermaßen aus:

> „Die ‚Wirtschaftssubjekte' dieser Theorie haben ihre Möglichkeit zu freier, selbstbestimmter Entscheidung schon bei der Festsetzung ihrer Nutzenfunktion verbraucht. Das hängt damit zusammen, daß ihr Verhalten nur in einem rationalistischen Sinne als selbstbestimmt konzipiert ist. Aus dem lebendig pulsierenden Strom ihrer Bedürfnisse und Vorstellungen destillieren sie eine konsistente Rangfolge von Zielen. Von dieser Zielhierarchie gelangen sie, weil ihr Handeln strikt am Prinzip der Nutzenmaximierung orientiert ist, mit logischer Notwendigkeit zu einem eindeutig bestimmten Resultat: zu ihrem individuellen Nutzenmaximum. Auf dieses sind sie festgelegt, so lange sie die Entscheidung über die Zielhierarchie nicht revidieren ... Die Vernunft kommt durch ein allein von ihnen selbstbestimmtes Vorgehen zu einem Ergebnis, auf das sie das Individuum zwanghaft festlegt" (Scherhorn 1991: 158).

3.1.3 Der methodologische Individualismus

Wir haben jetzt einen ersten Einblick in die ökonomische Analyse auf Basis des Menschenbildes des „homo oeconomicus" erhalten. Trotz der Kürze wurde schon deutlich, dass und wie die Grundannahmen über die Verhaltensweisen des ökonomischen Menschen sowohl seine mathematische Modellierung als auch die Erklärung ökonomischer Verhältnisse (wie z. B. die Auswahl von Güterbündeln) ermöglichen. Wir werden später sehen (vgl. Teil II), wie die orthodoxe Ökonomik von hier aus Nachfrage, Angebot und Marktmechanismen erklärt.

Methodisch entscheidend für diese Formalisierung und genaue Berechenbarkeit des „homo oeconomicus" ist dabei die Annahme seiner vollständigen sozialen Isoliertheit. Dadurch verändert sich „homo oeconomicus" nicht, wird nicht von Anderen beeinflusst, wird nicht in soziale Beziehungen verwickelt, wird nicht „unzuverlässig" in seiner Rationalität. Seine Präferenzstruktur ist gegeben und unveränderlich. Nur aufgrund dieser angenommenen sozialen Isoliertheit ist es möglich, von seinem Modell ausgehend alle ökonomischen Prozesse zu erklären. Nur aufgrund des damit verbundenen Gesellschaftsbildes, das Gesellschaft als Summe vieler solcher ökonomischen Menschen, vieler „homines oeconomici", begreift, ist es möglich, nahtlos vom Individuum auf die Gesellschaft zu schließen. Alles lässt sich so aus der individualistischen Grundfigur „homo oeconomicus" erklären.

Wir sprechen daher von der Methode dieses Ansatzes als dem *methodologischen Individualismus.* Alles die ökonomische Theorie Interessierende, alle ökonomischen Variablen werden aus dem individuellen Verhalten der Wirtschaftssubjekte erklärt, die sich gemäß den gemachten Annahmen verhalten.

3.1.4 Gesamteinschätzung

Für eine erste Beurteilung können wir somit festhalten: „Homo oeconomicus" ist deshalb so stringent formalisierbar und prognostizierbar, weil er nicht sozial eingebunden ist, deshalb nicht moralisch handeln kann, keine Werte und Gefühle hat und die Welt als Güterwelt betrachtet, mit deren Hilfe er seine Nutzen maximiert.

Nach wie vor arbeitet die orthodoxe Theorie mit diesem Menschenbild. Sie kommt jedoch immer wieder in Legitimationszwänge, wenn es immer noch und immer wieder um einen spezifischen Kritikpunkt geht – den schon oben angesprochenen „*Egoismusvorwurf*". KritikerInnen weisen immer wieder darauf hin, dass „homo oeconomicus" ein egoistischer Mensch ist, der eben nur gemäß seinen Vorteilen handelt.

Dem halten Vertreter dieser Konzeption entgegen, dass dem nicht so sei, dass in den Bedürfnissen des „homo oeconomicus" sehr wohl auch „altruistische Bedürfnisse" enthalten sein könnten. So schreib z. B. Eberhard Feess in seinem 1997 erschienenen Buch „Mikroökonomie":

> „... ist es keineswegs richtig, daß das Konzept der Nutzenmaximierung egoistische Menschen im alltagssprachlichen Sinne unterstellt. Es wird lediglich angenommen, daß die Menschen auf der Grundlage *gegebener* Wünsche diese bestmöglich befriedigen wollen. Zu diesen Wünschen kann ohne weiteres der Friede im ehemaligen Jugoslawien oder die Gleichverteilung der Einkommen gehören, was man kaum als egoistisch bezeichnen würde" (Feess 1997:36).

Damit wird schon ein Ausweg aus dem Egoismusvorwurf deutlich: Die Annahme, Menschen seien von vornherein moralisch gute Menschen, deren Bedürfnisse nicht nur nicht in Konflikt mit dem Gemeinwohl kämen, sondern die dieses selbst zu ihrem individuellen Bedürfnis machten. Wo aber kommen solche Menschen her? Die orthodoxe Ökonomik ist der Meinung, diese Frage gehe sie nichts an, liege jenseits der Ökonomie. Für die ökonomische Analyse seien die Präferenzen gegeben, ökonomische Analyse beginne erst auf dieser Grundlage.

Heterodoxe Ansätze dagegen nehmen die von Jeremy Bentham und John Stuart Mill angedachten Wege wieder auf, die Wege, über staatliche Lenkung (Rahmenbedingungen, Constraints) nachzudenken (der Weg von Bentham) oder einen sozialen Prozess der Bedürfnisbildung, Bedürfnisbeeinflussung und Bedürfniskritik zu berücksichtigen (der Weg von Mill, der sich bei ihm allerdings ausschließlich auf Bildung und Erziehung konzentriert).

Auch die orthodoxe Ökonomik verlässt sich nicht vollständig auf den von vornherein moralisch guten „homo oeconomicus", sondern versucht heute, Moral über das Setzen staatlicher Rahmenbedingungen zu integrieren. Der „homo oeconomicus" kann damit so bleiben, wie er ist, es ist Aufgabe des Staates, die Anreize so zu setzen, dass er im gesellschaftlichen Sinne moralisch handelt. Er selbst bleibt, da er nach wie vor nicht-sozial ist, unfähig zu eigener moralischer Entscheidung (vgl. z. B. Homann/Suchanek 2000).

3.2 Neoklassische Erweiterungen

Auch innerhalb der orthodoxen Ökonomik selbst ist der „homo oeconomicus" verschiedentlich in die Kritik geraten, und es wird an ihm weitergearbeitet. Immanent wird dabei vor allem die Kritik an den Informationsannahmen ernst genommen, die Kritik an der Annahme also, „homo oeconomicus" habe vollständige Informationen über seine Bedürfnisstruktur, die Mittel zu seiner Bedürfnisbefriedigung sowie deren Wirkung auf seine Bedürfnisse. Zwei Konzepte, die diesem Problem mit veränderten Verhaltensannahmen des „homo oeconomicus" begegnen, sollen hier vorgestellt werden: das der Spieltheorie und das der Neuen Institutionenökonomik.

Ein anderes Modell geht auf Robert E. Lucas (1981) zurück. Es setzt an die Stelle des rationalen Wissens das Konzept der „rationalen Erwartungen". D. h., „homo oeconomicus" handelt derart, dass er versucht, sein Nutzenmaximum in einem schrittweisen Prozess zu realisieren. Er handelt zunächst aufgrund seiner als unvollständig angenommenen Informationen und erreicht so einen Zustand (z. B. ein Güterbündel), der sich als sub-optimal, nicht rational erweist. Mit Hilfe neuer Informationen setzt „homo oeconomicus" dann seine Handlung gemäß seinem angenommenen Verhaltensmuster fort und nähert sich so schrittweise doch der rationalen Lösung. Er lernt seine Irrtümer aufgrund unvollständiger Informationen zu korrigieren und gelangt schließlich doch zu seinem Nutzenmaximum. Die Grundstruktur des Modells bleibt bei einem solchen iterativen Prozess jedoch erhalten. „Homo oeconomicus“ bleibt mit sich allein, verhält sich gegenüber der Güterwelt mit dem Ziel der Nutzenmaximierung und handelt so rational wie möglich. Mikroökonomische Theorie bleibt auf dieser Grundlage die „Theorie rationaler Wahlhandlungen“. Diese veränderte Vorstellung vom „homo oeconomicus“ geht vor allem als Mikrofundierung in Konzepte einer „Neuen Makroökonomik“ ein. Sie wird hier daher nicht weiter diskutiert.

3.2.1 Grundzüge der Spieltheorie

(a) Die Spieltheorie behält zwar die Verhaltensannahme des „homo oeconomicus“ (individuelle Nutzenmaximierung) bei, stellt ihn aber derart in einen sozialen Zusammenhang, dass er, sei es am Markt oder in anderen ökonomischen Zusammenhängen, auf einen zweiten „homo oeconomicus“ stößt, auf einen sogenannten „Gegenspieler“. Ökonomische Situationen werden hier abgebildet wie strategische Spiele, in denen die Spieler bei ihrem Spielzug die jeweilige Reaktion des Gegenspielers mitbedenken müssen. Daher wird diese Theorie *Spieltheorie* genannt. Sie modelliert eine erste Form sozialer Interdependenz, sozialen Handelns, denn der Handlungserfolg des Handelns von „homo oeconomicus 1“ hängt jetzt ab von den Handlungen von „homo oeconomicus 2“. Hier kommt Unsicherheit herein. Denn gegenseitig wissen sie voneinander nur, dass sie individuelle Nutzenmaximierer sind. Es gibt keinen anderen Informationsaustausch zwischen ihnen. Begründet wurde diese Theorie von Johann von Neumann und Oskar Morgenstern 1944. Ihr erstes Anwendungsgebiet war die Analyse von Märkten, an denen sich wenige gleichstarke Konkurrenten gegenüberstehen, von Oligopolmärkten also. Im Beispiel mit zwei Konkurrenten sprechen wir vom „Duopol“. Heute gibt es Wirtschaftswissenschaftler, die jede ökonomische Handlungssituation als Spiel behandeln, die diesen Ansatz also auf den ganzen Bereich der Ökonomie ausdehnen.

„Homo oeconomicus“ als Spieler oder „*homo oeconomicus neumannensis*“, wie Neisser (1965: 466) ihn nannte, steht jetzt vor dem Problem, seinen individuellen Nutzen eventuell im Interessengegensatz zu seinem Gegenspieler maximieren zu müssen. Er muss sich folglich eine *Strategie* überlegen, mit der er vorgeht, er muss einen Handlungsplan entwerfen, der verschiedene Reaktionen des Gegners einbezieht. Sein Handeln erweitert sich somit vom instrumentellen zum *strategischen Handeln*, seine individuelle Rationalität der Nutzenmaximierung findet Ausdruck in einer *strategischen Rationalität.*

(b) Der Grundansatz der Spieltheorie wird in der Regel vereinfacht und anschaulich so dargestellt, dass zwei Spieler sich in einer bestimmten ökonomischen Situation derart gegenüberstehen, dass ihre Handlungsergebnisse jeweils voneinander abhängen. Beide haben in dieser Situation das Ziel, ihren individuellen Nutzen zu maximieren. Sie haben je zwei Strategien zur Verfügung, die sie subjektiv mit erwarteten Auszahlungen bewerten. Diese Auszahlungen werden in einer *Auszahlungsmatrix* dargestellt. Der Weg von einer angenommenen Ausgangssituation hin zu einem Endzustand wird in einem *Abweichungsdiagramm* dargestellt.

Gegeben sei z. B. folgende duopolistische Situation: Für zwei Waren 1 und 2 gibt es zwei Produzenten, A und B. Sie haben die Möglichkeit, jeweils beide Produkte herzustellen oder sich auf die Herstellung eines von ihnen zu spezialisieren. Dabei drückt sich der Spezialisierungseffekt in einer höheren Auszahlung für beide Spieler aus, wobei der Gewinn für denjenigen höher ist, der sich spezialisiert. Beide Spieler bewerten ihre möglichen Strategien mit folgenden Auszahlungen: 4,3,2,1, wobei 4 die beste und 1 die schlechteste Auszahlung ist. Diese Annahmen ergeben folgende Auszahlungsmatrix (wobei die Auszahlungsmatrix für A vor dem Komma, die für B hinter dem Komma angegeben wird):

		B	
		Spezialisierung auf Ware 1	keine Spezialisierung
A	Spezialisierung auf Ware 2	4,4 (I)	3,2 (II)
	keine Spezialisierung	2,3 (III)	1,1 (IV)

Abb. 17: Auszahlungsmatrix

Nehmen wir an, in der ersten Runde wählt jeder Spieler die Strategie „keine Spezialisierung". Dann erhalten beide Spieler die Auszahlung in Feld IV. Beide Produzenten stellen beide Waren her und haben sich nicht spezialisiert. Sie erhalten beide eine Auszahlung von 1. Nehmen wir weiter an, dass A sich in der zweiten Runde für eine andere Strategie entscheidet, für die Spezialisierung auf Ware 2. Spieler B entscheidet sich aber auch in der zweiten Runde dafür, „keine Spezialisierung" zu wählen. Gemäß der individuellen Rationalität, die ihm die Maximierung seines individuellen Nutzens vorschreibt, wird A diese Spezialisierung vornehmen. Er hat sich von 1 auf 3 verbessert, sein Konkurrent von 1 auf 2. In der dritten Runde überdenkt auch B seine Strategiewahl. Seine Handlungsmöglichkeit besteht darin, zwischen „keiner Spezialisierung" und „Spezialisierung auf Ware 1" zu wählen. Da auch er individuell rational handelt, wird er die Spezialisierungsstrategie verfolgen. Seine Auszahlung steigt von 2 auf 4. Auch die von Spieler A steigt, von 3 auf 4. Nun folgt die vierte Runde. Spieler A hat hier keinen Grund, seine Strategie zu ändern, d. h. er wird wieder die Strategie „Spezialisierung auf Ware 2“ wählen. Dasselbe gilt für den Spieler B. Das Feld I kennzeichnet damit einen Endzustand, in dem keiner der beteiligten Spieler Veranlassung hat, sein Verhalten zu verändern.

Das ist ein einfaches Beispiel: Von vornherein ist offensichtlich, dass die Strategie „Spezialisieren“ für beide Spieler die beste ist. Es ist auch die Lösung, auf die beide aus jeder Situation hinstreben, wie folgendes Abweichungsdiagramm verdeutlicht:

A \ B	Spezialisierung auf Ware 1	keine Spezialisierung
Spezialisierung auf Ware 2	4,4 ← (I)	(II) 3,2 ↑
keine Spezialisierung	↑ 2,3 ← (III)	(IV) 1,1 ↑

Abb. 18: Abweichungsdiagramm

(c) Da ein rationaler Spieler, wenn der andere seine Strategie gewählt hat, seine Strategie immer derart verändert, dass seine Auszahlung steigt, ergibt jede Anfangssituation in diesem Spiel den Weg zur Strategie (4,4).

Mit dieser Lösung (4,4) lernen wir wieder ein Gleichgewicht kennen. Da die Bedingungen für dieses Gleichgewicht im Rahmen der Spieltheorie von dem Mathematiker und ökonomischen Nobelpreisträger von 1994, John Nash, formuliert wurden, bezeichnen wir es auch als *Nash-Gleichgewicht*. Es ist folgendermaßen definiert:

> *Ein Nash-Gleichgewicht ist ein Spielergebnis, bei dem keiner der rational handelnden Spieler einen Anreiz besitzt, bei gegebener Strategie des jeweils anderen Spielers seine Strategiewahl zu ändern.*

Dieses Gleichgewicht entspricht qualitativ der weiter oben gegebenen Definition. Es zeichnet sich gegenüber der nutzenmaximalen Lösung des vereinzelten „homo oeconomicus“ dadurch aus, dass es sowohl für jeden einzelnen Spieler das Nutzenmaximum bedeutet, also eine optimale Lösung darstellt, als auch für die „Gesellschaft“, die in diesem Spiel aus den beiden Produzenten A und B besteht. Individuelle Maxima und gesellschaftliches Optimum fallen also in diesem Beispiel zusammen. Das verdeutlicht: Das gewählte Beispiel ist eines, in dem es weder zu Konflikten zwischen den Spielern noch zu Konflikten zwischen individueller und gesellschaftlicher Wohlfahrt kommt. Es wird daher als *Konvergenzspiel* bezeichnet. Reiß (1990) nennt es auch *Marktspiel*, da es s.E. die Situation beschreibt, wie sie Adam Smith (1723-1790) skizziert, um die Entstehung der Spezialisierung über Tausch zu erklären.

(d) Die Spieltheorie kennt noch viele andere Situationen, viele andere Spiele. Das sicherlich bekannteste unter ihnen ist das sog. *Gefangenendilemma-Spiel:*

Der Name des „Gefangenendilemmas“ rührt von dem Beispiel her, über das dieses Spiel in die Spieltheorie eingeführt wurde. Es bezog sich auf zwei Männer, die zusammen eine Bank überfallen hatten und gefasst wurden. Es war ihnen jedoch nur unerlaubter Waffenbesitz nachzuweisen, wofür es eine kurze Gefängnisstrafe geben würde. Beide Männer wurden in Einzelhaft gesteckt, ohne Kontaktmöglichkeiten zueinander. Dann wurde ihnen jeweils das Angebot gemacht, als Kronzeuge gegen den anderen auszusagen. Sie würden unter diesen Bedingungen straffrei ausgehen, während der andere eine hohe Strafe erhalten würde. Da sie beide damit rechnen mussten, dass der andere, als ökonomisch-rationaler „homo oeconomicus“, sich als Kronzeuge zur Verfügung stellen würde, gestanden sie beide und erhielten dadurch eine höhere Haftstrafe als die, die sie erhalten hätten, wenn sie beide geschwiegen hätten. Ihr rationales Verhalten führt zu einem Ergebnis, das für beide sub-optimal ist.

Für die Mikroökonomik wird dieses Beispiel vor allem in zwei Bereichen angewendet: Im Bereich der schon genannten Oligopoltheorie/Duopoltheorie und im Bereich sogenannter *öffentlicher Güter*. Das sind Güter, deren Nutzung andere nicht von einer entsprechenden Nutzung ausschließt (Nicht-Ausschluss-Prinzip) und die nicht mit Nutzungsansprüchen anderer kollidiert (Nicht-Rivalitäts-Prinzip), was bei privaten Gütern der Fall ist. Öffentliche Güter sind z. B. Straßen, Schulen, öffentlicher Nahverkehr usw.. Für beide Fälle sei hier je ein Beispiel gegeben.

(e) Für den Fall des *Duopols* nehmen wir wieder an, dass die beiden Produzenten A und B je über zwei Strategien verfügen – spezialisieren und nicht-spezialisieren.

Diesmal gehen wir davon aus, dass beide Spieler in der ersten Runde die Strategie „Spezialisierung“ wählen. Nehmen wir aber nun an, dass A in der zweiten Runde seine Strategiewahl überdenkt. Da er Nutzenmaximierer ist, wird er die Alternative „keine Spezialisierung“ wählen, da dadurch seine Auszahlung von 3 auf 4 steigt. Dafür sinkt die Auszahlung von B auf 0. A heimst sozusagen alle Spezialisierungsgewinne von B ein, der in der zweiten Runde erneut

„Spezialisierung" gewählt hatte. In der dritten Runde überdenkt daher auch B seine Strategiewahl. Da auch er als Nutzen- bzw. Auszahlungsmaximierer unterstellt ist, wird auch er jetzt die Strategie „keine Spezialisierung" wählen, da sich dadurch seine Auszahlungen von 0 auf 1 erhöhen. Die von A sinken auf ebenfalls 1. In der vierten Runde wird Spieler A wiederum die Strategie „keine Spezialisierung" wählen, da er sich durch eine erneute Änderung seiner Strategie nicht mehr verbessern kann. Das Spiel endet in einem Gleichgewicht, in dem beide Spieler gegenüber der Ausgangssituation schlechter gestellt sind. Auch die „Gesellschaft" hat kein Optimum erreicht – das individuell-rationale Verhalten von A und B führt für alle zu einer sub-optimalen Lösung. Die entsprechende Abweichungsmatrix sieht folgendermaßen aus:

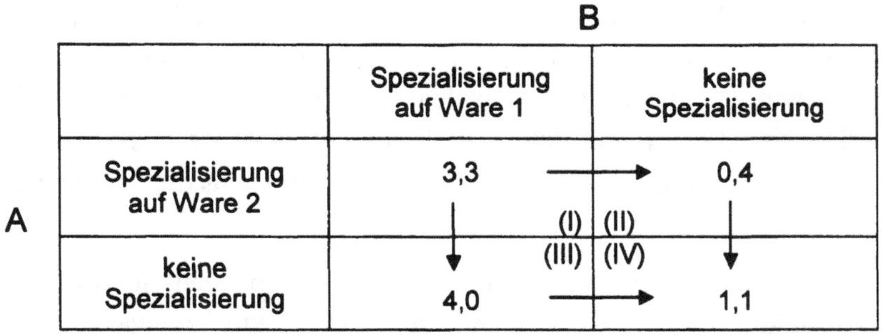

Abb. 19: Abweichungsmatrix beim Gefangenendilemma (Beispiel: Duopol)

(f) Für den Fall der *öffentlichen Güter* greifen wir auf ein Beispiel von Reiß zurück (Reiß 1990: 46ff.):

A und B sind jetzt Anwohner einer Straße. Zwischen ihnen geht es um die Frage, ob eine Straßenlaterne aufgestellt werden soll. Der Betrieb der Lampe kostet 6 Geldeinheiten. Den Nutzen der Lampe bewerten sowohl A als auch B mit 4 Einheiten. Betreiben beide die Lampe zusammen, so muss jeder von ihnen 3 Einheiten zahlen, hat aber einen Nutzen von 4-3=1. Beteiligt sich nur einer, hat er alle Kosten (also einen negativen Nutzen von 4-6=-2), während der andere ohne Kosten am Nutzen partizipiert. Er kann nicht davon ausgeschlossen werden, hat also einen Nutzen von 4. Beteiligt sich keiner, entstehen keine Kosten, aber es hat auch niemand den Nutzen einer beleuchteten Straße.

Unter dieser Annahme sieht die Abweichungsmatrix folgendermaßen aus (dabei nennen wir die beiden möglichen Strategien „kooperativ" und „nicht-kooperativ" und benutzen für letztere, wie es in der Spieltheorie üblich ist, den aus dem Englischen übernommenen Begriff „defekt"):

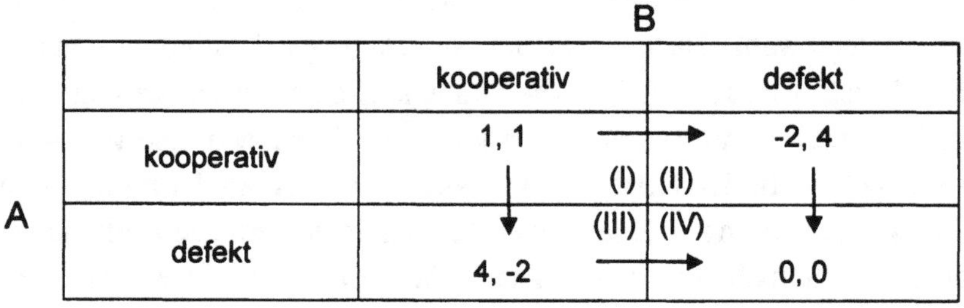

Abb. 20: Abweichungsmatrix beim Gefangenendilemma (Beispiel: öffentliches Gut)

Ist die Ausgangssituation z. B. wie in Feld I, und hat jeder der beiden Anwohner nur sein Nutzenmaximum im Sinn, wird A, der zu handeln beginnt, seine Beteiligung an der Finanzierung der Lampe einstellen, wird „defekt“ spielen, da er seinen Nutzen, seine Auszahlung, von 1 auf 4 erhöhen kann. Jetzt ist B am Zuge. Er wird ebenfalls „defekt“ spielen, da so zumindest kein Verlust für ihn entsteht, seine Auszahlung steigt von -2 auf 0. Nun ist ein Gleichgewicht erreicht, das aber auch hier für beide Spieler schlechter ist als die Ausgangssituation.

Wäre A, wie in der Ausgangssituation, kooperativ geblieben, so wäre das Ergebnis auch kein anderes. Denn dann hätte B die defekte Strategie gewählt, da so seine Auszahlungen von 1 auf 4 gestiegen wären. Wenn dann wieder A am Zuge wäre, hätte auch er defekt gespielt – das Ergebnis wäre wiederum 0,0. Die Abweichungsmatrix macht das deutlich.

(g) Das Ergebnis der Gefangenendilemma-Spiele offenbart Folgendes: Nicht kooperativ, sondern defekt spielen ist die der individuellen Rationalität entsprechende Strategie. Denn die Spieler müssen immer damit rechnen, dass aufgrund der Annahme der individuellen Nutzenmaximierung in jedem Schritt des Spieles der Gegenspieler eine kooperative Haltung ausnutzt, um seine Auszahlungen zu erhöhen. Nicht zu kooperieren, defekt zu spielen, ist damit ökonomisch vernünftig. Außerdem wird durch diese Beispiele klar, dass, im Gegensatz zum Konvergenzspiel, individuelle Rationalität der „homines oeconomici“ nicht automatisch zu beider Optimum führt. (Was daraus für die Gesellschaft folgt, werden wir in Teil III untersuchen.)

(h) Was hat die Verdoppellung des „homo oeconomicus“ im Rahmen der Spieltheorie an Neuerung gebracht, was hat sie verändert?

Über die Spieltheorie entwickelt sich „homo oeconomicus“ zum strategisch handelnden Menschen, zum „homo oeconomicus neumannensis“. In dieser Form wird er erstmalig sozial. Das ist eine Neuerung. Sozial ist hierbei nicht normativ, sondern positiv zu verstehen. Dies Konzept „sozialen Handelns“ geht auf Max Weber zurück, der es folgendermaßen definiert:

> *„Soziales Handeln aber soll ein solches Handeln heißen, welches seinem von dem oder den Handelnden gemeinten Sinn nach auf das Verhalten* anderer *bezogen wird und daran in seinem Ablauf orientiert ist" (Weber 1964 [1922]: 3).*

Eine andere Veränderung bezieht sich auf den Begriff der *Rationalität.* Die Handlungsanweisung lautet nicht mehr: Suche den nutzenmaximalen Punkt, sondern: Suche die Gleichgewichtsstrategie im Sinne von Nash. Der Begriff der Rationalität bezieht sich jetzt also auf die ganze Strategie. Ansonsten bleiben die methodischen und philosophischen Grundlagen erhalten: Die Menschen sind Nutzenmaximierer, folgen also einem hedonistischen Lebensprinzip gemäß der Nützlichkeitsphilosophie, und ihre Gesellschaftlichkeit besteht in dem Einbeziehen anderer in ihre eigene Strategie. Strategisches Handeln ergänzt instrumentelles Handeln – die geschlechtsspezifische Prägung auch des „homo oeconomicus neumannensis" als männlich bleibt. Zwar gibt es jetzt eine „Beziehung", in der der „homo oeconomicus neumannensis" handelt. Aber diese ist nur Mittel zum Zweck, der „Gegenspieler" hat keinen eigenen Stellenwert. Weder sprechen die Menschen miteinander, noch sind ihnen ihre gegenseitigen Gefühle wichtig. Und auch methodisch bleibt dieser Ansatz im Rahmen der orthodoxen Theorie. Gemäß dem methodologischen Individualismus werden alle ökonomischen Fragen ausgehend vom Individuum entwickelt. Aufgrund der strategischen Abhängigkeit der Handlungen ist die Mikroökonomik in der Spieltheorie jedoch nicht mehr eine „Theorie rationaler Wahlhandlungen", sondern eine „Theorie strategischer Entscheidungen". (Diese Spieltheorie geht heute vor allem der Frage nach, wie die Spieler, im Sinne der Maximierung ihrer eigenen und der gesellschaftlichen Wohlfahrt, zu kooperativem Verhalten veranlasst werden können. Dafür wird angenommen, dass sie wiederholt aufeinander treffen. Dann kann gezeigt werden, dass sich sog. „Vertrauensnormen" entwickeln, auf deren Basis erste Ansätze kooperativen Verhaltens möglich werden. Weiterhin wird nach gesellschaftlichen Anreizen für kooperatives Verhalten gesucht.)

3.2.2 Die Grundidee der Neuen Institutionenökonomik

Das Beispiel des Gefangenendilemmas deutet auf ein Problem hin, dessen sich eine andere moderne Schule im Rahmen der Orthodoxie annimmt und zu dessen Lösung sie das Konzept des „homo oeconomicus" erweitert: Das Problem ist das des Findens und Erklärens von dauerhaften Handlungsregeln, die trotz individueller Informationsdefizite und sozialer Kooperationsdefizite die Realisierung individueller Nutzenmaxima und gesellschaftlicher Wohlfahrtsoptima möglich macht. Es geht um Handlungsregeln, die sozusagen die Blockaden überwinden helfen, die ökonomisch-rational handelnde Individuen daran hindern, den eigenen und gesellschaftlichen Vorteil durch Koordination mit anderen zu vermehren. Diese Regeln werden „Institutionen“ genannt. Und die spezifische Schule nennt sich *„Neue Institutionenökonomik“*.

Die Grundidee dieser Konzeption ist die folgende: „Homo oeconomicus“ hat unvollständige Informationen. Er maximiert daher nicht seinen Nutzen, sondern sucht nach einer befriedigenden Lösung. Dieses Konzept eines *"befriedigenden" (satisficing) Handelns"* geht auf Herbert A. Simon (1957 und 1976) zurück. In seiner Vorstellung handeln die Menschen, bis sie eine für sie befriedigende Situation erreicht haben, die nur zufällig mit ihrem Nutzenmaximum identisch ist. Erhalten sie dann neue Informationen, und sind sie daraufhin mit der gefundenen Lösung nicht mehr zufrieden, so handeln sie erneut. Statt einer auf den Maximal-Punkt orientierten Rationalität folgen sie einer „prozeduralen Rationalität“. Wirtschaftswissenschaftliche Analyse, so Simon, sollte diese Prozesse untersuchen und sich nicht bei der Bestimmung abstrakter Maxima aufhalten. „Homo oeconomicus“ verändert sich aber noch weiter: Er ist in der NIÖ nicht mehr allein mit sich und seiner Güterwelt, sondern sieht sich einer Vielzahl von potenziellen Tauschpartnern gegenüber, vielen anderen „homines oeconomici“. Diesen begegnet er „mit List“, d. h. er vermittelt ihnen nicht wahre Informationen, sondern betrügt sie, um sein Ziel zu erreichen. Er wird zum Opportunisten, zum „Homo oeconomicus mit List.“ Um herauszufinden, mit wem er sich am besten koordiniert, mit wem er z. B. einen Tauschvertrag eingeht, braucht er Zeit, Geld, Informationen. Es entstehen ihm also Kosten, sogenannte *Transaktionskosten*. Das sind Kosten der Suche, Aushandlung und Kontrolle von Vertragsbeziehungen. Sind diese Kosten zu hoch, wird „homo oeconomicus“ gar keine Verträge abschließen, was bedeutet, dass möglicherweise lohnende, d. h. seinen Nutzen (und den der Gesellschaft) steigernde, Vertragsbeziehungen nicht zustande kommen.

Um dies zu verhindern, sind gesellschaftliche Regeln (Gesetze, Sitten, Moralvorstellungen) nötig, auf deren Basis sich Erwartungen über das Handeln anderer und eigene Handlungsorientierungen stabilisieren können. Diese Regeln senken die ohne sie anfallenden Transaktionskosten. Deshalb wird „homo oeconomicus“ diese Regeln dem ungeregelten Zustand vorziehen. Er bleibt in seinen Handlungen ökonomisch-rational, gerade indem er solche Regeln wählt. Er wird zum „homo oeconomicus institutionalis“.

Ansonsten bleibt in diesem Ansatz im Vergleich zum orthodoxen Konzept alles gleich: die philosophische Grundlage des Utilitarismus, der methodische Ansatz des methodologischen Individualismus. Nur wird das orthodoxe Modell rationaler Wahlhandlungen jetzt von der Ebene der Wahl nutzenmaximierender Güterbündel auf die Ebene der Wahl transaktionskostenminimierender

Handlungsregeln (Institutionen) übertragen. Auf diese Art kommen daher Kooperationssituationen in den Blick. Die geforderten Regeln/Institutionen sind in diesem Sinne rational.

Das ist der Grundansatz. Er wird brüchig, wenn, was dieser „Neuen Institutionenökonomik" wichtig ist, es um die Erklärung wirtschaftsgeschichtlicher Prozesse geht. Zwar wird versucht, die Wirtschaftsgeschichte als Handlungsergebnis „rationaler Individuen" zu interpretieren. Aber es wird auch hier konstatiert, dass Geschichte pfadabhängig ist, dass jeder neue Gestaltungsprozess historisch geprägte und daher unumkehrbare Ausgangspunkte hat. Institutionen sind dann nicht beliebig frei, ausschließlich nach ökonomischen Rationalitätskriterien wählbar, eben weil sie Geschichte haben. Wird dieser Gedankengang konsequent weitergedacht, zerrüttet er das methodologische Fundament der Orthodoxie (vgl. vertiefend zur NIÖ Teil II, Kap. 2 und 3).

3.2.3 Zusammenfassung

Wir können nun die drei diskutierten Menschenbilder in einer kleinen Graphik nebeneinander stellen und vergleichen (Abb. 21):

- den „homo oeconomicus" der orthodoxen Neoklassik,
- den „homo oeconomicus neumannensis" der Spieltheorie,
- den „homo oeconomicus institutionalis" der neuen Institutionenökonomik.

„The individual can disappear, provided he leaves us this photograph of his tastes" (Pareto 1971: 120). Im Kern kennzeichnet das die Auffassung vom Menschen in der Orthodoxie bis heute. Diese Fotografie, eine Art „Röntgenbild", reduziert das Individuum auf sein Indifferenzkurven-Schema, abstrahiert von allem anderen. Wie bei einem Röntgenbild besteht nun folgendes Problem: Diagnostiziert der Arzt eine Krankheit ausschließlich auf Grundlage des Röntgenbildes, so gehen ihm Zusammenhänge z. B. mit Muskeln, Nerven, Energieströmen und Psyche verloren. Bei einem Rippenbruch mag das angehen – bei anderen Krankheiten nicht. Nur die Erfassung des Gesamtzusammenhanges macht eine der Krankheit gemäße Diagnose wie auch den Entwurf einer passenden Therapie möglich. Die Reduktion nur auf eines dieser Elemente führt in der Regel zu Fehlschlüssen. Ebenso verhält es sich mit „homo oeconomicus". Für einige wenige ökonomische Handlungssituationen mag dieses Menschenbild passen – die meisten Situationen jedoch sind nur als Zusammenspiel von Handlungsroutinen, individuellen Nutzenvorstellungen, sozialen Zusammenhängen usw. erklärlich. Die Abstraktion, die methodisch immer notwendig ist, muss daher so erfolgen, dass diese Zusammenhänge auch in der abstraktesten Grundfigur erhalten bleiben. Ein Röntgenbild stellt jedoch immer nur ein Knochengerüst dar – sei es in scharfer oder weniger

<table>
<tr><td>„homo oeconomicus“</td><td>
I = Individuum
mit der Handlungsregel:
$U = U(x_i) \rightarrow$ Max.
x_i = Güter</td></tr>
<tr><td>„homo oeconomicus neumannensis“</td><td>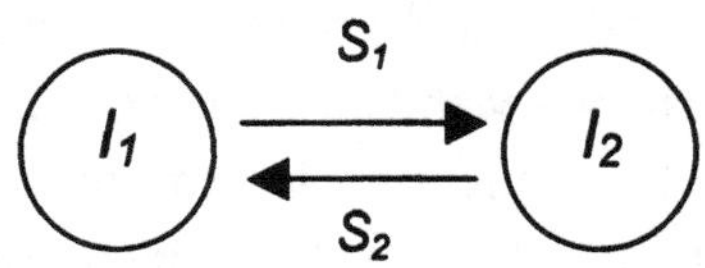
mit den Handlungsregeln:
$U_1 = U_1(S_1, S_2) \rightarrow$ Max.
$U_2 = U_2(S_1, S_2) \rightarrow$ Max.
S_2 , S_2 = Strategie des Spielers 1,2</td></tr>
<tr><td>„homo oeconomicus institutionalis“</td><td>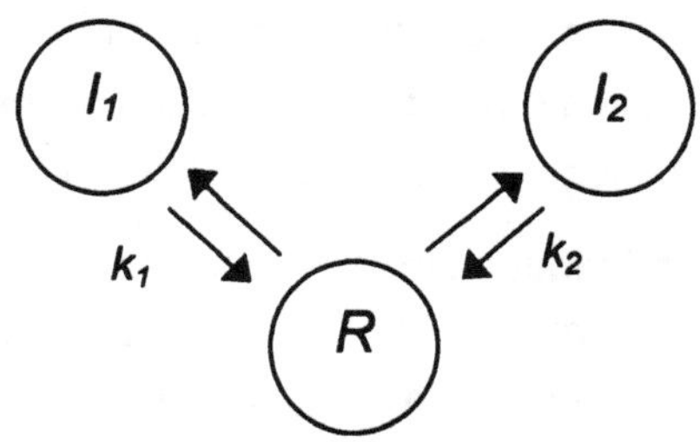
mit den Handlungsregeln:
$U_1 = U_1(x_i,k_i) \rightarrow$Befriedigend
$U_2 = U_2(x_i,k_i) \rightarrow$ Befriedigend
$k_i = k_i(R) \rightarrow$ Min.
k_i = Transaktionskosten
R = Regel, Institution</td></tr>
</table>

Abb. 21: Drei Menschenbilder der Orthodoxie

scharfer Einstellung. Nerven, Muskeln, Energie und Psyche werden über die Methode des Röntgens nie sichtbar. Dasselbe gilt für „homo oeconomicus“. Wir können die Indifferenzkurven-Schar noch so genau zeichnen – Gefühle, Moralvorstellungen, soziale Verantwortung werden so nie hereingeholt werden können.

*Es ist in der Orthodoxie üblich, die eben diskutierte und kritisierte Art der Abstraktion mit Hilfe der sogenannten „*ceteris paribus-Klausel*" (c.p.) zu begründen. „Sub ceteris paribus" ist Latein und bedeutet, wörtlich übersetzt, „unter anderen Gleichartigkeiten". Die Wirtschaftswissenschaft deutet das aus als „unter sonst gleich bleibenden Umständen". Diese Klausel besagt, dass alle Einflussfaktoren außer dem beobachteten Phänomen in den Datenkranz der Analyse verbannt und konstant gesetzt werden.*

Bezüglich des „homo oeconomicus" heißt das, dass die Nutzenfunktion selbst oder die Präferenzen nicht Gegenstand der ökonomischen Wissenschaft sind, sondern vorausgesetzt werden, und dass auch Moralvorstellungen, Gefühle, soziale Beziehungen usw. als konstant angenommen und in den Datenkranz verwiesen werden. Sie sind somit ohne Einfluss auf das zu beobachtende Phänomen. Die Veränderung der Wünsche des Individuums und deren Inhalt steht nicht zur (ökonomischen) Diskussion. Eine Folge dieser ceteris paribus-Methode ist der statische Charakter der Theorie.

Für bestimmte modelltheoretische Fragestellungen ist dieses methodische Vorgehen hilfreich. Schwierig wird es nur, wenn die so gefundenen Ergebnisse auf die die ganze Komplexität umfassende Realität übertragen werden. Hier droht das „Ricardianische Übel". Dies Problem sei an einem Beispiel aus der Biologie verdeutlicht:

Um einen Schmetterling zu untersuchen, fängt man ihn, tötet ihn, spießt ihn auf, verwandelt ihn in ein Präparat. Dieses wird dann genauestens analysiert. Man weiß dann viel über die Stoffe, aus denen der Schmetterling besteht, weiß z. B. auch viel über den Bau des Körpers. Aber man weiß nur wenig über das fliegende Insekt. Dazu müsste der Schmetterling leben. Ein fliegender Schmetterling ist aber etwas ganz anderes als ein toter Schmetterling. Er macht Bewegungen, hält sich durch diese Bewegungen in der Luft, nimmt Kontakt auf zu anderen Schmetterlingen und Pflanzen und trägt so bei zur Evolution des Öko-Systems, vermittelt den Zuschauenden ein ästhetisches Bild u.a.m. Durch die Verwandlung des Schmetterlings in ein Präparat hat man aus dem Schmetterling also etwas anderes als einen lebenden Schmetterling gemacht. Dessen Analyse ermöglicht eine Vielzahl von Erkenntnissen, aber nicht alle Erkenntnisse, die nötig sind, um das Leben des Schmetterlings zu erfassen.

Vor einem ähnlichen Problem stehen wir in der Mikroökonomik, wenn wir nach einem passenden Bild des ökonomisch handelnden Menschen suchen. In der Konstruktion dieses zwangsläufig abstrakten Menschenbildes gilt es zu beachten, dass in dieser Abstraktion nicht etwas Wesentliches verloren geht, dass der ökonomische Mensch ein Abbild des lebendigen Menschen bleibt. Dieser lebt im Rahmen von Normen und Werten, sie/er lebt in Gemeinschaften, sie/er verändert auch ihre/seine die ökonomischen Handlungen leitenden Vorstellungen im Rahmen solcher Gemeinschaften. „Homo oeconomicus" ist daher nicht nur ein Abstraktum, welches in schrittweiser Annäherung an die Realität herangeführt werden kann, sondern er ist entscheidend anders als der real ökonomisch handelnde Mensch. Die Aussagen, die aus der Analyse des „homo oeconomicus" auf diesen realen Menschen übertragen werden, passen dann nicht immer. Deshalb modellieren heterodoxe ökonomische Ansätze die ökonomischen Menschen „lebensnäher".

3.3 Erweiterung 1: „dual Self" und Bi-Utilitarismus

Es gilt also, andere Modelle des realen Menschen für die ökonomische Analyse zu entwerfen. In der Theoriegeschichte findet man, wie wir gesehen haben, immer wieder solche Ansätze (vgl. Teil I.2). Ein vielbeachteter zeitgenössischer Vorschlag stammt von Harry G. Frankfurt. In seinem Aufsatz „Freedom of the Will and the Concept of the Person" (1971) bezeichnet er die Menschen, die im Modell des „homo oeconomicus" gezeichnet werden, als „wantons", die nur nach physischer Bedürfnisbefriedigung streben und sich darin nicht von Tieren unterscheiden. Die orthodoxe ökonomische Theorie wäre demnach eine Theorie von „wantons". Nach Frankfurt haben dagegen die ökonomischen Menschen eine doppelte Präferenzstruktur. Dieser Grundgedanke geht ein in Konzepte wie das *dual self* bzw. den *Bi-Utilitarismus*.

3.3.1 Das Menschenbild des „dual self"

Dieses „dual self" ist Mittelpunkt der *Humanistic Economics,* wie sie von dem Ökonomen Mark A. Lutz und dem Psychologen Kenneth Lux entwickelt wurden (ihr Buch von 1988 trägt den Titel: „Humanistic Economics. The New Challenge"). Die *besondere Charakteristik* des „dual self" ist, dass es sowohl Bedürfnisse nach Behebung von Mängeln (lower needs oder deficiency needs) als auch Bedürfnisse nach Selbstverwirklichung (higher needs bzw. self-actualizing needs) hat. Lutz und Lux charakterisieren dieses „dual self" wie in Abb. 22 dargestellt (Lutz/ Lux 1988: 17): Eine Basis dieses doppelten Präferenzmodells ist die Bedürfnispyramide des Psychologen Maslow. Darin werden die Bedürfnisse nach drei Gruppen unterschieden: nach materiellen Bedürfnissen, sozialen Bedürfnissen und moralischen Bedürfnissen. Im Modell des „dual self" bezeichnen die ersten beiden die Gruppe der Bedürfnisse nach Behebung von Mängeln, die letzte Gruppe kennzeichnet die Bedürfnisse nach Selbstverwirklichung.

Some Basic Characteristics of Dual Self	
Higher self	Lower self
Growth needs	Deficiency needs
Self-actualization	Ego-aggrandizement
Truth seeking	Self-interest seeking
Reasonable	Rational (economic rationality)
Principled behavior	Instrumental behavior
Altruism and love	Selfishness
Objective	Subjective
Transpersonal	Personal (individual)

Abb. 22: Some Basic Characteristics of the Dual Self

Zur Begründung einer doppelten Präferenzstruktur können wir, müssen jedoch nicht auf die Maslowsche Bedürfnispyramide zurückgreifen. Diese ist insbesondere in der Soziologie in die Kritik gekommen, weil sie sehr statisch wirkt. Wichtig ist allein die Verdoppelung der Präferenzstruktur. Aufgrund dieses Doppelcharakters ist das duale Selbst in der Lage, seine Bedürfnisbefriedigung im Sinne der Behebung von Mängeln, d. h. sein ökonomisches Handeln zur Überwindung von Knappheit, in den Zusammenhang mit höheren Bedürfnissen zu stellen. Und aus dieser Doppelstruktur der Bedürfnisse folgt eine andere entscheidende Änderung gegenüber „homo oeconomicus": Die Mittel zur Bedürfnisbefriedigung sind nicht mehr durchgängig substituierbar. Damit gelten auch nicht mehr die Gossenschen Gesetze, damit werden die Indifferenzkurven hinfällig, damit entfällt der ganze Marginalismus mit der entsprechenden mathematischen Formalisierbarkeit.

Die übergeordneten Präferenzen werden als *Meta-Präferenzen* bezeichnet. Sie dienen zur Bewertung der gewöhnlichen Präferenzen. Das impliziert dreierlei: Erstens ist auf der Grundlage des „dualen Selbst" menschliches ökonomisches Handeln nicht mehr konfliktfrei, wie beim „homo oeconomicus", sondern konfliktreich, nicht mehr eindimensional wie in der einfachen Indifferenzkurvenstruktur, sondern vielschichtig. Das duale Selbst ist daher ein konfliktreiches Selbst. Es ist zweitens in der Lage zur Selbst-Reflexion, es ist ein reflexives Selbst. Es kann sozusagen zwischen den beiden Präferenzstrukturen hin und her wandern und nach Konfliktlösung zwischen seinen Interessen, seine „lower needs" zu befriedigen, und seinen moralischen Bedürfnissen suchen. (Dies ist ein weitreichenderes Konzept von Reflexivität, als es im Rahmen der neoklassischen Rationalitätsdefinition verwendet wird.) Und daraus folgt als dritte Charakteristik dieses Konzepts, dass die Maximierung des individuellen Nutzens auf der Ebene der einfachen Präferenzstruktur begrenzt wird durch die Meta-Präferenzen. Die ökonomische Person als „dual self" ist damit von vornherein nicht auf Maximierung der einfachen Präferenzen, sondern auf deren Maximierung in den Grenzen der Meta-Präferenzen aus.

Ein Beispiel: Der Kauf von TransFair-Kaffee. TransFair-Waren sind solche, für deren Rohstoff den ProduzentInnen, die vor allem in Ländern Südamerikas, Afrikas oder Südostasiens leben, solche Preise bezahlt werden, dass sie ein menschenwürdigeres Leben führen können (faire Preise). Das führt dazu, dass diese Waren etwas teurer sind als Waren gleichen Typs von Konkurrenz-Anbietern, deren Preise auf der Grundlage sehr niedriger Rohstoffpreise kalkuliert sind. Als „homo oeconomicus" würde aufgrund dieser Preisdifferenz niemand TransFair-Kaffee kaufen. Als „duales Selbst" werden jedoch diese Kaufentscheidungen mit Hilfe von Meta-Präferenzen überprüft. Wenn in diesen Meta-Präferenzen die Unterstützung der ProduzentInnen in den „Ländern des Südens" über faire Preise einen Wert hat, wird nach Abwägung vielleicht doch der teurere Kaffee gekauft. Die realen Verkaufszahlen von TransFair-Produkten, die in den letzten Jahren ständig ansteigen, sind ein konkreter Beweis dafür, dass in heutige Kaufentscheidungen solche Bewertungen mit eingehen.

Für die ökonomische Theorie ergibt sich daraus ein grundlegendes Problem – die Moral kommt in die Ökonomik herein, und auch damit bricht die Berechenbarkeit, die Vorhersagbarkeit, die „Zuverlässigkeit" des ökonomisch handelnden Individuums zusammen. Außerdem entsteht eine Verbindung zwischen der Marktökonomie und der Gesellschaft. Denn Meta-Präferenzen sind gesellschaftlich entstanden, sind „sozial konstruiert", drücken Werte, Kultur, Geschichte aus. Die Ökonomie ist damit nicht mehr autonom gegenüber gesellschaftlichen Verhältnissen und Prozessen.

3.3.2 Die philosophischen Grundlagen des „dual self"

Ist aber mit der Einführung von Meta-Präferenzen das Problem nicht einfach nur verlagert? Lässt sich die ceteris-paribus-Klausel nicht einfach auf diese Meta-Präferenzen ausdehnen, lässt sich damit nicht doch die Autonomie der Ökonomie aufrecht erhalten? Wir müssen uns also einen Augenblick ansehen, wo in den verschiedenen Theorien die Meta-Präferenzen herkommen. Zur Beantwortung dieser Frage ist es notwendig, sich auf die philosophischen Grundlagen dieser Konzepte einzulassen.

Bei Lutz/Lux schöpfen die Individuen die Meta-Präferenzen zunächst aus sich selbst. Als „duales Selbst" handeln sie gemäß dem *Kategorischen Imperativ von Immanuel Kant (1724-1804)*, demzufolge derart zu handeln ist,

> „... daß die subjektiven Grundsätze der Handlungen, d.i. Maximen jederzeit so genommen werden müssen, dass sie auch objektiv, d.i. allgemein als Grundsät-

ze gelten, mithin zu unserer eigenen allgemeinen Gesetzgebung dienen können" (Kant, Grundlegung der Metaphysik der Sitten (1785), 3. Abschn.).

Kant sieht den Menschen als doppeltes, als phaenomenon (physische Erscheinung) und als *noumenon* (Gedankending). Damit unterscheidet auch Kant die Person im anthropologischen wie im moralischen Sinn. Im letztgenannten Sinn ist der Mensch verantwortlich für sein Handeln.

Für das „dual self" ersetzt somit der Kategorische Imperativ die durch den Utilitarismus bestimmte Handlungsregel der individuellen Nutzenmaximierung. Wo kommen aber die im Kategorischen Imperativ enthaltenen Entscheidungsgrundlagen, wo kommen die Normen her, die bestimmen, was richtig und was falsch ist? Bei Kant blickt das Individuum in eine Art Spiegel, das höhere Selbst, und lässt sich von diesem leiten. Mit diesem Spiegel ist es allein, ähnlich sozial nicht-eingebunden wie ein „homo oeconomicus". Zwar kommt über die im Kategorischen Imperativ enthaltene Norm, die bestimmt, was richtig und was falsch ist, doch wieder die Gesellschaft herein, denn diese Norm ist gesellschaftlich geprägt. Aber der Prozess der Normenentstehung bleibt individuell. Insofern bleibt der Ansatz individualistisch.

Eine andere Interpretation des Kategorischen Imperativs lautet: Handle so, dass du die Menschen jederzeit zugleich als Zweck, niemals bloß als Mittel ansiehst. Während bei „homo oeconomicus", wenn er auf andere Menschen trifft, diese immer nur Mittel für seine Zwecke sind, wird somit in der Kantschen Philosophie der Mensch zum Zweck in sich selbst. Im Gegensatz zum „homo oeconomicus", der festgelegt ist auf seine Präferenzen und damit unfrei, ist das Kant'sche Individuum frei. Freiheit ist hier die Fähigkeit, von sich selbst heraus anzufangen – es ist also keine Ursache für Handlung nötig. Der reine Ursache-Wirkungs-Zusammenhang wird aufgelöst.

3.3.3 Das Rationalitätskonzept

Durch die Spaltung der Präferenzen in einfache Präferenzen und Meta-Präferenzen und durch die philosophische Basis des Kant'schen Kategorischen Imperativs ändert sich im Konzept des „dual self" auch das Verständnis von *Rationalität*. An die Stelle der ökonomischen Rationalität tritt die *praktische Vernunft*. Vernünftig ist jetzt nicht, was den individuellen Nutzen maximiert, sondern was den Normen entspricht, die in den Meta-Präferenzen zum Ausdruck kommen. Nur in diesem Rahmen ist individuelle Nutzenmaximierung möglich. Vernünftig ist damit nicht nur die Wahl einer spezifischen Mittelkombination für gegebene Ziele, sondern die Wahl der Ziele selbst.

Damit ist Vernunft nicht mehr nur Zweck-Mittel-Rationalität, sondern ist praktische Vernunft, „sofern sie ihren Ideen praktische Realität, d. i. Realität im sittlichen Handeln verschafft“ (Gadamer 1960: 214).

In unserem Beispiel des Kaufs bzw. Nicht-Kaufs von TransFair-Kaffee wirkt die Handlungsregel der praktischen Vernunft dahingehend, dass das „dual self“ bei der Kaufentscheidung nicht nur an sein Nutzenmaximum denkt, sondern reflektiert, inwiefern sein Handeln, der konkrete Kaufakt, mit den eigenen Moralvorstellungen zusammenpasst bzw. inwiefern dieser Kaufakt mithilft, diese Vorstellungen in der Realität umzusetzen. Je nach Gewicht der Vorstellung, die ProduzentInnen in den Ländern des Südens sollten faire Preise bekommen, wird dann die Kaufentscheidung für oder gegen TransFair-Kaffee ausfallen.

3.3.4 Methodologische Konsequenzen

Was bedeutet das Konzept des „dual self“ mit der Basis des Kantschen Kategorischen Imperativs *methodologisch?*

Es bedeutet erstens, dass der „methodologische Individualismus“ grundsätzlich erhalten bleibt, dass die Welt immer noch vom Individuum aus gesehen und rekonstruiert werden kann. Denn bei Kant ist die rationale Normenbegründung Sache des Verstandes des autonomen, selbst-reflexiven Individuums, nicht Sache der Verständigung mit anderen. Das Individuum bewegt sich in sich selbst, sieht in seinen eigenen Spiegel, Normen entstehen in der Reflexion der argumentierenden Vernunft auf sich selbst. Nur durch die Wirkung des Kategorischen Imperativs für jeden kann so gesellschaftlicher Zusammenhang entstehen. Im Kern jedoch bleibt das Modell individualistisch, bleibt eben dem methodologischen Individualismus weitgehend verhaftet (so auch Ulrich 1993: 277 ff.).

Zum Zweiten bedeutet das Konzept des „dual self“ jedoch, dass der so abgebildete ökonomische Mensch nicht mehr mathematisch berechenbar und prognostizierbar ist. Schon die Aufsplittung der Präferenzen in einfache Präferenzen und Meta-Präferenzen bringt diese für die ökonomische Theorie entscheidende methodologische Wende mit sich. Denn als „dual self“ ist die Handlungsentscheidung des ökonomischen Individuums nicht widerspruchsfrei. Und wie sich das „dual self“ in diesem Widerspruch entscheidet, ist nicht vorhersehbar. Es ist in diesen Entscheidungen nicht festgelegt, sondern frei.

Drittens schließlich ist festzuhalten, dass das Konzept bezüglich des Ersten Methodenstreits (induktiv vs. deduktiv) an der deduktiven Methode festhält, während es sich bezüglich des Zweiten Methodenstreits (positiv vs. normativ) aufgrund des Bezugs auf die Handlungsregel des Kategorischen Imperativs und durch das Einbeziehen der Meta-Präferenzen für die Position „positiv und normativ“ entscheidet.

3.3.5 Gesamteinschätzung

Im Vergleich zu „homo oeconomicus“ steht der ökonomische Mensch als „dual self“ somit vielfältiger da: Er ist jetzt in der Lage, nicht nur nutzenmaximierend, sondern auch moralisch zu handeln. Und in den Meta-Präferenzen sind auch Gefühle (z. B. Liebe) enthalten. Dennoch bleibt dieses „duale Selbst“ in eigenartiger Weise gesellschaftlich entbunden und somit nichtsozial.

Diese Abwesenheit von sozialen Beziehungen, verknüpft mit der Kantschen Philosophie, bedeutet auch, dass der ökonomische Mensch als „dual self“ im wesentlichen männlich ist. Um zu dieser Schlussfolgerung zu kommen, muss nicht unbedingt die Vorstellung von Kant, Frauen seien nicht mit Vernunft, sondern mit einem „schönen Verstand“ ausgezeichnet, übernommen werden:

> „Der schöne Verstand wählt zu seinen Gegenständen alles, was mit dem feinen Gefühl nahe verwandt ist, und überläßt abstracte Speculationen oder Kenntnisse, die nützlich, aber trocken sind, dem emsigen, gründlichen und tiefen Verstande“ (Kant, Beobachtungen über das Gefühl des Schönen und Erhabenen (1764)).

Es reicht, dass die menschliche Grundfigur der Ökonomie sozial allein bleibt und somit alle Fragen ökonomischen Handelns und ökonomischer Vernunft mit sich allein entscheidet. Das Ergebnis kann dann nur eine Frage des selbstreflexiven Verstandes sein. Ökonomisches Handeln, insbesondere von Frauen, lässt sich dagegen nicht ohne die sozialen Beziehungen, in die sie eingebettet sind, erklären.

Bildlich lässt sich das „dual self“ folgendermaßen darstellen:

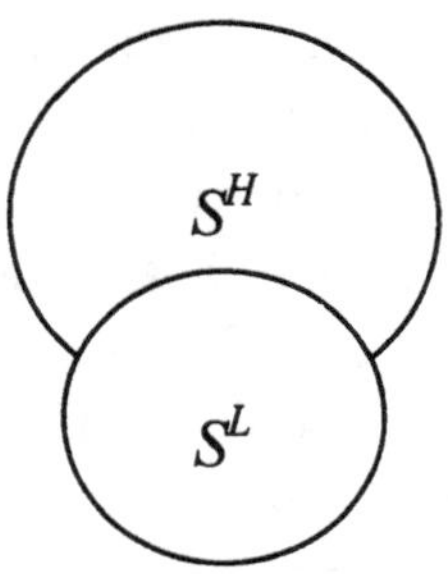

mit der Handlungsregel:

$S^H: U^H = U^H(W, N) \rightarrow$ Befolgung des kategorischen Imperativs

$S^L: U^L = U^L(x_i) \rightarrow$ Maximierung im Rahmen von U^H

x_i = *Güter*

wobei im Konfliktfall der Ausgang offen ist.

S^H = higher self W = Werte

S^L = lower self N = Normen

Abb. 23: Das „dual self“

3.4 Erweiterung 2: I&We-Paradigma und Kommunitarismus

Das Konzept der „Humanistic Economics“ ist bisher nicht zu einer eigenen „Schule“ geworden, hat nicht ein „neues Paradigma“ begründet. Der im folgenden vorgestellte Ansatz, die (US-amerikanische) *Sozio-Ökonomik*, erhebt dagegen den Anspruch, ein neues Paradigma zu formulieren. Dabei soll das neoklassische Paradigma nicht beiseite gelegt, sondern ergänzt werden um soziale, moralische und die Persönlichkeit betreffende Elemente. Begründet wurde die Sozio-Ökonomik 1988 durch Amitai Etzionis Buch „The Moral Dimension. Toward a New Economics“, das eine große Resonanz sowohl in den USA als auch in Europa hatte. 1989 institutionalisierte sich die sozio-ökonomische Schule in der SASE, der „Society for the Advancement of Socio-Economics“, die heute weltweit mehrere tausend Mitglieder hat und eine eigene Zeitschrift herausgibt, das „Journal of Socio-Economics“.

3.4.1 Das Menschenbild der Sozio-Ökonomik

„The I's need a We to be“ – dieser Satz kennzeichnet das der Sozio-Ökonomik zugrunde liegende Menschenbild. Er bildet den Kern des *I&We-Paradigmas*. Wie beim „dual self“, so ist auch das Individuum in der Sozio-Ökonomik zunächst durch eine doppelte Präferenzstruktur bestimmt. Etzioni nennt es *„multiple self“* (den „homo oeconomicus“ dagegen nennt er „unitary self“). In Erweiterung gegenüber der „Humanistic Economics“ ist dieses Selbst aber nicht allein, sondern Teil einer Gruppe, eingebettet in ein „We“, das es in soziale Beziehungen einbindet und seine Persönlichkeitsstruktur prägt. Handlungseinheit ist somit nicht mehr das isolierte Selbst allein, sondern das Selbst als Teil einer Gruppe. Verschiedentlich spricht Etzioni auch davon, dass nicht das Individuum, sondern die Gruppe handelt. Das „multiple self“ ist somit nicht mehr so autonom wie bei Kant, aber es ist auch nicht so ausschließlich determiniert wie als „homo oeconomicus“. Es sucht ständig nach seinem eigenen Weg, der aber nie frei ist von gesellschaftlicher Prägung und moralischer Verpflichtung. Es ist ständig im Konflikt, weil es sich bei jeder ökonomischen Handlungssituation zwischen verschiedenen Bewertungskriterien bewegt – vor allem zwischen moralischen Wertungen und Bewertungen gemäß individueller Lust, individuellem Nutzen. (Es gibt auch Situationen, in denen beide nicht im Konflikt, sondern in Harmonie miteinander sind.) Wie das „dual self“, so ist auch das „Ich im Wir“ in diesem Konflikt ständig gezwungen, seine eigenen Bedürfnisse zu überprüfen und zu hinterfragen. Nur geschieht das in der Sozio-Ökonomik im sozialen Zusammenhang, während das „dual self“ diesen Prozess der Bedürfniskritik allein vollziehen muss.

3.4.2 Philosophische Grundlagen

Als philosophische Grundlage für dieses Menschenbild benennt Etzioni allgemein eine „deontologische Ethik“. Prägend für diesen Begriff ist das griechische Wort „deon“, das mit „bindende Verpflichtung“ übersetzt werden kann. Der Maßstab für richtiges Handeln ist in einer solchen Ethik ein auf unterschiedliche Art und Weise bestimmtes gültiges verpflichtendes Prinzip. Kant ist sozusagen der führende Philosoph einer deontologischen Ethik. Etzioni bezieht sich verschiedentlich auch auf Kant. Aber die gesellschaftliche Isoliertheit des Kant'schen Individuums passt nicht zum I&We-Paradigma. Die Idee des I&We bei Etzioni geht zurück auf das „Ich und Du“ des Philosophen Martin Buber. Insgesamt gilt als philosophische Grundlage der Sozio-Ökonomik der *„Kommunitarismus“*. Diese Philosophierichtung begann sich Anfang der achtziger Jahre des 20. Jahrhunderts in den USA auszubreiten und seit Ende der achtziger Jahre auch in Europa. Insbesondere neuere Strömungen im Rahmen der europäischen Sozialdemokratie wie auch der ehemalige amerikanische Präsident Clinton beziehen sich auf Grundgedanken des Kommunitarismus. Der Begriff wurde von Michael Sandel 1982 in seinem Buch „Liberalism and the Limits of Justice“ in den Mittelpunkt gerückt. Philosophische Fundamente schuf insbesondere Charles Taylor in seinem Buch „Negative Freiheit? Zur Kritik des neuzeitlichen Individualismus“ von 1988. Der Auslöser für die Entstehung des Kommunitarismus war das 1971 erschienene Buch von John Rawls, „Eine Theorie der Gerechtigkeit“. Darin schlägt der Harvard-Philosoph ein abstraktes Verfahren vor, um zu einer gerecht organisierten Gesellschaft zu gelangen, wobei er unter Gerechtigkeit die faire Verteilung von Lebenschancen versteht. Ausgangspunkt ist dabei der Widerspruch zwischen dem Sozialprinzip (Kollektivnutzenmaximierung) und der liberalen Vorstellung von der unbedingten Freiheit des Einzelnen. Rawls versucht, diesen Widerspruch zu lösen, indem er zwar vom Menschen als „homo oeconomicus“ ausgeht, aber als Anfangszustand eine Gleichheit postuliert, die darin besteht, dass niemand weiß, wie seine/ihre zukünftige soziale Position sein wird. Dies ist der „Schleier des Unwissens“. Die Individuen verhalten sich nun als Spieler und begründen im „Verfassungsspiel“ die Grundsätze eines fairen Gesellschaftsvertrages.

Dieser Versuch, ausschließlich aus den Handlungen eigennütziger Spieler faire „Spielregeln“ abzuleiten, ist vielfältig diskutiert und kritisiert worden (vgl. dazu Teil III.3.3.2 und III.2.3). Der Kommunitarismus setzt in seiner Kritik vor allem an der Annahme eines fiktiven Urzustandes an. Indem er den klassischen Liberalismus mit der Betonung des Individuums einer gründlichen Selbstreflexion und Kritik unterzieht, betont er dagegen, dass Menschen immer sozial eingebunden sind und nie als sozial isoliert gedacht werden sollten.

Statt dessen wird hervorgehoben, dass Individuen soziale Charaktere sind, die nur in gesellschaftlichen Zusammenhängen leben können. Sie sind geprägt von Verhaltensweisen und Tradition. Diese werden wertfrei betrachtet – es können konservierende oder die Gesellschaft stark modernisierende Traditionen sein. Im Kommunitarismus befinden sich daher sowohl sehr konservative als auch sehr auf Gesellschaftsveränderung drängende Stimmen. In dieser kurzen Skizze wird schon deutlich, dass diese Philosophie nicht zum „homo oeconomicus" passt, ihn vielmehr in seiner gesellschaftlichen Isoliertheit und Konzentration auf sein individuelles Nutzenmaximum kritisiert. Das „I" im „I&We-Paradigma" ist daher auch nicht identisch mit diesem „homo oeconomicus", es ist schon als „Ich" gesellschaftlich geprägt. Eine Gesellschaft, die sich ausschließlich als Summe isolierter, ihrem Eigeninteresse folgender Individuen versteht, untergräbt nach dieser Auffassung ihre eigenen Grundlagen (vgl. zur Vertiefung Reese-Schäfer 1994).

3.4.3 Das Rationalitätskonzept im I&We-Paradigma

Was bedeutet dieses Menschenbild des „I&We" auf der Grundlage des Kommunitarismus für den Begriff der *Rationalität?* Es bedeutet, dass Rationalität nicht mehr das einzige Leitbild „richtigen" ökonomischen Handelns ist. Denn weil die Menschen auch durch Werte und Gefühle geprägt sind, werden ihre Entscheidungen, neben den bisher bekannten Kosten-Nutzen-Überlegungen, die sich bei Etzioni in den sog. logisch-empirischen Faktoren ausdrücken, durch „normativ-affektive" Faktoren beeinflusst. Es gibt Handlungen, die ausschließlich normativ-affektiv geprägt sind, Handlungen, in denen sich diese mit logisch-empirischen Faktoren mischen, und Handlungen, die ausschließlich über letztere geprägt sind, z. B. eben Handlungen des „homo oeconomicus". Zur ersten Gruppe gehören z. B. ökonomische Handlungen im Rahmen von traditionell bestimmten Festen. Hier werden auch die ökonomischen Handlungen vor allem oder sogar ausschließlich durch gesellschaftliche Sitten und Rituale bestimmt, nicht durch Kosten-Nutzen-Überlegungen. Situationen, in denen nur die logisch-empirischen Faktoren eine Rolle spielen, sind z. B. solche, in denen die ökonomische Handlung auf die Entscheidung zwischen zwei Alternativen reduziert ist, die sich nicht in der Qualität, sondern ausschließlich im Preis unterscheiden. Hier passt das Bild vom „homo oeconomicus". Gemäß der Auffassung der Sozio-Ökonomik liegen die meisten ökonomisch zu analysierenden Situationen jedoch zwischen diesen beiden Extremen. Wird Rationalität im Sinne des „homo oeconomicus" definiert, so handeln in dieser sozio-ökonomischen Theorie die Individuen, wie Etzioni es formuliert, nur ausnahmsweise rational, bestenfalls sub-rational. In den meisten Fällen sind sie sozial eingebettet. Etzioni nennt diese Einbettung „eingekapselt“. Zu dieser Einkapselung trägt sowohl die Gesellschaft über soziale Beziehungen als auch der Staat über Gesetze bei (vgl. Teil II. 3.1.3).

d) Methodologische Konsequenzen

Durch die Einbindung des Individuums als „multiple self“ in die Gemeinschaft des „We“ *löst sich die Sozio-Ökonomik vom methodologischen Individualismus*. Notwendigerweise verzichtet sie damit auch auf die strenge mathematische Modellierbarkeit.

Sie gibt auch die c.p.-Klausel auf, da sie die Präferenzen, Normen und Werte der ökonomisch handelnden Menschen als historisch entstanden und sozialkulturell geprägt und veränderlich ansieht und in die Analyse einbezieht. Zu deren Erklärung stützt sich die Sozio-Ökonomik auf Erkenntnisse von Nachbardisziplinen, insbesondere der Psychologie, der Soziologie, der Politologie und der Geschichtswissenschaft. Sie ist daher von vornherein inter-disziplinär ausgerichtet.

Bezüglich der beiden oben schon angesprochenen methodischen Streitpunkte der beiden großen Methodenstreits in der ökonomischen Disziplin versteht die Sozio-Ökonomik ihre Methodik als Mischung von induktivem und deduktivem Vorgehen (Erster Methodenstreit), wobei viel Wert auf die Induktion und damit auf die Empirie gelegt wird. Und sie versteht sich als Paradigma, in dem sich positive und normative Aussagen mischen (Zweiter Methodenstreit).

3.4.4 Gesamteinschätzung

Gegenüber dem „homo oeconomicus“ ist das in die Gemeinschaft eingebettete „multiple self“, das I&We, deutlich verändert: Es ist sozial eingebunden, verfügt über Moral, Werte und Normen, und seine ökonomischen Handlungen werden auch von Gefühlen geprägt. Das alles bringt dieses Menschenbild der Realität sehr viel näher.

Offen bleibt jedoch die Frage, wie die Handlungskoordination zwischen den verschiedenen Gemeinschaften, den verschiedenen „We“, die sich sozial, kulturell, ethnisch, religiös, räumlich und zeitlich unterscheiden mögen, verläuft. Wer bestimmt bei der Vielzahl von Normen und Handlungsroutinen, was „richtig“ oder „gut“ ist? Für „homo oeconomicus“ war diese Frage leicht zu beantworten – er suchte und fand sein Nutzenmaximum. Das „dual self“ hatte es da schon schwerer, da es den Konflikt zwischen Meta-Präferenzen und Präferenzen lösen musste, wobei es keine eindeutige Lösung gab. Der Kommunitarismus und die Sozio-Ökonomik mit in viele Gemeinschaften eingebundenen ökonomisch handelnden Personen brauchen hier einen Prozess der Findung von Gemeinsamkeiten. Eine solche Form der Universalisierung, der Herausbildung einer allgemein gültigen Moral, gebe es in diesem Paradigma jedoch nicht, lautet *ein Hauptkritikpunkt*. Im Gegenteil: Es werde gerade die Vielfalt der „Communities“ betont. Wo es jedoch keinen Prozess der Verständigung zwischen Gruppen gebe, bedeute Vielfalt in der Realität die Aufrechterhaltung einer historisch gewachsenen Hierarchie, die Herrschaft der Werte einiger Communities oder Gemeinschaften über andere. Tradierte Normen und Moralvorstellungen würden zementiert und bestehende Herrschaftsverhältnisse gefestigt.

Das gilt gemäß dieser Kritik z. B. für das Verhältnis verschiedener ethnischer Gruppen zueinander, das gilt aber auch für das Verhältnis zwischen den Geschlechtern. Die Betonung tradierter Werte wie z. B. der bürgerlichen Kleinfamilie durch den Kommunitarismus wird hierbei gern als Beispiel angeführt. Werden diese Werte nicht auch zur gesellschaftlichen Diskussion gestellt, bleibt die Geschlechterhierarchie erhalten, erweist sich das „I“ in der Gemeinschaft des „We“ wieder als überwiegend männlich.

Dieser Kritik begegnen Sozio-Ökonomik und Kommunitarismus mit der Entwicklung differenzierter Vorstellungen darüber, wie die Konsens-Bildung zwischen den verschiedenen Communities zu organisieren ist, um zu einer Gesellschaft, einer „community of communities“ zu gelangen. In seinem Buch „The New Golden Rule“ von 1996 entwirft Etzioni dafür sieben Kernelemente. Eine wichtige Rolle darin spielen Dialoge zwischen Communities und in der ganzen Gesellschaft. Hier nähert sich das Konzept der Sozio-Ökonomik der Praktischen Sozialökonomik (vgl. folgenden Abschnitt 3.6).

Bildlich können wir das „multiple self“ im I&We-Paradigma folgendermaßen darstellen:

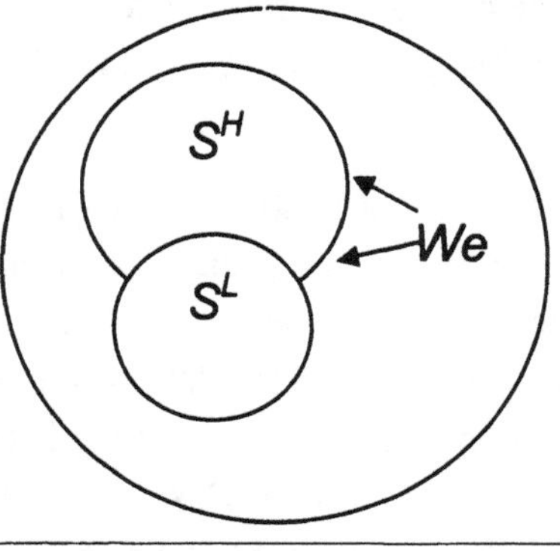

mit:
We = Gemeinschaft, durch Normen und Wertevorstellungen geprägt

Handeln (auch eigennütziges) ist eingebettet in Werte und Normen der Gemeinschaft

Abb. 24: Das „multiple self“ im I&We-Paradigma

3.5 Erweiterung 3: Kritischer Institutionalismus und Pragmatismus

Im I&We-Konzept der Sozio-Ökonomik spielen, neben individuellen Nutzenentscheidungen, sozial geprägte Handlungsroutinen eine Rolle. Diese werden von einer anderen Denkrichtung in den Mittelpunkt gestellt: dem „Kritischen Institutionalismus“. Diese Gruppe gibt ebenfalls eine eigene Zeitschrift heraus (das „Journal of Economic Issues“), und ihre Mitglieder sind in eigenen wissenschaftlichen Gesellschaften zusammengefasst. Diese sind in Amerika die AFEE („Association for Evolutionary Economics“) und in Europa die EAEPE („European Association for Evolutionary Political Economy“).

Die Grundlage für den „Kritischen Institutionalismus“ schuf Thorstein B. Veblen (1857-1929) mit seinem 1899 erschienenen Buch „The Theory of the Leisure Class: An Economic Study of Institutions“ (vgl. dazu Teil I.2.7.). Heute lebende besonders bekannte Vertreter dieser Richtung sind z. B. Mark R. Tool und Warren J. Samuels in den USA und Geoffrey M. Hodgson in England.

3.5.1 Das Menschenbild des Kritischen Institutionalismus

Institutionalisten sehen ökonomisch handelnde Menschen nicht mit vorgegebenen, voneinander unabhängigen Präferenzen ausgestattet, sondern, ähnlich wie das „dual self“ und das „I&We-Paradigma“, mit einer Bedürfnisstruktur versehen, deren Basis „Grundbedürfnisse“ sind. Diese Bedürfnisse sind kulturell geprägt und haben sich historisch entwickelt. Das Menschenbild des Kritischen Institutionalismus wird daher auch als *homo culturalis* bezeichnet.

Die Menschen sind zwar nicht historischen Gesetzen unterworfen, denn sie verfügen über einen freien Willen und sind fähig, von sich aus zu handeln und in kollektiver Aktion ihre Gesellschaft zu formen. Aber sie handeln gemäß von früheren Generationen geprägten Handlungsmustern bzw. Handlungsroutinen, die *Institutionen* genannt werden: Veblen z. B. bezeichnet Institutionen als „weitverbreitete Denkgewohnheiten“ (Veblen 1899: 239). Institutionen regeln den sozialen Interaktionsprozess, in dem Menschen leben und handeln. Sie beschränken die Handlungsmöglichkeiten der Individuen, gleichzeitig ermöglichen sie das Handeln aber auch. Sie, nicht einzelne Individuen, sind in diesem Ansatz die Basiseinheit ökonomischer Analyse (zur weiteren Erläuterung des Institutionenbegriffs vgl. I.4).

Ökonomisches Handeln ist also im Kritischen Institutionalismus immer soziales Handeln im Rahmen einer Gruppe oder Gemeinschaft, das von Institutionen geprägt ist. Weil diese Handlungsgewohnheiten aus einer historischen Entwicklung resultieren und in die Zukunft hin veränderbar sind, versteht sich diese ökonomische Schule als *evolutorische Ökonomik*. Historisch geht dieses Verständnis auf Veblens Studium von Darwins Evolutionstheorie zurück, aus der Veblen schloss, dass auch im sozialen Bereich Neues aus der Veränderung von Altem entsteht und somit viele (wenn nicht sogar die meisten) Elemente des Alten weiterträgt. Heute werden auch andere Vorstellungen als die Darwin'sche Evolutionstheorie, die das Prinzip der Konkurrenz in den Mittelpunkt stellt, als Grundlage für die Erklärung von evolutionären Prozessen auch in der Gesellschaft herangezogen, so z. B. die Theorie der amerikanischen Biologin Lynn Margulis, für die die Evolution vor allem ein Ergebnis hoher Kooperationsleistung ist (vgl. Margulis/Sagan 1997).

Der evolutorische Charakter der Institutionen kommt dabei im Begriff der „Pfadabhängigkeit" zum Ausdruck, der weiter oben schon erläutert wurde.

3.5.2 Philosophische Grundlagen

Philosophische Grundlage des Kritischen Institutionalismus ist, wie wir schon wissen, der US-amerikanische Pragmatismus (vgl. dazu I.2.7). Seine Begründer waren Charles S. Peirce (1839-1914), William James (1842-1910) und John Dewey (1859-1952). Der Pragmatismus sieht Menschen als ausgestattet mit freiem Willen und Fähigkeit zum kollektiven Handeln. Die menschliche Natur ist vor allem Ergebnis sozialer Prozesse. Soziale Analyse dient der Problemlösung. Es ist ihre Aufgabe, Wissen hervorzubringen, um die Veränderung des „Heute" in ein „Morgen", das den gesellschaftlichen Vorstellungen entspricht, möglich zu machen. Wie die Gesellschaft selbst, so ist auch ihre Analyse ein beständiger Prozess. Das prozessuale Prinzip sowohl des gesellschaftlichen Lebens als auch der Wissenschaft ist das der Demokratie. Dabei wird sehr wohl gesehen, dass diese eher ein gesellschaftliches Leitbild denn Realität ist, da letztere stark durch Machtverhältnisse geprägt ist. Daher ist die Auseinandersetzung mit Fragen der Macht ein wichtiges Thema sowohl im Pragmatismus als auch im Institutionalismus. Der Pragmatismus strebt nirgends ein Maximum, eine richtige oder beste Lösung an, sondern sucht nach möglichen praktischen Lösungen. Er wird daher auch als „Philosophie der Möglichkeiten" bezeichnet.

3.5.3 Der Rationalitätsbegriff

Dem entspricht auch der besondere Begriff der Rationalität im Konzept des Kritischen Institutionalimus: Es gibt kein formales Konzept der Rationalität, keinen Punkt, der als Ausdruck einer rationalen Lösung bezeichnet werden kann. Erkenntnistheoretisch wird davon ausgegangen, dass keine absoluten Wahrheiten existieren, dass Theorien dagegen „wahr" sind, wenn sie helfen, praktische Probleme zu lösen. Die Rationalität, die dieser Vorstellung entspricht, ist eine *prozessuale Rationalität*. Die Institutionalisten sprechen von *practical reasonableness*.

3.5.4 Methodologische Positionen des Kritischen Institutionalismus

Als methodologische Position folgt aus dieser Grundstruktur des Kritischen Institutionalismus, dass er sich, wie auch die Sozio-Ökonomik, vom methodologischen Individualismus verabschiedet. Die Erklärung der Gesellschaft und ihrer Ökonomie kann nicht ausgehend von einem isolierten Individuum geschehen, sondern nur auf der Grundlage der Analyse sozialer Zusammenhänge, der Erklärung der Entstehung und Veränderung von Institutionen.

Theoriebildung ist hier ein evolutionärer Prozess in sich selbst, der, was auch schon in Teil I.2.7 angesprochen wurde, als *pattern building* bezeichnet wird. Dieses Bilden von patterns oder Mustern besteht in drei Schritten: Zunächst werden so viele Daten wie möglich über das zu untersuchende Problem gesammelt. Auf deren Basis wird sodann eine erste Hypothese formuliert, die mit anderen Informationen verglichen, an Einzelfällen ausprobiert, mit neuen Daten konfrontiert wird. Die Hypothese wird somit im Kontext des Problemfelds bewertet. Sie wird neu formuliert, bis sie zu den gesammelten Daten passt. Und schließlich gilt es, verschiedene auf diese Weise gewonnene Hypothesen miteinander zu einem Netzwerk zu verknüpfen, um so zu einem ganzheitlichen Modell, dem „holistic pattern model“, zu gelangen.

In diesem Prozess des „pattern building“ mischen sich nicht nur induktive und deduktive Verfahren, sondern aus den Daten selbst werden theoretische Muster generiert. Das ist das, was oben als *Abduktion* bezeichnet wurde. Damit nimmt der Institutionalismus im *Ersten Methodenstreit* nicht Partei für die eine oder andere Position (Induktion oder Deduktion), sondern entwickelt eine wirkliche Alternative.

Und weil die Frage, was die Vernünftigkeit einer Handlung auszeichnet, an deren Beitrag zu einer Verbesserung der Gesellschaft gemessen wird, weil also sowohl wissenschaftliche Lösungen als auch ökonomische Handlungen an einer entsprechenden, nur gesellschaftlich zu begründenden, Norm gemessen werden, ist das Konzept des Kritischen Insitutionalismus von vornherein sowohl positiv als auch normativ (*Zweiter Methodenstreit*).

Dieser prozessuale Charakter sowohl des Wissenschaftsprozesses als auch des Konzepts der Rationalität ist sowohl innerhalb als außerhalb des Kritischen Institutionalismus wesentlicher Ansatzpunkt der *Kritik*. Wenn es keine objektiven Wahrheiten, keine objektiven Bewertungskriterien gebe, so wird eingewandt, gebe es für die ökonomische Wissenschaft keine objektive Grundlage, die es zu erforschen gilt. Es reiche nicht aus, sich allein auf einen Prozess der rationalen Argumentation zu verlassen, aus dem heraus „gute“ oder „richtige“ Lösungen resultieren würden. Im letzten Jahrzehnt ist daher verstärkt am Institutionenbegriff und an den mit ihm verbundenen Bewertungskategorien gearbeitet worden. Dabei bleibt jedoch das Prozessuale in der Handlungs-, Wissenschafts- und Bewertungsbetrachtung im Kritischen Institutionalismus erhalten: „valuing is doing“ in einem demokratischen Prozess, in einem sozialen Diskurs.

3.5.5 Gesamteinschätzung

Im Kritischen Institutionalismus handeln folglich Menschen im sozialen Zusammenhang, geprägt durch Moral, Normen und Werte, ausgestattet mit Gefühlen – und sie handeln im geschichtlichen Verlauf, in einer Zeit, die aus der Vergangenheit durch die Gegenwart hindurch in die Zukunft führt. Vom einsamen, zeitlosen, nur auf seine Nutzenmaximierung bedachten „homo oeconomicus“ ist hier nichts mehr übrig. Jedoch ist auch im Institutionalismus zunächst weder von Geschlechterverhältnissen noch von Mensch/Natur-Verhältnissen die Rede. Beides ist jedoch im Rahmen dieser Theorierichtung integrierbar: So gibt es eine sich entwickelnde Debatte unter feministischen ÖkonomInnen, die, weil der Kritische Institutionalismus Machtverhältnisse sehr stark in den Mittelpunkt stellt, an diesen ansetzen und die Rolle der als hierarchisch institutionalisierten Geschlechterverhältnisse in der Ökonomie analysieren. Und das Verständnis der Gesellschaft und ihrer Ökonomie als evolutionär macht es möglich, unter Bezug auf die Ökologische Ökonomik, den Begriff der Evolution zu erweitern hin zur „Ko-Evolution“, zur gesellschaftlichen Evolution unter Beachtung der Evolutionsbedingungen der natürlichen Mitwelt (vgl. den folgenden Abschnitt 3.7). Die wissenschaftlichen Debatten entwickeln sich gerade erst in diesen beiden Bereichen. Bildlich lässt sich der „homo culturalis“ des Kritischen Institutionalismus folgendermaßen darstellen:

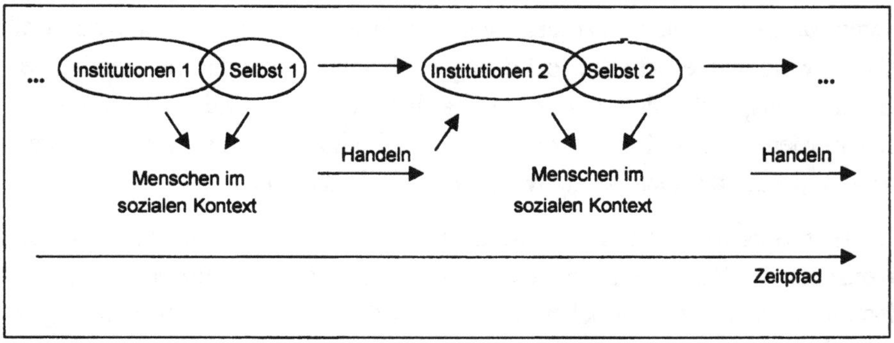

Abb. 25: Der „homo culturalis“ des Kritischen Institutionalismus

3.6 Erweiterung 4: Kommunikatives Handeln und Diskursethik

Parallel zur Entstehung der Sozio-Ökonomik und der Verbreitung des Kritischen Institutionalismus in den achtziger und neunziger Jahren des 20. Jahrhunderts entwickelt sich im deutschsprachigen Raum eine Theorierichtung, die sich als *Sozialökonomik mit praktischer Absicht, als Praktische Sozialökonomik*, versteht und damit die am Lebensalltag der Menschen orientierte Einbettung der Ökonomie betont. Prominenter Vertreter dieses Ansatzes ist Peter Ulrich in St. Gallen/Schweiz (vgl. Ulrich 1993). Wir selbst haben uns ebenfalls an der Entwicklung dieser Theorierichtung beteiligt (vgl. Biesecker 1992 und Kesting 1999). Die sozial-philosophische Grundlage für diese Schule wurde 1982 durch Jürgen Habermas mit seiner „Theorie des kommunikativen Handelns" gelegt.

3.6.1 Das Menschenbild der Praktischen Sozialökonomik

Für Habermas ist Gesellschaft zweidimensional bestimmt: Sie besteht aus der Lebenswelt und zwei Systemen, dem ökonomischen System und dem politischen System. Lebenswelt und Systeme sind jeweils durch Strukturen und Handlungsmuster gekennzeichnet. Die Strukturen der Lebenswelt sind Kultur, Gesellschaft und Persönlichkeit, die des ökonomischen Systems Tausch, Interessenverfolgung und Orientierung auf den Handlungserfolg. Die Lebenswelt wird über das kommunikative Handeln der Menschen entwickelt und zusammengehalten (soziale Integration), das ökonomische System funktioniert über das Medium Geld (systemische Integration). Das politische System wird über das Medium Macht integriert (systemische Integration).

Um das Konzept des *kommunikativen Handelns* zu entwickeln, unterscheidet Habermas drei Handlungsarten: das teleologische Handeln, das sich auf die objektive Welt richtet und dessen Rationalitätskriterium bzw. Geltungsanspruch Wahrheit ist, das normative Handeln, das sich auf die soziale Welt bezieht und die Richtigkeit der Handlung als rational bezeichnet, und das dramaturgische Handeln, das sich auf die subjektive Welt bezieht und dessen Geltungsanspruch bzw. Rationalitätskriterium die Wahrhaftigkeit ist. Im kommunikativen Handeln erfolgt der reflexive Bezug auf alle diese drei Welten, Rationalitätskriterium ist der Verständigungsprozess selbst. D. h., die Handelnden sind auf drei Ebenen der Vernunft gefordert: In ihrer Verständigung geht es sowohl um die Richtigkeit, die Wahrheit und die Wahrhaftigkeit von Handlungen. Diese Geltungsansprüche werden im Diskurs geprüft. Für die kommunikative Handlung ist die Verständigung ebenso konstitutiv wie das Erreichen eines Zieles. Die Verständigung bezieht sich dabei auch auf die den jeweiligen Handlungen zugrunde liegenden Geltungsansprüche selbst.

Der Kern verständigungsorientierten Handelns ist, dass die Geltungsansprüche kritisierbar und damit im Prozess der kommunikativen Handlung selbst veränderbar sind. Indem so die Handelnden diese Grundlage ihres gemeinsamen Handelns neu bestimmen, verändern sie Normen und Werte. *Erfolgte bei Kant die rationale Normenbegründung durch den Verstand, erfolgt sie bei Habermas über Verständigung.* Damit ist, wie im Pragmatismus, der Prozess des Handelns im Blick, nicht ausschließlich das Ergebnis, das während des Prozesses offen ist.

Bei Habermas besteht eine gewisse Dichotomie zwischen Lebenswelt und den Systemen: Menschen handeln in ihrer Lebenswelt kommunikativ, während sie im ökonomischen System vor allem strategisch, d. h. erfolgsorientiert im Sinne der Nutzensteigerung, und im politischen System als Bürokraten handeln. Ihre Handlungen sind hier gesteuert über Geld oder Macht.

Aber diese Dichotomie wird in der *Praktischen Sozialökonomik* aufgelöst. Sie stützt sich zwar auf Habermas, entwickelt seine Konzeption aber an dieser Stelle weiter. So holt Peter Ulrich z. B. das kommunikative Handeln in den Unternehmensbereich herein, wenn er vom Unternehmen als quasi-öffentlicher Institution spricht und es im Diskurs sieht mit vielfältigen Anspruchsgruppen (Stakeholdern) (vgl. Ulrich 1993, 1997). In unseren eigenen Beiträgen haben wir dies für den Familienhaushalt und den Gütermarkt getan (vgl. Biesecker 1994 sowie 1997). In der Praktischen Sozialökonomik gibt es damit keinen „homo oeconomicus" mehr, denn Menschen sind immer sozial eingebunden. Ähnlich wie im I&We-Paradigma und im Kritischen Institutionalismus sind Menschen geprägt durch soziale Handlungsmuster. Aber im Vergleich mit diesen beiden Ansätzen kommt jetzt eine besondere Produktivität herein, die Produktivität, im Prozess des kommunikativen Handelns gemeinsam Neues zu entwickeln. Die Menschen gestalten so diese Muster im Prozess des kommunikativen Handelns sehr stark selbst. In ihrer Lebenswelt lernen die Menschen zu kommunizieren, kommunikativ zu handeln, sie bringen kommunikative Vernunft hervor. Diese ist somit Produkt der modernen Gesellschaft.

In der Evolutionsvorstellung von Habermas brauchen die Menschen diese Vernunft auch – denn soziale Evolution bedeutet, dass sich die Systeme, insbesondere das ökonomische System, in die Lebenswelt ausdehnen, diese sozusagen „kolonialisieren". Das bedeutet, dass Menschen immer mehr in die ökonomischen RollenträgerInnen „Arbeitskräfte und Konsumenten" verwandelt werden. Sie laufen Gefahr, „vereinseitigt" zu werden, ihre lebendige Vielfalt zu verlieren. Allein ihre Fähigkeit zum kommunikativen Handeln, allein die kommunikative Rationalität wirkt dem entgegen.

Die Habermassche Theorie gibt somit den Boden ab für eine ökonomische Theorie, deren Gegenstandsbereich weiter gefasst ist als das ökonomische System. Er umfasst auch die Lebenswelt und das politische System, er umfasst insbesondere die Wechselwirkungen zwischen den verschiedenen Bereichen und das Durchdringen der verschiedenen Handlungsformen und Handlungsrationalitäten. Die Antriebe zur Evolution der Gesellschaft kommen in dieser Theorie zwar auch aus den beiden Systemen, vor allem jedoch aus der Lebenswelt mit ihrer Fähigkeit zur kommunikativen Vernunft.

3.6.2 Philosophische Grundlagen

Philosophische Grundlage der „Theorie des kommunikativen Handelns“ und der auf ihr aufbauenden Praktischen Sozialökonomik ist die *Diskursethik*, die u.a. auf den schon erwähnten Pragmatismus, insbesondere auf den amerikanischen Soziologen George Herbert Mead (1863-1931), zurückgeht und von dem deutschen Philosophen Karl-Otto Apel (geb. 1922) und seinem Schüler, dem Soziologen Jürgen Habermas (geb. 1929), weiterentwickelt wurde. Grundgedanke dieser Ethik ist, dass Menschen gesellschaftlich geprägte Individuen sind. Das gilt auch für den Kommunitarismus. Aber in der Diskursethik wird das Subjekt, wird dessen Selbstbewusstsein kommunikativ erzeugt. Subjektwerdung ist nur in einem kommunikativen gesellschaftlichen Prozess möglich. Dieses Subjekt ist nicht einsam, wie der „homo oeconomicus“, sondern Mitglied einer *Kommunikationsgemeinschaft*, in der es auch die moralischen Grundlagen seines Handelns erlernt. Moral bedeutet, sich in „den Anderen“ hineinzuversetzen. Dieser Andere ist dabei kein konkretes Individuum, sondern er ist gedacht als „verallgemeinerter Anderer“. Das bedeutet, dass durch das Hineinversetzen in den „verallgemeinerten Anderen“ die gesellschaftlichen Regeln von jeder/jedem Einzelnen angeeignet werden. Habermas geht noch einen Schritt weiter: Der Kategorische Imperativ von Kant („Handle so, daß die Maxime deines Willens jederzeit zugleich als Prinzip einer allgemeinen Gesetzgebung gelten könnte“) wird jetzt in den Zusammenhang der Kommunikationsgemeinschaft gestellt. Damit gelten nur solche Normen, die die Zustimmung aller potenziell Betroffenen finden können. In praktischen Diskursen entwickelt so die Gesellschaft selbst ihre moralischen Prinzipien weiter. Dabei wird die Diskursfähigkeit aller Beteiligten vorausgesetzt. Der Diskurs verläuft über Sprache. Jedoch ist die Kommunikationsgemeinschaft nicht vollständig frei in der Neubestimmung von moralischen Prinzipien, da sie aus der Geschichte und der je eigenen Sozialisation solche Prinzipien mitbringt. Auch in der Diskursethik tragen die Menschen somit ihre Geschichte mit sich.

Die Diskursfähigkeit des Menschen ist die einzige Grundannahme in dieser Ethik. Sie scheint von daher einfach aufgebaut und einleuchtend zu sein. Sie ist aber deshalb umstritten, weil nicht klar ist, welche Bedingungen in der Praxis erfüllt sein müssen, damit der Diskurs wirklich gleichwertig erfolgen kann. Weiterentwicklungen, auch in der Praktischen Sozialökonomik, beschäftigen sich insbesondere mit dieser Frage (vgl. z. B. Kesting 1999).

3.6.3 Rationalität als „kommunikative Rationalität"

Basis dieses Kommunikationsprozesses ist ein erweiteter Vernunftbegriff. „Vernunft" ist jetzt nicht mehr definiert als einfache Zweck-Mittel-Rationalität, sondern vernünftig ist die Handlung, auf die sich die an dem Diskurs Beteiligten einigen. Vernunft ist jetzt *kommunikative Rationalität*, ist gesellschaftliche Vernunft.

Wie können wir uns das konkret vorstellen? Es gibt heute eine Reihe praktischer Beispiele, die das verdeutlichen: Mediationsverfahren bei Umweltstreitigkeiten, Diskurse zwischen Unternehmen und ihren jeweiligen Anspruchsgruppen (Unternehmensdiskurse), Diskurse an Runden Tischen im Rahmen der Agenda 21, dem Aktionsprogramm der Konferenz für Umwelt und Entwicklung der Vereinten Nationen (UNCED) in Rio de Janeiro 1992. Damit sich die besondere Produktivität der kommunikativen Vernunft entfalten kann, damit also wirklich gemeinschaftlich eine für alle akzeptable neue Lösung eines Problems gefunden wird, kommt es auch hier wieder auf die konkreten Diskursbedingungen an, über die die Gleichwertigkeit der DiskurspartnerInnen gesichert werden muss.

3.6.4 Methodologische Positionen

Der Mensch in der Kommunikationsgemeinschaft ist weit entfernt vom „homo oeconomicus" – methodisch ist damit der „methodologische Individualismus" auch in der Praktischen Sozialökonomik überwunden. Es besteht kommunikative Intersubjektivität an Stelle des isolierten Individualismus. Und es gibt vielfältige Handlungsmuster: instrumentelles Handeln, strategisches Handeln, kommunikatives Handeln. In der wissenschaftlichen Analyse geht es darum, in dem jeweiligen Kontext das jeweilige Verhältnis von Lebenswelt und ökonomischem System und die jeweilige Mischung der verschiedenen Handlungstypen herauszufinden. Das Handeln erfolgt häufig in institutionalisierten Zusammenhängen wie der Familie, dem Ausbildungssystem, dem Betrieb. Wie die jeweilige Mischung aussieht, welcher Handlungstyp überwiegt, wieweit die Vereinseitigung der Menschen durch das ökonomische System gelingt bzw. wieweit sich Menschen dem aufgrund ihrer kommunikativen Vernunft widersetzen und damit selbst das ökonomische System verändern können, muss je konkret untersucht werden.

3.6.5 Gesamteinschätzung

In kritischer Würdigung dieses sozial-ökonomischen Ansatzes sei zunächst darauf hingewiesen, dass die Konzeption von Habermas selbst zwar einen Dualismus zwischen Lebenswelt und den Systemen beinhaltet, dass dieser aber in der Sozial-Ökonomik überwunden wird. Gleichzeitig übernimmt sie die Habermas'sche Sichtweise auf das ökonomische System, dessen Existenzberechtigung als besonderes gesellschaftliches Handlungsfeld in der Aufgabe gesehen wird, die materielle Reproduktion der Lebenswelt zu gewährleisten. Die Systemrationalität, die als „Nutzensteigerung über Tausch“ bezeichnet werden kann, soll diesem Zweck dienlich sein. Damit ist eine Möglichkeit gegeben, die Entwicklung des ökonomischen Systems an den gesellschaftlichen Entwicklungsvorstellungen der Menschen, an ihren lebenspraktischen Bedürfnissen zu messen.

Der Mensch sowohl in seinen ökonomischen und politischen Rollen als auch als Mitglied der Kommunikationsgemeinschaft – dieses Menschenbild scheint alle Kritikpunkte, die gegenüber dem „homo oeconomicus“ oben erhoben wurden, produktiv aufzunehmen. Dennoch gibt es *vielfältige Kritik*. Genannt wurde schon die Debatte um die Frage, wie Diskursbedingungen gestaltet werden müssten, damit wirkliche Gleichwertigkeit der DiskursteilnehmerInnen gegeben ist. Vor allem wird hier darauf hingewiesen, dass zwei Gruppen systematisch nie gleichwertig sein können – die natürliche Mitwelt und zukünftige Generationen. Dieses Argument ist insbesondere von ökologisch-ökonomischer Seite angeführt worden. Peter Ulrich begegnet dem, indem er hier einen fiktiven Diskurs zwischen heute lebenden Menschen und der natürlichen Mitwelt bzw. zukünftigen Generationen unterstellt, der so zu führen ist, dass die Gleichwertigkeit der nicht diskursfähigen KommunikationspartnerInnen gewährleistet ist. Diese Gleichwertigkeit wird durch die *Verantwortung* der heute lebenden diskursfähigen Menschen gewährleistet. Ulrich spricht daher von „verantwortlichem Handeln“ (Ulrich 1993: 316 ff.) und bezieht sich hier auf das Verantwortungskonzept von Hans Jonas, das dieser in seinem Buch „Das Prinzip Verantwortung. Versuch einer Ethik für die technologische Zivilisation“ 1979 entwickelt hat.

Eine andere Kritik kommt von Seiten feministischer Wissenschaftlerinnen – sie werfen dem Konzept des kommunikativen Handelns und der Diskursethik eine Zementierung der Geschlechterhierarchie vor, weil im „verallgemeinerten Anderen“ das vorherrschende Bild von Allgemeinheit, eben von „männlicher Allgemeinheit“, zum Tragen käme. Sie fordern daher in der Begründung und der Entwicklung von Moral den Bezug zum „konkreten Anderen“ ein, zum je spezifischen Kontext, um so die Geschlechterdifferenz überhaupt erfassen zu können. Außerdem weisen sie darauf hin, dass, gerade aufgrund der historischen Prägung von Normen und Werten, insbesondere im Geschlechterverhältnis der Diskurs oft durch festgefügte Normen ersetzt wird. Kommunikatives Handeln wird so häufig ersetzt durch „normgeleitetes Handeln".

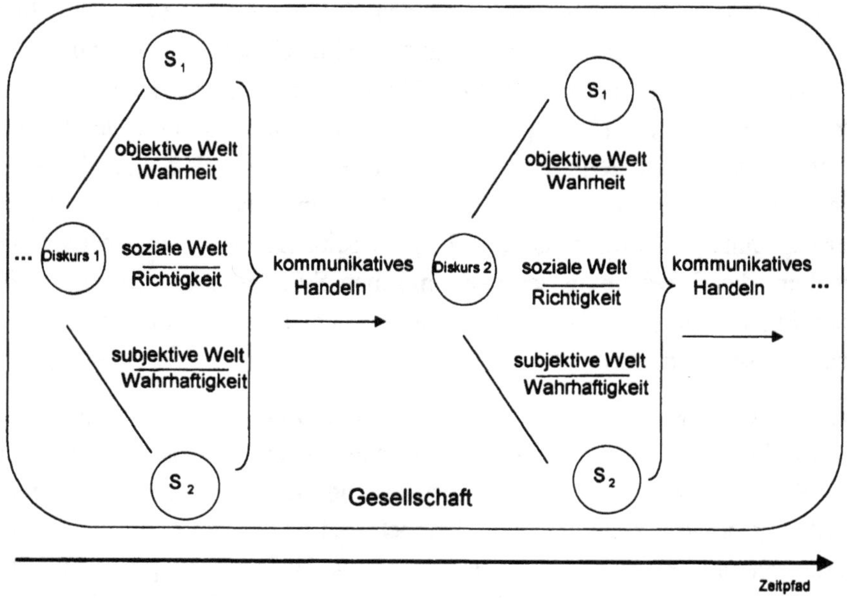

Abb. 26: Das „diskursfähige Selbst" der Praktischen Sozialökonomik

3.7 Erweiterung 5: Der „homo oecologicus" der Ökologischen Ökonomik

In seinem Buch „Vom Wert der Natur. Zur ökologischen Form von Wirtschaft und Gesellschaft" (1989) spricht der ökologische Ökonom Hans Immler vom *„homo oecologicus"*. Damit betritt ein Begriff die Bühne der ökonomischen Wissenschaft, der bis heute nicht eindeutig präzisiert ist, aber gerade deshalb für die Bezeichnung des Menschenbildes der Ökologischen Ökonomik zutreffend ist. Er ist eindeutig in der Abgrenzung zum „homo oeconomicus", aber vieldeutig bezüglich der philosophischen Grundlagen dieses neuen Menschenbildes.

3.7.1 Das Menschenbild des „homo oecologicus"

Eindeutig in der Abgrenzung zum „homo oeconomicus" ist die Charakteristik des „homo oecologicus" als sozial eingebettetem Menschen, der/die sowohl gegenüber der Gemeinschaft, in der er/sie (als Teil der Gesellschaft) lebt, als auch gegenüber der natürlichen Mitwelt Verantwortung empfindet. Sie/Er hat ein Gefühl für Fairness und Gerechtigkeit und für eine Existenzberechtigung der natürlichen Mitwelt auch unabhängig von ihrem Nutzen für das menschliche Leben. „Homo oecologicus“ ist daher weniger antropozentrisch als die bisher diskutierten Menschenbilder. Sie/Er gründet ihr/sein ökonomisches Handeln bewusst auf ein neues Mensch/Natur-Verhältnis und versucht, ihre/seine Lebensbedürfnisse im Einklang mit der Natur zu befriedigen.

3.7.2 Philosophische Grundlagen

Vielfältig gegenüber diesen einhellig akzeptierten Charakteristika des „homo oecologicus“ sind dagegen die philosophischen Grundlagen dieses Menschenbildes.

Sie reichen von einer fundamentalen ökologischen Ethik, die den Menschen keinerlei besondere Handlungsrechte zugesteht, sondern sie als Teil der Natur wie alle Tiere und Pflanzen auch ansieht und z.T. durch den Buddhismus inspiriert ist (vgl. z. B. Naess 1989, der vom „ökologischen Selbst“ spricht), bis hin zu Vorstellungen, im Umgang mit der natürlichen Mitwelt sei zwar Verantwortung nötig, daraus folge aber keinerlei Begrenzung menschlichen Handelns. Dazwischen liegen Positionen, die aufgrund einer akzeptierten Handlungsbeschränkung durch die natürliche Mitwelt und ihre „carrying capacity“ die Frage der Umweltgerechtigkeit, d. h. der Verteilung von Umweltnutzungsmöglichkeiten, in den Mittelpunkt ihrer Überlegungen stellen. Und dazwischen liegen auch Positionen, die zwar Handlungsbeschränkungen akzeptieren, aber darüber nachdenken, wie diese heute so überwunden werden können, dass sie den Lebenschancen zukünftiger Generationen nicht schaden. Trotz dieser Vielfalt ist jedoch die Selbstverständlichkeit einhellig, mit der andere Ethiken als der Utilitarismus in die Ökologische Ökonomik integriert werden. Herman Daly, einer der ersten ökologischen Ökonomen, hat das Wort von den „3E's“ geprägt: „Economy, Ecology and Ethics“. Trotz der großen Unterschiede der philosophischen Grundlagen möchten wir die Einheitlichkeit hier mit dem Begriff der *„Verantwortungsethik“* hervorheben. Ökonomisches Handeln spielt sich somit immer unter Einbezug der Entwicklungsbedingungen der natürlichen Mitwelt ab – es ist immer „ko-evolutionäres Handeln“. Als Synonym für diese ko-evolutionäre Entwicklung bildete sich der englische Begriff „sustainability“ heraus, den wir im Deutschen meist mit „Nachhaltigkeit“ übersetzen.

3.7.3 Rationalitätsvorstellungen

Was ist in dieser Konzeption Rationalität, was ist vernünftiges ökonomisches Handeln? Von der engen ökonomischen Rationalität, der rein monetär ausgedrückten Kosten-Nutzen-Rationalität eines „homo oeconomicus“, ist nichts mehr übrig geblieben. Wenn es überhaupt um Kosten und Nutzen geht, dann müssen alle Kosten und alle Nutzen einbezogen werden, d. h. neben den monetären sowohl die sozialen als auch die ökologischen Kosten und Nutzen. Aber da es hier um einen gesellschaftlichen Entwicklungsprozess geht, der ständig neue soziale Bewertungen verlangt, stehen die Begriffe „Kosten und Nutzen“ nur als Metapher für die jeweils zu berücksichtigenden Elemente. Rational ist grundsätzlich, was der Ko-Evolution dient. Und was das heißt, wird auf mindestens zwei sich vermischenden Wegen ermittelt: Zum einen auf dem Weg, die Evolutionsbedingungen der natürlichen Mitwelt zu studieren, um ihnen gerecht werden zu können, zum anderen, indem gesellschaftlich immer wieder geklärt wird, wohin die Evolution der Gesellschaft gehen soll und was dafür angemessene Handlungsregeln sind. Rationalität ist hier also sowohl eine prozessuale (das entspricht dem Konzept des Kritischen Institutionalismus), als auch eine auf gesellschaftlicher Verständigung beruhende Konzeption (das entspricht dem Konzept der Praktischen Sozial-Ökonomik). Leitbild dieser Rationalität ist die Gestaltung von Nachhaltigkeit. Auch dies bleibt ein offener Prozess, da niemand genau weiß, wie eine nachhaltig wirtschaftende Gesellschaft aussehen wird (vgl. dazu Busch-Lüty 1996). Handlungsleitend können Regeln sein, z. B. die oben schon genannten Nachhaltigkeits-Regeln. Rationalität im ökonomischen Handeln wird dann praktisch durch Befolgung dieser Regeln. Sie selbst sind Ergebnis eines diskursiven gesellschaftlichen Prozesses. Dabei mischen sich Aspekte von Gerechtigkeit mit dem Diskurs um allgemein gültige Handlungsregeln. Das wird am *Beispiel der Brent Spar deutlich:*

Die Firma Shell wollte ihre ausgediente Erdölplattform Brent Spar in der Nordsee versenken. Die Umweltorganisation Greenpeace reagierte auf die geplante Versenkung mit einer Kampagne. Die wachsende Empörung der Öffentlichkeit und ihre Bereitschaft, die Kraftstoffe von Shell, wie von Greenpeace angeregt, zu boykottieren, zwangen Shell schließlich dazu, die Plattform an Land zu verschrotten. Shell hatte viele gute Argumente für die zunächst geplante Art der Entsorgung: Sie entsprach den Vorschriften, war also legal, die Belastung der Nordsee würde relativ gering sein, die Risiken also relativ klein. Aber darum ging es eigentlich nicht – denn die Öffentlichkeit forderte von der Firma Handlungsprinzipien ein, die auch für jeden anderen zu gelten hatten, die also im verantwortungsethischen Sinne verallgemeinbar waren. Der Diskurs um die Brent Spar war somit ein Diskurs um verallgemeinerbare Handlungsregeln gegenüber der natürlichen Mitwelt (vgl. dazu auch Ulrich 1996).

3.7.4 Methodologische Positionen

Die Ökologische Ökonomik hat ein ganzheitliches Bild von der Ökonomie in dem Sinne, dass die Ökonomie als offenes Subsystem des endlichen und materiell geschlossenen globalen Ökosystems verstanden wird. Ökonomie hat von daher vor allem eine physische Dimension. Welche Methodik entspricht dieser Vorstellung, dem Bild des in dieser komplexen Ökonomie handelnden „homo oecologicus“? Da der Ansatzpunkt der sozial eingebettete, koevolutionär handelnde Mensch ist, verbietet sich hier der methodologische Individualismus. Vielmehr entwickelt die Ökologische Ökonomik unter Bezug zur Komplexitätsforschung und Ökosystemanalyse in den Naturwissenschaften komplexe Modelle zur Erfassung des Zusammenhangs von kommerzieller Ökonomie und ihren physischen Grundlagen. Sie bezieht sich dabei stark auf die Naturwissenschaften, vor allem auf die moderne Physik und die Evolutions-Biologie. Der Bezug zur Biologie liegt deswegen nahe, weil sich die Ökologische Ökonomik als Lebenswissenschaft versteht, die ihre Analogien in der Biologie sucht. (Schon 1968 überschrieb Herman Daly einen Beitrag im Journal of Political Economy mit dem Titel: „On Economics as a Life Science“.) Spätestens dieser Bezug macht auch deutlich: Die Ökologische Ökonomik ist von vornherein eine „evolutorische Ökonomik“.

Bezüglich der in den beiden Methodenstreits aufgeworfenen Fragen ist die Position der Ökologischen Ökonomik ebenfalls klar: Da sie mit komplexen Modellen arbeitet, mischt sie induktive und deduktive Verfahren, und da sie ihre Rationalität an die Gestaltung eines gesellschaftlichen Leitbildes, des Leitbildes der Nachhaltigkeit, knüpft, ist sie sowohl positiv als auch normativ.

3.7.5 Gesamteinschätzung

In der Ökologischen Ökonomik und dem von ihr konzipierten Menschen, dem „homo oecologicus“, sind fast alle Begrenzungen des „homo oeconomicus“ überwunden: Der Mensch ist sozial eingebettet, er bezieht sich auf die natürliche Mitwelt und ist fähig, sowohl dieser gegenüber als auch gegenüber seinen Mitmenschen verantwortlich zu handeln. Dieses verantwortliche Handeln bezieht sich auch auf zukünftige Generationen. Die Ökologische Ökonomik integriert auf diese Art und Weise das Generationenverhältnis in ihre theoretische Konzeption.

Aber Ökonomie wird immer noch definiert als Marktökonomie. Immer noch bleibt die ganze Versorgungsökonomie ausgeblendet. Immer noch fehlt somit ein Bewusstsein von der Ganzheit der Ökonomie. D. h. auch, dass das Geschlechterverhältnis auch hier ausgeblendet wird, dass die durchgängige Prägung der Ökonomie durch dieses Verhältnis nicht thematisiert wird. Auch „homo oecologicus“ bleibt somit männlich oder geschlechtslos. Bildlich lässt sich „homo oecologicus“ folgendermaßen darstellen:

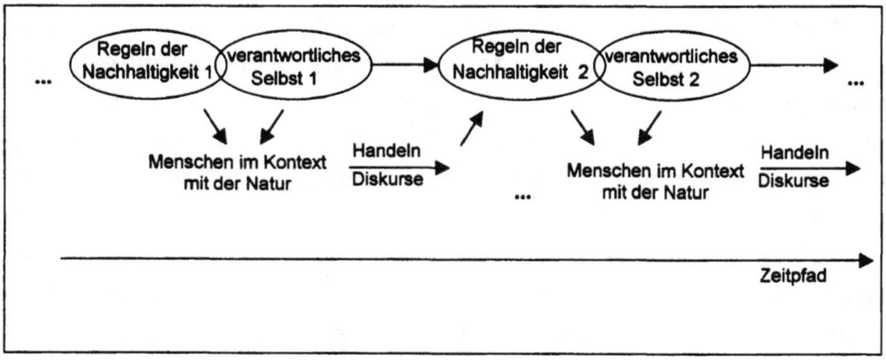

Abb. 27: Der „homo oecologicus" der Ökologischen Ökonomik

3.8 Erweiterung 6: Sorgendes/Vorsorgendes Handeln und die Ethik des Sorgens

So weitreichend die bisher diskutierten Erweiterungen des ökonomischen Menschenbildes auch sind – alle Ansätze behalten ein Ökonomie-Verständnis bei, welches Ökonomie auf Marktökonomie beschränkt, sei sie autonom und damit abgetrennt von sozialer Lebenswelt und natürlicher Mitwelt wie in der Orthodoxie oder sozial bzw. institutionell eingebettet wie in der Sozio-Ökonomik, dem Kritischen Institutionalismus, der Praktischen Sozialökonomik oder der Ökologischen Ökonomik. Die Versorgungsökonomie, der „weibliche Zwilling" der Marktökonomie, bleibt ausgespart. Damit kommt „das Ganze der Ökonomie" nie in den Blick.

„Der blinde Fleck ist das Ganze" (Hofmeister 1995) – gemäß diesem Motto arbeiten feministische Ökonominnen seit Anfang der neunziger Jahre an einem Konzept, das nicht nur die Ökonomie als Einheit von Marktökonomie und Versorgungsökonomie betrachtet, sondern den Blick ausgehend von der Versorgungsökonomie auf die Marktökonomie richtet. Die sorgenden Tätigkeiten werden als das Grundlegende angesehen, auf ihnen baut die Marktökonomie auf. Das Konzept nennt sich *Vorsorgendes Wirtschaften*, eine erste Gesamtveröffentlichung erschien 1994 als Sonderheft 6 der Zeitschrift „Politische Ökologie" (vgl. Busch-Lüty u.a. (Hg.): „Vorsorgendes Wirtschaften. Frauen auf dem Weg zu einer Ökonomie der Nachhaltigkeit."). Inzwischen ist ein Netzwerk „Vorsorgendes Wirtschaften" entstanden, das Wissenschaftlerinnen und Praktikerinnen verschiedener Disziplinen aus der Schweiz, Österreich und Deutschland in der Weiterentwicklung dieses Ansatzes vereint. Das Netzwerk gibt keine eigene Zeitschrift heraus, bezieht sich aber stark auf das von der „International Association for Feminist Economics", der IAFFE, herausgegebene „Journal of Feminist Economics". Wie weit das Konzept inzwischen entwickelt worden ist, verdeutlicht das Buch „Vorsorgendes Wirtschaften. Auf dem Weg zu einer Ökonomie des guten Lebens" (vgl. Biesecker u.a. 2000).

3.8.1 Das Menschenbild

Zentral innerhalb des Konzepts „Vorsorgendes Wirtschaften" ist der Begriff des *Sorgens (caring)*, des Sorgens für Andere einschließlich zukünftiger Generationen, für sich selbst und für die natürliche Mitwelt. Sorgende wirtschaftliche Tätigkeiten gibt es, solange Menschen leben und wirtschaften. Sie waren lange Zeit auch integraler Teil des Wirtschaftens. Aber im Prozess der Herausbildung der Märkte und der Entstehung eines Verständnisses von Ökonomie ausschließlich als Marktökonomie wurden die sorgenden Tätigkeiten in die Hauswirtschaft verbannt, in die Familie, für welche Frauen verantwortlich waren (vgl. dazu den theoriegeschichtlichen Teil I.2, insbesondere zu Adam Smith). Sorgende Tätigkeiten galten von nun an nicht mehr als Teil des Wirtschaftens. Sorgen wurde so historisch als weibliches Prinzip der Familienökonomie konstruiert und damit zunächst in entsprechend enge soziale Grenzen eingebunden. Aber im Konzept des Vorsorgenden Wirtschaftens wird es weiterentwickelt zum Begriff des *Vorsorgenden Handelns*. Während das „Sorgen" sich zunächst nur auf die Mitglieder des Familiennetzes bezieht, werden im „Vorsorgen" alle Betroffenen des Handelns einbezogen, insbesondere zukünftige Generationen und die natürliche Mitwelt. Über den Zusammenhang von Versorgungs- und Marktökonomie wird Vorsorgen als Prinzip für die ganze Ökonomie entwickelbar. Dabei wird es ergänzt um die Handlungsprinzipien *Kooperation* und *Orientierung am Lebensnotwendigen oder „guten Leben"*. Denn da „Sorgen" von vornherein eine soziale Beziehung ist, die die Bedürfnisse aller Beteiligten integriert, kann „sorgend" und „vorsorgend" nur in einem kooperativen Prozess gehandelt werden, durch den sich die Beteiligten über das Handeln und seine Ziele verständigen. Das übergreifende Ziel ist dabei die Gestaltung eines „guten Lebens".

Vorsorgendes Handeln ist damit sorgendes Handeln im sozial erweiterten und auch im normativ offenen Rahmen – denn was vorsorgendes Handeln konkret heißt, muss im gesellschaftlichen Diskurs entwickelt werden. Hier mischen sich die Konzepte von Vorsorgendem Wirtschaften und Praktischer Sozialökonomik.

Da der Ausgangspunkt die Sorge-Beziehung zwischen zwei Menschen ist, ist die ökonomische Grundsituation im „Vorsorgenden Wirtschaften" von vornherein eine soziale. Sorgen heißt, die Bedürfnisse der/des Anderen zum Ausgangspunkt der wirtschaftlichen Handlung zu machen. Dabei ist dieser Andere ein „konkreter Anderer" oder eine „konkrete Andere", dessen/deren Bedürfnisse so zu verstehen sind, wie sie/er sie äußert. Sorgen spielt sich immer in einem konkreten Zusammenhang, einem spezifischen Kontext, ab. Vorsorgendes Wirtschaften ist daher immer Wirtschaften in einem solchen Kontext. Das „sorgende Selbst" ist immer ein „Selbst im Kontext".

3.8.2 Philosophische Grundlagen

Philosophische Grundlage des Konzepts „Vorsorgendes Wirtschaften" ist die „Ethik des Sorgens", die als „Ethic of Care" insbesondere im US-amerikanischen Raum seit Mitte der achtziger Jahre des 20. Jahrhunderts diskutiert und weiterentwickelt wird. Kern dieser philosophischen Position ist die Qualität der Sorge-Beziehung, der Beziehung zwischen dem Sorgenden und dem zu versorgenden Menschen. Sorgen ist somit eine Mensch-Mensch-Beziehung („homo oeconomicus" dagegen kann nur Mensch-Ding-Beziehungen eingehen). In der Debatte um die „Ethic of Care" geht es dabei um die Bestimmung dessen, was „gutes" Sorgen ist. Dabei werden die Prinzipien solchen „guten" Sorgens nicht abstrakt, sondern im praktischen Prozess des Sorgens ermittelt. Solche Prinzipien sind: Aufmerksamkeit gegenüber den Bedürfnissen anderer; Verantwortung für das Erkennen dieser Bedürfnisse und die passende Praktizierung des Sorgens derart, dass die Umsorgten nicht entwürdigt werden; Kompetenz in der Ausübung des Sorgens; Verständnis für die Beziehung des Sorgens, die auch Ungleichheit und Abhängigkeit der/s Umsorgten beinhaltet. Die Koordinierung der Handlungen im Rahmen einer Sorge-Beziehung verläuft über diese qualitativen Merkmale, die in gesellschaftlichen Regeln institutionalisiert werden (vgl. dazu Tronto 1993).

In der „Ethik des Sorgens" spielen somit die Bedürfnisse der zu umsorgenden Menschen eine zentrale Rolle. Diese Bedürfnisdiskussion ist daher von großer Bedeutung (hier überschneidet sich dieses Konzept mit dem Kritischen Institutionalismus und seiner Betonung der Grundbedürfnisse).

Das klingt vielleicht einfach, ist es aber nicht, wie das *Beispiel der vor einigen Jahren in Deutschland eingeführten Pflegeversicherung* zeigt: Über diese Versicherung werden auf gesetzlicher Grundlage Pflegeleistungen bezahlt, so dass sich Private Pflegedienste gebildet haben, deren Angestellte die Menschen zu Hause pflegen und die Tätigkeiten nach einem streng vorgegebenen Zeit- und Geldraster abrechnen. Da darf dann z. B. eine Ganzwaschung 3/4 Stunden dauern und kostet 16 Euro. Ein Erstgespräch vor Aufnahme der Pflege von 1/4 Stunde hat den Preis von 19,50 Euro. Diese Pflegebeziehung geht nicht aus von den Bedürfnissen des zu umsorgenden Menschen, sondern von einem in messbare Zeitabschnitte zergliederten Arbeitsprozess. Man könnte sagen, er sei industriell organisiert. Pflegedienste werden marktmäßig angeboten, die Koordination verläuft über Preise. Die eigentliche Sorge-Beziehung ist in eine Tauschbeziehung verwandelt. Mit Sorgen im oben beschriebenen Sinne hat das nichts zu tun. Für diese ist die *Haltung des Sorgens* grundlegend und das Bemühen, ein gemeinschaftliches gutes Leben zu gestalten.

3.8.3 Rationalitätskonzepte

Was bedeutet das für die ökonomische Rationalität? Ist sorgendes, vorsorgendes Handeln rational? Es ist rational im Sinne einer „*praktischen Rationalität*", die durch die Tätigkeit selbst, das Ziel der Tätigkeit und die Handlungsbedingungen bestimmt wird. Dieses Rationalitätskonzept ähnelt dem des Kritischen Institutionalismus und der Praktischen Sozialökonomik, geht aber weiter. Sorgen und Vorsorgen bedeuten, dass nicht nur aus pflichtgemäßer Verantwortung, sondern auch aufgrund einer Verantwortung aus Mit-Gefühl gewirtschaftet wird. Vernunft ist daher nicht nur praktische, sondern auch *emotionale Vernunft*:

> „Aus der Perspektive der emotionalen Vernunft besteht Sachlichkeit nicht in einer kühlen, von den eigenen und den Gefühlen anderer abgespaltenen Denkart, sondern läßt sich eher mit dem Begriff der Besonnenheit umschreiben. Besonnenheit nimmt zwar Abstand zur eigenen Offenheit in der Reflexion, aber im Spiegel ihres Bewußtseins erscheinen Ich und Mitwelt als lebendige Wirklichkeit, denen wir nur gerecht werden, wenn die Erkenntniskräfte des Denkens und des Fühlens zusammenwirken" (Meier-Seethaler 1997: 395).

3.8.4 Methodologische Positionen

Methodisch gibt es auch in diesem Konzept keinen methodologischen Individualismus, da die Grundfigur ökonomischen Handelns eine soziale Beziehung ist. Auch die stärkste Abstraktion kann Menschen in solchen Beziehungen nicht auf ein Individuum zurückführen. Es sind immer mindestens zwei Menschen im Kontext ihrer Lebenszusammenhänge. (Wir werden später zeigen, wie sich diese Kontexte als institutionalisierte Handlungszusammenhänge darstellen lassen.) Auch mathematische Formalisierung ist nur in ganz begrenztem Rahmen möglich. Stattdessen ist die methodische Arbeit am Konzept des „Vorsorgenden Wirtschaftens" eine Kombination von eigenen Erfahrungen (Introspektion), konkreten Fallbeispielen und Theoriebildung ähnlich dem „pattern building" des Kritischen Institutionalismus. In der jüngsten Veröffentlichung des Netzwerkes „Vorsorgendes Wirtschaften" wird das methodische Vorgehen durch folgende Schritte charakterisiert (vgl. Biesecker u.a. 2000: 73 ff.):

- Problemerschließung und Klärung der Ausgangspunkte,
- Definition und Einordnen der Probleme vor dem Hintergrund der eigenen, Lebenspraxis, dem Erfahrungswissen und theoretischen Erkenntnissen,
- diskursive und iterative Entwicklung eines analytischen Bezugsrahmens,

- Erkenntnisgewinnung durch Fallbeispiele,
- Rückkopplung mit dem Bezugsrahmen und dessen Weiterentwicklung.

Die Methode ist demgemäß weder induktiv noch deduktiv, sondern abduktiv, wie im Kritischen Institutionalismus. Im Unterschied zu diesem Ansatz sind jedoch die eigenen Erfahrungen von Frauen, denen gesellschaftlich die Doppelrolle zwischen Versorgungs- und Marktökonomie zugewiesen wurde und wird, grundlegend. Und da Sorgen/Vorsorgen auf der „Haltung des Sorgens" beruht, ist das Konzept „Vorsorgendes Wirtschaften" sowohl positiv als auch normativ.

3.8.5 Gesamteinschätzung

Im Bild der vorsorgend wirtschaftenden Person, sei sie männlich oder weiblich, ist „homo oeconomicus" jetzt vollständig verschwunden. Auch die Vernachlässigung des Geschlechterverhältnisses ist in diesem Konzept beseitigt – wie auch die des Mensch/Natur-Verhältnisses. Denn Vorsorgen bezieht sich ja gerade auch auf das Wirtschaften mit der Natur. Aber es gibt einen zentralen Kritikpunkt, der lautet: Es sei eine Illusion, die Sorge-Beziehung als allgemeingültiges ökonomisches Handlungsprinzip in modernen, hoch arbeitsteiligen Gesellschaften entwickeln zu wollen. Allgemeingültigkeit ist jedoch auch gar nicht angestrebt. Die Integration sorgenden und vorsorgenden wirtschaftlichen Handelns in die wirtschaftliche Praxis und ökonomische Theorie heißt nicht, dass die anderen Handlungstypen dadurch ersetzt werden – aber sie werden ergänzt um ein Handlungsprinzip, dessen Regeln ähnlich handlungskoordinierend wirken wie die des Marktes oder der Verständigung über Sprache. Und es ist eine These der an diesem Konzept arbeitenden Wissenschaftlerinnen und Praktikerinnen, dass über die Ausbreitung vorsorgenden wirtschaftlichen Handelns auch die Marktökonomie so verändert werden kann, dass sie verstärkt das wird, als das sie historisch entstanden ist – lebensdienlich und naturgemäß, Mittel zum Lebenszweck.

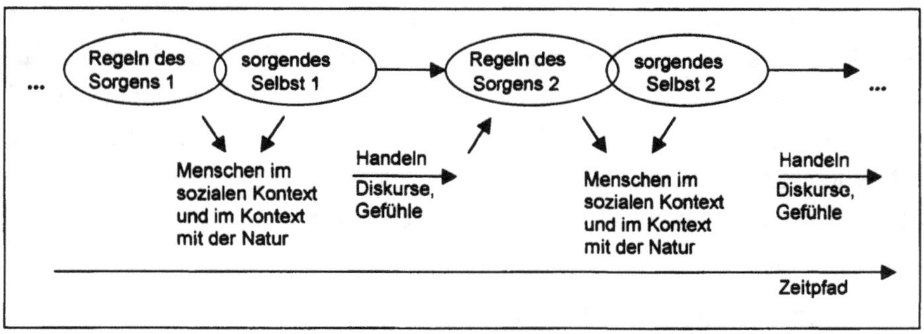

Abb. 28: Das „sorgende Selbst im Kontext" der Feministischen Ökonomik

3.9 Schlussfolgerungen: Die Vielfalt mikroökonomischer Ansätze

Das Ergebnis unserer Beschäftigung mit den vielfältigen heterodoxen Ansätzen ist, dass es heute in der Mikroökonomik viele verschiedene Menschenbilder und ebenso viele unterschiedliche philosophische Grundlagen und Rationalitätskonzepte gibt. Damit gibt es nicht eine, sondern *viele Mikroökonomiken*. Allerdings ist die orthodoxe Neoklassik heute sowohl in den Lehrbüchern als auch in der Lehre selbst immer noch vorherrschend. Sie stellt ein Paradigma dar, das seit mehr als hundert Jahren institutionalisiert wurde und heute noch institutionalisiert wird (z. B. über die Besetzung von zahlreichen Lehrstühlen an den Universitäten in den neuen Bundesländern im Osten Deutschlands nach der Wiedervereinigung 1989 mit Neoklassikern).

Lassen wir die verschiedenen Ansätze noch einmal Revue passieren, so ergibt sich ein buntes Bild, in dem sich Menschenbilder ebenso mischen wie Ethiken, Rationalitätskonzepte und Methodologien. Abb. 29 verdeutlicht diese Vielfalt.

Gegen diese Vielfalt, gegen das Ergänzen und/oder Ersetzen des neoklassischen Paradigmas durch neue Ansätze, wie sie oben skizziert wurden, wird häufig eingewendet, dieses alles sei für StudentInnen am Beginn des Studiums zu kompliziert. „Homo oeconomicus" sei ein einfaches Bild, und man müsse zunächst mit ihm arbeiten. Außerdem sei es gut mathematisch formalisierbar. U.E. können diese Argumente heute nicht mehr gelten, eben weil die Kritik verdeutlicht hat, dass „homo oeconomicus" nicht nur ein einfaches, sondern für viele ökonomische Situationen ein unpassendes Bild ist. Unterstützung finden wir mit dieser Position auch bei anderen. So schreibt z. B. Hampicke (1992: 424): „Vielleicht ist die Zeit, in der Gerechtigkeit und Naturerhalt zu fundamentalen („Erstsemester") Leitbildern ökonomischen Denkens werden, etwas näher gerückt." U.E. ist diese Zeit inzwischen erreicht. Sie ist reif für diese Veränderung des ökonomischen Menschenbildes.

Die heutigen ökonomischen Probleme brauchen zu ihrer Lösung solch erweiterte Konzepte. Ökonomie ist heute nicht mehr nur die Beseitigung von relativer Knappheit. Die Ökonomik ist gerade auch aufgefordert, über die Bewältigung von Überfluss und dessen Kosten nachzudenken. Das bedeutet zum einen, absolute Knappheiten (z. B. von Seiten der natürlichen Mitwelt) zu behandeln, zum anderen, die Frage der gerechten Verteilung von Nutzen und Kosten des weltweiten Wirtschaftens in den Blick zu nehmen. Und das geht nicht ohne Integration von gesellschaftlichen Leitbildern, Normen und Werten.

Bereich / Ansatz	*Menschenbild*	*Philosophische Grundlagen*	*Rationalitäts-konzept*	*Methodik*
Neoklassik	homo oeconomicus	Utilitarismus	Kosten-Nutzen-Rationalität Nutzenmaximierung, Effizienz	methodologischer Individualismus, deduktiv, positiv
Spieltheorie	homo oeconomicus neumannensis	Utilitarismus	Kosten-Nutzen-Rationalität Auszahlungs-Maximierung, optimale Strategie	methodologischer Individualismus, deduktiv, positiv
Neue Institutionen-Ökonomik	homo oeconomicus institutionalis	Utilitarismus	Kosten-Nutzen-Rationalität, Effizienz der Regeln/ Institutionen	methodologischer Individualismus,deduktiv, positiv
Humanistic Economics	dual self	Bi-Utilitarismus, kategorischer Imperativ	Vernünftigkeit Reasonableness	method. Individualismus deduktiv, positiv + normativ
Sozio-Ökonomik	I & We	Bi-Utilitarismus Kommunitarismus	Sub-Rationalität	Analyse sozialer Beziehungen, induktiv + deduktiv, positiv + normativ
Kritischer Institutionalismus	homo culturalis	Pragmatismus	prozessuale Rationalität (practical reasonableness)	pattern building, abduktiv, positiv + normativ
Praktische Sozial-Ökonomik	diskursfähiges Selbst	Diskursethik, Verantwortungsethik	kommunikative Vernunft	Analyse sozialen Handelns, induktiv + deduktiv, positiv + normativ
Ökologische Ökonomik	homo oecologicus	ökologische Ethik als Verantwortungsethik	Nachhaltigkeit als ergebnisoffener Prozess, Ko-Evolution	Ökosystemanalyse, induktiv +deduktiv, positiv + normativ
Feministische Ökonomik (Vorsorgendes Wirtschaften)	(Vor-)Sorgendes Selbst im Kontext	Ethik des Sorgens, Diskursethik	praktische, kommunikative, emotionale Vernunft	pattern building, auf der Basis von Erfahrungen, abduktiv, positiv + normativ

Abb. 29: Die Vielfalt mikroökonomischer Ansätze

4 Mikroökonomik aus sozial-ökologischer Perspektive (MiSÖP): Das Grundkonzept

Aus der dargestellten Vielfalt mikroökonomischer Ansätze filtern wir im folgenden eine Reihe von Annahmen heraus, die zu einem komplexen Handlungsmodell integriert werden. Angereichert mit einem Institutionenbegriff wird daraus ein Theoriemuster, das Ökonomie als Raum sozial-ökologischen Handelns analysieren kann. Aufgrund des komplexen Handlungsmodells ist dieser Ansatz darüber hinaus in der Lage, Durchmischungen und zeitliche Veränderungen von Handlungstypen herauszufinden und so Gestaltungsmöglichkeiten für ein einer zukunftsfähigen Wirtschaftsweise zuträgliches Verhältnis der verschiedenen Handlungstypen und Rationalitätsmuster zu diskutieren.

4.1 Handlungstypen und Koordinationsformen

In den diskutierten neun mikroökonomischen Konzepten (drei aus der Orthodoxie, sechs aus der Heterodoxie) steckesn, stillschweigend oder ausdrücklich formuliert, je spezifische Annahmen über den Typ ökonomischen Handelns sowie über die jeweils unterstellte vorrangige Form, in der die einzelnen Handlungen koordiniert werden. Das macht Abb. 30 deutlich.

Die Tabelle zeigt, dass durch diese verschiedenen Ansätze das herkömmliche orthodoxe Handlungsmodell, worin „homo oeconomicus" seine Mittel (Geld) einsetzt, um über Güter seinen Nutzen zu maximieren, durch vielfältige Handlungstypen erweitert wird. Das impliziert zwangsläufig auch eine Erweiterung der Koordinationsform. Diese ist in der Orthodoxie ausschließlich der Markt als Preismechanismus, wobei Angebot und Nachfrage über einen flexiblen Preis ausgeglichen werden. Die beiden anderen orthodoxen Ansätze bleiben bei der Konzentration auf den Markt, den sie jetzt allerdings als Ort strategischer Spiele (Spieltheorie) bzw. als vertraglich geregelten Ort der Übertragung von Eigentums- bzw. Verfügungsrechten (Neue Institutionenökonomik) interpretieren. Bei den heterodoxen Ansätzen dagegen tritt der Markt in dieser eindeutigen Rolle zurück, da er durch andere Koordinationsformen ergänzt oder ersetzt wird. Entsprechend ändert sich auch das Koordinationsmittel: Ist dieses Mittel zunächst nur der Preis als relativer Preis bzw. dort, wo Geld in die Analyse hereinkommt, das Geld bzw. der Geld-Preis, so wird es in den heterodoxen Ansätzen ergänzt und zum Teil ersetzt durch Normen, Werte, Sprache, Orientierung an Regeln und (Mit-)Gefühl sowie (Vor-)Sorge.

Ansatz \ Bereich	Handlungstyp	Koordinationsmittel	Koordinations-formen
Neoklassik	instrumentell	(Geld-)Preise	Markt als Preismechanismus
Spieltheorie	strategisch	(Geld-) Auszahlungen, Strategien	Markt als Ort strategischer Spiele
Neue Institutionen-ökonomik	strategisch-geregelt	Geld, Verträge, Sanktionen	Markt als vertraglich geregelter Ort zur Übertragung von Eigentumsrechten
Humanistic Economics	instrumentell-moralisch	(Geld-)Preise, Werte	Kategorischer Imperativ, Markt als moralisch begrenzter Preismechanismus
Sozio-Ökonomik	sozial eingebettet, normgeleitet, „committed"	(Geld-)Preise, Gefühle, Werte	sozial eingebetteter Markt, Regeln des „We"
Kritischer Institutionalismus	bewusst + unbewusst regelgebunden	Normen, Werte Sprache, Macht in Institutionen	Verhandlungs-prozesse
Praktische Sozial-Ökonomik	kommunikativ, verantwortlich	Sprache, Diskursregeln	praktische Diskurse
Ökologische Ökonomik	ko-evolutionär, verantwortlich	Verantwortung, Nachhaltigkeitsregeln	Orientierung an Nachhaltigkeits-regeln
Feministische Ökonomik (Vorsorgendes Wirtschaften)	sorgend, vorsorgend	Normen, Sprache, (Mit-) Gefühl, Verantwortung, Regeln des Sorgens	Sorge-Beziehung, Orientierung an Regeln des Sorgens

Abb. 30: Handlungstypen, Koordinationsmittel und Koordinationsformen

Damit entschwindet nicht nur unser so prächtig formalisierbarer „homo oeconomicus", damit entsteht auch eine Komplexität, in der es sich zurechtzufinden gilt. Notwendig ist also eine theoriegeleitete Strukturierung dieser verschiedenen Handlungstypen und Koordinationsformen, die zu einem für mikroökonomische Analysen nützlichen Modell führen. Diese Strukturierung geschieht hier in zwei Stufen: Zunächst werden die Handlungstypen zu einem Handlungsmodell geordnet, und danach wird dieses komplexe Handeln mit Hilfe eines Institutionenbegriffs in spezifische Handlungszusammenhänge eingebettet. Diese Zweistufigkeit des methodischen Vorgehens ist nötig, weil sich bei genauerem Durchdenken der in Abb. 30 gesammelten Handlungstypen zeigt, dass sie selbst schon auf zwei unterschiedlichen Ebenen angesiedelt sind: auf der Ebene persönlicher Zusammenhänge einerseits, auf der Ebene von sozialen Regeln andererseits. Im Konzept der Mikroökonomik aus sozial-ökologischer Perspektive sollen beide Ebenen integriert werden.

4.2 Eine komplexe Handlungstheorie

4.2.1 Ordnung der Handlungstypen

Es gilt also zunächst, die Handlungstypen zu ordnen. Dies erfolgt hier mit Hilfe einer von Habermas entlehnten Grundstruktur, die er wiederum in der Interpretation des Handlungsmodells von Max Weber entwickelt. Ordnungsbegriff ist hier die „Handlungsorientierung", sozusagen der Sinn, den der/die Handelnde der jeweiligen Handlung gibt, sei es als isolierte oder gemeinschaftliche Tat.

Die Handlungsorientierungen, die Habermas vorgibt, heißen „erfolgsorientiert" und „verständigungsorientiert". Erfolgsorientiertes Handeln zielt ausschließlich auf das Handlungsergebnis, wobei dieses den je individuellen Handlungsplänen entsprechen soll. Verständigungsorientiertes Handeln dagegen ist Handeln, bei dem das Ergebnis offen ist, da es erst im Verständigungsprozess mit anderen formulierbar ist. Hier ist die Verständigung mit anderen genauso wichtig wie die Erzielung eines Erfolges.

Aus der Diskussion der verschiedenen mikroökonomischen heterodoxen Ansätze kristallisiert sich noch eine dritte Orientierung heraus, die wir hier „Sorgeorientierung" nennen. Damit ist eine Handlungsorientierung gemeint, die sich an den Bedürfnissen sowohl der Handelnden selbst als auch anderer Mitmenschen oder der natürlichen Mitwelt orientiert.

Mit Hilfe dieser drei Handlungsorientierungen sowie der Unterscheidung der Handlungssituationen in „nicht-soziale" und „soziale" lassen sich die Handlungstypen folgendermaßen gruppieren (in Erweiterung von Habermas 1988, Bd. 1: 384):

	Handlungsorientierungen		
Handlungs-situationen	*erfolgsorientiert*	*verständigungs-orientiert*	*sorge-orientiert*
nicht-sozial	instrumentelles Handeln		
sozial	strategisches Handeln	kommunikatives Handeln	vorsorgendes Handeln

Abb. 31: Handlungstypen und Handlungsorientierungen

Damit ist die Vielfalt der Handlungstypen aus Abb. 30 auf vier Handlungstypen konzentriert, die sich, bis auf das instrumentelle Handeln, wo „homo oeconomicus" mit seiner Güterwelt allein ist, alle auf soziale Handlungssituationen im Weberschen Sinne beziehen:

In spezifischen Situationen wird rein instrumentell gehandelt, in anderen strategisch, wobei das strategisch-geregelte Handeln der Neuen Institutionenökonomik hier integriert ist, da die Handlungslogik unverändert bleibt.

Und wieder andere Handlungssituationen werden durch Sprache und Diskurs geprägt. Hier findet „kommunikatives Handeln" statt. In diesem Handlungstyp aus der Praktischen Sozialökonomik sind Elemente verschiedener Konzepte enthalten: der Kategorische Imperativ der Humanistic Economics, der zur Verständigung weiterentwickelt ist, sowie die dialogischen Elemente der Sozio-Ökonomik.

Die beiden sorge-orientierten Handlungstypen „sorgendes Handeln" und „vorsorgendes Handeln" sind nicht mehr gesondert ausgewiesen, sondern im vorsorgenden Handeln zusammengefasst. „Sorgen" bedeutet das traditionell geschlechtsspezifisch geprägte und daher normengeleitete Handeln im familiären Zusammenhang. Es beinhaltet das Prinzip des „Commitment" der Sozio-Ökonomik, was im Deutschen am ehesten mit Verantwortungsgefühl zu übersetzen ist.

> *„Vorsorgendes Handeln" ist Handeln, das zwar das Sorgen als Grundorientierung beibehält, dieses jedoch auf den ganzen Raum der Ökonomie ausdehnt und sich dabei von der traditionell normengeprägten Handlungsgrundlage löst.*

Vorsorgen schließt somit Sorgen ein. Die neuen Handlungsprinzipien entstehen im Diskurs und durch Mit-Gefühl mit den verschiedenen Mit-Handelnden und von dem jeweiligen Handeln Betroffenen. Hier geht es aber nicht nur um die heute lebenden, sondern auch um zukünftige Generationen sowie die natürliche Mitwelt. Soweit die Verantwortung für diese über „fiktive Diskurse" integriert werden kann, ist hier das „verantwortliche Handeln" der Praktischen Sozialökonomik eingeschlossen. Hier ist auch das ko-evolutionäre Handeln der Ökologischen Ökonomik integriert.

4.2.2 Handlungstypen und Handlungsräume

Nun lassen sich diese vier Handlungstypen mit den früher unterschiedenen ökonomischen Handlungsräumen kombinieren:

Die erfolgsorientierten Handlungstypen sind diejenigen, die in der orthodoxen Ökonomik der Marktökonomie zugeschrieben werden. Wir fassen sie daher hier unter dem englischen Begriff „bargaining" (B) zusammen. Sie stellen die B-Handlungstypen unseres Handlungsmodells dar.

Die unter der „Sorge-Orientierung" zusammengefassten Handlungstypen werden im aktuellen feministisch-ökonomischen bzw. feministisch-ökologischen Diskurs der Versorgungsökonomie zugeschrieben. Grundlage ist hier das Sorgen, die „Ethic of Care". Wir nennen diese Handlungstypen daher „caring" (C) bzw. C-Handlungstypen.

Die auf Verständigung orientierten Handlungstypen werden in der jüngeren Diskussion vor allem zur Erklärung von kooperativen Prozessen, koordiniert über Sprache, verwendet. Hier wird argumentiert, um nicht nur zu gemeinsamen Handlungszielen, sondern auch zu passenden Handlungsprozessen zu kommen. Mit Jon Elster (1994) nennen wir diese Handlungstypen daher „arguing" (A) bzw. A-Handlungstypen. Da unser hier vorgestelltes Konzept insbesondere auf die Kooperation zwischen Marktökonomie und Versorgungsökonomie zielt, ordnen wir diesen Handlungstyp dem „Ganzen der Ökonomie" zu, den Prozessen, die die Trennung zwischen Markt- und Versorgungsökonomie aufheben. Auf diese Art und Weise ist ein Handlungsmodell entstanden, das wir „ABC-Modell" nennen. Es ist in Abb. 32 dargestellt.

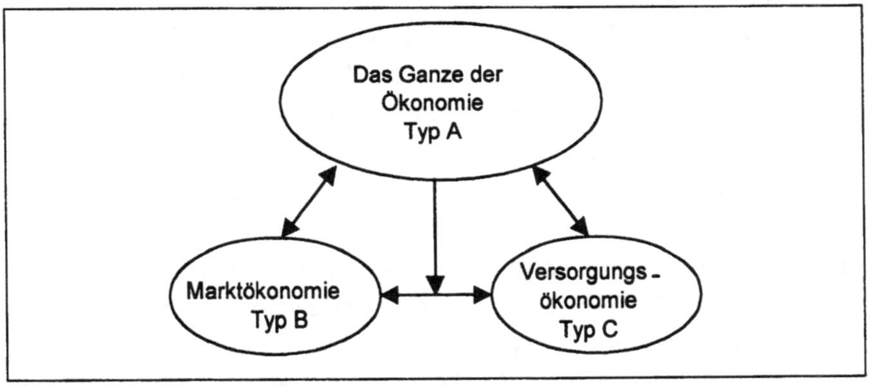

Abb. 32: Das ABC-Modell ökonomischen Handelns

4.2.3 Handlungskoordination über Kooperationsprozesse

Ökonomisches Handeln wird erst zum gemeinschaftlichen Handeln durch Formen bzw. Verfahren der Handlungskoordination mit Hilfe von Koordinationsmitteln. Das haben wir schon bei den verschiedenen Theorien gesehen, das wurde in Abb. 30 deutlich. Welche Koordinationsformen und -mittel spielen für das ABC-Modell ökonomischen Handelns eine Rolle?

Einfach zu beantworten ist diese Frage nur bezüglich des Handlungstyps B: Das ihm gemäße Koordinationsverfahren ist in allen drei Varianten der orthodoxen Ökonomik der Markt – als Preismechanismus, als Ort strategischer Spiele, als vertraglich geregelter Ort der Übertragung von Verfügungsrechten. Die Koordinationsform, die hier wirkt, ist Konkurrenz. Wie sieht es aber mit den anderen beiden Handlungstypen, den Handlungstypen A (arguing) und C (caring), aus – und wie werden die verschiedenen Handlungstypen A, B und C untereinander koordiniert?

Zur Beantwortung dieser Fragen ist ein bisher von uns kaum verwendeter Begriff notwendig – der Begriff der „Kooperation“. Denn aus Abb. 30 wird deutlich, dass alle heterodoxen Ansätze und auch die Neue Institutionenökonomik auf Koordinationsformen setzen, die in irgendeiner Weise gemeinsames Handeln voraussetzen. Und gemeinsames Handeln bedeutet in der Ökonomie Kooperation.

Kooperieren im ökonomischen Handlungsraum meint ganz allgemein, eine ökonomische Tätigkeit gemeinsam auszuführen. Diese Gemeinsamkeit kann jedoch sehr unterschiedlich sein. Wir können sie am besten mit Hilfe unserer jetzt auf drei Gruppen konzentrierten Handlungstypen beschreiben:

- *Kooperation als „strategische Kooperation“:* Dies ist eine Form, in der eigennützige homines oeconomici „Gemeinsamkeit“ entwickeln. In ihren Handlungsplänen sind die anderen Akteure Mittel zur Erreichung der eigenen Ziele. Deshalb handeln sie strategisch – das Handeln der anderen geht in ihre eigenen Handlungspläne ein. Strategische Kooperationen sind somit Kooperationen, die wirtschaftlich handelnde Individuen eingehen, um die je eigenen Ziele mit Hilfe von Anderen zu maximieren. Hier ist das strategische Handeln (Handlungstyp B) vorherrschend. Theorien, in deren Rahmen solche Kooperationen theoretisch ausformuliert werden, sind, wie schon in Abschnitt 3 erwähnt, die Spieltheorie sowie die Neue Institutionenökonomik. In letzterer kommen Kooperationen zustande, weil ökonomisch handelnde Individuen dadurch Transaktionskosten sparen. Die Spieltheorie kann zeigen, dass sogar solche eigennützigen Individuen beim wiederholten Aufeinandertreffen kooperieren. Sie entwickeln Vertrauensnormen. Diese entstehen als Ausdruck des „gibst du mir, geb ich dir“, des Gegenseitigskeitsprinzips, das auch in der Konkurrenz gilt. Jedoch fallen hier, in der strategischen Kooperation, häufig Leistung und Gegenleistung zeitlich auseinander, wobei eine Leistung nur in Erwartung einer äquivalenten Gegenleistung erfolgt. Wie in der Konkurrenz ist dieses strategische Kooperationsprinzip auf Symmetrie begründet, es ist Kooperation unter Gleichen. Das muss jedoch nicht bedeuten, dass die Interessen der beteiligten Kooperationspartner auch gleichwertig befriedigt werden. Bestandteil des Handlungstyps B ist auch, dass ein Individuum, das Einfluss auf andere ausüben kann, Macht im Sinne der Definition von Max Weber hat: „Macht bedeutet jede Chance, innerhalb einer sozialen Beziehung den eigenen Willen gegen Widerstreben durchzusetzen, gleichviel worauf diese Chance beruht“ (Weber 1972: 28). Macht über andere zu haben, heißt also auch, im Konflikt mit anderen die eigenen Interessen durchsetzen zu können. Quellen dieser Macht über andere können Ressourcen (z. B. Eigentum) sein, mit deren Hilfe man drohen oder belohnen kann; oder es können gesellschaftliche Verhältnisse sein, die Positionen in Hierarchien oder Traditionen festlegen, die einen Menschen im Status über den anderen stellen. Macht hat also viel mit Ungleichheit zwischen Menschen zu tun, die durch die gesellschaftlichen Verhältnisse gefestigt wird. Die ökonomische Realität kennt viele Ungleichheiten unter den ökonomisch handelnden Menschen und damit viele Asymmetrien. Und sie kennt Ungleichheiten zwischen denen, die heute handeln, und zukünftigen Generationen bzw. der natürlichen Mitwelt. Kooperationen, die solche Ungleichheiten berücksichtigen, müssen anderen als strategischen Anforderungen genügen.

- *Kooperation als „verständige Kooperation":* Sind die gleichzeitig und gemeinsam handelnden Menschen in der Ökonomie nicht gleich, sondern ungleich, z. B. EigentümerInnen und Nicht-EigentümerInnen, so besteht zwischen ihnen Macht. Soll nicht dieses Machtgefälle entscheidend sein, sondern allen Beteiligten im Prinzip gleicher Einfluss gewährt werden, so ist strategische Kooperation ungeeignet. Es muss das Prinzip *Fairness* gelten. Fairness bedeutet, Andere trotz ihrer Ungleichheit als gleichberechtigt anzuerkennen, d. h. sie als eigenständige Zwecke, nicht als Mittel der eigenen Maximierungshandlung, zu betrachten. Dabei ist Fairness keine natürliche Eigenschaft von Menschen, überhaupt kein subjektives, sondern ein gesellschaftliches oder soziales Konzept. Was fair ist, wird durch einen gesellschaftlichen Verständigungsprozess geregelt. Hier treffen wir wieder auf die Form des „verständigungsorientierten Handelns", unseren Handlungstyp A. Während bei der strategischen Kooperation die Handlungskoordination über (Geld-)Preise bzw. erwartete Auszahlung oder Verträge funktioniert, erfolgt sie hier über Diskurse mit entsprechenden Diskursregeln. In solchen „verständigen Kooperationen" sind die KooperationspartnerInnen nicht nur am Erreichen ihrer eigenen Ziele, sondern auch an der Verständigung mit anderen interessiert. Diese Art der Kooperation beinhaltet daher ein qualitativ anderes Gegenseitigkeitsprinzip als das der strategischen Kooperation: Die Gegenseitigkeit besteht in der Anerkennung der anderen als gleichberechtigt, gleich wichtig. (Ulrich nennt dies „kommunikationsethisches Gegenseitigkeitsprinzip", vgl. Ulrich 1993: 42.) Dieses Gegenseitigkeitsprinzip beachtet die Ungleichheit zwischen den gleichzeitig wirtschaftlich handelnden Menschen.
- *Kooperation als „vorsorgend-verantwortliche Kooperation":* Nicht alle Betroffenen können sich am Diskurs beteiligen. Somit bleibt die oben genannte Ungleicheit zwischen den heute handelnden, sprachfähigen Menschen und der „sprachlosen" natürlichen Mitwelt sowie den ebenfalls „sprachlosen" zukünftigen Generationen. Hier treffen wir auf unseren

Handlungstyp C, das sorge- bzw. vorsorgeorientierte Handeln. Denn hier muss in dem Prozess der Verständigung der Gedanke des Sorgens und des Vorsorgens für andere hinzukommen. Neben Sprache als Koordinationsmittel treten Mitgefühl und Verantwortung. Dieses „Andere in die heutigen ökonomischen Entscheidungen Einbeziehen", dieses „sich um zukünftige Generationen und die natürliche Mitwelt Sorgen", haben wir oben als „Verantwortung" bezeichnet.

Deshalb nennen wir die Art der Kooperation, die diesem sorgenden Verantwortungsprinzip verpflichtet ist, vorsorgend-verantwortliche Kooperation. Über sie kann der Ungleichheit zwischen heute lebenden und zukünftigen Generationen sowie der natürlichen Mitwelt begegnet werden.

4.2.4 Zuordnung von Koordinationsformen zu Handlungstypen

Nach diesen konzeptionellen Überlegungen zu verschiedenen Arten der Kooperation können wir nun die oben aufgeworfene Frage nach der Zuordnung von Koordinationsformen und -mitteln zu den Handlungstypen beantworten.

- Zu Handlungstyp A (arguing) gehört die Koordinationsform der verständigen Kooperation, da es hier um ökonomische Handlungssituationen geht, in denen sich die Beteiligten in einem diskursiven Prozess über das Ziel ihres Handelns und den Weg dorthin verständigen. Koordinationsmittel sind Sprache bzw. Diskursregeln.

- Zu Handlungstyp B (bargaining) gehören die Koordinationsformen der Konkurrenz und der strategischen Kooperation. Hier haben die Einzelnen nur ihr eigenes Interesse im Auge, sie handeln ihren eigenen Nutzen maximierend im Güterraum, am Markt. Soweit sie dazu andere benötigen, verhandeln sie mit ihnen oder beziehen sie, ohne mit ihnen zu sprechen, in ihre Handlungspläne ein und wissen, dass die anderen dies ebenfalls tun. Koordinationsmittel bleiben hier die relativen (Geld-)Preise bzw. die erwarteten Auszahlungen oder (strategische) Verträge.

- Zu Handlungstyp C (caring) gehört die vorsorgend-verantwortliche Kooperation. Sorgendes und vorsorgendes ökonomisches Handeln geht von den eigenen Bedürfnissen und von den Bedürfnissen der Anderen aus, wobei in diese Anderen eben auch nicht-sprachfähige Betroffene und Beteiligte (wie z. B. die natürliche Mitwelt oder zukünftige Generationen) einbezogen sind. Koordinationsmittel sind hier auch die Sprache bzw. Diskursregeln, da sich die sorgend ökonomisch Handelnden miteinander verständigen, wie es auch in der verständigen Kooperation der Fall ist. Charakteristikum ist hier jedoch nicht nur „Verständigung", sondern auch die Koordinationsmittel „Mit-Gefühl" bzw. „Verantwortung".

Ordnen wir den vier Koordinationsformen arabische Ziffern zu (Konkurrenz: 1, strategische Kooperation: 2, verständige Kooperation: 3 und verantwortliche Kooperation: 4), ergibt sich folgendes Schema:

Handlungstypen	*Koordinationsformen*
B	1, 2
A	3
C	4

Abb. 33: Handlungstypen in Koordinationsformen

Handlungstypen und die dazu gehörigen Koordinationsformen und -mittel fallen weder vom Himmel, noch sind sie ein für allemal gegeben. Vielmehr werden die verschiedenen Handlungstypen durch einen Prozess, in dem sich Handlungsroutinen herausbilden (= Prozess der Institutionalisierung) geschaffen und verfestigt. Sie entstehen auch nicht in Reinform, sondern vermischen sich in Handlungsmustern. Diese sind das Ergebnis eines Prozesses der „sozialen Konstruktion“. Das ist ein Prozess, in dem die Gesellschaft alte Handlungstypen übernimmt, verändert, und neue ausprobiert. Diese Handlungsmuster werden in Handlungszusammenhängen (z. B. Haushalt, Unternehmen, Gütermarkt, Arbeitsmarkt, Nonprofit-Organisationen) praktisch.

Verschiedentlich ist die Frage aufgeworfen worden, ob wir überhaupt ein generelles Handlungsmodell entwerfen können, oder ob wir nicht spezifische Unterschiede machen müssen. So möchte Etzioni (1988: 11) die Handlungstypen nach Haushalten und Unternehmen unterscheiden. Und Williamson (1985: 43), der mit dem opportunistischen Menschenbild arbeitet, stellt selbst fest, dass der Opportunist keine passende theoretische Charakterisierung von Arbeitern ist. Denn diese seien „unerschütterliche Optimisten“, weil sie auf Zusagen vertrauten.

Solche Hinweise sind der Grund dafür, dass wir unsere Handlungstypen nicht auf Personen bezogen unterscheiden, sondern je nach den spezifischen institutionalisierten Handlungszusammenhängen (vgl. dazu Teil II). So lassen sich die Handlungstypen B eher Unternehmen zuordnen als Haushalten, die Handlungstypen C eher Haushalten als Unternehmen und die Handlungstypen A eher diskursiv-kooperativen Zusammenhängen wie Kundendialogen, Unternehmens- oder Haushaltskooperationen, Runden Tischen.

Wir sagen ausdrücklich „eher“, da wir meinen, dass ein solch komplexes Handlungsmodell wie das ABC-Modell sich insbesondere dazu eignet, die Durchmischungen der verschiedenen Handlungstypen in je konkreten Zusammenhängen zu analysieren. Denn die Realität im ökonomischen Handlungsraum ist typischerweise von solchen Durchmischungen gekennzeichnet.

4.3 Institutionen in der Ökonomie

Oben hieß es, die verschiedenen Handlungstypen könnten in der Realität der Ökonomie spezifisch institutionalisierten Zusammenhängen mehr oder weniger zugeordnet werden, wobei es jedoch für die ökonomische Analyse gerade auch darauf ankommt, die Durchmischung verschiedener solcher Handlungstypen aufzuzeigen und die resultierenden Wohlfahrtseffekte zu analysieren. Was ist ein solch „institutionalisierter Handlungszusammenhang"? Zur Beantwortung dieser Frage ist zunächst zu bestimmen, was „Institutionen" in der ökonomischen Theorie sind.

4.3.1 Verschiedene Institutionenbegriffe in der wirtschaftswissenschaftlichen Diskussion

Theoriegeschichtlich gibt es den Begriff der Institution seit der Jahrhundertwende in der ökonomischen Theorie. Er geht, wie oben schon gezeigt, zurück auf Thorstein B. Veblen (1857-1929) und den von ihm begründeten Amerikanischen Institutionalismus (vgl. Teil I.2.7). Lange Zeit spielte dieser Begriff jedoch in der orthodoxen und auch in weiten Teilen der heterodoxen Theorie in Europa keine Rolle. Erst seit Beginn der sechziger Jahre des 20. Jh. in den USA und der achtziger Jahre in Europa erfuhr er eine Wiederentdeckung und Weiterentwicklung. Nun begann auch die Orthodoxie, ihren eigenen Institutionenbegriff zu entwickeln. Die Einsicht, dass ökonomisches Handeln jeglicher Art durch Regeln geprägt ist, die das Handeln beschränken und ermöglichen, setzte sich durch. Heute können wir drei große Gruppen von Institutionenbegriffen unterscheiden:

- den Institutionenbegriff der Orthodoxie in der „Neuen Institutionenökonomik";
- den Institutionenbegriff des „Kritischen Institutionalismus", der auch als „Neo-Institutionalismus" bezeichnet wird;
- den Institutionenbegriff der „Sozio-Ökonomik".

(a) Der Institutionenbegriff der *Neuen Institutionenökonomik* fußt auf den Werken von Douglass C. North (geb. 1920) und Oliver E. Williamson (geb. 1932). Eine Grundkategorie ist hier, wie schon erwähnt (vgl. I.3.2.2), die der „Transaktionskosten". Das sind, im Gegensatz zu den im Produktionsprozess anfallenden Produktionskosten, solche Kosten, die im Prozess des Handelns mit Waren bzw. Verfügungsrechten anfallen: z. B. Verhandlungskosten, Kosten zur Ausfertigung von Verträgen, Vertragskontrollkosten usw. Da die ökonomisch handelnden Menschen als „homines oeconomici“ modelliert sind, versuchen sie, diese Transaktionskosten mit Hilfe von Regeln, d. h. Institutionen, zu reduzieren bzw. ganz einzusparen. Die Ursache für das Entstehen von Institutionen, z. B. von Eigentumsrechten, sind in diesem Ansatz also Transaktionskosten. Diese machen das Wirtschaften in einer marktwirtschaftlich organisierten Ökonomie ineffizient. Institutionen dagegen stellen die Effizienz des wirtschaftlichen Handelns wieder her. Sie sind eine effiziente Antwort auf die Existenz von Transaktionskosten.

Somit bleibt die „Neue Institutionenökonomik“ dem Handlungs- und Rationalitätskonzept der Orthodoxie verpflichtet: Institutionen sind, wie vorher Entscheidungen über Güter, Ergebnisse rationaler Wahlhandlungen. Sie stellen Handlungsbeschränkungen dar. North unterscheidet hier in „formlose“ und „formgebundene“ Beschränkungen. Mit ersteren sind Verhaltensnormen, Sitten, Gebräuche, Konventionen gemeint. Letztere umfassen politische, wirtschaftliche und vertragliche Regeln.

(b) Im Konzept des *Kritischen Institutionalismus* dagegen haben Institutionen nichts mit Effizienz zu tun. Institutionen sind hier gelernte Handlungsroutinen, gegenseitige Erwartungs- und Verhaltensregelmäßigkeiten im sozialen Interaktionsprozess. In ihnen konzentriert sich soziale Erfahrung der Vergangenheit. Bush (1987: 1076) definiert Institutionen als „a set of socially prescribed patterns of correlated behavior.“ Die Korrelation geschieht dabei über Werte. Diese sind zum einen „zeremoniell“, womit gemeint ist, dass sie Hierarchien, Statuspositionen und Macht sichern. Sie sind zum anderen „instrumentell“, was besagt, dass sich in ihnen das Wissen der Gesellschaft, das zur Lösung gesellschaftlicher Probleme verwendet werden kann, ausdrückt.

Korrelierte Verhaltensmuster gemäß dieser Definition sehen z. B. folgendermaßen aus (vgl. dazu Bush 1987: 1082):

$B_c\ V_c\ B_c$
$B_c\ V_c\ B_i$
$B_c\ V_c\ B_{ci}$
$B_{ci}\ V_c\ B_i$
$B_{ci}\ V_c\ B_{ci}$

$B_i\ V_i\ B_i$
$B_i\ V_i\ B_{ci}$
$B_{ci}\ V_i\ B_{ci}$

mit: B_c = zeremonielles Verhalten („behavior“)
B_i = instrumentelles Verhalten
B_{ci} = zeremoniell-instrumentell gemischtes Verhalten
V_c = zeremonieller Wert („value“)
V_i = instrumenteller Wert

In Institutionen drücken sich gemäß dieser Definition sowohl beharrende Momente (zeremonielle Werte, zeremonielles Verhalten) als auch die Gesellschaft in ihrem Wandel voranbringende Momente (instrumentelle Werte, instrumentelles Verhalten) aus. Da erstere als beharrend und daher rückwärtsgewandt, letztere als die Entwicklung ermöglichend und daher zukunftsgestaltend angesehen werden, wird von einer „intra-institutionellen Dichotomie" gesprochen (vgl. Teil I.2.7).

Institutionen sind hier einerseits Handlungsrestriktionen, zum anderen ermöglichen sie jedoch ökonomisches Handeln und geben Handlungssicherheit. Sie sind im geschichtlichen Prozess entstanden und daher „pfadabhängig". Ob es zu einer Veränderung der Gesellschaft im Sinne eines institutionellen Wandels kommt und wie stark dieser Wandel ist, hängt von der intra-institutionellen Dichotomie ab, wird also davon bestimmt, ob die zeremoniellen Werte die Oberhand behalten. Institutioneller Wandel kann beschrieben werden als Ersetzen der zeremoniellen Werte durch instrumentelle Werte und damit des zeremoniellen Verhaltens durch instrumentelles Verhalten. Anstoß für einen solchen Wandel ist technologischer Fortschritt im Sinne von neuem Wissen.

Ein Beispiel: die Einführung des Internet.
Das Internet ist Ausdruck neuen Wissens. Dieses Wissen dient der Lösung von gesellschaftlichen Informations- und Kommunikationsproblemen. Bei seiner Einführung in den Lebensalltag der Gesellschaft stößt dieses neue Wissen auf „zeremonielle Werte" wie z. B. Informationsmonopole, die es in seinem Praktisch-Werden behindern. Nach und nach aber werden diese Werte durch „instrumentelle Werte", z. B. durch das Verlangen nach demokratischen Informationsmöglichkeiten für alle, abgelöst. Die Gesellschaft ändert so auch allmählich ihr gesamtes Informationsverhalten durch die Anwendung der Internet-Technologie.

(c) Der Institutionenbegriff der Sozio-Ökonomik hat ebenfalls nichts mit Effizienz, aber auch nichts mit der Dichotomie zwischen zeremoniellen und instrumentellen Elementen zu tun. Institutionen sind hier sozial konstruierte Handlungszusammenhänge. Sie sind im geschichtlichen Prozess von vielen Generationen von Menschen geprägt und verändert worden und tragen die Geschichte in sich. Sie sind somit, wie im Kritischen Institutionalismus, pfadabhängig. Die sozio-ökonomische Institutionenanalyse sieht Netzwerke, d. h. mehr oder minder lose Beziehungsgeflechte zwischen den ökonomisch handelnden Personen, als Vorformen von Institutionen an. Festigen sich diese Netzwerke, werden sie selbst zu Institutionen. Andernfalls lösen sie sich einfach wieder auf. Institutionen sind somit Netzwerke im Stadium des „locked in". Beispiele hierfür sind die historische Entstehung von Börsen oder Kaufhäusern, die Herausbildung und Veränderung von Märkten und Arbeitsmärkten, von Unternehmen und Unternehmenskooperationen, von Haushalten und Haushaltskooperationen (vgl. dazu die Beispiele in Teil II).

(d) Um die Pfad-Abhängigkeit von Institutionen zu verdeutlichen, wird in der Literatur gern das Q-W-E-R-T-Y-Beispiel angeführt. Q-W-E-R-T-Y gibt die von links gelesene Buchstabenreihenfolge in der oberen Reihe der Buchstabentastatur einer englischen Schreibmaschine an. Es ist lange bekannt, dass diese Anordnung der Buchstaben nicht die effizienteste ist. Mit einer anderen Anordnung kann schneller geschrieben werden. Wie kam es aber dann zu dieser Anordnung – und warum besteht sie bis heute?

Paul David, der dies untersuchte (vgl. David 1985), stellte fest, dass es in der Zeit um 1860 sehr wohl effizient war, die Buchstaben in der Folge von Q-W-E-R-T-Y anzuordnen. Denn damals ging es darum, die Schreibgeschwindigkeit zu verringern, um viele Schreibfehler, deren Korrekturen sehr aufwendig waren, zu vermeiden. Inzwischen ist dies kein Problem mehr, die Technik ist weiterentwickelt. Aber die Firmen haben die Maschinen mit der Q-W-E-R-T-Y-Anordnung gekauft und die Sekretärinnen und Schreibkräfte sind an ihnen ausgebildet worden. Eine eigentlich effizientere Typenanordnung hat so keine Chance. Die ineffiziente Q-W-E-R-T-Y-Anordnung ist „locked in", zeremonielle Werte verhindern die Anwendung neuen Wissens, die Einführung einer anderen Anordnung der Schreibmaschinentastatur.

4.3.2 Der hier verwendete Institutionenbegriff

Für die Zwecke des vorliegenden Lehrbuches verwenden wir einen *Institutionenbegriff*, der Elemente des (neo)institutionalistischen, des sozio-ökonomischen sowie des North'schen Begriffs beinhaltet:

> *Institutionen sind sozial konstruierte, pfadabhängige Handlungsmuster, in denen spezifische (formlose oder formgebundene) Erwartungs- und Verhaltensregeln gelten.*

Handlungsmuster sind dabei verstanden als eine Mischung aus den verschiedenen Handlungstypen A, B und C und den verschiedenen Koordinationsformen 1,2,3,4. Ein solches Muster kann z. B. sein:

- B (1) B
B (1) B
B (1) B

was bedeutet, dass hier der Handlungstyp des „bargaining", den mehrere Handelnde verfolgen, durch die Koordinationsform „Konkurrenz" miteinander koordiniert ist. Das wäre z. B. ein „reiner" Konkurrenzmarkt.

Ein anderes Beispiel wäre:

- A (3) B
A (3) A
B (1) A

Dies ist ein gemischtes Handlungsmuster, in dem sich Arguing und bargaining über die jeweiligen Koordinationsformen (Konkurrenz (1) und verständige Korporation (3)) miteinander mischen. Der Handlungstyp B, der auch Handeln mit Macht über andere repräsentiert, kann z. B. in der Mischung mit Handlungstyp A dazu führen, dass das Überzeugen durch bessere Argumente in ein Überreden durch rhetorische Tricks übergeht. (Eine Macht beinhaltende Mischung ist auch zwischen den Handlungstypen B und C denkbar, denn die faktische und emotionale Abhängigkeit zwischen Sorgenden und Umsorgten kann auch Macht über Menschen bedeuten.) Solch ein Handlungsmuster lässt sich z. B. in modernen Unternehmen finden, in denen, neben dem herkömmlichen Konkurrenzhandeln, vielfältig verständigungsorientiertes Handeln in Kooperationsstrukturen zu finden ist.

Blicken wir mit Hilfe der in Abb. 33 zusammengefassten Handlungstypen auf diesen Institutionenbegriff, so wird deutlich, dass Institutionen (= Handlungsmuster) die verschiedenen Handlungstypen beinhalten. Deren je spezifische Mischung wird in institutionalisierten Handlungszusammenhängen praktisch.

Dieser Institutionenbegriff ähnelt dem des Kritischen oder Neo-Institutionalismus darin, dass die Institution als ein sozial koordiniertes Handlungsmuster definiert ist. Aber die Handlungstypen sind andere, und es gibt keine Dichotomie. Und während die Koordination der Handlungen dort ausschließlich über Werte (zeremonielle oder instrumentelle Werte) erfolgt, erfolgt sie in unserem Konzept über die vier genannten Koordinationsformen mit den dazu gehörigen Koordinationsmitteln. Werte sind – da sie die Handlungsorientierung prägen – darin enthalten.

4.3.3 Institutionalisierte Handlungszusammenhänge

Institutionalisierung ist ein historischer Prozess. In diesem Lehrbuch gehen wir nicht dem realgeschichtlichen Prozess nach, sondern analysieren dessen Ergebnisse. Die Orthodoxie geht von der Hypothese aus, dass sich realgeschichtlich nur der Handlungstyp B durchgesetzt hat. Daher nimmt sie ihre Berechtigung, ihre zunächst rein analytischen Ergebnisse in wirtschaftspolitische Vorschläge zu übertragen. Wir dagegen gehen von der Hypothese aus, dass es neben dem Handlungstyp B nicht nur die Handlungstypen A und C gibt, sondern dass sich in den letzten 250 Jahren je spezifische Mischungen dieser Handlungstypen bzw. Spezialisierungen in den einzelnen Handlungszusammenhängen herausgebildet haben.

Welche spezifische Mischung von Handlungstypen und Koordinationsformen in bestimmten Institutionen gerinnt bzw. sich historisch entwickelt, ist aber nur in Teilen ein unbewusster oder unumkehrbarer Prozess, auf den die Handelnden selbst keinen Einfluss haben. Handelnde haben nicht nur Macht über einander, wie sie sich in Handlungstyp B ausdrückt, sondern auch die Möglichkeit, den Prozess der Routinisierung von Institutionen mit anderen gemeinsam bewusst zu gestalten. Sie haben dann Macht im Sinne der Definition von Hannah Arendt, die schreibt:

> „*Macht* entspricht der menschlichen Fähigkeit, nicht nur zu handeln oder etwas zu tun, sondern sich mit anderen zusammenzuschließen und im Einvernehmen mit ihnen zu handeln. Über Macht verfügt niemals ein Einzelner; sie ist im Besitz einer Gruppe und bleibt nur solange existent, als die Gruppe zusammenhält" (Arendt 1994: 45).

Diese Macht der kollektiven Gestaltung kann auch bisher verdeckte oder latente Konflikte in der Gesellschaft aufdecken und langfristig die gesellschaftlichen Verhältnisse verändern.

Wir unterscheiden zunächst folgende institutionalisierte Zusammenhänge in der Ökonomie, die in Teil II einer systematischen Analyse unterzogen werden:

Institutionalisierte Handlungszusammenhänge
(Familien-)Haushalte Unternehmen Gütermärkte Arbeitsmärkte Nonprofit-Organisationen

Abb. 34: Institutionalisierte Handlungszusammenhänge der Ökonomie

Der Untersuchungsraum der MiSÖP kann jetzt folgendermaßen dargestellt werden:

Handlungs-typen	*Koordinations-formen*	*Handlungsmuster (Beispiele)*	*Handlungs-zusammenhang*
A	1	B (1) B	Haushalt
B	2	B (2) B	Unternehmen
C	3	B (1, 3) A, B	Gütermarkt
	4	A (3) A	Arbeitsmarkt
		A (3, 4) C	Nonprofit-Organisationen

Abb. 35: Strukturierte Darstellung des Untersuchungsraumes der MiSÖP

4.4 Ökonomisches Handeln und Nachhaltigkeit

Das bis hierher entwickelte Handlungsmodell macht es jetzt möglich, *den ökologischen Bezug* in unsere Theorie zu integrieren, so dass zu Recht von einer „sozial-ökologischen Handlungstheorie“ gesprochen werden kann.

Dazu erinnern wir uns an das Konzept der Nachhaltigkeit, wie es in den Abschnitten I.1.2.3 (dort: Mensch-Natur-Verhältnis) und I.3.7. (homo-oecologicus) thematisiert wurde. Als nachhaltiges wirtschaftliches Handeln wurde dort, den Brundlandt-Bericht zitierend, ein Handeln bezeichnet, das „den Bedürfnissen der heutigen Generation entspricht, ohne die Möglichkeit künftiger Generationen zu gefährden, ihre eigenen Bedürfnisse zu befriedigen und ihren Lebensstil zu wählen“ (Hauff 1987).

Was heißt das aber genauer? In Abschnitt I.1.2.3 wurden vier spezifische Handlungsregeln genannt, die in der Fachdiskussion herausgearbeitet wurden, und in Abschnitt I.3.7 wurde unter „ökologischer Rationalität“ verstanden, solche Regeln zu befolgen. Die Fachdiskussion ist heute jedoch weiter und hat diese Regeln spezifiziert. Insbesondere unterscheidet sie drei Dimensionen der Nachhaltigkeit:

- die ökologische Dimension: Erhalt der Evolutionsfähigkeit der natürlichen Mitwelt;
- die soziale Dimension: Erhalt der Gesellschaft durch Partizipation, Demokratie und Gerechtigkeit;
- die i. e. S. ökonomische Dimension: Erhalt der Wertschöpfungsfähigkeit bei Orientierung an gesellschaftlichen Bedürfnissen.

Alle drei Dimensionen bedingen einander – Nachhaltigkeit, die nur *eine* dieser Dimensionen betrifft, gibt es nicht. (Im Gestaltungsprozess allerdings kann an einer der Dimensionen angesetzt werden, um dann die anderen einzubeziehen.) Nachhaltiges Wirtschaften hat damit selbst drei Dimensionen: Neben die herkömmlich einzige Dimension, die kommerzielle, treten die physische (ökologische) und die soziale Dimension. Damit erklärt sich auch der Zusatz „i.e.S.“ bei der ökonomischen Dimension in der Nachhaltigkeitsdefinition: Nachhaltige Ökonomie beinhaltet alle drei Dimensionen *als Ökonomie* – sie ist Ökonomie „im weiteren Sinne“, worin die kommerzielle Ökonomie als Ökonomie i.e.S. eingeschlossen ist. Diese kommerzielle Ökonomie bleibt dabei nicht die herkömmliche Marktökonomie. In der kooperativen Beziehung zu den beiden anderen Dimensionen ändert sie sich selbst. Nachhaltigkeit beinhaltet eine Norm – damit wenden wir unser analytisches Instrumentarium hier im normativen Zusammenhang an.

Dabei ist Nachhaltigkeit kein fertiges Konzept. Unter anderem deshalb nicht, weil die natürliche Mitwelt so komplex ist, dass wir sie nie ganz verstehen können. Damit ist die Zukunft prinzipiell offen. Nachhaltig handeln heißt, gemäß dem Vorsichtsprinzip zu handeln. Nachhaltigkeit ist ein Prozess – „der Weg entsteht beim Gehen." Was Nachhaltigkeit genau heißt, muss damit immer wieder ausprobiert werden. In diesem Ausprobieren geht es darum, die drei Dimensionen miteinander zu koordinieren (inhaltliche Anforderung an Kooperation für Nachhaltigkeit). Und es geht darum, die Beteiligung aller Individuen und gesellschaftlichen Gruppen sicher zu stellen. So heißt es in der Agenda 21:

> „Ein wesentlicher Faktor für die wirksame Umsetzung der Ziele, Maßnahmen und Mechanismen, die von den Regierungen in allen Programmbereichen der Agenda 21 gemeinsam bechlossen wurden, ist das Engagement und die echte Beteiligung aller gesellschaftlichen Gruppen." (Bundesministerium für Umwelt 1992: 217)

D. h. Nachhaltigkeit braucht auch die personelle Kooperation, die Kooperation aller Beteiligten und Betroffenen (personelle Anforderung an Kooperation für Nachhaltigkeit). Die Entwicklung hin zu einer nachhaltig wirtschaftenden Gesellschaft ist nur in einem kooperativen Prozess zu leisten.

Blicken wir auf unser in Abb. 33 dargestelltes ABC-Modell ökonomischen Handelns und die drei dargestellten Kooperationsformen (strategische Kooperation, verständige Kooperation, vorsorgend-verantwortlich Kooperation), so wird deutlich, dass die drei Dimensionen der Nachhaltigkeit von diesen drei Kooperationsformen in folgender Weise integriert werden:

Handlungs-typ	*Koordinationsform*	*Dimension der Nachhaltigkeit*
B	strategische Kooperation, Konkurrenz	i.e.S. ökonomische Dimension
A	verständige Kooperation	i.e.S. ökonomische Dimension + soziale Dimension
C	vorsorgend-verantwortliche Kooperation	i.e.S. ökonomische Dimension + soziale Dimension + ökologische Dimension

Abb. 36: Handlungstypen, Koordinationsformen und Dimensionen der Nachhaltigkeit

- Handlungstyp B (bargaining, verstanden als instrumentelles oder strategisches Handeln) ist nur über die Konkurrenz oder strategische Kooperationsform koordinierbar. Koordinationsmittel bleiben (Geld-)Preise bzw. erwartete Auszahlungen oder Verträge. Diese Kooperation basiert auf der eigennützigen ökonomischen Rationalität der Beteiligten, die sich gegenseitig nur als Mittel für ihre eigenen Zwecke ansehen. Viele Betroffene sind ausgeschlossen. Über diese Art der Kooperation ist nur die i. e .S. ökonomische Dimension der Nachhaltigkeit in das ökonomische Handeln integrierbar.

- Handlungstyp A (arguing, verständigungsorientiertes Handeln) wird über verständige Kooperation koordiniert. Koordinationsmittel ist hier die Sprache, praktisch gemacht im Diskurs. Kooperationspartner sind alle an der Lösung eines Problems Beteiligten oder von ihm Betroffenen. Es ist ein „Stakeholder-Konzept" der Kooperation, das die gleichwertige Partizipation aller Beteiligten beinhaltet. In dieser Kooperation geht es nicht um die eigennützige Maximierung, sondern es gibt ein gemeinsames Interesse an der Lösung eines Problems. Die Lösung selbst ist offen, entsteht erst im kooperativen Prozess. Die Beteiligten sind sich gegenseitig nicht Mittel für eigennützige Zwecke, sondern alle sind Zwecke in sich selbst. Es geht hier nicht um Austausch, nicht um „gibst du mir, so geb ich dir". Es geht vielmehr um gegenseitige Anerkennung im gemeinsamen Handeln. Dieser Handlungstyp mit der dazugehörigen Kooperationsform der „verständigen Kooperation" integriert somit neben der i. e. S. ökonomischen Dimension der Nachhaltigkeit die soziale Dimension.

- Handlungstyp C (caring, sorgendes bzw. vorsorgendes Handeln) bedeutet darüber hinaus, dass in den Handlungsprozess die „sprachlosen" Betroffenen und Beteiligten integriert werden – die natürliche Mitwelt und zukünftige Generationen. Die Integration erfolgt über die „vorsorgend-verantwortliche Kooperation", deren Koordinationsmittel, über die Sprache hinaus, Mitgefühl und Verantwortung sind – Verantwortung in dem Sinne, dass den nicht-sprachfähigen Beteiligten und Betroffenen eigene Lebensrechte zuerkannt werden (Evolutionsbedürfnisse der natürlichen Mitwelt, Lebensbedürfnisse zukünftiger Generationen). Diese Kooperationsform ist daher in der Lage, alle drei Dimensionen der Nachhaltigkeit zu integrieren – die i. e. S. ökonomische Dimension, die soziale Dimension und eben auch die ökologische Dimension.

Bedenken wir unsere Überlegungen zu Institutionen (d. h. zu sozialen Handlungsmustern) und zu deren Praktisch-Werden in institutionalisierten Handlungszusammenhängen (wie Unternehmen, Haushalten, Märkten usw.), so wird deutlich, dass wir uns dort, wo es um die Frage der Gestaltung von nachhaltigem Wirtschaften geht, auf die Suche nach Möglichkeiten der Institutionalisierung von vorsorgendem Handeln in den verschiedenen Handlungszusammenhängen der Ökonomie sowie nach neuen institutionellen Arrangements machen, in denen sorgendes/vorsorgendes wirtschaftliches Handeln und vorsorgend-verantwortliche Kooperationen Raum haben.

4.5 Ökonomie als Raum sozial-ökologischen Handelns – eine Zuammenfassung

Der „Handlungsraum Ökonomie“ lässt sich nun mit Hilfe der vier Handlungstypen (Abb. 31), der dazu gehörenden Koordinationsmittel (Abb. 30, dritte Spalte), der institutionalisierten Handlungszusammenhänge sowie der früher diskutierten gesellschaftlichen Verhältnisse insgesamt darstellen (Abb. 37).

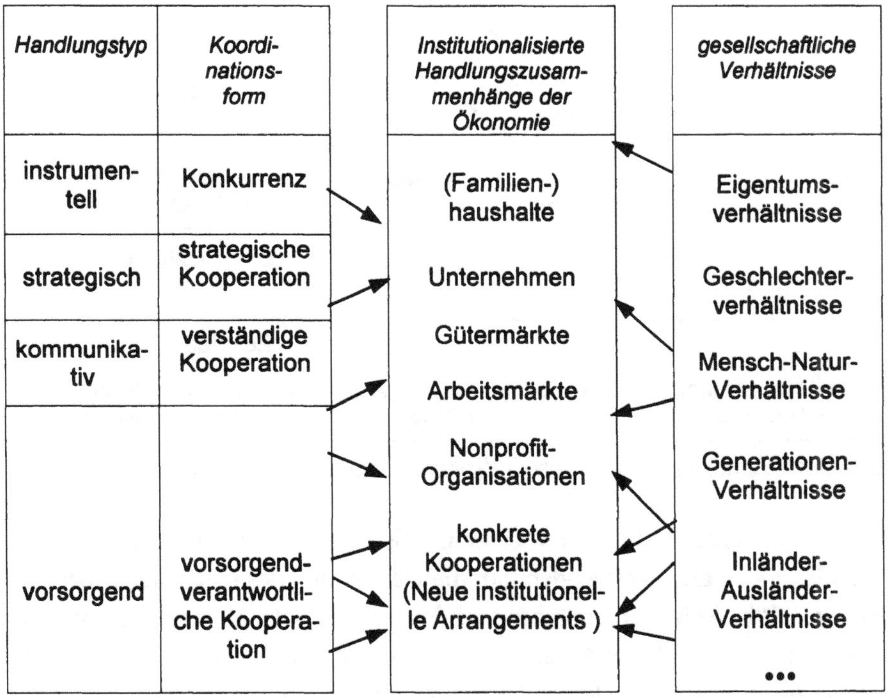

Abb. 37: Die Ökonomie als Raum sozial-ökologischen Handelns

Hier sind die Handlungstypen und Koordinationsformen keinen spezifizierten Handlungszusammenhängen zugeordnet, wie die bewusst unsystematisch angeordneten Pfeile betonen sollen. Die ökonomische Analyse ist aufgefordert, die jeweils gültigen Handlungstypen und ihre Mischung (Handlungsmuster) sowie die entsprechenden Wohlfahrtseffekte in je besonderer Analyse herauszufinden. Im ökonomischen Prozess können auch ganz neue institutionelle Handlungszusammenhänge entstehen, die wir in Abb. 37 und 38 als „Neue institutionelle Arrangements“ bezeichnen.

Als Prozess lässt sich Ökonomie als Raum sozial-ökologischen Handelns wie in Abbildung 38 darstellen: Im Prozess der Routinisierung, Gerinnung von Institutionen kann langfristig über kollektive Gestaltung auch Einfluss auf die gesellschaftlichen Verhältnisse genommen werden, die umgekehrt zunächst den Rahmen für die Routinisierung vorgeben.

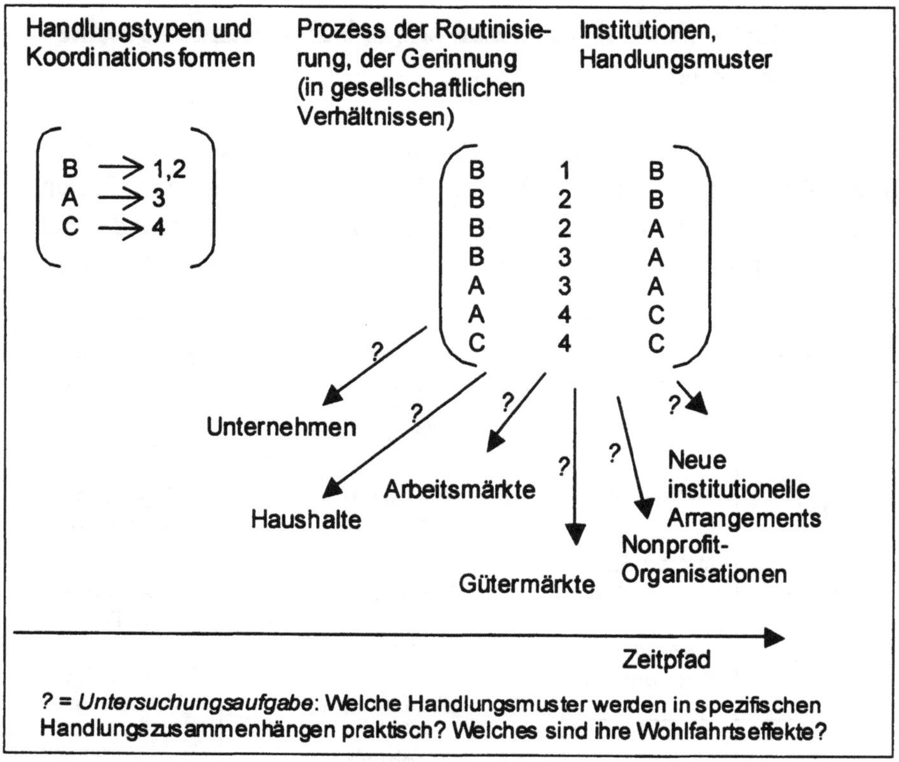

Abb. 38: Ökonomie als Raum sozial-ökologischen Handelns als Prozess

Das so entwickelte Bild der Ökonomie als Raum sozial-ökologischen Handelns lässt sich auch verwenden, um die Darstellung des Gegenstandsbereichs der MiSÖP in Abb. 2 zu ergänzen und dadurch realitätsnäher zu gestalten. Das geschieht in Abb. 39. Die Graphik ordnet (in aller Vorläufigkeit und Vereinfachung) die *(Familien-) Haushalte* der Versorgungsökonomie und die *Unternehmen* und die verschiedenen *Märkte* der Marktökonomie zu. Ensprechend zugeordnet werden die Handlungstypen C (caring) und B (bargaining).

Konkrete Kooperationen entstehen ebenfalls in beiden Sphären, aber auch als diese verbindend. Entsprechend mischen sich die Handlungstypen, die durch A (arguing) ergänzt werden, da ohne Diskurs und Verständigung solche Kooperationen nicht gelingen. Kooperationen entstehen aber auch ganz außerhalb dieser beiden ökonomischen Handlungsräume. Ihre Organisationsform ist die der Nonprofit-Organisation (NPO). Der Name entstand in Abgrenzung von Forprofit-Organisationen (PO), den herkömmlichen Unternehmen, und weist darauf hin, dass es hier um Tätigkeiten ohne Gewinnziel geht. Beispiele sind Selbsthilfegruppen, Weiterbildungs-Einrichtungen, Wohlfahrtsverbände, Sportvereine. Diese Handlungszusammenhänge sind auch keine Haushalte, deren Grundlage auf Dauer gemeinsam gelebter Alltag ist. Inwieweit sie dennoch haushälterische oder unternehmerische Wirtschaftsgrundsätze anwenden,

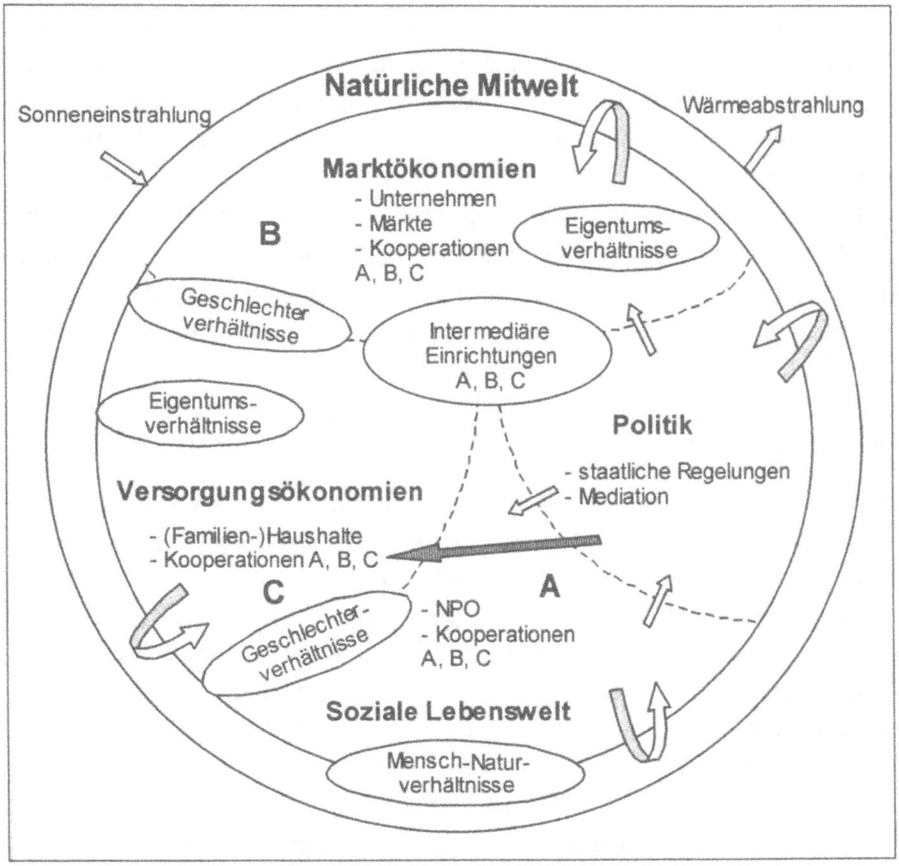

Abb. 39: Der Gegenstandsbereich der MiSÖP – die durch die ABC-Handlungstypen geprägte und durch institutionalisierte Handlungszusammenhänge strukturierte eingebettete Ökonomie als Raum sozial-ökologischen Handelns

bleibt jeweils zu untersuchen. Gemäß dieser Offenheit wird diesem Handlungszusammenhang vorrangig Handlungstyp A in konkreten Zusammenhängen das ganze ABC-Modell sozial-ökologischen Handelns zugeordnet (vgl. Teil II.5).

Kommt der Staat als Akteur in der Kooperation dazu, sprechen wir von den *intermediären Einrichtungen*: Sie entstehen als interaktive Zusammenhänge von Haushalten, Unternehmen und staatlichen Ebenen und weisen schon von daher systematisch eine Mischung aus den drei Handlungstypen A, B und C auf. Weil auch in intermediären Einrichtungen die Interaktion der verschiedenen institutionellen Arrangements nur durch Verständigung möglich ist, hat hier der Handlungstyp A ebenfalls eine große Bedeutung. Beispiele sind Runde Tische im Prozess der Agenda 21, Regionalplanungsagenturen oder Beiräte auf verschiedenen Ebenen der Regionen.

Das Feld *Politik* bleibt gegenüber Abb. 32 noch unverändert. Ein Stück weit wird es in Teil III des Buches gefüllt, wenn es um „soziale Wohlfahrt und gesellschaftliches Handeln" geht. Dort wird zwar keine „ökonomische Theorie der Politik" entworfen, da wir meinen, dass es eine solche Theorie nicht geben kann. Politik beinhaltet zwar ökonomische Elemente, ist aber durch vieles andere ebenfalls geprägt. Worum es inTeil III geht, ist die Bestimmung der Rolle des Staates als Förderer ökonomisch-gesellschaftlicher Tätigkeit der Bürgerinnen und Bürger in allen ökonomischen Handlungszusammenhängen. Das machen die Pfeile aus dem Feld „Politik" in die anderen Bereiche deutlich. Der Pfeil aus der sozialen Lebenswelt in den Politikraum hinein verdeutlicht dabei, dass *Politik* durch aktives Engagement der Bürgerinnen und Bürger verändert wird.

Durch die Darstellung des „Ganzen der Ökonomie" als Vielfalt von Handlungsprozessen macht Abb. 39 auch das Wohlfahrtskonzept der MiSÖP deutlich: Es ist ein Konzept des „Wohlfahrtspluralismus". Diesen Begriff haben Adalbert Evers und Thomas Olk geprägt (vgl. Evers/Olk 1996: 22ff.). Er drückt aus, dass Beiträge zur gesellschaftlichen Wohlfahrt in allen vier Handlungsräumen erbracht werden: in den Versorgungsökonomien, den Marktökonomien, dem Nonprofit-Sektor und im staatlichen Bereich. Letzterer produziert seine Wohlfahrtseffekte aus der Perspektive der Mikroökonomik vor allem durch Förderung der drei anderen Bereiche und deren Integration zu einem gesellschaftlichen Wohlfahrtskonzept (vgl. dazu Teil III).

Gegenüber Abb. 2 hat sich in Abb. 39 jedoch noch etwas anderes verändert: Die Linien zwischen Marktökonomie und Versorgungsökonomie und sozialer Lebenswelt mit der Nonprofit-Ökonomie wurden als durchbrochene Linien gemalt. Das soll darauf aufmerksam machen, dass durch das Eindringen der Handlungstypen A und C, durch die Rolle von Institutionen sowie durch verbindende Handlungszusammenhänge wie Kooperationen und intermediäre Einrichtungen auch die Marktökonomie nicht mehr nur als Ort des Handelns eng-rationaler „homines oeconomici" erklärt werden kann, sondern dass es auch dort viele Gestaltungsmöglichkeiten für eine zukunftsfähige Wirtschaftsweise gibt.

Damit sollen die Gegentendenzen, das Eindringen des Handlungstyps B und der engen ökonomischen Rationalität in die Versorgungsökonomie und die soziale Lebenswelt sowie ihr Einwirken auf die natürliche Mitwelt, nicht geleugnet werden. Der ökonomischen Realität kann so vielmehr der Spiegel ihrer kommunikativen und vorsorgenden Möglichkeiten vorgehalten werden – um so die Handlungszusammenhänge, die diese Handlungsprinzipien fördern, möglicherweise zu stärken.

MiSÖP ist somit *kritische Wissenschaft* im Sinne von Habermas, der folgende zwei Elemente kritischer Wissenschaft hervorhebt:

> „Sie verhält sich *kritisch* gegenüber der zeitgenössischen Sozialwissenschaft (hier: Wirtschaftswissenschaft, d. Verf.) wie gegenüber der gesellschaftlichen Realität, die diese erfassen soll. Gegenüber der Realität entwickelter Gesellschaften ist sie kritisch, soweit diese das Lernpotenzial, über das sie kulturell verfügen, nicht ausschöpfen, und sich einer ungesteuerten Komplexitätssteigerung ausliefern ... Kritisch verhält sich jene Theorie aber auch gegenüber sozialwissenschaftlichen (wirtschaftswissenschaftlichen, d. Verf.) Ansätzen, die die Paradoxien der Gesellschaft nicht entschlüsseln können, weil sie komplexe Gesellschaftssysteme nur unter jeweils einem abstrakten Komplex zum Gegenstand erheben, ohne sich ... über die geschichtliche Konstitution ihres Gegenstandsbereichs Rechenschaft abzugeben. Die kritische Gesellschaftstheorie (Wirtschaftstheorie, d. Verf.) verhält sich zu den etablierten Forschungsrichtungen freilich nicht als Konkurrent; indem sie von ihrem Konzept der Entstehung moderner Gesellschaften ausgeht, versucht sie zu erklären, worin die spezifische Beschränkung und das relative Recht jener Ansätze besteht" (Habermas, 1988, Bd. 2: 550).

Nun haben wir alle Elemente entwickelt, die nötig sind, um Gegenstandsbereich, Fragestellung und Methodik der Mikroökonomik aus sozial-ökologischer Perspektive zu begründen und in den Kontext der aktuellen Theoriediskussion einzuordnen. Jetzt ist es möglich, die systematische Analyse der verschiedenen Handlungszusammenhänge der Ökonomie durchzuführen (Teil II), sowie deren Zusammenspiel unter der Frage gesellschaftlicher Wohlfahrt zu untersuchen (Teil III).

II Institutionalisierte Handlungszusammenhänge und Koordinationsformen

In diesem Abschnitt geht es um die detaillierte Analyse verschiedener institutionalisierter Handlungszusammenhänge in der Ökonomie. Behandelt werden (Familien-) Haushalte (1), Unternehmen (2), Güter- und Dienstleistungsmärkte (3), Arbeitsmärkte (4) und der Nonprofit-Sektor (5).

Die Struktur der verschiedenen Abschnitte ist jeweils die folgende: Zunächst werden die verschiedenen institutionalisierten Handlungszusammenhänge aus dem Blick einer sozial-ökologischen Mikroökonomik analysiert. Hier werden je nach Diskussionsstand sozial-ökonomische und institutionalistische Erklärungsmuster vorgestellt, um danach das Konzept der MiSÖP zu erläutern und anhand von Fallbeispielen zu konkretisieren. Sodann werden die neoklassische Theorie als Spezialfall sowie deren Erweiterungen diskutiert. Je nach Handlungszusammenhang schließen sich dann Gedanken zur Rolle der Geschlechterverhältnisse im jeweiligen Handlungszusammenhang bzw. Fragen der Ökologischen Ökonomik in dem jeweiligen Bereich an. Dort, wo Geschlechterverhältnisse von Anfang an wie selbstverständlich in die Analyse integriert sind, wie z. B. beim (Familien-)Haushalt, entfällt ein gesonderter Teil zu dessen Einfluss.

Gemäß dem oben entwickelten Konzept der Mikroökonomik aus sozial-ökologischer Perspektive (MiSÖP) geht es im gesamten Teil II um das Verstehen ökonomischer Prozesse und um das Eröffnen von gesellschaftlichen Gestaltungsmöglichkeiten zur Verbesserung von Lebensprozessen. Nur in diesem Sinne geht es auch um Prognosen.

1 (Familien-)Haushalte

Mit der Analyse von (Familien-)Haushalten beginnen wir unsere detaillierte Untersuchung der verschiedenen Handlungszusammenhänge im Bereich der Versorgungsökonomien. Das entspricht unserer „preanalytic vision", der gemäß Märkte Mittel zum Lebenszweck für Menschen sind. Die Versorgungsökonomien sind somit das Grundlegende im Handlungsraum Ökonomie.

Mit der Analyse der Versorgungsökonomien zu beginnen, bedeutet jedoch auch, Zusammenhänge mit den Marktökonomien sowie dem Nonprofit-Bereich herzustellen, z. B. Zusammenhänge über das Konsumhandeln, das Erwerbsarbeiten oder bürgerschaftliches Engagement in Vereinen, Netzwerken, öffentlichen Einrichtungen. Wenn wir mit unserer Analyse also im Teilraum der Versorgungsökonomien ansetzen, entwickeln wir von dort her gleichzeitig die Stränge hin zur Analyse der marktökonomischen Prozesse und sodann des „Ganzen der Ökonomie".

1.1 Eine sozial-ökologische Theorie des Haushalts

Wir wollen im Folgenden (Familien-)Haushalte analysieren. Dazu ist ein *Begriff des Haushalts* erforderlich, mit dem sich arbeiten lässt. Dieser Begriff lautet:

> *Haushalt ist der institutionalisierte Handlungszusammenhang, in dem die ökonomischen Handlungen der zusammenlebenden Menschen geschehen. Sie sind auf die ökonomische Gestaltung des alltäglichen Lebens gerichtet. Familie wird dabei verstanden als eine besondere soziale Gruppe, die durch einen hohen Intimitätsgrad zwischen den Mitgliedern gekennzeichnet ist. Die Mitglieder entwickeln ihren Lebensalltag in engen Beziehungen zueinander und wollen diese Beziehungen auch längere Zeit aufrechterhalten. Damit hat die Familie Geschichte. Sie ist gekennzeichnet durch Geschlechterverhältnisse und Generationenverhältnisse und ist sowohl ein Ort der Kooperation als auch des Konflikts.*

Wenn hier von *der* Familie gesprochen wird, so ist damit ganz allgemein der Sozialzusammenhang gemeint, der einen Haushalt begründet. Weder ist damit eine bestimmte Familienform als Norm vorgegeben, noch wird etwas ausgesagt zum aktuellen Wandel der Familienformen und zu deren Vervielfältigungen. Die Struktur der hier entwickelten sozial-ökologischen Theorie des Haushalts wird von diesem Wandel nicht berührt, wohl aber die heutigen haushälterischen Formen. Im Folgenden, d. h. im Prozess der theoretischen Strukturierung, steht vorerst *der* Familienhaushalt als Abstraktum, dessen Besonderheiten gegenüber anderen Handlungszusammenhängen erklärt werden sollen, zur Diskussion. Daher werden die Begriffe „Haushalt" und „Familien-Haushalt" synonym verwendet. Wir werden sehen, dass diese Methode rasch an ihre Grenzen kommt und das Eingehen auf die Pluralisierung der Familien- und damit der Haushaltsformen unumgänglich macht.

1.1.1 Der Haushalt als institutionalisierter Handlungszusammenhang

Der Haushalt als institutionalisierter Handlungszusammenhang ist durch drei Besonderheiten bestimmt:

- den Lebenszusammenhang der Haushaltsmitglieder

- die haushälterischen Handlungsfelder, die die Versorgungsökonomie umschreiben
- den Staat mit seinen verschiedenen Einflusselementen (Steuern, Gesetze, Transferzahlungen)

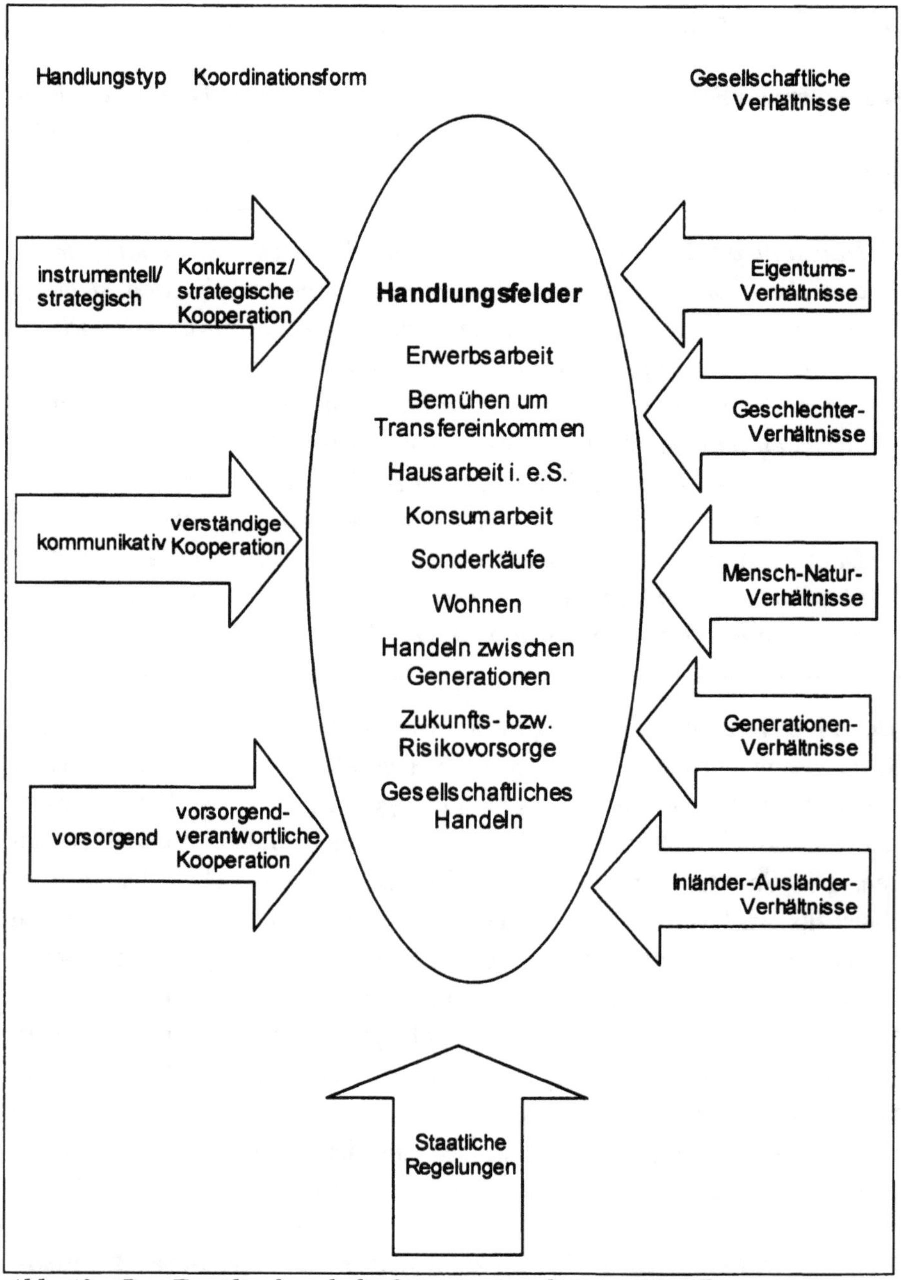

Abb. 40: Der Familienhaushalt als institutionalisierter Handlungszusammenhang

Diese Prägungen betreffen auch die ökonomischen Handlungen. Der ganze Familienhaushalt als institutionalisierter Handlungszusammenhang ist Ausdruck dieser Prägungen. Das Spezifische rührt dabei zum Ersten her von den Besonderheiten der sozialen Gemeinschaft „Familie“, zum Zweiten von der Ehe bzw. von ehe-ähnlichen Arrangements als Grundlage und zum Dritten von den staatlichen Regelungen gegenüber der Familie als Einheit.

Gemäß diesen Überlegungen und anknüpfend an Abb. 37, die die Ökonomie als Raum sozial-ökologischen Handelns verdeutlicht, lässt sich der Familienhaushalt wie in Abb. 40 darstellen:

1.1.2 Versorgungsökonomie als Ensemble von Handlungsfeldern

Handlungstypen, Koordinationsformen und gesellschaftliche Verhältnisse sind uns schon bekannt aus Teil I.4. Abb. 40 macht deutlich, dass sich im Familienhaushalt die verschiedenen Handlungstypen und Koordinationsformen mischen und dass die jeweiligen Handlungen von den gesellschaftlichen Verhältnissen beeinflusst sind.

Neu ist der Blick auf die haushälterische Versorgungsökonomie als Ensemble von Handlungsfeldern. Es sind ökonomische Handlungsfelder, d. h., Handlungsfelder, die sich auf Produzieren, Verteilen, Verwenden und Rückführen beziehen. Gemäß unserem Verständnis von Ökonomie schließt das Handlungen mit Geld ein, jedoch gerade auch Handlungen, die sich in sozialen Prozessen ausdrücken (in Mensch-Mensch-Beziehungen, z. B. in Pflegebeziehungen) oder in denen es auf die Gestaltung der physischen Prozesse ankommt (z. B. Energieverwendung im Haushalt, Umgang mit Müll, Gartenarbeit). Dieser Ansatz, Handlungsfelder zu unterscheiden, findet sich verschiedentlich in der haushaltswissenschaftlichen Literatur. Sie wird hier als Anregung verstanden, die in der modernen Orthodoxie übliche Einengung haushälterischen Handelns auf die optimale Bestimmung der Nachfrage nach Konsumgütern und des Angebots an Arbeitskraft zu überwinden. So unterscheidet z. B. Marianne Resch Aufgabengruppen (Haushaltungs-, Versorgungs-, Betreuungs- und Pflegeaufgaben, gemeinschaftliche Haushaltungsaufgaben, pädagogische Aufgaben, vgl. Resch 1991), Rosemarie von Schweitzer spricht von Versorgungs-, Pflege- und Erziehungsleistungen (vgl. Schweitzer 1991: 135 ff), sowie von 15 Handlungsbereichen wie z. B. Beköstigung, Schulkindentwicklung, Risikoschutz (vgl. Schweitzer 1991: 166, 179).

Diese Unterschiede machen deutlich, dass es die „richtige“ Einteilung in Handlungsfelder nicht gibt, sondern je nach theoretischem Ansatz bzw. zu untersuchender Fragestellung finden sich unterschiedliche Einteilungen.

Wir unterscheiden hier folgende Handlungsfelder (vgl. dazu auch Biesecker 1994 sowie Biesecker u. a. 1996):

- *Erwerbsarbeit*: Unsere Gesellschaft ist im ökonomischen Kern derartig organisiert, dass die „Teilhabe an der Gesellschaft" über die „Teilhabe am Markt" definiert ist. Das bedeutet: Ohne Einkommen ist Mann oder Frau kein Gesellschaftsmitglied. (Frauen werden das im traditionellen Modell über den Ehevertrag.) Im Mittelpunkt steht daher für jede und jeden die Suche nach Erwerbsarbeit, das Abschließen eines Erwerbsarbeits-Vertrages. Es ist jedoch unvermeidlich, dass sich in der Erwerbsarbeit auch lebensweltliche Kräfte entwickeln: dass Erwerbstätigkeit sinnvoll ist, dass sie Selbstbestätigung und Selbstverwirklichung bedeutet, dass sie durch den Umgang mit anderen Sozialität fördert. Zu dieser Erwerbsarbeit gehört auch der ganze Bereich der beruflichen Bildung.

- *Bemühen um Transfereinkommen*: Gelingt der Verkauf der Arbeitskraft nicht, so tritt „Transfereinkommen" an die Stelle des Lohnes, Zahlungen vom Staat. Grundlage sind hier die sozialstaatlichen Regelungen. Sie führen z. B. zu Arbeitslosengeld, Arbeitslosenhilfe, Sozialhilfe. Da das Bemühen um Transfereinkommen mit einem hohen zeitlichen und emotionalen Aufwand verbunden ist, ist es ein eigenständiges Handlungsfeld.

- *Hausarbeit im engeren Sinne* (Herstellen und Pflege von Haus- und Verbrauchsgegenständen): Hier meinen wir z. B. Putzen, Waschen, Kochen, Nähen, Reparieren, Rückführen (insgesamt: Umgang mit dem sog. Abfall) usw. Der Begriff „Hausarbeit" ist in der Fachdiskussion ganz unterschiedlich definiert, er reicht von ganz enger Bestimmung bis hin zur Identifikation von Hausarbeit mit allen Lebensbereichen von Frauen. Wir versuchen hier eine enge Definition, um qualitativ eigenständige Bereiche davon trennen zu können. Zu dieser Hausarbeit im engeren Sinne gehört auch die Gartenarbeit und landwirtschaftliche Arbeit in kleinem Rahmen.

- *Konsumarbeit*: Es mag ungewöhnlich klingen, „Konsumieren" als „Konsumarbeit" zu benennen. Da jedoch die Arbeitsprozesse im Haushalt ohne diese Konsumtätigkeiten nicht denkbar sind, ist diese Zuordnung nicht nur sinnvoll, sondern notwendig. Auch wenn heute der Charakter des Konsums als „Erlebniskonsum" in den Mittelpunkt gestellt wird, so verschwindet dahinter doch nicht diese Arbeitsdimension. Die gekauften Waren haben zumeist einen für das alltägliche Leben funktionalen Charakter: Hunger stillen, Wärmen, Wohnen ermöglichen usw. Darüber hinaus haben jedoch viele Waren einen Symbolcharakter nach innen und nach außen. Nach innen, weil sie für die Kaufenden als Symbol für Genuss stehen, auch wenn sie diesen Genuss gar nicht wirklich hervorrufen; nach außen, da sie häufig Statussymbole darstellen (z. B. das Auto oder die Kleidung).

- *Sonderkäufe*: Während die alltäglichen Konsumkäufe durch Handlungsroutinen geprägt sind, entstehen Sonderkäufe häufig aufgrund besonderer Lebenssituationen oder Lebensereignisse (z. B. traditionelle Feste, Wohnungseinrichtung, Anschaffung eines Autos). Ein solch seltener Kaufakt benötigt einen umfassenden Entscheidungsprozess im Rahmen der Familie bzw. dort, wo Traditionen maßgeblich sind (z. B. bei Hochzeiten), die entsprechende Ausgestaltung. Zu diesen Sonderkäufen gehören auch Urlaubsreisen.

- *Wohnen*: Das Handlungsfeld Wohnen umfasst nicht nur die Gestaltung der Wohnräume, sondern auch alle Handlungen bezüglich Wohnungsveränderungen. Hierzu gehört auch das Abschließen von Mietverträgen, das eventuelle Besorgen von Wohngeld, das Überweisen der Miete bzw. der Nebenkosten. In diesem Bereich mischen aber auch sehr stark traditionelle oder statusspezifische Elemente mit.

- *Handeln im Zusammenhang mit Kindern und Jugendlichen*: Die Hinwendung zu Kindern und Jugendlichen erfordert große wechselseitige Aktivitäten. Der pädagogische Prozess hat eine starke Rückwirkung auf das Leben sowohl von Kindern als auch von Eltern. Ökonomische Elemente wie der Lebensstandard der Familie, Kindergeld und Steuervorteil einerseits, Kosten für die Betreuung und Ausbildung der Kinder andererseits wirken hier maßgeblich ein.

- *Pflege von bedürftigen Menschen*: Im Zusammenhang der meisten Haushalte bzw. in ihrer Umgebung gibt es Kranke, Alte, behinderte Menschen, die auf Pflege angewiesen sind. Eine Dimension dieser Pflege ist zwar der Umgang mit Geld (z. B. der Umgang mit der staatlichen Pflegeversicherung, d. h. instrumentelles oder strategisches Handeln spielt eine Rolle). Vor allem geht es hier aber um den Handlungstyp des „sorgenden oder vorsorgenden Handelns“, unseren Handlungstyp C. Da dieses sorgende und vorsorgende Handeln auch das Sorgen um sich selbst einbezieht, geht es hier auch um die Pflege des eigenen Leibes und der eigenen Gesundheitsvorsorge.

- *Zukunfts- bzw. Risikovorsorge*: Hierunter fallen Vorsorge für Alter, Krankheit, den Lebenslauf der Kinder bzw. das Auflösen oder Neugestalten des familialen Zusammenhangs. Wir zählen unter diesen Bereich auch alle Prozesse des Lernens und Weiterbildens, die nicht unmittelbar auf die ausgeübte Erwerbsarbeit gerichtet sind.

- *Gesellschaftliches Handeln*: Hierzu zählen wir Tätigkeiten im Rahmen der Verwandtschaft bzw. der Nachbarschaft. Es sind Tätigkeiten auf Gegenseitigkeit, die nicht über Geld, sondern eher über Kommunikation organisiert sind. Der Handlungstyp des verständigungsorientierten Handelns spielt hier also eine Rolle. Hierher gehören auch Bereiche der gesellschaftlichen Kommunikation, die den Rahmen der Familie und der Nachbarschaft übersteigen. Dies berührt das Feld des bürgerschaftlichen Engagements, der freiwilligen Vereine, Netzwerke, Initiativen, Selbsthilfegruppen. Hier sind alle Formen des Handelns als StaatsbürgerIn angesprochen (vgl. Teil II.5).

Haushaltsökonomische Handlungen sind nicht, wie in der neoklassischen Vorstellung des homo oeconomicus, selbstverständlich Mensch-Ding-Beziehungen. Vielmehr sind sie großen Teils menschennahe Tätigkeiten, Mensch-Mensch-Beziehungen. Gerade deshalb mischen sich hier die verschiedenen Handlungstypen miteinander. Dadurch entstehen Unplanmäßigkeit und Unkalkulierbarkeit. So ist die versorgungsökonomische Tätigkeit im Haushalt daher häufig eher das Ergebnis solcher unkalkulierbaren zwischenmenschlichen Beziehungen denn einer engen ökonomisch-rationalen Überlegung.

Alle Tätigkeiten bis auf die ersten beiden beschreiben das Feld der Familien- oder, wie wir es hier bezeichnen, der Versorgungsarbeit. Erwerbsarbeit bzw. der Erhalt von Transfereinkommen sind dafür sozusagen die Voraussetzungen, Mittel für die versorgungsökonomischen Zwecke. Damit wird deutlich: Die MiSÖP hat einen weiten Arbeitsbegriff. Arbeit ist nicht nur Erwerbsarbeit, sondern auch Versorgungsarbeit. Sie ist sogar noch mehr. Auch Tätigkeiten wie das Bürgerschaftliche Engagement oder Eigenarbeit gehören dazu. Stellt Erwerbsarbeit Waren und Dienstleistungen für den Markt her, so dient Versorgungsarbeit der Eigenversorgung und bringt Lebensmöglichkeiten hervor bzw. erhält sie für die natürliche Mitwelt und zukünftige Generationen. Bürgerschaftliches Engagement bezeichnet Tätigkeiten, die die Gesellschaft schaffen und gestalten. Scherhorn nennt diese Ergebnisse „Gemeinschaftsgüter" (vgl. Scherhorn 1997). Solche Gemeinschaftsgüter sind häufig immaterielle Güter, z. B. die Verbesserung des Lebens in einem Stadtteil über Agenda 21-Tätigkeiten. Und Eigenarbeit ist selbstbestimmte Arbeit für sich selbst, sie dient der Erstellung von Dingen für die Selbstversorgung. Hier entsteht auch Autonomie (vgl. Redler 1998). (Zu diesem erweiterten Arbeitsbegriff und der entsprechenden erweiterten Produktivität vgl. Biesecker 2000b sowie Teil II.4.4.2.)

Das Ziel der haushälterischen Tätigkeit ist auf die ökonomische Gestaltung des Alltags gerichtet. Diese Tätigkeit unterliegt nicht der Maximierungshypothese. Vielmehr geht es um das alltägliche Herstellen von Lebensmöglichkeiten. Diese sollen gemäß den Vorstellungen der Haushaltsmitglieder „möglichst gut" sein. Gemäß diesen eigenen Vorstellungen wird ein „gutes Leben" angestrebt, wobei die Handlungsspielräume durch äußere Einflüsse (z. B. Geldeinkommen) und innere Restriktionen (z. B. traditionelle Handlungsmuster) begrenzt sind.

> „Haushälterisches Handeln hat somit nicht Nutzen zu maximieren oder Kosten zu minimieren, es hat nicht dem Lustprinzip zu folgen oder einfach nur Notwendigkeiten zu erledigen. Es kann dieses alles auch zu beachten haben, aber die eigentliche Aufgabe ist die menschliche Werte schaffende Leistung. Haushälterisches Handeln kann letztlich nur daran gemesen werden" (Schweitzer 1991: 135).

In dieser Gestaltung von Lebensmöglichkeiten drückt sich die besondere Produktivität der Versorgungsarbeit aus. Um diese Produktivität zu erfassen, wird in der Ökonomik gerne mit Kapitalbegriffen gearbeitet. Das Produkt der Versorgungsarbeit wäre dann Humankapital und Sozialkapital. Da Kapital jedoch eine Bestandsgröße ist, und es sich bei dem Produkt der Versorgungsarbeit um geschaffene Kompetenzen und Fähigkeiten handelt, sprechen wir (wie andere auch) lieber von Vermögen – von Humanvermögen und Sozialvermögen. Mit ersterem ist das allgemeine Handlungspotential eines Menschen gemeint, mit letzterem sind die sozialen Beziehungen, in denen die Menschen sich bewegen, angesprochen. Soziales Vermögen besteht in Beziehungsfähigkeit, Demokratiefähigkeit, Netzwerken. Es ist „der Kitt", der eine Gesellschaft zusammenhält. Putnam, von dem das in der ökonomischen Theorie verwendete Konzept des soziales Kapitals stammt (vgl. Putnam 1995), unterscheidet zwischen „bonding" und „bridging social capital". Ersteres bezieht sich auf den sozialen Zusammenhalt einer Gruppe, wodurch Außenstehende ausgeschlossen werden. „bridging social capital" dagegen überbrückt Gruppenschranken, stabilisiert die ganze Gesellschaft.

Humanvermögen bezieht sich auf die einzelnen Menschen, verkörpert sich in ihnen und wird im Laufe ihres Lebens von ihnen selbst genutzt. Sozialvermögen dagegen ist ein öffentliches Gut und kann somit von vielen genutzt werden – von Unternehmen, von anderen Haushalten, vom Staat. So profitieren Unternehmen von einer sozial stabilen städtischen Umgebung, die durch Nachbarschaftshilfe, Stadtteilinitiativen usw. geschaffen worden ist. So profitiert der Staat von Netzwerken der Familienselbsthilfe, die ihn von entsprechenden Infrastrukturausgaben entlasten. Und so profitieren Haushalte von Aktivitäten anderer Haushalte im Rahmen von Vereinen, Initiativen, Selbsthilfegruppen.

Die besondere Produktivität der Versorgungsarbeit trägt somit in dieser doppelten Weise zur gesellschaftlichen Wohlfahrt bei – durch Schaffen von individuellen Lebensmöglichkeiten und gesellschaftlicher Stabilität.

Versorgungsarbeit oder haushälterisches Handeln hat mit Lebensprozessen zu tun – solchen der Menschen im Haushalt selbst sowie in der Gesellschaft und solchen der natürlichen Mitwelt. Es gilt, diese Lebensprozesse in ihren je eigenen zeitlichen und räumlichen Bedingungen so zu gestalten, dass das Produkt, das Human- oder Sozialvermögen, bei Erhalt der Produktionsbasis geschaffen wird. Haushälterisches Handeln ist gleichzeitig Neues schaffendes und erhaltendes Handeln. Es ist auf Dauerhaftigkeit ausgerichtet, auf gegenwärtiges und zukünftiges Leben gleichermaßen.

Im Rahmen der Debatte um Nachhaltigkeit hat Sabine Hofmeister haushälterische Handlungsprinzipien formuliert, die wir hier auf unseren Analysezusammenhang übertragen können (vgl. Hofmeister 1999):

- die Verbindung von Gegenwärtigkeit und Zukunftsorientierung des Wirtschaftens. Wirtschaftliche Handlungen haben eine Langfristperspektive;
- die Verbindung von Gestaltung und Erhaltung, von Produktion und Reproduktion. Produktionsprozesse sind so zu organisieren, dass die Wiederherstellung der Produktionsbedingungen gewährleistet ist. Kern dieser Produktionsbedingungen ist die Produktivität der Menschen sowie der natürlichen Mitwelt;
- die Verbindung der verschiedenen Zeitarten und Zeitprozesse. Es gilt, Natur-, soziale und ökonomische Prozesse in ihrer je besonderen Zeitlichkeit und Rhythmik wahrzunehmen und miteinander zu koordinieren;
- die Berücksichtigung der räumlichen Dimension des Wirtschaftens.

Das Handeln gemäß diesen Prinzipien ist ausschließlich mit dem Handlungsprinzip B nicht möglich. Vor allem ist hier Handlungstyp C gefragt. Da unter den Haushaltsmitgliedern besprochen wird, wie, wofür und durch wen die jeweilige Tätigkeit gemacht werden soll, ist immer auch Handlungstyp A beteiligt.

Beispiel 1 (Arbeit in Nutzgärten, „Hortikultur“) im nächsten Abschnitt verdeutlicht das Zusammenspiel dieser Handlungsprinzipien und zeigt dabei, wie mit Hilfe der Kategorien der MiSÖP (verschiedenen Handlungsmustern mit verschiedenen Rationalitäten und Koordinationsmitteln, Einfluss von gesellschaftlichen Verhältnissen, Pfadabhängigkeit) diese Form der Versorgungsarbeit analysiert werden kann. Dieses Beispiel kennzeichnet die besondere Qualität des Produktionsprozesses im Haushalt. Auf dieser Grundlage ist ein Vergleich mit der später zu diskutierenden Theorie der Haushaltsproduktion in der neuen Haushaltsökonomik möglich.

Beispiel 2 (Konsumentscheidungen) zeigt die Analyse von Konsumentscheidungen auf der Basis der Qualität der Paarbeziehungen und verdeutlicht damit, unter welchen Bedingungen sich welche Rationalitäten herausbilden. Dieses Beispiel ist bewusst gewählt, um den Vergleich mit der später darzustellenden neoklassischen Theorie der Konsumentscheidungen zu ermöglichen.

Beispiel 3 schließlich (geschlechtsspezifische Arbeitsteilung) hebt den Einfluss der historisch entstandenen Handlungsmuster/Institutionen bei der Erklärung von Veränderungen der Arbeitsverhältnisse von Mann und Frau in Haushalten hervor. Dieses Beispiel ermöglicht den Vergleich zur neoklassischen Theorie des Arbeitsangebots.

1.1.3 Beispiele

Beispiel 1: Hortikultur als Beispiel für haushälterisches Wirtschaften

Die Nutzgartenwirtschaft, Hausgartenwirtschaft oder Hortikultur (vgl. zum folgenden Inhetveen 1994) ist Bestandteil traditioneller haus- und familienwirtschaftlicher Ökonomie. Hier werden für den Eigenbedarf der Familie Gemüse, Obst und Kräuter produziert. Dazu ist der Einsatz der familieneigenen Arbeitskräfte nötig. Und dazu müssen die verschiedenen Evolutionsprozesse im Garten beachtet werden. Ergebnis dieser Versorgungsarbeit im Garten ist jedoch nicht nur die Produktion von Lebensmitteln, sondern auch Freude und Wohlbefinden. Diese entstehen gerade auch im Prozess des Wirtschaftens. Die Produktivität der Versorgungsarbeit in diesem Bereich drückt sich damit nicht nur im Ergebnis, sondern auch in diesem Prozess aus.

> „Gärten sind eine kleinräumige und fein gegliederte Welt pflanzlicher Vegetation. ‚Vegetation' bedeutet sprachgeschichtlich ‚Belebung', ‚belebende Bewegung'. Im Garten findet sich ... auf kleinstem Raum und in intensiver Mischkultur ein umfangreiches Sortiment von Pflanzen, die in unterschiedlicher Rhythmik wachsen und sich dabei im Jahresablauf und von Jahr zu Jahr ständig verändern" (Inhetveen 1994: 24).

Damit dieser Prozess so gestaltet wird, dass er der menschlichen Bedürfnisbefriedigung dienen kann, ist ein unaufhörlicher Einsatz von Versorgungsarbeit nötig. In der Gartenbewirtschaftung spielen die oben genannten haushälterischen Handlungsprinzipien eine wichtige Rolle:

- Verbindung von Gegenwart und Zukunft – die Arbeit von heute ist die Vorbedingung für die Ernte von morgen. Dabei gehört zur Arbeit von heute vor allem die Pflege des guten Bodens. Er ist die produktive Basis aller gärtnerischer Produktivität.
- Verbindung von Gestalten und Erhalten, von Produktivität und Reprodutivität – in der Gartenwirtschaft werden alle Begleitstoffe der Produktion immer wieder mitproduziert. Denn im Garten gibt es keinen Abfall. Alles wird wieder verwertet. Kern der Wiederaufbereitung ist der Kompost, in dem alle organischen Materialien, die bei der Gartenarbeit anfallen, mit Hilfe menschlicher Versorgungsarbeit zerkleinert, gemischt, umgesetzt werden, so dass neue fruchtbare Erde, Humus, entstehen kann.

- Verbindung verschiedener Zeitarten und Zeitprozesse – Pflanzen im Garten wachsen in unterschiedlichen Rhythmen. Die Beete werden unterschiedlich bepflanzt, mal mehrmals im Jahr, manchmal nur zweijährig. Diese unterschiedlichen Zeiten und Rhythmen brauchen entsprechend strukturierte menschliche Arbeit. Diese muss sich auf Rhythmen einlassen, Beschleunigung der Prozesse ist nur in engen Grenzen möglich. Entsprechend diesen Rhythmen erfolgen auch der Verbrauch, die Verarbeitung, Konservierung und Lagerung der Produkte. Die Gartenwirtschaft zeigt, dass haushälterisches Handeln auch bedeutet, dass nicht alles in jeder Form zu jeder Zeit zur Verfügung steht.
- Berücksichtigung der räumlichen Dimension wirtschaftlicher Tätigkeiten – Gartenwirtschaft spielt sich auf begrenztem Raum ab, sie ist raumbegründend. Das gilt für den physischen Raum – aber auch der soziale Raum der Gartenwirtschaft ist begrenzt. Zunächst ist sie bezogen auf einen Haushalt oder eine Familie. „Über den Gartenzaun" hinweg entstehen jedoch Kommunikation und Kooperation.

Die Betrachtung dieser haushälterischen Handlungsprinzipien in der Gartenwirtschaft macht deutlich, dass und wie sich hier die verschiedenen Handlungstypen mischen: Arbeit im Garten ist vor allem vorsorgende Tätigkeit, wobei sich in diesem Vorsorgen die Sorge um die natürliche Mitwelt und um die Bedürfnisbefriedigung der Menschen mischen. Vorrangig findet sich also der Handlungstyp C mit der vorsorgend/verantwortlichen Kooperation. Gartenwirtschaft verbindet aber auch Menschen miteinander – Handlungstyp A mit der verständigen Kooperation spielt ebenfalls eine grosse Rolle. Und in dem Sinne, dass die Versorgungsarbeit im Garten auf das Ziel der Produktion von Lebensmitteln gerichtet ist, die Arbeit somit instrumentell eingesetzt ist, kommen Elemente des Handlungstyps B herein. Allein über diesen Handlungstyp, allein über die Zweck-Mittel-Rationalität läßt sich dieses haushälterische Arbeiten jedoch nicht erklären.

Beispiel 2: Konsumentscheidungen im Haushalt – Die Abhängigkeit der Koordinationsformen/Interaktionsformen von der Qualität der Beziehung zwischen Mann und Frau

In seinem Buch „Kaufentscheidungen im privaten Haushalt" (1989) untersucht der Psychologe Erich Kirchler den Interaktionsprozess zwischen Eheleuten bei Konsumentscheidungen. Dabei charakterisiert er die Beziehungsstruktur über zwei Dimensionen:

- die horizontale Dimension: emotionale Nähe;
- die vertikale Dimension: Hierarchie, Machtgefälle.

Beide stehen in einem bestimmten Verhältnis zueinander. Ist die emotionale Nähe z. B. groß, die Beziehungsqualität also gut, so ist die Rolle des Machtgefälles gering. Die Relation zwischen beiden Dimensionen hängt dabei vor allem von den schon stattgefundenen Interaktionen ab (vgl. Kirchler 1989: 253). Sie ist somit pfadabhängig.

Das Material, auf das sich Kirchler bei gleichzeitiger Auswertung der internationalen Debatte stützt, ist u.a. eine Befindensstudie einschließlich eines Kaufentscheidungstagebuchs. An dieser Studie nahmen 21 Paare teil, die während einer Zeit von vier Wochen jeden Abend aufzeichneten, welche Erfahrung sie bei anfallenden Kaufentscheidungen machten. Wenn an dem jeweiligen Tag eine solche Entscheidung stattfand, beantworteten die Partner getrennt voneinander 10 Sonderfragen, im Fall von mehreren Kaufentscheidungen zusätzlich 15 weitere Fragen (zu den Fragen vgl. Kirchler 1989: 208).

Die These, die dieser Untersuchung zugrunde lag, lautete: Je nach Beziehungsqualität und Machtgefälle in der Partnerbeziehung sind unterschiedliche Interaktionsmuster zu erwarten. Das Ergebnis bestätigte diese These:

> „Partner in harmonischen Beziehungen handeln, unabhängig davon, ob einer Machtvorteile gegenüber dem anderen hat oder nicht, nach einem Modell, das hier ‚Liebesmodell' genannt werden soll. Je harmonischer die Beziehung, umso dichter sind die Gefühle, Gedanken und Handlungen der Partner miteinander verstrickt, umso eher wird eine gemeinsame Nutzenmaximierung anstelle einer egoistischen Kosten-Nutzen-Rechnung verfolgt, umso vielfältiger die Ressourcen, die einander angeboten werden, umso großzügiger die Kreditgebarung, umso eher fühlen sich die Partner für die Befriedigung der Bedürfnisse des anderen verantwortlich und umso weniger werden Forderungen an den anderen beachtet. Die Partner handeln spontan altruistisch und nicht ökonomisch-rational, auf eigene Vorteile bedacht.
>
> Je geringer die emotionale Bindung aneinander wird, umso mehr mutiert das Liebesprinzip zu einem ‚Kreditprinzip'. Die Partner sind dann zwar bestrebt, einander Gefälligkeiten zu erweisen, nehmen Rücksicht aufeinander, warten aber auf die Erwiderung ihrer Bemühungen und gewähren dem anderen allenfalls langfristig Kredit. Die Rückzahlung muss nicht unmittelbar erfolgen.
>
> Sinkt die Beziehungsqualität weiter ab, folgt das Interaktionsgeschehen nicht mehr dem Kreditmodell, sondern dem ‚Equityprinzip'. Die Partner handeln mehr und mehr wie zwei Geschäftspartner. Ein adäquates Beschreibungsmodell der Interaktion liefert die Austauschtheorie. Je tiefer die Beziehungsqualität sinkt, umso bedeutsamer werden Machtunterschiede zwischen den Partnern. Waren die Machtrelationen in der harmonischen Beziehung noch unbedeutsam, so wird in ‚abgekühlten' Partnerschaften derjenige, der mehr Macht besitzt, auch die Möglichkeit nützen, die Austauschgeschäfte mit dem anderen zu kontrollieren. Er wird mit zunehmender Macht seinen Einfluß in Entscheidungen mehr und mehr geltend machen, seinen Willen durchsetzen und rücksichts-

> los handeln. Wenn die Beziehungsqualität so gering ist, dass ein weiteres Abkühlen der Gefühle füreinander bei egoistischen Handlungen entweder nicht zu befürchten ist oder dabei nichts verloren wird, bleibt als einziges Handlungsziel der eigene Vorteil übrig. In jenen Fällen soll vom ‚Egoismusprinzip' gesprochen werden" (Kirchler 1989: 118).

Die Ergebnisse seiner Untersuchung fasst Kirchler wie folgt zusammen:

> „In glücklichen Partnerschaften agieren die Eheleute nach dem Liebesprinzip: sie sind in ihrem Verhalten voneinander abhängig, versuchen in Interaktionen den gemeinsamen Profit zu maximieren, bieten einander eine Vielfalt von materiellen und immateriellen Ressourcen dar und schließlich orientieren sie sich an den Wünschen des anderen. Je disharmonischer die Beziehung ist, umso weniger handeln die Partner spontan altruistisch. Die Beziehung wird zum ‚Geschäft'. Annehmlichkeiten, die ein Partner bereitet, müssen vom anderen zurückbezahlt werden. Je nach Rückzahlungsfrist wird von einem Kredit- oder Austauschmodell gesprochen. Gleicht die Beziehung der zwischen zwei Bekannten, so tendieren die Partner dazu, ihre egoistischen Wünsche zu realisieren, ohne die daraus resultierenden Kosten für den anderen zu beachten; Ressourcen werden nicht nach dem Gleichheits- oder Bedürfnisprinzip verteilt, sondern gemäß den Beiträgen. Besteht zwischen den Partnern zudem ein beachtliches Machtverhältnis, so setzt, dem Egoismusmodell zufolge, der Stärkere seine Wünsche durch; der Schwächere unterliegt" (Kirchler 1989: 254).

In der Sprache der „Mikroökonomik aus sozial-ökologischer Perspektive" bedeutet das: Kaufentscheidungen von Paaren, die in einer harmonischen Beziehung leben, sind geprägt durch gegenseitiges vorsorgend-verantwortliches Handeln (Handlungstyp C). Der Interaktionsprozess zwischen den Partnern hat die Qualität einer verantwortlich/vorsorgenden Kooperation (Koordinationsform 4). Mit der Verschlechterung der Beziehung wandelt sich das Verhalten der beiden Partner über das Prinzip der Verständigung (Handlungstyp A) zum Prinzip des Aushandelns (Handlungstyp B), des Tauschmodells, der Konkurrenz. Das „Equitiyprinzip" beinhaltet die Partner als Partner in einem strategischen Spiel („homo oeconomicus" als Spieler bzw. Spielerin). Die Kooperation ist nur noch strategisch (Koordinationsform 2). Wenn sich die Partner gar nicht mehr aufeinander beziehen, orientieren sie sich nur noch am eigenen Vorteil, werden zum sozial nicht mehr eingebundenen „homo oeconomicus". Die Handlungskoordination erfolgt über Konkurrenz (Form 1), verstärkt über die Ausübung von Macht.

Die Analyse von Kirchler wirft nicht nur ein Licht auf den Prozesscharakter von Konsumentscheidungen, an denen mehrere Familienmitglieder beteiligt sind, sondern sie wirft auch ein Licht auf die Art der sozialen Isoliertheit, in der der „homo oeconomicus" lebt. Er lebt in einer Welt, in der Beziehungen so disharmonisch sind, dass er sich vollständig aus ihnen zurückzieht und allein mit seiner Güterwelt bleibt!

Beispiel 3: Die Rolle von Handlungsmustern/Institutionen für die geschlechtsspezifische Arbeitsteilung im Familienhaushalt – Das „VW-Modell"

Zum 1.1.1994 wurde bei der Volkswagen AG ein neues Arbeitszeitmodell eingeführt: Die wöchentliche Arbeitszeit von damals 35 Stunden wurde um 6,2 Wochenstunden auf 28,8 Stunden pro Woche reduziert. Nach 2 ½ Jahren, also im Spätsommer 1996, begann eine Forschungsgruppe der Frage nachzugehen, ob diese Reduktion der Erwerbsarbeitszeit, die fast ausschließlich Männer betraf, zu einer veränderten geschlechtsspezifischen Arbeitsteilung in der Familie geführt hat (vgl. zum folgenden Jürgens/Reinecke 1998). Anders ausgedrückt: Es wurde gefragt, ob die Männer einen Teil der gewonnenen freien Zeit für eine stärkere Beteiligung an der Haus- und Familienarbeit verwendeten. Befragt wurden 36 VW-Arbeiter der Werke Emden, Hannover und Salzgitter sowie ihre Lebenspartnerinnen, also zwölf Paare pro VW-Werk. Ergänzt wurde das Material durch sechs Gruppendiskussionen mit Vertrauensleuten der IG-Metall und durch mehrere Expertengespräche. Obwohl die Erwerbsarbeits-Struktur der VW-Arbeiter die Arbeitsteilung im Familienhaushalt stark auf das traditionelle Modell (männliche Erwerbsarbeit, weibliche Hausarbeit) festlegte, fanden die ForscherInnen doch große Unterschiede im praktizierten Lebensalltag der Familien, d. h. in den gewohnten Handlungsregeln. Die Typologie familialer Lebensführung, die die Forschungsgruppe erstellte, enthielt vier unterschiedliche Modelle:

- Das Modell „hierarchisch-resignative Lebensführung": Charakteristisch hierfür ist, dass der Mann Alleinernährer ist, während die Frau die Hausarbeit macht. Zwischen beiden Partnern besteht ein hierarchisches Machtgefälle. Der Mann beteiligt sich nicht an der Hausarbeit.

- Das Modell „komplementär-harmonisierte Lebensführung": Ähnlich wie das erste Modell ist hier die Arbeit traditionell zwischen Mann und Frau getrennt. Jedoch gibt es kein hierarchisches Binnenverhältnis, die Frauen verstehen ihre Spezialisierung auf die Hausarbeit als freiwillig. Ab und zu kümmern sich die Männer auch um die Kinder.

- Das Modell „individualisiert-pragmatische Lebensführung": Aufgrund der Erwerbstätigkeit auch der Frauen ist die Arbeitsteilung in der Familie anders als in den beiden anderen Modellen. Zwar behalten die Frauen die Hauptverantwortung für die Hausarbeit, die Männer helfen jedoch (nach entsprechender Aufforderung) mit. Bei der Kinderversorgung jedoch gibt es eine nahezu paritätische Aufteilung zwischen Frau und Mann.

- Das Modell „kooperativ-reflektierte Lebensführung“: Hier gibt es keine geschlechtsspezifische Aufgabenzuweisung. Mann und Frau reflektieren gemeinsam über das Alltagshandeln, die Lebensführung ist Resultat eines gemeinsam diskursiv entwickelten Arrangements. Mann und Frau haben gleichermaßen ein emanzipiertes Selbstverständnis, für die Familienarbeit gleichverantwortlich zu sein. Das wirkt sich auch in der Praxis aus: Die Beteiligung der Männer an allen Bereichen der Hausarbeit ist deutlich höher als bei den anderen drei Modellen.

Die Neuregelung der Arbeitszeit bei VW mit entsprechender Freisetzung von 6,2 Wochenstunden pro männlichem Arbeiter stieß also auf unterschiedliche institutionelle Arrangements in den Familienhaushalten. Entsprechend unterschiedlich war die Auswirkung auf die geschlechtsspezifische Arbeitsteilung: In den Familien mit den ersten Lebensmodellen haben praktisch keine Veränderungen stattgefunden. Die Männer verwendeten ihre freie Zeit vor allem für Hobbys und individuelle Freizeitaktivitäten, was von den Frauen auch akzeptiert wurde. Das Verhalten ist durch gewohnte Normen geprägt. In Familien mit beiderseitiger Erwerbstätigkeit dagegen wurde jetzt eine Ausweitung der Erwerbsarbeit der Frau möglich, die bisher zum Teil nur in Teilzeit gearbeitet hatte. Dadurch übernahmen die Männer fast zwangsläufig mehr Arbeit im Haushalt. Am stärksten wirkte sich die neue Arbeitszeitregelung in den Familien mit dem Lebensmodell „kooperativ-reflektierte Lebensführung“ aus. Die Beteiligung der Männer an allen Arten der Hausarbeit stieg deutlich an. Die Ehepaare nutzten offensichtlich die freie Zeit des Mannes, um ihrer Vorstellung von der egalitären Partnerschaft besser gerecht zu werden. Hier sind Verständigung und gemeinsame Verantwortung für das familiale Leben von Bedeutung – die Handlungstypen A und C sind deutlich ausgeprägt.

Als Ergebnis lässt sich somit festhalten: Die Auswirkung einer starken Erwerbsarbeitszeit-Verkürzung (wie bei VW) auf die geschlechtsspezifische Arbeitsteilung hängt von dem vorher gelebten und nach spezifischen Handlungsregeln geordneten Familien-Haushaltsmodell ab. Die alten institutionellen Arrangements prägen somit auch den durch die Arbeitszeitverkürzung in Gang gesetzten institutionellen Wandel. Auch die Haltung gegenüber dem gesunkenen Einkommen wird von den gelebten Familienmodellen beeinflusst: Dort, wo traditionelle Modelle gelebt werden, wird gern mehr Arbeit geleistet, um das verbleibende Einkommen aufzustocken. Dagegen akzeptieren moderne Paare den Einkommens-Verlust zugunsten der Möglichkeit, das gemeinsame Leben egalitärer zu gestalten. Grundlage hierfür ist jedoch, dass das neue, niedrigere Einkommensniveau das gewohnte Leben weiterhin ermöglicht. Der Geldanreiz tritt hier deutlich hinter den Zeitanreiz zurück.

männl. Erwerbsarbeit in Stunden / *Partnerschaftsform*	*35 Std. männl. Erwerbsarbeit*	*28.8 Std. männl. Erwerbsarbeit*
hierarchisch-resignativ	Mann: Erwerbsarbeit Frau: Hausarbeit	Mann: Erwerbsarbeit u. Hobby o. Nebenjob Frau: Hausarbeit
komplementär-harmonisch	Mann: Erwerbsarbeit Frau: Hausarbeit	Mann: Erwerbsarbeit u. Hobby o. Nebenjob Frau: Hausarbeit
individualisiert-pragmatisch	Mann: Erwerbsarbeit Frau: Erwerbsarbeit u. Hausarbeit	Mann: Erwerbsarbeit u. Hausarbeit Frau: Erwerbsarbeit↑ u. Hausarbeit↓
kooperativ-reflektiert	Mann: Erwerbsarbeit u. Hausarbeit Frau: Erwerbsarbeit u. Hausarbeit	Mann: Erwerbsarbeit u. Hausarbeit↑ Frau: Erwerbsarbeit↑ u. Hausarbeit↓
(↑ = Zeitanteil steigend, ↓ = Zeitanteil sinkend)		

Abb. 41: Geschlechtsspezifische Arbeitsteilung im Arbeitszeitmodellversuch bei VW

1.1.4 Haushaltskooperationen

Bisher haben wir den Familien-Haushalt als isolierte Einheit betrachtet. Das ist eine Abstraktion. In der Realität gibt es vielfältige Einbettungen der Familien-Haushalte in Kooperationen und Netzwerke.

In Teil I.4 hatten wir drei Typen von Kooperationen unterschieden: die strategische, die verständige und die verantwortlich-vorsorgende Kooperation. Damit waren die Kooperationsprinzipien gemeint. Konkrete Kooperationen sind nun durch zwei Besonderheiten gekennzeichnet:

- in ihnen mischen sich die Kooperationsprinzipien;
- durch verschiedene Kooperationsbeziehungen entsteht ein Netzwerk.

Schließen sich z. B. zwei Haushalte in einer verständigen oder verantwortlich-vorsorgenden Kooperation zusammen (z. B. zur Einsparung von Energie zwecks Schonung der natürlichen Mitwelt in sogenannten Öko-Teams oder als Familienselbsthilfe zur gemeinsamen Betreuung der Kinder), so kann das die Basis für ein größeres Netzwerk sein. Es ist aber auch der umgekehrte Fall möglich, der Fall, dass es im Rahmen eines bestehenden sozialen Netzwerkes zu Kooperationen kommt. Letzteres ist der wahrscheinlichere Fall. Denn alle Individuen leben nicht nur in kleinen familialen Haushalten, sondern in *sozia-*

len Netzwerken. Menschen sind in solche soziale Netzwerke eingebettet. Solche Netzwerke sind sowohl Ressourcen als auch abgegrenzter Handlungsraum, wodurch sie auch behindernd wirken können. Sie sind das, was bei Etzioni das „Wir" ist, welches das „Ich" braucht, um überhaupt „zu sein" (vgl. dazu Teil I.3.4). Netze sind soziale Räume, in denen Verständigungsprozesse stattfinden und sich festigen können, in denen soweit gegenwärtiges Vertrauen entstehen kann, dass sich die Teilnehmenden auf die für den Diskurs notwendige Offenheit einlassen können. Insofern können soziale Netze „diskursive Netze" sein, eine gesellschaftliche Form, in der Neues unter den KooperationspartnerInnen ausprobiert werden kann. Soziale Netzwerke sind aber nicht nur Rahmen und Voraussetzung für gemeinschaftliches Handeln, sondern auch dessen Ergebnis. Wegen ihres dynamischen Charakters, dem ständigen Prozess des Entstehens, Veränderns, Festigens oder Vergehens werden sie auch als „Metaphern des gesellschaftlichen Umbruchs" bezeichnet (vgl. Keupp 1987).

Beispiel 1: Kooperative Kinderbetreuung

Das Tätigkeitsfeld „Handeln im Zusammenhang mit Kindern und Jugendlichen", das wir als einen Teil der Familienökonomie bestimmt haben, ist traditionell Aufgabe von Frauen. Die im VW-Beispiel als ein Typ aufgetretene „hierarchische Versorgerehe" mit der hierarchisch-resignativen Lebensführung galt lange Zeit als die typische Form des Zusammenlebens von Mann, Frau und Kindern. In diesem Konzept spielt sich die Versorgungsarbeit bezüglich des Aufwachsens von Kindern und Jugendlichen, die gesellschaftliche Tätigkeit ist, in der privaten Sphäre der Kleinfamilie ab. Dieses Modell ist jedoch, auch das zeigte das VW-Beispiel, nicht mehr die Regel.

So entstand z. B. in den 70er Jahren des letzten Jahrhunderts in Deutschland die Kinderladenbewegung. Hier taten sich junge Familien zusammen, um ihre Kinder schon vor dem Kindergartenalter, das mit drei Jahren festgesetzt ist, gemeinsam zu betreuen. Sie mieteten Räume an, stellten Erzieherinnen und Erzieher für die Kinder ein, halfen selbst mit bei deren Betreuung. Heute gibt es viele Formen der sogenannten Familienselbsthilfe. Gemein ist ihnen allen, dass sich hier Familien kooperativ zusammentun, um gemeinsam ihre Kinder zu betreuen. Im Mittelpunkt dieser Bewegung stehen in Deutschland die Mütterzentren. Sie entstanden seit Beginn der 80er Jahre des vorigen Jahrhunderts und bilden heute ein Netzwerk von mehreren hundert Zentren in den Kommunen, die sich auf Landesebene zu Mütterzentren, auf Bundesebene zum Mütterzentrums-Bundesverband zusammengeschlossen haben. Die Art der Tätigkeit wird beispielfhaft an der Beschreibung der Angebote des Mütterzentrums Salzgitter verdeutlicht:

> „Das Mütterzentrum 2000 ist ein sozialer Ort, an dem Arbeitsleben und Privatleben nicht scharf voreinander abgegrenzt sind, ebenso wenig sind die Lebensräume getrennt nach Alter, Problemlagen, Geschlechtern, Berufsgruppen oder was der Kriterien mehr sein mögen. In dieser vielschichtigen Kultur werden Prozesse der Selbstorganisation angeregt und tragfähige Netzwerke entwickelt. Wir unterstützen sowohl gemeindenah die „natürlichen" sozialen Netzwerke, wie Familie und Nachbarschaft, und wir schaffen zugleich „öffentliche Großfamilien", in denen zumindest temporär familien- und generationenübergreifend zusammegelebt wird" (Sozialpädagogisches Institut im SOS Kinderdorf e.V. 2000: 9).

Von der Perspektive der Familien- oder Versorgungsarbeit her ist hierbei interessant, dass sie durch diese Kooperationen „nach außen" getragen wird. Ihr gesellschaftlicher Charakter wird damit besonders deutlich. Er wird auch darin deutlich, dass diese kooperativen Formen von Kinderbetreuung Versorgungsarbeit mit bürgerschaftlichem Engagement mischen und nicht ganz ohne öffentliche Unterstützung auskommen. So müssen häufig Räume angemietet werden, da die Privatwohnungen für die gemeinsame Beaufsichtigung von Kindern zu klein sind. Und es müssen ErzieherInnen bezahlt werden. Dort, wo die Eltern dafür nicht vermögend genug sind, ist der Staat gefordert, solche Formen zu ermöglichen.

Mit Hilfe der Handlungstypen und Koordinationsformen lässt sich zu dieser kooperativen Kinderbetreuung sagen: Es mischen sich hier verschiedene Kooperationsformen. Zunächst geht es um eine rein strategische Kooperation. Denn die Familien nutzen sich gegenseitig, um die Kinderbetreuung besser gestalten zu können. Da jedoch nicht deutlich ist, wie das genau geschehen soll, ist hier ein Verständigungsprozess notwendig – diese Kooperation ist damit auch verständige Kooperation. Und da ihre Grundlage die Verantwortung und das Sorgen für die Kinder ist, ist sie auch verantwortlich-vorsorgende Kooperation. In letztere spielt auch die ökologische Dimension herein, denn häufig ist ein Element in dieser kooperativen Kinderbetreuung die gesunde Ernährung der Kinder. Und gesunde Ernährung heißt vor allem Ernährung aus ökologischer Landwirtschaft in der jeweiligen Region. Die Kooperation hat somit auch eine räumliche Dimension: die Region.

Beispiel 2: Tauschringe

Tauschringe entstehen seit Mitte der 90er Jahre des 20. Jahrhunderts in vielen Städten Deutschlands. Ihre Geschichte ist jedoch älter – geschichtliche Vorläufer finden sich im Österreich der 30er Jahre und in Kanada der 80er Jahre des letzten Jahrhunderts. Tauschringe sind organisierte Tausch- und Verrechnungssysteme, über die der bargeldlose Austausch von Gütern und Dienstleistungen vor allem zwischen privaten Haushalten auf lokaler Ebene organisiert wird. Die Gründung von Tauschringen geschieht in der Regel zunächst aus ökonomischen Gründen. Menschen ohne Geld, aber mit Fähigkeiten, tauschen ihre Leistungen aus. Aber:

> „Die Anziehungskraft der Tauschringe liegt nach den Erfahrungen der letzten Jahre selbst in Krisenzeiten nicht hauptsächlich im Ökonomischen – soziale, emotionale, ökologische, ganzheitliche Aspekte spielen für die Motivation und das Engagement der Menschen eine mindestens so wichtige Rolle" (Baukhage/Wendl 1998: 61).

Tauschringe sind durch folgende Merkmale gekennzeichnet:

- Im Tauschring wird Geld durch Zeit ersetzt – vor allem Menschen mit wenig Geld schaffen sich hier die Möglichkeit, diesen Geldmangel durch nicht-monetäre Austauschbeziehungen auszugleichen.
- Tauschringe sind sogenannte Nonprofit-Organisationen (vgl. dazu Teil II.5). Ihr Ziel ist das gegenseitige Wohl in der lokalen Gemeinschaft.
- Tauschringe haben in der Regel eine Tauschringzentrale, die für die Verwaltung und Organisation des Tauschnetzes sorgt. Sie macht Öffentlichkeitsarbeit, gibt in der Regel eine Marktzeitung heraus und veranstaltet Treffen und Markttage.
- Im Tauschring werden Leistungen mit Hilfe interner Verrechnungseinheiten abgegolten. Diese interne Verrechnungseinheit, auch lokale Währung genannt, hat häufig einen originellen Namen. So wird heute in Talenten, Batzen, Kreuzern, Isartalern, Prinzen und Tiden getauscht. Deutlich ist: Hier fließt kein echtes Geld. (Echtes Geld ist nur nötig, um Ausgaben für die Organisation in Landeswährung begleichen zu können. Solche Ausgaben sind z. B. Telefon- und Portogebühren. Sie werden über Mitgliedsbeiträge finanziert.)
- Im Tauschring erhält jede TeilnehmerIn ein Konto bei der Tauschringzentrale. Leistet eine Teilnehmerin etwas für einen anderen Tauschringteilnehmer, so wird das dem einen Konto gutgeschrieben, auf dem anderen Konto als Haben vermerkt. Der Tauschring lebt von dieser Balance zwischen Geben und Nehmen. Die verbuchten Guthaben, die durch Leistungserhalt entstanden sind, stellen eine Verpflichtung dar, selbst wieder eine Gegenleistung zu erbringen. Jede Leistung wird mit einem bestimmten Punktsystem in der Tauschring-Währung bewertet.
- Die Tauschring-Konten können nicht überzogen werden. So wird verhindert, dass jemand nur Leistungen erhält aber keine erbringt. Über die Kontostände herrscht Öffentlichkeit, sie werden in regelmäßigen Abständen in der Marktzeitung veröffentlicht. So soll, durch öffentliche Kontrolle, Missbrauch vermieden werden.

Getauscht werden vor allem sogenannte sachbezogene Dienste (Reinigungshilfen, Reparaturhilfen, Entrümpelungshilfen, Gartenhilfen z. B.) sowie personenbezogene Dienste (Betreuung von Kindern, Kranken, Behinderten, Älteren; Einkaufs- und Transportdienste, Unterstützung beim Umgang mit Behörden und Gerichten, Musikunterricht, Schularbeitshilfen usw.). Diese Beispiele machen deutlich: Die im Tauschring getauschten Leistungen sind vor allem solche, die den Bereich der Versorgungsarbeit betreffen und diesen damit kooperativ ausgestalten.

Das Besondere an Tauschringen ist, dass sie den Austausch zwischen einer Vielzahl von Personen ohne Geld ermöglichen. Jede Teilnehmerin, jeder Teilnehmer kann auf das gesamte Angebot der Tauschgemeinschaft zurückgreifen. Denn hier geht es nicht um den direkten Tausch zwischen zwei Personen (nach dem Prinzip „Hilfst du mir, so helfe ich dir"), sondern es geht um den Austausch in einem Netzwerk. Die TeilnehmerInnen helfen sich hier gemeinsam. Damit übersteigt der Tauschring auch den Raum der Nachbarschaftshilfe. Er besteht in der Regel auf der Ebene eines Stadtteils oder einer etwas größeren lokalen Gemeinschaft. Tauschringe sind somit ein durch Kooperationsbeziehungen strukturiertes Netzwerk.

Welche Art der Kooperation ist nun im Tauschring vorherrschend? Besinnen wir uns auf die Entstehungsgeschichte, in der Tauschringe aus ökonomischer Not heraus gegründet wurden, so handelte es sich zunächst eindeutig um strategische Kooperationen. Tauschringe wurden gegründet, um andere für die eigene Versorgung zu nutzen, um so die persönliche Versorgungslage zu verbessern. Im Verlauf der Entwicklung der Tauschringe kam zu diesem Motiv jedoch hinzu, dass Menschen hier Gemeinschaft suchten, das soziale und emotionale Aspekte eine wichtige Rolle spielten (vgl. das oben angegebene Zitat von Baukhage/Wendl). Zur strategischen Dimension kam also die verständige Kooperation hinzu. So hat sich heute im Rahmen von Tauschringen eine neue Form von Gemeinschaft begründet, die gemeinsame Treffen, z. B. gemeinsame Markttage, organisiert. Der Bezug zur Ökologie dagegen ist weitgehend Nebensache. In einigen Tauschringen kann man jedoch heute auch schon deutlich den Bezug zur Ökologie finden, das Bemühen, die getauschten Leistungen so umweltfreundlich wie möglich zu machen. Wo sich das findet, ist ein Tauschring auch eine verantwortlich-vorsorgende Kooperation.

1.1.5 Fazit

Aus der Sicht der „Mikroökonomik aus sozial-ökologischer Perspektive" ist der Haushalt, geprägt durch die auf Dauer gerichteten sozialen Beziehungen der Haushaltsmitglieder, ein Ensemble von Handlungsfeldern, das durch die drei verschiedenen Handlungstypen mit den jeweiligen Koordinationsformen, durch die historisch entstandenen und veränderbaren Handlungsregeln und die gesellschaftlichen Verhältnisse, insbesondere die Geschlechter- und Generationenverhältnisse, geprägt ist. Haushälterisches Handeln zielt auf die Gestaltung eines „guten Lebens" für die Haushaltsmitglieder. Was das heißt, muss von ihnen gemeinsam bestimmt werden. Da haushälterisches Handeln der Gestaltung von Lebensprozessen dient, folgt es spezifischen Handlungsprinzipien, in denen es um die Verbindung von Kurz- und Langfrist, von Produktion und Reproduktion, von verschiedenen Zeiten und Räumen geht. Die besondere Produktivität der Versorgungsarbeit im Haushalt und ihr Beitrag zur gesellschaftlichen Wohlfahrt drücken sich in der (gemäß den Vorstellungen der Beteiligten) gelingenden Lebensgestaltung aus – in dem Hervorbringen von Human- und Sozialvermögen. In der konkreten Analyse von haushälterischen ökonomischen Tätigkeiten kommt es darauf an, diese Produktivitäts- oder Wohlfahrtseffekte aufzuzeigen. Gleichzeitig dient die Analyse der Praxis der Theoriebildung selbst: Es gilt, mit Hilfe verschiedener, zunächst vorformulierter, analytischer Kategorien das jeweilige Handlungsfeld zu untersuchen, die Kategorien dabei zu überprüfen, gegebenenfalls zu ergänzen und wieder auf die Praxis rückzubeziehen.

Ökonomisches Handeln im Rahmen von Haushalten ist gemäß dieser theoretischen Konzeption viel mehr als eigennütziges, maximierendes Handeln gegenüber einer Güterwelt, wie wir es im Konzept des „homo oeconomicus" kennengelernt haben (vgl. dazu I.3.1). Dort gilt nur der Handlungstyp B (Bargaining, instrumentelles oder strategisches Handeln), dort erfolgt die Handlungskoordination nur über (Geld-)Preise oder erwartete Auszahlung, dort verschwinden die soziale und physische Dimension ökonomischen Handelns. Der Vorteil dieser „Reduktion von Komplexität" ist, dass dadurch eine formalisierbare, strikt analytisch-deduktiv ableitbare „Theorie der Güternachfrage" sowie eine „Theorie des Arbeitsangebots" von Seiten des Haushalts entwickelt werden kann. Sieht man die neoklassische Theorie derart als auf eine von drei Dimensionen reduzierte Theorie an, so steht sie da als Spezialfall im Rahmen der umfassenderen sozial-ökologischen Mikroökonomik. Was dieser Spezialfall im Gebiet des Haushalts leistet und wo seine Grenzen liegen, soll im Folgenden untersucht werden.

1.2 Die neoklassische Haushalts-Theorie als Spezialfall

1.2.1 Der Haushalt in der Neoklassik

Um die neoklassische Haushalts-Analyse als Spezialfall der MISÖP zu verdeutlichen, können wir Abb. 40 entsprechend umformen. Berücksichtigen wir die Einengung des Handlungsmodells auf instrumentelles Handeln, die Reduktion des Handlungsmusters auf die Regel der Nutzenmaximierung sowie die Beschränkung auf wenige Handlungsfelder und die Vernachlässigung des Einflusses gesellschaftlicher Verhältnisse, so gelangen wir zu Abb. 42:

Handlungstyp	*Koordinationsmittel*	*Handlungsfeld*
Instrumentell	(Geld-)Preise	Konsum als Güternachfrage Erwerbsarbeit als Arbeitsangebot (Zeitallokation)

Abb. 42: Der Haushalt in der Neoklassik

Auffallend gegenüber der MiSÖP ist, dass der Haushalt nicht mehr produziert, sondern nur noch konsumiert und seine Zeit auf Freizeit und Erwerbsarbeit aufteilt.

Hinzu kommt das Menschenbild des „homo oeconomicus", d. h. die Vorstellung, jeder Mensch verfüge über eine unveränderliche Nutzen- oder Präferenzstruktur. Somit gilt die c.p.-Klausel (vgl. dazu Teil I.3.1). Die Analyse wird zeitlos, Pfadabhängigkeit verwandelt sich in Unveränderlichkeit. Und weil die Nutzenmaximierung vorausgesetzt wird, ändert sich auch die Fragestellung: Es geht nicht mehr um Wohlfahrtseffekte i. S. der Gestaltung eines „guten Lebens", sondern um das Bestimmen von optimalen Ergebnissen nutzenmaximierenden Handelns.

Unter diesen Prämissen ist der Haushalt der Ort, von dem aus die Güternachfrage sowie das Arbeitsangebot erklärt werden.

1.2.2 Die Bestimmung der individuellen oder Haushalts-Nachfrage

Dieser Haushalt lässt sich jetzt durch eine Indifferenzkurvenschar, die eine Nutzenindexfunktion ausdrückt, darstellen. In ihm gibt es keine Individuen mit unterschiedlichen Präferenzen. Dieser neoklassische Haushalt hat eine einheitliche und eindeutige Präferenzstruktur. Auf deren Grundlage lässt sich, bei gegebenen Preisen und gegebenem Einkommen, ein eindeutiges Haushaltsgleichgewicht definieren, wie es bereits in Teil I.3.1 dargestellt wurde.

Diese Bestimmung des Haushaltsgleichgewichts ist der Ausgangspunkt für die Ableitung der individuellen Nachfragefunktion. Diese Nachfragefunktion lautet.

(1) $x_2 = x_2\left(p_2, \overline{p}_1, \overline{Y}\right)$

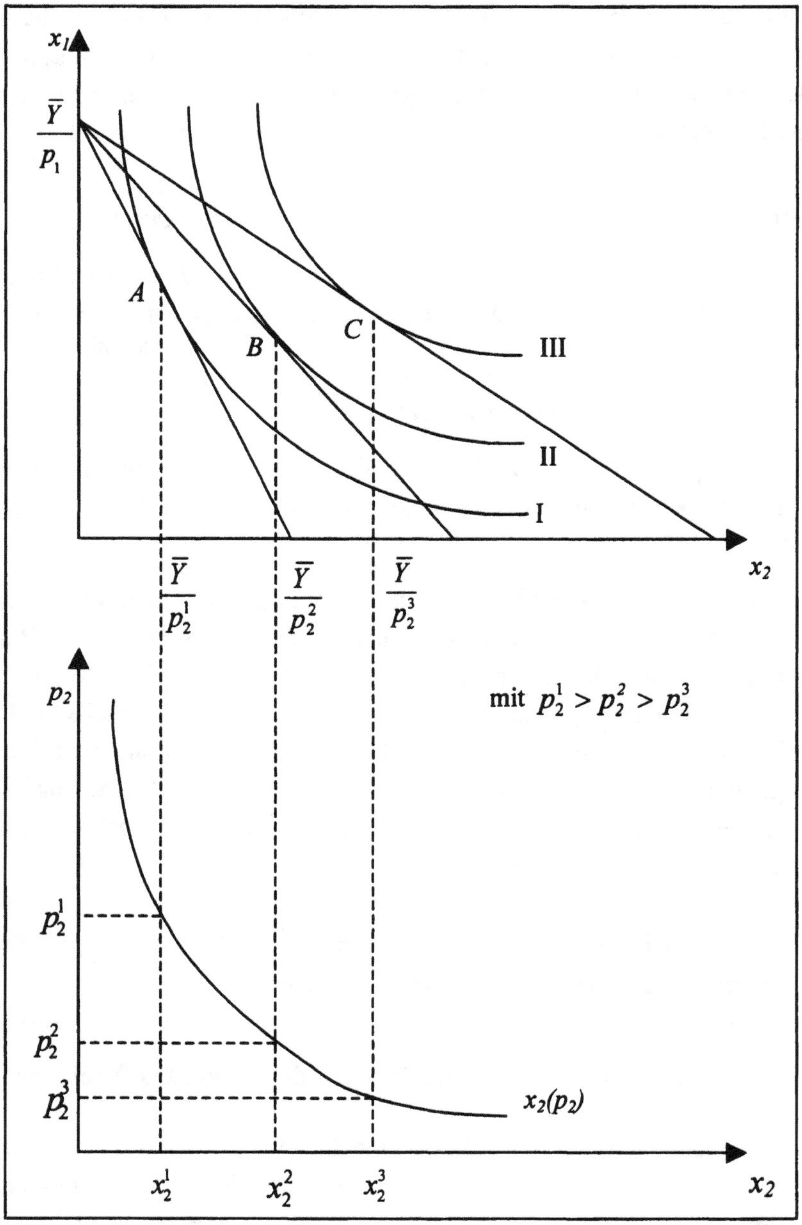

Abb. 43: Die Bestimmung der Nachfragekurve eines Haushalts (individuelle Nachfragekurve)

Das bedeutet, die Nachfrage nach dem Gut 2 ist abhängig von dem Preis des Gutes 2, p_2, bei Konstanz der beiden anderen Variablen, des Preises für das Gut 1 und des Einkommens. Mit Hilfe der ceteris-paribus-Klausel lässt sich diese Gleichung auch folgendermaßen schreiben:

(2) $x_2 = x_2(p_2)\ c.p.$

Um zu der individuellen Nachfragekurve zu gelangen, nehmen wir jetzt an, dass sich, bei Konstanz der beiden anderen Größen p_1 und Y, der Preis für das Gut 2 schrittweise verringert. Das bedeutet, dass sich die Bilanzgerade um ihren Schnittpunkt auf der x_1-Achse nach außen, weg vom Ursprung, dreht. (Zur Erinnerung: Der Schnittpunkt der Bilanzgeraden mit der x_2-Achse gibt die Größe $\overline{Y}/p_2$ an, die Anzahl der Menge von x_2, die kaufbar ist, wenn das gesamte Einkommen für dieses Gut ausgegeben wird. Je kleiner der Preis des Gutes x_2 ist, desto größer ist diese Gütersumme, desto weiter ist der Schnittpunkt der Bilanzgerade vom Ursprung entfernt.) Graphisch sieht das dies aus wie in Abb. 43.

Unter diesen Modellbedingungen wird die Nachfrage nach dem Gut 2 bestimmt durch das *Nachfragegesetz:*

> *Die Nachfrage nach einem Gut steigt mit sinkendem Preis des Gutes.*

1.2.3 Einkommens- und Substitutionseffekt

Bevor wir uns dem Einfluss der bisher konstant gesetzten Größen auf die Nachfrage widmen, sei noch auf eine wirtschaftspolitisch bedeutende Auswirkung der bisher isoliert betrachteten Preisveränderung des Gutes 2 hingewiesen. Bisher haben wir uns nur mit der entsprechenden Mengenreaktion bezüglich des Gutes 2 beschäftigt. Die Veränderung von p_2 führt jedoch, wie Abb. 43 zeigt, zu einer Verschiebung des Haushaltsgleichgewichts. Das bedeutet, dass sich auch die Nachfrage nach dem Gut 1 verändert hat, und das, obwohl wir dessen Preis konstant gehalten haben. Das weist darauf hin, dass bei der Veränderung nur eines Preises das ganze Preisgefüge betroffen ist: Es ändern sich die relativen Preise. So müssen offensichtlich die nutzenmaximierenden Haushalte ihre gesamte Güterkombination neu überdenken und, gemäß dem Gesetz vom Ausgleich der Grenznutzen, die Güterkombination entsprechend anpassen. Diesen Anpassungsprozess können wir in zwei Effekte zerlegen: den Einkommenseffekt sowie den Substitutionseffekt.

Was heißt das? Nehmen wir zur Erklärung folgendes Beispiel zur Hilfe: Der Preis des Gutes 2 steige diesmal, z. B. in Folge einer ökologischen Steuer. Gut 2 sei z. B. Benzin. Die wirtschaftspolitisch interessante Frage ist dann: Wie verändert sich die Nachfrage nach dem Gut 2 (Benzin), aber auch nach dem anderen Gut, das der Haushalt nachfragt, nach Gut 1, z. B. Pizza? Der erste Effekt, das Sinken der Nachfrage nach Benzin, ist gewollt. Wie sieht aber der Effekt auf die Nachfrage nach Pizza aus? Die Antwort auf diese Frage verdeutlicht Abb. 44.

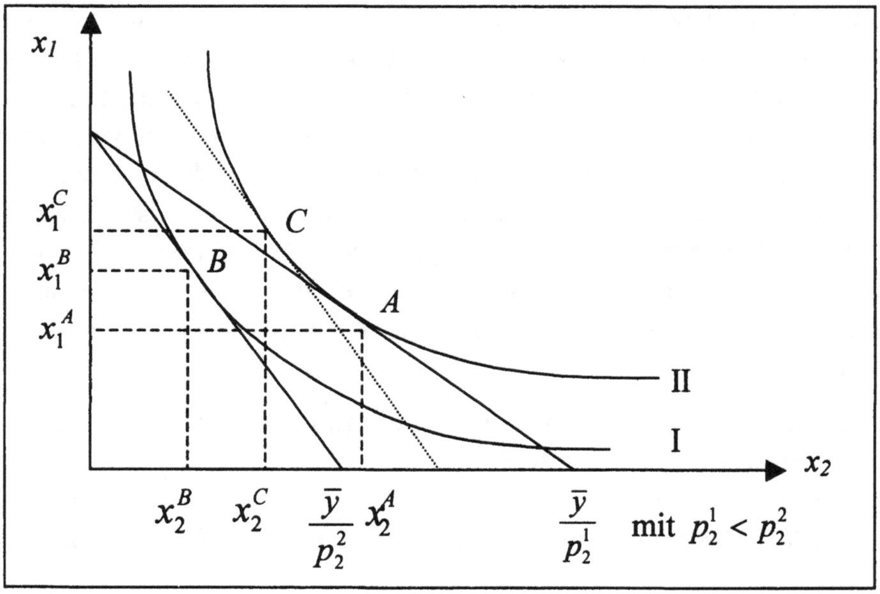

Abb. 44: Einkommens- und Substitutionseffekt

Dazu zeichnen wir den ersten Teil von Abb. 43 noch einmal etwas anders: Wir gehen jetzt davon aus, dass der Preis des Gutes 2 steigt, von p_2^1 auf p_2^2. Punkt A, das ursprüngliche Haushaltsgleichgewicht, liegt daher jetzt auf der äußersten Indifferenzkurve, das neue Haushaltsgleichgewicht wandert nach links, es liegt bei B. Wollen wir nun wissen, welche Wirkung die Veränderung der relativen Preise hat, so machen wir folgendes Gedankenexperiment: Wir denken uns, der Haushalt werde, ausgehend vom neuen Haushaltsgleichgewicht B, derart subventioniert, dass er auch mit dem neuen Preisverhältnis auf der ursprünglichen Indifferenzkurve II bleiben könnte. Das potentielle Haushaltsgleichgewicht wird durch den Punkt C auf der Indifferenzkurve II angegeben. Das Streichen dieser „gedanklichen Subventionierung" bedeutet eine Parallelverschiebung der Bilanzgeraden nach links, bedeutet eine Einkommenssenkung.

Jetzt lässt sich die Veränderung der nachgefragten Menge sowohl nach Gut 2 als auch nach Gut 1 in zwei Effekte unterteilen: In den Einkommens- und den Substitutionseffekt. Die Verringerung der Menge x_2^A auf die Menge x_2^C ist dem Substitutionseffekt geschuldet, d. h. der Tatsache, dass sich die relativen Preise geändert haben und der Haushalt seine Nachfrage gemäß dem Ausgleich der Grenznutzen verändert. Demselben Effekt ist die Ausdehnung der Nachfrage nach Gut 1 von x_1^A auf x_1^C geschuldet. Die weitere Reduktion der Nachfrage nach Gut 2 von x_2^C auf x_2^B dagegen ist Folge des Einkommenseffektes, des Effektes nämlich, dass die Erhöhung des Preises von Gut 2 einer Einkommensreduktion gleichkommt. Entsprechend reduziert sich im Endeffekt die Nachfrage nach x_1 von x_1^C auf x_1^B

Weshalb ist diese detaillierte Analyse wichtig? Wir hatten gesagt, sie sei wirtschaftspolitisch von Interesse. So lässt sich nämlich genauer analysieren, welche Folgen eine isolierte Preiserhöhung hat. Wollen wir z. B. über die Ökosteuer den Preis des Gutes 2 (Benzin) erhöhen, wissen wir mit Hilfe der Analyse von Einkommens- und Substitutionseffekt, wie genau die Wirkung nicht nur auf die Nachfrage nach Benzin, sondern ebenfalls auf die Nachfrage nach Pizza ist. Ist diese Wirkung z. B. ungewollt, kann durch bestimmte entsprechende Maßnahmen (z. B. Subventionierung, Strukturhilfen usw.) gegengesteuert werden.

1.2.4 Elastizitäten

Ebenso, wie wir die Nachfragefunktion $x_2 = x_2(p_2)\ c.p.$ diskutiert haben, können wir auch die Nachfragefunktion

(3) $x_2 = x_2(p_1)\ c.p.$

oder die Nachfragefunktion

(4) $x_2 = x_2(Y)\ c.p.$

diskutieren. (3) und (4) geben die kreuzpreisabhängige sowie die einkommensabhängige Nachfragefunktion an. Im Normalfall würden wir für beide eine mit der unabhängigen Variablen (p_1 oder Y) steigende Nachfrage nach dem Gut 2 erhalten.

Um die Reaktion der abhängigen Variablen, hier der Nachfrage nach Gut 2, auf eine entsprechende Veränderung einer unabhängigen Variablen zu messen, ist in der neoklassischen Ökonomie das Konzept der *Elastizitäten* entwickelt worden.

> *Eine Elastizität gibt die prozentuale Veränderung der abhängigen Variablen im Verhältnis zur prozentualen Änderung der unabhängigen Variablen an.*

So lautet z. B. die *direkte Preiselastizität der Nachfrage für das Gut i:*

(5) $E_i(p_i) = -\dfrac{\Delta x_i / x_i}{\Delta p_i / p_i}$

Diese Elastizität wäre in der Regel negativ, da gemäß dem Nachfragegesetz die Nachfrage nach einem Gut bei Preissteigerungen desselben Gutes abnimmt. Der Zähler von (5) hätte also immer ein negatives Vorzeichen, wenn der Nenner positiv wäre, und umgekehrt. Weil sich mit negativen Zahlen schlechter argumentieren lässt, wurde deshalb das Minuszeichen vor dem Gesamtausdruck eingeführt. Somit ist diese Elastizität in der Regel immer positiv.

Entsprechend lassen sich auch andere Elastizitäten definieren.

Die *Kreuzpreiselastizität der Nachfrage*, d. h. die Elastizität, die die relative Änderung der Nachfrage nach Gut *i* in Abhängigkeit vom Preis des Gutes *j* angibt. Die entsprechende Bestimmung lautet:

$$(6)\ E_i\left(p_j\right) = \frac{\Delta x_i / x_i}{\Delta p_j / p_j}$$

Im Normalfall ist diese Kreuzpreiselastizität immer positiv, d. h. größer als 0.

Die *Einkommenselastizität der Nachfrage* gibt entsprechend an, wie sich die Nachfrage nach Gut *i* ändert, wenn sich das Einkommen ändert. Die entsprechende Formel lautet:

$$(7)\ E_i\left(Y\right) = \frac{\Delta x_i / x_i}{\Delta Y / Y}$$

Im Normalfall ist diese Elastizität ebenfalls größer als 0.

Wir sprechen vom Normalfall, d. h. von der Regel, wobei sich dieser Normalfall auf die angenommene Struktur der Nutzenindexfunktion bezieht, d. h. darauf, dass wir mit begrenzt substitutiven Gütern argumentieren und dass sich die Verschiebung des Haushaltsgleichgewichtes bei der Verschiebung der relativen Preise entsprechend Abb. 43 bzw. Abb. 44 ergibt.

In diesem „Normalfall" gilt, wie eben ausgeführt, für die drei diskutierten Elastizitäten:

- $E_i(p_i) > 0$ mit zwei Unterfällen:
  $E_i(p_i) > 1$ (elastische Nachfrage)
  $0 < E_i(p_i) < 1$ (unelastische Nachfrage)
- $E_i(p_j) > 0$ (substitutive Güter)
- $E_i(Y) > 0$ (superiore Güter).

Die Literatur kennt jedoch viele Ausnahmen, die wichtigsten seien hier kurz genannt:

- Ausnahmen bezüglich der direkten Preiselastizität der Nachfrage $E_i(p_i)$: Beispiele für abweichendes Verhalten sind hier das sogenannte *Giffen-Paradox*, der *Mitläufer-Effekt*, der *Snob-Effekt* sowie der *Veblen-Effekt*. Beim Giffen-Paradox (benannt nach dem englischen Ökonom Giffen (1837-1910), der die entsprechende Reaktion der Nachfrage als Erster entdeckt hat), verhält sich die Nachfrage derart, dass sie mit steigendem Preis steigt. Das Beispiel von Giffen selbst war das der Reaktion der armen Bevölkerung in Großbritannien auf steigende Kartoffelpreise. Die Kartoffelnachfrage stieg, weil durch die steigenden Kartoffelpreise das Realeinkommen derart sank, dass auf die relativ billigeren Konsumgüter zurückgegriffen wurde. Damit stieg der Kartoffelkonsum z. B. gegenüber dem Fleischkonsum trotz des steigenden Kartoffelpreises stark an. In diesem sogenannten Giffen-Fall ist also die direkte Preiselastizität der Nachfrage, die ja mit Hilfe der Einführung eines negativen Vorzeichens als in der Regel positiv definiert wurde, immer kleiner als Null ($E_i(p_i) < 0$). Bei den drei anderen Effekten, Mitläufer-, Snob- und Veblen-Effekt, kommen vom Normalfall abweichende Reaktionen dadurch zustande, dass das Nachfrageverhalten eines Haushaltes von dem der anderen Haushalte abhängt. Die Indifferenzkurven sind somit nicht mehr unabhängig voneinander. Beim Mitläufereffekt führt diese Abhängigkeit dazu, dass die normale Reaktion auf Preisänderungen verstärkt wird. Die direkte Preiselastizität der Nachfrage, $E_i(p_i)$ steigt dadurch. Im Fall des Snob-Effekts liegt der Fall umgekehrt: Ein Snob-Haushalt versucht, sich entgegengesetzt der Masse der anderen Haushalte zu verhalten. $E_i(p_i)$ sinkt daher gegenüber dem Normalfall. Und im Fall des Veblen-Effekts (zu Veblen vgl. Teil I.2.7) reagiert die Nachfrage nach einem Gut deshalb geringer auf Preiserhöhungen als im Normalfall, weil der Haushalt einer Ware einen umso höheren Nutzen zumisst, je höher der Preis ist. Dieser höhere Nutzen besteht darin, dass der Haushalt, der geringer auf Preiserhöhungen reagiert, vermutet, dass er dadurch von anderen Haushalten als etwas Besonderes angesehen wird. $E_i(p_i)$ ist in diesem Fall also kleiner als im Normalfall.

- Ausnahmen bezüglich der Kreuzpreiselastizität $E_i(p_j)$: Für den sogenannten Normalfall unterstellen wir immer substitutive Güter. Es gibt aber auch vielfältige komplementäre Güter. Das sind Güter, die nur gemeinsam konsumiert werden können (z. B. Butter und Brot, Fahrrad und Fahrradreifen usw.). Die Kreuzpreiselastizität ist in diesem Fall negativ, $E(p_j) < 0$.

- Ausnahmen bezüglich der Einkommenselastizität der Nachfrage $E_i(Y)$: Während im Normalfall *superiore Güter* unterstellt werden, d. h. Güter, deren Nachfrage positiv auf Einkommenssteigerungen reagieren, gibt es auch sogenannte *inferiore Güter*, bei denen die Reaktion umgekehrt ist. Die Nachfrage nach diesen Gütern sinkt also mit steigendem Einkommen. Inferiore Güter sind z. B. Grundnahrungsmittel, die mit steigendem Einkommen gegen andere ausgetauscht werden, z. B. Kartoffeln, die dann durch Reis ersetzt werden; oder Delikatessen, die mit steigendem Einkommen durch feinere Speisen ersetzt werden, z. B. Heringssalat, der gegen Krabbencocktail ausgetauscht wird (zur Übersicht über die Elastizitäten vgl. Feess 1997: 227 ff.).

1.2.5 Die aggregierte Nachfragefunktion

Nach der Diskussion der individuellen Nachfragefunktion lautet die Frage jetzt: Wie entsteht die aggregierte Nachfragefunktion auf der Grundlage der individuellen Nachfragefunktionen? Die Antwort ist einfach: Sie entsteht durch horizontale Aggregation der individuellen Nachfragekurven. Das verdeutlicht Abb. 45. Auf diese Weise entsteht die aggregierte Nachfragefunktion als

(8) $x_2 = x_2(p_2)$.

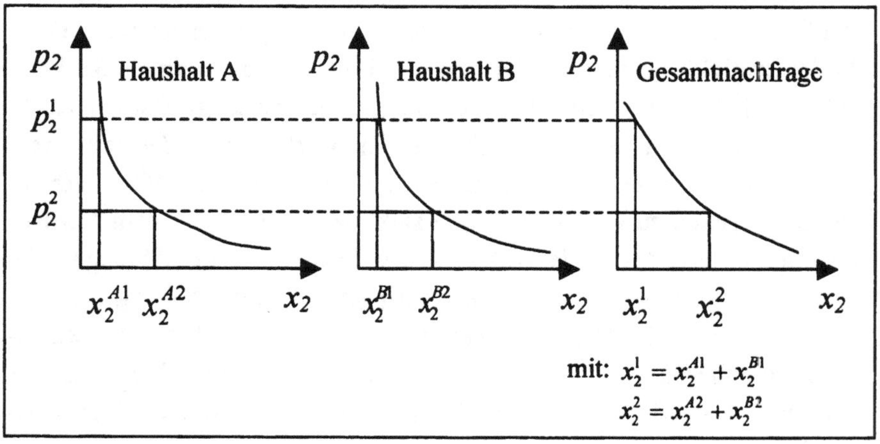

Abb. 45: Die aggregierte Nachfragefunktion

1.2.6 Zeitallokation und Arbeitsangebot

Zu Beginn dieses Abschnitts hatten wir gesagt, dass in der Neoklassik der Haushalt der Ort ist, von dem aus nicht nur die Güternachfrage, sondern auch das Arbeitsangebot erklärt wird. Es wird unterstellt, dass der Haushalt aufgrund desselben Nutzenmaximierungskalküls, wie er es bei der Konsumgüternachfrage durchführt, auch darüber entscheidet, wie er seine Zeit auf Freizeit und Erwerbsarbeitszeit aufteilt. Das Arbeitsangebot ist damit Teil der gewöhnlichen Nutzenmaximierung.

Dabei gehören Arbeitsangebot und Zeitallokation zusammen. Das Arbeitsangebot ist das Ergebnis einer nutzenmaximalen Aufteilung der Zeit des Haushalts zwischen Arbeit und Freizeit. Die Zeit ist dabei unterschiedslos und gleichförmig, Arbeitszeit und Freizeit weisen keine je spezifischen Zeitformen und -rhythmen auf.

Wie sieht nun diese Allokation aus? Unterstellt wird, dass der Haushalt seinen Tag in 8 Stunden Schlaf und 16 Stunden einteilt, die er für Freizeit und Arbeitszeit zur Verfügung hat. (Arbeitszeit wird hier identifiziert mit Erwerbsarbeitszeit, Arbeit ist nur Erwerbsarbeit.) Das Tageseinkommen des Haushaltes Y hängt bei gegebenem Lohnsatz w (wage) von der Anzahl der angebotenen Arbeitsstunden A ab:

(9) $Y = wA$

Da die gesamte zur Verfügung stehende Stundenzahl 16 beträgt, ist das maximale Arbeitsangebot pro Tag 16. Es wird reduziert um die Anzahl der Freizeitstunden F:

(10) $A = 16 - F$

Unter Berücksichtigung dieses Zusammenhanges verwandelt sich Gleichung (9) in:

(11) $Y = w(16 - F) = wF + w16$

Diese Einkommensgerade ist die uns schon bekannte Budgetgerade, jetzt bezogen auf das Arbeitsangebotskalkül. Hier wird die Freizeit auch mit dem Lohnsatz bewertet – Freizeit stellt somit „entgangenes Einkommen" dar.

> *Die Budgetgerade im Arbeitsangebots-Kalkül gibt die unterschiedlichen Kombinationen von Einkommen und Freizeit an, die bei einem gegebenen Lohnsatz für den Haushalt realisierbar sind.*

Wie im Güternachfragekalkül wird diese Budgetgerade an eine Indifferenzkurve angelegt. Es wird der Punkt realisiert, bei dem die am weitesten vom Ursprung entfernte Indifferenzkurve gerade noch erreicht wird, wo die Budgetgerade also Tangente an die Indifferenzkurve ist.

Zwei Dinge sind hier bemerkenswert:

- Das Einkommen ist keine exogene Größe mehr für den Haushalt. Durch die Aufteilung seiner Zeit in Arbeitszeit und Freizeit kann er über die Höhe des Einkommens bestimmen.
- Die Nutzenfunktion ist jetzt eine andere. Der Nutzen ist nicht mehr abhängig von zwei Gütern 1 und 2, sondern von dem Einkommen Y und der Freizeit F. Die Nutzenfunktion lautet also:

(12) $U = U(Y, F)$

Dieser Nutzen soll maximiert werden. Dazu bilden wir in der schon bekannten Art und Weise das totale Differential und setzen es gleich 0:

$$(13)\ dU = \frac{\partial U}{\partial Y} dY + \frac{\partial U}{\partial F} dF$$

Mit $dU = 0$, der Bedingung entlang einer Indifferenzkurve, wird daraus:

$$(14)\ \frac{dY}{dF} = -\frac{\partial U}{\partial F} : \frac{\partial U}{\partial Y}$$

Die Steigung dieser Indifferenzkurve entspricht somit, wie schon bei der Ableitung der Nachfragefunktion nach Gütern, in jedem Punkt dem umgekehrten Verhältnis der Grenznutzen. Die Grenznutzen beziehen sich jetzt nicht mehr auf einzelne Güter, sondern auf Freizeit und Einkommen.

Damit ist auch der Punkt bestimmt, mit dem der Haushalt, der durch seine Bilanzgerade beschränkt ist, den maximalen Nutzen, d. h. die am weitesten vom Ursprung entfernte Indifferenzkurve, erreichen kann: Es ist der Punkt, in dem die Steigung der Bilanzgeraden der Steigung der Indifferenzkurve entspricht.

Die Steigung der Bilanzgeraden ist bestimmt als:

$$(15)\ \frac{dY}{dF} = -w$$

Das nutzenmaximale Arbeitsangebot bzw. die nutzenmaximale Aufteilung der Zeit in Arbeitszeit und Freizeit ist durch die Bedingung der Übereinstimmung der Steigung der Bilanzgeraden mit der der Indifferenzkurve gekennzeichnet, d. h. durch die Gleichsetzung von (14) und (15). Es wird somit bestimmt durch (s. Abb. 46):

$$(16)\ w = \frac{\partial U}{\partial F} : \frac{\partial U}{\partial Y}$$

In einem Indifferenzkurvenschema Y, F wird die Bilanzgerade PQ eingezeichnet. Der Steigungswinkel der Bilanzgeraden ist durch den Lohnsatz gegeben. Dieser entspricht dem Tangens des Steigungswinkels. Dieser ist negativ. Beim Lohnsatz w_1 wird der Haushalt den Punkt S realisieren. Das entsprechende Arbeitsangebot, ausgedrückt in Arbeitsstunden, beträgt PS', die dazugehörige Freizeit OS'. Erhöht sich der Lohnsatz auf w_2, dreht sich die Bilanzgerade um Punkt *P*, der ja die maximal zur Verfügung stehende Zeit von 16 Stunden angibt und nicht veränderlich ist, nach rechts oben. In unserer Graphik schneidet die Bilanzgerade die *Y*-Achse jetzt in Punkt *R*. Der neue Gleichgewichtspunkt ist T, mit dem entsprechenden gestiegenen Arbeitsangebot PT'. Eine entsprechende Arbeitsangebotsfunktion ist in der Graphik Abb. 46 dargestellt.

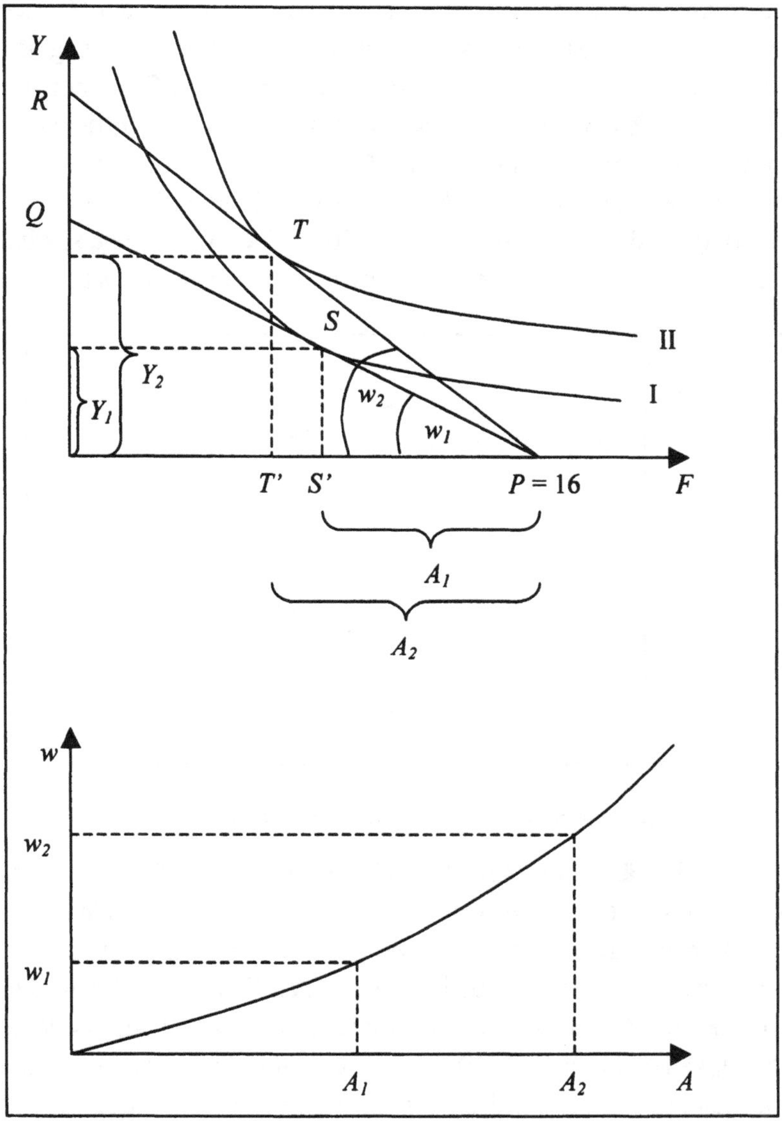

Abb. 46: Die Ableitung der Arbeitsangebotsfunktion

Inhaltlich lässt sich die Kalkulation des Haushalts folgendermaßen erklären: Mit steigendem Lohn steigt der Nutzen der Arbeitszeit bzw. steigen die Kosten der Freizeit. Freizeit wird angesehen als entgangene Arbeitszeit und entsprechend bewertet. D. h. alle Zeit wird mit dem Lohnsatz *w* bewertet, die Arbeitszeit positiv, die Freizeit negativ. Mit steigendem Lohn steigen somit die „Opportunitätskosten" der Freizeit.

Für die graphische Darstellung ist zu beachten, dass die Indifferenzkurven so strukturiert sein müssen, dass mit steigendem Lohnsatz auch das Arbeitsangebot steigt. Dieses ist maximal auf 16 Stunden pro Tag begrenzt. Es ist jedoch wahrscheinlich, dass trotz steigendem Lohnsatz eine Art „Sättigung" des

Haushalts schon vorher erreicht ist. D. h., irgendwann schätzt der Haushalt die entgangene Freizeit höher ein als das zusätzliche Einkommen. Streng neoklassisch wird das mit dem Verhältnis von Einkommens- zu Substitutionseffekt erklärt. Die Präferenzordnung kippt sozusagen ab einem bestimmten Einkommensniveau um. Der Anreiz, das „Gut" Freizeit zu erwerben (Einkommenseffekt), übersteigt nun den Anreiz, andere Güter zu kaufen (Substitutionseffekt) (vgl. dazu Feess-Dörr 1991: 368). Die Arbeitsangebotsfunktion biegt sich zurück zur Lohnachse. Graphisch sieht das folgendermaßen aus:

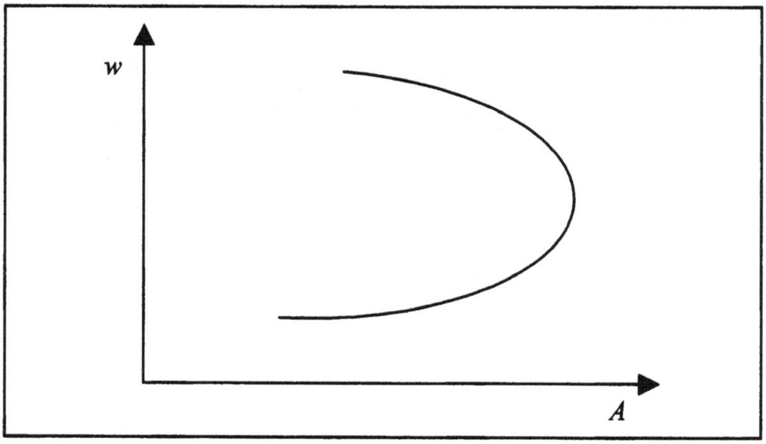

Abb. 47: Das Arbeitsangebot bei „Einkommenssättigung"

Wie ist diese Erklärung des Arbeitsangebotes zu beurteilen? Problematisch ist sicherlich, dass, wie auch bei der Güterkombination, die vollständige Wahlfreiheit zwischen Arbeitszeit und Freizeit, zwischen Einkommen und Freizeit, unterstellt wird. In diesem Modell gibt es keinen Zwang zur Arbeit. Es gibt, wie wir von den Annahmen her schon wissen, auch keine gesellschaftlichen Strukturen, keine Normen oder Werte, die das Angebot an Arbeit bestimmen. Es gibt auch keine geschlechtliche Arbeitsteilung. Deren Veränderung, die ja bei dem dritten Typ der VW-Arbeiterfamilien zum gestiegenen Arbeitsangebot von Frauen aufgrund der Reduktion der Arbeitszeit des Mannes führte, kann so nicht erklärt werden. Das wird auch dadurch unmöglich, dass Arbeit hier ausschließlich auf Erwerbsarbeit reduziert ist. Die Neoklassik arbeitet hier mit einem engen Arbeitsbegriff.

Diese Beschränkung wird jedoch in einer neueren Version neoklassischer Haushaltsökonomie, der „New Home Economics", aufgehoben. Hier wird der Familienhaushalt als Ensemble von zwei Geschlechtern und zwei Arten von Arbeit, Hausarbeit und Erwerbsarbeit, betrachtet. Im Folgenden geht es um diese Erweiterung der Neoklassik.

1.3 Die Erweiterung des neoklassischen Analyserahmens durch die „New Home Economics“ (Neue Familienökonomik)

1.3.1 Der Grundgedanke

Der Grundgedanke der *New Home Economics (NHE)* besteht darin, die nutzenmaximierende, utilitaristische Sichtweise noch weiter auszudehnen, als es schon in der herkömmlichen Neoklassik mit der Arbeitsangebotstheorie geschieht. Gary S. Becker, auf den dieser Ansatz zurückgeht, spricht ganz allgemein von *dem* ökonomischen Ansatz zur Erklärung menschlichen Verhaltens (Becker 1993):

> „Alles menschliche Verhalten kann vielmehr so betrachtet werden, als habe man es mit Akteuren zu tun, die ihren Nutzen, bezogen auf ein stabiles Präferenzsystem, maximieren und sich in verschiedenen Märkten eine optimale Ausstattung an Information und anderen Faktoren schaffen.
>
> Trifft dieses Argument zu, dann bietet der ökonomische Ansatz einen einheitlichen Bezugsrahmen für die Analyse menschlichen Handelns, wie ihn Bentham, Comte, Marx u.a. seit langem gesucht, aber verfehlt haben“ (Becker 1993: 15).

Alles Verhalten kann nach der These der New Home Economics mit diesem Modell erklärt werden – über die engere Hausarbeit hinaus die Eheschließung, eheliche Stabilität und Scheidung, familiales Fruchtbarkeitsverhalten und geschlechtliche Arbeitsteilung. Alles unterliegt dem ökonomisch-rationalen Kalkül. Das Modell des „homo oeconomicus“ wird so in alle Lebensbereiche transportiert. KritikerInnen sprechen daher hier vom „ökonomischen Imperialismus“ (Boulding 1986).

1.3.2 Neue theoretische Bausteine

Diese Ausdehnung des „homo oeconomicus“-Modells auf alle familialen Lebensbereiche benötigt neue theoretische Bausteine. Diese sind: die Haushaltsproduktionsfunktion, die Theorie der Zeitallokation, das Humanvermögenskonzept (vgl. dazu Wolf 1996). Den Unterschied zum neoklassischen Standardmodell verdeutlicht Abb. 48.

Die Haushaltsproduktionsfunktion:

Der Haushalt wird jetzt sowohl als Konsum- als auch als Produktionseinheit gesehen. Das Wiederhereinholen des produktiven Charakters des Haushaltes gleicht die NHE der MiSÖP an. Aber dieses Hereinholen bedeutet hier, die Reproduktion des Haushalts dem nutzenmaximierenden Kalkül zu unterwerfen. Sein Nutzen hängt jetzt nicht ab von gekauften Gütern, sondern von selbst

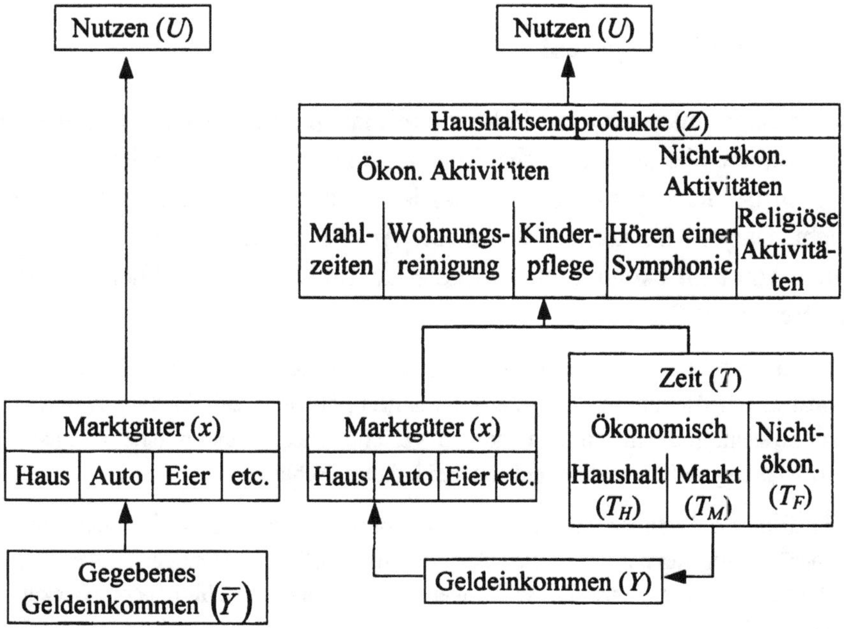

Maxmiere Nutzen	Maxmiere Nutzen	
$U = f(x_1,...,x_n)$	$Z = g(Z^1,...,Z^m)$	
unter der Bedingung	unter der Bedingung	
$\sum_{i=1}^{n} p_i x_i = \overline{Y}$	$Z^j = Z^j(x_1^j,...,x_n^j,T_H^j)$	(Haushaltsproduktions-technologie)
(Einkommensrestriktion)	$Y = wT_M$	(Lohntransformation)
	$T_M + T_H + T_F = T$	(Zeitrestriktion)
	$\sum_{i=1}^{n} p_i x_i = Y$	(Einkommensrestriktion)

wobei

U	= Nutzen	n	= Anzahl der Güter
x_i	= Nutzen des Gutes i	p_i	= Preis des Gutes i
$\overline{Y}$	= exogen gegebenes Einkommensniveau	Z^j	= Haushaltsendprodukt j
w	= Stundenlohn	x_i^j	= Marktgut i für die Produktion des Haushaltsendprodukts j
Y	= Gesamteinkommen		
T_F	= Zeit für Freizeitaktivität	T	= insgesamt verfügbare Zeit
T_M	= Zeitaufwand für Marktarbeit	T_H^j	= Hausarbeitszeit für die Produktion des Haushaltsendprodukts j

Abb. 48: Thematischer Vergleich der traditionellen und neuen Theorie des Haushaltsverhaltens (Krüsselberg u. a. 1986: 44, nach Hawrylysshyn, 1977: 81)

hergestellten Haushaltsendprodukten. Entsprechend ändert sich die Nutzen(index)funktion in:

$$(17)\ U = U\left(Z^1, \ldots Z^n\right)$$

Dabei stellen die Z^i die Haushaltsendprodukte dar. Diese entstehen gemäß der Haushaltsproduktionsfunktion, die folgende Gestalt hat:

$$(18)\ Z^j = Z^j\left(x_1^j, \ldots x_n^j, T_H^j\right)$$

Wie schon in der neoklassischen Arbeitsangebotstheorie ist das Einkommen hier nicht exogen gegeben, sondern hängt von der Zeit ab, die der Haushalt am Arbeitsmarkt anbietet. Sie heißt hier Marktarbeitszeit (T_M):

$$(19)\ Y = wT_M$$

Die gesamte Zeit des Haushalts teilt sich auf in diese Marktarbeitszeit, die Hausarbeitszeit (die Summe aller für die verschiedenen Haushaltsendprodukte verwendeten Hausarbeitszeiten ist T_H) sowie die Freizeit (T_F). Die entsprechende Zeitrestriktion sieht also folgendermaßen aus:

$$(20)\ T = T_H + T_M + T_F$$

Das Markteinkommen muss ausreichen, alle Marktgüter zu kaufen. Daraus folgt die uns schon bekannte Einkommensrestriktion:

$$(21)\ Y = \sum_{i=1}^{n} p_i x_i$$

Das Gesamteinkommen des Haushalts setzt sich jetzt zusammen aus dem Markteinkommen, das über die Marktarbeitszeit erworben wird, und dem Haushaltseinkommen, das mit Hilfe der Hausarbeitszeit produziert wird. Da die Individuen, die im Haushalt leben, als ökonomisch-rational unterstellt werden, d. h. die Nutzen bzw. Opportunitätskosten der jeweiligen Zeiten miteinander vergleichen, wird auch die Hausarbeitszeit mit dem Markt-Lohnsatz bewertet. Das Gesamteinkommen (S) sieht demnach folgendermaßen aus:

$$(22)\ S = w\left(T_M + T_H\right) = \sum_{i=1}^{n} p_i x_i + w\sum_{j=1}^{m} T_H^j$$

Der Haushalt im Konzept der New Home Economics entscheidet also über die Aufteilung seiner Zeit in Hausarbeitszeit, Marktarbeitszeit und Muße und damit über die Zusammensetzung des Einkommens. Dabei ist das Markteinkommen insofern eine Restriktion, als die Erstellung der Haushaltsendprodukte mit Hilfe der Hausarbeit technisch über die Haushaltsproduktionsfunktion an eine bestimmte Menge von Marktgütern gebunden ist.

Die Theorie der Zeitallokation:

Im Rahmen der New Home Economics wird die Theorie der Zeitallokation gegenüber der Arbeitsangebotstheorie der Neoklassik derart ausgedehnt, dass es jetzt nicht nur um Freizeit und Erwerbsarbeitszeit, sondern um die Aufteilung der insgesamt als knapp angesehenen Zeit auf Erwerbsarbeitszeit, Freizeit und Hausarbeitszeit geht. Freizeit ist somit entgangenes Einkommen, sei es Markteinkommen oder Haushaltseinkommen. Jede eingesetzte Zeit kostet etwas – nämlich das, was alternativ mit ihr getan werden kann (Opportunitätskosten). Das ist derselbe Gedanke wie bei der Arbeitsangebotstheorie der Neoklassik.

Das Zeitallokationskonzept geht von der Annahme aus, dass alle haushaltsspezifischen Aktivitäten auf einem Zeit- und einem Geldpreis beruhen. Der Familienhaushalt kombiniert knappe Marktgüter mit knapper Zeit, die jeweils beide einen Preis haben. Das drückt sich in der Gesamteinkommensgleichung (22) aus. Das Einkommen ist sowohl abhängig von der Aufteilung der Zeit als auch von deren Bewertung. Diese erfolgt zum einen über die Preise der Güter, die mit dem in der Erwerbsarbeitszeit erworbenen Einkommen gekauft werden, zum anderen über den Lohn, mit dessen Hilfe die Hausarbeitszeit gemäß der Vorstellung der Opportunitätskosten bewertet wird. In das Rationalitätskalkül des Haushalts ist jetzt auch die Aufteilung der Zeit eingeschlossen. Jedes Familienmitglied des Haushalts muss sowohl in der Erwerbsarbeit als auch im Haushalt selbst die Zeit effizient einsetzen, um den gesamten Familiennutzen zu maximieren. Unklar ist nur noch, wie Erwerbsarbeitszeit und Hausarbeitszeit zwischen Mann und Frau aufgeteilt wird. Wer macht welche Arbeit, oder anders ausgedrückt: Wie erklärt diese Theorie die geschlechtliche Arbeitsteilung? Dazu hat sie ein drittes neues Theorieelement:

Das Humanvermögenskonzept:

Humanvermögen haben wir schon bei der Analyse des Haushalts mit Hilfe der MiSÖP kennengelernt. Es wird auch definiert als „individuelles Handlungspotential physischer, psychischer, sozialer und kultureller Art, dessen Einsatz Werte begründet“ (Krüsselberg 1997: 240). Das Humanvermögen erfasst somit das allgemeine Handlungspotenzial eines Menschen. Es entsteht im Konzept der NHE aus vier Vermögensquellen (vgl. Krüsselberg u. a. 1986: 24):

- Bereitstellung von Zeit und Ressourcen für die Kinder durch die Eltern (häusliche Investition);
- messbare Leistungsfähigkeit (Intelligenzquotient);
- Niveau des Schul- und Studienabschlusses;
- spätere Ausbildungsinvestitionen.

Dieses Humanvermögen ist untrennbarer Teil des Menschen und wird sowohl im Haushalt als auch in der Erwerbsarbeit eingesetzt. Damit ist die Arbeitskraft, die am Markt verkauft wird, Teil dieses Humanvermögens. Dasselbe gilt für die Hausarbeitskraft. Humanvermögen wird durch den Menschen selbst erworben. Sie/Er investiert insofern durch weitere Qualifikation andauernd in ihr/sein Humanvermögen. Das Arbeitseinkommen wird gemäß diesem Konzept als Rente, als „Humanvermögensrente", charakterisiert. Ein hohes Vermögen bringt eine hohe Rente, ein niedriges eine niedrige Rente.

1.3.3 Die Erklärung der geschlechtlichen Arbeitsteilung

Auf dieser Grundlage wird die geschlechtliche Arbeitsteilung folgendermaßen erklärt: Da die Zielsetzung der Familie eine gemeinsame Wohlfahrtssteigerung ist, setzen Ehemann und Ehefrau ihre Zeit gemäß komparativen Produktionsvorteilen ein. Jede und jeder arbeitet dort, wo sie oder er am meisten verdienen kann. Da am Erwerbsarbeitsmarkt die Löhne für männliche Arbeit höher sind, ist es ökonomisch rational, wenn sich der Mann auf die Erwerbsarbeit, die Frau auf die Hausarbeit spezialisiert. Die Tätigkeit in der Hausarbeit bedeutet für die Frau, dass sie immer mehr in ihr Humanvermögen bezüglich der Hausarbeit und immer weniger in Humanvermögen für die Erwerbsarbeit investiert. Einmal begonnen, wächst der Unterschied zwischen dem Mann und der Frau derart, dass, wollen sie beide die gemeinsamen „Spezialisierungsgewinne" nutzen, die Frau in das Haus verbannt bleibt. Diese Argumentation ist jedoch ein Zirkel: „Frauen spezialisieren sich auf Hausarbeit, weil sie geringere Verdienstmöglichkeiten am Arbeitsmarkt haben, und sie haben geringere Verdienstmöglichkeiten, weil sie auf Hausarbeit spezialisiert sind" (Zameck-Glyscinsky 1985: 360). Einmal begonnen, sind Frauen also selbst schuld an ihrer Diskriminierung.

Aber für den Beginn der Argumentation, für den Ausgangspunkt der niedrigeren Frauenlöhne, muss von Anfang an ein Unterschied im Humanvermögen von Mann und Frau unterstellt werden. Das geschieht dadurch, dass in der New Home Economics auch Kinder als Haushaltsendprodukte betrachtet werden. Sie werden als „... langlebiges Gut, vornehmlich als langlebiges Konsumgut, betrachtet, das den Eltern Einkommen, vornehmlich psychisches Einkommen erbringt" (Becker 1993: 213). Zur Produktion dieses Haushaltsendproduktes tun sich Mann und Frau zusammen, schließen eine Ehe. Und hier kommt die biologische Differenz herein: Die besondere Rolle der Frau bei dem Gebären von Kindern bringt ihr eine besondere Präferenz für Hausarbeit, und damit ein besonderes Humanvermögen.

Die Kritik an dieser Erklärung geschlechtlicher Arbeitsteilung verweist vor allem darauf, dass Familien nicht eine einheitliche Nutzenfunktion haben, sondern aus verschiedenen Individuen mit verschiedenen Nutzenfunktionen bestehen. Zum Zweiten kritisiert sie den Biologismus als Basis für die Begründung gesellschaftlicher Diskriminierung von Frauenarbeit. Zum Dritten macht sie deutlich, dass die New Home Economics, in der ausschließlich ökonomische Rationalität unterstellt wird, unter der Hand das traditionelle Familienmodell der Ernährer-Hausfrauen-Ehe einführt. Damit wird wie selbstverständlich der erste Familientyp in der oben genannten VW-Untersuchung unterstellt. Und von Seiten der MiSÖP lässt sich hinzufügen, dass weder der qualitative Unterschied zwischen der weiblichen Hausarbeit (privat, abhängig, wertlos) und der männlichen Erwerbsarbeit (öffentlich, autonom, wertvoll) noch die Veränderungen in den Familienformen analysiert werden können. Wie die herkömmliche Neoklassik bleibt auch die New Home Economics statisch.

1.3.4 Fazit: Der Haushalt in der „Neuen Haushaltsökonomik"

Die Anwendungsfelder für die New Home Economics gehen über die Analyse geschlechtlicher Arbeitsteilung weit hinaus. Sie beziehen sich vor allem auf Eheschließung, eheliche Stabilität und Scheidung sowie das sogenannte „familiale Fruchtbarkeitsverhalten".

Insgesamt wird deutlich: Zwar hat die New Home Economics auf ihre Art dem „homo oeconomicus" eine weibliche Figur zur Seite gestellt, was auf eine Öffnung hin zu sozialen Dimensionen der Ökonomie schließen lassen könnte, sie hat es aber in der Form der „femina privata", der in die Privatsphäre verbannten ökonomisch-rationalen Hausfrau und Kinderproduzentin, getan. Die entsprechenden Spezialanalysen bleiben ganz in diesem Rahmen.

Handlungstyp	*Koordinationsmittel*	*Handlungsfeld*	*Gesellschaftliche Verhältnisse*
instrumentell	(Geld-) Preise	Konsum als Güternachfrage Erwerbsarbeit als Arbeitsangebot Hausarbeit i.e.S. Handeln im Zusammenhang mit Kindern und Jugendlichen als Produktion von Haushaltsendprodukten	Eigentumsverhältnisse als spezifische Eigentumsrechte Geschlechterverhältnisse

Abb. 49: Der Familienhaushalt in der New Home Economics

Auf diese Weise behandelt die New Home Economics auch zusätzliche Handlungsfelder: „Hausarbeit i. e. S." sowie „Handeln im Zusammenhang mit Kindern und Jugendlichen" als Produktion von Haushaltsendprodukten werden erfasst. Abb. 42 wird demgemäß in Abb. 49 verwandelt.

In neueren Arbeiten im Rahmen der NHE kommt auch strategisches Handel herein. Hier wird das Verhalten von Mann und Frau mit Hilfe der Spieltheorie erklärt. Auch Gedanken der Neuen Institutionenökonomik werden angewendet (vgl. dazu Ott 1992).

1.4 MiSÖP, neoklassische Lehrbuchökonomik und New Home Economics – vergleichende Bemerkungen

In der Untersuchung der verschiedenen ökonomischen Ansätze bezüglich des Haushaltes ist deutlich geworden, dass und wie die drei diskutierten Theorien sich in der Analyse des Haushalts unterscheiden. Der Unterschied drückt sich aus in den Handlungstypen, Koordinationsmitteln und -formen. Handlungsfeldern und dem Einfluss der gesellschaftlichen Verhältnisse. Insbesondere bei der Erklärung von Haushaltsproduktion, Konsumgüternachfrage, und Arbeitsangebot sowie geschlechtlicher Arbeitsteilung wurde das deutlich:

- In der herkömmlichen Neoklassik bleibt der Handlungstyp instrumentell (mit der Nutzenmaximierungsregel), koordiniert wird über den Güterpreis oder den Lohn als Preis für die Arbeitskraft. Es gibt keine Haushaltsproduktion und keine unterschiedlichen Geschlechter.
- In der New Home Economics bleibt der Handlungstyp instrumentell. Es wird weiter über Preise (Güterpreise, Löhne) koordiniert. Die Handlungsregel von Mann und Frau bleibt Nutzenmaximierung. Diese prägt auch die Haushaltsproduktion einschließlich der Produktion des Haushaltsendproduktes „Kind". Der Haushalt wird angesehen wie ein Unternehmen, wie eine „kleine Fabrik". Seine Rationalität entspricht der von Unternehmen an Konkurrenzmärkten (vgl. Teil II.3.2), gesellschaftliche Verhältnisse sollen keine Rolle spielen. Die genauere Analyse zeigt jedoch, dass ein traditionelles Geschlechterverhältnis als unausgesprochene Basis des Modells unterstellt wird.
- In der MiSÖP gibt es eine Mischung aus verschiedenen Handlungstypen, Koordinationsmitteln, Koordinationsformen und Einflüssen von gesellschaftlichen Verhältnissen. Bei der Erklärung verschiedener Handlungsfelder spielen vor allem gewohnte Regeln/Institutionen eine Rolle. Gerade weil diese pfad- und damit zeitabhängig sind, lassen sich hier auch Veränderungsprozesse analysieren.

- MiSÖP beinhaltet durch die über Konsumgüternachfrage und Arbeitsangebot hinausgehende Bestimmung des Familienhaushalts als Ensemble von (zehn) Handlungsfeldern ein weites Ökonomie-Konzept, das mit einem weiten Arbeitsbegriff verbunden ist. MiSÖP betont die besondere Produktivität haushälterischen Handelns, die sich in der Gestaltung und Ermöglichung von Lebensprozessen ausdrückt. Hier mischen sich verschiedene Handlungsrationalitäten. Und es gibt einen spezifischen Blickwinkel: Es wird von der Versorgungsökonomie her auf die Marktökonomie geblickt. Traditionelle Neoklassik und New Home Economics kommen von der Marktökonomie her und bestimmen den Haushalt als deren Teil.
- MiSÖP ist durch den Institutionenbegriff mehr als Mikroökonomik – es ist von vornherein ein meso-ökonomischer Ansatz. Der Haushalt ist ein durch Institutionen geprägter Handlungszusammenhang, dessen Analyse von vornherein nicht am isolierten Individuum, sondern an Menschen in Beziehungen und an diesen Institutionen ansetzt. Traditionelle Neoklassik und New Home Economics dagegen verharren aufgrund des methodologischen Individualismus beim Bild des Robinson – nur erhält er in der New Home Economics eine männlich-weibliche Doppelgestalt.

Das Ökonomie-Konzept der neoklassischen Ansätze ist eines der Input-Output-Ökonomie: In die Haushalte fließt etwas hinein (z. B. Güter), aus ihnen kommt etwas heraus (z. B. Arbeitskraft als Arbeitsangebot). Damit können diese Ansätze auch neuere Fragen, z. B. Fragen der Ökologischen Ökonomik, ausschließlich in dieser Input-Output-Logik diskutieren. So gibt es z. B. die Möglichkeiten, über Öko-Bilanzen des Haushaltes nachzudenken (vgl. z. B. Seel 1995). Diese Beschränkung der beiden neoklassischen Ansätze zur Erklärung des haushälterischen Wirtschaftens führt dazu, dass auch ökologische Probleme nur durch die Brille des isolierten, ökonomisch-rational handelnden Individuums diskutiert werden können. Den Anforderungen eines nachhaltigen Wirtschaftens können diese Ansätze daher nicht gerecht werden. In den Teilen I.1 und I.2 wurde deutlich, dass Nachhaltigkeit nur über eine eingebettete Ökonomie zu erreichen ist, eine Ökonomie, die mindestens drei Dimensionen hat – die ökologische, die soziale und die im engeren Sinne ökonomische. Die neuere Diskussion bringt die institutionelle Dimension hinzu. Nachhaltiges Wirtschaften wird zunehmend dahingehend diskutiert, wie die Gesellschaft ihre Institutionen verändern kann, um nachhaltig zu wirtschaften. Die Mikroökonomik aus sozial-ökologischer Perspektive mit ihrem Meso-Charakter und ihrem evolutiven Institutionenbegriff kann solche Probleme analysieren. Das wurde schon am Beispiel der Hortikultur deutlich. Im folgenden Abschnitt soll das am Beispiel der Untersuchung des Konsums als „nachhaltiger Konsum“ vertieft werden.

1.5 Nachhaltiger Konsum

Im Zuge der Diskussion um die Gestaltung eines nachhaltigen Wirtschaftens entsprechend den in Teil I.2 angegebenen Prinzipien geht es seit Beginn der 90er Jahre des letzten Jahrhunderts auch darum, entsprechende Handlungsregeln für Haushalte, für Konsumentinnen und Konsumenten, zu entwickeln. Unter dem Stichwort „nachhaltiger Konsum" hat sich dazu eine Diskussion entwickelt, zu der vor allem der Konsumforscher Gerhard Scherhorn beigetragen hat (vgl. Scherhorn u.a. 1997b). Leitbilder für einen nachhaltigen Konsum wurden, die Diskussion prägend, in der Studie „Zukunftsfähiges Deutschland" entwickelt (vgl. BUND/MISEREOR 1996). Im folgenden soll dieses Konzept vorgestellt und an zwei Beispielen diskutiert werden: dem gemeinsamen Nutzen von Autos für die eigene Mobilität (Car-Sharing) sowie der gemeinsamen Ökologisierung der Haushalte durch Öko-Teams.

1.5.1 Das Konzept

Konsum wird herkömmlicher Weise definiert als Inanspruchnahme von Gütern und Dienstleistungen für die eigene Bedürfnisbefriedigung. Nachhaltiger Konsum wäre diese Inanspruchnahme unter Berücksichtigung nicht nur der ökonomischen, sondern auch der sozialen und der ökologischen Dimension. Scherhorn u.a. (1997b) unterscheiden folgende Phasen des Konsumprozesses:

- Beginn: Bedürfnisreflektion und Bedarfsfeststellung;
- Fortsetzung über die Kriterienwahl und -gewichtung für die Beschaffungs- bzw. Nutzungsentscheidung (z. B. Kaufen, Mieten, Teilen, Tauschen, Eigenarbeit);
- Informationssuche und entweder Nichtkauf (Aufschub oder Verzicht) oder Beschaffung;
- dem folgt die eigentliche Konsumtion (Gebrauch, Nutzen, Instandhalten des Gutes);
- am Ende des Konsumtionsprozesses steht das Rückführen – hier geht es um Formen der Entsorgung, des Recycelns, des Weggebens (als Tauschen, Verschenken, Verkaufen).

Der Überblick über diese Konsumtionsschritte macht deutlich, dass „nachhaltiges Konsumieren" nicht einfach nutzenmaximierende Inanspruchnahme von Gütern und Dienstleistungen ist (also nicht nur über Handlungstyp B erklärt werden kann), sondern eingebettetes Handeln in Bedürfnisreflektion, Eigenproduktion und Kooperation mit anderen. Dieser Konsumtionsbegriff umfasst das Herstellen und Verbrauchen von Konsumtionsgütern durch Eigenarbeit und Versorgungsarbeit (handwerkliche Arbeiten, gärtnerische Arbeiten, haushälterische Arbeiten) sowie kooperative Konsumformen: Beim Suchen, Auffinden und Ausprobieren von Konsumtionsprozessen, die ökologisch sind (d. h. Stoff- und Energieströme reduzieren, Toxizität vermeiden) und sozial verträglich stattfinden, helfen kooperative Formen des Konsumierens. Denn die gemeinsame Nutzung von Gütern senkt die Stoffströme und schafft soziale Beziehungen.

Nachhaltiger Konsum hat noch eine andere Dimension. Bei der Bedürfnisreflektion geht es immer auch um die Frage, was zu einem „guten Leben" nötig ist und wie dieses Bedürfnis befriedigt werden kann: nur über Güter oder Dienstleistungen? Oder auch über eigene Handlungen mit anderen, die eventuell die Güter ganz ersetzen? So werden z. B. im Agenda-21-Prozess Ideen entwickelt, wie der Konsum gemeinsam ganz neu organisiert werden kann – z. B. über Kooperationen mit regionalen Landwirten. Es werden Verbindungen zu den verschiedenen Akteuren hergestellt – es entsteht etwas, das Scherhorn „Gemeinschaftsgüter" nennt. Die eigenen Aktivitäten der Konsumentinnen und Konsumenten produzieren Prozesse, die Teil des Konsums sind. Hier kommen auch die Handlungstypen A und C zur Geltung.

Der so erweiterte Begriff eines „nachhaltigen Konsums" umfasst also:

- die Inanspruchnahme von Gütern und Dienstleistungen mit dem Ziel der Bedürfnisbefriedigung;
- das Herstellen und Verbrauchen von Konsum-Gütern durch Eigenarbeit und Versorgungsarbeit;
- das Herstellen und In-Anspruch-Nehmen von Gemeinschaftsgütern durch gemeinschaftliche Tätigkeit.

Die Diskussion um Nachhaltigkeit hat als Bewertungskriterium für nachhaltiges Wirtschaften die Begriffe „Effizienz", „Suffizienz" und „Konsistenz" entwickelt. Unter Effizienz wird dabei die Verringerung des Stoff- und Energieeinsatzes in der Produktion für dieselbe Leistung verstanden, unter Suffizienz die Verringerung der Stoff- und Energieströme (Suffizienz kommt von „sufficent", das bedeutet „ausreichend, genug"). Beide Begriffe heben vor allem auf die Quantität der natürlichen Ressourcen ab. Im Begriff der „Konsistenz" wird gefordert, so zu wirtschaften, dass die Stoff- und Energieströme sowohl von der Ressourcen- als auch von der „Abfall-Seite" her mit der natürlichen Mitwelt verträglich sind, d. h. sowohl in der Zusammensetzung als auch in der Zeitstruktur von ihr in ihren Reproduktionszyklus integriert werden können. Fragen wir also, ob ein Haushalt seinen Konsum nachhaltiger als früher gestaltet, so können wir hier nach effizienterem Umgang mit Stoffen und Energie in der Produktion, nach suffizienterem Umgang sowie nach mit dem ökologischen Stoffkreislauf vereinbaren Umgang fragen.

Nachhaltiger Konsum kann damit zunächst auch individuell gestaltet werden – durch einfache Verringerung von in Anspruch genommenen Stoffen. Vor allem ist es aber ein kooperatives Konzept – kooperativ sowohl, was die verschiedenen Dimensionen des Handelns betrifft (ökologisch, sozial, i.e.S. ökonomisch) als auch, was die Akteure angeht. Nachhaltiges Konsumieren bedeutet, gemeinsam einen Lernprozess zu beginnen. So haben sich in jüngerer Zeit viele kooperative Projekte für nachhaltigen Konsum entwickelt – Projekte zur gemeinschaftlichen Nutzung von Konsumgütern, Projekte zur gemeinschaftlichen Reduktion von Stoffen und Energie, Projekte zur gemeinschaftlichen Versorgung mit regionalen ökologischen Produkten.

1.5.2 Beispiele

Beispiel 1: Car-Sharing

Car-Sharing bedeutet, dass ein fester TeilnehmerInnenkreis sich die Möglichkeit schafft, für die Befriedigung ihrer Mobilitätsbedürfnisse gemeinsam Autos zu nutzen. Der Grundgedanke ist derart ökologisch begründet, dass dadurch Fahrzeuge eingespart und damit Stoffströme reduziert werden. Gleichzeitig bedeutet diese gemeinsame Nutzung auch Kostenvorteile für die NutzerInnen. Das Projekt hat von vornherein also auch eine ökonomische Dimension. Die Idee solcher kooperativen Fahrgemeinschaften ist schon älter, es gibt schon Erfahrungen aus den 40er Jahren des letzten Jahrhunderts in der Schweiz. Die neueren Projekte sind vor allem in den 80er und 90er Jahren des letzten Jahrhunderts entstanden. So gibt es heute in fast jeder größeren Stadt in Deutschland solche Car-Sharing-Projekte, die z. B. Stattauto, StadtAuto oder Car-Sharing-Genossenschaft heißen. Begann die Geschichte der Car-Sharing-Projekte in der Ökologiebewegung als sogenannte Nonprofit „Öko-Projekte", so handelt es sich heute um gewinnbringende Unternehmen.

Denn organisiert wird das Auto-Teilen über ein Unternehmen, dass sich als „Mobilitätsdienstleister" versteht. Dieses Unternehmen sorgt dafür, dass eine Anzahl von Autos an festgelegten Plätzen in einer Stadt steht und dass diese Autos für die Mitglieder des Car-Sharing-Verbandes zur Verfügung stehen. Die Mitglieder zahlen in der Regel eine Grundgebühr und können auf deren Grundlage die Autos nutzen. Sie müssen dieses Nutzen anmelden und können dann, meist über einen Zugangscode und eine Chip-Karte, über diese Autos verfügen. Sie stellen sie nach der Nutzung an den entsprechenden Platz zurück, wobei sie dafür Sorge zu tragen haben, dass die Autos gepflegt, sauber und vollgetankt der nächsten NutzerIn zur Verfügung stehen.

Der Vorteil der kooperativen Nutzung besteht darin, dass das jeweilige Mobilitätsbedürfnis flexibel, über verschiedene Autos und billiger als mit dem eigenen Auto befriedigt werden kann. Interessant ist dieses Modell für Menschen, die zwischen 8.000 und 16.000 km im Jahr fahren und die für ihre sonstigen Mobilitätsbedürfnisse das Fahrrad oder einen funktionierenden öffentlichen Nahverkehr zur Verfügung haben. Die TeilnehmerInnen an einem solchen Projekt verzichten auf das Eigentum am eigenen Auto zugunsten der kooperativen Nutzung.

Gemessen an den drei Dimensionen der Nachhaltigkeit erweist sich dieses Projekt aus folgenden Gründen als nachhaltig:

- Es ist nachhaltig im Sinne der ökologischen Dimension, da Stoffströme reduziert werden (es werden weniger Autos benötig);
- es ist nachhaltig im Sinne der i. e. S. ökonomischen Dimension, da für alle die Kosten gesenkt werden;
- es ist nachhaltig im Sinne der sozialen Dimension, da ein kooperatives Verhalten auch der NutzerInnen notwendig ist. Zwar treffen sich die NutzerInnen in der Regel nicht. Damit das Projekt funktionsfähig bleibt, ist aber ein verantwortliches Verhalten gegenüber den benutzten Autos und damit ein Hindenken zu den Mit-NutzerInnen nötig.

Beziehen wir dieses Projekt auf die Handlungstypen, die Handlungskoordination und die drei Kooperationsarten, die wir entwickelt haben, so gilt:

- Es handelt sich um eine strategische Kooperation, da alle Teilnehmer und Teilnehmerinnen die anderen zur Reduktion ihrer Kosten nutzen können. Hier werden Handlungstypen B über (Geld-)Preise koordiniert.
- Es handelt sich um eine verständigungsorientierte Kooperation, da die Art der Nutzung gemeinschaftlich ausgehandelt wird. Hier erfolgt die Koordination über Sprache – der Handlungstyp A steht im Vordergrund.
- Es handelt sich um eine vorsorgend-verantwortliche Kooperation, weil zum einen auf die natürliche Mitwelt und zum anderen auf die Mit-NutzerInnen geachtet wird (zur Vertiefung vgl. Brandt 1997). Der Handlungstyp C spielt jetzt eine Rolle – koordiniert wird über Verantwortung und Mit-Gefühl.

Beispiel 2: Öko-Teams von Haushalten

Die Grundidee von Öko-Teams ist diejenige, dass sich Haushalte zusammentun, gemeinsam ihr haushälterisches Handeln darstellen, auf Stoff- und Energieströme hin überprüfen und gemeinsam versuchen, diese zu reduzieren. Entstanden ist diese Grundidee unter dem Namen Global Action Plan (GAP). GAP wurde 1990 in Amerika von UmweltaktivistInnen gegründet und nahm sich vor, im Rahmen von 10 Jahren Umweltziele realisiert zu haben. Dazu gehörte z. B. die Reduktion der CO_2-Emissionen um 20%, die Verringerung des Frischwasserverbrauchs um ein Drittel und die Reduktion des Abfallberges um 75% (vgl. dazu Känel u.a. 1998: 11).

Wer sich entscheidet, bei einem solchen Öko-Team mitzumachen, wird mit 5 - 8 Haushalten zusammengefasst und arbeitet 7 Monate in diesem Team. Arbeiten bedeutet hier, dass eine Teamleiterin sich mit den Teammitgliedern regelmäßig trifft, um in den Bereichen Abfall, Wasser, Energie, Mobilität und Konsum gemeinsam darüber nachzudenken, wie die einzelnen Handlungen verlaufen und wie über Veränderungen Stoff- und Energieströme reduziert werden können. Diese Idee hat sich in den USA und in Europa vor allem in der Schweiz und in den Niederlanden verbreitet. In der Schweiz gibt es inzwischen mehr als 130 Teams, in den Niederlanden wird die Anzahl der Öko-Teams als ein Nachhaltigkeitsindikator angesehen.

Wie arbeitet konkret ein solches Team? Die TeilnehmerInnen an solchen Teams sind vor allem Frauen mit Kindern, sie leben eher auf dem Land als in großen Städten. Die Mitglieder eines solchen Teams treffen sich, unter Beratung der Team-Leiterin (die selbst Mitglied eines solchen Teams war und dieses Team neu gegründet hat), um über die genannten Handlungsfelder zu beraten. D. h., sie führen eine Art Tagebuch über ihre Verbräuche in den Bereichen Abfall, Wasser, Energie, Mobilität und Konsum, nehmen sich gemeinsam Aktionen vor und treffen sich nach einer bestimmten Zeit, meist nach einem Monat, wieder, um die Erfolge dieser Aktionen bezüglich des Sparens von Wasser, Abfall, Energie und des Erhöhens von z. B. ökologischen Nahrungsmitteln zu beraten. Dann werden neue Aktionen beschlossen. Das Wissen über solche Handlungsmöglichkeiten ist inzwischen in einem GAP-Handbuch aufgeschrieben, das für neue Teams Handlungsvorschläge enthält, so dass sie nicht beim Nullpunkt anfangen müssen. GAP ist damit auch ein kollektives Lernprojekt. Dieser Lernprozess wird dadurch fortgesetzt, dass sich ein solches Team nach ca. 7 Monaten auflöst und die Team-Mitglieder dann InitiatorInnen für neue Teams werden. Gleichzeitig wird darauf gesetzt, dass in den eigenen Haushalten das Gelernte nachhaltig weitergeführt wird.

Mit Hilfe von MiSÖP lässt sich bezüglich der Handlungstypen, Koordinationsmittel sowie -formen folgendes sagen:

- Diese GAP-Teams beinhalten ein Element von strategischer Kooperation derart, dass die TeilnehmerInnen andere nutzen, um ihr Handeln zu verändern. Sie nutzen sie jedoch nicht „als Mittel zum Zweck", sondern sehen sie als PartnerInnen an. Insofern gibt es keinen Handlungstyp B und keine eigenständige Handlungskoordination über (Geld-)Preise.
- Vor allem steht die Verständigungsorientierung im Mittelpunkt – es handelt sich hier um eine verständigungsorientierte Kooperation. Im gemein-

samen Beratungsprozess werden Projekte, werden Handlungspläne entwickelt, durchgeführt und reflektiert. Daher steht Handlungstyp A im Vordergrund – die Handlungskoordination erfolgt über Sprache/Diskurs.

- Von der Motivation her ist diese Kooperation auch verantwortlich/vorsorgend, weil es meist darum geht, sowohl die natürliche Mitwelt zu schonen als auch ein gesundes Leben für die Familienmitglieder zu ermöglichen. Handlungstyp C und Verantwortung/Mit-Gefühl spielen hier eine große Rolle.
- Die Erfolge der Öko-Teams zeigen, dass auf diese Art und Weise Stoffe reduziert werden können und dass neue Verhaltensmuster bezüglich Abfall und der Ökologisierung von Nahrungsmitteln entwickelt werden. Insofern handelt es sich um ein Projekt für nachhaltigen Konsum.

2 Unternehmen

Mit der Analyse von Unternehmen wandern wir in unserer Untersuchung mikro- und mesoökonomischer Zusammenhänge in den Bereich der Marktökonomie. In diesem Bereich sind die Fäden bisher nur als eine Art Voraussetzung des Haushalts gelegt und aufgenommen worden – als Ort, von dem die Güter und Dienstleistungen kamen, die der Haushalt kaufte, als Ort, an dem die Erwerbsarbeit geleistet wurde, und als Kooperationspartner von Haushalten, der in seiner eigene Struktur aber noch unbestimmt blieb. Dieser unbekannte Ort soll im folgenden Abschnitt untersucht werden. Wenn man an ein typisches Industrieunternehmen wie „DaimlerChrysler" denkt, so wird als allgemeine Definition für ein Unternehmen häufig angeben: Ein Unternehmen ist der gesellschaftliche Ort bzw. die Organisation, wo durch den Einsatz von Erwerbsarbeit und Kapital Güter und Dienstleistungen produziert werden, um diese auf Märkten anzubieten und durch ihren Verkauf möglichst einen Gewinn zu erzielen. Ausgeschlossen sind bei einer solchen Definition Non-Profit-Unternehmen. Deren Ziel ist es, für die Gemeinschaft Nützliches anzubieten und als Organisation zu überleben, aber der Gewinn ist dazu bei ihnen nicht wie bei anderen Unternehmen notwendige Voraussetzung (vgl. dazu II.5). Die MiSÖP bestimmt Unternehmen ganz allgemein über ihre spezifischen Handlungsfelder und fragt nach ihren Wohlfahrtseffekten. Wie im Falle des Haushalts gehen wir also zunächst davon aus, dass ein Unternehmen eine auf dauerhaftes Überleben angelegte soziale Einheit ist, die durch bestimmte spezifische Handlungsfelder charakterisiert ist.

2.1 Elemente einer sozial-ökologischen Theorie des Unternehmens

2.1.1 Handlungsfelder im Rahmen des Unternehmens

Ausgehend von unserem sozial-ökologischen Blickwinkel sollen die Handlungsfelder hier in Anlehnung an die Darstellung von Jürgen Freimann (vgl. Freimann 1996) eingeführt werden. Freimann eignet sich dafür besonders, weil er sein Augenmerk speziell auf die ökologischen Aspekte des Handelns in und von Unternehmen lenkt und Unternehmen somit von vornherein im öko-sozialen Zusammenhang untersucht. Weitere Aspekte der Handlungsfelder des Unternehmens kann man den verschiedenen Lehrbüchern der Betriebswirtschaftslehre entnehmen, die alle mit unterschiedlicher Schwerpunktsetzung auf sie eingehen.

- Produktion und Rückführung: Zweck des Unternehmens ist das Erstellen (die Produktion) von Gütern und Dienstleistungen. Während des Produktionsprozesses und bei der Verwendung der Güter oder der Inanspruchnahme der Dienstleistungen entstehen Abfall und Rückstände, deren Rückführung in den Produktionsprozess oder weiteren Verbleib das Unternehmen gewährleisten muss. Wenn der Produktionsprozess ökologisch vorsorgend betrieben wird, so bedeutet das nicht nur, bevorzugt regenerative Energien zu nutzen, sondern u.a. auch, auf die Dauerhaftigkeit, die Reparatur- und Fehlerfreundlichkeit der Produkte zu achten und sie in Stoffkreisläufe einzubinden. Das schließt die zeitweise Nutzung statt des Erwerbs der Produkte mit Rückführung an das Herkunftsunternehmen ein und beinhaltet die Demontierbarkeit und Wiederverwendbarkeit der Komponenten am Ende des Nutzungszeitraums.

- Absatz und Marketing: Um weiterbestehen zu können, muss das Unternehmen eine ausreichende Zahl potenzieller KäuferInnen von den Vorteilen der eigenen Produkte und Dienstleistungen gegenüber denen der Konkurrenz bzw. von der Qualität und Nützlichkeit seiner neu entwickelten Produkte und Dienstleistungen überzeugen. Ein typisches Absatz- und Marketingproblem ist z. B. die Tatsache, dass Recyclingpapier, auch wenn es sich heutzutage weder in der Farbe noch in anderen Eigenschaften von Papier ohne Recyclinganteil unterscheidet, trotz seines ökologischen Pluspunkts von VerbraucherInnen immer noch als minderwertig eingestuft und deshalb weit weniger nachgefragt wird, als aus der Perspektive einer nachhaltigen Wirtschaftsweise wünschenswert wäre.

- Investition und Finanzierung: Will das Unternehmen Sachkapital beschaffen, um beispielsweise seine Produktionskapazitäten zu erweitern, so kann dieses Vorhaben entweder mit eigenen Mitteln finanziert werden, oder es muss eine externe Finanzierungsquelle gefunden werden. Es wird auch von den Konditionen einer externen Finanzierungsquelle abhängen, wie groß der Spielraum für das Unternehmen ist, ökologische Belange zu berücksichtigen. An dieser Stelle greifen staatliche und überstaatliche Fördermöglichkeiten, wie Abgabenerleichterungen, Zuschüsse und Sonderkreditprogramme für ökologisch vorteilhafte Investitionen. Vor der Frage nach der Art der Finanzierung stellt sich aber noch die Frage der Auswahl eines Investitionsobjektes. Dazu müssen die Alternativen monetär bewertet werden, wobei alle relevanten Kosten- und Nutzenarten einer ökologisch vorteilhaften Investition berücksichtigt werden müssen, wie z. B. eingesparte Energie- oder Entsorgungskosten.

- Betriebliches Rechnungswesen: Teil des Betrieblichen Rechnungswesens ist die buchhalterische Erfassung aller Geschäftsvorgänge auf Konten. Zur

Erfassung der Auswirkungen der wirtschaftlichen Tätigkeit auf die natürliche Umwelt wurde bereits in den 70er Jahren das Konzept der ökologischen Buchhaltung entwickelt. Es wird dazu genutzt, physische Verbräuche und Emissionen über Äquivalenzkoeffizienten bewert- und vergleichbar zu machen, was mit erheblichen Problemen verbunden ist. Zur monetären Erfassung von ökologischen Schwachstellen und Problembereichen von Produktionsprozessen und Produkten sowie der Bewertung von Investitionen, die Abhilfe schaffen sollen, kann eine Umweltkostenrechnung dienen, die versucht, Kosten und Maßnahmen bestimmten Produkten oder Prozessen zuzurechnen und deren Wirtschaftlichkeit oder Unwirtschaftlichkeit nachzuweisen. Sie gibt Anwort auf Fragen wie: Hat sich der Werbeaufwand für Recyclingpapier oder die Kooperation zur Abfallwiederverwertung gelohnt?

- Personalwirtschaft: Zum einen besteht ein lebendiges, gut funktionierendes Unternehmen aus für ihre Aufgaben motivierten und qualifizierten MitarbeiterInnen. Zum anderen sind sie die TrägerInnen des Produktionsfaktors Arbeit, der später abstrahiert in Produktionsfunktionen auftaucht. Wenn eine Grundsatzentscheidung für die Verfolgung einer sozialökologischen Unternehmenspolitik gefallen ist, sollte ihr die Motivation und Qualifikation des Personals entsprechen:

  > „Zwar produzieren die im Unternehmen tätigen Menschen – das Personal – direkt zumeist relativ geringe ökologische Probleme. Ihre Entscheidungen und ihr Handeln sind es jedoch, von denen das Ausmaß der ökologischen Probleme und Belastungen maßgeblich bestimmt wird. Sie müssen über die notwendige ökologische Sensibilität, Handlungsbereitschaft und Fähigkeiten verfügen, wenn nicht weiter Probleme erzeugt, sondern gelöst werden sollen“ (Freimann 1996: 502).

- Logistik und Beschaffung: Materialien, die das Unternehmen für die Produktion benötigt, sind nicht nur unterschiedlich teuer oder billig, sondern sind auch von unterschiedlicher ökologischer Qualität. Das Unternehmen tritt bei der Beschaffung als Kunde auf und kann sich bei Lieferanten für Merkmale der ökologischen Qualität von Vorleistungen einsetzen. Zudem hat der Transport der Materialien ebenfalls ökologische Folgen. Bei dem sogenannten Just-In-Time-Konzept wurden z. B. Teile der Materiallager auf die Straße verlagert, mit der Folge einer Steigerung des Verkehrsaufkommens. Will das Unternehmen zur Verkehrsvermeidung beitragen, wird es nahegelegene Lieferanten bevorzugen.
- Forschung und Entwicklung: Das Ergebnis dieses Handlungsfeldes von Unternehmen sind neue Produkte und Dienstleistungen, von denen potentiell auch neue ökologische Belastungen und Gefährdungen ausgehen. Die-

se können aber durch vorsorgendes Denken bereits in der Produktentwicklung vermieden werden, indem die unter dem Punkt Produktion und Rückführung genannten Aspekte (z. B. Kreislaufwirtschaft) für das neue Produkt eingeplant werden.

- Unternehmensführung und -politik: Um ökologische Gesichtspunkte auf den anderen genannten Handlungsfeldern Geltung zu verschaffen, muss es zunächst eine klare strategische Basisorientierung in der Unternehmensführung geben. Dazu kann sich das Unternehmen einen unternehmensethischen Kodex geben, der die Umweltorientierung beinhaltet. Die Unternehmenspolitik muss dann aber auch diesen Kodex einhalten, um Glaubwürdigkeitsverluste zu vermeiden. Element einer umweltorientierten Unternehmenspolitik ist z. B. die Kooperation mit Lieferanten, Kunden und anderen Unternehmen zur Vermeidung, Verringerung und Wiederverwendung von Produktionsabfällen. Diese können ja potentielle Sekundärrohstoffe für andere Unternehmen in der Region sein.

2.1.2 Die Vielfalt sozial-ökonomischer und institutionalistischer Unternehmenstheorien

Auf der Suche nach Elementen für eine sozial-ökologische Unternehmenstheorie stößt man auf eine Vielfalt von sozial-ökonomischen und institutionalistischen Unternehmenstheorien. Es gibt keine Unternehmenstheorie, die alle Dimensionen des Unternehmens vollständig erfassen würde. Die Fragen, die die Theorien auf jeweils unterschiedliche Weise beantworten, lauten: Was ist ein Unternehmen? Warum gibt es überhaupt Unternehmen? Welche Rolle spielt der Gewinn? Wie ist das Unternehmen im Innern aufgebaut? Wie lebt es? Wie agiert es nach außen?

Die Vielfalt von heterodoxen Ansätzen im Bereich der Unternehmenstheorie lässt sich in vier große Gruppen gliedern: erstens Theorien, die das Unternehmen als Ort des Wissens und der Innovation betrachten (vgl. Abschnitte 2.1.3 und 2.1.4). Zweitens solche, die Unternehmen als Instrumente des Machterhalts ansehen (vgl. Abschnitt 2.1.5) und drittens diejenigen, die das Unternehmen als demokratische Institution charakterisieren, die die sozialen Bedürfnisse der sozialen Umwelt zu beachten hat (vgl. Abschnitt 2.1.6). Vor allem aus den letztgenannten Ansätzen hat Peter Ulrich seine Sichtweise des Unternehmens als „quasi-öffentliche Einrichtung" entwickelt (vgl. Abschnitt 2.1.7). Die Unternehmenstheorie der MiSÖP beruht unter Berücksichtigung der erwähnten anderen heterodoxen Ansätze hauptsächlich auf den Theorien von Peter Ulrich und Jürgen Freimann, weshalb wir diese Ansätze zu einer Gruppe zusammenfassen (vgl. Abschnitt 2.1.8).

2.1.3 Der Unternehmer als kreativer Zerstörer bei Joseph Alois Schumpeter

Für den österreichischen Ökonomen Joseph Alois Schumpeter (1883-1950) sind unternehmerisch tätige Personen dadurch gekennzeichnet, dass sie innovativ technische und organisatorische Erfindungen so neu kombinieren, dass sie kommerziell verwertet werden können (vgl. Schumpeter 1934 [1911]). Dabei drängen diese von einer Idee besessenen und konsequent ihren Vorteil verfolgenden (Handlungstyp B) „kreativen Zerstörer" auch althergebrachte Wirtschaftsweisen und Produkte an den Rand oder bringen sie ganz zum Verschwinden. Das dahinter liegende Motiv für diese Konzentration auf den eigenen Vorteil im Geschäftsleben kann allerdings auch die Fürsorge des Unternehmers für seine engste (Familien-)Umgebung sein. In den Augen Schumpeters sind Unternehmerpersönlichkeiten selten anzutreffen und heben sich von der Masse der Menschen ab, die eher ausgetretenen Pfaden folgt. Sie sind wie die Pfadfinder einer Expedition in unbekannte Landstriche voller Gefahren. UnternehmerInnen sind also Menschen, die gut mit der Unsicherheit des Handelns jenseits überbrachter Gewohnheiten umgehen können.

Die oben angesprochenen neuen Kombinationen sind recht unterschiedlicher Natur. Sie können erstens die Einführung neuer Produktionsmethoden, zweitens die Produktion neuer Produkte, drittens das Erobern neuer Absatzmärkte, viertens das Erschließen neuartiger Rohstoffe oder Halbfertigwaren für die Produktion und fünftens die Reorganisation eines Betriebes oder Industriezweiges beinhalten. Dabei kommt es nicht so sehr darauf an, dass der/die Unternehmer/in die neue Kombination auch selbst erfunden hat oder das Kapital für ihre Umsetzung zur Verfügung stellt, was auch das kreative Erfinden neuer Finanzierungsmethoden bedeuten kann. Ihre Rolle besteht Schumpeter zufolge vielmehr darin, die Innovation mit Überzeugungskraft auch gegen Widerstände durchzusetzen und dabei vorhandene Erfindungen und Kreditmöglichkeiten zu nutzen.

Die Unternehmerpersönlichkeit ist aus Schumpeters Sicht kein reiner „Gewinnmaximierer", wie der Unternehmer in den orthodoxen Unternehmenstheorien, auf die später eingegangen wird. Neben der Freude am Gestalten, Verbessern und dem Sich-Durchsetzen gegen andere sieht Schumpeter den zentralen Antrieb und die Ursache für unternehmerisches Handeln darin, dass es bei Erfolg mit sozialem Aufstieg und Anerkennung verbunden ist, und zwar auch für Personen, die vorher als gesellschaftliche Außenseiter gegolten haben. Der Unternehmensgewinn wird hier als Überschuss über den Kosten aufgrund der Innovation definiert. Er fällt den UnternehmerInnen für ihre kreative Leistung zu.

Als Ergebnis der Fortentwicklung des Kapitalismus erwartete Schumpeter, dass die Funktion der Durchsetzung von Innovation von kreativen, risikobereiten Einzelpersonen auf Großunternehmen übergehen würde, weil sie leichteren Zugang zu Kapital haben, die Dynamik innovativer Leistungen in eigenen Forschungs- und Entwicklungsabteilungen effizienter organisieren und durch ihre Marketingabteilungen auch am Markt plazieren können.

2.1.4 Das Unternehmen als Reservoir von Routinen im Kritischen Institutionalismus

Eine allgemein anerkannte institutionalistische Unternehmenstheorie gibt es noch nicht, aber es gibt im Bereich des Kritischen Institutionalismus einige weitgehend respektierte und viel diskutierte Antworten auf die Fragen: Warum entstehen Unternehmen? Was ist ein Unternehmen? Was ist der Unternehmensgewinn? Was macht das Innenleben eines Unternehmens aus?

Eine dieser Antworten stammt von Richard Nelson und Sidney Winter (vgl. Nelson/Winter 1982), die davon ausgehen, dass das Unternehmen aus einer Ansammlung von Personen besteht, die jeweils über bestimmte Kenntnisse, Fähigkeiten und Fertigkeiten in Teilbereichen des Produktionsprozesses verfügen. Das Unternehmen ist also ein Reservoir an Spezialwissen über die Produktion. Die einzelnen Bauteile, aus denen sich dieses Wissen zusammensetzt, sind Handlungsroutinen, die an bestimmte Personen gebunden sind. Nelson und Winter nennen dieses Reservoir aus Routinen das „Gedächtnis des Unternehmens".

Wenn wir uns vorstellen, wir gehen durch ein auf typische Weise gegliedertes Unternehmen, so werden uns dort nacheinander Menschen begegnen, die Einnahmen und Ausgaben verbuchen, andere, die Rohstoffe oder Vorprodukte einkaufen, wieder andere, die aus den Rohstoffen und Vorprodukten die gewünschten Endprodukte herstellen oder die sich um den Verkauf der Produkte kümmern. Damit alle diese für das Funktionieren des Unternehmens notwendigen und von Spezialisten für gewöhnlich routiniert ausgeführten Tätigkeiten zusammenwirken, sind sie über Kommunikation miteinander koordiniert. Das dazu verwandte Kommunikationsmittel muss nicht schriftliche oder mündliche Alltagssprache sein, es kann sich auch um einen internen Code des Betriebs, den Ton einer Sirene, das Aufleuchten einer Lampe oder das Auftauchen eines bestimmten Vorproduktes auf dem Fließband handeln, das als Signal dazu dient, eine bestimmte Routine auszuführen.

Routinen bestehen laut Nelson und Winter nicht nur in täglich wiederkehrenden Handlungsabläufen. Sie können auch zeitweise schlummernde Reaktionsweisen sein, die erst dann angewandt werden, wenn der Problemfall eintritt, auf den sie passen. Entscheidend für die Definition von Routinen ist ebenfalls, dass sie auch das Wissen darum beinhalten, wie man neu auftauchende Probleme analysiert und flexibel angepasste neue Routinen entwickelt oder schon bekannte verändert. So wie Nelson und Winter den Begriff Routine für Unternehmen gebrauchen, entspricht er fast gänzlich unserem Institutionenbegriff (vgl. Teil I.4), denn Routinen sind sozial konstruierte, pfadabhängige Handlungsmuster, in denen spezifische (formlose oder formgebundene) Erwartungs- und Verhaltensregeln gelten.

Gemäß seinem Menschenbild handeln Menschen aus der Sicht des Kritischen Institutionalismus ohnehin nicht vollständig rational (vgl. Teil I.3.5). Beeinflusst sind Nelson und Winter aber auch von der durch Herbert Simon (vgl. I.3.2) entwickelten ökonomischen Modellvorstellung vom Menschen mit „begrenzter Rationalität" (bounded rationality). Solche Menschen sind sich bewusst, dass sie nur über unvollständige Informationen und eingeschränkte gedankliche Verarbeitungskapazität dieses ohnehin lückenhaften Wissens verfügen. Dieser Gedanke findet sich in der hier vorgetragenen Unternehmenstheorie wieder, denn die im Unternehmen Tätigen verfügen nur über suboptimale, im Moment zufriedenstellende Routinen, die immer wieder neu angepasst werden müssen, und sie sind auf die Zusammenarbeit mit ebenso begrenzten anderen angewiesen, die über unterschiedliches Teilwissen und Routinen in anderen Bereichen verfügen. Ausgehend von dieser Rationalitätsvorstellung müssen die Routinen und ihre Koordination neben dem Handlungstyp B auch auf Handlungstyp A basieren, damit die Tätigkeit im Unternehmen zu einem Gewinn führen kann.

Als auf Schumpeter zurückgehend kann der Ansatz von Nelson und Winter angesehen werden, weil ihre Charakterisierung des Unternehmens als Kombination von Routinen und die geforderte flexible Erfindung neuer Routinen, die sich kontinuierlich an eine sich verändernde Unternehmensumwelt anpassen, vom Bild des schöpferischen Unternehmers beeinflusst ist.

Unternehmen entstehen und leben gemäß der Vorstellung im Kritischen Institutionalismus mit dem Zweck der Problemlösung im Bereich der Produktion und Verteilung von Gütern und Dienstleistungen. Dazu entwickeln sie immer wieder verbesserte Routinen infolge von Lernprozessen. Der Unternehmensgewinn ist Mittel für diesen Unternehmenszweck.

2.1.5 Das Unternehmen als Instrument des Machterhalts in der neo-marxistischen, radikal institutionalistischen und post-keynesianischen Ökonomik

Nicht als Ort kooperativ und routiniert angewandten Wissens, sondern als Instrument des Machterhalts wird das Unternehmen auf je verschiedene Art und Weise von Neo-Marxisten (die im Englischen auch *radicals* genannt werden), *radikalen* Institutionalisten und Post-KeynesianerInnen angesehen.

Die Neo-Marxisten bestimmen das Unternehmen als den zentralen Ort des Klassenkampfes um die Aneignung des durch Arbeitskraft geschaffenen Mehrwerts. Das Unternehmen ist ein institutionelles Arrangement neben einer Reihe anderer, die gemeinsam eine historisch spezifische „soziale Struktur der Akkumulation" (McDonough 1994) ausmachen. Die soziale Struktur der Akkumulation gibt den Rahmen für die Auseinandersetzung um den Mehrwert vor. Eine soziale Struktur der Akkumulation bezeichnet jeweils eine bestimmte Epoche des Kapitalismus. Für die USA unterscheiden die Neo-Marxisten z. B. die Phase des Wettbewerbskapitalismus von 1840 bis in die 1890er, die Phase des Monopolkapitalismus von den 1890ern bis in die 1940er und die Phase des korporativen Nachkriegssystems bis in die 1990er Jahre.

Wie nutzen nun die Kapitalisten das Unternehmen, um eine Machtposition zu erhalten, die es dieser Klasse erlaubt, sich den von den Arbeitern produzierten Mehrwert anzueignen? Die Antwort gibt die sog. „Theorie des umkämpften Tausches".

Nach dieser Theorie (vgl. Bowles/Gintis 1990) können sich die Kapitalisten eine dominierende Position gegenüber den Arbeitern verschaffen, indem sie die technischen und organisatorischen Rahmenbedingungen im Unternehmen so setzen, dass sie die Kontrolle über die Intensität der abgelieferten Arbeitsleistung behalten. Umkämpftes Tauschobjekt im Unternehmen ist die Arbeitsleistung. Je höher die Arbeitsleistung pro Arbeitsstunde eines Arbeiters, desto größer ist der Profit des Arbeitgebers (hier wird auf der Basis der Marx'schen Werttheorie argumentiert (vgl. Teil I.2.4)). Gleichzeitig liegt es im Interesse der als nutzenmaximierende Individuen (Handlungstyp B) gedachten Arbeitnehmer, sich zu schonen, d. h. bei vereinbartem Stundenlohn möglichst wenig intensiv zu arbeiten. Daher organisieren die Arbeitgeber den Produktionsprozess so, dass sie ein Höchstmaß an Kontrolle über die Arbeitsleistung ausüben und nehmen dafür in Kauf, dass effizientere Arbeitsformen unterbleiben, die mit einem Kontrollverlust verbunden wären.

Die größte Gefahr eines Kontrollverlustes besteht aus Sicht der Kapitalisten darin, dass sich die Arbeiter zu Gemeinschaftsaktionen (Streiks) zusammenschließen, um die Arbeitsintensität zu senken oder um am Gewinn infolge einer hohen Arbeitsintensität beteiligt zu werden. Um dieser Gefahr zu begegnen, ist das Unternehmen technisch und organisatorisch nach dem Prinzip „Teile und Herrsche" aufgebaut. Hinzu kommt, dass außerhalb des Unternehmens der Arbeitsmarkt und das System der sozialen Sicherung so verfasst sind, dass ein Arbeitsplatzverlust für die Arbeiter aufgrund einer von den Kapitalisten bemerkten niedrigen Arbeitsleistung eine Bedrohung darstellt. D. h., es kommt der Machtposition der Arbeitgeber zugute, wenn beispielsweise die Arbeitslosenunterstützung spürbar niedriger ist als der Lohn und außerdem genügend Arbeitslose vorhanden sind, die nur darauf warten, entlassene Arbeitskräfte zu ersetzen.

Da die neo-marxistische, wie die neoklassischen Theorien des Unternehmens, vom rational seinen Nutzen maximierenden Individuum ausgeht, weist sie viele Parallelen z. B. zum Transaktionskosten-, Principal-Agent- oder Effizienzlohnansatz auf (vgl. den folgenden Teil II.2.3). Das Unternehmen erscheint aber hier weitaus weniger gesellschaftlich isoliert, weil es in eine „soziale Struktur der Akkumulation" eingebettet ist.

Auch dem *radikalen Institutionalismus* geht es um den kausalen Zusammenhang von Eigentum und Machtposition. Aber während für den Neo-Marxismus das Unternehmen hauptsächlich ein internes Instrument der Machterhaltung darstellt, betrachtet der Institutionalist William M. Dugger (vgl. Dugger 1989) das Unternehmen vornehmlich als extern ausgerichteten Apparat des Machterhalts. Ziel der Kapitalanteilseigner ist es auch hier, wie bei den Radicals, die Arbeitsleistung der Arbeiter (und Manager) so zu steigern, dass sie einen möglichst großen Profit erbringt.

Da die Unternehmen laut Dugger immer größer, unübersichtlicher und damit auch anonymer wurden, war es im Interesse der Aktionäre, eine Unternehmenskultur zu entwickeln, um weiterhin die Kontrolle über die Arbeitsleistung ihrer Angestellten zu behalten. Die Unternehmenskultur, die ursprünglich lediglich eine Steigerung der Arbeitsleistung innerhalb des Unternehmens erreichen sollte, hat inzwischen zu einer kulturellen Hegemonie der Großunternehmen (corporate hegemony) über alle anderen Teilbereiche der Gesellschaft geführt, die wiederum die Arbeitsleistung innerhalb der Unternehmen beschleunigt. Durch die kulturelle Hegemonie gelingt es den Großunternehmen, das Handeln der Individuen in der Gesellschaft auf den Profit eben dieser Großunternehmen hin auszurichten.

Dugger sieht vier Umwertungsprozesse am Werk, die diese Fokussierung bewirken: den neidvollen Vergleich (emulation, einen Begriff, den er direkt von Veblen (vgl. Teil I.2.7) übernimmt), die Vergiftung (contamination), die Unterordnung (subordination) und die Verschleierung (mystification).

Durch ein Handeln gemäß dem neidvollen Vergleich wird erreicht, dass alle Gesellschaftsmitglieder konkurrierend versuchen, die nächst höhere Schicht zu imitieren, wodurch in einer Kette von unten nach oben letztlich alle an den Werten von Topmanagern und Aktionären orientiert sind.

Vergiftung bezeichnet das Ersetzen der Werte einer gesellschaftlichen Einheit durch die einer anderen, z. B. wenn das originär humanistische Ideal von Bildungseinrichtungen durch Bildungsziele ersetzt wird, die auf Berufe in Großunternehmen ausgerichtet sind.

Der dritte Umwertungsprozess steht für das Unterordnen der Werte einer gesellschaftlichen Einrichtung unter die einer anderen. Eine Form von Unterordnung wäre es z. B., wenn weit verbreitet berufliches Fortkommen (zumeist im Unternehmen) höher bewertet wird als das Sorgen für Kinder in der Familie.

Verschleierung ist die Übernahme und Umwertung hoch angesehener Symbole der einen gesellschaftlichen Einheit durch eine andere, z. B. das Gleichsetzen möglichst hoher Verwertungsmöglichkeiten des Kapitals (in Gestalt von Werbung) mit den allgemeinen Menschenrechten (z. B. dem Recht auf freie Meinungsäußerung). Ein weiteres Beispiel sind auch Euphemismen (positiv klingende Worte für negative Tatsachen), wie das Bezeichnen der Einschränkung der Lebensmöglichkeiten, der Verminderung gesellschaftlicher Anerkennung und sozialer Absicherung durch Arbeitslosigkeit als „Freisetzen von Arbeitskräften".

Der Eindruck trügt allerdings, Dugger behaupte eine Verschwörung der Anteilseigner an Großunternehmen, deren Opfer die anderen Gesellschaftsmitglieder seien. Die Umwertungsprozesse, die die Hegemonie von Großunternehmen fördern, sind keineswegs von Nutzen maximierenden Individuen geplant und organisiert, sondern vielmehr Teil einer allgemeinen Tendenz („drift"), an der wir alle mehr oder weniger aktiv beteiligt sind. Es gibt jedoch in Duggers Theorie keinen Hinweis auf Kräfte, die zu einer Gegentendenz führen könnten. Hinweise auf staatliche Eingriffe erscheinen illusionär, wenn keine Erklärung dafür geboten wird, was den Staat dazu bewegen und befähigen soll, sich gegen die vorgezeichnete Tendenz zu stemmen.

Wie Duggers „corporate hegemony" geht auch die *Unternehmenstheorie der Post-KeynesianerInnen* von einem modernen Großunternehmen („Megacorp") aus, das versucht, eine Machtposition zu halten, die es ihm erlaubt, zu überleben und so weit wie möglich zu wachsen. Wachstum ist für den Konzern bedeutend, weil er im Innern aus einer Koalition verschiedener Statusgruppen besteht (Kapitaleigner, Manager und Arbeiter), deren Ansprüche von einem wachsenden Unternehmen leichter zu bedienen sind als von einem stagnierenden, wenn Verteilungskämpfe vermieden werden sollen. (Der Keynesianismus wurde zunächst als rein makroökonomische Theorie aufgefasst. Später wurde er maßgeblich durch Paul A. Samuelson (vgl. Samuelson 1975) mit der neoklassischen Mikroökonomik verknüpft. Als Reaktion darauf entwickelten einige ÖkonomInnen einen eigenen auf den Werken von Keynes basierenden mikroökonomischen Ansatz, der in unserem Buch nur an dieser Stelle in Bezug auf Unternehmen diskutiert wird. Diese KeynesianerInnen bezeichnen ihre Theorie als Post-Keynesianismus im Unterschied zum neoklassischen Neo-Keynesianismus.)

Dem Post-Keynesianer Alfred S. Eichner zufolge, der diese Unternehmenstheorie in erster Linie entwickelt hat (vgl. Eichner 1985), wendet der Konzern zwei Handlungsregeln an: 1. Erhalte und erweitere den Marktanteil in der angestammten Branche und senke gleichzeitig durch Rationalisierungsinvestitionen die Produktionskosten so weit wie möglich. 2. Expandiere in neuere wachsende Branchen und deren Märkte bei gleichzeitigem Rückzug aus älteren, relativ stagnierenden.

Post-KeynesianerInnen gehen davon aus, dass der Konzern mit einem hohen Grad an Unsicherheit konfrontiert ist, da verschiedene äußere Einflüsse unvorhersehbare Ereignisse erzeugen. Diese Einflüsse sind u.a. die Konkurrenz anderer Unternehmen, Produktinnovationen von anderen mit unvorhersehbaren Folgen für die eigene Produktion, sei es in der Heimatbranche oder anderswo, die Wirtschaftspolitik der Regierung und der Gewerkschaften sowie weitere Ereignisse wie z. B. die Verknappung von Rohstoffen durch Missernten oder Kartellbildungen (Bsp. OPEC und Ölpreisschock).

Der Konzern selbst ist als ein Vehikel zur Reduktion von Unsicherheit anzusehen. Er macht diese handhabbar, indem er mit Hilfe strategisch motivierter Entscheidungen eine Machtposition auf den Märkten erlangt und bewahrt, auf denen er aktiv ist. Aus post-keynesianischer Sicht werden auf einem typischen Gütermarkt 75% der Produkte von etwa vier Firmen angeboten, von denen eine noch etwas größer, ressourcenstärker oder sonstwie mächtiger ist als die anderen drei. Dieser Konzern dominiert den Markt und setzt den Verkaufspreis unter Berücksichtigung verschiedener interner Variablen fest. Die anderen Anbieter in diesem Preisführer-Preisfolger-Marktmodell orientieren sich mit ihren Preisen an dem dominanten Großunternehmen.

Das preisführende Unternehmen geht bei der Preisfestsetzung zunächst von den eigenen Produktionskosten aus und fügt einen Aufschlag („Mark-up-Pricing") je nach Verpflichtungen gegenüber internen Anspruchsgruppen und strategischen Überlegungen hinzu. So machen z. B. die von den Aktionären erwarteten Dividenden einen festen Anteil des Preises aus – vergleichbar etwa mit dem der Fixkosten der Produktion. Strategisch ist der Preis gesetzt, da er z. B. niedrig genug sein muss, um den Markteintritt weiterer Wettbewerber abzuwehren. Außerdem soll er die Kosten strategischer Investitionen decken, die wie Werbung und die Erforschung und Entwicklung neuer Produkte dazu dienen, entweder die schon erlangte Machtposition auf einem Markt zu sichern oder durch Expansion eine Machtposition zu erschließen oder zu erweitern.

Banken, Börsen und Geldmärkte sind wichtig für Überleben und Wachstum des Konzerns, weil sie für die Finanzierung der oben genannten strategischen Investitionen benötigt werden. Die Geschäftsleitung eines Konzerns legt die strategischen Ziele (Gewinnerwartungen, Investitionen und deren Finanzierung) und den sich daraus ergebenden Preisaufschlag („mark-up“) typischerweise in einem jährlichen Rhythmus fest. Das von den Post-KeynesianerInnen als vielfältig ökonomisch verflochten und strategisch agierend konzipierte Großunternehmen dient ihnen als Mikrofundierung ihrer makroökonomischen Modelle einer „Corporate Economy“.

2.1.6 Das in die Gesellschaft demokratisch eingebettete Unternehmen (humanistic economics, systemischer Ansatz und Sozio-Ökonomik)

Die drei zuletzt dargestellten Unternehmenstheorien („Umkämpfter Tausch“, „Corporate Hegemony“ und „Mark-up-Pricing“) sehen alle Handlungstyp B als prägend für die Interaktion des Unternehmens mit seiner Umwelt an. Im Folgenden geht es dagegen um Theorien, die aus unterschiedlichen Gründen die Handlungstypen A und C in den Mittelpunkt ihrer Betrachtung der Einbettung des Unternehmens in die Gesellschaft stellen.

Ausgehend von ihrer Vorstellung des „dual-self“ (vgl. Teil I.3.3) definieren *humanistische Ökonomen* das Unternehmen als Arbeitsgemeinschaft verantwortlich handelnder Personen (vgl. Lutz/Lux 1988). Unter Berufung auf Kants Unterscheidung von Personen und Dingen lehnen sie die auf Eigentumsrechten basierende Aneignung der produzierten Güter bei gleichzeitiger Übernahme der rechtlichen Verantwortung durch Unternehmer ab. Aus den gleichen Gründen als unmoralisch, weil Menschen in ihrer Würde verletzend, gilt der moderne Arbeitsvertrag, denn auch durch ihn werden Personen mit Dingen gleichgesetzt, da sie durch ihn ihrer demokratischen Mitbestimmungsrechte beraubt werden.

Um ihre Argumentation entlang der kantischen Ethik zu verdeutlichen, verwenden humanistische Ökonomen die „Parabel des angeheuerten Verbrechers“: Wenn man ein Auto mietet, um die Beute eines Einbruchs zu transportieren, so kann das Fahrzeug dafür vor Gericht nicht belangt werden, weil es ein Ding und keine Person ist. Wenn sich aber jemand von einem Einbrecher für das „Schmiere-Stehen“ anstellen lässt, so ist diese Person voll haftbar und verantwortlich für ihre Beteiligung an dem Verbrechen.

Daraus ist zu folgern, dass auch Arbeiter für das, was sie produzieren, die Verantwortung nicht an Unternehmer abgeben können, da sie sonst von Personen zu Dingen degradiert werden. Wenn sie im Umkehrschluss die (Mit-) Verantwortung für die von ihnen produzierten Güter behalten, so dürfen ihnen auch die Eigentumsrechte an diesen nicht genommen werden. Gleiches gilt für die demokratischen Entscheidungsrechte über die Geschicke des Unternehmens. Verlieren die Beschäftigten diese bei Unterzeichnung des Arbeitsvertrages, so werden sie ebenfalls von Personen zu Dingen herabgewürdigt.

Die einzig denkbare, die Würde der Beteiligten nicht verletzende Unternehmensverfassung ist folglich die der Arbeiterselbstverwaltung, in der nicht Kapital Arbeit anstellt, sondern Arbeit Kapital anmietet. Da persönliche Rechte und Verantwortung einen weitaus höheren Rang haben als Eigentumsrechte, ist Fremdkapital oder dessen Eigentümer auch nicht mit persönlichen Rechten am Produktionsprozess beteiligt oder dafür verantwortlich und hat deshalb auch keine Entscheidungsrechte. Kapital muss aus humanistischer Sicht daher lediglich mit einer Nutzungsgebühr abgefunden werden.

Handeln in einem Unternehmen, das den Prämissen der humanistischen Ökonomik folgt, ist geprägt von Handlungstyp C (Sorgen, Verantwortung) und Handlungstyp A, denn Entscheidungen werden hauptsächlich aufgrund überzeugender Argumente gefällt. Beispiele für eine solche humanistische Unternehmensform sind Kooperativen wie die deutsche Tageszeitung „taz", israelische Kibbuzim und Mondragon im Baskenland.

Der systemische und der „Stakeholder"-Ansatz blicken nicht auf der Basis der Kant'schen Philosophie aus ins Innere des Unternehmens, sondern sie blicken auf die soziale Umwelt des Unternehmens, mit der es verflochten ist. Da beide Ansätze von den gleichen theoretischen Quellen gespeist werden und zu sehr ähnlichen Ergebnissen kommen, können sie hier zusammengenommen behandelt werden. Beide Unternehmenstheorien bauen auf moderner Organisations- und Systemtheorie auf und gehen von einer sozialen Verantwortung des Unternehmens aus.

Das Unternehmen wird von Hans Ulrich, einem der Hauptvertreter des systemischen Ansatzes, als

> „... ein produktives soziales System betrachtet, das von der Umwelt gesetzte Zwecke zu erfüllen hat, sich aber im Rahmen dieser Funktionsbedingungen selbst Ziele setzen kann. Grundlegend ist vor allem die Vorstellung der Unternehmung als einer offenen, gesellschaftsbezogenen Institution, die in ihren Zielsetzungen und Handlungen nur begrenzte Autonomie genießt; wir betrachten deshalb die Unternehmung stets im Zusammenhang mit ihrer Umwelt, von der sie abhängig ist und die sie ihrerseits beeinflußt" (Ulrich 1990: 13).

Der Begriff „Institution" wird in diesem Zitat nicht im Sinne der MiSÖP (wir würden von „institutionalisierten Handlungszusammenhängen" sprechen), sondern als Synonym für Einrichtung/Organisation gebraucht.

Was hier als Umwelt bezeichnet wird, ist nichts anderes als der Kreis aller „Stakeholder“. Der Begriff „Stakeholder“ entstand in seiner heutigen Bedeutung 1963 im Stanford Research Institute und wurde vor allem durch Edward R. Freeman verbreitet (vgl. Freeman 1984). Er ist abgeleitet aus dem Begriff „Shareholder“, der englischen Bezeichnung für die Anteilseigner eines Unternehmens. Ein „Share“ ist die finanzielle Beteiligung an einem Unternehmen, ein „Stake“ ist eine andere Art der Beteiligung oder Verbindung zum Unternehmen einschließlich der Betroffenheit durch seine Tätigkeit. Das englische Wort „Stake“ bezeichnet ursprünglich den Pflock, den ein Siedler im amerikanischen Westen in den Boden einschlägt, um seinen Besitzanspruch an einem Grundstück zu dokumentieren.

Stakeholder eines Unternehmens kann jede Gruppe oder jedes Individuum sein, die/das durch die Verfolgung der Unternehmensziele beeinträchtigt ist, diese beeinflussen kann oder sonst in irgendeiner Weise betroffen ist. Typische Stakeholder sind: Zulieferer, Beschäftigte, UmweltaktivistInnen, die Regierung (auf den unterschiedlichen gebietskörperschaftlichen Ebenen), Gewerkschaften, lokale Organisationen und Vereine, Anteilseigner (die oben genannten Shareholder), Verbraucherverbände, KundInnen, AnwohnerInnen Konkurrenten und die Medien. Gemäß dieser Sichtweise des eingebetteten Unternehmens muss es sich seiner Umwelt anpassen bzw. die Interessen und Bedürfnisse seiner Stakeholder berücksichtigen, um seinen Fortbestand zu sichern.

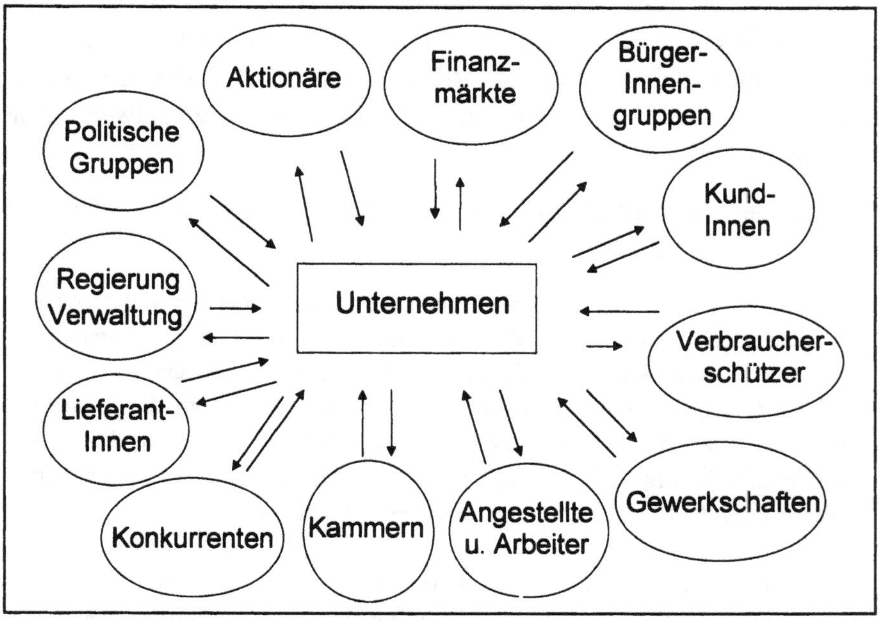

Abb. 50: „Anspruchsgruppen im Stakeholder-Konzept“(n. Freeman 1984: 55)

Um alle diese verschiedenen Ansprüche einzubeziehen, abzustimmen und möglichst antizipierend in das eigene Handeln zu integrieren, ist es für das Unternehmen unabdingbar, die pluralistische Perspektive nach außen auch nach innen zu wenden. D. h. Sachverständige und Vermittler der Außenansprüche unter den Beschäftigten müssen in die kollektiven Entscheidungsprozesse des Unternehmens einbezogen werden, denn die notwendige Anpassung an die Umwelt erfolgt zum Teil durch das Abstimmen von Anspruchsgruppen und deren VermittlerInnen im Unternehmen selbst.

Sowohl der systemische als auch der Stakeholderansatz gehen zwar nicht wie der humanistische ausschließlich von ethischen Prämissen aus, sie folgern aber aus der Abhängigkeit des Unternehmens von seiner Umwelt, dass solche befolgt werden müssen. Ohne eine demokratische, die Beschäftigten als selbstbestimmte, verantwortliche Personen begreifende Ordnung des Unternehmens nach innen kann die flexible, rechtzeitige und harmonische Anpassung an die Anforderungen von außen nicht gelingen. Wenn die Unternehmung sich als im Mittelpunkt des öffentlichen Interesses stehend begreift, so nötigt sie dies also, ihre Ziele nur auf moralisch unangreifbare Weise zu verfolgen.

Dem Stakeholder- und systemischen Ansatz vergleichbar betrachtet auch *die Sozio-Ökonomik* das Unternehmen als eingebettet in seine gesellschaftliche Umwelt. Auch sie betont die moralische Dimension ökonomischen Handelns (vgl. Teil I.3.4). Unternehmen sind hier ebenfalls nicht lediglich Inseln planender Koordination in einem Meer von Marktbeziehungen (vgl. die neoklassischen Unternehmenstheorien), sondern sie sind Teil eines Netzwerkes. Die Übergänge zwischen dem Unternehmen selbst und dem Netzwerk, in das es eingebunden ist, sind fließend. So kann für dieselbe Produktion ein Unternehmen Teil eines Netzwerkes aus Zulieferern und Weiterverarbeitern sein, oder liefernde und weiterverarbeitende Betriebsteile sind als Konzern integriert.

Das Netzwerk beschreibt als Begriff den Übergang von einer *noch* schwachen zu einer stärkeren Verbindung zwischen seinen Komponenten und wird von SozioökonomInnen auch dazu herangezogen, die Entstehung von Unternehmen und Industrien aus regional, ethnisch und religiös verbundenen Menschengruppen heraus zu erklären (vgl. Granovetter 1994 und 2000).

Ein Netzwerk ist in der Sozio-Ökonomik ein locker verkoppelter Zusammenhang aus Gruppen und Einzelpersonen, die gegenseitig aufeinander orientiert und voneinander abhängig sind. Die am Netzwerk Teilnehmenden tauschen Informationen aus, und ein Netzwerk ist stets für neue Mitglieder offen und nicht zwingend auf lange Dauer angelegt. In ihm herrscht eher die Koordinationsform der strategischen Kooperation (Reziprozität) als die der Konkurrenz

(Äquivalententausch), ein Gewinn aus den Beziehungen kann nicht mit Sicherheit erwartet werden. Netzwerke sind durch mehr oder weniger subtile (latente) Formen der Macht geprägt und nicht frei von Konflikten und Konkurrenz (Grabher 1993).

Wenn man den sozio-ökonomischen Netzwerkansatz und die Erklärung des Unternehmens als Wissensreservoir bei Schumpeter und im Kritischen Institutionalismus kurz außer acht lässt, so fällt in der Gegenüberstellung der übrigen sechs heterodoxen Theorien eine gewisse Parallelität auf. Während im Ansatz des „umkämpften Tausches" die Arbeiter zu fast vollkommen kontrollierten „Dingen" werden, ist die ethische Idealvorstellung von einer Arbeiterselbstverwaltung der humanistischen Ökonomik die ins Gegenteil verwandelte Antwort darauf. Werden nach post-keynesianischer Vorstellung die Ansprüche interner Statusgruppen und die Unsicherheit, die von Akteursgruppen außerhalb des Unternehmens ausgeht, durch die Machtposition des Unternehmens auf bestimmten Märkten bewältigt, so versucht das Unternehmen, das gemäß dem Stakeholderansatz handelt, den Ansprüchen von innen und außen durch Kommunikation und Anpassung zu begegnen. Ebenso versucht das Unternehmen, das sich im systemischen Ansatz im Mittelpunkt öffentlicher Interesses sieht, flexibel und möglichst konfliktvermeidend darauf zu reagieren, während das Unternehmen der „Corporate Hegemony" das öffentliche Interesse bereits in seinem Sinne geprägt und damit in der Hand hat. Jeder Theorie des Machterhalts im Konflikt steht also gewissermaßen ein Zwilling der Gegenseitigkeit, des harmonischen Ausgleichs gegenüber.

2.1.7 Praktische Sozialökonomik: Das Unternehmen als quasi-öffentliche Einrichtung, erweitertes Stakeholder-Konzept (Peter Ulrich)

Peter Ulrichs Unternehmenskonzeption ist stark von dem systemischen Ansatz seines Vaters Hans Ulrich und dem Stakeholder-Ansatz beeinflusst, wie sich an seiner Definition des Unternehmens leicht erkennen lässt:

> „Die Unternehmung wird als *multifunktional* und dementsprechend *pluralistisch legitimierte Wertschöpfungseinheit* gesehen, die sozioökonomische Funktionen für verschiedene Anspruchsgruppen, wie Arbeitnehmer, Kapitalgeber, Kunden, Staat und Öffentlichkeit, erfüllt" (Ulrich/Fluri 1992: 60).

Ihre wesentlichen Grundannahmen haben Peter Ulrich und Edgar Fluri in folgenden Punkten zusammengefasst:

> „1. Nicht der gesellschaftliche Status der Unternehmung als Zweckverband der Kapitaleigentümer, sondern ihr soziologischer Status als gesellschaftliche Institution und Organisation, d. h. als strukturiertes arbeitsteiliges System von Menschen, die verschiedene Beiträge für die Funktionsfähigkeit der Unternehmung

leisten und dafür bestimmte Gegenleistungen erhalten, wird als Grundmerkmal betrachtet (Koalitionsmodell der Unternehmung).

2. Die Unternehmung ist primär ein Subsystem der Gesamtgesellschaft, das verschiedene sozioökonomische Funktionen erfüllt. Zwischen den Ansprüchen der verschiedenen Bezugsgruppen der Unternehmung bestehen teilweise Zielkonflikte. Unternehmungspolitik ist die Politik der Unternehmung im Umgang mit Interessenskonflikten nach innen und außen.

3. Zwischen den Zielen, die die Unternehmung verfolgt, und den Kriterien der gesellschaftlichen Wohlfahrt oder Lebensqualität kann Harmonie, aber auch Konflikt bestehen („was gut ist für General Motors muss nicht gut sein für Amerika").

Die Interessensharmonisierung zwischen Unternehmensleitung, Bezugsgruppen der Unternehmung und allgemeiner Öffentlichkeit kann nicht einer naturwüchsigen, ungeregelten Marktdynamik überantwortet werden (Paläoliberalismus), sondern ist eine ordnungspolitische Gestaltungsaufgabe *(Ordoliberalismus)*. Der Markt funktioniert nur so vernünftig, wie es die Rahmenordnung zulässt oder bestimmt" (Ulrich/Fluri 1992: 61).

Peter Ulrich versteht es, die von Konflikt und Machterhalt ausgehenden Theorien zu integrieren, geht er doch ebenso wie Post-Keynesianismus und radikaler Institutionalismus von einer Großunternehmung bis hin zu einer multinationalen aus, die durch ihr öffentlich relevantes Handeln im Brennpunkt aktueller gesellschaftlicher Wert- und Interessenkonflikte steht. Er lässt offen, ob die gesellschaftliche Einbettung des Unternehmens als konfliktreich oder eher harmonisch anzusehen ist.

Auch die Betrachtung des Unternehmens als Wissensreservoir ist mit Peter Ulrichs Konzeption vereinbar. Außerdem folgt für ihn aus der öffentlichen Verantwortung wie in der humanistischen Ökonomik, dass nicht das Privateigentum das Kriterium für die Leitungsverantwortung sein kann. Allerdings sieht er die alleinige Entscheidungsgewalt nicht bei den beteiligten Arbeitskräften, statt dessen ist die Übernahme der Leitungsverantwortung von der professionellen Qualifikation abhängig, das heißt von dem in Handlungsroutinen gespeicherten Wissen, über das die leitenden Personen verfügen. Man kann also das Grundmodell der Unternehmung als quasi-öffentliche Einrichtung als Synthese der oben dargestellten heterodoxen Ansätze begreifen.

In seinem Buch „Integrative Wirtschaftsethik" von 1997 erweitert Peter Ulrich den Stakeholderansatz aus wirtschaftsethischer Perspektive. Für die handlungstheoretische Analyse ist es sinnvoll, Stakeholder zum einen nach ihrer Einflussmacht auf das Unternehmen (Handlungstyp B) und zum anderen nach ihren legitimen Einflussrechten (Handlungstyp A) getrennt zu betrachten. Beide drücken jeweils eine bestimmte Art der Verbindung zum Unternehmen aus, die sich auch darin zeigt, dass je nach ihrer Beziehung zum Unternehmen verschiedene Arten von Bezugsgruppen bestimmt werden können (siehe Abb. 50).

Ulrich gelangt in zwei Argumentationsschritten zu seiner Erweiterung des Stakeholder-Konzepts. Zunächst stellt er fest, dass die oben erwähnten Interessenskonflikte zwischen dem Unternehmen und seinen Bezugsgruppen nur in einem öffentlichen Zumutbarkeits- und Legitimitätsdiskurs abgestimmt und gelöst werden können. Sodann begründet er den ethischen Vorrang eines auf Stakeholderrechten basierenden Konzepts vor einem auf Stakeholdermacht gegründeten, indem er sich erstens in ähnlicher Weise wie Lutz/Lux (vgl. I.3.3) auf Kant und zweitens auf den Diskursethiker Apel beruft, den er mit dem Argument zitiert, strategisch – etwa durch Verhandlungen oder suggestive Überredung der anderen – könne man prinzipiell nicht herausbringen, wer Recht habe. Aus dem unternehmensethischen Vorrang der Einspruchsrechte von Stakeholdern folgt, dass die Unternehmensführung sich durch das Einbeziehen von Stakeholdern in Unternehmensdialogen nicht nur Akzeptanz für die eigene Unternehmenspolitik beschaffen oder sich gegen Sanktionen machtvoller Stakeholder schützen sollte, sondern die Mitsprache- und Einspruchsrechte aller potentiell Betroffenen (auch der Schwachen) ernst nehmen muss. Daraus wiederum folgt, dass im Prinzip jede/r mündige BürgerIn, die sich durch die Unternehmenspolitik betroffen fühlt, zu einer StakeholderIn wird. Das Unternehmen wird also zu einer quasi-öffentlichen Einrichtung, die sich mit jedem aus und vor der Öffentlichkeit an sie herangetragenen Anspruch abstimmen muss: „Im öffentlichen Deliberationsprozess unter mündigen Wirtschaftsbürgern hat sich die Geschäftsintegrität einer Unternehmensleitung zu bewähren, und nur in ihm läßt sie sich begründen“ (Ulrich 1997: 443).

Ein Beispiel: Der Konflikt um die Ölplattform „Brent Spar“: Anhand dieses Konflikts lässt sich verdeutlichen, weshalb das Unternehmen als quasi-öffentliche Einrichtung aufzufassen ist. 1995 kündigte der Ölkonzern „Shell“ an, eine ausgediente Bohrinsel im Atlantik versenken zu wollen, da dies die kostengünstigste Art der Entsorgung sei. Dieses Vorhaben erschien zunächst Umweltaktivisten und im Zuge von öffentlichen Kampagnen zunehmend auch der Öffentlichkeit als skandalöses Beispiel einer „Wegwerfmentalität“ auf der Ebene von Industrieanlagen. Die wachsende öffentliche Empörung zwang den „Shellkonzern“ schließlich, vom Vorhaben der Versenkung im Meer Abstand zu nehmen und die Bohrinsel an Land zu verschrotten. Das Beispiel des Konflikts zwischen dem Ölkonzern „Shell“ und der Umweltorganisation „Greenpeace“ um die Versenkung der Ölplattform „Brent Spar“ in der Nordsee, der in der Öffentlichkeit ausgetragen wurde, zeigt zum einen, dass das Unternehmen als quasi-öffentliche Einrichtung zunächst eine regulative Idee ist, die sich in der Unternehmenspraxis noch nicht durchgesetzt hat, denn die Unternehmensleitung von „Shell“ hat zu Beginn des Konflikts ihr Unternehmen offensichtlich nicht als für jegliche Argumente von allen Stakeholdern prinzipiell offen angesehen und ohne Rücksicht auf die Gegenargumente an der Versenkung festgehalten. Zum anderen zeigt das Beispiel auch, dass es zwar handlungstheoretisch und unternehmensethisch folgerichtig ist, zwischen dem strategischen und verständigungsorientierten Handlungstyp zu unterscheiden, dass sie sich aber in der Praxis mischen, denn für „Shell“ wäre es auch strategisch sinnvoll gewesen, die Argumente von „Greenpeace“ ernst zu nehmen, um seinen guten Ruf als Unternehmen zu wahren.

Um beiden Erweiterungen des Stakeholderansatzes, nämlich dem Vorrang ethischer Argumente vor den Geschäftsinteressen und der potenziellen Beteiligung aller mündigen BürgerInnen, Geltung zu verschaffen, schlägt Peter Ulrich u.a. die Einrichtung von Stakeholder-Beiräten und die Festlegung von Stakeholder-Verfassungen für Unternehmen vor. Einzelne Unternehmen haben diese Vorschläge bereits in die Praxis umgesetzt.

2.1.8 MiSÖP: Das Unternehmen als institutionalisierter Handlungszusammenhang

In der kurzen Skizze der verschiedenen heterodoxen Unternehmenstheorien wurde deutlich, dass sie sich, ausgehend vom Schumpeterischen Unternehmer, der ausschließlich dem Handlungstyp B folgt, zu den anderen Handlungstypen (A und C) und damit zu anderen Koordinationsmitteln öffnen und darüber lebensweltliche Bezüge hereinholen. Am weitesten geht dabei Peter Ulrich mit seiner Vorstellung vom Unternehmen als quasi-öffentliche Einrichtung, die allen Stakeholdern gegenüber verantwortlich ist. Wir nehmen in unserem Konzept, ausgehend von der ökologisch orientierten Bestimmung von Handlungsfeldern bei Freimann, diese Gedanken auf und integrieren sie in der Spalte „Handlungsfelder“.

Wie schon bei der Analyse des Familienhaushaltes geht es bei der Untersuchung des Unternehmens hier vor allem um die Erklärung von Handeln mit Hilfe von Handlungsmustern. Handlungstypen, Koordinationsmittel und gesellschaftliche Verhältnisse sind Elemente dieser Erklärung. Das Verhältnis dieser Analyseebenen zueinander verdeutlicht Abb. 52.

Wie Haushalte sind Unternehmen nicht isolierte Akteure, sondern in *Unternehmens-Netzwerke und Unternehmens-Kooperationen* eingebunden.

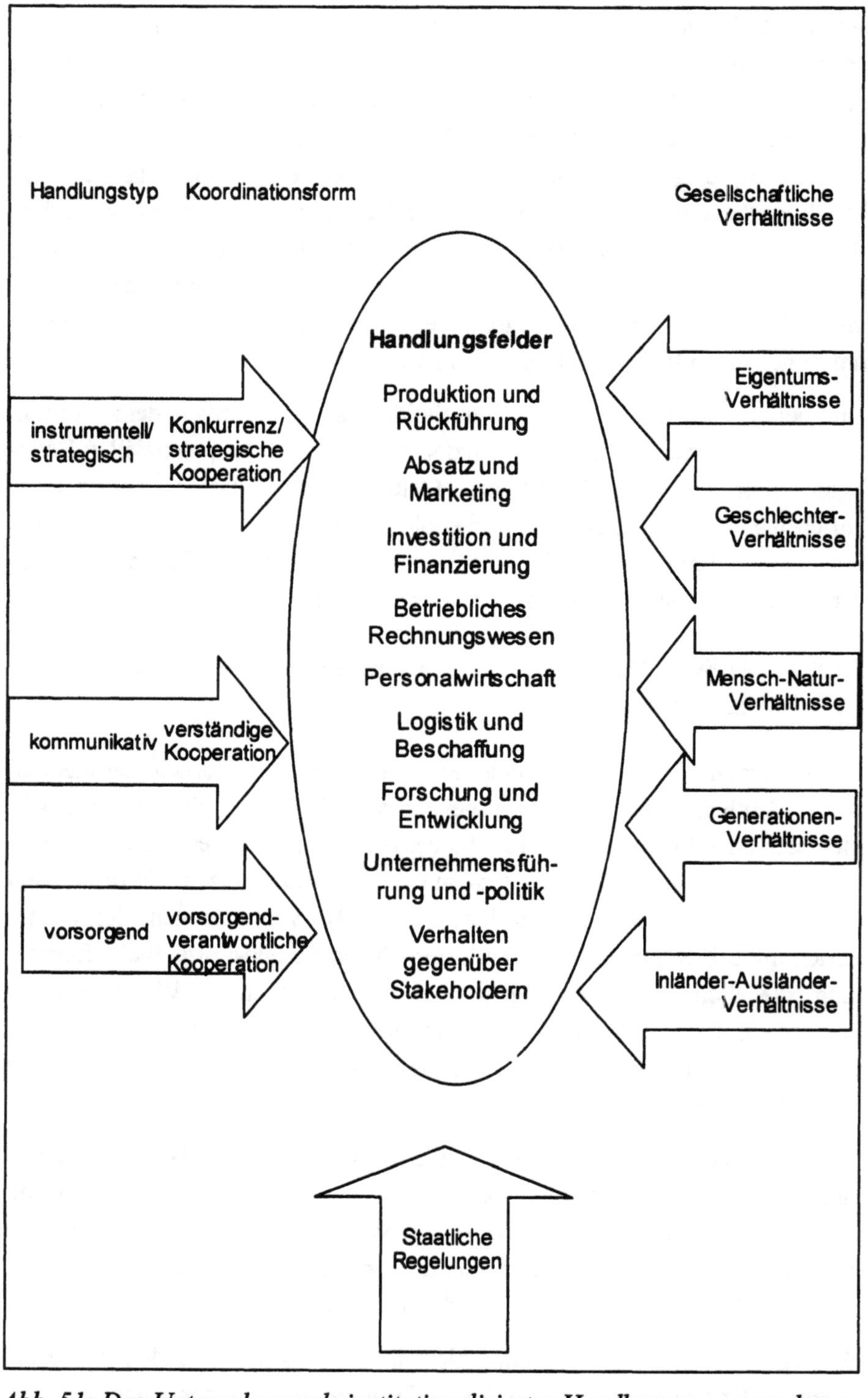

Abb. 51: Das Unternehmen als institutionalisierter Handlungszusammenhang

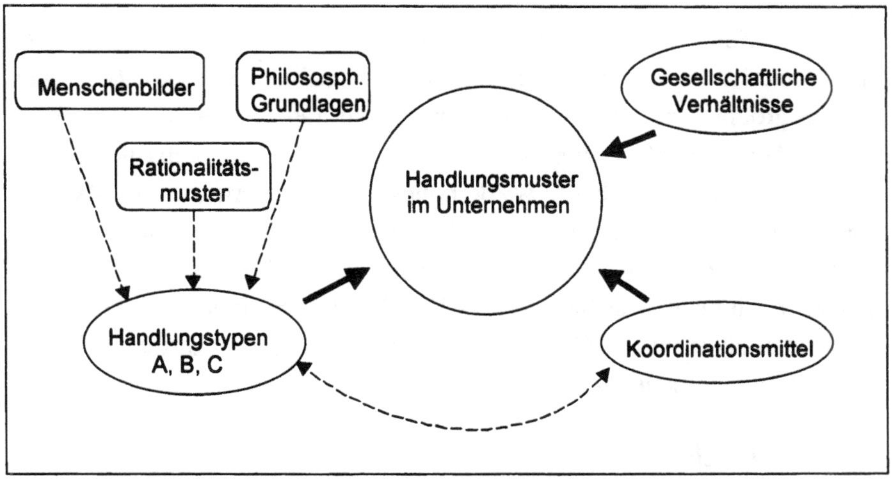

Abb. 52: Analyseebenen der MiSÖP-Unternehmenstheorie

Bei den Kooperationen können wir auch hier wieder zwischen strategischen, verständigen und vorsorgend-verantwortlichen Kooperationen unterscheiden. Als Beispiele sind dabei zu nennen:

- Für strategische Kooperation: Kooperationen zwischen Unternehmen zwecks Ausdehnung von Marktanteilen, zur Ermöglichung von Zugängen zu neuen Märkten (z. B. die Banken- und Industriefusionen der letzten Jahre), zur Überwindung von nationalen Vorschriften (z. B. von Rüstungsexportverboten).
- Für verständige Kooperation: Kooperationen zwischen Unternehmen und Haushalten zwecks Verbesserung der Produkt- oder Dienstleistungsqualität, z. B. Fahrgast-Foren, Unternehmens-Dialoge mit Umweltschutz- oder Anwohnergruppen.
- Für vorsorgend-verantwortliche Kooperation: Unternehmens-Kooperationen entlang der Produktlinie zur ökologischen und sozialen Verbesserung der Produktion, Kooperationen in einzelnen Bedürfnisfeldern zwischen Unternehmen, Handel, Haushalten (z. B. im Bedürfnisfeld Ernährung); Unternehmenszusammenschlüsse im Rahmen einer Region zur Reduktion der gemeinsamen Emissionen (sogenannte Zero-Emission-Region).

Hier wird deutlich: Schon in heute praktizierten Unternehmens-Kooperationen spielen neben dem Handlungstyp B der traditionellen Ökonomie die Handlungstypen A und C (verständigungsorientiertes sowie sorgeorientiertes Handeln) eine große Rolle. Das unternehmerische Wirken moderner Unternehmen ist ohne diese Vielfalt der Handlungstypen nicht analysierbar. Während Kooperationen zwischen Unternehmen das Ergebnis bewusster Zusammenschlüsse sind, entstehen Unternehmens-Netzwerke häufig auf der Grundlage interpersoneller Verbindungen, seien sie verwandtschaftlich, ethnisch oder regional begründet. Solche Netzwerke werden in der Literatur „business groups" genannt (vgl. z. B. Granovetter 1994). Qualitative Merkmale solcher „business groups" sind soziale Solidarität und Vertrauen. Dieses Vertrauen ist nicht, wie bei der strategischen Kooperation (z. B. in der theoretischen Abbildung der Spieltheorie) durch wiederholtes Aufeinandertreffen entstanden, sondern auf der Basis gemeinsamer Lebenswelten. Es hat von daher eine festere Basis. Die ökonomische Realität kennt solche „business groups" zum Ersten als noch heute bestehende große Familienunternehmen oder -konzerne, zum Zweiten als ethnische Gruppen, zum Dritten als regionale Netzwerke auf der Basis von räumlicher Nähe und persönlichem Kennen.

2.1.9 Beispiele

Beispiel 1: Die Entstehung der US-amerikanischen Stromindustrie

Als Beispiel für den Aufbau eines solchen Netzwerks zitieren wir im Folgenden Granovetters Erklärung der Entstehung der US-amerikanischen Stromindustrie:

> „Genau wie bei Firmen und Geschäftsgruppierungen vertrete ich die Auffassung, daß es eine soziale Konstruktion ist, ob und wie sich ein Industriezweig organisiert. Ich werde dies anhand der Branche der Stromversorger in den USA zwischen 1880 und 1930 zeigen. Wir wollen erklären, warum bestimmte plausible Alternativen zu den durch private Investoren betriebenen Versorgungsunternehmen, die jetzt in den USA dominieren, nicht in Erscheinung traten, so z. B. öffentliche Eigentümer oder private Stromerzeugung durch die einzelnen Haushalte und große Industriebetriebe, die den Versorgungsbetrieben eine geringe Bedeutung gegeben hätten.
>
> Wir haben eine Reihe von Stadien der Entwicklung gefunden, in denen die persönlichen Netzwerke einiger weniger Individuen bedeutend waren. Von 1880 bis 1932 mobilisierte Thomas Edison eine bemerkenswerte persönliche Gefolgschaft, darunter auch substantielles Kapital des deutschen Reiches, in seinem erbitterten Kampf gegen die Vision des Bankiers J. P. Morgan von einem Industriezweig, der nicht Elektrizität, sondern Generatoren anbietet, mit deren Hilfe Haushalte und Unternehmen ihren eigenen Strom vor Ort hätten produzieren können, die Art von System also, nach dem in den USA normalerweise Häuser beheizt werden.
>
> Edison hatte immer zentrale Einheiten vorgezogen, und obwohl er schließlich 1892 aus General Electric und der Elektrizitätsversorgung durch J. P. Morgan herausgedrängt wurde, war die Dominanz zentraler Einheiten bis dahin so verfestigt, daß selbst Morgan diesen Trend nicht mehr umkehren konnte. Beachtlich ist, daß Edison diese Schlacht nicht gewonnen hat, weil seine Lösung die

technologisch korrekte gewesen wäre, sondern eher, weil es ihm gelungen war, eine siegreiche Koalition von Akteuren in Schlüsselpositionen zu schmieden.

Einer von Edisons Haupthelfern in dieser Schlacht war sein persönlicher Sekretär, der Engländer Samuel Insull. 1892 zog Insull nach Chicago, um eine kleine neue Firma, Chicago Edison, zu übernehmen und brachte ein einzigartiges Knäuel persönlicher Verbindungen mit: zum Finanzkapital in Chicago, New York und London, zu führenden Lokalpolitikern und zu Erfindern sowohl in den USA als auch in Großbritannien. Viele dieser Verbindungen waren während seiner langen Zusammenarbeit mit Edison geschmiedet worden. Seine Kombination aus finanzieller und technischer Expertise sowie politischen Beziehungen erlaubte es ihm, Kapital, politische Gefälligkeiten und Verfahrenstechniken zusammenzubringen, wie andere Versorgungsunternehmen es nicht schafften, obwohl ihnen deren inhärentes Potential bekannt war. Das heißt, seine Erfolge waren eher seinen politischen und unternehmerischen Fähigkeiten als technischen oder organisatorischen Innovationen zuzuschreiben.

Eine genaue Untersuchung der Art und Weise, wie Insull das Unternehmen mit Hilfe ausgedehnter Verbindungen und technischer Kenntnisse organisiert hat, zeigt, daß die Struktur der gesamten Branche aus den anfänglichen Organisationsentscheidungen dafür erwuchs, was einmal zur größten und erfolgreichsten Firma wurde. Insull prägte zudem die Versorgungsindustrie, indem er die Regulierung durch die Staaten (und nicht durch die Bundes- oder lokale Regierungen) ermutigte und die Form der Holding entwickelte, die die Beziehungen zu den lokalen Industriezweigen und Regulatoren stabilisierte. Bald verfestigten sich diese Netzwerke aus Firmen, Holdings und staatliche Regulatoren. Persönliche Netzwerke hatten immer noch Bedeutung, aber nur die der führenden Persönlichkeiten in den Holdings. Zur Zeit der Zwanziger Jahre dieses Jahrhunderts waren die institutionellen Formen bereits installiert und das Ergebnis, das wir jetzt in der Branche beobachten können, war bereits sichtbar" (Granovetter 2000: 211-212).

Beispiel 2: Das Zusammenspiel der drei Handlungstypen im Unternehmen WELEDA

Das Unternehmen WELEDA (vgl. zum Folgenden Clausen/Biesecker 2000) ist ein weltweit in mehr als 30 Ländern tätiges Unternehmen im Bereich von Arzneimitteln, Nahrungsergänzungs- und Körperpflegemitteln. Die Unternehmensphilosophie beruht auf einem durch die Anthroposophie erweiterten Menschen- und Naturverständnis. D. h., WELEDA versteht sich als Dienstleistungsunternehmen für die menschliche Gesundheit. WELEDA ist eine Aktiengesellschaft mit zwei Hauptaktionären: dem Goetheanum und der Ita-Wegmann-Klinik. Diese verhalten sich nicht wie moderne Shareholder, sondern wollen mit dem Unternehmen WELEDA für gute Heil- und Pflegemittel für anthroposophische Ärzte sorgen. Es gibt drei Hauptproduktionsstätten: in Arlesheim in der Schweiz, in Schwäbisch-Gmünd in Deutschland sowie in

Huningue in Frankreich. Gemäß dem anthroposophischen Menschen- und Naturverständnis gestaltet WELEDA die Beziehungen zu den beteiligten Menschen und der Natur in vorsorgend-verantwortlicher Weise:

So wird zwar die Zusammenarbeit mit den ca. 600 Beschäftigten wie auch in anderen Unternehmen durch den Betriebsrat unterstützt, es besteht jedoch eine Atmosphäre der Kooperation, nicht der Konkurrenz oder des Machtkampfes. Die Menschen werden nicht als Verursacher von Personalkosten, sondern als produktives Potenzial des Unternehmens angesehen. Die Lohnsumme wird daher nicht nur als Kostenfaktor, sondern als wichtiger Teil der Wertschöpfung des Unternehmens verstanden. Es gibt keine Spitzengehälter für Führungspositionen. Unter den Beschäftigten gibt es ca. doppelt soviel Frauen wie Männer, ca. 38% der Leitungspositionen sind mit Frauen besetzt.

Der Umweltschutz spielt bei WELEDA eine große Rolle. Seit 1997 nimmt das Unternehmen am Standort Schwäbisch-Gmünd an der EG-Öko-Audit-Verordnung teil. Die ersten Datenerhebungen und eine entsprechende ökologische Bewertung machten deutlich, dass zwar der Anteil von Abfällen und Sonderabfällen weit unter Vergleichswerten der konventionellen Pharmazie lag, dass aber Rohstoffe aus biologisch-dynamischem bzw. biologischem Landbau nur knapp ein Viertel der eingekauften Menge betrugen. Daher setzte ein Prozess der Vergrößerung der Menge der beschafften Rohstoffe aus biologischem Landbau ein. Das ist ein langwieriger Prozess, da auch Lieferanten erst umstellen müssen. Es geht um eine langfristige Beziehung mit ihnen.

Diese Umgangsweisen mit den Menschen und der natürlichen Mitwelt verdeutlichen, dass bei WELEDA die Handlungstypen A und C im Vordergrund stehen. Das wirkt sich auch auf die Ökonomie aus, der sich WELEDA verpflichtet fühlt. WELEDA versteht sich als „nachhaltiges Unternehmen" (vgl. dazu Abschnitt 2.5 dieses Teils). Das bedeutet, dass im Mittelpunkt der Unternehmens-Ökonomie die Nützlichkeit der Produkte steht. Sie ist die Basis für ökonomischen Erfolg und langfristige Unternehmenssicherheit. Von unabhängiger Seite wird immer wieder bestätigt, dass WELEDA qualitativ sehr hochwertige Produkte herstellt, die wirklich der Erhaltung und Stärkung der Gesundheit der Menschen dienen. Dazu bedarf es einer langfristigen Unternehmenspolitik. Diese wird von den Hauptkapitalgebern voll unterstützt. Sie verzichten auf hohe Gewinnausschüttungen, so dass die Gewinne im Unternehmen verbleiben können. Die Folge ist ein hoher Anteil an Eigenfinanzierung und damit Unabhängigkeit von Kreditzinsen des Kapitalmarktes.

Zwei weitere Bereiche kennzeichnen das Ökonomie-Konzept von WELEDA: der GLS-WELEDA-Fonds zur Finanzierung von Bauvorhaben in Schwäbisch Gmünd sowie das Rechnungswesen. Den Fonds hat WELEDA aufgelegt, um Großprojekte finanzieren zu können und um dabei gleichzeitig Anonymität und Spekulation des modernen Kapitalmarkts zu überwinden. Der Fonds umfasst 10 Millionen DM. Die Beziehung zu den Anlegern wird kommunikativ gestaltet. Sie werden in das Unternehmensziel eingebunden und über Projekte informiert. So gibt es z. B. jährliche Fondsversammlungen am jeweiligen Bauobjekt sowie eine Zeitschrift für AnteilzeichnerInnen. Und über die Ausrichtung des Rechnungswesens auf ökologische und soziale Aspekte ermittelt das Unternehmen Informationen, die es ihm erlauben, ständig nach Win-Win-Win Situationen im Sinne der drei Dimensionen der Nachhaltigkeit zu suchen.

So lässt sich das Unternehmen WELEDA als vorsorgend-verantwortlich und verständigungsorientiert handelnd verstehen (Handlungstypen C und A). Dennoch spielt auch der Handlungstyp B eine Rolle. Denn als mittelständisches Unternehmen muss WELEDA in der Konkurrenz der weltumfassenden Pharmakonzerne bestehen. Immer wieder ist das Unternehmen daher zu Rationalisierungsprozessen gezwungen. Die Chance für einen langfristigen Bestand des Unternehmens liegt jedoch in der Qualität der Produkte. So lassen sich auch höhere Preise erzielen. Bedingung dafür ist, dass es einen dauerhaften KundInnenstamm gibt, der bereit ist, diese Preise zu zahlen und das Unternehmen nicht im Stich lässt. Derart aufgeklärte VerbraucherInnen und der entsprechende VerbraucherInnenverbände sind somit eine wichtige Existenzbedingung für WELEDA.

2.2 Die neoklassische Unternehmenstheorie als Spezialfall

Wie in der Haushaltstheorie können wir, um den neoklassischen Spezialfall zu verdeutlichen, das Bild des Unternehmens, wie es in Abb. 51 dargestellt ist, entsprechend verändern. Es schrumpft auf folgende Darstellung zusammen:

Handlungstyp	*Koordinationsmittel*	*Handlungsfelder*
instrumentell	Preise	Produktion

Abb. 53: Das Unternehmen in der Neoklassik

2.2.1 Die Ausgangsfragestellung der Neoklassik

Die neoklassische Theorie des Unternehmens arbeitet mit dem vorgegebenen Handlungsziel „Gewinnmaximierung“ und untersucht die Fragestellung: Wo liegt das Gewinnmaximum? Später kommen noch die Eigentumsverhältnisse dazu, dann nämlich, wenn „der Unternehmer“ in viele Personen aufgespalten wird, insbesondere in das Management auf der einen Seite und die Anteilseignerinnen oder Aktionäre auf der anderen Seite. Die Manager als Nicht-Eigentümer müssen dann das Gewinnmaximierungsziel dahingehend verändern, dass sie die Auszahlung an die Eigentümer, den sogenannten „Shareholder-Value", maximieren.

2.2.2 Das Unternehmen als abstrakter Ort der gewinnmaximierenden Produktion

In der Neoklassik ist das Unternehmen der abstrakte Ort gewinnmaximaler Produktion. Es wird technisch beschrieben durch die Produktionsfunktion. Wir sehen hier die Ähnlichkeit zur Haushaltstheorie. Der Haushalt wird in der Neoklassik beschrieben durch die Nutzen(Index)Funktion. Der Unterschied liegt nur darin, dass es sich im Unternehmen um eine technisch vorgegebene, im Haushalt um eine subjektiv eingeschätzte Beziehung handelt. Wir werden sehen, dass der Formalapparat identisch ist.

Unter Produktion wird hier die Umformung eines Input-Güterbündels in ein Output-Güterbündel (Sachgüter, Dienstleistungen) mit dem Ziel der Nutzensteigerung verstanden. Die Umformung bezieht sich dabei auf die quantitative, qualitative, die zeitliche und die räumliche Dimension.

Der Input besteht aus den Produktionsfaktoren Arbeit, Boden/Rohstoffe und Kapital, wobei Boden/Rohstoffe häufig auch als Kapital verstanden werden. Diese Produktionsfaktoren werden auf Märkten gekauft, Andere haben an ihnen Eigentumsrechte, sie sind Waren. (Hier wird deutlich: Produktion heißt Warenproduktion mittels Waren.) Die natürliche Mitwelt ist hier ebenso in Eigentum verwandelt wie die Arbeitskraft. Und das Kapital, hier verstanden als Realkapital (Maschinen, Halbfabrikate, Rohstoffe), wird als gesellschaftliches Produkt von vornherein mit einem Eigentümer „geboren". Auf den Produktionsfaktor-Märkten ist das Unternehmen also entsprechend seiner Produktionsfunktion Nachfrager nach Produktionsfaktoren.

Als Output gilt das jeweilige Produkt oder die jeweilige Dienstleistung, die das Unternehmen herstellt. Es produziert diese/s für den Markt, d. h. als Ware. Es hat an diesen Waren Eigentumsrechte. Auf den Güter- und Dienstleistungsmärkten ist das Unternehmen Anbieter dieser Waren/Dienstleistungen.

Dieses Produktionskonzept versteht Produktion als zeitlose Umformung des Inputs in einen Output. Der Zusammenhang von beiden wird über die Produktionsfunktion hergestellt. Graphisch lässt sich das folgendermaßen darstellen:

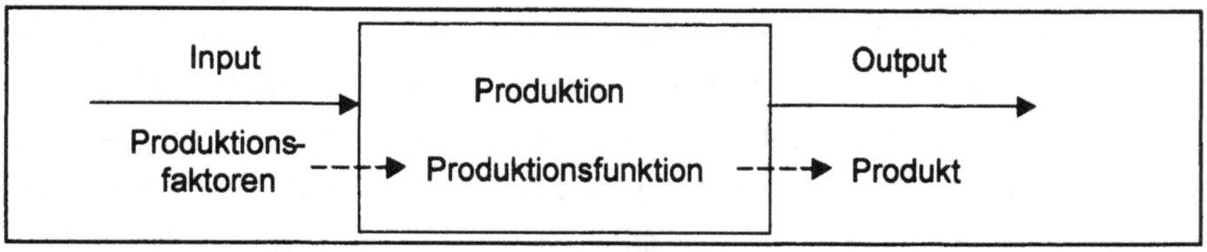

Abb. 54: Der Produktionsprozess als Input-Output-Prozess

2.2.3 Die Annahmen der vollständigen Konkurrenz und isolierten Gewinnmaximierung

Bevor wir uns diesen Produktionsprozess genauer ansehen, sind noch *einige Annahmen* zu machen:

- Das zu analysierende Unternehmen stellt nur ein Produkt her, es ist ein *Ein-Produkt-Unternehmen.*
- Das Unternehmen ist *unbeeinflusst von anderen,* es handelt als „homo oeconomicus", d. h. es maximiert seinen Gewinn unter Bedingungen der sozialen Isolation. Sowohl auf den Faktor- als auch auf den Gütermärkten herrscht *vollständige Konkurrenz.* Vollständige Konkurrenz bedeutet, dass es auf einem Markt extrem viele Anbieter und Nachfrager gibt und jeder von ihnen einen so kleinen Marktanteil besitzt, dass individuelle Produktionsveränderungen keinen Einfluss auf die Preise haben. Das bedeutet, dass das einzelne Unternehmen die Preise nicht beeinflussen kann. Sein einziger *Aktionsparameter* ist die produzierte Menge.

2.2.4 Die Grundzüge der Produktionstheorie

Die Grundzüge der neoklassischen Produktionstheorie lassen sich unter den gemachten Annahmen als *Produktionsfunktion* wie folgt darstellen:

$$(1)\, x = x(v_1, v_2)$$

mit: x = Produkt
v_i = Produktionsfaktoren

Diese Produktionsfunktion gibt den technisch maximalen Output bei einem gegebenen Faktoreinsatz an. Sie verbindet also technisch effiziente Output-Mengen. (Zur Erinnerung: Die Nutzenfunktion des Haushalts lautete U = U (x_1, x_2). Sie verbindet die Nutzenpunkte, die im subjektiven Urteil des Individuums optimal sind.)

Der Vergleich mit der Nutzenfunktion macht schon deutlich: Die Neoklassik arbeitet in der Regel mit begrenzt *substitutionalen Produktionsfaktoren.* Das bedeutet, dass die Produktionsfaktoren gegenseitig austauschbar sind, dass aber nie ganz auf einen Produktionsfaktor verzichtet werden kann. (Limitationale *Produktionsfaktoren* bedeuten, dass es ein technisch vorgegebenes festes Einsatzverhältnis zwischen den Faktoren gibt. Unternehmen sind dann nur noch dazu da, dieses feste Einsatzverhältnis in die Praxis umzusetzen. Bei substitutionalen Faktoren dagegen haben sie unternehmerische Kombinationsmöglichkeiten.)

Setzen wir einen der beiden angenommenen Produktionsfaktoren konstant ($v_2 = \bar{v}_2$), so lässt sich diese Produktionsfunktion folgendermaßen darstellen:

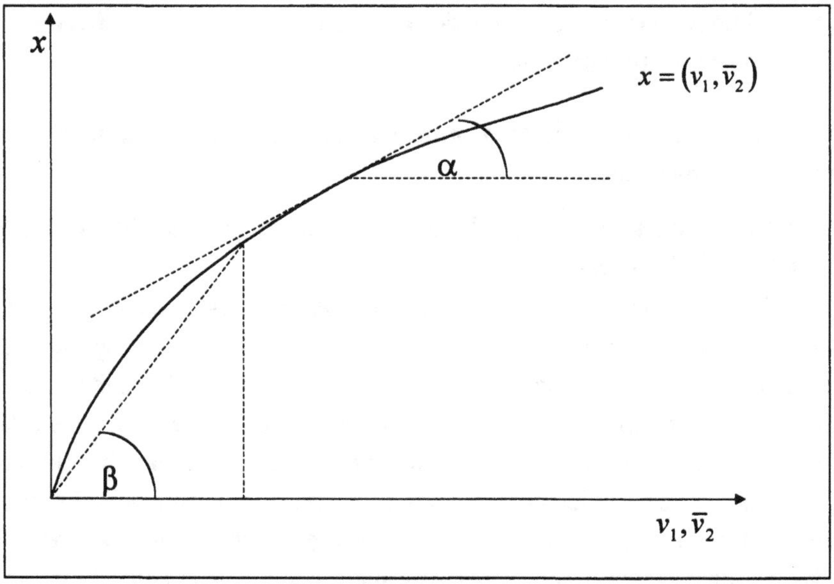

Abb. 55: Produktionsfunktion mit begrenzt substitutionalen Produktionsfaktoren

Den Verlauf der *Durchschnittsprodukt-Kurve* (x/v_1) erhalten wir, wenn wir aus dem Ursprung einen Fahrstrahl an die Produktionsfunktion legen und diesen wandern lassen. Das jeweilige Durchschnittsprodukt wird durch den Tangens des Winkels β ausgedrückt. Entsprechend können wir den Verlauf der *Grenzprodukt-Kurve* $(\partial x/\partial v_1)$ herleiten, indem wir die Tangente an die Produktionsfunktion wandern lassen. Der Tangens des jeweiligen Winkels α gibt das Grenzprodukt an. Graphisch sieht der Verlauf dieser beiden Kurven folgendermaßen aus:

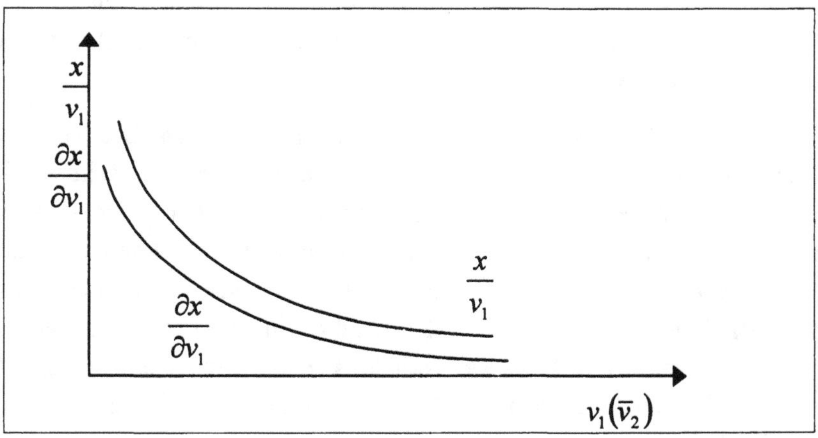

Abb. 56: Der Verlauf der Durchschnittsprodukt- sowie der Grenzproduktkurve

Für den Haushalt konnten wir Indifferenzkurven ableiten, d. h. Kurven, die alle Güterkombinationen mit gleichem Nutzen verbanden. Ähnliches ist auch hier möglich. Die *Isoquanten* sind der geometrische Ort gleicher Output-Mengen. Da wir hier, wie in der Haushaltstheorie, mit begrenzt substitutionalen Produktionsfaktoren arbeiten, sehen die Isoquanten folgendermaßen aus:

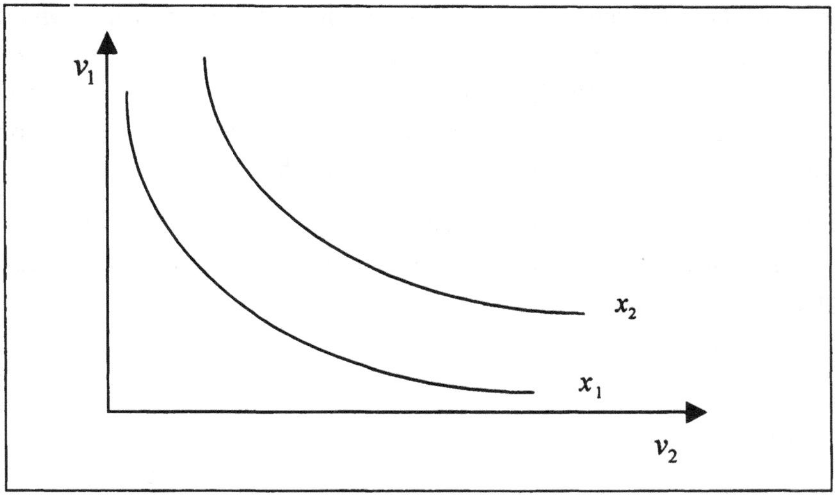

Abb. 57: Isoquanten bei begrenzt substitutionalen Produktionsfaktoren

Mathematisch lässt sich eine solche Isoquante ganz analog einer Indifferenzkurve bestimmen (vgl. dazu Teil I.2.5). Der Gedankengang ist der folgende: Entlang einer Isoquante bleibt das Produkt trotz Faktorvariationen konstant. Das *totale Grenzprodukt dx*, das aus der Produktionsfunktion (1) abgeleitet wird, ist also gleich 0:

(2) $dx = \frac{\partial x}{\partial v_1} dv_1 + \frac{\partial x}{\partial v_2} dv_2 = 0$. Daraus folgt:

(3) $\frac{\partial x}{\partial v_1} dv_1 = -\frac{\partial x}{\partial v_2} dv_2$, daraus folgt weiter:

(4) $\frac{dv_1}{dv_2} = -\frac{\partial x}{\partial v_2} : \frac{\partial x}{\partial v_1}$

dv_1/dv_2 gibt dabei die technische Grenzrate der Substitution an.

> *Die technische Grenzrate der Substitution kennzeichnet die Menge des Faktors 1, die nötig ist, um bei Konstanz der Produktionsmenge eine Einheit des Faktors 2 zu kompensieren.*

Diese technische Grenzrate der Substitution entspricht dem umgekehrten Verhältnis der Grenzproduktivitäten. Sie ist immer negativ, da sich der eine Faktor erhöht, wenn der andere reduziert wird.

Formal gleicht diese technische Grenzrate der Substitution der Grenzrate der Substitution, die wir für den Haushalt abgeleitet haben. Der Unterschied liegt aber darin, dass es sich beim Haushalt um einen Zusammenhang zwischen subjektivem Nutzen und Gütermengen handelt, während es hier bei der Produktionsfunktion um einen technischen Zusammenhang geht. Die technische Grenzrate der Substitution zeigt damit auf, welche technischen Substitutionsprozesse möglich sind, wenn der Ausstoß konstant bleiben soll.

Um das Verständnis für Isoquanten zu erleichtern, können wir, genau wie bei den Indifferenzkurven, sie als Schnitt durch ein dreidimensionales Produktionsgebirge ableiten:

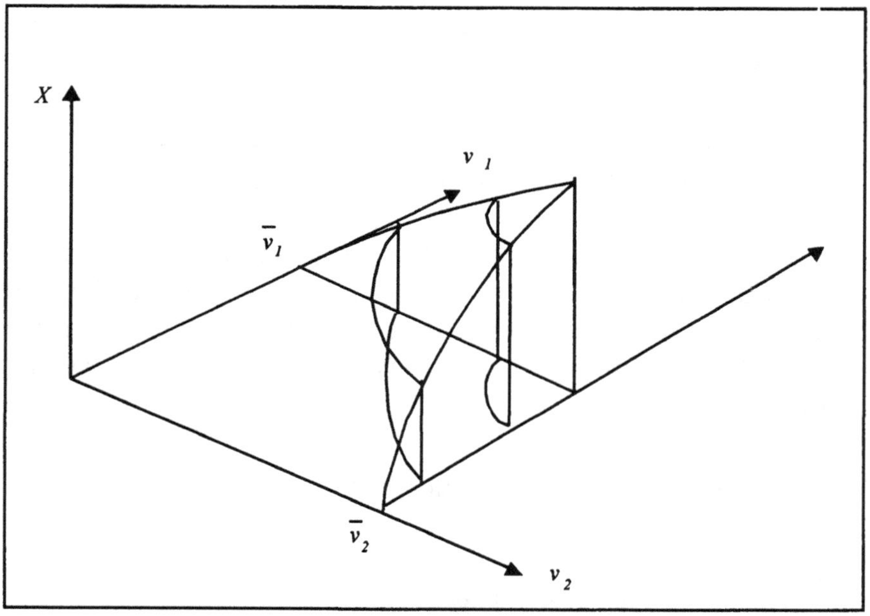

Abb. 58: Graphische Darstellung der Produktionsfunktion mit zwei Variablen (Produktionsgebirge)

Durchschneiden wir dieses Produktionsgebirge in der Horizontalen, so erhalten wir Kurven, die Punkte gleicher Produktionsmenge mit unterschiedlicher Faktorkombination miteinander verbinden. Dies sind die Isoquanten.

Bisher haben wir entweder einen der Faktoren oder das Produkt konstant gehalten. Nehmen wir an, dass beide Produktionsfaktoren variabel sind, dass es also keinen Engpassfaktor gibt, nehmen wir also die langfristige Sicht ein, so lautet die Frage jetzt: Wie verändert sich der Ausstoß x, wenn die eingesetzten Mengen der Produktionsfaktoren, v_1 und v_2, um einen einheitlichen Prozentsatz steigen, wenn sie sich z. B. verdoppeln?

Hier können wir drei Fälle unterscheiden:

Fall 1: Der Output x verdoppelt sich ebenfalls, wir sprechen von *konstanten Skalenerträgen.*

Fall 2: Der Output x steigt geringer als v_1 und v_2. Hier sprechen wir von *sinkenden Skalenerträgen*.

Fall 3: Der Output x steigt stärker als v_1 und v_2. Hier sprechen wir von *steigenden Skalenerträgen*.

Nennen wir den Steigerungsfaktor von v_1 und v_2 λ, so lautet die Produktionsfunktion jetzt:

$$(5)\ x = x(\lambda v_1, \lambda v_2)$$

Wir können jetzt die Reaktion des Output auf die mengenmäßige Steigerung der Produktionsfaktoren durch eine Elastizität ausdrücken, die wir *Skalenelastizität* nennen. Die Formel für diese Skalenelastizität lautet:

$$(6)\ E_\lambda = \frac{dx}{x} : \frac{d\lambda}{\lambda}$$

Nun können wir die oben genannten drei Fälle mit Hilfe der Skalenelastizität interpretieren:

Fall 1: $E_\lambda = 1$ bedeutet konstante Skalenerträge;

Fall 2: $E_\lambda < 1$ bedeutet sinkende Skalenerträge;

Fall 3: $E_\lambda > 1$ bedeutet steigende Skalenerträge.

Dabei haben wir unterstellt, dass sich die Skalenelastizität nicht ändert. Gilt dies, so sprechen wir von *homogenen Produktionsfunktionen*. Dies wird als Regelfall unterstellt. Bei *inhomogenen Produktionsfunktionen* ist E_λ variabel. Damit wird aber selten gearbeitet. Graphisch lassen sich homogenen Produktionsverläufe jetzt wie in Abb. 59 darstellen.

Für $E_\lambda = 1$ gilt: Der Homogenitätsgrad der Produktionsfunktion ist gleich 1. Wir sprechen von einer *linear-homogenen Produktionsfunktion*. In den ökonomischen Theorien wird sie häufig unterstellt. Das ist auch insofern plausibel, als bei optimaler Kombination die Verdoppelung z. B. von Arbeitskräften und Maschinen auch zur Verdoppelung der Produktion führt. Eine Skalenelastizität $E_\lambda < 1$, d. h. sinkende Skalenerträge, lassen sich dagegen durch Unteilbarkeiten von Produktionsfaktoren erklären. Wird eine Maschine z. B. von zehn Arbeitskräften bedient und erhöhen wir die Arbeitskräfte um 50 %, so

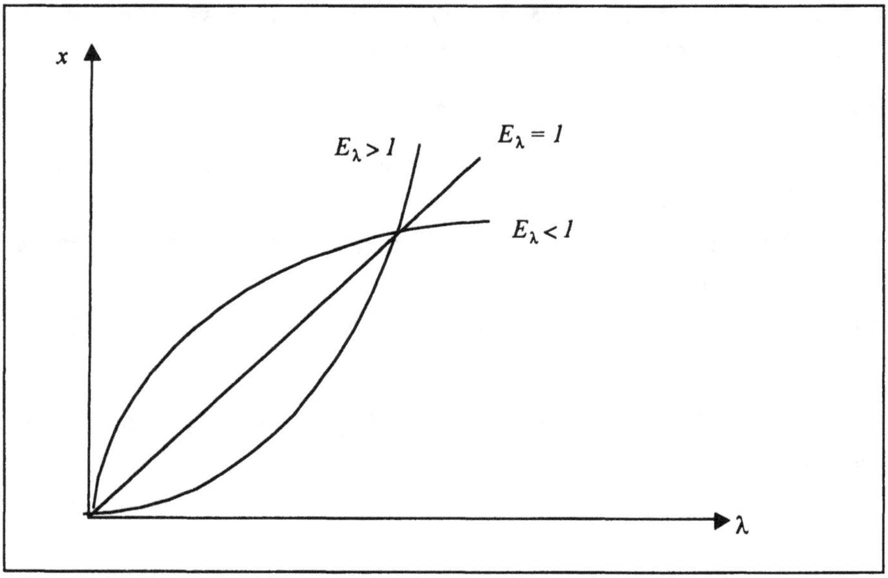

Abb. 59: Skalenerträge bei homogenen Produktionsfunktionen

muss trotzdem eine ganze neue Maschine angeschafft werden. Der Maschineneinsatz steigt um 100 %, dennoch steigt die Produktion nicht im gleichen Maße. Steigende Skalenerträge dagegen, eine Situation also, in der sich Skalenelastizität $E_\lambda > 1$ ist, treten in Situationen auf, die insbesondere in großen Unternehmen vorkommen. Zum Ersten sind es Fälle, in denen z. B. die Verdoppelung der Arbeitskräfte nicht zu einer Verdoppelung der Maschinen führt, weil diese jetzt besser ausgenutzt werden. Zum Zweiten sind es Situationen, in denen die Ausdehnung z. B. der Arbeitskräfte zu einer besseren Arbeitsteilung führt, die steigende Skalenerträge auslösen. Diese Effekte sind auf ausgedehnter Produktionsbasis, d. h. in großen Unternehmen, besser zu nutzen als in kleinen.

In der mikroökonomischen Literatur wird in der Produktionstheorie meist mit zwei Spezialfällen gearbeitet. Einer dieser Spezialfälle ist die *Cobb-Douglas-Produktionsfunktion*. Sie hat ihren Namen von den Wirtschaftswissenschaftlern Cobb und Douglas, die sie 1928 in empirischen Studien verwendet haben. Es ist eine Produktionsfunktion mit begrenzt substituierbaren Produktionsfaktoren und folgender Gestalt:

(7) $x = Av_1^\alpha \, v_2^\beta$ mit: α, β = partielle Produktionselastizitäten
$A>0, \alpha>0, \beta>0$

Die partiellen Produktionselastizitäten (α, β) geben die prozentuale Änderung der Produktion im Verhältnis zur ebenfalls prozentualen Änderung eines Produktionsfaktors an. Oft wird unterstellt, dass $\alpha + \beta = 1$ ist. Ebenso oft wird vereinfachend angenommen, dass $A = 1$ ist. Dann sieht die Cobb-Douglas-Produktionsfunktion folgendermaßen aus:

(8) $x = v_1^{\alpha} v_2^{1-\alpha}$ mit: $0<\alpha<1$

Dies ist eine linear-homogene Produktionsfunktion. Es gilt:

(9) $E_{\lambda} = \alpha + (1-\alpha) = 1$

Verdeutlichen wir den Verlauf der Produktionsfunktion graphisch, so gelangen wir zu Abb. 55 sowie Abb. 56 (zu detaillierter Diskussion der Cobb-Douglas-Produktionsfunktion und ihren besonderen Eigenschaften vgl. Feess 1997: 102 ff.).

Der zweite in der mikroökonomischen Literatur diskutierte Spezialfall ist *das Ertragsgesetz*. Es wurde als Gesetz vom abnehmenden Bodenertrag von dem Physiokraten Turgot (vgl. dazu Teil I.2.1) formuliert. Es besagt, dass, wenn in einer Produktionsfunktion mit zwei Produktionsfaktoren der eine konstant gehalten wird, während der zweite weiter ausgedehnt wird, der Ertrag zunächst überproportional, dann unterproportional steigt, schließlich sein Maximum findet und danach sinkt. Dieses Ertragsgesetz lässt sich folgendermaßen darstellen:

(10) $x = x(v_1, \bar{v}_2)$

Es bildet somit eine partielle Faktorvariation ab. Der konstante Produktionsfaktor wird zum begrenzenden Faktor. Diese Produktionsfunktion gilt somit nur für die kurze Frist. (Graphische Darstellung des o. G. in Abb. 60 und 61)

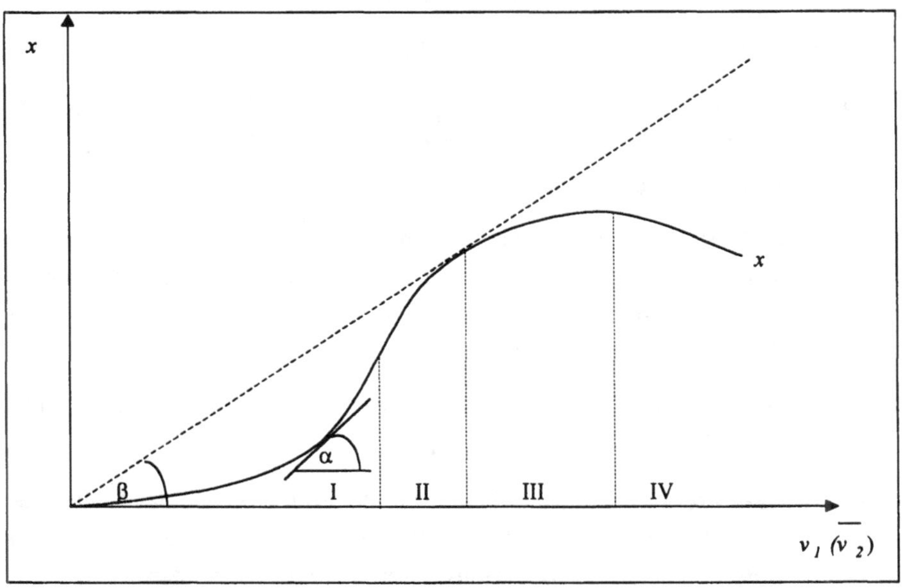

Abb. 60: Der Verlauf des Produktes beim Ertragsgesetz

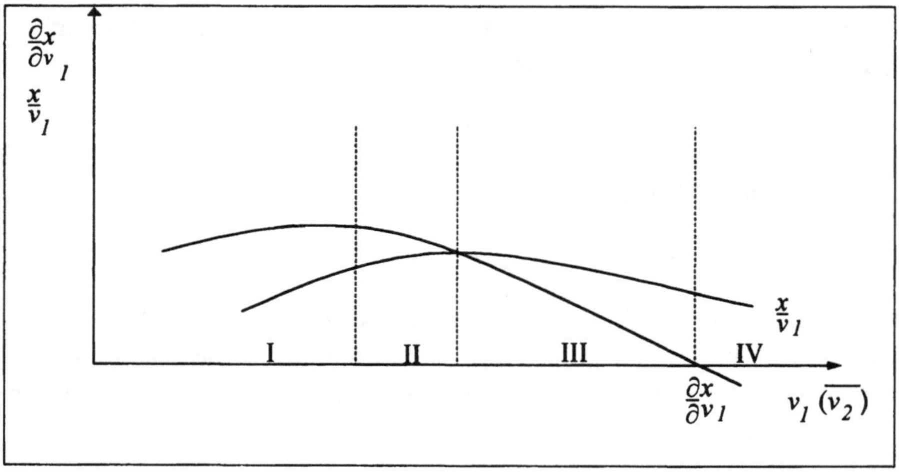

Abb. 61: Der Verlauf von Durchschnitts- und Grenzprodukt beim Ertragsgesetz

Das Durchschnittsprodukt wird durch den Tangens des Winkels β angegeben. Dieser ist der Fahrstrahl aus dem Ursprung an die Produktkurve. Wo dieser Fahrstrahl Tangente an die Produktkurve wird, hat das Durchschnittsprodukt somit sein Maximum.

Das Grenzprodukt wird angegeben durch den Tangens des Winkels α, der Tangente an die Produktkurve. Es hat sein Maximum im Wendepunkt der Produktkurve. Es ist im Maximum des Durchschnittsproduktes mit diesem identisch, da an diesem Punkt die Tangente an die Produktkurve und Fahrstrahl aus dem Ursprung identisch sind. Im Maximum der Produktkurve schneidet die Grenzproduktkurve die Abzisse.

Somit lässt sich das Ertragsgesetz in vier Phasen darstellen:

Phase I: Das Produkt steigt überproportional, das Durchschnittsprodukt steigt, liegt aber unter dem Grenzprodukt, das Grenzprodukt erreicht seinen Höhepunkt.

Phase II: Das Produkt steigt weiter überproportional, jedoch mit abnehmenden Raten. Das Durchschnittsprodukt erreicht seinen Höhepunkt, das Grenzprodukt sinkt und ist am Ende dieser Phase mit dem Durchschnittsprodukt identisch.

Phase III: Das Produkt steigt unterproportional, das Durchschnittsprodukt sinkt, das Grenzprodukt sinkt auf 0.

Phase IV: Das Produkt sinkt, das Durchschnittsprodukt sinkt, das Grenzprodukt ist negativ. (Diese Phase ist ökonomisch uninteressant, da kein Unternehmen die Produktionsfaktoren weiter ausdehnen wird, wenn das Ergebnis eine sinkende Produktion ist.)

Bisher besteht unser Nachdenken über die Produktion im Rahmen der Neoklassik im Nachdenken über technische Kombinationen, technische Substitutionen, technische Effizienzen. Das bisher diskutierte neoklassische Produktionsmodell ist noch sehr eingeschränkt. Es bedeutet, dass das Unternehmen, bei begrenzt substituierbaren Produktionsfaktoren, sich einer technisch bestimmten Isoquantenschar gegenüber sieht. Für das Unternehmen, dessen Ziel die Gewinnmaximierung bzw. Kostenminimierung ist, müssen diese technischen Bedingungen mit Hilfe der Preise der Produktionsfaktoren (und später der Produkte) in monetäre Größen verwandelt werden. So entsteht der Kostenbegriff:

Kosten sind bewertete Produktionsfaktoren, die zur Erstellung des Produktes nötig sind.

Wenn wir annehmen, dass das Unternehmen über eine bestimmte Kostensumme verfügt, so besteht die einzige Handlungsmöglichkeit darin, die Faktorkombination zu suchen, die den größten Output erbringt, d. h. das Erreichen der am weitesten vom Ursprung entfernten Isoquante ermöglicht.

Ganz analog zur Bestimmung des Haushaltsgleichgewichts unterstellen wir neben der Konstanz der Kostensumme ($\overline{K}$) auch gegebene Preise der Produktionsfaktoren $(\overline{q}_1, \overline{q}_2)$.

Die Frage lautet: Welche Faktorkombination kann das Unternehmen wählen, um bei gegebenen Kosten den Output zu maximieren? Oder: *Welches ist die Minimalkostenkombination bzw. das Unternehmensgleichgewicht? (Abb. 62)*

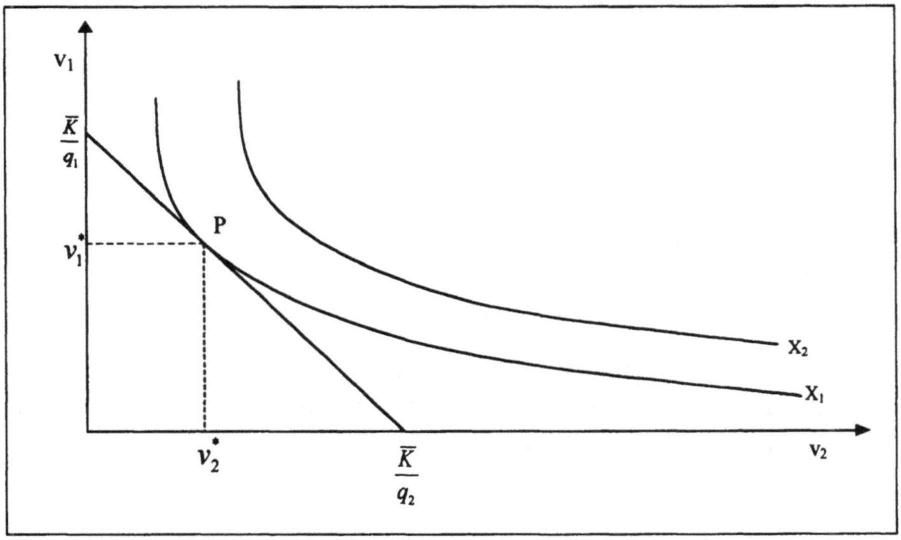

Abb. 62: Bestimmung des Unternehmensgleichgewichts (Minimalkostenkombination)

Das Bild gleicht fast vollständig der Darstellung des Haushaltsgleichgewichts in Teil I.3.1. Nur haben wir es hier nicht mit Indifferenzkurven, sondern mit Isoquanten, nicht mit einer Bilanzgerade, sondern mit einer *Isokostenlinie* zu tun. Diese ist jetzt die Beschränkung der Entscheidung des Unternehmens, die Kostenbeschränkung. Sie hat folgende Gestalt:

$$(11)\ \overline{K} = \overline{q}_1 v_1 + \overline{q}_2 v_2$$

Durch Umformung folgt die Formel für die in Abb. 62 eingezeichnete Kostenlinie:

$$(12)\ v_1 = -\frac{\overline{q}_2}{\overline{q}_1} v_2 + \frac{\overline{K}}{\overline{q}_1}$$

Die formale Bestimmung für den Punkt P, die Minimalkostenkombination, können wir uns schnell herleiten, wenn wir, wie wir es schon aus der Haushaltstheorie kennen, bedenken, dass in diesem Punkt die Steigung der Isokostenlinie identisch ist mit der Steigung der Isoquanten.

Die Steigung der Isokostenlinie ist $-\frac{\overline{q}_2}{\overline{q}_1}$

Die Steigung der Isoquante können wir aus der Gleichung (4) entnehmen. Diese Gleichung lautet (ohne Absolutheitsstriche):

$$(4)\ \frac{dv_1}{dv_2} = -\frac{\partial x}{\partial v_2} \div \frac{\partial x}{\partial v_1}$$

Folglich gilt im Unternehmensgleichgewicht:

$$(13)\ \frac{\overline{q}_2}{\overline{q}_1} = \frac{dv_1}{dv_2}$$

Im Unternehmensgleichgewicht entspricht somit die technische Grenzrate der Substitution dem umgekehrten Verhältnis der Faktorpreise.

Bei der nun folgenden Darstellung der Kostenfunktionen ist immer zu beachten, dass auf einer Kostenkurve immer nur diese Minimalkostenkombination einem spezifischen Output zugeordnet ist.

2.2.5 Die Grundzüge der Kostentheorie

Auf der Grundlage dieser Überlegung lassen sich die Grundzüge der Kostentheorie in der Neoklassik darstellen.

In der Haushaltstheorie ließ sich aus der Bestimmung des Haushaltsgleichgewichtes und durch Variation von einem der beiden Preise die Nachfragefunktion nach dem entsprechenden Gut direkt ableiten. Hier in der Unternehmenstheorie folgt aus der Bestimmung der Minimalkostenkombination noch nicht die Angebotskurve des Unternehmens, sondern zunächst *die Kostenfunktion*, die ganz allgemein lautet:

$$(14)\ K = K(x)$$

Erhöhen wir also die dem Unternehmen zur Verfügung stehende Kostensumme, so bekommen wir einen ersten Zusammenhang zwischen der Kostensumme K und der Produktionsmenge x.

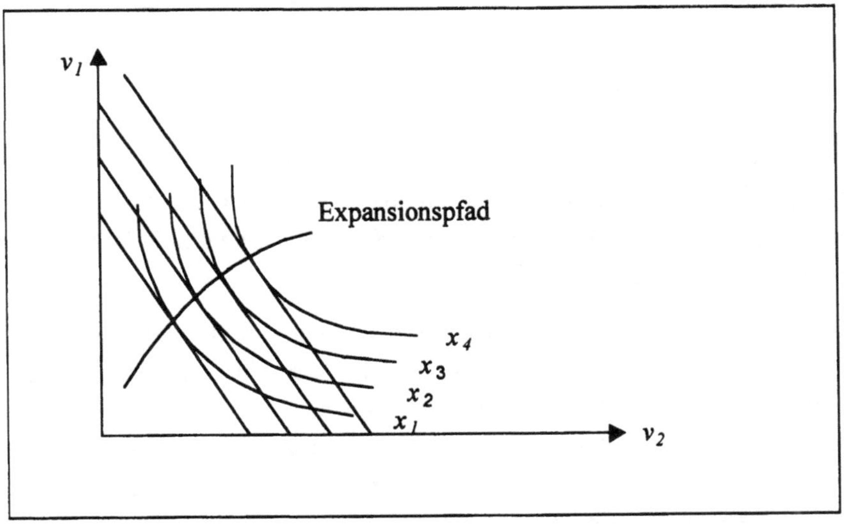

Abb. 63: Der Expansionspfad des Unternehmens

Hierbei gilt: $x_4 > x_3 > x_2 > x_1$

Ordnen wir nun den kostenminimalen Output der jeweiligen Kostensumme zu, erhalten wir die in Gleichung (14) ausgedrückte Kostenfunktion. Wie verläuft sie?

Erinnern wir uns an die Diskussion der totalen Faktorvariation bei der Produktionsfunktion und die verschiedenen Verläufe der Skalenerträge, so können wir prinzipiell drei Kostenverläufe unterscheiden:

- konstante Skalenerträge: Die Kosten steigen proportional mit x (Fall 1 in Abb. 64);

- sinkende Skalenerträge: Die Kosten steigen überproportional zu *x* (Fall 2);
- steigende Skalenerträge: Die Kosten steigen unterproportional zu *x* (Fall 3).

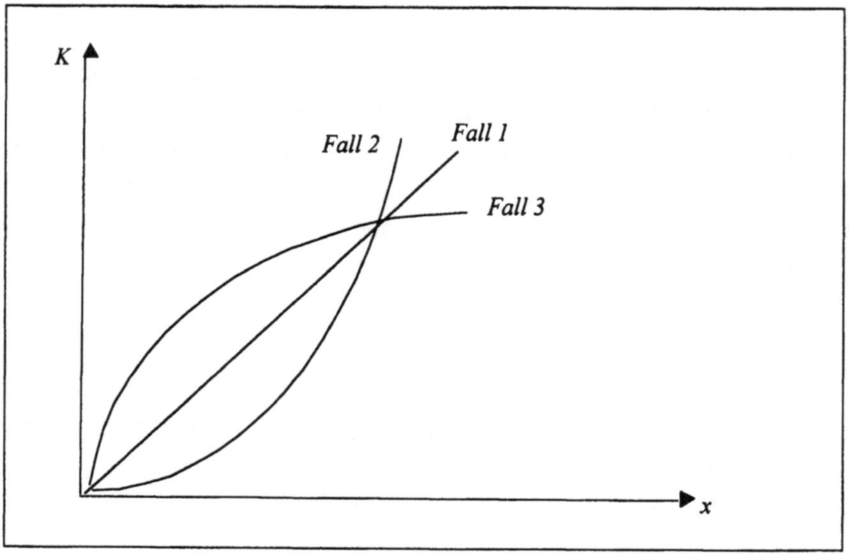

Abb. 64: Verschiedene Kostenverläufe

Diese Kostenverläufe gelten für eine *totale Faktorvariation*, d. h. in der langen Frist. Wir hatten die Kostenfunktion ja abgeleitet, indem wir die gesamte zur Verfügung stehende Kostensumme in der Kostengeraden erhöht hatten. Damit hatten wir beide Produktionsfaktoren ausgedehnt.

Wir wollen uns nun anschauen, wie die Kostenverläufe bei *partieller Faktorvariation* aussehen, d. h. in der kurzen Frist. Diese Verläufe hängen eng mit der jeweiligen Produktionsfunktion zusammen. Im Folgenden werden die Kostenfunktionen auf der Basis der beiden Produktionsfunktionen diskutiert, die wir kennengelernt haben: auf Basis der Cobb-Douglas-Produktionsfunktion und auf Basis des Ertragsgesetzes.

Die Produktionsfunktion nach Cobb und Douglas hatte einen degressiven Verlauf. Das bedeutete, dass bei partieller Faktorvariation immer mehr von dem variablen Faktor eingesetzt werden musste, um eine zusätzliche Einheit von Output zu produzieren. Entsprechend hat jetzt die Kostenfunktion bei partieller Faktorvariation einen progressiven Verlauf.

Bedenken wir zusätzlich, dass jedes Unternehmen einen Bestand von fixen Kosten hat, dass sich also die Gesamtkosten K aus fixen und variablen Kosten zusammensetzen, dass also gilt:

(15) $K = K_f + K_v$ mit: K_f = fixe Kosten
K_v = variable Kosten

so lässt sich diese Funktion jetzt folgendermaßen darstellen:

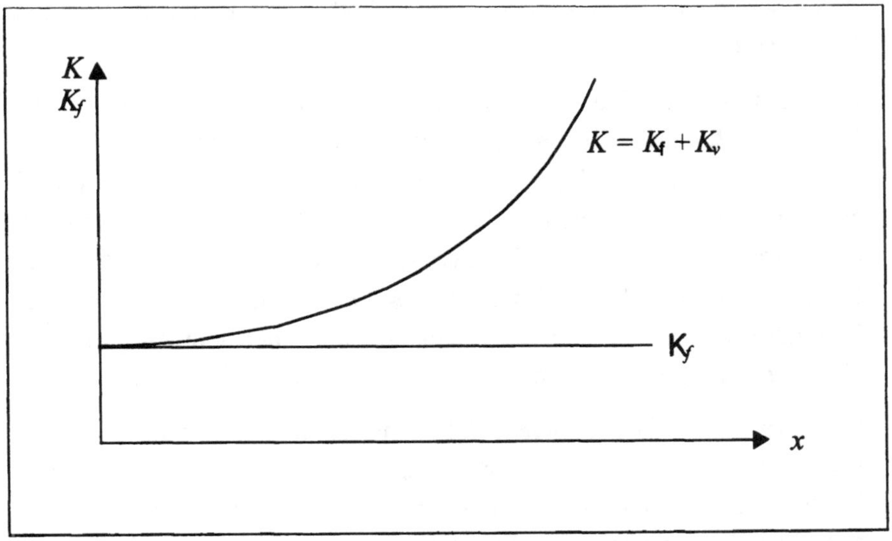

Abb. 65: Die Kostenfunktion auf Basis der Cobb-Douglas-Produktionsfunktion

Die entsprechenden Verläufe von Grenzkosten (*dK/dx*), Durchschnittskosten *k(K/x)*, durchschnittlichen variablen Kosten $k_v(K_v/x)$ und durchschnittlichen fixen Kosten $k_f(K_f/x)$ sehen folgendermaßen aus:

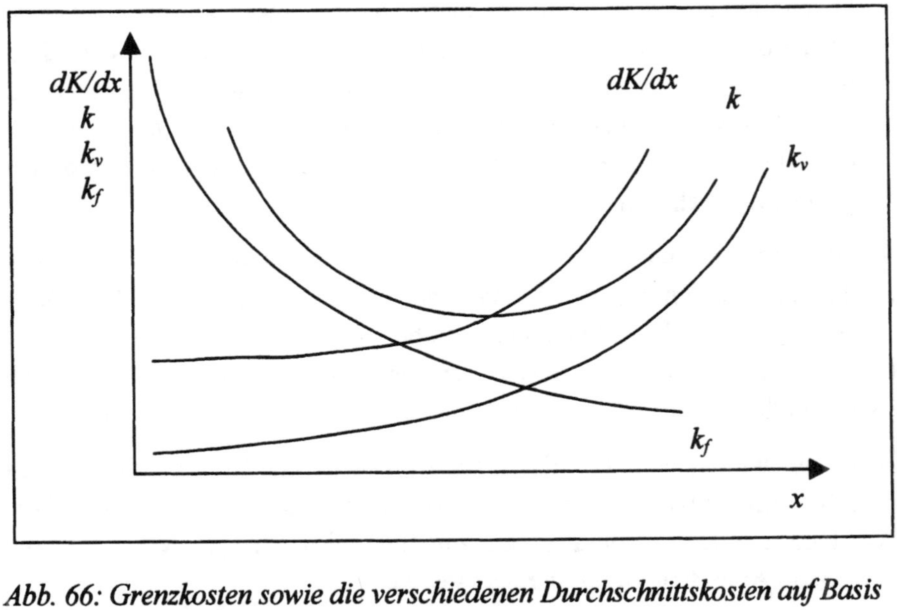

Abb. 66: Grenzkosten sowie die verschiedenen Durchschnittskosten auf Basis der Cobb-Douglas-Produktionsfunktion

Die Kurven erklären sich folgendermaßen:

- Die durchschnittlichen fixen Kosten k_f sinken beständig, da sich die konstante Summe der fixen Kosten mit jeder Produktionsausdehnung auf mehr Stücke verteilt.
- Die Grenzkosten *dK/dx* liegen immer über den durchschnittlichen variablen Kosten k_v. Beide Kostenkurven steigen, wobei die Steigung von dem Faktor α in der Produktionsfunktion, d. h. der partiellen Produktionselastizität, die sich auf den variablen Faktor bezieht, abhängt. (Für unseren Fall, dem progressiven Anstieg der durchschnittlichen variablen sowie der Grenzkosten, ist α kleiner als 0,5. D. h., auf die Veränderung des variablen Produktionsfaktors reagiert die Produktion mit einer deutlich geringeren Veränderung.) (Zur genaueren Diskussion vgl. Feess 1997: 132 ff..)
- Die Durchschnittskostenkurve *k* sinkt zunächst und steigt dann wieder an. Das folgt daraus, dass in dem Maße, in dem die durchschnittlichen fixen Kosten k_f sinken und die durchschnittlichen variablen Kosten k_v steigen, sich diese beiden unterschiedlichen Kostenbewegungen irgendwann ausgleichen. Danach dominiert der Einfluss der steigenden durchschnittlichen variablen Kosten, so dass auch die gesamten Durchschnittskosten steigen. Im Minimum der Durchschnittskostenkurve *k* schneidet diese die Grenzkostenkurve *dK/dx*. Das ist leicht verständlich: Solange die Grenzkosten unter den Durchschnittskosten liegen, bedeutet jede Steigerung der Grenzkosten, die sich ja auf alle Produkte verteilt, immer noch ein Sinken der Durchschnittskosten. Allerdings nimmt dieses Sinken ab, bis die Grenzkosten diesen Durchschnittskosten entsprechen. Wenn nun die Grenzkosten über den Durchschnittskosten liegen und weiter steigen, bedeutet das, dass für jede zusätzliche Produkteinheit gegenüber dem alten Zustand höhere zusätzliche Kosten anfallen. Das führt auch zu einer Steigerung der gesamten Durchschnittskosten *k*.

Wenden wir uns nun den Kostenverläufen bei der anderen uns bekannten Produktionsfunktion zu – den *Kostenverläufen beim Ertragsgesetz*. Dazu können wir uns auf Abb. 60 beziehen, denn bei partieller Faktorvariation, für die diese Abbildung galt, lassen sich die verschiedenen Funktionen praktisch spiegelbildlich zu der ertragsgesetzlichen Produktionsfunktion darstellen.

Bedenken wir wieder, dass das Unternehmen neben den variablen Kosten auch fixe Kosten hat, so sehen Gesamtkostenkurve, Grenzkostenkurve und die verschiedenen Durchschnittskosten auf Basis des Ertragsgesetzes wie die Graphik in Abbildung 67 auf der nächsten Seite aus.

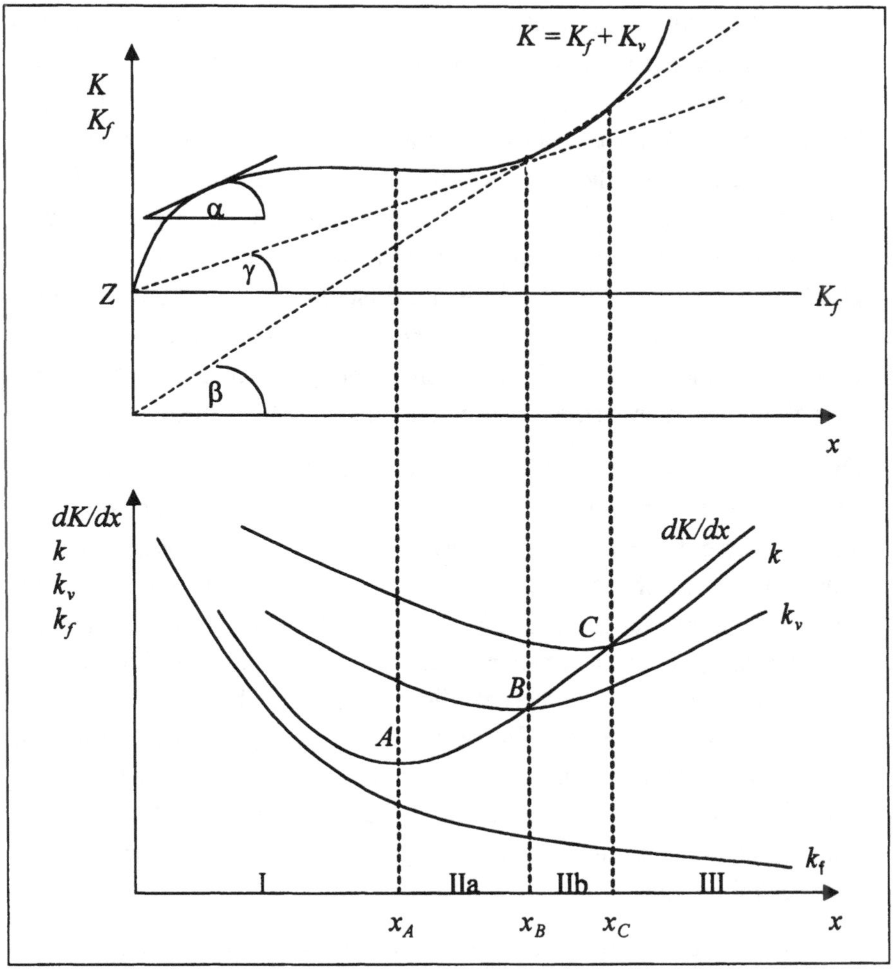

Abb. 67: Die verschiedenen Kostenverläufe auf Basis des Ertragsgesetzes

Diese Verläufe erklären sich folgendermaßen:

- Die Gesamtkosten verlaufen zunächst progressiv steigend, dann degressiv steigend und wieder progressiv fallend. Darin wirkt sich aus, dass der konstant gehaltene Faktor (z. B. Land) zunehmend zum Engpassfaktor wird.
- Die Grenzkosten geben an, was bei einem bestimmten Output eine zusätzliche Einheit Output kostet. Abgeleitet aus der Gesamtkostenkurve gibt sie deren Steigung wieder, entspricht also dem Tangens des Winkels α. Punkt A ist das Minimum der Grenzkostenkurve, das genau unter dem Wendepunkt der Gesamtkostenkurve liegt und die Produktionsmenge x_A kennzeichnet.
- Die durchschnittlichen variablen Kosten werden dadurch abgeleitet, dass aus dem Schnittpunkt der fixen Kosten K_f mit der Ordinate der Fahrstrahl an die Kostenkurve gelegt wird. Der Tangens des entsprechenden Winkels,

hier: γ, stellt die durchschnittlichen variable Kosten k_v dar. Diese durchschnittlichen variablen Kosten haben dort ihr Minimum, wo dieser Fahrstrahl Tangente an die Kostenkurve wird. In der Graphik ist mit er mit B bezeichnet und kennzeichnet die Produktionsmenge x_B. In diesem Minimum schneiden sich die Kurven von durchschnittlichen variablen Kosten und Grenzkosten. Graphisch ist das leicht erklärlich, da in diesem Punkt die Tangente an die Kostenkurve, deren Steigung durch den Winkel α ausgedrückt wird, identisch ist mit dem Fahrstrahl aus dem Punkt Z an die Kostenkurve, dessen Steigung durch den Winkel γ ausgedrückt wird. Nach diesem Minimum der durchschnittlichen variablen Kosten *B* steigen die Grenzkosten stärker als die durchschnittlichen variablen Kosten.

- Die gesamten Durchschnittskosten *k* werden abgeleitet, in dem ein Fahrstrahl aus dem Ursprung an die gesamte Kostenkurve gelegt wird. Der Tangens des entsprechenden Winkels, hier: β, gibt die Durchschnittskosten *k* an. Die Durchschnittskostenkurve hat ihr Minimum demnach dort, wo dieser Fahrstrahl Tangente an die Gesamtkostenkurve wird. Dieser Punkt ist in der Graphik mit *C* angegeben. Zu ihm gehört die Produktionsmenge x_C. Hier schneiden sich in diesem Minimum die Durchschnittskostenkurve und die Grenzkostenkurve. Die Begründung liegt graphisch darin, dass Fahrstrahl aus dem Ursprung (Durchschnittskosten) und Tangente (Grenzkosten) in diesem Punkt eine identische Steigung haben. Nach diesem Minimum der Durchschnittskosten *k* steigen die Grenzkosten stärker als die Durchschnittskosten.
- Die durchschnittlichen fixen Kosten k_f sinken beständig, da sich die konstante Summe der fixen Kosten mit jeder Produktionsausdehnung auf mehr Stücke verteilt.

Wieder können wir hier die Abschnitte I, II und III unterscheiden, wie wir es schon bei der Darstellung der ertragsgesetzlichen Produktionsfunktion in Abb. 60 getan haben:

- Abschnitt I kennzeichnet den Bereich der Produktionsausdehnung, in dem alle Kostenarten sinken.
- Abschnitt II kennzeichnet den Bereich, in dem zunächst noch die Durchschnittskosten und die durchschnittlichen variablen Kosten sinken, die Grenzkosten aber schon steigen (II_a), beziehungsweise in dem Grenzkosten und durchschnittliche variable Kosten schon steigen, die Durchschnittskosten aber aufgrund des Einflusses der sinkenden Fixkosten noch sinken (II_b).
- Abschnitt III gibt den Bereich der Produktionsausdehnung an, von dem an Durchschnittskosten, durchschnittliche variable Kosten und Grenzkosten

steigen, während die durchschnittliche fixen Kosten selbstverständlich mit weiterer Produktionsausdehnung immer weiter sinken.

Wir werden sehen, dass diese Abschnitte eine Rolle spielen bei der Frage, ab welcher Produktionsmenge es sich für das Unternehmen lohnt zu produzieren bzw. welche Produktionsmenge unökonomisch ist.

Das wollen wir jetzt genauer anschauen. Wir hatten bei der Unternehmenstheorie der Neoklassik festgestellt, dass die Zielsetzung des Unternehmens die Gewinnmaximierung, die gewinnmaximale Produktion ist. Wo liegt diese?

Gewinn ist definiert als Erlös (E) minus Kosten:

$$(16)\ G = E(x) - K(x)$$

Dabei ist der Erlös definiert als Preis (den das Unternehmen unter der Annahme der vollständigen Konkurrenz nicht beeinflussen kann, der also gegeben ist) multipliziert mit der abgesetzten Menge, *px*.

Der Gewinn soll maximiert werden, das bedeutet, die erste Ableitung der Gewinnfunktion wird gleich 0 gesetzt. Diese erste Ableitung lautet:

$$(17)\ \frac{dG}{dx} = \frac{dE}{dx} - \frac{dK}{dx} \overset{!}{=} 0$$

Daraus folgt:

$$(18)\ \frac{dE}{dx} = \frac{dK}{dx}$$

Die gewinnmaximale Produktion liegt dort, wo der Grenzerlös den Grenzkosten entspricht.

Da bei vollständiger Konkurrenz der Grenzerlös dem Preis entspricht, verwandelt sich diese gewinnmaximale Bedingung zu:

$$(19)\ p = \frac{dK}{dx}$$

Das Unternehmen wird also seine Produktion so lange ausdehnen, bis der vom Markt gegebene Preis seinen Grenzkosten entspricht. Jetzt wird deutlich, was wir mit dem Unternehmen als „Mengenanpasser“ meinen: Sein einziger Aktionsparameter in diesem Modell ist die Produktionsmenge.

Bei welchen Preisen lohnt sich nun die Produktion für das Unternehmen, bei welchen arbeitet es kostendeckend, bei welchen macht es einen Gewinn? Das können wir mit Hilfe der folgenden Abbildung diskutieren:

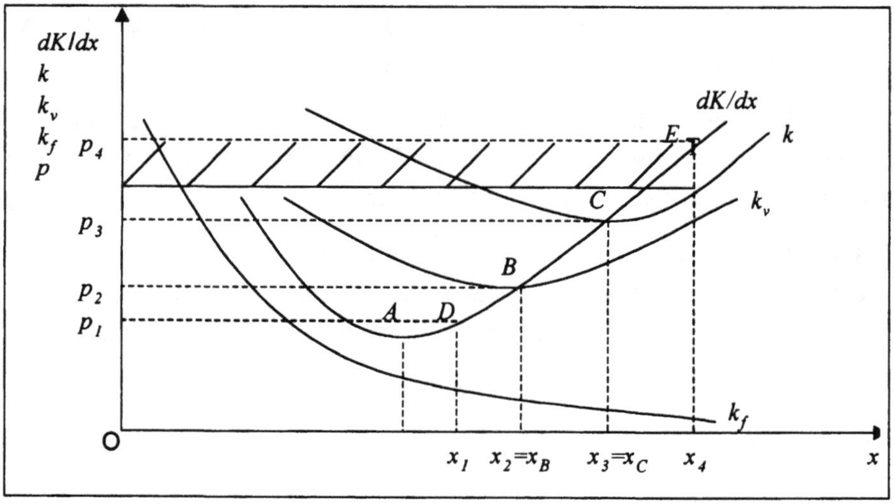

Abb. 68: Die gewinnmaximale Produktion

Wir nehmen an, dass der Markt nach und nach vier alternative Preise anbietet, p_1, p_2, p_3, p_4, wobei der arabische Index andeutet, dass die Preise in dieser Reihenfolge steigen. Was bedeutet das für das Unternehmen, das seinen Gewinn maximieren möchte und deshalb diesen Preis mit seinen Grenzkosten vergleicht?

- Bei p_1 liegen die Grenzkosten noch unter den variablen Durchschnittskosten und unter den gesamten Durchschnittskosten. Der Erlös (ausgedrückt durch das Rechteck Ox_1Dp_1) reicht nicht aus, um die variablen Durchschnittskosten zu decken. Unter diesen Bedingungen lohnt es sich für das Unternehmen nicht zu produzieren. Es maximiert seinen Gewinn, indem es nicht produziert. Sein Verlust liegt dann auf der Höhe der Fixkosten.

- Der gestiegene Preis p_2 bedeutet, dass das Unternehmen sein Gewinnmaximum im Minimum der variablen Durchschnittskosten *B* hat. Jetzt reicht der Preis aus, um diese variablen Durchschnittskosten zu decken. Die Fixkosten werden zwar immer noch nicht gedeckt, aber jede zusätzliche Produktionseinheit trägt ein Stück zur Deckung bei. D. h., ab der Produktionsmenge $x_2 = x_B$ bedeutet jede zusätzlich hergestellte Gütereinheit einen *positiven Deckungsbeitrag*. Als Deckungsbeitrag bezeichnen wir die Differenz zwischen Erlös und variablen Kosten, d. h. den Teil der Fixkosten, der durch den Erlös über die variablen Kosten hinaus gedeckt wird. Der Punkt *B* mit der entsprechenden Produktionsmenge heißt daher Betriebsminimum. Ab hier lohnt sich die Produktion für das Unternehmen.

- Der noch höhere Preis p_3 bedeutet, dass die gewinnmaximale Produktion jetzt bei der Produktionsmenge $x_3 = x_C$ liegt. Jetzt sind nicht nur alle variablen Kosten, sondern überhaupt alle Kosten einschließlich der Fixkosten durch den Erlös (Preis mal Menge) gedeckt. Das Unternehmen produziert im *Betriebsoptimum*. Erst von hier aus macht das gewinnmaximierende Unternehmen wirklich einen Gewinn.

- Beim Preis p_4 nämlich bedeutet die Regel Preis = Grenzkosten, dass, da die Grenzkosten jetzt über den durchschnittlichen Kosten liegen, das Unternehmen einen Gewinn in Höhe des in Abb. 68 schraffiert eingezeichneten Rechtecks macht.

Allerdings ist dieser Gewinn nur fiktiv. Im Modell der vollständigen Konkurrenz würde er nämlich bedeuten, dass neue Produzenten die Produktion in diesem Bereich aufnehmen, die Produktion wird ausgedehnt, der Preis wird wieder auf das Niveau p_3 gesenkt. Gewinnmaximierende Produktion im Modell der vollständigen Konkurrenz bedeutet somit, dass es keinen Gewinn gibt.

2.2.6 Die Bestimmung des Güterangebots

Auf diesem Stand unserer Untersuchung können wir jetzt die Frage nach dem Güterangebot des Unternehmens beantworten. Unsere Frage heißt jetzt: *Wie verläuft die Angebotsfunktion des Unternehmens?* Sie lautet:

(20) $x^A = x^A(p)$

Den Verlauf dieser Angebotsfunktion kennen wir genau genommen bereits. Wir haben es nur noch nicht wirklich gemerkt. Alles, was wir wissen, ist in den eben angestellten Überlegungen zur gewinnmaximalen Produktion schon enthalten:

- Wir wissen, dass das Unternehmen den Vergleich von Preis und Grenzkosten anstellt.
- Wir wissen, dass die Aufnahme der Produktion erst im Betriebsminimum lohnt. Damit beginnt die Produktion (und damit das Angebot) erst in dem Bereich, in dem die Grenzkostenkurve ansteigt.
- Wir wissen somit, dass das Unternehmen bei steigenden Preisen sein Angebot ausdehnt und dabei der (steigenden) Grenzkostenkurve folgt.
- D. h., wir wissen, dass die Angebotskurve des Unternehmens der Grenzkostenkurve ab dem Betriebsminimum entspricht.

Die Antwort auf die Frage also, weshalb das Güterangebot von Seiten des Unternehmens mit steigendem Preis steigt, lautet: weil die Grenzkostenkurve steigt. Diese Antwort bezieht sich nicht nur auf den ertragsgesetzlichen Verlauf, sondern gilt auch für die Cobb-Douglas-Produktionsfunktion. Sie hat ja eine durchgängig steigende Grenzkostenkurve, was bedeutet, dass der Vergleich zwischen Preis und Grenzkosten immer derart ausgeht, dass bei steigendem Preis das Angebot ausgedehnt wird. Graphisch lässt sich der Verlauf dieser Angebotsfunktion folgendermaßen darstellen:

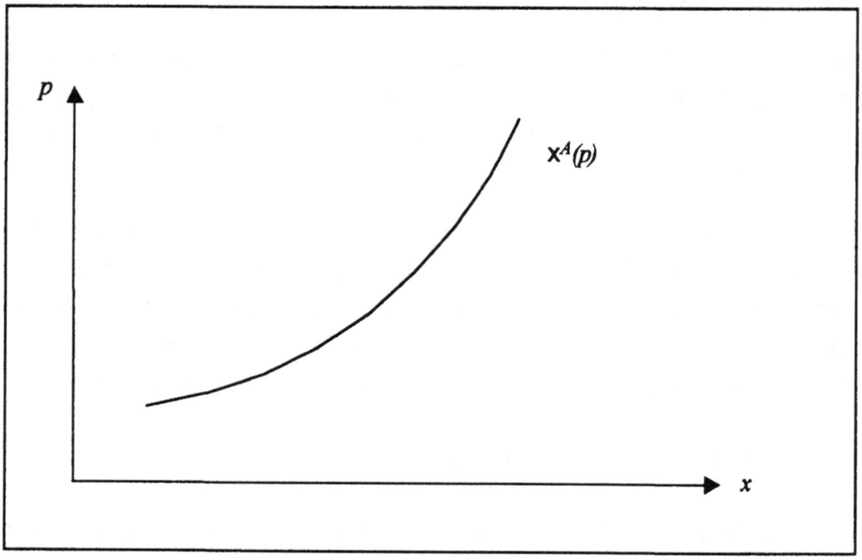

Abb. 69: Die Angebotskurve des Unternehmens

Die aggregierte Angebotsfunktion wird, wie die Nachfragefunktion in der Haushaltsanalyse, durch horizontale Aggregation abgeleitet.

Interpretieren wir also die in Abb. 69 dargestellte Angebotskurve als gesamtwirtschaftliche Angebotskurve, und zeichnen wir in diese die gesamte Nachfragekurve aus Abb. 45 ein, so haben wir nun endlich das abgeleitet und verstanden, was als *Wahrzeichen der Neoklassik* bezeichnet wird – *das Marktkreuz!* Und wir wissen jetzt, dass es unter folgenden Annahmen zustande kam:

- Nutzenmaximierung der Haushalte, Gewinnmaximierung der Unternehmen;
- Indifferenzkurven der Haushalte mit begrenzt substituierbaren Gütern, gegebene Isoquanten der Unternehmen mit begrenzt substituierbaren Produktionsfaktoren;
- konvexer Verlauf sowohl der Indifferenzkurven als auch der Isoquanten;
- sinkender Grenznutzen der Haushalte bezüglich eines Gutes mit dessen steigender Menge, steigende Grenzkosten der Unternehmen bei steigender Produktion eines Gutes;
- vollständige Konkurrenz auf dem entsprechenden Gütermarkt, d. h. sowohl die Haushalte als auch die Unternehmen sind Mengenanpasser, es gibt keine zeitlichen, räumlichen, persönlichen oder sachlichen Präferenzen.

2.2.7 Die Bestimmung der Nachfrage nach Produktionsfaktoren

Wie der Haushalt nicht nur Nachfrager nach Gütern, sondern auch Anbieter von Produktionsfaktoren ist (bisher haben wir davon nur die Arbeitskraft diskutiert), so ist das Unternehmen nicht nur Anbieter von Gütern, sondern auch *Nachfrager nach Produktionsfaktoren, z. B. Arbeitskraft*. Demgemäß lautet unsere Fragestellung jetzt:

Wie viele Produktionsfaktoren fragt ein Unternehmen nach, das auf der Basis ertragsgesetzlicher Kostenkurven, mit dem Ziel der Gewinnmaximierung und bei vollständiger Konkurrenz sowohl auf den Güter- als auch auf den Faktormärkten, produziert?

Dazu stellen wir folgende Überlegungen an: Die Gewinnfunktion (16) lässt sich unter der Überlegung, dass der Erlös gleich Preis mal Menge ist, dass diese Menge x über die Produktionsfunktion von den Produktionsfaktoren abhängt und dass die Gesamtkosten K die Summe der bewerteten Faktoreinsätze sind, folgendermaßen umformen:

(21) $G = px(v_1, v_2) - (\overline{q}_1 v_1 + \overline{q}_2 v_2)$ mit v_1 = Arbeitskraft
$\overline{q}_i$ = Preise der Produktionsfaktoren

Dieser Gewinn soll maximiert werden, d. h., die erste Ableitung wird = 0 gesetzt. Daraus folgt:

(22) $\frac{dG}{dv_1} = p\frac{\partial x}{\partial v_1} - \overline{q}_1 \overset{!}{=} 0$. Daraus folgt:

(23) $\overline{q}_1 = p\frac{\partial x}{\partial v_1}$

Das gewinnmaximierende Unternehmen fragt also solange Produktionsfaktoren nach, bis der jeweilige Preis des Produktionsfaktors dessen bewertetem Grenzprodukt (dem Wertgrenzprodukt oder Grenzertrag des Faktors) entspricht.

Bei Gewinnmaximierung und vollständiger Konkurrenz werden die Produktionsfaktoren also gemäß dem bezahlt, was eine zusätzliche Einheit dieses Faktors an zusätzlichem Wert erbringt. Hier finden wir die ersten Begründungen für die neoklassische *Grenzproduktivitätstheorie der Faktorpreise bzw. der Einkommensverteilung*. Gemäß dieser Theorie teilt sich das ganze Produkt auf die Produktionsfaktoren auf (die Neoklassik kommt mit ihrer Theorie somit zu einer Lösung der Fragen der Verteilung, die die Klassiker Adam Smith und David Ricardo mehr oder weniger als Second-Best-Lösung gefunden haben, weil sie ihre werttheoretischen Aussagen nicht mit der Preisebene in Einklang bringen konnten): Jeder Produktionsfaktor wird entsprechend seinem Wertgrenzpunkt vergütet. Graphisch lässt sich unser Ergebnis folgendermaßen darstellen:

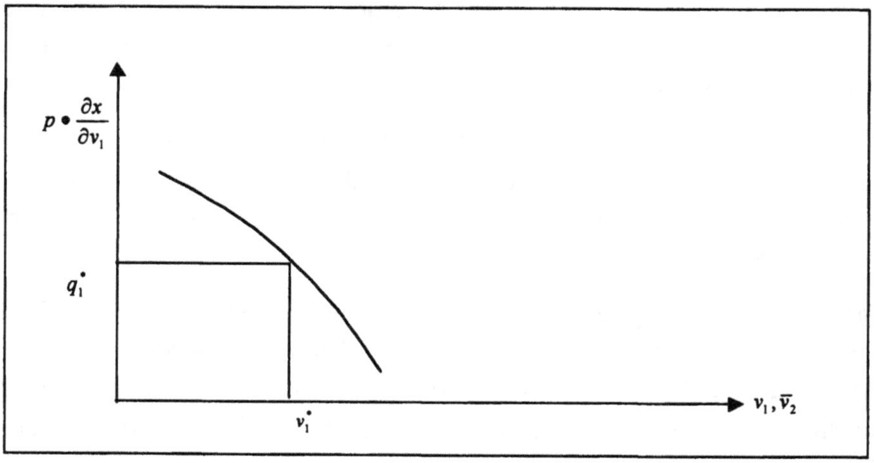

Abb. 70: Die gewinnmaximale Bestimmung der Faktornachfrage eines Unternehmens

Dabei hängt der Verlauf der Wertgrenzprodukt-Kurve von der angenommenen Produktionsfunktion ab. Hier entspricht sie dem Verlauf gemäß dem Ertragsgesetz und hat eine konkave Form zum Ursprung.

Damit entspricht die Nachfragefunktion nach Produktionsfaktoren von Seiten des Unternehmens, z. B. die Nachfragefunktion nach Arbeitskraft, der Kurve des Wertgrenzproduktes. Weil diese fällt, steigt die Nachfrage nach Produktionsfaktoren, z. B. nach Arbeitskraft, mit fallendem Lohnsatz.

Wieder lässt sich aus den individuellen Nachfragefunktionen nach Produktionsfaktoren, z. B. nach Arbeit, eine gesamtwirtschaftliche Nachfragefunktion ableiten. Kombinieren wir sie mit der gesamtwirtschaftlichen Angebotsfunktion von Arbeit, wie wir sie aus der Haushaltsanalyse abgeleitet haben (vgl. Abb. 46), so haben wir auch hier wieder das *Wahrzeichen der Neoklassik - das Marktkreuz*, hier für den Arbeitsmarkt.

In der nachfolgenden Graphik steht A^A für Arbeitsangebot, A^N für Arbeitsnachfrage. Die steigende Angebotskurve folgt aus dem nutzenmaximierenden Kalkül der Haushalte, die die nutzenmaximale Kombination zwischen Arbeitszeit und Freizeit wählen, und die sinkende Nachfrage folgt aus den unterstellten Verläufen der Produktionsfunktion. Ansonsten gelten alle Bedingungen, die oben beim „Marktkreuz" des Gütermarktes aufgezeigt wurden. Auf der Grundlage dieses Arbeitsmarkt-Kreuzes lässt sich jetzt z. B. auch die aktuelle Forderung der Arbeitgeberseite nach Lohnsenkung zwecks „Schaffung von Arbeitsplätzen" verstehen. Die Argumentation gründet sich auf den Verlauf der Arbeitsnachfragekurve.

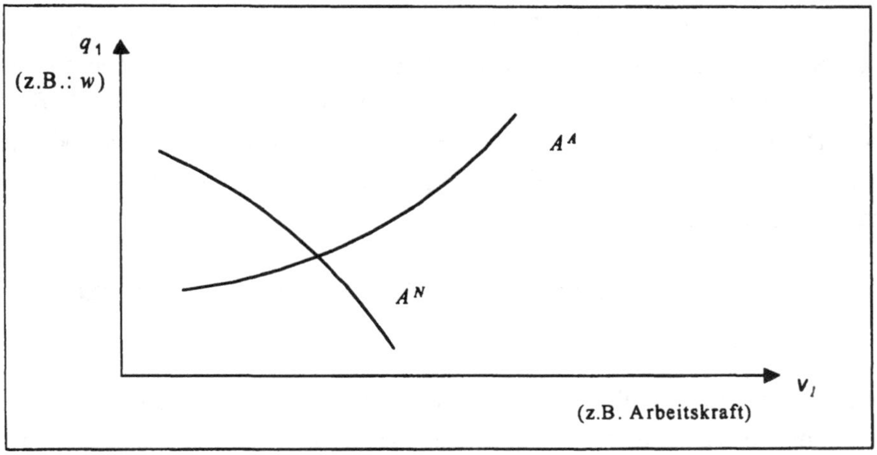

Abb. 71: Der Arbeitsmarkt in der Neoklassik

2.3 Neoklassische Erweiterung der Unternehmenstheorie

Zu Beginn des 2. Abschnitts hatten wir darauf hingewiesen, dass im Verständnis der Neoklassik das Unternehmen technisch definiert wird, durch die Produktionsfunktion. Die moderne Neoklassik kennt jedoch Erweiterungen, die sich alle darauf beziehen, das Unternehmen als eine *effiziente Institution* darzustellen. Damit betten sich die Neuerungen in der neoklassischen Unternehmenstheorie ein in die Entwicklung einer neoklassischen Institutionenökonomik, die wir unter dem Begriff „Neue Institutionenökonomik" in Teil I.3.2 schon angesprochen haben. Folgende Gruppen von institutionellen Erweiterungen der neoklassischen Unternehmenstheorie lassen sich unterscheiden:

2.3.1 Das Unternehmen als transaktionskostenminimierende Organisation

Dieser Ansatz stammt von Ronald H. Coase und wurde erstmals in dessen Aufsatz von 1937 mit dem Titel „The Nature of the Firm" veröffentlicht. Weiter entwickelt wurden diese Gedanken insbesondere von Williamson 1985 in seinem Buch „The Economic Institutions of Capitalism". Dieser Ansatz geht davon aus, dass die Koordinierung von ökonomischen Handlungen über den Markt Kosten verursacht – eben die schon angesprochenen Transaktionskosten. Das sind (zur Erinnerung): z. B. Suchkosten, Informationskosten, Verhandlungskosten, Kontrollkosten. Um diese Kosten zu sparen, schließen sich Menschen zur Produktion zusammen. Sie senken diese Kosten, indem sie sich eine andere Organisationsform geben, eine Organisationsform, die hierarchisch ist, in der es Befehle und entsprechende Verpflichtungen gibt. Konkret schließen die Arbeiter mit einem Unternehmer einen Vertrag ab, in dem sie sich verpflichten, den Befehlen des Unternehmers zu folgen. Diese hierarchische Koordinierung der Handlungen in Unternehmen ist kostengünstiger als die über den marktlichen Preismechanismus. Der Unternehmer hat in diesem Konzept die Aufgabe, eine effiziente hierarchische Organisation zu schaffen, die Arbeiter haben die Aufgabe, den Befehlen Gehorsam zu leisten und ihre Arbeit zu tun. Alle haben sie einen Vorteil davon, weil sie gemeinsam Transaktionskosten sparen.

2.3.2 Das Unternehmen als durch Verträge zwischen Eigentümern strukturiertes Team

Auf eine andere Art führen Alchian und Demsetz Arbeiter und Unternehmer in ihrem Ansatz zusammen (vgl. Achian/Demsetz 1972): Bei ihnen ist das Unternehmen *ein durch Verträge zwischen Eigentümern strukturiertes Team.* Der Vorteil eines solchen Unternehmens gegenüber dem Markt liegt darin, dass das Team einen höheren Ertrag erwirtschaftet, als wenn alle alleine produzieren würden. Damit niemand von den Arbeitern in dem Team sich als Trittbrettfahrer verhält, d. h. wenig arbeitet, aber von den Früchten der anderen Arbeitenden profitiert, wählen sich die Arbeiter einen Überwacher, eine Aufsichtsperson. Diese hat die Aufgabe, dafür zu sorgen, dass alle gleichermaßen arbeiten, dass sich alle anstrengen. In dieser Theorie ist das Unternehmen der Ort der Teamproduktion und der Beaufsichtigung dieser Produktion. Damit die Überwacher auch wirklich im Interesse des gesamten Teams ihre Arbeit tun, erhalten sie Anreize – Gewinne oder Verluste. Die Struktur dieses Unternehmens ist durch Verträge gekennzeichnet – jedoch nicht durch Verträge zwischen den Arbeitern, sondern durch Verträge zwischen jedem einzelnen Arbeiter und dem Überwacher oder Unternehmer. Wie bei Coase, so ist auch diese Unternehmensorganisation hierarchisch – hier jedoch auf freiwilliger, vertraglicher Basis begründet, anders als bei Coase.

2.3.3 Der Manager als Agent

Eine andere neoklassische Erweiterung der Unternehmenstheorie sieht das Unternehmen ebenfalls als durch Verträge begründet an – das Konzept des *Principal-Agent-Ansatzes.* Vertreter hiervon sind z. B. Jensen und Meckling (vgl.Jensen/Meckling 1976). Bei diesem Ansatz schließt die Prinzipalin, hier: die Unternehmerin/Eigentümerin, mit der Agentin, hier: die Arbeiterin/Managerin, einen Vertrag, dessen Inhalt darin besteht, dass die Agentin im Interesse der Prinzipalin tätig ist. Beider Interessen gehen dahin, ihren Nutzen bzw. Gewinn zu maximieren. Die Agentin verspricht sich von dem Vertrag mit der Prinzipalin eine bessere Maximierung, da sie der Prinzipalin eine bessere Übersicht, Kontrollfähigkeit usw. zutraut, denn die Prinzipalin trägt in erster Linie das Verlustrisiko. Die Prinzipalin beauftragt die Agentin, weil letztere über spezielle Fähigkeiten oder Informationen verfügt, die die Prinzipalin nicht hat. Bei hoher Komplexität verspricht die Aufgabenverteilung einen Effizienzgewinn. Die Agentin übernimmt diesen Auftrag, weil sie vom gemeinsamen Gewinn etwas abbekommt, bezahlt wird. Da die Prinzipalin nicht beurteilen kann, ob die Agentin die Fähigkeiten oder Informationen auch wirklich hat, und ob sie sie auch möglichst gewinnbringend für beide einsetzt, besteht für sie das sogenannte Problem des „moralischen Risikos". Um dieses Risiko zu begrenzen, muss die Prinzipalin auch eine gewisse Kontrolle über die Agentin haben können. Diese kann sie erreichen, indem sie die Agentin direkt überwacht, sie am Gewinn beteiligt (ein Anreiz für die Agentin, die Fähigkeiten oder Informationen auch voll einzusetzen) oder auch eine Kaution verlangt, die die Agentin nur bei Erfolg zurückbekommt. Alle drei Möglichkeiten sind mit Kosten verbunden, die aus dem Spezialisierungsgewinn bestritten werden müssen. Alle drei Maßnahmen verändern ebenfalls die Aufteilung von Risikoübernahme und Entscheidungsgewalt zwischen Prinzipalin und Agentin. Gemäß dem Principal-Agent-Ansatz müssen also die Kosten und Nutzen alternativer Formen der Entscheidungsbefugnis- und Risikoaufteilung sorgfältig abgewogen werden. Welche die günstigste ist, hängt von der Komplexität der Unternehmung ab. Verschiedene Unternehmensverfassungen (Einzelunternehmerin, AG, GmbH usw.) sind unterschiedliche Formen der oben genannten Aufteilung.

2.3.4 Der Arbeitsvertrag und das Problem des „Effizienzlohnes" als Ansatzpunkt

Als letzte erwähnte Neuerung im Rahmen der neoklassischen Unternehmenstheorien, die hin zur Erklärung des Unternehmens als effiziente Institution strebt, sei hier die *Effizienzlohntheorie* angesprochen. Vertreter dieser Theorie sind z. B. Shapiro und Stiglitz (vgl. Shapiro/Stiglitz 1984). Im Mittelpunkt dieser Unternehmenstheorie steht der Arbeitsvertrag. Der Grundgedanke ist, dass sich im Arbeitsvertrag der Arbeiter verpflichtet, für einen bestimmten Lohn eine bestimmte Arbeit zu leisten, und dass der Unternehmer sich verpflichtet, den Lohn zu zahlen. Aber im Arbeitsvertrag können nur Arbeitstätigkeiten und Arbeitszeiten festgelegt werden – die wirkliche Arbeitsleistung, die Anstrengung, Konzentration und Intensität, mit der der Arbeiter seine Arbeit tut, lässt sich nicht festlegen. Wie also kann der Unternehmer den Arbeiter dazu bringen, sein Bestes zu geben? Die Antwort im Rahmen dieser Theorie lautet, dass er es dadurch kann, dass er dem Arbeiter einen höheren Lohn zahlt, als ihm wirklich zusteht (d. h. einen höheren Lohn als das Wertgrenzprodukt). Über diesen höheren Lohn, so hofft der Unternehmer, hat der Arbeiter einen Anreiz, seine ganzen Fähigkeiten im Arbeitsprozess einzusetzen.

All diese Erweiterungen der neoklassischen Unternehmenstheorie bedeuten, dass Eigentumsrechte und Verträge eine zentrale Rolle bekommen. Sie bedeuten aber nicht, dass die Kernstruktur der neoklassischen Unternehmenstheorie aufgelöst wird. Diese Kernstruktur, vor allem der methodologische Individualismus und die Rationalitätsannahmen, bleiben durchgehend erhalten. In den Erweiterungen wird das Unternehmen so zu einer effizienten, d. h. für alle Beteiligten kostensparenden Organisation. Das in allen vier diskutierten Theorien auftauchende Kontrollproblem wird zum Teil ähnlich im Neo-Marxismus behandelt (vgl. Teil II. 2.1.5). Diese Ansätze sind Kernelemente der Neuen Institutionenökonomik, die allerdings die hier getroffenen neoklassischen Rationalitätsannahmen inzwischen in manchen ihrer Beiträge lockert (vgl. Richter/Furubotn 1999: 3f).

2.4 Unternehmenstheorien in MiSÖP und Neoklassik – abschließende Bemerkungen

Wir können jetzt eine erste, für uns abschließende Würdigung der neoklassischen Unternehmenstheorie durchführen. Immer wieder wird diesem Konzept vorgehalten, es sei realitätsfern.

Unsere Frage lautet daher: Weshalb passt dieses Modell nicht bzw. nur in engen Grenzen auf unsere komplexe Realität?

Drei Antworten können wir auf diese Frage anbieten:

Antwort 1: Es passt nicht, weil es die Handlungsmöglichkeiten des Unternehmens auf die Gestaltung von zwei Aktionsparametern festlegt – die Produktionsmenge und die Faktoreinsatzmenge.

Und es reduziert diese Handlungen von vornherein auf erfolgsorientiertes Handeln (Handlungstyp B). Wir wissen aber aus der Diskussion der verschiedenen heterodoxen Ansätze und der Entwicklung unseres komplexen Handlungsmodells, dass die Realität viel mehr Handlungsmöglichkeiten kennt. Viele davon werden auch von den heterodoxen Unternehmenstheorien, die in Abschnitt 2.1 dieses Kapitels vorgestellt wurden, betont:

- So von Schumpeter die Entwicklung neuer Produktionstechniken, neuer Produkte, die Entdeckung und Entfaltung neuer Märkte;

- so von der Humanistischen Ökonomik die Ausgestaltung persönlicher Rechte der Teilnehmenden am Unternehmen gegenüber den Eigentumsrechten derer, die vom Unternehmen Gewinn beziehen wollen;
- so vom Kritischen Institutionalismus die Ausgestaltung des Unternehmens als längerfristig bestehende soziale Institution mit eigenen Normen und Regeln, d. h. die Entwicklung einer Unternehmensverfassung, die den Unternehmensangehörigen, eben auch den Arbeitenden, weitgehende Mitwirkungsrechte ermöglicht;
- so das Stakeholder-Konzept des Unternehmens von Peter Ulrich, das den Unternehmen weitgehende Möglichkeiten, aber auch Pflichten gegenüber allen von seiner Tätigkeit Betroffenen einräumt bzw. zuschreibt. Handlungsmöglichkeiten in diesem Konzept sind Dialoge mit all diesen Stakeholdern zur gemeinsamen Ausgestaltung des Unternehmens.

Aber auch die genannten neoklassischen Erweiterungen der Unternehmenstheorie öffnen diese Aktionsparameter. Diese Öffnung bezieht sich insbesondere auf die Vertragsgestaltung zwischen den Angehörigen des Unternehmens selbst. D. h., es geht vor allem um die Ausgestaltung der Verträge zwischen Unternehmensleitungen und Arbeitenden. Da diese Modelle aber im Großen und Ganzen im methodischen Konzept der Neoklassik verbleiben, machen sie dennoch deutlich, wie eng das herkömmliche Unternehmenskonzept dieser Schule ist.

Durch unser komplexen Handlungsmodells wird deutlich, dass insbesondere die heterodoxen Ansätze die anderen Handlungstypen, verständigungsorientiertes Handeln und sorgeorientiertes Handeln, in die Handlungsmöglichkeiten des Unternehmens hereinholen. So spielt z. B. beim Stakeholder-Diskurs das verständigungsorientierte Handeln eine wesentliche Rolle. Dort, wo zukünftige Generationen oder die natürliche Mitwelt bedacht werden, kommt auch das sorgeorientierte Handeln herein. Beispiel dafür sind Unternehmensdialoge mit Konsumenten zwecks Verbesserung der Produkte, Unternehmensdialoge mit Umweltorganisationen zwecks Ökologisierung der Produkte, personalpolitische Konzepte zwecks Integration jüngerer Generationen in das Unternehmen. Aktuell lässt sich auch die Beteiligung von Unternehmen am „Bündnis für Arbeit“ hierzu zählen. Hier geht es ja um die Frage, was Unternehmen tun können, um zukunftsfähige Arbeitsplätze zu schaffen. Es geht also um neue Arbeitszeitkonzepte, Teilzeitarbeit, Altersteilzeit, aber auch um die Frage, wie die Investitionen verwendet werden können, um Arbeitsplätze zu schaffen. Indem im Rahmen dieses Bündnisses für Arbeit über zukünftiges Arbeiten nachgedacht wird, wird auch hier erfolgsorientiertes Handeln angereichert mit verständigungsorientiertem Handeln und sorgeori-entiertem Handeln.

Das Unternehmen hat also viele Handlungsmöglichkeiten, sowohl nach innen als auch nach außen (vgl. dazu auch Weise u.a. 1991: 263 ff). Die Reduktion auf zwei Aktionsparameter im Rahmen ausschließlich erfolgsorientierten Handelns wird der komplexen Realität moderner Unternehmen nicht gerecht.

Antwort 2: Es passt nicht, weil die Annahme des Marktes als Marktmechanismus nicht passt.

Märkte sind keine Funktionsmechanismen, sondern sie werden sozial konstruiert (vgl. dazu Kapitel 3 und 4 in diesem Teil). Zu diesen Konstrukteuren gehören auch die Unternehmen selbst. Sie können z. B. Marktzutrittsbeschränkungen schaffen, indem sie, als große Unternehmen, den kleinen den Zutritt verwehren. Dies geschieht von Seiten der Energiekonzerne, die Konkurrenten die Durchleitung von Strom nicht geben, weil sie noch das Monopol auf die Leitungssysteme haben. Andere Beispiele sind Zulassungsbeschränkungen für Berufe wie Steuerberater oder Ärzte. Mit Hilfe von Standesorganisationen wie der Ärztekammer oder der Anwaltskammer wird hier darauf geachtet, dass der „Markt" nicht mit Anbietern überschwemmt wird. Das sind eher Beispiele für das Schließen von Märkten durch die Unternehmen selbst. Im Konzept von Peter Ulrich, der Unternehmen als quasi-öffentliche Einrichtung sieht, haben Unternehmen über die Tätigkeit im Markt hinaus auch noch gesellschaftliche Aufgaben. D. h., sie gestalten nicht nur Märkte mit, sondern auch die Rahmenbedingungen, in denen die Märkte funktionieren. Das kann zum einen in einem reinen Lobbyismus enden, das kann aber auch in verantwortlichem Ausgestalten solcher Rahmenbedingungen bestehen, wie z. B. in der unternehmerischen Mitarbeit im Rahmen der Agenda 21 oder an ökologischen Lösungen von Produktion und Konsumtion.

Die Annahme des Marktes als Mechanismus der Konkurrenz passt auch deshalb nicht, weil insbesondere unsere heutige Realität durch eine Vielzahl von Unternehmenszusammenschlüssen gekennzeichnet ist. Und bei solchen Zusammenschlüssen geht es nicht nur um strategische Kooperationen, sondern, auch um verständige und vorsorgend-verantwortliche Kooperationen. Beispiele dafür sind etwa die Selbstverpflichtung des Einzelhandels zur Kennzeichnung genveränderter Lebensmittel, der Fonds der deutschen Wirtschaft zur Entschädigung von ZwangsarbeiterInnen oder auch die gemeinsame Nutzungskarte für Car-Sharing und Straßenbahn in Bremen. Insbesondere das Kooperieren zwischen Unternehmen macht deutlich, dass das Handeln in Unternehmen nicht ausschließlich nach dem Modell des „homo oeconomicus", sondern vielmehr angereichert durch Werte und Normen und Vertrauensregeln erfolgt. Auch hier öffnet sich das Handlungsmodell hin zum verständigungsorientierten und sorgeorientierten Handeln.

Die Bedingungen für Unternehmen (nach innen und nach außen) sind gesellschaftlich gestaltet, sozial konstruiert. Dabei wirken die Unternehmen selbst mit. Sie sind insofern nicht nur Betroffene der von außen vorgegebenen Marktformen, sondern Mit-Konstrukteure dieser Märkte.

Antwort 3: Das neoklassische Standardmodell passt aus ökologischen Gründen nicht in unsere komplexe Realität.

Was das heißt, können wir an der Produktionsfunktion deutlich machen:

- Die Produktionsfunktion ist eine reine Input-Output-Relation.
- Als Inputs werden Waren berücksichtigt, die an Märkten gekauft werden. Inputs ohne Preise kommen darin nicht vor. D. h. z. B. Weser-Wasser zur Kühlung in der Stahlproduktion, Luft, die Abgase aufnimmt, staatliche Infrastrukturleistungen kommen in diesen Preisen nicht vor. Daher ist es z. B. billiger, die Lager auf die Straße zu verlagern, wie es in Form der sogenannten „just-in-time-production" geschieht. Weil Entfernung die privaten Unternehmen nichts kostet, verlagern sie private Aktivitäten wie Lagerhaltung in die Öffentlichkeit. Damit verlagern sie zugleich die ökologischen Kosten dieses Verkehrs.
- Diese Produktionstheorie ist ohne Zeitdimension oder arbeitet mit einer kurzen Frist. Nachhaltige Produktion braucht jedoch sowohl den längerfristigen Blick als auch die Berücksichtigung natürlicher und sozialer Zeitformen.
- Das Input-Output-Konzept der Produktion ist das einer Durchflussgesellschaft, in der der Durchfluss selbst keine Rolle spielt. Outputmaximierung als Basis für Gewinnmaximierung ist unabhängig davon, wieviel Rohstoff, wieviel Natur-Stoff durch diesen Produktionsprozess hindurchfließt. Ökonomische Effizienz kann unabhängig von diesem Energie- und Rohstoffverbrauch formuliert werden.

Dagegen tritt in ökologisch-ökonomischen Gedanken zur Produktion *ökologische Effizienz* neben die ökonomische Effizienz bzw. an ihre Stelle. Wie das geschehen kann, ist in verschiedenen Vorschlägen festgehalten:

- als Steigerung der Ressourcen-Effizienz oder *Effizienz-Revolution* (z. B. der Vorschlag von Ernst-Ulrich von Weizsäcker, diese Ressourcen-Produktivität um den Faktor 10, mindestens aber um den Faktor 4 zu erhöhen);
- als Verlängerung der Lebensdauer der Produkte (z. B. durch Leasing der Produkte, durch deren Reparatur, durch Modulbauweise). Vorschläge hierzu stammen z. B. von Walter Stahel;

- durch Nutzen statt Besitzen (z. B. Car-Sharing und durch Leasing).

Über dieses Konzept der ökologischen Effizienz mischen sich in das erfolgsorientierte Handeln des neoklassisch-traditionellen Produktionsmodells sowohl Elemente des verständigungsorientierten Handelns, vor allem aber des sorgeorientierten Handelns. Die Produktion des Unternehmens wird unter Hinblick auf das Einsparen von Ressourcen und damit den Erhalt der natürlichen Mitwelt für zukünftige Generationen umgestaltet.

Diesem Konzept einer nachhaltigen Produktion im Unternehmen liegt das Bild der eingebetteten Ökonomie zugrunde, wie wir es in Teil I.4.5 vorgestellt haben. Dieser Einbettung wird durch die Akzeptanz der „carrying capacity" und Nachhaltigkeits-Regeln Rechnung getragen, die sich konkret u.a. in den Regeln zur ökologischen Effizienz ausdrücken. Ökologisches Handeln wird hier außerdem verstanden als ko-evolutionäres Handeln, wie wir es auch schon diskutiert haben (vgl. 1.4.4).

Diese dritte Antwort auf unsere Frage, weshalb die orthodoxe neoklassische Unternehmenstheorie nur einen Bruchteil unserer komplexen Realität erfasst, leitet über zum folgenden Abschnitt, zu konkreteren Gedanken zur ökologischen Ökonomik bezüglich des Unternehmens.

2.5 Ökologische Ökonomik: Nachhaltiges Wirtschaften im Unternehmen

2.5.1 Die Erschöpfbarkeit der Ressourcen sowie die Aufnahmefähigkeit für Abfall

Ausgangspunkt der Überlegungen zu nachhaltigem Wirtschaften im Unternehmen ist die Erkenntnis, dass die natürlichen Ressourcen erschöpfbar sind und dass die Aufnahmekapazität für Abfall begrenzt ist. Ausgangspunkt ist also die begrenzte „carrying capacity". Dabei ist mit dieser Tragekapazität kein rein quantitatives Konzept gemeint. Es beinhaltet zwar die genannten Grenzen, beinhaltet aber auch den Erhalt der Bio-Diversität, die für die Natur nötig ist, um Stabilität zu erreichen. Bio-Diversität meint, dass das komplexe System Natur mit vielfältigen Rückkopplungsschleifen zu einem System verwoben ist, das es ermöglicht, bei Verlust eines Teils dessen Funktion durch andere Teile auszuführen. Wie genau dieses System „Natur" lebt, werden wir in der ganzen Komplexität nie vollständig verstehen. Das bedeutet, dass wir immer in Unsicherheit und Unkenntnis handeln. Und das Konzept der „Carrying Capacity" beinhaltet, dass diese sich ständig ändert. Denn „Natur" ist nichts Statisches, nichts den Menschen Äußeres, sondern wir sind Teil der Natur und stellen Natur durch unsere Produktion immer wieder selbst her. So sind z. B. Wälder in Deutschland nicht „natürlich“, sondern großenteils Kulturleistungen unserer Vorfahren. Und so kann z. B. der Abfall von heute der Rohstoff von morgen sein.

2.5.2 Die veränderte Sicht auf den Produktionsprozess – Entropie und Irreversibilität der Zeit

Sollen diese Gedanken der Produktionstheorie im Unternehmen berücksichtigt werden, so ist die Frage, *wie eine entsprechende Produktionsfunktion aussehen müsste*. Einen Vorschlag gibt es, der in der Ökologischen Ökonomik immer wieder diskutiert wird. Es ist der Vorschlag von Georgescu-Roegen aus seinem Buch von 1971 mit dem Titel „Energy and Economic Myth. Institutional and Analytical Economic Essays“.

Bevor wir diese Produktionsfunktion vorstellen, müssen wir kurz das Grundkonzept erklären, von dem Georgescu-Roegen ausgeht – das Konzept der *Entropie*. Was ist damit gemeint?

Die herkömmliche Produktionstheorie geht davon aus, dass es sich bei der Produktion um Umwandlung von Stoffen mit Hilfe von Energie handelt. Dabei geht nichts verloren – keine Energie, keine Materie. Das entspricht dem ersten Hauptsatz der Thermodynamik, dem Energieerhaltungssatz. Die Thermodynamik kennt aber einen zweiten Hauptsatz – den Entropie-Satz. Entropie ist ein Maß für die Unordnung. So bedeutet z. B. die Erwärmung eines Gases, dass die Ordnung der Gasmoleküle gestört wird, sie werden in Bewegung gesetzt, durcheinander gemischt. Die für diese Erwärmung notwendige Energie kann hinterher nicht wiedergewonnen werden. Sie hat sich sozusagen aufgelöst, um Ordnung in Unordnung zu verwandeln. (Deshalb wird von Naturwissenschaftlern auch häufig vor dem sogenannten „Wärmetod der Erde“ gewarnt. Unser Leben, unsere Produktion erzeugt immer mehr Wärme, d. h. verwandelt immer mehr Energie in Wärme, die nicht wieder zurückgewonnen werden kann.) Die Evolutionsleistung der Natur ist eine große Ordnungsleistung mit Hilfe der Sonnenenergie. Aufgrund dieser Ordnungsleistung haben wir heute große Reserven an Kohle, Gas, Erdöl. Diese geordneten Lager vernutzen wir heute, verwandeln sie in Energie, produzieren damit. Wir können aber aus den Produkten nicht wieder die entsprechenden Lager herstellen. Ordnung ist in Unordnung verwandelt, Energie (wie auch Materie) hat sich zwar nicht in Luft aufgelöst, ist für uns aber nicht wiederzugewinnen. *Produktion ist damit im Zeitverlauf irreversibel.*

Was folgt daraus nun für die Produktionsfunktion von Georgescu-Roegen?:

- Jeder Produktionsprozess umfasst Strom- und Bestandsgrößen. Stromgrößen sind dabei Input oder Output, Bestandsgrößen sind Input und Output.

- Alle Größen im Produktionsprozess sind Funktionen der Zeit. Bei Stromgrößen gibt die Zeitfunktion den Strom während eines Zeitintervalls an, wobei der Input mit einem Minuszeichen, der Output mit einem Pluszeichen gekennzeichnet ist. Bei Bestandsgrößen gibt die Zeitfunktion den Betrag des Bestandes an, der zu einem bestimmten Zeitpunkt genutzt wird. Diese Nutzung wird „Dienstleistung" genannt.

- Der Produktionsprozess verläuft in einem Zeitintervall (0, *T*).

- Stromgrößen sind:
  O (t) = Produkt (Output)
  R (t) = Inputs der Natur (Resources)
  I (t) = laufende Einsatzfaktoren, z. B. Vorprodukte (Inputs)
  M (t) = Instandhaltung, Reproduktion (Maintenance)
  W (t) = Abfall (Waste)

- Bestandgrößen sind:
  L (t) = Boden (Land)
  K (t) = Realkapital (Capital)
  H (t) = Arbeit (Human Labor)

Daraus folgt als Produktionsfunktion:

(24) $O(t) = O[R(t), I(t), M(t), W(t), L(t), K(t), H(t)]$

Zur Erinnerung: In der Neoklassik wird diese Produktionsfunktion zu:

(25) $O = O(L, K, H)$

Damit erfasst diese Produktionsfunktion nicht:

- den Unterschied zwischen Strom- und Bestandsgrößen, die Produktionsfaktoren L, K und H sind sozusagen „ewige Dienstleistungen";
- die Ressourcen der „natürlichen Mitwelt";
- laufende Inputs, z. B. zusätzliche Leistungen der Produktionsfaktoren;
- Instandhaltung, z. B. wird die Instandhaltung der Arbeitskraft, d. h. die Reproduktionsarbeit, nicht erfasst. Das ist mit ein Grund, dass sie nicht als Arbeit gilt. Oder es wird nicht erfasst, dass bei der Produktion die Instandhaltung der natürlichen Ressourcen eine Rolle spielen. Beim Fischen ist es z. B. wichtig, das Überfischen des Meeres zu verhindern, damit der Fischnachwuchs sich entwickeln kann;
- die ganze Problematik des Abfalls. Beachtet man, dass Produktion bedeutet, mit Hilfe von Produktionsfaktoren einen Output zu erstellen, neben dem aber auch eine große Menge Abfall ist, beachtet man also den Durchfluss oder „Throughput", so wird deutlich, dass das reine Endprodukt nur ein ganz kleiner Teil im Produktionsprozess ist. Günter Strassert hat jüngst

deutlich gemacht, dass 80 % der Ströme im Produktionsprozess zu Abfall werden (vgl. Strassert 2000);

- den irreversiblen Zeitverlauf. Das Entropiegesetz gilt in der ganzen menschlichen und nichtmenschlichen Natur – wir können uns ihm nicht entziehen. Jeder Lebensprozess, jeder Produktionsprozess erhöht die Entropie – die einzige Ausnahme sind Prozesse, deren dauerhafte Energiequelle die Sonne ist.

Was folgt aus dieser Produktionsfunktion für die Veränderung der Produktionstheorie? U. E. lassen sich mindestens die nachstehenden Folgen benennen:

- Produktion ist immer gleichzeitig Wertschöpfung und Schadschöpfung. Dieser zweite Aspekt muss berücksichtigt werden. D. h., die Bewertung des Produktionsergebnisses muss korrigiert werden, die Schadschöpfung muss in diese Bewertung einbezogen werden.

- In den Produktionsprozess geht, neben erfolgsorientiertem Handeln, verständigungsorientiertes Handeln (z. B. über Regeln zur Steigerung der ökologischen Effizienz) und sorgeorientiertes Handeln ein. Damit ist der Produktionsprozess nicht durch eine technische Produktionsfunktion beschreibbar, sondern weist mindestens drei Dimensionen auf, die miteinander verwoben sind: die stoffliche Dimension, die soziale Dimension, die ökonomisch-rechenhafte Dimension. Bei der Berechnung z. B. auch optimaler Produktionsprozesse gilt es, all diese drei Dimensionen zu erfassen.

- Obwohl wir dem Entropiegesetz nicht entfliehen können, können wir doch die Energiequelle stärken, die als einzige der Entropie entgegen, sozusagen syntropisch wirkt – die Sonnenenergie. Eine Folgerung aus der ökologisch-ökonomischen Produktionsfunktion ist somit die gesellschaftliche Förderung der Entwicklung von Sonnenenergie. (Da Sonnenenergie nötig ist, um mit Hilfe der Pflanzen Biomasse aufzubauen, die die Grundlage sowohl von Produktions- als auch von Lebensmitteln ist, ist sie nicht zu ersetzen durch andere regenerative Energien wie Wind- oder Wasserenergie. Diese können sie jedoch ergänzen. Die Atomenergie zählt wegen ihres hohen Risikos und der Verlagerung dieses Risikos auf zukünftige Generationen nicht zu diesen regenerativen Energien.)

- Alle Maßnahmen, die oben im Zusammenhang mit der Steigerung der Ressourceneffizienz diskutiert wurden, bedeuten auch De-Materialisierung. Es gilt, sie weiter zu entwickeln und ihnen gemäß den Produktionsprozess zu gestalten.

- De-Materialisierung spricht aber auch die KonsumentInnen an. Die „Effizienz" ist daher durch eine „Suffizienz" zu ergänzen – um die Debatte darum, wie wir Lebens- und Konsumstile verändern können, um den Ressourcen- und Energieeinsatz zu verringern. Möglichkeiten hier sind kooperative Konsumformen, Einschränkung des Waren-Konsums zugunsten von Dienstleistungen oder Selbstversorgung, verlängerte Nutzung von Konsumgütern (vgl. Teil II.1.5). Suffizienz erfordert ein verändertes Marketing bei den Unternehmen.

- Weiterhin kann mit Hilfe von Methoden des Stoffstrommanagements (z. B. über Stoff- und Energiebilanzen) der Stoff- und Energieverbrauch von Produktionsprozessen reduziert werden.

Gerade weil jede Wertschöpfung auch Schadschöpfung ist, sind Kreislaufwirtschafts-Konzepte notwendig, die entweder diese Schadschöpfung zum Ausgangspunkt neuer Produktionsprozesse machen oder zumindest die Schadschöpfung durch kooperatives unternehmerisches Handeln gemeinsam auf ein Minimum reduzieren.

2.5.3 Neue Konzepte: Kreislaufwirtschaft und Stoffstrommanagement

Im Folgenden sollen die Konzepte der *Kreislaufwirtschaft und des Stoffstrommanagements* noch etwas genauer diskutiert werden.

Juristische Grundlage für Kreislaufwirtschaft in Deutschland ist das 1994 fertiggestellte, 1996 in Kraft getretene Kreislaufwirtschafts- und Abfallgesetz. Dessen Grundgedanke ist die Produktverantwortung der Produzenten „von der Wiege bis zur Wiege". D. h., wenn das Produkt ein Unternehmen verlässt, kommt es irgendwann zum Unternehmen zurück und muss von diesem aufgenommen werden. Für die Unternehmen ist es von daher sinnvoll, schon von vornherein den Produktionsprozess umzugestalten, so dass die Waren entweder wieder verwendet oder leicht auseinander gebaut werden können, um als Rohstoffe neu in den Produktionsprozess zu gehen. Eine konkrete Ausformulierung dieses Gedankens ist die 2000 in der EU beschlossene Altautoverordnung. Sie sieht vor, dass ab dem Jahre 2007 die Automobilproduzenten alle Autos zurücknehmen müssen.

Bezüglich der Abfallpolitik beinhaltet das Kreislaufwirtschafts- und Abfallgesetz folgende Prinzipien-Hierarchie:

Vermeiden – Verwerten – Entsorgen. Da die Entsorgung teuer gemacht wird, haben die Unternehmen einen Anreiz, die anderen beiden Arten des Umgangs mit Abfall in den Mittelpunkt zu stellen.

Dieses Gesetz und die durch es vorangetriebene Kreislaufwirtschaft ist ein Wirtschaftskonzept, das sorgeorientiertes Handeln in das Wirtschaften integriert. Es lässt sich also im Sinne des komplexen MiSÖP-Handlungsmodells analysieren.

Als Organisationsformen für Kreislaufwirtschaft bieten sich *Kooperationen und Netzwerke* an. Das sind z. B. Kooperationen entlang der Produktlinie wie bei der Bekleidungsfirma Steilmann, die entlang der textilen Kette bis zu den Rohstoffproduzenten kooperiert und darauf achtet, dass nicht nur ökologische, sondern auch soziale Standards eingehalten werden. Beispiele sind auch Kooperationen in der Region, z. B. zur gemeinsamen Reduktion von Abfällen (sog. Eco-Industrial Parks). Hier mischen sich die Begriffe von Netzwerk und Kooperation, denn diese Eco-Industrial Parks werden auch als überbetriebliche Entsorgungs- bzw. Verwertungsnetzwerke bezeichnet. Beispiele sind Kalundborg in Dänemark und Pfaffengrund bei Heidelberg in Deutschland.

Diese Kooperationen sind nur möglich, wenn die Unternehmen sich miteinander über das gemeinsame Ziel der Entsorgung bzw. Verwertung verständigen. Hier wird also verständigungsorientiertes Handeln in das unternehmerische Handlungsmodell integriert. Nötig ist ein *überbetriebliches oder regionales Stoffstrom- und Energiemanagement*. Dieses ergänzt das *innerbetriebliche Stoffstrommanagement*. Einbezogen in dieses überbetriebliche Stoffstrommanagement werden auch die KonsumentInnen – ihr Zurückbringen der Reste der Konsumgüter zum Unternehmen ist wichtig. Hier deutet sich an, was in der Ökologischen Ökonomik diskutiert wird: die Auflösung der Trennung von Konsum und Produktion zugunsten einer integrierten Betrachtung des ganzen Kreislaufs (vgl. Immler/Hofmeister 1998).

2.5.4 Schlussfolgerung: Die Bedeutung von nachhaltigem Wirtschaften im Unternehmen

Insgesamt bedeutet also nachhaltiges Wirtschaften im Unternehmen:

- Eine Erweiterung des Handlungsmodells, in das sowohl verständigungsorientiertes Handeln als auch sorgeorientiertes Handeln integriert wird. Das ganze ABC-Handlungsmodell spielt hier eine Rolle.
- Produzieren bekommt jetzt neben den ökonomisch-wert/geldmäßigen Dimensionen auch eine soziale und eine ökologische Dimension.
- Nachhaltiges Wirtschaften in Unternehmen ist vor allem kooperatives Wirtschaften. Und diese Kooperation ist nicht nur strategische, sondern sie ist gerade auch verständige bzw. vorsorgend-verantwortliche Kooperation.
- Dieses nachhaltige Wirtschaften in Unternehmen beinhaltet ein Unternehmenskonzept, das das Unternehmen als allen Stakeholdern gegenüber verantwortlich sieht, insbesondere auch den Stakeholdern „zukünftige Generationen“ und „natürliche Mitwelt“.

Insgesamt sind Unternehmen in dieser Vorstellung der Ökologischen Ökonomik verantwortliche Mit-Gestalter von Gesellschaft. Ihr Produktionsprozess dient zur Mit-Gestaltung. Auch von daher unterliegt er nicht ausschließlich Kriterien der Gewinnmaximierung, sondern auch der Lebensdienlichkeit und Naturangemessenheit.

3 Güter- und Dienstleistungs-Märkte

Mit der Analyse von Märkten, über die ein großer Teil der ökonomischen Handlungen von Haushalten und Unternehmen koordiniert wird, verlassen wir die privaten ökonomischen Handlungszusammenhänge und betreten den öffentlichen ökonomischen Handlungsraum. Zwar werden in ihm private Güter und Dienstleistungen erstellt und ge- und verkauft, insofern bleibt der Charakter der Privatheit, aber der Austauschprozess findet in einem Raum außerhalb von Haushalt und Unternehmen statt. Über die Marktanalyse nähern wir uns somit der ganzen Gesellschaft als Analyseraum – dieser analytische Weg endet dann in der Bestimmung gesellschaftlicher Wohlfahrt (vgl. Teil III).

Märkte sind Formen der Koordination von AnbieterInnen und NachfragerInnen. Die Beantwortung der Frage, wie diese Koordination verläuft, hängt wieder von der jeweiligen theoretischen Bestimmung von Angebot und Nachfrage, von der jeweiligen theoretischen Analyse der Haushalte und der Unternehmen ab. An Märkten gelten Regeln – Märkte sind ebenso wie Haushalte und Unternehmen geregelte Zusammenhänge, in der Sprache der MiSÖP: institutionalisierte Handlungszusammenhänge.

3.1 Die soziale Konstruktion von Märkten

3.1.1 Der Mythos vom selbstregulierten Markt

Mit der orthodoxen neoklassischen Analyse haben wir aus der Untersuchung des Haushalts die Nachfragefunktion, aus der Untersuchung des Unternehmens die Angebotsfunktion entwickelt. Der Ort des Zusammentreffens beider ist nun der Markt: „Der Markt ist der ökonomische Ort des Zusammentreffens von Angebot und Nachfrage und der Preisbildung“ (Ott 1989: 40). Dieser Markt lässt sich in der Form eines „Marktkreuzes“ abbilden (Abb. 72).

Hier richten sich Angebot und Nachfrage ausschließlich nach dem Preis, der sich so einspielt, dass sich beide Marktgrößen decken. Dies ist der Preismechanismus, der bei Walras als Auktions-Prozess verstanden wird. Es bilden sich ein Gleichgewichtspreis und eine Gleichgewichtsmenge heraus. Voraussetzungen sind vollkommene Informationen, unendlich schnelle Anpassungsgeschwindigkeit und nutzen- bzw. gewinnmaximierende AkteurInnen.

Dieser Art wird die seit Adam Smith durch die Fachliteratur geisternde Metapher von der „unsichtbaren Hand“ dargestellt. Wir wissen nach dem Studium von Adam Smith, dass er damit nicht einen ungeregelten Marktmechanismus

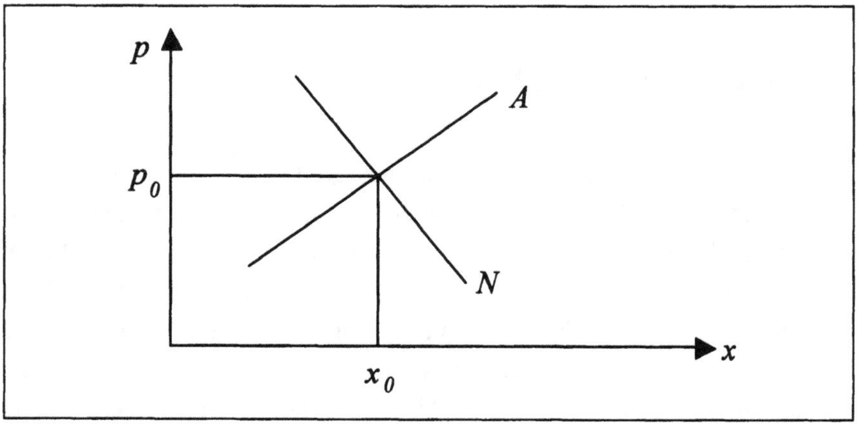

Abb. 72: Das „Marktkreuz" der Neoklassik

gemeint hat. Die Neoklassik interpretiert es jedoch so. Der Markt reguliert sich selbst, er wird durch politische Regulierung eher gestört als, wie bei Adam Smith, ermöglicht und unterstützt. Damit sieht es gemäß der neoklassischen Analyse so aus, als brauche der Markt keine Voraussetzungen – seien sie gesellschaftlicher, seien sie politischer Art. Das jedoch ist ein Mythos (vgl. Bürgenmeier 1994). Zum einen, weil Märkte örtlich, zeitlich, räumlich gebunden und durch gesellschaftliche Regelungen strukturiert sind. Gesellschaftliche Regulierung ist insofern eine Voraussetzung der behaupteten Selbstregulierung. Zum anderen, weil in diesem Mythos die Vorstellung eingeschlossen ist, dass die Marktlösung immer auch eine optimale ist. Der Markt ist der Koordinationsmechanismus, der zur gesellschaftlichen Wohlfahrt beiträgt. Es gibt nichts anderes. Wir werden aber später (vgl. 3.2.2) sehen, dass eine wachsende Kritik den Begriff des „Marktversagens" in die Diskussion gebracht hat. Damit erweist sich auch die These von der ausschließlichen Wohlfahrtsfunktion von Märkten als Mythos.

3.1.2 Der Markt als soziales Konstrukt

Das in der neoklassischen Theorie postulierte Zusammentreffen von Angebot und Nachfrage am Markt sieht z. B. folgendermaßen aus:

Sie gehen morgens zum Bäcker, um Brötchen zu kaufen – das ist die Nachfrage. Sie finden dort die Bäckerin vor, mit einem großen Angebot an Brötchen. Was bedeutet es nun, dass Ihre Nachfrage auf dieses Angebot trifft?

- Es bedeutet, dass es einen Ort gibt, an dem dieses Treffen stattfindet – das Geschäft der Bäckerin.
- Es bedeutet, dass Sie wissen, wie man kauft – Sie sind als Käuferin und Käufer erzogen. Sie können mit Geld umgehen. Es ist für Sie selbstverständlich, dass Sie den Preis bezahlen, den die Bäckerin Ihnen nennt.

- Und dieser Preis ist in bestimmter Quantität bestimmt – da können Sie nicht handeln. Diesen Preis bestimmt die Anbieterin. Was geht alles in den Preis ein? Das interessiert Sie in diesem Moment nicht, ist aber für Sie als WirtschaftswissenschaftlerIn entscheidend.
- Sie gehen zu einer bestimmten Zeit zum Bäcker – Sie wissen, wann das Geschäft geöffnet hat.
- Sie wollen eine bestimmte Qualität kaufen – Sie können sich darauf verlassen, dass gesetzliche Qualitätskontrollen das garantieren.

Entsprechend lässt sich der Prozess von Seiten des Anbieters/der Anbieterin skizzieren. Deutlich wird dabei: Damit dieser Markt für Brötchen funktionieren kann, braucht es zeitliche, räumliche, preisliche und qualitätsmäßige Regelungen. Woher kommen diese? Sie sind gesellschaftlich gemacht – und historisch entstanden. Es gab nicht immer „den Bäcker an der Ecke", diese Struktur des Marktes für Brot/Brötchen hat sich erst im Laufe des 19. und 20. Jahrhunderts herausgebildet. Das gilt für die meisten Märkte. Heute sehen wir, dass Märkte für Dinge entstehen, deren Warencharakter vor einigen Jahren noch gar nicht bestand – z. B. der Markt für Pflegedienstleistungen.

Der Sozio-Ökonom Mark Granovetter spricht daher von der *sozialen Konstruktion von Märkten*. Elemente dieses Konstruktionsprozesses von Märkten sind:

- eine Handlungstheorie, die das Handeln der Individuen als sozial geprägt versteht, eingebettet in soziale Netzwerke;
- eine Vorstellung von Wirklichkeit, die Wirklichkeit nicht als objektiv gegeben, sondern gesellschaftliche konstruiert versteht;
- der Begriff der Pfadabhängigkeit, der deutlich macht, dass die Art, über die die Gesellschaft Märkte regelt, von schon vorher eingeschlagenen Pfaden geprägt ist.

Als Beispiel nennt Granovetter (Granovetter 1992: 16) einen lokalen Markt für frische Erdbeeren. Dessen Funktionsmechanismus wurde als perfekt im Sinne des perfekten Marktmechanismus beschrieben. Der Markt war sehr modern über eine Web-Site organisiert, über die Anbieter und Nachfrager miteinander verhandeln konnten. Es gab drei Orte: an einem waren die Erdbeeren gelagert, an einem anderen saßen die Verkäufer und beobachteten den Bildschirm, und an einem dritten fand die Kommunikation zwischen Verkäufern und Käufern statt. Dieser Markt, so Granovetter, schien dem neoklassischen Bild zu entsprechen. Aber, so fährt sein Text fort, wenn wir fragen, wie dieser Markt entstanden ist, finden wir keine „unsichtbare Hand", die ihn geschaffen hat. Vielmehr ist dieser computerisierte Markt das Ergebnis eines scharfen Wettbewerbs zwischen Erdbeerproduzenten und dem entsprechenden Handel. Vor einigen Jahren noch verkauften die Erdbeerproduzenten ihre

Erdbeeren individuell. Das empfanden sie als ineffizient, und zusammen mit einer lokalen Behörde schufen sie den neuen computerisierten Markt. Seine Örtlichkeit, seine Zeitlichkeit, seine Regeln wurden festgelegt.

Gemäß dieser Theorie lässt sich festhalten: Märkte sind Orte, an denen sich Angebot und Nachfrage treffen – das ist richtig. Es sind auch manchmal Orte, an denen sich Preise bilden, wenn sie nicht von den Produzenten fest vorgegeben sind. Damit das so sein kann, bedarf es aber gesellschaftlicher Regelungen – braucht es die gesellschaftliche Kreativität zur Bestimmung der Bedingungen solcher Märkte. Hier finden wir den Einfluss der Politik wieder, den wir schon bei Adam Smith gesehen haben. Der Einfluss der Moral liegt dort, wo vorausgesetzt wird, dass Menschen sich an die Regeln des Markts halten – z. B. die Preise, die verlangt werden, zahlen (oder nicht kaufen), aber nicht die Waren unbezahlt nehmen. Häufig spielt auch Vertrauen in Märkten eine große Rolle – z. B. wird darauf vertraut, dass KundInnen, welche Waren zum Ausprobieren mit nach Hause nehmen, sie unbeschädigt am nächsten Tag wiederbringen. Solche Vertrauensregeln sind ebenfalls geschichtlich entstanden. In der Diskussion um moderne Märkte im Rahmen der Neuen Institutionenökonomik werden sie als die Effizienz von Märkten steigernd, die Transaktionskosten senkend, diskutiert.

3.1.3 Markt, Macht und Gesellschaft – das Konzept des „eingekapselten Wettbewerbs“ von Etzioni

Ein anderes Konzept mit zum Teil ähnlichen Elementen ist das Konzept des „eingekapselten Wettbewerbs“ von Amitai Etzioni (vgl. Etzioni 1994: 359 ff.). Etzioni macht darauf aufmerksam, dass der reoklassische Markt ein Ort der Harmonie ist. Seines Erachtens dagegen ist der Markt ein Ort des Konfliktes, der nur in einem moralischen, sozialen und politischen Kontext fair ausgetragen und in einen stabilen Zustand überführt werden kann. In diesem Markt handeln Individuen, die als „I“ durch das „We“ geprägt sind – sie sind Teil einer Gruppe, handeln sowohl gemäß individueller Nutzenmaximierung als auch gemäß ihren Moralvorstellungen und gelernten Normen und Werten.

Diese Elemente finden sich auch in der Strukturierung des Marktes wieder. Der Markt als Ort des Konflikts ist bei Etzioni eingebettet in eine gesellschaftiche Kapsel. Diese hat drei Komponenten:

- die Moralvorstellungen (normative factors)
- die sozialen Bindungen (social bonds)
- die staatlichen Regeln (state rules)

Die Moralvorstellungen sorgen dabei für einen mehr oder weniger fairen Wettbewerb. Die sozialen Bindungen verknüpfen die Akteure am Markt, insbesondere die Unternehmen, mit gesellschaftlichen Strukturen wie ethnische Gruppen, Bildungsgruppierungen usw. Solche Bindungen fördern den Wettbewerb, wenn sie weder zu stark noch zu schwach sind. Zu starke Bindungen behindern das Hinzukommen neuer Konkurrenten, zu schwache Bindungen verhindern den notwendigen Konsens zwischen den Akteuren. Nur ein Mittelmaß an sozialen Bindungen ermöglicht einen angemessenen Wettbewerb.

Damit werden diese normativen und sozialen Elemente der Kapsel von dem kollektiven „We" mehr oder weniger vorgegeben. Die staatlichen Regeln dagegen sind eine unabhängige Komponente der Kapsel. Wie stark sie ausgeprägt sind, hängt von der Stärke der anderen beiden Elemente ab – ist der Wettbewerb durch normative und soziale Bindungen in seinen negativen Auswirkungen eingegrenzt, so braucht der Staat nicht stark einzugreifen. Ist die umgekehrte Situation gegeben, ist ein starker Staatseingriff nötig. Ähnlich wie bei Smith ist auch bei Etzioni der Staat somit Voraussetzung für einen fairen Wettbewerb, nur ist die Stärke seines notwendigen Eingriffs abhängig von der Stärke der moralischen und sozialen Grundlagen des Marktes. Sie schaffen die Vertrauensbasis für den Wettbewerb.

Selbst ein durch eine starke Kapsel beförderter Wettbewerb wird in der Theorie Etzionis bedroht durch Machtstrukturen (Power-Relations). Machtstrukturen können durch Unternehmenskonzentration oder Ausdehnung von Marktanteilen oder durch wirtschaftliche Beeinflussung der Politik zustande kommen. Dem kann der Staat entweder durch Zügelung der monopolistischen Tendenzen oder durch strikte Trennung von Staat und Wirtschaft begegnen.

Was passiert gemäß dieser Theorie am Markt? Treffen auch hier Angebot und Nachfrage aufeinander, geht es auch hier um Preisbildung? Ja – aber eben in den skizzierten Strukturen. Für die Preisbildung heißt das, dass Preise sich nicht automatisch als Gleichgewichtspreise zwischen Angebot und Nachfrage bilden, sondern Preise sind von den Anbietern festgesetzte Preise und haben zwei Elemente: Kosten und Macht.

3.1.4 Der Markt als institutionalisierter Handlungszusammenhang – die Rolle von Institutionen

Die beiden eben diskutierten Ansätze haben schon deutlich gemacht, dass es nicht ausreicht, den Markt als den Ort zu definieren, an dem Angebot und Nachfrage sich treffen, an dem Güter ausgetauscht werden, an dem sich Preise bilden. Am Markt passiert viel mehr. Er impliziert funktionierende Angebotsstrukturen, Kenntnisse von AnbieterInnen und NachfragerInnen, Kontakte zwischen ihnen auch vor dem Austausch, d. h., er impliziert Kommunikation und Warentransport. Und er impliziert bestimmte zeitliche und örtliche Regelungen. Der Markt ist also geprägt durch soziale Handlungsmuster der Beteiligten, durch räumliche und zeitliche Strukturen, durch Gewohnheiten, sei es auf Seite der VerbraucherInnen oder der ProduzentInnen.

Der englische Institutionalist Geoffrey M. Hodgson definiert den Markt folgendermaßen:

> „We shall here define the market as a set of social institutions in which a large number of commodity exchanges of a specific type regularly take place, and to some extent are facilitated and structured by those institutions. Exchange, as defined above, involves contractual agreement and the exchange of property rights, and the market consists in part of mechanisms to structure, organize, and legitimate these activities. Markets, in short, are organized and institutionalized exchange. Stress is placed on those market institutions which help to both regulate and establish a consensus over prices and, more generally, to communicate information regarding products, prices, quantities, potential buyers and potential sellers“ (Hodgson 1988: 174).

Diese Definition macht deutlich, dass auch der neoklassische Markt mit dem walrasianischen Auktionator von Institutionen geprägt ist: Alle Beteiligten kennen die Handlungsregeln, die bedeuten, die Preisvorstellungen zu nennen, und sie wissen, dass der Auktionator den dann geltenden Gleichgewichtspreis bekannt gibt. Stehen hinter diesem Preisbildungsmodell wirkliche Transaktionen von Gütern, so müssen auch entsprechende Lagerräume zur Verfügung stehen. Die Transaktion selbst wird in der Regel über einen Vertrag geregelt, der entweder auf sozialen Gewohnheiten basiert oder auf juristischen Regelungen fußt.

In dieser institutionalistisch geprägten Sichtweise ist der Markt ein institutionalisierter Handlungszusammenhang, in dem Menschen mit verschiedenen Motiven und Handlungsmustern in ihren ökonomischen Rollen als ProduzentInnen oder KonsumentInnen zusammenagieren bzw. dort, wo es um die Erstellung von Dienstleistungen geht, im identischen Produktions- und Nutzungsprozess diese Dienstleistung gestalten. In diesem Handlungszusammenhang können Menschen, genau wie in den schon diskutierten Handlungszusammenhängen des Haushalts- und der Unternehmung, lernen, können ihre Präferenzen verändern. Auch hier sind also Präferenzen endogen, nicht exogen vorgegeben. Und Werte, Normen, sprachliche Prozesse spielen ebenfalls eine Rolle – wir finden am Markt somit die Gesamtheit der Handlungstypen A, B und C der MiSÖP. Mit ihnen finden wir damit auch die verschiedenen Rationalitätsmuster und gesellschaftlichen Wertvorstellungen.

Damit lässt sich der Markt als institutionalisierter Handlungszusammenhang ähnlich wie der Haushalt und das Unternehmen (vgl. Abb. 40 u. Abb. 51) darstellen.

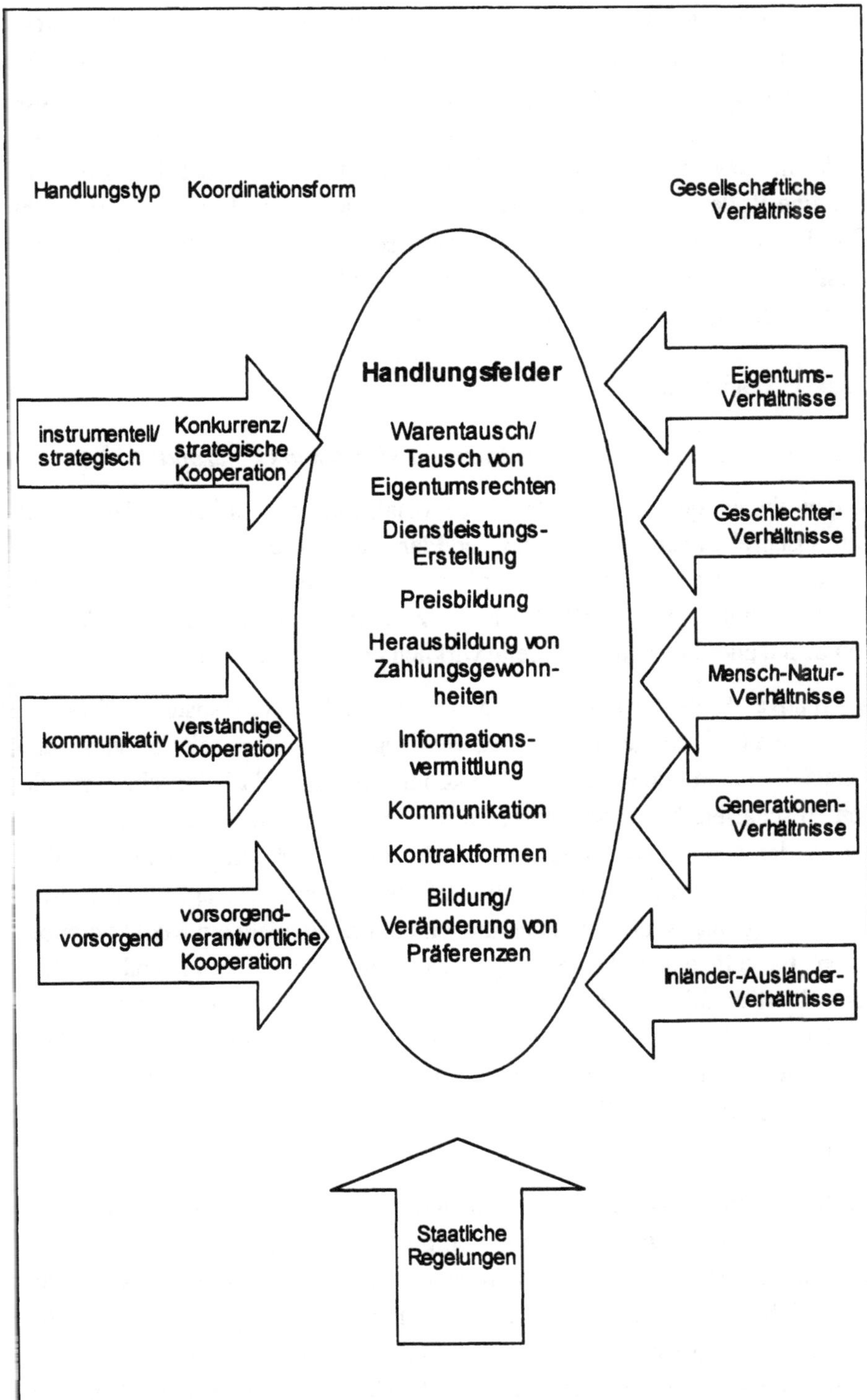

Abb. 73: Der Markt als institutionalisierter Handlungszusammenhang

Wie schon bei der Analyse des Familienhaushalts und des Unternehmens geht es in der MiSÖP bei der Analyse des Marktes vor allem um die Erklärung der Marktprozesse mit Hilfe von verschiedenen Handlungsmustern (Institutionen). In ihnen spielen Handlungstypen und die unterschiedlichen Koordinationsformen ebenso wie gesellschaftliche Verhältnisse und staatliche Regelungen eine Rolle. Für die Koordinationsformen heißt das, dass der Markt nicht ausschließlich über Konkurrenz, sondern sehr wohl auch über strategische, verständigungsorientierte oder verantwortliche/vorsorgende Kooperation erklärt werden kann. Und Macht spielt ebenfalls eine Rolle.

3.1.5 Beispiele

Beispiel 1: Die soziale Konstruktion von Märkten in Osteuropa

In den ehemaligen Ländern des Staatssozialismus gab es keine Märkte. Die Austauschrelationen wurden von der Planungsbehörde festgelegt. Nach der sogenannten Wende galt es daher, diese Wirtschaften in Marktwirtschaften zu transformieren – aber wie? Vor allem zwei Alternativen wurden diskutiert, von denen allerdings nur die zweite wirklich praktiziert wurde:

Alternative A, in die Diskussion gebracht von Institutionalisten und Sozio-Ökonomen (vgl. Kregel u.a. 1992 sowie Kregel u.a. 1994), sah vor, von innen heraus die Institutionen für einen funktionierenden Markt heimischer Produktion zu schaffen, bevor der Markt für den Import ausländischer Waren geöffnet werden sollte. Das bedeutete, zunächst die Produktionsstruktur zu verändern, um die Produktion den Bedürfnissen der Nachfrager anzupassen. Gleichzeitig galt es, die KonsumentInnen auf das Handeln am Markt vorzubereiten. Es galt, einen Preisbildungsprozess in Gang zu setzen und ihn sich kontrolliert entfalten zu lassen. Die Preise sollten erst allmählich freigegeben werden, um dann schließlich in der internationalen Konkurrenz zu bestehen. Diese Herausbildung eines Marktes wäre ein gesellschaftlicher Lernprozess gewesen, in dem sich die Handlungsmuster, die zu Märkten passen, hätten herausbilden können.

Dagegen wurde Alternative B praktiziert – das, was die o.g. Verfasser als „Markt-Schock" bezeichnen: Ohne Lernprozess von innen, ohne institutionelle Veränderung auf der ProduzentInnen- und KonsumentInnenseite wurden die östlichen Volkswirtschaften sofort dem internationalen Handel geöffnet und damit der internationalen Konkurrenz ausgesetzt. Die Effizienz der Produktion konnte der der internationalen Konkurrenz nicht standhalten, viele heimische Produzenten verschwanden vom Markt. Die Märkte, die auf diese Art und Weise konstruiert wurden, waren die Ableger der internationalen Märkte – mit den dort geltenden Bedingungen. Häufig wurden heimische Unternehmen von ausländischen Unternehmungen aufgekauft und geschlossen. Die Preise waren von Anfang an freigegeben und boten damit keinen Schutz mehr für sich neu gründende heimische Unternehmen. (Zur Erinnerung an Friedrich List (vgl. Teil I.2.6): Die in Alternative A vorgeschlagene allmähliche Freigabe der Preise hätte eine Art Schutzzoll dargestellt, hätte der heimischen Industrie Raum gegeben, sich zu entfalten.)

Beide Alternativen stellen einen Weg dar, in einer Wirtschaftsweise, in der es keine freien Märkte gibt, diese gesellschaftlich zu schaffen, sozial zu konstruieren. Alternative A hätte an der Geschichte der entsprechenden Regionen anknüpfen können, hätte die gültigen Handlungsmuster allmählich verändert, hätte Lernprozesse ausgelöst, hätte eine stabile einheimische Ökonomie schaffen können. Alternative B dagegen hat nicht Wert gelegt auf eigenständige Märkte, sondern auf die Öffnung der osteuropäischen Länder für schon bestehende internationale Märkte. Auch das ist ein Prozess sozialer Konstruktion – auch das ist ein Prozess der Bildung von Institutionen. Aber er knüpft nicht an der Geschichte der entsprechenden Länder an, setzt nicht auf dortige Lernprozesse, sondern pfropft die Handlungsweisen und Institutionen internationaler Märkte diesen Ländern auf.

Dies ist ein Beispiel dafür, wie unterschiedlich „derselbe" Markt konstruiert werden kann. Es wird deutlich, wie wichtig hier die Rolle der politischen Macht ist.

Beispiel 2: Die soziale Konstruktion eines Marktes für Pflegedienstleistungen in Deutschland

Pflege alter Menschen ist in unserer Gesellschaft ein wachsendes Tätigkeitsfeld. Erstens steigt die durchschnittliche Lebenserwartung kontinuierlich an, und dadurch steigt die Anzahl der Pflegebedürftigen, zweitens werden die, die pflegen können, aufgrund der seit Jahrzehnten sinkenden Geburtenrate im Verhältnis zu dieser Anzahl immer weniger. Und drittens macht die veränderte Rolle von Frauen, die heute selbstverständlich neben der Familienarbeit auch berufstätig sind, eine gesellschaftliche Lösung notwendig, da die wachsende Pflegearbeit nicht einfach von „Hausfrauen" übernommen werden kann.

Dabei geht es bei der Pflege um eine spezifische Tätigkeit, eine sorgende Tätigkeit, wie sie in unserem Handlungstyp C (caring, Sorgen) zum Ausdruck kommt. Es ist eine Tätigkeit, bei der die Art und Qualität vor allem geleitet ist von den Bedürfnissen der zu pflegenden Menschen. Eine gesellschaftliche Organisation dieser Pflegetätigkeiten hätte auf diese Qualität Rücksicht zu nehmen.

In Deutschland wurde 1996 die Pflegeversicherung eingeführt – eine „fünfte Säule" des sozialstaatlichen Sicherungssystems. Wie in die Krankenversicherung zahlen alle Menschen in eine private oder staatliche Pflegeversicherung ein, um im Alter die entsprechenden Pflegekosten decken zu können. Aus diesen Beträgen werden Pflegedienstkräfte bezahlt, die entweder Familienmitglieder oder Arbeitskräfte bei professionellen Pflegedienstleistern sind. Somit bot die Pflegeversicherung die Grundlage für die Entstehung eines Marktes von Pflegedienstleistungen – die Nachfragenden nach diesen Dienstleistungen sind die alten, pflegebedürftigen Menschen, die Anbietenden sind die Pflegedienste, deren Leistung nach bestimmten, mit den Versicherungen abgestimmten Sätzen bewertet und entsprechend bezahlt werden. Da die Konkurrenz zwischen den Pflegebetrieben hoch und das Geld knapp ist, bildete sich bald eine Pflegestruktur heraus, wie sie aus tayloristischen Arbeitprozessen bekannt ist: Genau nach Minuten wurde festgelegt, welche Pflegetätigkeit wie lange dauern dürfe (z. B. x Minuten für eine Ganzkörperwäsche, y Minuten für das Füttern, z Minuten für das Geschirrspülen. Für Gespräche gibt es keine Minuten, sie sind als bezahlte Dienstleistung nicht vorgesehen). Das Ergebnis (vgl. Süddeutsche Zeitung Nr. 99 vom 30. April/01. Mai 2001: 29): 60% der Pflegebedürftigen können ihre Pflege über die Pflegeversicherung finanzieren. Das Ziel sind 80%. Als Hauptdefizit wird die mangelnde Pflegequalität genannt. Das geht über das Legen von Nahrungssonden, die dem Pflegepersonal die Arbeit des Fütterns erleichtern, bis hin zur Unterversorgung mit Nahrungsmitteln. „Mit anderen Worten: Pflegebedürftigen droht in Pflegeheimen, dass sie verhungern oder verdursten!“ (SZ, Nr. 99: 29).

Was sind die Ursachen für diese Situation? Zwei Grundpositionen sind hier zu unterscheiden:

- Grundposition A: Bei der Institutionalisierung des Marktes für Pflegedienstleistungen sind bestimmte Dinge versäumt worden, z. B. ein System von Qualitätssicherungsprozessen, eine Verbesserung der Vergütung in der Altenpflege, eine bessere Qualifizierung. Hier geht es also darum, die Institutionen, die diesen Markt menschengerecht möglich machen, zu verbessern.

- Grundposition B: Die institutionalisierte Koordinationsform des Marktes passt nicht zu dem Bedürfnis, im Alter gepflegt zu werden. „Grundfehler des Systems ist ..., das sensible Produkt Pflege der freien Marktwirtschaft übergeben zu haben. Pflege sei nicht marktfähig, weil die ‚Kunden’ in der Praxis nicht wählen und ihr Verbraucherrecht nicht einklagen könnten.“ (ebenda). Diese Position besagt, dass das soziale Konstrukt „Markt für Pflegedienstleistungen“ das notwendige Handlungsmuster, in dem das sorgende Handeln im Vordergrund stehen müsste, nicht befördert, sondern behindert. Hiernach müsste Pflege nicht-marktmäßig gesellschaftlich organisiert werden.

Nehmen wir zur Diskussion dieser beiden Positionen unser ABC-Handlungsmodell zu Hilfe, so wird deutlich: Dies Beispiel der sozialen Konstruktion eines Marktes für Pflegedienstleistungen zeigt, dass hier ein Markt konstruiert wurde, auf dem in einer Form „gehandelt" (Typ B) wird, die für das Pflegen nicht geeignet ist. Es bedarf einer anderen Koordinationsform bedarf – der Form des Sorgens, der qualifizierten Ausgestaltung der Sorge-Beziehung (Typ C).

Beispiel 3: Die soziale Konstruktion des Seefischmarktes und der Fischauktion in Bremerhaven (das folgende Beispiel ist bei Brandes 2000 entnommen)

„Vor der Einführung der Fischauktion wurden die Fänge der Seefischer traditionell an örtliche Händler verkauft. Als im 19. Jahrhundert der Bedarf an Seefischen stieg, entstanden in Geestemünde und Hamburg Reedereien mit Kutterflotten. Diese Unternehmen wollten unter Ausschaltung der Kleinhändler direkt an den Endverbraucher verkaufen. Die erste öffentliche Versteigerung von Seefischen der „Ersten deutschen Nordsee-Fischereigesellschaft" fand am 23. Februar 1867 in Bremen statt. ... Unabhängig von dieser ersten kurzen Auktionsepisode hatte sich an den Handelsplätzen an Elbe und Weser ein System von Direktanlandungen etabliert: Fischhändler kauften vor Ankunft der Seefischer die Ware und ließen diese dann im Hafen verkaufen – mit dem Effekt, dass die Seefischer durch diesen Vorverkauf nur wenig Einblick in die Marktpreise bekamen.

Der Markt-Fischhandel hatte sich bisher nur in den Hafenstädten der Küstenregion entwickelt. Als Pioniere des Fischgroßhandels in Deutschland erkannten die Geestemünder Fischhändler Friedrich Busse und Wilhelm Bade jetzt den Vorteil des Fischversands per Eisenbahn. Diese neue Vertriebsmöglichkeit und die Einführung günstiger Bahntarife verschaffte den Fischhändlern einen Absatzmarkt in ganz Deutschland." (Brandes 2000: 14). Der Bahnversand nahm so zu, dass die Bahn einen eigenen großen Fischbahnhof mit neun Verladerampen baute. Erst Mitte der 50er Jahre des 20. Jh. ging der Bahnversand zugunsten des Lkw zurück.

Die Kontinuität des Eisenbahn-Fischversandes wurde durch langfristige Verträge mit Kutterfischern, die die Ware anlieferten, garantiert. Die versandte Menge stieg, als Ende des 19. Jahrhunderts die ersten Dampfschiffe die Fangmenge und die Schnelligkeit enorm steigerten. So reichen die Löschkapazitäten bald nicht mehr aus, das Versandsystem kam an seine Grenzen.

„Der Geestemünder Magistrat bemühte sich um Abhilfe und orientierte sich an den Erfahrungen auf dem ersten deutschen Seefischmarkt in Hamburg, wo seit 1886 die Fänge der Kutter und Fischdampfer über eine Fischauktion versteigert wurden. Die dortigen Auktionatoren Köser und Platzmann hatten das

Verkaufssystem in englischen Hafenstädten kennengelernt. Die Beschickung der Hamburger Auktion mit Seefisch wurde möglich, weil sich 138 der 180 Finkenwerder Fischer verpflichteten, ihre Fänge in der Auktion versteigern zu lassen. Diese neue Vertriebsform bot sowohl für den Verkäufer, also für Schiffer bzw. Reeder, als auch für die Käufer, also den Fischhandel, enorme Vorteile: Der Schiffseigner konnte den Fang gleich nach Ankunft verkaufen und das Schiff für eine neue Fangreise ausrüsten. Auf der anderen Seite hatte der Händler durch das Angebot verschiedener Fischsorten die Möglichkeit, je nach Marktlage einen günstigen Einkaufspreis zu erzielen" (ebenda: 17)

„In Geestemünde begann am 13. Juni 1888 die Versteigerung von Kutter- und Fischdampferfängen am Geestekai. Vorher hatte die Stadtverwaltung eine kleine Auktionshalle bauen lassen und D. E. Müller als ersten Fischauktionator vereidigt. Von den Bruttoerlösen der verkauften Ware erhielt der Versteigerer, der auf eigene Rechnung arbeitete, 4 bis 5%. Von diesen Einnahmen musste er allerdings bis zu 50% an die Stadtkasse abführen. In den folgenden Jahren nahmen die Anlandungen und Auktionsumsätze in dem Maße zu, dass ein zweiter Auktionator eingestellt und neue Versteigerungshallen gebaut wurden.

Die Kapazitäten des Seefischmarkts am Geestekai stießen mittlerweile an ihre Grenzen. Aus diesem Grund entstand – mit tatkräftiger Unterstützung der preußischen Regierung – am Lunedeich in Geestemünde der erste deutsche Spezialhafen für Fischwirtschaft" (ebenda: 17/18).

Dieser Hafen wurde im November 1896 eröffnet. Im gleichen Jahr gründeten Fischgroßhändler und Fischdampfer-Reeder eine Marktgesellschaft, die Fischereihafen-Betriebsgesellschaft (FBG). Diese organisierte die Auktionen. Für die Teilnahme daran zahlten die Reeder einen festgelegten Prozentanteil der Verkaufserlöse. Auktionspreise sind in der Regel schwankende Preise. 1938 wurden sie durch Festpreise ersetzt. Als nach dem zweiten Weltkrieg das Auktionspreissystem wiedereingeführt wurde, dauerte es eine Weile, bis sich die Preise wieder eingependelt hatten. Die Mengen stiegen wieder stark an. Sie reduzierten sich jedoch, als durch politische Entscheidung die Fanggebiete vor Island eingeschränkt wurden. Hinzu kam das Heringsfangverbot in der Nordsee. Die Umsätze gingen zurück. „Im Juni 1998 ging die Ära der Fischauktion unter der Regie der FBG zu Ende" (ebenda: 20).

Dieses Beispiel macht deutlich, wie vielfältig die Akteure sind, die den Seefischmarkt gestalten. Auktionspreise können sich nur deshalb im Sinne eines Angebots-Nachfrage-Mechanismus einpendeln, weil die Institutionen so gestaltet werden, dass dies gelingt. Wo diese Form historisch überholt ist, wird der Markt neu strukturiert. Dieses Beispiel macht deutlich, wie vielfältig die historische Veränderung eines bestimmten Marktes ist.

Beispiel 4: Die soziale Konstruktion eines elektronischen Marktes

Elektronischer Handel, e-commerce, ist im Kommen – wie geht die Gesellschaft mit dieser Neuerung um? Halten ihre alten Institutionen? Kann sie neue konstruieren? Ein Beispiel sind die Bemühungen im Rahmen der europäischen Union, denn e-commerce geht schnell über nationale Grenzen.

> „Genau wie der althergebrachte Handel über den Ladentisch braucht auch das Spiel von Angebot und Nachfrage im elektronischen Geschäftsverkehr seine Regeln. Ohne Regel würde das Vertrauen beider Seiten rasch verschleißen" (Fritz van Nahme in der Zeit Nr. 13. vom 23. März 2000: 32).

Ein Problem ist hier das sog. Bestimmungslandprinzip. Gerichtsort ist demnach, wo der Käufer lebt. Das würde bedeuten, dass jeder neue internationale Internetvertrag ein anderes Rechtssystem als Grundlage hätte. Um diesem Problem zu entgehen, werden in Brüssel Schiedsstellen anstelle der Gerichte diskutiert, die tätig werden, wenn Käufer und Verkäufer im Streit liegen. Es geht um die sogenannte Alternative Dispute Resolution (ADR). Gedacht ist an ein europaweites Netzwerk solch außergerichtlicher Stellen.

Aber: So könnten zwei Arten von Recht entstehen, der Internetmarkt könnte mit dieser Art unkomplizierter und außergerichtlicher Schlichtung das alte Recht aushöhlen. Dennoch: Solche Schiedsstellen sind schon vielfältig in Aktion, z. B. in den Niederlanden. Zu einem europaweiten Netz ist es jedoch noch ein langer Weg.

> „Zudem ist e-europe kein Eiland der Glücksseeligen. Wie sollen die Spielregeln im Geschäftsverkehr außerhalb der Gemeinschaft geregelt werden? Kann die Union ihre Bürger im weltweiten Netz schützen, wie das ihrer bereits in Kraft getretenen Datenschutz-Richtlinie vorschreibt? Eine erste Antwort liefert das Datenschutzabkommen mit den vereinigten Staaten, das in diesen Tagen abgeschlossen wird und im Sommer den Parlamenten vorgelegt werden könnte" (ebenda).

Hier geht es um die soziale Konstruktion von Märkten auf der Grundlage neuer Technologien. Werden die neuen technischen Möglichkeiten durch alte Institutionen (hier: Bestimmungslandprinzip) behindert, oder findet die Gesellschaft passende neue Verhaltensregeln, Institutionen? Welche Interessen spielen dabei welche Rolle? Dies sind typische Fragestellungen des Kritischen Institutionalismus.

3.2 Der Markt als Marktmechanismus – neoklassische Markttheorie als Spezialfall

Aus dieser Vielfalt der die soziale Konstruktion von Märkten prägenden Akteure mit verschiedenen Handlungstypen, Institutionen und politischen Einflussfaktoren wählt die orthodoxe Neoklassik nur wenige Elemente aus, um ihre Analyse des Marktes mit ihren formalen Mitteln durchzuführen: Sie reduziert das Handlungsmodell auf das instrumentelle Handeln (Handlungstyp B) mit der Handlungsmaxime der Nutzen- bzw. Gewinnmaximierung, sie kennt als einziges Koordinationsmittel die relativen Preise, und der einzige Zweck des Marktes, sein eigentliches „Handlungsfeld", wird die Bestimmung des Preises mit dem Ziel, den Gleichgewichtspreis zu finden. Diese Reduktion macht Abb. 74 deutlich:

Handlungstyp	Koordinationsmittel	Handlungsfeld
instrumentell	Relative Preise	Preisbestimmung im Gleichgewicht

Abb. 74: Der Markt in der Neoklassik

Die Analyse wird ort-, zeit- und geschichtslos. Die einzigen Akteure, die für den Markt eine Rolle spielen, sind AnbieterInnen und NachfragerInnen. Unter diesen Annahmen wird der Markt wirklich zu dem, wie Ott ihn in dem o. g. Zitat beschreibt: „Der Markt ist der ökonomische Ort des Zusammentreffens von Angebot und Nachfrage und der Preisbildung."

Abgebildet wird der Markt in dem „Marktkreuz", wie es in Abb. 72 dargestellt wird. Die Fragen, die beantwortet werden sollen, lauten jetzt:

- Warum kommt es überhaupt zum Tausch – und wie steigert der Tausch die Wohlfahrt?
- Was ist der Preis? Wie bildet er sich? Welche Funktionen hat er? Was ist ein Marktgleichgewicht und ein Gleichgewichtspreis?

3.2.1 Das reine Tauschgleichgewicht – Edgeworth-Box und Pareto-Optimalität

Gemäß der Modellierung der ökonomisch handelnden Menschen in der Neoklassik als „homines oeconomici" kommt es nur dann zum Tausch, wenn sich beide Tauschende durch den Tausch verbessern können – wenn der Tausch also Wohlfahrtseffekte für beide hat. Diese Wohlfahrtseffekte bieten die Grundlage für das Eintreten der Neoklassik für den Markt als die beste, meist einzig gute Form der Handlungskoordination von wirtschaftenden Individuen.

Wie lassen sich diese Wohlfahrtseffekte bestimmen? Graphisches Mittel für die Bestimmung ist die sogenannte Edgeworth-Box, die der Ökonom Edgeworth (1845-1926) entwickelt hat. In ihr werden zwei Individuen/Haushalte miteinander kombiniert, ihre Indifferenzkurven-Systeme werden in einen gemeinsamen Güterraum eingezeichnet. Dieser ist bestimmt durch die Menge der beiden zu Verfügung stehenden Güter 1 und 2. Angenommen wird nun eine Ausgangsverteilung dieser Güter, und von dieser her wird gefragt, ob und in welchem Maße sich die beiden Individuen durch einen Austausch in ihrer Wohlfahrt verbessern können und wo das Wohlfahrtsoptimum liegt.

Nennen wir das eine Individuum A, das andere B, und bezeichnen wir die Güterbestände x_1 und x_2 für A und B jeweils mit einem entsprechenden Index, so lässt sich die Edgeworth-Box wie in Abb. 75 darstellen.

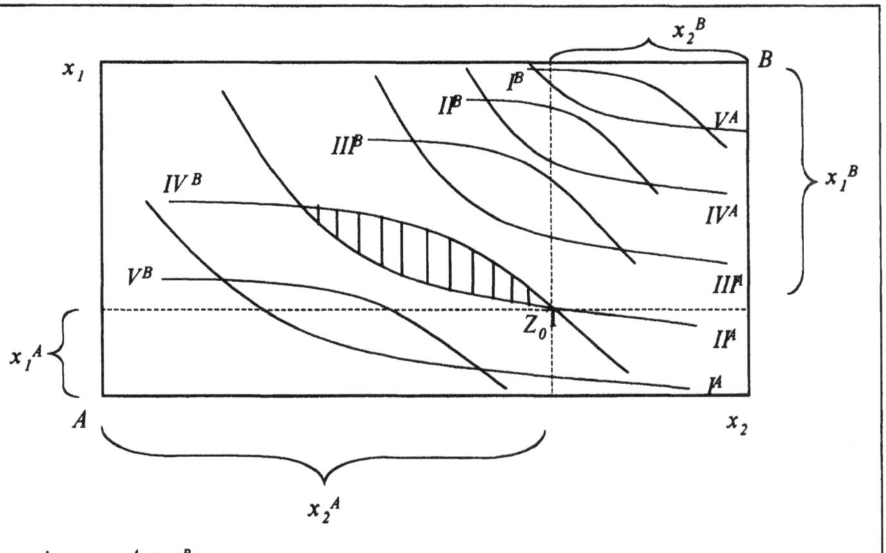

mit: $x_1 = x_1^A + x_1^B$
$x_2 = x_2^A + x_2^B$
$x_1 + x_2$ = verfügbare Gütermenge
x_1^A, x_2^A = Anfangsausstattung von A
x_1^B, x_2^B = Anfangsausstattung von B

Abb. 75: Die Edgeworth-Box

Auf der Grundlage der gegebenen Anfangsausstattung befindet sich Individuum A auf ihrer Indifferenzkurve mit dem Nutzen-Index II^A, während Individuum B sich auf seiner Indifferenzkurve mit dem Nutzen-Index IV^B befindet. Die Frage lautet nun: Kommt es zwischen den beiden Individuen zum Tausch – und wenn ja, warum und in welchem Ausmaß?

Die Antwort lautet: Ja, es kommt zum Tausch. Denn über Tausch können beide ihr Nutzenniveau verbessern, beide können eine jeweils weiter von ihrem Ursprung entfernt liegende Indifferenzkurve erreichen. Der potenzielle

Tauschraum ist in Abb. 75 gestrichelt gezeichnet. Jeder Punkt in diesem gestrichelten Raum, in dieser „Linse“, ist ein Punkt mit höherem Nutzen sowohl für A als auch für B.

Die Individuen A und B tauschen, so kann man sich den Prozess vorstellen, so lange, bis beide ihre höchstmöglichen Indifferenzkurven erreicht haben. Obwohl jeder Punkt in der Linse einen höheren Nutzen für beide Tauschpartner darstellt, wird der Tausch nur entlang der sog. Kontraktkurve stattfinden. Die Kurve besteht aus Punkten, wo sich die Indifferenzkurven nur noch berühren, nicht mehr schneiden (vgl. Abb. 76).

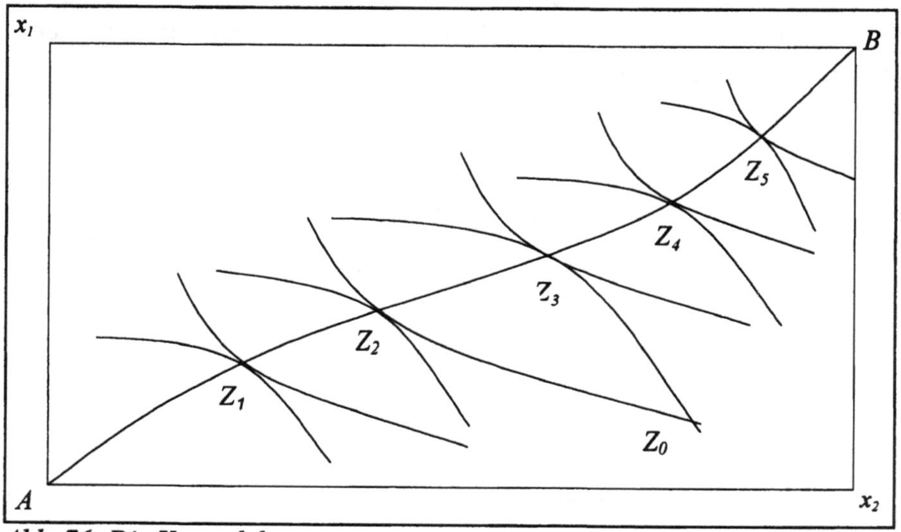

Abb. 76: Die Kontraktkurve

Außerhalb der Kurve kann der Tausch zumindest einen Tauschpartner besser stellen, ohne den anderen schlechter zu stellen, weil für jeden Punkt außerhalb der Kurve eine Indifferenzkurven-Linse gezeichnet werden kann. Andererseits kann im Punkt auf der Kontraktkurve weder *A* noch *B* ihre/seine Situation verbessern, ohne dass die/der andere schlechter gestellt wird. Hier ist die maximale Wohlfahrt erreicht, die Gesellschaft befindet sich im *Pareto-Optimum.* (Dieses Optimum wurde zwar vom englischen Ökonomen F.Y. Edgeworth gefunden, es war jedoch V. Pareto, der einen Zusammenhang zwischen diesem Optimum und Marktkonkurrenz herstellte und damit *den* Grundstein für die neoklassische Wohlfahrtsökonomik legte. Dafür ist das Optimum nach ihm genannt.)

Ein Zustand heißt Pareto-Optimum, wenn es keinen anderen Zustand gibt, der für mindestens ein Individuum besser und für kein Individuum schlechter ist.

Die formale Bedingung für dieses Optimum wird dadurch gegeben, dass in jedem Punkt auf der Kontraktkurve die Steigungen der beiden Indifferenzkurven gleich sind. Erinnern wir uns daran (vgl. Teil I.3.1), dass diese Steigung allgemein bestimmt ist als:

$\left|\frac{dx_1}{dx_2}\right| = \frac{\partial U / \partial x_2}{\partial U / \partial x_1}$, so gilt jetzt für das Pareto-Optimum:

$$\frac{\partial U^A / \partial x_2}{\partial U^A / \partial x_1} = \left|\frac{dx_1}{dx_2}\right| = \frac{\partial U^B / \partial x_2}{\partial U^B / \partial x_1}$$

Den Ausdruck $|dx_1/dx_2|$ haben wir als Grenzrate der Substitution bezeichnet. Die obige Formel besagt, dass die Grenzrate der Substitution im Pareto-Optimum für alle Tauschpartner identisch ist.

Wir haben nun die erste Antwort auf die Frage gefunden, bis wann getauscht wird. Es wird getauscht, bis die Tauschpartner auf das Teilstück der Kontraktkurve gekommen sind, das innerhalb der Indifferenzkurve-Linse liegt. Dieses Teilstück wird Kern („*Core*") genannt. Wo genau auf diesem Teilstück der Kontraktkurve der Tausch stattfindet, wissen wir nicht. Dafür ist eine zusätzliche Annahme nötig.

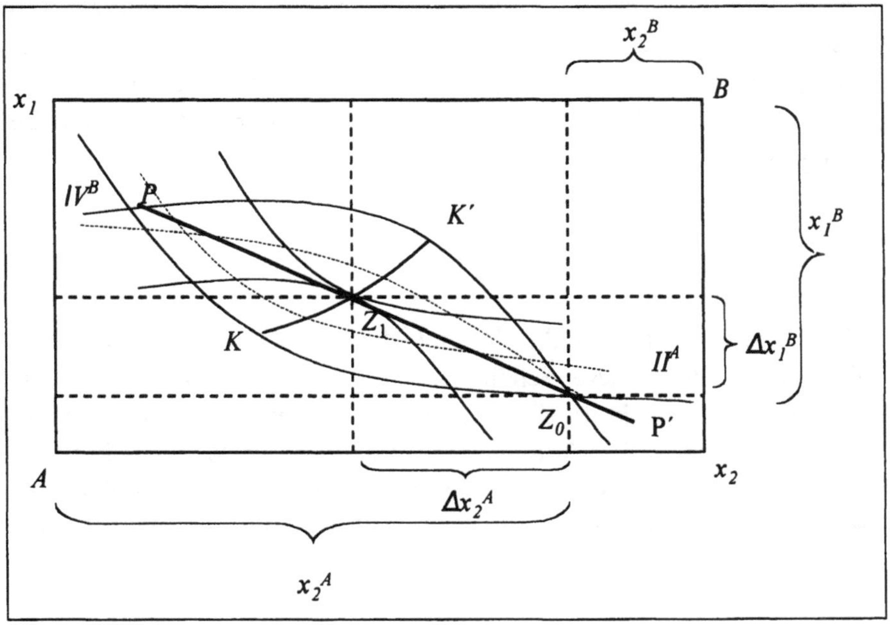

Abb. 77: Der potenzielle Tauschraum - die Indifferenzkurven-„Linse"

Zur Verdeutlichung und zur Klärung der Frage, bis zu welchem Punkt getauscht wird, bildet Abb. 77 die gestrichelte Linse der Abb. 75 noch einmal genauer ab.

Mit der Linie *KK'* wird der Kern gezeichnet. Hier wird das Preisverhältnis ausgedrückt durch das Tauschverhältnis, durch das Verhältnis also, in dem zwischen *A* und *B* getauscht wird. Zum Beispiel unterscheiden sich die Punkte Z_0 und Z_1 in Abb. 77 dadurch, dass *A* das Gut 2 im Umfang von Δx_2^A abgibt im Tausch für Δx_1^B. Sei zum Beispiel das Verhältnis 2:1, so lautet das Tauschverhältnis: $2x_2^A = x_1^B$, oder allgemeiner $p_2 dx_2 = p_1 dx_1$.

Daraus folgt $\frac{dx_1}{dx_2} = \frac{1}{2} = \frac{p_2}{p_1}$

Dementsprechend kann jedem Punkt im Kern ein eindeutiges Austausch- bzw. Preisverhältnis zugeordnet werden. Hier wird das Preisverhältnis endogen vom Verhandlungsgeschick der Tauschpartner bestimmt. Wenn dieses Preisverhältnis dagegen den Tauschpartnern exogen von außen vorgegeben würde, würde das Austauschverhältnis $|dx_1/dx_2|$ auch zu einer festen Größe. Dann könnte man nun auf die Frage genau antworten, bis zu welchem Punkt getauscht wird. Ein exogenes, festes Preisverhältnis wird in der Neoklassik mit der Annahme der vollständigen Konkurrenz ins Modell eingeholt. Die Gerade *PP'* in Abb. 77 stellt ein solches Preisverhältnis dar. Da die Anfangsausstattung Z_0 auf dieser Geraden liegt, ist die Gerade zugleich die Budgetgerade für beide Akteure in dem Sinne, dass die mit den Preisen bewerteten Mengen nach dem Tausch die mit den Preisen bewerteten Anfangsausstattungen nicht übersteigen können. Der Schnittpunkt von Kontraktkurve und Budgetgerade, Z_1, ist der gesuchte Gleichgewichtspunkt, wo der Tausch aufhört. Da die Steigung der Budgetgerade p_2/p_1 ist, erfüllt dieser Punkt formal die folgende Bedingung:

$$\frac{p_2}{p_1} = \left|\frac{dx_1}{dx_2}\right|$$

Im Gleichgewicht entspricht die Grenzrate der Substitution dem umgekehrten Preisverhältnis. Wenn dieser Schnittpunkt außerhalb der Linse liegt, bedeutet es, dass der Schnittpunkt für einen Tauschpartner weniger Nutzen als die Anfangsausstattung hat. Der Tausch zwischen diesen beiden Tauschpartnern findet daher nicht statt. Jeder Akteur wird dann nach neuen Tauschpartnern suchen, die unter der Annahme der vollständigen Konkurrenz reichlich vorhanden sind.

3.2.2 Interpretation und kritische Reflexion des Pareto-Optimums

Die Diskussion dieses Pareto-Optimums macht deutlich: Seine Lage ist durch die vorgegeben Präferenzstrukturen (Indifferenzkurven) bestimmt. Durch den Tausch werden aber je nach der Anfangsausstattung unterschiedliche, optimale Verteilungen der Güter (wir sagen auch eine optimale Allokation der Ressourcen) erreicht. Das Pareto-Optimum ist ein reines Allokations-Optimum.

Mit dem Wohlfahrtskriterium des Pareto-Optimums gibt es keine Möglichkeit, zwischen verschiedenen optimalen Punkten zu vergleichen, einen als besser als den anderen darzustellen. Denn, wie wir aus der Diskussion der Entstehung des ordinalen Konzepts der Indifferenzkurven wissen, gibt es in dieser Theorie keine interpersonellen Nutzenvergleiche. Auch wenn z.B. in Abb. 76 im Punkt Z_5 Individuum *B* nur eine ganz geringe Ausstattung der beiden Güter hat, während *A* sehr reich an Gütern ist, gibt es kein Argument dafür, den Punkt Z_4 dem Punkt Z_5 vorzuziehen. *A* müßte hier „abgeben" – *B* erhielte dazu. Der neue Punkt Z_4 wäre aber nur dann besser als Z_5, wenn der Nutzenentgang von *A* durch den Nutzenzuwachs von *B* kompensiert werden würde. Einen solchen Gedanken läßt die hier diskutierte Theorie nicht zu. Eine Umverteilung der Güter führt somit nicht zur Wohlfahrtssteigerung. Die Neoklassik kann somit keine Aussage über eine bessere oder schlechtere Vermögens- bzw. Einkommensverteilung machen. Diese hat mit dem Pareto-Optimum nichts zu tun.

Was also genau sagt das Pareto-Optimum aus und welches sind die Hauptkritikpunkte? Das Pareto-Optimum gibt die Allokationseffizienz im Tausch von Individuen mit unabhängigen Präferenzen an, die ihr Nutzenmaximum realisieren. Als Kritikpunkte werden folgende in der Diskussion genannt:

- Aus der Neoklassik selbst kam die Kritik an der Unvergleichbarkeit der verschiedenen pareto-optimalen Punkte. Es wurde Versuche gemacht, mit dem sog. Kaldor-Hicks-Kriterium einen vollständigen Vergleich zwischen unterschiedlichen Zuständen zu ermöglichen. Hier wird angenommen, dass der/diejenige, der/die einen Nutzenverlust erleidet, durch fiktive Kompensationszahlungen entschädigt wird (vgl. Teil III.2).
- Eine andere immanente Kritik wurde von Seiten der neoklassischen Umwelt- und Ressourcenökonomik sowie der Ökologischen Ökonomik geäußert:

  In dem Modell, das zum Pareto-Optimum führt, werden, so die Kritik, nicht alle Kosten erfasst, die in die Preisbildung eigentlich eingehen müssten. Ausgeschlossen werden sogenannte negative externe Effekte. Externe Effekte sind nicht erfasste (damit nicht internalisierte) Auswirkungen der ökonomischen Tätigkeiten aus einem ökonomischen Handlungszusammenhang heraus auf andere, die nicht zu diesem Zusammenhang gehören. Negative externe Effekte sind z. B. die Erwärmung des Weser-Wassers durch die Stahlproduktion in Bremen, Straßenlärmbelästigung durch LKW-Verkehr, Verschmutzung der Ostsee durch Tanker-Unglücke. Positive externe Effekte sind z. B. Vorteile, die Haushalte durch technischen

Fortschritt haben, der in Unternehmen entwickelt wurde, oder gute Luft in Großstädten durch die Arbeit der vielen KleingärtnerInnen. Die Existenz von negativen und positiven externen Effekten, so die Kritik, bedeutet, dass die Marktlösung nicht mehr pareto-optimal ist.

- Auch mit Hilfe der Spieltheorie lässt sich deutlich machen, dass die Marktlösung nicht mehr effizient ist: Erinnern wir uns an das Gefangenendilemma (vgl. Teil I.3.2). Dieses zeigt, dass bei bestimmter Struktur der Auszahlungsmatrix die beiden ökonomisch-rational handelnden Spieler nicht zum gemeinsamen Optimum finden. Individuelle und gesellschaftliche Rationalität, individuelles und gesellschaftliches Optimum fallen auseinander. Beide gehören nur zusammen, wenn, was im Pareto-Optimum unterstellt ist, das Spiel ein „Konvergenzspiel" ist. Das ist aber eine ganz spezielle Annahme. Aus dieser Kritik folgt, dass es auch unter den von der Neoklassik gemachten Ausnahmen nur in Ausnahmefällen zum Pareto-Optimum kommt.

- Ebenfalls mit Hilfe der Spieltheorie, aber auch über andere Kritiken wurde deutlich, dass im Güterraum, im dem das Pareto-Optimum bestimmt wird, öffentliche Güter ausgeschlossen sind. Sie werden aufgrund der individuellen Rationalität nicht hergestellt.

- Eine andere Kritik wurde von Seiten der sozialökonomischen Konsumforschung formuliert: Sie betrifft die unterstellte Unabhängigkeit der individuellen Präferenzen. Basierend auf der Theorie der Kritischen Institutionalismus wird der Begriff der „Positionalität" verwendet. Damit ist gemeint, dass die Individuen ihre Wünsche nicht aufgrund unabhängiger Präferenzen realisieren wollen, sondern dass sie sich mit anderen vergleichen, dass es ihnen darauf ankommt, ihre Position im Vergleich zu anderen zu verbessern. Damit werden die Präferenzen abhängig voneinander, das Indifferenzkurven-Schema bricht zusammen.

- Von Seiten der in Abschnitt 1 dieses Kapitels dargestellten Ansätze einschließlich der Analyse von Märkten als institutionalisierte Handlungszusammenhänge (MiSÖP) kommt zu diesen Kritikpunkten hinzu, dass Märkte nie als reine Gleichgewichts-Mechanismen abgebildet werden können, sondern sozial konstruierte und institutionalisierte Handlungszusammenhänge sind. Nach dieser Sicht gibt es keine Tendenz zum Gleichgewicht und damit auch nicht zu einem wie immer gearteten Pareto-Optimum. Die Frage, was eine „gute" Marktlösung ist, ist die Frage wirtschaftspolitischer und gesellschaftlicher Gestaltung von Institutionen. Es ist eine Frage der Handlungsmuster, in denen neben der Orientierung am individuellen Nutzen die Orientierung an Verständigung miteinander und an der Sorge füreinander enthalten ist. Damit gibt es keine mathematisch bestimmbare Optimalität – die Frage, was ein „guter Markt“ ist, ist die Frage gesellschaftlicher Verständigungsprozesse und gesellschaftlicher Bewertungen.

3.2.3 Das Marktgleichgewicht bei vollständiger Konkurrenz

Das Pareto-Optimum in der orthodoxen Neoklassik spielt sich unter der dort gemachten Annahme der vollständigen Konkurrenz zwischen individuell-nutzenmaximierenden Individuen ein. Der Preis tendiert zum Gleichgewicht, damit hat er eine „Markträumungsfunktion“. Im Pareto-Optimum sind alle Märkte geräumt.

Sehen wir uns dieses Modell der vollkommenen Konkurrenz genauer an, so stoßen wir sowohl auf andere Preisfunktionen als auch auf spezifische Marktbedingungen. Andere Preisfunktionen sind:

- die Informationsfunktion (die Nachfragenden wissen, dass sie eine bestimmte Ware zu einem bestimmten Preis kaufen können);
- die Allokationsfunktion (der Preis sorgt dafür, dass alle Produktionsfaktoren optimal verteilt sind);
- die Distributionsfunktion (es wird für eine optimale Verteilung der Waren über die Nachfrage gesorgt);
- die Koordinationsfunktion (Angebot und Nachfrage werden miteinander koordiniert).

Der vollkommene Markt, auf dem diese Preisfunktionen sich entfalten, ist durch folgende Homogenitätsbedingungen charakterisiert:

- Homogenität der Güter. Das bedeutet, dass die Güter sachlich als gleichartig angesehen werden.
- Abwesenheit von persönlichen Präferenzen. Das heißt, Anbieter und Nachfrager sind sich gegenseitig vollständig fremd, es gibt keine Präferenzen für die eine oder den anderen.
- Abwesenheit von zeitlichen Präferenzen. Das bedeutet, dass es weder auf der Seite des Angebots noch auf der Seite der Nachfrage Präferenzen dafür gibt, zu bestimmten Zeiten zu kaufen oder verkaufen.
- Abwesenheit von räumlichen Präferenzen. Die AnbieterInnen und NachfragerInnen ziehen keine Orte des Kaufens oder Verkaufens anderen vor.
- Es besteht vollständige Markttransparenz. Das bedeutet, dass alle MarktteilnehmerInnen vollkommen über die Marktbedingungen (Anzahl, Qualität und Preis der Waren) informiert sind.

Auf einem solchen vollkommenen Markt herrscht vollständige Konkurrenz. Diese Form der Konkurrenz beinhaltet somit, dass es sehr viele kleine AnbieterInnen und sehr viele entsprechend kleine NachfragerInnen gibt, die unter den genannten fünf Homogenitätsbedingungen handeln. Der Gleichgewichtspreis ist pareto-optimal, der Markt lässt sich als „Marktkreuz" gemäß Abb. 72 darstellen.

3.2.4 Die Weiterentwicklung neoklassischer Markttheorie in der Neuen Institutionenökonomik

Erinnern wir uns (vgl. Teil I.3.2), dass die Neue Institutionenökomomik (NIÖ) die Annahme der vollkommenen Informatior der Individuen und damit der vollkommenen Rationalität aufgibt und die Existenz von Transaktionskosten berücksichtigt, so werden schon zwei Kritikpunkte an der oben dargestellten orthodoxen neoklassischen Marktanalyse deutlich:

- die Kritik der fünften Homogenitätsbedingung, d. h. die Kritik der vollständigen Markttransparenz;
- die Kritik an der Nicht-Beachtung von Transaktionskosten und damit der Tatsache, dass Marktprozesse selbst Kosten verursachen.

Insbesondere hinter dem *Konzept der Transaktionskosten* steckt eine neue Sicht auf die Marktprozesse. Sie werden als Tauschbeziehungen verstanden, als Transaktionen, die von den Beteiligten organisiert werden müssen (vgl. Haase 2000). Damit ist nicht mehr der Preisbildungsprozess in einem exogen gegebenen Markt im Mittelpunkt der Analyse, sondern der Markt selbst wird Gegenstand der Untersuchung. Es gilt, auch das Wesen „des Marktes als soziale Einrichtung sich wiederholenden Tausches zwischen einer Mehrheit von Tauschreflektanten im Vergleich zum Gelegenheitstausch zwischen Einzelnen" (Richter/Furubotn 1999: 310) zu erklären.

Der Markt wird folgendermaßen bestimmt:

> „Die Organisation ‚Markt' besteht aus institutionellen Regeln plus den sie schaffenden und anwendenden Menschen, die sich erhoffen, daß sie auf diesem Weg ein höheres Nutzenniveau erreichen können als über den Gelegenheitstausch ... Der Zweck der Organisation eines Marktes ist natürlich die effiziente Organisation des Tausches, d. h.: Die Erleichterung der Markttransaktionen (einschließlich der Beschaffung, der Übertragung und der Garantie der Verlässlichkeit von Information)" (Richter/Furubotn 1999: 310).

Was hier als Organisation bezeichnet wird, ist der institutionalisierte Handlungszusammenhang der MiSÖP. In der NIÖ sind „Institutionen" formelle oder informelle Handlungsregeln. „Organisationen" sind diese Regeln, angewendet von Menschen. Haushalt, Unternehmen und Märkte sind gemäß dieser Sprachregelung der NIÖ „Organisationen".

Im Markt, dieser Organisation des Tausches, entstehen den Akteuren sowohl Transaktionskosten als auch „Transaktionsnutzen". (Dieser Nutzen ist aber in der NIÖ nicht nur positiv, sondern auch negativ definiert, über die Verringerung bzw. Abwesenheit von Transaktionskosten.) Würde letzterer fehlen, würden sie keinen Markt organisieren. Das Mittel, mit dem organisiert wird, sind Verträge – vor allem sogenannte „relationale Verträge". Damit sind langfristige Vereinbarungen gemeint, die insofern der Existenz unvollständiger Informationen Rechnung tragen, als sie in der Lage sind, Unerwartetes noch zu berücksichtigen. Es sind also bewusst unvollständige Verträge.

In neueren Untersuchungen im Rahmen der NIÖ wird noch ein entscheidender anderer Kritikpunkt bezüglich der orthodoxen Neoklassik formuliert. Es wird nicht mehr von homogenen, sondern von heterogenen Gütern ausgegangen, der sog. „asset specifity", die letztlich darüber entscheidet, ob der Markt oder eine andere Koordinationsform/Organisation für die Vertragsdauer transaktionskostenoptimal ist. Damit entfallen alle Homogenitätsannahmen, unvollkommene und asymmetrische Informationen führen überall zu Heterogenitäten. Das bringt auch *eine andere Definition des Güterbegriffs* mit sich: Güter sind in der Neuen Institutionenökonomik Bündel von Eigentumsrechten. Der Nutzen von Gütern hängt damit nicht ausschließlich von der physikalischen Eigenschaft, sondern von den Handlungsmöglichkeiten ab, die diese Güter eröffnen.

Dabei bedeutet Organisation von Märkten nicht nur viel mehr als Preisbildung, nicht nur Vertragsabschlüsse, sondern sie bedeutet auch Koordination zwischen den Marktteilnehmern durch Kooperation. Unterschieden wird zwischen vertikaler Kooperation (der Kooperation zwischen Käufern und Verkäufern) und der horizontalen Kooperation (der Kooperation jeweils nur zwischen KäuferInnen oder VerkäuferInnen). Diese Kooperationen werden mit Hilfe von informellen oder formellen Regeln, häufig festgeschrieben in Verträgen, organisiert. Über sie kommt die Rolle sozialer Beziehungen als strategische Kooperationen in den orthodoxen Analyserahmen der Ökonomik herein.

Die NIÖ definiert den Markt schließlich offener als die orthodoxe Neoklassik. Die Tauschbeziehungen, die Transaktionsaktivitäten, werden in folgende Prozesse untergliedert: Suche, Inspektion, Vertragsschluss, Erfüllung, Kontrolle und Durchsetzung. In der herkömmlichen neoklassischen Vorstellung ist die Analyse des Marktes spätestens mit Vertragsschluss beendet. Damit wäre ein Teil der Transaktionsaktivitäten aus dem Markt hinaus definiert. Richter und Furubotn schreiben daher:

> „Es empfiehlt sich daher, die Organisation ‚Markt' im weiteren Sinne zu betrachten, also unter Einbeziehung der Phase nach Vertragsschluss, so wie wir das taten. Infolge dessen wird die Überschneidung mit der Organisation ‚Unternehmen' unvermeidbar, ... „ (Richter/Furubotn 1999: 341).

Damit nähert sich die Neue Institutionenökonomik in ihrer Marktanalyse stark der Analyse im Rahmen der MISÖP bzw. des Kritischen Institutionalismus. Unterschiedlich bleiben nach wie vor die grundlegenden Modellannahmen: Die Neue Institutionenökonomik hält am methodologischen Individualismus fest, „homo oeconomicus" wird, wie wir schon wissen (vgl. Teil I.3.2), verwandelt in den opportunistischen Menschen:

> „Asymmetrische Information eröffnet Möglichkeiten opportunistischen Verhaltens der Gegenseite. Unter Opportunismus wird dabei das Verfolgen von Eigeninteresse unter Zuhilfenahme von List verstanden. Die Rechtsprechung ist ebenfalls dem Problem asymmetrischer Information ausgesetzt. Rationale Individuen versuchen, dem Opportunismus der Gegenseite durch Schaffung geeigneter Anreiz- und Abschreckungsmechanismen Rechnung zu tragen" (Richter/Furubotn 1999: 44).

Dieser „homo oeconomicus mit List" bleibt ein verständigungsunfähiges, nicht-sorgendes Individuum.

Aus diesen Grundannahmen erklärt die NIÖ die Entwicklung von Regeln/Institutionen des Marktes. Wenn auch eingeschränkt, so sind die MarktteilnehmerInnen doch immer rational handelnd, wählen ihre Marktorganisation, ihre Struktur der Verträge unter der Bedingung unvollständiger Information so rational wie möglich:

> „Das Rationalprinzip dominiert auch das wirtschaftstheoretische Denken der Vertreter der NIÖ, in ihren früheren Arbeiten im Sinne vollkommener individueller Rationalität, in neuerer Zeit wird zunehmend dem Gedanken der unvollkommenen individuellen Rationalität (dem eingeschränkt rationalen Verhalten) Aufmerksamkeit geschenkt" (Richter/Furubotn 1999:43).

3.3 Neoklassische Umwelt- und Ressourcenökonomik

Im Rahmen der orthodoxen Neoklassik hat sich ein Themenstrang entwickelt, der mit dem neoklassischen methodischen Instrumentarium Umweltprobleme analysiert: die Umwelt- und Ressourcenökonomik.

Diese knüpft an den Begriff der externen Effekte an – an die Einsicht also, dass Märkte deshalb nicht zum Pareto-Optimum führen, weil nicht alle Auswirkungen der jeweiligen ökonomischen Aktivitäten in die entsprechenden Preise eingehen. Vielmehr werden diese Wirkungen „externalisiert", auf andere Wirtschaftssubjekte oder auf die natürliche Mitwelt abgeschoben. Würden diese externen Effekte internalisiert, d. h. in die jeweilige Wirtschaftsrechnung des sie auslösenden Individuums einbezogen, so würden im Fall von negativen externen Effekten die Kosten, im Fall positiver externer Effekte die produzierten Nutzen steigen.

3.3.1 Negative externe Effekte als Ansatzpunkt

Im Mittelpunkt der umweltökonomischen Bemühungen steht die Internalisierung negativer externer Effekte in die jeweilige private Wirtschaftsrechnung. So lange es diese negativen Effekte gibt, führt die vollständige Konkurrenz nicht zu einer optimalen Lösung, werden suboptimale Marktlösungen erreicht. Die Individuen maximieren ihren Nutzen, indem sie ihre Grenznutzen und ihre Grenzkosten ausgleichen, berücksichtigen aber bestimmte Kosten nicht, so dass sie irrtümlich einen suboptimalen Punkt realisieren. So werden z. B. Getränkedosen produziert, deren Entsorgung als Kosten der Gesellschaft aufgebürdet werden. So maximiert z. B. ein Kleingärtner seinen Nutzen, indem er um 14 Uhr in der Mittagszeit seinen Rasen mäht, wobei er die Kosten als Störung durch Lärm auf die Nachbarn abschiebt. Die neoklassische Interpretation des Umweltproblems besagt also, dass es dieses gibt, weil nicht alle Kosten internalisiert sind.

3.3.2 Internalisierung externer Effekte mit Hilfe der Pigou-Steuer

Schon 1920 hatte der Wirtschaftswissenschaftler Pigou eine bestimmte Form der Internalisierung vorgeschlagen. Sein Grundgedanke lautete: Die privaten Grenzkosten liegen unter den sozialen Grenzkosten. Damit wird ein suboptimaler Zustand über den Markt erreicht. Der Staat soll daher eine Steuer einführen, die die privaten Grenzkosten auf das Niveau der sozialen Grenzkosten anhebt. Diese Steuer soll gerade ein solches Ausmaß haben, dass die Pareto-Effizienz der dann erreichten Gleichgewichtslösung hergestellt wird (Abb. 78)

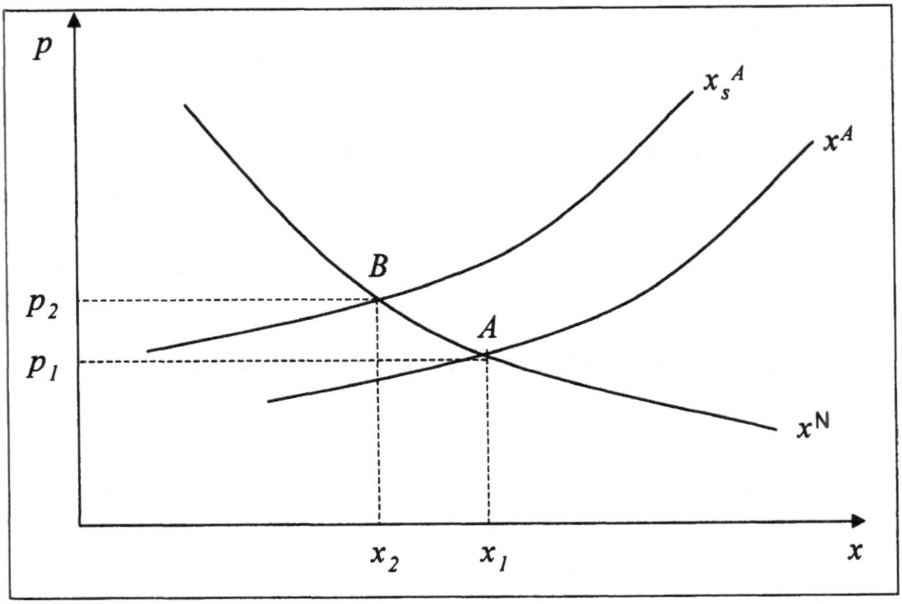

Abb. 78: Internalisierung mit Hilfe der Pigou-Steuer

- In der Grafik stellt x^N die Nachfrage-Kurve, x^A die Angebotskurve dar. Der Gleichgewichtspunkt ist Punkt A, die realisierte Menge x_1, der realisierte Preis p_1. Weil ein Teil der Kosten nicht eingerechnet ist, ist dieser Preis zu niedrig, die verkaufte Menge zu hoch. Mit Hilfe einer Steuer wird die Angebotskurve, die der Grenzkostenkurve des Anbieters entspricht, auf das Niveau der sozialen Grenzkostenkurve x_s^A angehoben. Der neue Gleichgewichtspunkt ist der Punkt *B* mit dem Preis p_2 und der Menge x_2. Die neue Gleichgewichtsmenge ist kleiner als die ursprüngliche, der neue Gleichgewichtspreis ist größer.

Diese Lösung birgt zwei Probleme unterschiedlicher Qualität in sich:

- Sie unterstellt, dass die soziale Grenzkostenkurve bekannt ist. Der Staat, der die Steuer erhebt, weiß also, wie hoch die externen Effekte sind.
- Die Internalisierung externer Effekte erfolgt über einen Staatseingriff.

Die erste Annahme ist unrealistisch, die zweite widerspricht der „preanalytic vision“ der neoklassischen Theorie. Für sie gilt es ja gerade, Lösungen über den Markt, ohne Staatseingriff, zu finden. Somit blieb die theoretische Aufgabe bestehen – wie können externe Effekte ohne staatliche Eingriffe internalisiert werden?

3.3.3 Verhandlungslösung und Transaktionskosten

In seiner Schrift „The problem of social costs” von 1960 behandelt Ronald Coase eine solche Lösung. Der Grundgedanke lautet: Wenn wir die ganze Natur zu Eigentum von EigentümerInnen machen, wenn wir also Eigentumsrechte an der Natur definieren, werden die rationalen Individuen eine paretooptimale Naturnutzung durch Verhandlungen selbst bestimmen. Das ist als *Coase-Theorem* in die Literatur der Neoklassik eingegangen.

Coase selbst illustriert seine Grundidee an einem Beispiel, in dem ein Viehzüchter einem Getreidebauern gegenübersteht, dessen Felder von dem Vieh des Viehzüchters zertrampelt werden. Dieses sind die negativen externen Effekte. Coase arbeitet heraus, dass eine Lösung dann möglich ist, wenn die Eigentumsrechte entsprechend gestaltet werden.

Das soll im folgendem am Beispiel des Rasenmähens, wie es Feess-Dörr in seinem Buch „Mikroökonomie“ von 1991 illustriert, erläutert werden:

> „Was damit (mit dem Coase-Theorem A.B./S.K.) gemeint ist, illustriert das einfache Beispiel eines Gartenbesitzers, dem um 15.30 Uhr das Recht zum Rasenmähen zu-, und um 23 Uhr abgesprochen wird.
>
> Bleiben wir beim Rasenmähen um 15.30 Uhr und nehmen wir an, daß die Grenzschädigung aus dem Lärm für den Nachbarn B den Grenznutzen der

Gartenarbeit für Besitzer A übersteigt. Unter rein ökonomischen Kalkülen (Nutzenmaximierung!) ist es für B dann rational, A *Kompensationszahlung* anzubieten, damit dieser die nervtötende Tätigkeit einstelle. Übersteigt der Grenzschaden annahmegemäß den Grenznutzen des Rasenmähens, so können dadurch *beide* Verhandlungspartner eine Verbesserung ihrer Ausgangssituation herbeiführen, weil die Kompensationszahlung *unterhalb* des ursprünglichen Grenzschadens, aber *oberhalb* des ursprünglichen Grenznutzens liegt. Der Verhandlungsprozess kommt erst zum Stillstand, wenn eine pareto-effiziente Schadstoffreduktion (hier: Lärmreduktion) eingetreten ist. Ein zweites Ergebnis (neben der Betonung der Rolle der Eigentumsrechte, A. B./S. K.) der Coase-Analyse ist demnach, dass durch Verhandlungen eine dem Marktprozess vergleichbare pareto-effiziente Lösung erreicht werden kann, sofern die Eigentumsrechte (das Recht auf Rasenmähen um 15.30 Uhr und das Recht auf Ruhe um 23 Uhr) präzise festgelegt sind. Auf den ersten Blick scheint festgehalten werden zu können, dass externe Effekte nur beim Fehlen entsprechender Eigentumsrechte und Märkte bestehen bleiben" (Feess-Dörr 1991: 327/328).

Was bedeutet diese Lösung, und was beinhaltet sie?

- Sie bedeutet, dass durch die Verhandlungen der Akteure aufgrund ihrer Eigentumsrechte eine pareto-effiziente Allokation erreicht wird, wobei das Niveau der Umweltverschmutzung offen bleibt. Es geht nicht um eine minimale Umweltverschmutzung, sondern um eine optimale, eben pareto-effiziente Allokation.

- Es geht nicht darum, den Verursacher von Externalitäten mit zusätzlichen Kosten zu belegen, sondern es kommt auf die Eigentumsrechte an, wer als Verursacher betrachtet wird. Der Effizienzbegriff des Pareto-Optimums ist ein Begriff der Allokation – von diesem Begriff her ist es gleichgültig, wer als Störer dieses Optimums angesehen wird. Das Beispiel des Rasenmähens lässt sich daher ebensogut umkehren: Übersteigt der Grenznutzen des Rasenmähens um 23 Uhr für A die Grenzkosten des B, so würde in diesem Fall A dem B eine Kompensationszahlung anbieten. Wer wen kompensiert, ist also keine Frage der Verursachung, sondern eine der Eigentumsrechte und des Verhältnisses der Marginalgrößen der Beteiligten. Von dieser Aussage her wird die Steuerlösung kritisiert, die in der Regel eine Steuer für den Verursacher vorsieht.

Insgesamt erscheint gemäß dem Coase-Theorem das Nicht-Erreichen eines Pareto-Optimums nicht als Marktversagen, sondern als Versagen der rechtlichen Rahmenbedingungen: Es wurde versäumt, die Eigentumsrechte passend zu spezifizieren.

Dennoch – in der Realität wurde immer wieder deutlich, dass in Fällen von Umweltverschmutzung Verhandlungen über Kompensationszahlungen meist nicht geführt wurden. Woran lag das? Die Antwort hatte Coase eigentlich schon selbst gegeben – mit dem von ihm inhaltlich in seinem Aufsatz von 1937 („The nature of the firm") gefundenen Konzept der Transaktionskosten (den Namen verwendete Coase noch nicht). Coase hatte in seiner Lösung der Internalisierung externer Effekte die Abwesenheit von Transaktionskosten explizit unterstellt. Nachdem die Transaktionskosten als Begriff und Konzept in die neoklassische Theorie im Rahmen der Neuen Institutionenökonomik integriert wurden, wurde argumentiert: Weil Transaktionskosten bestehen, verzichten die beteiligten Individuen auf Verhandlungslösungen. Sie sind einfach zu teuer. Damit brach die gefundene Internalisierungslösung zusammen. Externe Effekte, so die Aussage, werden nicht internalisiert, weil die Transaktionskosten die Effizienzgewinne aus den Verhandlungsprozessen auffressen. Verursacht z. B. das Verhandeln über Lärmpausen beim Rasenmähen Kosten, so wird sich der Geschädigte zwar über den Lärm ärgern, aber nichts tun.

Damit hat das Coase-Theorem im Grunde wieder das ins Spiel gebracht, was es widerlegen wollte – die Notwendigkeit von Staatseingriffen. Wenn die Transaktionskosten nämlich Verhandlungen mit einer effizienten Lösung verhindern, dann ist es doch wieder Aufgabe des Staates, über eine Steuerlösung die Internalisierung der externen Effekte zu erreichen und so die Umweltverschmutzung zu vermindern, oder durch die Schaffung geeigneter Verhandlungsformen und -regeln die Transaktionskosten zu senken. Die neoklassische Umweltökonomik geht diesen Weg nicht, kann ihn nicht gehen. Sie negiert die Transaktionskosten und bestimmt optimale Umweltverschmutzungs- und Ausbeutungsraten. Inwieweit die Neue Institutionenökonomik mit Hilfe ihrer Betonung der Transaktionskosten Lösungsvorschläge für das Umweltproblem erarbeiten kann, ist noch in der Diskussion.

3.4 Ökologische Ökonomik und Marktanalyse

3.4.1 Ein veränderte Sicht des Marktes

Die Ökologische Ökonomik kommt von einer anderen „preanalytic vision" her – ein Kernbegriff von ihr ist, wie wir gesehen haben, die Nachhaltigkeit. Damit hat ökonomisches Handeln immer drei Dimensionen: die monetäre oder kommerzielle (die in der Neoklassik die einzige ist), die soziale und die ökologische.

Die soziale Dimension von Märkten wurde nun nicht erst von der Ökologischen Ökonomik, sondern bereits von den Theoretikern der Sozialen Marktwirtschaft integriert:

So schrieb z. B. Müller-Armack 1952, der Markt sei ein „Halbautomat, der sinnvoller Bedienung bedarf" (Müller-Armack /1976 [1952]: 235). Mit dieser Bedienung war vor allem die staatliche Umleitung der Einkommensströme, die Einkommensumverteilung gemeint. Hinzu kam die Stabilisierung der Konjunktur sowie die Struktur- und Wachstumssteuerung. Damit sollte der Markt ergänzt werden um eine Politik der Verteilungsgerechtigkeit und der sozialen Sicherheit. Das Konzept der sozialen Marktwirtschaft stellt somit einen Ansatz dar, „über den selbst regulierten Markt hinauszugehen, in dem man ihn bewußt einer demokratischen Gesellschaft unterordnet" (Polanyi, zit. n. Katterle 1998: 78).

Die Ökologische Ökonomik nimmt dieses Konzept mit ihrer Vorstellung vom eingebetteten Markt auf. Sie ergänzt es aber durch die Antwort auf neue Herausforderungen – eben die ökologische Krise. So verwendet sie den Begriff des „progressiven Marktes" (Ekins 1992). Damit ist ein Markt gemeint, an dem die Individuen, die anbietenden und nachfragenden, nicht nur erfolgsorientiert handeln, sondern auf der Basis von Werten. Das sind ökologische Werte, soziale Werte, ethische Werte. Individuen werden also nicht als neoklassische „homines oeconomici", sondern als duale Individuen, als Individuen eingebettet in eine Gruppe, als durch Institutionen geprägte Individuen angesehen. Am Markt spielt somit neben dem erfolgsorientierten auch verständigungsorientiertes und sorgeorientiertes Handeln eine Rolle.

Damit kombiniert die Ökologische Ökonomik in ihrer Sicht auf den Markt die Aussage, die Individuen selbst könnten umweltbewusst handeln, mit der Forderung nach ökologischer Wirtschaftspolitik. So heißt es in der deutschen Übersetzung des Buches von Costanza u.a. mit dem Titel „Einführung in die ökologische Ökonomik".

> „Im Zentrum der ökonomischen Analyse steht zumeist der *Homo oeconomicus.* ... Doch dieses Subjekt, das uns so sehr interessiert, stellt in der Realität kein isoliertes Atom dar, sondern konstituiert sich durch seine Bezüge zu anderen Subjekten innerhalb einer Gemeinschaft: die eigentliche Identität des Subjekts ist nicht atomistischer, sondern gesellschaftlicher Natur... Unsere konkrete Erfahrung ist die von ‚Personen in einer Gemeinschaft'. ... Wir sind nicht nur durch das externe Netz der individuellen Zahlungsbereitschaft für unterschiedliche Dinge miteinander verknüpft, sondern auch durch Beziehungen wie Verwandtschaft, Freundschaft, Bürgertum, Sorge für die Armen, die künftigen Generationen und die anderen Tier- und Pflanzenarten ..." (Costanza u.a. 2001: 183/184).

3.4.2 „Die Preise müssen die ökologische Wahrheit sagen" (E. U. v. Weizsäcker)

Die Ökologische Ökonomik nimmt den Gedanken des staatlichen Regulierens aufgrund der externen Effekte in dem eben genannten Satz von Ernst Ulrich von Weizsäcker auf. Was ist aber die „ökologische Wahrheit", die die Preise ausdrücken sollen? In der Kritik an der Pigou-Lösung wurde deutlich, dass diese „ökologische Wahrheit" die Kenntnis der externen Effekte voraussetzt. Das bedeutet, dass auch die Bewertung der verschiedenen Umweltschäden bekannt sein müsste. Das ist jedoch nicht der Fall – die Gesellschaft streitet immer wieder darum, was ihr eine unbeschädigte Natur, ein städtisches Leben ohne Lärm oder gute Luft wert ist. Die ökologische Wahrheit ist also nichts objektiv Festschreibbares, sondern wird im gesellschaftlichen Diskurs immer wieder neu festgelegt.

Aus der Forderung nach ökologisch wahren Preisen entstand die Idee einer „ökologischen Steuerreform". Wir kennen das heute in Deutschland: Seit einigen Jahren gibt es die „ökologische Steuerreform", deren Kernidee darin liegt, den Verbrauch von Naturressourcen (hier: Energie) zu besteuern, um so die Individuen zu einem gemäßigten Ressourcenverbrauch anzuregen. Gleichzeitig soll das Geld zur Senkung der Beiträge zur Sozialversicherung genutzt werden, um so die Lohnnebenkosten und damit insgesamt den Preis für Arbeit zu senken. Damit soll ein zweiter Effekt erreicht werden – der Effekt der Veränderung der relativen Preise. Natur wird teurer, Arbeit billiger. So werden die Unternehmen angeregt, Naturressourcen einzusparen und ArbeiterInnen einzustellen. Da mit dieser ökologischen Steuerreform die Idee verbunden ist, die Umweltsteuer jährlich ansteigen zu lassen, ist an sie auch die Hoffnung geknüpft, dass mittelfristig „intelligente Technologien" und Einsparung von Material den Rohstoffverbrauch weiter senken werden. Die Frage, ob die VerbraucherInnen entsprechend reagieren werden, ist wieder eine Frage des Menschenbildes. Das Individuum als „homo oeconomicus" müsste sofort reagieren, weil der Preis steigt. Als sorgendes Individuum ebenfalls, und auch als verständigungsorientiertes Subjekt. Die Realität sieht jedoch anders aus – kaum ein Autofahrer, kaum eine Autofahrerin hat zunächst aufgrund der hohen Benzinpreise weniger Benzin getankt. Offenbar ist das Autofahren derart mit Wertvorstellungen und Gewohnheiten verbunden, dass kurzfristig die alten Handlungsmuster, die alten Institutionen entsprechende Reaktionen verhinderten. Erst allmählich zeigen sich die gewünschten Reaktionen: Umfragen ergaben, dass mittelfristig ca. 1/3 aller AutofahrerInnen in Deutschland auf die durch die Öko-Steuer erhöhten Benzinpreise durch Einschränkung des Autofahrens reagierten. Ein Hindernis für eine stärkere Wirkung der Öko-Steuer liegt auch darin, dass häufig keine Alternativen zum Autofahren existieren –

die institutionelle Gestaltung unseres Mobilitätssystems ist vor allem auf das Auto abgestellt. Hier sind wirtschaftspolitische, verkehrspolitische neue Konzepte gefordert.

3.4.3 Die neue Interpretation von Gütern - Güter als Dienstleistungsbündel

Mit diesen Blockaden verbunden ist eine aus ökologischer Sicht überholte Sichtweise auf Güter: Die in der industriellen Welt lebenden Menschen sind es gewohnt, ihre Bedürfnisse über den Kauf von Gütern zu befriedigen. So werden sie auch in der Neoklassik modelliert. Eigentlich brauchen sie aber nicht die Güter, sondern sie brauchen die Dienstleistungen, die diese Güter ihnen für ihre Bedürfnisbefriedigung geben. Aus dieser Sicht sind Güter nicht physische Gegenstände, sondern Dienstleistungsbündel. Güter haben bestimmte Funktionen für die menschliche Bedürfnisbefriedigung. Auf diese Funktionen kommt es an, nicht auf die Güter selbst (vgl. Bierter 1997).

Nehmen wir wieder das Beispiel des Automobils: Es ist Mittel zum Zweck der Mobilität. Das Bedürfnis, das befriedigt werden soll, ist das nach Mobilität, nicht nach dem Auto. Aus Sicht der Ökologischen Ökonomik lautet daher die Frage: Wie lassen sich neue Mobilitätskonzepte entwickeln, die sich vom Privatauto für jeden einzelnen verabschieden? So ließe sich Mobilität als ein Konzept denken, in dem Menschen gemeinsam ein Auto nutzen, in Kombination mit öffentlichem Nahverkehr bzw. der Bundesbahn. Solche Konzepte gibt es heute vielfältig als sogenannte Car-Sharing-Konzepte (vgl. dazu das Beispiel in Teil II.1.5).

Diese Sicht auf die Güter als Dienstleistungsbündel, als Medien, die ökologische Dienstleistungen an die Menschen abgeben, bedeutet auch, dass das Eigentum an diesen Gütern unwichtig wird. Es ist wichtig, die Güter zu nutzen – nicht, sie zu besitzen. Das bedeutet aber eben eine Trennung von Eigentumskonzepten. An die Stelle von Eigentums- treten Nutzungsrechte.

Für Unternehmen beinhaltet dieses Konzept, sich vom Verkäufer von Gütern zum Dienstleister zu entwickeln. Beispiele dafür gibt es heute vielfach. So entwickelt sich z. B. die swb AG, die ehemaligen Stadtwerke Bremen, vom Stromverkäufer zum Energiedienstleister. Statt Strom allein zu verkaufen, bietet sie ihren Kundinnen und Kunden die Leistungen des Stromes an – Wärme, Licht. Und diese Wärme bzw. dieses Licht soll mit den geringsten Kosten produziert werden. Dem Unternehmen geht es dann nicht mehr darum, eine maximale Strommenge zu verkaufen, sondern eine bestmögliche Beleuchtung und Erwärmung einer Wohnung mit möglichst wenig Strom (die Fachbegriffe dafür lauten „least cost planning“ und „contracting“).

3.4.4 Kooperationen und Institutionen für „Nachhaltige Märkte"

Eine solche Veränderung vom Warenproduzenten und -verkäufer zum Dienstleistungsunternehmen bedeutet auch, dass eine engere Kooperation zwischen Unternehmen und KundInnen notwendig ist. Es geht darum, über die Dienstleistung die bestmögliche Problemlösung zu erreichen. Und dazu braucht das Unternehmen die Kenntnisse, das Wissen und die Beschreibung des Bedürfnisses durch die KundInnen. Denn die KundInnen sind ExpertInnen bezüglich ihrer Bedürfnisse – sie haben ein Wissen, das die Unternehmen nicht haben können.

Kooperationsformen, in denen dieses Wissen der AlltagsexpertInnen aktiviert wird, gibt es auch in anderer Weise heute vielfältig: Es sind sogenannte Unternehmensdialoge, -diskurse oder -foren. In diesen Foren diskutieren Anbieter und Nachfrager gemeinsam über bessere Problemlösungen (Beispiele dafür sind der Abfall-Dialog der Bremer Entsorgungsbetriebe, das Fahrgastforum der Bremer Straßenbahn AG). In diesen Kooperationen geht es um das Auffinden von besseren Problemlösungen z. B. für das Abfallproblem oder für die Mobilität in der Stadt mit Hilfe verständigungsorientierten Handelns zwischen den beteiligten Akteuren. Hier kommt das Stakeholder-Konzept des Unternehmens zum Tragen sowie das Handlungsmodell der MiSÖP, denn die Individuen sind hier nicht nur an dem eigenen Erfolg interessiert, sondern gerade auch an der Verständigung mit anderen. Und sie handeln sorgeorientiert, da sie sich um die natürliche Mitwelt und das Leben künftiger Generationen sorgen.

Eine dritte Kooperationsform für nachhaltige Märkte entwickelt sich dort, wo Handelsstrukturen aufgebaut werden, über die ökologisch und sozial verträglich produzierte Waren von den ProduzentInnen zu den KonsumentInnen gebracht werden. Solche Handelsstrukturen brauchen einen Vermittler, eine intermediäre Einrichtung, über die dieser Prozess verläuft. Ein Beispiel ist die Organisation „TransFair". Über diese Organisation wird ein Label vergeben, das aussagt, dass die Produkte, auf denen dieses Label verzeichnet ist, zu möglichst fairen Löhnen und unter möglichst guten ökologischen Bedingungen hergestellt wird. In Deutschland gibt es vor allem Tee, Kaffee und Schokolade mit diesem Siegel. Die Waren sind etwas teurer als andere Waren – die KonsumentInnen können so, indem sie kaufen, gleichzeitig für ein besseres Leben der ProduzentInnen und der natürlichen Mitwelt sorgen. Sorgeorientiertes Handeln wird durch diese Art der Kooperation über Konsumhandeln ermöglicht.

3.4.5 Ökologische Rahmenbedingungen für „Nachhaltige Märkte"

Die bisherigen Überlegungen haben deutlich gemacht, dass die Marktanalyse der Ökologischen Ökonomik zwei Ansatzpunkte zur nachhaltigeren Gestaltung von Märkten sieht: den Ansatzpunkt bei den AkteurInnen selbst, die in der Lage sind, über ihr Markthandeln für die natürliche Mitwelt zu sorgen und sich darüber mit anderen zu verständigen, sowie den Ansatzpunkt über die Politik, über die Rahmenbedingungen.

> „Ökologische Rahmensteuerung bedeutet, die großen Ressourcen-Input-Ströme (z. B. kohlenstoffhaltige Rohstoffe) und die Abfallströme (Output-Emissionen) auf langfristig durchhaltbare Mengen zu begrenzen. Die dafür geeigneten Lenkungsinstrumente sind Zertifikate und Lizenzen. Sie generieren die zu den politisch definierten Mengenschranken passenden Preise. In der Hierarchie der Instrumente folgen dann Ökosteuern und schließlich spezifische Arrangements für Einzelprobleme. Das ist ökologische Ordnungspolitik im Gegensatz zum Ordnungsrecht, welches immer noch fast 100% der Umweltpolitik ausmacht und das im Marktsystem liegende dynamische schöpferische Potential nicht aktiviert, sondern unterdrückt" (Costanza u.a. 2001: 191).

Als konkretes Beispiel seien hier die *handelbaren Emissionslizenzen* diskutiert. Sie spielen in der aktuellen Diskussion eine große Rolle – sie sind eines der neuen wirtschaftspolitischen Instrumente des im Jahr kürzlich vereinbarten globalen Klima-Regimes (Kyoto-Protokoll). Worum geht es hierbei? Bei diesen Lizenzen wird die Idee einer Tragekapazität mit der Idee der Allokation über Märkte folgendermaßen kombiniert:

Eine lokale Regierung setzt eine bestimmte Höchstmenge an Verschmutzung fest. Diese Höchstmenge definiert eine Art „Glocke" für die betreffende Region. In Höhe dieser „Glocke" werden Verschmutzungsrechte definiert. Diese werden gestückelt und auf die beteiligten Unternehmen in der Region verteilt. Nun können diese Unternehmen mit diesen Verschmutzungslizenzen handeln. Wer mehr verschmutzen möchte, als ihm zusteht, kann anderen Unternehmen Lizenzen abkaufen. Entsprechend bildet sich ein Preis dafür. Wenn die lokale Regierung die „Glocke" schrittweise reduziert, steigt der entsprechende Preis aufgrund der Knappheit der Emissionslizenzen, und die Unternehmen werden, statt einfach Lizenzen zu kaufen, beginnen, Alternativen für die Verschmutzung zu suchen.

Dieses Konzept eignet sich zunächst nur für Verschmutzungsprozesse, die regional abgrenzbar sind. CO_2 z. B. kann nur über ein globales, gemeinsames Konzept reduziert werden, wie es in Kyoto ausgehandelt wurde. Zentrale Elemente sind die Definition der Glocke, der Modus der Anfangsverteilung, die Regeln des Handelns mit den Lizenzen und die kontinuierliche Reduktion der Glocke.

Das Interessante an diesen handelbaren Emissionlizenzen – von der mikroökonomischen Theorie her gesehen – ist die Kombination der traditionellen ökonomischen Frage nach der optimalen Allokation mit einer politisch bestimmten Anfangsverteilung und dem ebenfalls politisch bestimmten Ausmaß, der „carrying capacity“. Die Einbettung der Marktökonomie in Gesellschaft und natürliche Mitwelt findet in der Struktur dieses Konzepts Beachtung.

4 Arbeitsmärkte

Im Folgenden ist von Arbeitsmärkten die Rede. Aber es geht nicht um Märkte für alle Arten von Arbeit, d. h. für Erwerbsarbeit, Versorgungsarbeit, bürgerschaftliches Engagement sowie Eigenarbeit. Es geht nur um Erwerbsarbeit, denn nur diese wird über Märkte koordiniert. Wenn also von Arbeit und Arbeitsmärkten im Folgenden gesprochen wird, ist zunächst nur Erwerbsarbeit gemeint. Es wird sich jedoch im Laufe der Analyse immer wieder zeigen, dass auch Funktionsweisen und Entwicklungstendenzen von Märkten für Erwerbsarbeit nur verstanden werden können, wenn der Bezug zu den anderen Arbeitsarten immer wieder mitgedacht wird.

4.1 Die soziale Konstruktion von Arbeitsmärkten – sozialökonomische und institutionalistische Arbeitsmarkt-Theorien

Wie Güter- und Dienstleistungsmärkte, so sind auch Arbeitsmärkte gesellschaftlich gestaltet. Wir sagen deshalb auch hier: Arbeitsmärkte sind sozial konstruiert. In der Sprache der MiSÖP lässt sich formulieren:

> *Arbeitsmärkte sind institutionalisierte Handlungszusammenhänge, deren Regeln dafür sorgen sollen, dass sich AnbieterInnen von und NachfragerInnen nach Arbeit koordinieren können. Inhalt dieser Koordination sind Zeit, Ort, Quantität und Qualität der entsprechenden Arbeit sowie ihr Preis, der Lohn.*

Dabei ist zu beachten, dass die Arbeitskraft, die, wenn sie über Märkte gehandelt wird, als Ware behandelt wird, dennoch eine ganz besondere Ware ist. Das wurde deutlich im einführenden Teil I. Denn Arbeitskraft ist nicht von ihrem Eigentümer oder ihrer Eigentümerin, den arbeitenden Menschen, zu trennen. Im Arbeitsprozess verausgaben diese ihre Arbeitskraft, die auch ein Teil ihrer Lebenskraft ist. Sollen sie am nächsten Tag wieder ihre Tätigkeit aufnehmen, muss bis dahin die Reproduktion dieser Arbeitskraft möglich sein. Sowohl in die Gestaltung der Arbeitsbedingungen als auch in die Art und Höhe der Löhne muss dieser Reproduktionsgedanke von vornherein integriert werden. Aus dieser Perspektive ist der Lohn die Grundlage für das Leben der Menschen. Ihn nur als Kostenfaktor anzusehen, greift somit zu kurz.

Noch eine Besonderheit des Arbeitsmarktes ist wichtig: die Hierarchie, die ungleiche Machtverteilung zwischen denen, die ihre Arbeitskraft als Grundlage des Lebens gegen Lohn verkaufen, und denen, die sie kaufen. Die Koordinationsform der Konkurrenz unterstellt Gleichheit der MarktteilnehmerInnen. Diese Gleichheit besteht im Arbeitsmarkt jedoch von vornherein nicht. Aus diesen Besonderheiten des Arbeitsmarktes heraus – der Untrennbarkeit zwischen der „Ware Arbeitskraft“ und den Arbeitenden sowie dem Machtgefälle – erklären sich sowohl die Entstehung von Interessenvertretungen wie Gewerkschaften (sie gleichen das Machtgefälle gewissermaßen aus) als auch die im Vergleich zu Gütermärkten starke Rolle der staatlichen Politik. Gerade weil der gelungene Abschluss eines Arbeitsvertrages die Basis für ein mehr oder weniger gesichertes Leben darstellt, wird die jeweilige Regierung daran gemessen, ob sie für eine einigermaßen gute Beschäftigung sorgt oder nicht. In die Konstruktion von Arbeitsmärkten ist daher der Staat noch stärker involviert als in die Konstruktion von Güter- und Dienstleistungsmärkten.

4.1.1 Der Arbeitsmarkt als soziales Konstrukt

> „Work has been with us always, but labour markets are recent social inventions“ (Tilly&Tilly 1994: 283).

Erinnern wir uns: Bei der Erklärung des Gütermarktes als soziales Konstrukt haben wir, gestützt auf Granovetter, drei zentrale Elemente dieses Konstruktionsprozesses festgehalten:

- soziale Netzwerke, in die das Handeln der Individuen eingebettet ist;
- eine Vorstellung von Wirklichkeit, die nicht objektiv gegeben, sondern gesellschaftlich konstruiert ist;
- Pfadabhängigkeit, d. h. historische Geprägtheit gesellschaftlicher Entwicklung.

Durch diese zentralen Elemente ist auch die sozial-ökonomische Theorie des Arbeitsmarktes geprägt, die Granovetter und andere entwickeln. Tilly&Tilly beschreiben den Ausgangspunkt dieser Theorie wie folgt:

> „At the center of our analysis stands an image of a worker and an employer, each involved in extensive social networks that connect them not only with each other but with many others inside or outside the place of employment. The worker and employer are bargaining out the terms of work, using the material and organizational resources (including existing and available technologies) at their disposal. But they interact within strong limits set by their shared culture and by the previous history of the productive organization at hand” (Tilly&Tilly 1994: 284).

Integriert werden in diesen Ansatz sowohl der Staat als auch die Haushalte als Anbieter von Arbeitskraft. Betrachtet werden sollen, neben der Geschichte, die schon im Begriff der Pfadabhängigkeit berücksichtigt wird, der Einfluss von Macht und Kultur. Betont wird auch, dass nicht alle gesellschaftliche Arbeit über Märkte koordiniert wird, sondern dass es auch andere Formen der Organisation von Arbeit gibt (z. B. die Versorgungsarbeit in Haushalten).

Arbeitsmärkte gab es nicht immer. Die sozio-ökonomische Theorie macht darauf aufmerksam, dass sie sich erst dort herausbildeten, wo dauerhafte und große Unternehmen entstanden waren, wo der Kapitalismus sich als vorherrschende Form durchgesetzt hatte. In Europa bilden sich diese Arbeitsmärkte also, wenn auch in unterschiedlicher Geschwindigkeit, im 19. Jahrhundert heraus. Damit verbunden ist die Konzentration auf Erwerbsarbeit als einzige produktive und wertgeschätzte Form der Arbeit.

In diesem theoretischen Ansatz werden Arbeitsmärkte durch folgende Elemente konstitutiert:

- ArbeiterInnen, die formal frei sind, sich ihre Beschäftigung zu suchen;
- ArbeitgeberInnen, die ebenfalls formal frei sind, ArbeiterInnen einzustellen bzw. zu entlassen;
- Arbeitsplätze, die sich durch die Arbeitsteilung zwischen den Unternehmen und innerhalb der Unternehmen unterscheiden;
- Einstellung (Hiring), durch die die ArbeiterInnen einen Teil der Kontrolle über ihre Arbeit gegen Lohn abtreten;
- Netzwerke, in die sowohl die Arbeitenden eingebunden sind (Angebots-Netzwerke von Arbeit) als auch die ArbeitgeberInnen (Nachfrage-Netzwerke);
- Verträge, explizite oder implizite Abmachungen über die Aufgabe, das Niveau der Arbeits-Anstrengung, die Arbeitsbedingungen, die Arbeitszeiten und die Bezahlung.

Mehr lässt sich in dieser sozio-ökonomischen Theorie nicht über den allgemeinen Arbeitsmarkt sagen, denn aufgrund der vielfältigen Segmentation von Arbeitsmärkten in der Praxis wird von vornherein von einer Vielzahl von sowohl internen (innerhalb eines Unternehmens) als auch externen (Arbeitsmarkt für viele UnternehmerInnen) Arbeitsmärkten ausgegangen. Grundlage dieser Vielfalt sind die schon genannten ebenfalls vielfältigen Netze, in denen sowohl die ArbeiterInnen als auch die ArbeitgeberInnen handeln.

Diese Netzwerke spielen auch eine entscheidende Rolle beim Zusammenfinden von Arbeitsangebot und Nachfrage – im sogenannten Matching-Prozess. Auf der Basis einer Unternehmenstheorie, die Elemente der Unternehmenstheorie von Institutionalismus, Sozialökonomik und Neuer Institutionenökonomik mischt, wird das Unternehmen bezüglich seines Verhaltens auf dem Arbeitsmarkt dargestellt als zwischen verschiedenen Vertragsformen auswählend. Diese Vertragsformen sind sowohl im Unternehmen selbst als auch in einer Branche, Region oder in einem Land historisch entstanden. Insgesamt wird der Matching-Prozess als ein Prozess des Sortierens der Arbeitskräfte angesehen. Fünf Hauptfaktoren spielen hier eine Rolle:

- die Qualifikation der Arbeitskräfte
- die Wahlhandlungen der beteiligten Arbeitgeberinnen und -nehmerinnen
- die schon genannten Netzwerke auf beiden Seiten
- die Ressourcen, auf die beide Parteien zurückgreifen können
  Bargaining in diesem Kontext

Maßgebend für diese Matching-Prozesse sind auch politische Rahmenbedingungen.

Das Ergebnis ist eine Konzeption von Arbeitsmärkten als sehr verschiedene Matching-Prozesse zwischen verschiedenen Gruppen sowohl der Arbeitenden als auch der UnternehmerInnen. Und diese vielfältigen Arbeitsmärkte sind durch den Matching-Prozess stark unterschieden („diskriminiert") – nach Rasse, Nationalität und Geschlecht. Granovetter macht noch auf einen anderen Aspekt aufmerksam: Die starke Rolle der Netzwerke, in die die Handlungen der Menschen eingebettet sind, führt dazu, dass sowohl ökonomische als auch nicht-ökonomische Motive sich mischen (vgl. Granovetter 1992: 256). Diese Aussage gilt auch für Deutschland: Nach einer Studie von Blaschke fanden 1985 in Westdeutschland 43,5 % einer Gruppe von Befragten ihre Stelle über soziale Kontakte, 20,7 % über Stellenausschreibungen, 15,4 % über Bewerbung auf Verdacht und 11,5 % über das Arbeitsamt (vgl. Blaschke 1987: 165).

4.1.2 Institutionalistische Arbeitsmarkt-Theorien

Im Rahmen der eben vorgestellten Theorie war schon von Segmentation, internen und externen Arbeitsmärkten die Rede. Diese Unterscheidungen stehen im Mittelpunkt einer Gruppe von Arbeitsmarkt-Theorien, die dem Institutionalismus zugeordnet werden – den sogenannten Segmentations-Theorien. Erinnern wir uns daran, dass die institutionalistische Theorie Märkte ganz allgemein beschreibt als einen Satz sozialer Institutionen, oder auch: als organisierten und institutionalisierten Tausch, so geht es bei den institutionalistischen Arbeitsmarkttheorien um die Analyse dieser spezifischen Institutionen.

Die Kernaussage der Segmentationstheorie lautet: Der Arbeitsmarkt ist derart durch Institutionen strukturiert, dass er sich in Teilmärkte mit ganz unterschiedlichen Beschäftigungs- und Aufstiegschancen unterteilt.

Gemäß der Theorietradition, in dem die ersten Segmentationsansätze entstanden sind, dem Kritischen Institutionalismus, werden die handelnden Individuen als eingebettet in Routinen, Verhältnisse und Strukturen gesehen. Ökonomisches Handeln ist damit durch verschiedene Motive, verschiedene Rationalitäten geprägt. Hinzu kommt, dass in das Konzept des Arbeitsmarktes unternehmensinterne Prozesse integriert sind – Fragen der Produktionstechnologie und der Personalwirtschaft spielen daher auch eine Rolle.

Im Folgenden sollen drei Versionen der Segmentationstheorie vorgestellt werden: das Konzept von Döringer und Piore, das diese theoretische Schule begründet hat; das Konzept des Instituts für sozialwissenschaftliche Forschung München (ISF), das diese Theorie sozusagen nach Deutschland geholt hat, sowie das Konzept der „radicals", das in das Konzept vor allen Dingen den Aspekt der Macht integriert hat (vgl. Sesselmeier/Blauermehl 1999).

Der Ansatz von Döringer/Piore

Döringer/Piore unterscheiden zwischen zwei Arten von Arbeitsmärkten (vgl. Döringer/Piore 1971):

- Der interne oder primäre Arbeitsmarkt ist gekennzeichnet durch relativ stabile Arbeitsplätze, gute Arbeitsbedingungen, geringe Fluktuation, hohe Qualifikationsanforderungen, gute Aufstiegschancen, relativ hohes Einkommen.

- Der externe oder sekundäre Arbeitsmarkt ist dagegen geprägt von instabilen Arbeitsverhältnissen, schlechteren Arbeitsbedingungen, hoher Fluktuation, geringer Qualifikationsanforderung, schlechten Aufstiegschancen und schlechterer Entlohnung.

Der primäre Arbeitsmarkt wird noch einmal in zwei Arbeitsmärkte geteilt – in ein oberes Segment, einen „Managementsektor", in dem es um hohe Qualifikation geht, und ein unteres Segment, das durch Facharbeiter-Qualifikation, Zuverlässigkeit und Arbeitsdisziplin gekennzeichnet ist. Während der interne Arbeitsmarkt mit seinen beiden Segmenten eher institutionell geprägt ist, gelten für den externen Arbeitsmarkt eher die traditionell-neoklassischen ökonomischen Kalküle.

Faktoren, die den internen Arbeitsmarkt prägen, sind:

- betriebsspezifische Qualifikationen, wodurch die Arbeitsverhältnisse stabilisiert werden;

- ein spezifischer betrieblicher Verhaltenskodex, der, geprägt durch Institutionen wie Mitbestimmung, Betriebsräte und betriebliche Gewerkschaftsarbeit, die Konfliktlösung erleichtert und die Arbeitskräfte kooperativ in das Unternehmen einbindet;

- eine duale Technologiestruktur, die dazu führt, dass für die betriebsspezifische Technologie angepasste Qualifikationsanforderungen entstehen, die zur Abschottung der internen Arbeitsmärkte beitragen;

- eine entsprechend duale güterwirtschaftliche Struktur, die sich darin ausdrückt, dass verschiedene Segmente am Gütermarkt unterschiedlich stark auf Konjunkturschwankungen reagieren. Die Wirtschaft wird als in einen stabilen, monopolisierten Kern und einen instabilen, peripheren Wettbewerbsbereich gespalten betrachtet.

Gestützt wird diese Segmentation durch eine entsprechende Segmentierung der ArbeitnehmerInnen. So wird dem oberen Segment des primären Arbeitsmarktes die Mittelschicht zugeordnet, dem unteren die Arbeiterschicht und dem sekundären Arbeitsmarkt die sogenannte Unterschicht.

An dieser Begründung der Segmentation entfachte sich auch die Kritik: Diese problematisiert die These von der Dualität der Technologie und der Gütermärkte wie auch die Zuordnung der verschiedenen sozialen Schichten zu den drei Teilarbeitsmärkten. Positiv gewürdigt wurde dagegen der historische und der empirische Bezug dieses Ansatzes, die Berücksichtigung der Beziehungen zwischen den Anbietern und Nachfragern von Arbeitskraft sowie die Integration von Qualität der Arbeit, Technologieentwicklung und Herrschaftsbeziehungen (vgl. Priebe 1984: 113).

Der Ansatz des Instituts für Sozialwissenschaftliche Forschung München (ISF-Ansatz)

Dieser von Lutz und Sengenberger entwickelte Ansatz (vgl. Lutz/Sengenberger 1980) ist unter Bezug auf den bundesdeutschen Arbeitsmarkt entwickelt worden. Unterschieden werden drei Teilarbeitsmärkte:

- der Jedermanns-Arbeitsmarkt, der sich durch unspezifische Qualifikationen auszeichnet;
- der berufsfachliche Arbeitsmarkt, der sich durch berufsfachliche Qualifikationen auszeichnet;
- der betriebszentrierte Arbeitsmarkt, der durch betriebsspezifische Qualifikationen geprägt ist.

Im Vergleich zu dem Ansatz von Döringer/Piore lässt sich sagen, dass der Jedermanns-Arbeitsmarkt weitgehend dem sekundären oder externen Arbeitsmarkt, der betriebszentrierte Arbeitsmarkt dagegen dem primären oder internen Arbeitsmarkt entspricht. Neu ist der berufsfachliche Arbeitsmarkt. Die unterschiedlichen Qualifikationen, die diese drei Teilarbeitsmärkte prägen, führen zu unterschiedlichen Mobilitätskosten der Arbeitskräfte für die Unternehmen. So gibt es keine zwischenbetrieblichen Kosten bei der Mobilität im Jedermann-Arbeitsmarkt, ebenfalls keine im berufsfachlichen Arbeitsmarkt, da innerhalb von Berufsmärkten die Qualifikationen homogen sind, während im betriebszentrierten Teilarbeitsmarkt der Arbeitsplatzwechsel hohe Mobilitätskosten verursacht. Denn die Tätigkeit in einem spezifischen Unternehmen schafft Humankapital, dass spezifisch auf dieses Unternehmen zugeschnitten ist. Die Unternehmen versuchen daher, diese Arbeitskräfte an sich zu binden.

Die Begründung der Segmentierung erfolgt in diesem Segmentations-Ansatz also vor allem mit Hilfe der Humankapitaltheorie. Diese haben wir schon bei der Diskussion der New Home Economics (vgl. Teil II.1.3) kennengelernt. Dort waren die Haushaltsmitglieder selbst Investoren in das Humankapital – hier sind es die Unternehmen. Diese Argumentation rückt diesen Ansatz in die Nähe der Neoklassik. Andererseits wird der institutionalistische Charakter des Ansatzes dadurch verstärkt, dass die Teilarbeitsmärkte als normativ geprägt und durch verschiedene Regeln unterschiedlich verfestigt angesehen werden.

Eine Folge der geringen Mobilität der Arbeitskräfte im betriebsspezifischen Teilarbeitsmarkt ist, dass sich gemäß dieser Theorie auch eine Spaltung unter den Gruppen der ArbeiterInnen ergibt – es entstehen Stamm- und Randbelegschaften. Die Stammbelegschaften setzen sich aus Arbeitenden zusammen, die länger zum Unternehmen gehören und dort entsprechend Aufstiegschancen und gute Löhne haben. Die Randbelegschaft dagegen läuft jederzeit Gefahr, bei Konjunkturschwankungen entlassen zu werden und in den Jedermanns-Arbeitsmarkt zurückzufallen.

Dieses Konzept ist aus verschiedenen Gründen kritisiert worden (vgl. Sesselmeier/Blauermehl 1999: 228ff.):

- Die institutionalistische Theorietradition kritisierte die Nähe zur Neoklassik, die insbesondere in der Verwendung des Humankapital-Konzepts gesehen wird. Damit werde die Segmentation im Kern doch wieder auf Nutzen-Kosten-Kalküle zurückgeführt.
- Kritisiert wurde auch das Konzept der betriebsspezifischen Qualifikation, dass aufgrund der davon abgeleiteten Immobilität der Arbeitenden in diesem Segment eine große Rolle für den Ansatz spielt. Bezweifelt wurde gerade diese Immobilität, da betrieblich erworbene Qualifikationen nur selten ausschließlich auf diesen Betrieb zugeschnitten sind.

Und schließlich wurde auch bezweifelt, dass es vor allem die Randbelegschaft ist, die bei Fluktuationen betroffen ist. Wenn überhaupt, wird eingewendet, lässt sich erst im Nachhinein feststellen, wer betroffen war, wer damit zur Randbelegschaft gehört.

Für die Weiterentwicklung dieses Ansatzes wurde diese Kritik sehr ernst genommen. Insbesondere die Rolle des Humankapital-Ansatzes wurde relativiert. Durch Integration institutioneller Spezifika verschiedener Länder wurde sodann der institutionalistische Charakter dieser Theorie wieder gestärkt.

Der Ansatz der Radicals

Auch dieser Ansatz unterscheidet drei Teilarbeitsmärkte:

- den unabhängigen Primärarbeitsmarkt, wozu Facharbeiter sowie unteres und mittleres Management gehören;
- den untergeordneten Primärarbeitsmarkt, in dem sich die Facharbeiter finden;
- den sekundären Arbeitsmarkt, der dem Jedermanns-Arbeitsmarkt im ISF-Ansatz oder dem sekundären Arbeitsmarkt bei Piore/Döringer entspricht.

Kriterium der Arbeitsmarktspaltung bei den „radicals" ist, gemäß ihrer Unternehmenstheorie (vgl. dazu die Theorien des Machterhaltes in Teil II.2.1.5), das Kontrollsystem im Unternehmen. Unterschieden werden drei verschiedene Arten von Kontrolle:

- Der unabhängige Primärarbeitsmarkt unterliegt der bürokratischen Kontrolle. Diese findet sich vor allem in großen Monopol-Unternehmen, in denen Arbeitsinhalte und Leistungsstandards genau festgelegt, die Hierarchien zwischen den Arbeitsplätzen bestimmt, Aufstiegsmuster mit entsprechenden Anreiz- und Sanktionsmechanismen definiert sind. Über diese Art der Kontrolle sollen die Beschäftigten an das Unternehmen gebunden werden, ihr kooperatives Verhalten wird über Aufstiegschancen und höhere Entlohnung belohnt.

- Der untergeordnete Primärarbeitsmarkt unterliegt der technischen Kontrolle. Hier wird der Kontrollmechanismus durch die Gestaltung der Produktionstechnik hergestellt. So lässt sich durch die entsprechende Arbeitsorganisation nicht nur die Arbeitsgeschwindigkeit, sondern auch die Art und Weise der Kommunikation zwischen den Arbeitenden steuern. Dieses Kontrollsystem ist typisch für die traditionelle Industriearbeit.

- Der sekundäre Teilarbeitsmarkt unterliegt dem Prinzip der einfachen Kontrolle. Damit ist das Überwachungssystem gemeint, das vor allem in Kleinbetrieben zu finden ist und auf persönlicher Aufsicht durch UnternehmerIn oder Management beruht. Als Sanktionsinstrument wird hier die Kündigungsdrohung benutzt. Allerdings funktioniert diese Kontrolle nur dann, wenn entsprechend Ersatzarbeitskräfte zur Verfügung stehen.

Dass es unter Anwendung dieser verschiedenen Kontrollsysteme zur Segmentation am Arbeitsmarkt kommt, wird in dem radikalökonomischen Ansatz, ähnlich dem von Döringer/Piore, mit einer Dualität der Wirtschaft, die aus Monopolunternehmen und Kleinbetrieben besteht, begründet. Neu ist jedoch die These, dass die Spaltung Folge einer bewussten Strategie der Unternehmen ist: Gerade große Monopolunternehmen, in denen eine große Anzahl von ArbeiterInnen beschäftigt ist, laufen Gefahr, dass sich die Arbeitenden gegen das Management verbünden. Das wird dadurch verhindert, dass bewusst Grenzen zwischen Teilen der Belegschaft gezogen werden. Diese Strategie dient also ebenfalls der Kontrolle – der Kontrolle über die gesamte Belegschaft sowohl zur Herrschaftsstabilisierung als auch zur Sicherung des Kapitalprofits. Segmentation, in die z. B. auch die Diskriminierung von Rasse und Geschlecht eingeschrieben ist, ist somit Folge einer Kapitalstrategie. Arbeitslose sind Element dieser Strategie.

An diesem Ansatz sind vor allem folgende Punkte kritisiert worden (vgl. Sesselmeier/Blauermehl 1999: 233):

- die Zuordnung der Kontrollsysteme zu den Segmenten erscheint als nicht überzeugend;
- die Segmentation wird ausschließlich von der Seite der Unternehmen her begründet;
- die Grundannahme der Dualität der Wirtschaft wird auch hier kritisiert;
- da der Kontrollmechanismus im sekundären Teilarbeitsmarkt nur funktioniert, wenn Ersatzarbeitskräfte vorhanden sind, wenn also Arbeitslosigkeit existiert, wurde kritisiert, dass diese immer schon vorausgesetzt wird. (Im Zuge der dauerhaften und steigenden Arbeitslosenzahlen in vielen industriekapitalistischen Ländern erscheint diese Annahme jedoch in einem anderen Licht.)

Abschließend lässt sich festhalten: Alle Segmentationstheorien integrieren eine Vielzahl von Koordinationsformen und -mitteln, unter denen der Lohn mit seiner Allokationsfunktion nur ein Element ist. Sie berücksichtigen institutionelle Einflussfaktoren sowie die Existenz von Gewerkschaften und Arbeitgeberverbänden, und sie verknüpfen das betriebliche Geschehen mit dem Geschehen am Arbeitsmarkt. Da sie von vornherein induktiv arbeiten, haben sie einen starken empirischen Bezug.

4.1.3 Der Arbeitsmarkt aus der Sicht der MiSÖP

Aus der Sicht der MiSÖP weisen die Segmentationstheorien zwei zentrale Schwachstellen auf:

- die zugrundegelegte Annahme der Dualität der Gütermärkte sowie der Unternehmen;
- die trotz verschiedener anderer Absichtserklärungen vorfindliche Nicht-Berücksichtigung der Verbindung zur Versorgungsökonomie und zur Versorgungsarbeit.

Diese Verbindung besteht dagegen in der sozio-ökonomischen Arbeitsmarkt-Theorie. Dieser Ansatz kommt ohne die Annahme einer Dualität in der Marktökonomie aus und ist aufgrund seines weiten Arbeitsbegriffs in der

Lage, auch einen weiten Ökonomie-Begriff zu integrieren. In seiner Konzentration auf Netzwerke, entsprechende Ressourcen und Verhandlungsmacht ist dieser Ansatz nicht auf die Dualitätshypothese angewiesen. Allerdings vernachlässigt er trotz anders lautender Absichtserklärung Machtstrukturen. In seiner Offenheit wiederum kann er neue institutionelle Arrangements am Arbeitsmarkt in seiner Erklärung aufnehmen, während die Segmentationstheorien durch ihre Grundhypothese im institutionellen Arrangement eher festgelegt sind.

Im Arbeitsmarktkonzept der MiSÖP werden die Stärken beide Theorien miteinander kombiniert. Das heißt: Der Erwerbsarbeitsmarkt als institutionalisierter Handlungszusammenhang wird, wie auch die anderen Handlungszusammenhänge, als eingebettet in gesellschaftliche Verhältnisse und geprägt durch unterschiedliche Handlungstypen und entsprechende Koordinationsmittel und -formen (Handlungsmuster) verstanden.

Aus der Diskussion der sozio-ökonomischen und institutionalistischen Theorien ergeben sich als Handlungsfelder am Arbeitsmarkt:

- Koordination von Arbeitsangebot und Arbeitsnachfrage im Sinne eines erfolgreichen Matching-Prozesses
- dazu: Herausbildung passender institutioneller Arrangements (heute z. B. Zeitarbeitsfirmen, private Arbeitsvermittlung, Beschäftigungsgesellschaften, Selbsthilfegruppen, Arbeitsämter)
- Herausbildung von Kontroll-, Sanktions-, Anreizstrukturen
- Lohnbildung (Lohnhöhe, Lohnformen; heute vor allem in Form kollektiver Aushandlung von Tarifverträgen)
- Informationsvermittlung
- Herausbildung von Kontraktformen
- Bestimmung von Qualifikationsanforderungen
- Machtausgleich/Herausbildung von Gewerkschaften und Arbeitgeberverbänden
- Herausbildung von Arbeitsbiographien mit je spezifischen Erfahrungen

Damit lässt sich der Arbeitsmarkt als institutionalisierter Handlungszusammenhang darstellen (Abb. 79).

Den Arbeitsmarkt als institutionalisierten Handlungszusammenhang zu betrachten bedeutet, ihn beeinflusst von vielfältigen Handlungsmotiven, historisch entstandenen Institutionen, Werten und Normen zu analysieren. Das heißt auch, dass rein monetäre Gründe wie Kostenminimierung oder Einkommensmaximierung nur ein Aspekt unter vielen anderen Aspekten sind. Damit mischen sich sich die Handlungstypen A, B und C auch bei der

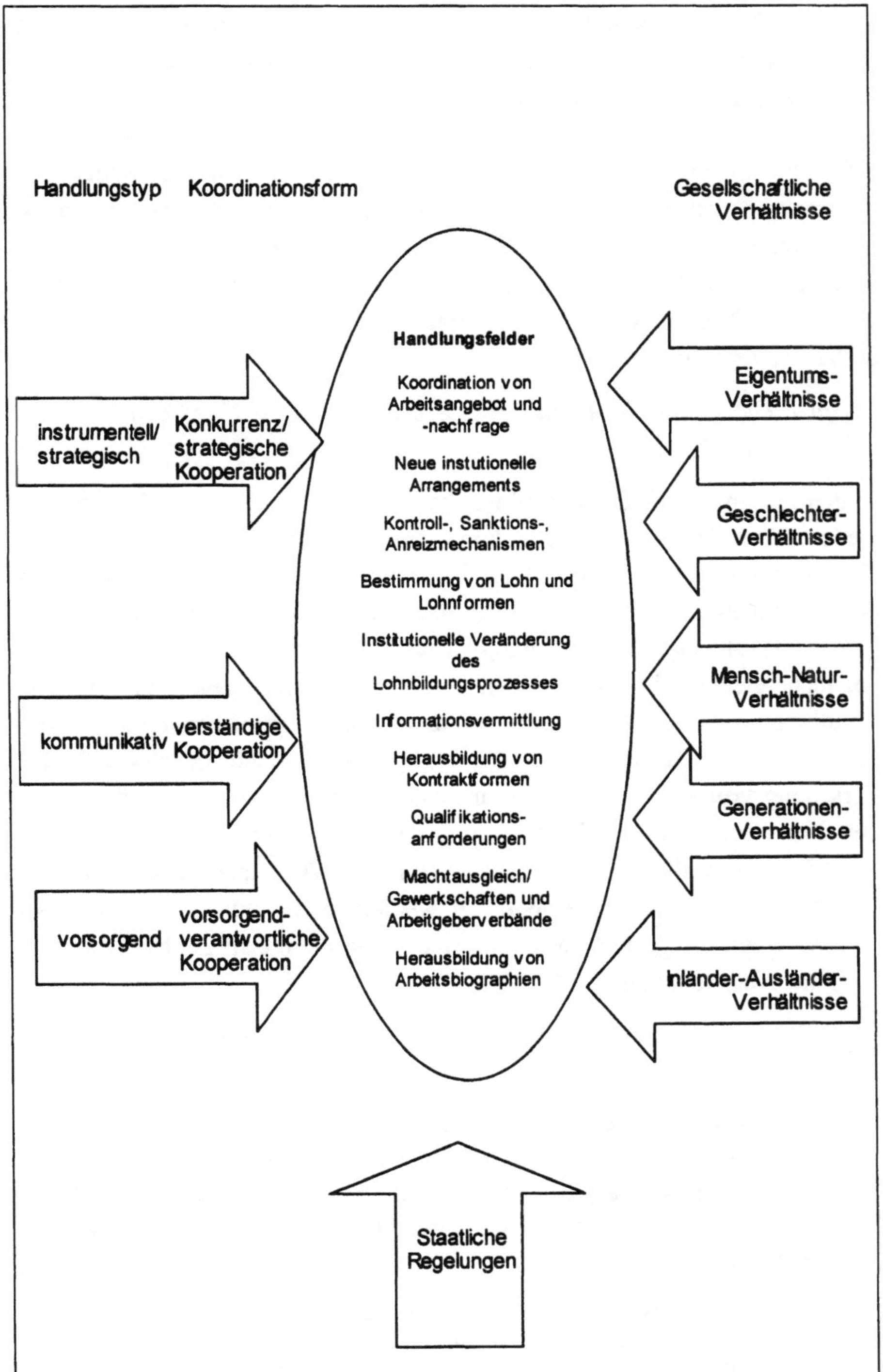

Abb. 79: Der Arbeitsmarkt als institutionalisierter Handlungszusammenhang

Analyse von Arbeitsmärkten – neben die Koordinationsform der Konkurrenz treten strategische, verständigungsorientierte und verantwortlich/vorsorgende Kooperation. Dabei wird die Verantwortung von verschiedenen AkteurInnen am Arbeitsmarkt wahrgenommen – von den ArbeiterInnen, wenn sie sich im Rahmen von Netzwerken um einen Arbeitsplatz für sich oder andere bemühen, von den ArbeitgeberInnen, wenn sie sich um gute Erwerbsarbeitsplätze kümmern, von den Gewerkschaften, wenn sie für soziale Sicherung und langfristige Stabilität von Arbeitsplätzen streiten, vom Staat, wenn er durch gesetzliche Regelungen Mindestbedingungen für Lohnhöhe oder soziale Sicherung festschreibt.

Beispiel: Die soziale Konstruktion des Arbeitsmarktes für Call Center-Beschäftigte

In den letzten 10 Jahren sind zahlreiche Call Center entstanden. Es sind entweder unternehmens- und verwaltungsintern organisierte oder extern tätige Telefondienstleister. Ihr explosives Wachstum hat dazu geführt, dass die Arbeitsbedingungen und Entlohnungsformen ungeregelt gestaltet wurden. D. h., eine sozial-ökologische Einbettung dieses neu-entstandenen Arbeitsmarktes hat nicht gleichzeitig stattgefunden. „Regiert" hat die Konkurrenz mit dem Handlungstyp B. Die Arbeitnehmerkammer Bremen gemeinsam mit der Vereinten Dienstleistungsgewerkschaft (ver.di) haben deshalb im Jahre 2001 ein Forschungsprojekt begonnen, das unter der Perspektive der ArbeitnehmerInnen-Orientierung auf die Verbesserung der Arbeitsbedingungen für die Beschäftigten im Call Center zielt. Dabei sollen die ArbeitnehmerInnen als Gestaltungsakteure selbst miteinbezogen werden, ihre Kompetenz und Handlungsfähigkeit soll gestärkt werden. Daneben wird ein Call Center-ArbeitnehmerInnenNetzwerk aufgebaut.

In der Kurzfassung der Beschreibung des Forschungs- und Entwicklungsprojektes heißt es:

> „Amtliches statistisches Material über Call Center (Anzahl, Arbeitsplätze und Beschäftigte) liegt nicht vor. Die Zahl der Call Center wurde vom Deutschen Direktmarketing-Verband für Ende 1998 auf etwa 1500 mit rund 150.000 Beschäftigten geschätzt ... Bis 2001 wurde ein Wachstum auf 276.000 Beschäftigte prognostiziert ...
>
> Call Center decken eine große Bandbreite von Dienstleistungen ab – von einfachen Auskunfts- und Bestelldiensten bis hin zu komplexen technischen Hotlines oder Kundenberatung im Wertpapierhandel. Ihre Einrichtung drückt die gewachsene Bedeutung der Kundenorientierung aus, die im Wettbewerb der Unternehmen eine immer stärkere Betonung erfährt. Auch die öffentliche Verwaltung richtet zunehmend Call Center ein, um größere Bürgernähe zu verwirklichen. Kunden zu binden oder neue Kunden zu gewinnen, erfordert heute ebenso wie bürgernahes Verwalten professionelle und ganzheitliche Ser-

vicekonzepte. Die Zeit, in der allein der Aufbau eines Call Centers als Zeichen der Kundenorientierung galt, ist vorbei.

Gute Qualität und Kundenorientierung kann dauerhaft nur durch hohe Professionalität, Kompetenz, Motivation und Engagement der Beschäftigten erreicht werden. Nach einer ersten Euphorie beim Aufbau von Call Centern mehren sich die Stimmen, die keinen Zweifel daran lassen, dass nicht die Technik, sondern die Menschen Call Center zum Erfolg führen. In der Fachpresse, bei großen Tagungen und in Consultings ist z. B. Führung und Motivation, Personalentwicklung, die Qualität der Arbeitsbedingungen und die Bezahlung ein Thema geworden.

Dennoch klafft eine Lücke zwischen Erkenntnissen und Ansprüchen auf der einen Seite und der Praxis in Wirklichkeit auf der anderen Seite. Ein Blick hinter die Kulissen offenbart häufig ungeregelte Arbeitsbedingungen, eine extrem hohe Fluktuation bei den Beschäftigten, ergonomisch mangelhaft ausgestattete Arbeitsplätze, Stress, Hektik, wenig Aufstiegschancen, regelmäßige Schicht-, Nacht-, Sonn- und Feiertagsarbeit und nicht selten schlechte Bezahlung. Hohe Anforderungen an die persönliche Arbeitszeitflexibilität stehen immer wieder im Widerspruch zu Zeitsouveränität und Planungssicherheit für die Beschäftigten" (Forschungs- und Entwicklungsprojekt „soCA". Soziale Gestaltung der Arbeit in Call Centern. Kurzfassung der Vorhabensbeschreibung 2001).

Daher wird ein großer Handlungsbedarf aus Arbeitnehmersicht festgestellt. Verbunden wird dieser Handlungsbedarf mit dem Hinweis auf die Rolle von Call Centern in der Ansiedlungspolitik der Kommunen, wofür aber auch die sogenannten Benchmarks für qualitativ gute Arbeitsbedingungen fehlen. Weiter heißt es:

„Auch für die Arbeit der Gewerkschaften und Arbeitnehmerkammern fehlen soziale Benchmarks. Mit der rasanten Verbreitung von Call Centern entstehen oft tariflose betriebsratsfreie Bereiche. ‚Tariffreie Zonen' bleiben in der Regel nicht ohne Wirkung auf die bisher noch geregelten und geschützten Bereiche und sie geraten unmittelbar oder mittelfristig unter Druck. Die Argumentation in den geschützten Bereichen ist hinreichend bekannt, der externe Dienstleister sei billiger, dort kostet der Call weniger als im Unternehmen, deshalb stehe Outsourcing oder der Abbau von betrieblichen Standards an. ... Betriebliche Interessensvertretungsstrukturen fehlen dann, wenn sie am nötigsten sind, und der Aufbau und die Arbeit von Interessensvertretungen gestaltet sich vielfach um einiges schwieriger als in traditionellen Unternehmen. Häufig ist die Beschäftigungsstruktur mit einem hohen Anteil an Teilzeitkräften und Studierenden oder einer hohen Fluktuation ein Hindernis für die Etablierung von Betriebsräten und damit bei der Schaffung von Strukturen, die der sozialen Normung dienen" (Forschungs- und Entwicklungsprojekt „soCA" 2001).

Der größte Teil der Beschäftigten in Call Centern sind Frauen. Die Frage der Zeitstruktur wird aufgrund ihrer vielfältigen Verpflichtungen in der Versorgungsökonomie und der Versorgungsarbeit daher besonders brisant. Gleichzeitig bedeutet diese vorwiegend weibliche Struktur der Beschäftigten, dass von vornherein der Arbeitsmarkt in diesem Bereich durch niedrigere Löhne und mangelnden Schutz gekennzeichnet ist (vgl. zur Erklärung solcher Diskriminierungen Abschnitt 3 dieses Kapitels).

Um sich besser für die Sicherheit und Qualität der Arbeitsplätze einsetzen zu können, wurde ein ArbeitnehmerInnen-Netzwerk aufgebaut. Es dient vor allem dem Erfahrungsaustausch unter den Beschäftigten sowie der Information über freie Arbeitsplätze. Auf der Web-Site des Netzwerkes (www.soca-online.de) heißt es:

> „Beim Auftakttreffen im Februar wurde deutlich, dass Call Center leider oft zu Recht keinen guten Ruf als Arbeitgeber haben. Von den TeilnehmerInnen wurde Informations- und Handlungsbedarf in Bezug auf viele Aspekte der Arbeitsbedingungen geäußert. Das Netzwerk versucht seitdem auf regelmäßigen Treffen, diesem Bedürfnis gerecht zu werden.
>
> Bei allen Treffen wurde deutlich, dass sich in den meisten Call Centern noch vieles ändern muss, damit Arbeitsplätze mit erträglichen Arbeitsbedingungen und langfristigen beruflichen Perspektiven entstehen, mit einer Entlohnung, die den verlangten hohen Leistungen angemessen ist. Betriebsräte sind ein wichtiges Instrument, mit dem die Beschäftigten ihren Einfluß auf ihre Arbeitsbedingungen ausüben können. Beratung und Unterstützung erhalten sie in Bremen von der Arbeitnehmerkammer, der Vereinten Dienstleistungsgewerkschaft (ver.di) und hier insbesondere dem ver.di-Projekt Call Center.
>
> Dieses Netzwerk aus Beschäftigten und Beratern steht allen Interessierten zur Mitarbeit offen. Wer Kontakt aufnehmen und sich weiter informieren will, kann sich an die Initiatoren des Netzwerks wenden. Im Internet informiert das Netzwerk über eine Mailing-Liste und seit kurzem auch mit dieser Webseite" www.soca-online.de).

Sowohl über das Forschungsprojekt als auch über das Netzwerk wird versucht, Handlungsmuster zu festigen, die den Handlungstyp C stärken – auf Seiten der ArbeitgeberInnen, der Gewerkschaften, aber auch der ArbeiterInnen selbst. Dazu sind sowohl Recht als auch Verständigungsprozesse nötig. Der Handlungstyp A spielt daher eine Rolle, und die Marktposition der Beschäftigten wird mit Hilfe der Interessensvertretung gestärkt. Dies ermöglicht ein besseres Bargaining, stärkt also auch den Handlungstyp B auf Seiten der Arbeitenden.

4.2 Neoklassische Arbeitsmarkt-Theorie als Spezialfall

Wie schon bei der Analyse des Gütermarktes, so lässt sich auch für den Arbeitsmarkt die neoklassische Theorie als Spezialfall der MiSÖP verstehen: Aus der Vielfalt der an der sozialen Konstruktion von Arbeitsmärkten beteiligten Akteure, den verschiedenen Handlungstypen, institutionellen Arrangements und politischen Einflussfaktoren werden nur einige wenige Elemente herausgenommen, die zu einem einfachen, leicht formalisierbaren Modell des Arbeitsmarktes führen. Die Anbieter und Nachfrager von Arbeitskraft handeln gemäß dem Handlungstyp B, sie sind Nutzen- bzw. Gewinnmaximierer, das einzige Handlungsfeld heißt „Bestimmung des Gleichgewichtslohnes".

Handlungstyp	Koordinationsmittel	Handlungsfeld
Instrumentell	Lohn	Bestimmung des Gleichgewichts

Abb. 80: Der Arbeitsmarkt in der Neoklassik

4.2.1 Das neoklassische Grundmodell des Arbeitsmarktes

Das neoklassische Grundmodell des Arbeitsmarktes besteht aus der Arbeitsangebotsfunktion, der Arbeitsnachfragefunktion und der Gleichgewichtsbedingung:

(1) $A^A = A^A(w)$

(2) $A^N = A^N(w)$

(3) $A^A \overset{!}{=} A^N$

Dieses Grundmodell kennen wir schon, es ist in Abb. 71 dargestellt (vgl. Teil II.2.2). Die Arbeitsangebotskurve entstand in der Haushaltstheorie, als Arbeitsangebotskurve der Haushalte, die Arbeitsnachfragekurve in der Unternehmenstheorie, als Arbeitsnachfrage von Unternehmen. Damit gelten auch alle dort getroffenen Annahmen. Für unseren Zusammenhang besonders wichtig sind folgende Annahmen:

- die Annahme der Homogenität der Arbeitskraft,
- die Annahme der vollkommenen Information aller Beteiligten.,
- die Annahme der unendlich schnellen Reaktions- und Anpassungsfähigkeit.

Der Arbeitsmarkt wird somit als vollkommener Markt abgebildet. Er bezieht sich ausschließlich auf eine Form von Arbeit: auf die Erwerbsarbeit.

Um aus der mikroökonomischen Betrachtung von Arbeitsangebot und Arbeitsnachfrage eines Haushalts bzw. eines Unternehmens zur Betrachtung des gesamtwirtschaftlichen Arbeitsmarktes zu gelangen, arbeitet die Neoklassik mit der Vorstellung vom „repräsentativen Akteur". Damit verwendet sie ein Aggregationsmodell, das es ihr erlaubt, alle Ergebnisse der einzelwirtschaftlichen Analyse umstandslos auf die Gesamtwirtschaft zu übertragen. Somit lässt sich auch das Bild in Abb. 71 als gesamtwirtschaftlicher Arbeitsmarkt vorstellen.

Der Arbeitsmarkt funktioniert in der Vorstellung der Neoklassik wie alle anderen vollkommenen Märkte auch – der Lohn wird als vollständig flexibel angenommen, Anbieter von und Nachfrager nach Arbeitskraft sind Mengenanpasser, die auf die veränderte Lohnhöhe reagieren. So gibt es von jedem Lohn ausgehend einen Anpassungsprozess, der zum Gleichgewichtslohn mit der Gleichtgewichtsbeschäftigung führt. Da aber Arbeitsangebot und Arbeitsnachfrage auf der Basis der jeweiligen Maximierungskalküle entwickelt werden, führt der Gleichgewichtslohn auch zu einer optimalen Allokation der Arbeitskräfte. Er hat damit diese beiden Hauptfunktionen:

- Ausgleich von Angebot von und Nachfrage nach Arbeitskraft,
- Herstellen einer optimalen Allokation der Arbeitskraft.

In diesem Modell gibt es keine unfreiwillige Arbeitslosigkeit. Wer zum Gleichgewichtslohn nicht arbeitet, schätzt die Freizeit höher ein als das Einkommen. Sie oder er handelt nutzenmaximierend. Wenn überhaupt, so kann es kurzfristig zu Übergangsarbeitslosigkeit kommen. Hier bewahrheitet sich das Say'sche Theorem, dem gemäß es bei vollständigem Wettbewerb keine allgemeine Überproduktion geben kann. Entsprechend gibt es auch keine allgemeine unfreiwillige Arbeitslosigkeit.

Die in der Realität, insbesondere in der jüngeren Vergangenheit der industriekapitalistischen Wirtschaftssysteme zu verzeichnende Dauerarbeitslosigkeit kann diese Theorie nur durch Lohnrigiditäten erklären. Denn ist der Lohn zu hoch, so fragen die Unternehmen weniger Arbeitskräfte nach, als angeboten werden. In diesem Theoriegebäude ist es daher nur konsequent, bei Arbeitslosigkeit Lohnsenkung zu fordern.

Kritisch ist zu diesem Modell, neben der schon geleisteten Kritik an der Entwicklung der Arbeitsangebotsfunktion in der Haushaltstheorie und der Nachfragefunktion nach Arbeit aus der Unternehmenstheorie, anzumerken:

- Die Annahme der vollkommenen Konkurrenz ist unrealistisch – Märkte sind durch Marktmacht gekennzeichnet. Das gilt insbesondere für Arbeitsmärkte, in denen Großunternehmen, Gewerkschaften, Arbeitgeberverbände Hauptakteure sind.

- Der Lohn hat neben der Markträumungsfunktion und der Allokationsfunktion auch noch andere Funktionen, darunter vor allem die Distributionsfunktion. Das bedeutet, dass der Lohn nicht nur von der Kostenseite, sondern auch von der Einkommensseite zu betrachten ist. Dann kann es aber zu Widersprüchen zwischen diesen Funktionen kommen, die Harmonie des neoklassischen Modells wird aufgehoben. (Diese Widersprüche treten in allen Tarifverhandlungen hervor, wenn die Gewerkschaften höhere Löhne für bessere Lebensbedingungen fordern, die Arbeitgeberverbände diese höheren Löhne aus Kostengründen ablehnen.)
- In der neoklassischen Theorie selbst sind vor allem die Annahme der vollkommenen Information sowie die der Homogenität der Arbeitskraft und der fehlenden Transaktionskosten in die Kritik geraten. Hier setzen denn auch Erweiterungen im Rahmen der Neoklassik selbst an bzw. Arbeitsmarkttheorien im Rahmen der Neuen Institutionenökonomik. Die wichtigsten Konzepte sollen im Folgenden kurz vorgestellt werden (vgl. zu einer ausführlicheren Darstellung Sesselmeier/Blauermehl 1997).

4.2.2 Humankapitaltheorien

Diese Theorien setzen an der Seite des Arbeitsangebots an. Sie heben die Homogenitätsannahme bezüglich der Arbeitskraft auf, behalten jedoch alle anderen Annahmen des neoklassischen Grundmodells bei.

Die Grundaussage der *Humankapitaltheorien* lautet: Arbeitskraft als eine Summe von Arbeitsfähigkeiten entsteht durch Investitionen in das Humankapital, d. h. durch Bildungs- und Ausbildungsprozesse. Der Bestand an Humankapital bedeutet somit eine Summe von produktiven Fähigkeiten, die zu einem Einkommensstrom führen. Gemäß der Analogie zum Kapital wird der Lohn als Rente auf dieses Kapital verstanden. (Diesen Gedanken kennen wir schon aus dem Humanvermögenskonzept der New Home Economics, vgl. dazu II.1.3. Dort wird die unterschiedliche Investition in Humankapital von Männern und Frauen als Grundlage der Erklärung der Diskriminierung von Frauen am Arbeitsmarkt verstanden.)

Arbeiterinnen und Arbeiter verhalten sich bezüglich dieser Investitionen in ihr Humankapital genauso ökonomisch-rational wie der traditionelle „homo oeconomicus". Sie maximieren über diese Bildungs- und Ausbildungsprozesse ihren Nutzen. Sie sind somit auch selbst verantwortlich für die zukünftig zu erwartende Rente aus dieser Investition. Das Leben von Arbeiterinnen und Arbeitern ist somit ein Investitionsprozess in Humankapital. Da dieser Prozess sehr unterschiedlich verläuft, kommt es auch zu sehr unterschiedlichen Lohnzahlungen. Dieser Ansatz kann somit Unterschiede im Lohn, kann Lohnstrukturen erklären. Dass die Arbeitgeber diesen unterschiedlichen Lohn zahlen, liegt daran, dass mehr Investitionen in Humankapital zu einer höheren Produktivität der Arbeitskraft und damit zu einem entsprechend höheren Grenzprodukt führen. Eine höhere Lohnzahlung bleibt somit im neoklassischen Gewinnmaximierungskalkül. Allerdings kommt noch ein Unterschied dadurch herein, dass manche Investitionen in Humankapital auf spezifische betriebliche Arbeitsplätze zugeschnitten sind. Daher werden Teile dieser Investition von den Unternehmen bezahlt. Diese haben daher auch Interesse daran, diese Arbeitskräfte zu binden und sind bereit, ihnen einen Lohn zu zahlen, der über dem Marktlohn liegt. Der Lohn löst sich somit von der Grenzproduktivität der Arbeit. Lohnkosten werden so zu „quasi-fixen Kosten".

In der Kritik dieser Theorien wird vor allem Folgendes hervorgehoben:

- Bis auf die Aufgabe der Homogenitätsannahme bleiben diese Theorien fest im neoklassischen Theorierahmen. Alle Kritikpunkte gelten daher auch für sie.
- Arbeitslosigkeit wird nach wie vor als freiwillige Arbeitslosigkeit erklärt. Sie wird diese als Ausdruck von Fehlinvestitionen in das Humankapital interpretiert und ist damit selbst verschuldet.
- In die Erklärung des Arbeitsmarktes geht gemäß diesen Theorien die Nachfrage nach Arbeitskräften kaum ein.
- Die Übertragbarkeit des Kapitalkonzepts auf die Arbeitskraft wird kritisiert, weil dadurch der Unterschied zwischen den verschiedenen Kapitalsorten verdeckt wird. Wir haben ihn bereits angesprochen: Während anderes Kapital vom Kapitalbesitzer getrennt und veräußert werden kann, bleibt das Humankapital an die ArbeiterInnen gebunden. Hinter ihm stecken die Lebensprozesse der Menschen.

Als Stärke der Humankapitaltheorie wird immer wieder hervorgehoben, dass sie in der Lage sei, die Existenz unterschiedlicher Lohnniveaus zu erklären.

4.2.3 Suchtheorien einschließlich der Matching-Konzepte

Auch die *Suchtheorien* setzen zunächst am Arbeitsangebot an. Wie die Humankapitaltheorien, geben sie die Annahme der Homogenität der Arbeitskräfte und Arbeitsplätze auf. Arbeitsmärkte werden verstanden als Suchmärkte, wobei die Akteure, hier zunächst: die ArbeitskraftanbieterInnen, nur unvollkommene Informationen haben. Um möglichst viele Informationen für die Beschaffung eines neuen Arbeitsplatzes zu sammeln, brauchen die Arbeitenden Zeit. Der bisherige Arbeitsplatz wird für diesen Suchprozess aufgegeben. Arbeitslosigkeit ist also integraler Bestandteil dieser Theorie, wobei es sich um Arbeitslosigkeit im Sinne einer funktionellen Notwendigkeit handelt, da ohne diese der Suchprozess nicht optimiert werden kann.

Der Prozess selbst wird folgendermaßen beschrieben: Die/Der Arbeitsplatzsuchende legt für sich einen unteren Lohn, den sogenannten Akzeptanzlohn, fest, unter den sie/er nicht gehen will. Der Lohnsatz, der der jeweiligen Qualifikation entspricht, liegt darüber. Der Suchprozess wird solange fortgesetzt, wie die Suchkosten (insbesondere der Verzicht auf das frühere Einkommen) dem diskontierten erwarteten Mehreinkommen gleich sind. Das neoklassische Maximierungskalkül wird also unter diesen veränderten Bedingungen aufrechterhalten. Dabei geht in dieses Nutzenmaximierungskalkül ebenfalls die Bewertung von Freizeit ein.

Hier kommt die Arbeitslosenunterstützung in die Diskussion herein: Arbeitslosenunterstützung reduziert die Kosten der Suche und verlängert so den Suchprozess. Insofern wird eine eindeutige Korrelation zwischen der Höhe der Arbeitslosenunterstützung und dem Niveau der Arbeitslosigkeit konstatiert (die wirtschaftspolitische Konsequenz ist dann die Reduktion der Arbeitslosenunterstützung). Es wird argumentiert, dass die Sicherheit durch die Arbeitslosenunterstützung die Anforderungen der Arbeitssuchenden an die gesuchte Arbeitsstelle erhöht und den Suchprozess hinauszögert.

Die einseitige Ausrichtung der Suchtheorien auf das Arbeitsangebot wurde durch die Modellierung des Suchverhaltens der Nachfragenden nach Arbeitskraft, der Unternehmen, ergänzt. Dafür hat sich der Begriff des *Matching-Prozesses* eingebürgert, den wir schon bei der Darstellung der sozio-ökonomischen Theorien kennengelernt haben. Werden die Arbeiterinnen und Arbeiter einerseits als auf der Suche nach einem Arbeitsplatz befindlich angesehen, so suchen auf der anderen Seite Unternehmen passende Arbeitskräfte für ihre vakanten Stellen. Auch die Unternehmen handeln dabei unter unvollkommenen Informationen, unter Ungewissheit. In dem unter diesen Umständen bestimmten Gleichgewicht am Arbeitsmarkt gibt es sowohl Vakanzen als auch Arbeitslose. Für dieses Niveau der Arbeitslosigkeit hat sich der Begriff der „natürlichen Arbeitslosigkeit“ herausgebildet (vgl. dazu auch Wagner/Jahn 1997: 64ff).

Insgesamt ist der Matchingprozess, d. h. der Prozess, der zu einem Arbeitsvertrags-Abschluss zwischen einem Suchenden auf der Seite der Anbieter und einem entsprechend Suchenden auf der Seite der Nachfrager führt, ein doppelter Suchprozess unter unvollkommenen Informationen. Seine Länge hängt zum einem von dem schon genannten Kalkül der ArbeiterInnen ab, zum anderen von einem entsprechenden Maximierungskalkül der Unternehmen. Analog zum Akzeptanzlohn auf Seiten der Arbeitssuchenden wird ein Akzeptanzniveau bezüglich der Produktivität der gesuchten Arbeitskräfte auf Seiten der Unternehmen formuliert. Der Suchprozess von Seiten der Unternehmen ist dann zu Ende, wenn die Kosten der Vakanz mit den erwarteten Produktivitätserträgen des Arbeitsplatzes ausgeglichen sind.

Kommt es zu einem Match, d. h. zu einem Vertragsabschluss zwischen einer Arbeitssuchenden und einem Unternehmen, so bedeutet das, dass andere ausgeschlossen bleiben. Die beiden Matchpartner bilden eine Art bilaterales Monopol gegenüber den anderen Suchenden. Der schließlich ausgehandelte Lohn spiegelt dann nicht nur die Suchkosten der jeweiligen Parteien wider, sondern auch die jeweilige Verhandlungsstärke.

Die kritische Reflexion dieser Theorien hat Folgendes betont:

- Zunächst wurde die einseitige Ausrichtung der Suchtheorien auf die Seite des Arbeitsangebots kritisiert. Dies ist jedoch über die Kombination mit dem Suchverhalten der Unternehmen und die Integration in Matching-Theorien aufgehoben.
- Des Weiteren wurden Annahmen wie der Akzeptanzlohn bzw. ein Akzeptanzniveau der Produktivität der Arbeitskräfte kritisiert. Die Festsetzung eines Akzeptanzlohnes bedeutet ja, dass die/der Arbeitssuchende freiwillig arbeitslos bleibt, wenn der Lohn diese Höhe nicht erreicht. Das erschien vielen Kritikern unglaubwürdig. Die Festsetzung einer Mindestproduktivität dagegen ist unglaubwürdig, wenn der Arbeitsmarkt sehr angespannt ist. Denn dann können Unternehmen diese Produktivität durch eigene Investitionen in das Humankapital neuer Arbeitskräfte herbeiführen.
- Kritisiert wurde auch die Aussage, die Arbeitslosenversicherung führe zu einer höheren Arbeitslosigkeit. Eingewandt wurde, dass genau das Gegenteil der Fall sein kann: Arbeitslosenunterstützung könnte die Dauer der Arbeitslosigkeit verringern, weil sie Sicherheit und eine effiziente Suche nach einem Arbeitsplatz erst ermöglicht.
- Die Arbeitslosigkeit, die diese Modelle erklären, ist im Kern Sucharbeitslosigkeit. Auf der Basis ansteigender Arbeitslosenquoten wird kritisiert, dass strukturelle Arbeitslosigkeit nicht erklärt werden kann.
- Die Stärke der Matching-Modelle liegt sicherlich darin, dass ein größeres Augenmerk auf den Matching-Prozess selbst und damit auf institutionelle Arrangements gelegt wurde, die diese Vermittlung verbessern könnten. In diesem Zusammenhang ist auch die jüngste Debatte in Deutschland um die Rolle der staatlichen Arbeitsämter zu verstehen. Wegen ihrer geringen Vermittlungsquoten sind sie in die Kritik geraten und werden zunehmend begleitet bzw. ergänzt durch neue institutionelle Arrangements wie private Arbeitsvermittlung, Auslagerung der staatlichen Arbeitsvermittlung in staatliche Regiebetriebe, Beschäftigungsgesellschaften bzw. Selbsthilfe-Netzwerke.

4.2.4 Kontrakttheorien

Kam bei den Suchtheorien durch die Integration des Matching-Prozesses schon die Nachfrageseite des Arbeitsmarktes in den Blick, so setzen *Kontrakttheorien* von vornherein bei der vertraglichen Verbindung zwischen beiden, d. h. beim Arbeitsvertrag an. Dabei geht es nicht so sehr um das offizielle Aufschreiben des Lohnes bzw. der Arbeitszeit, sondern um implizite Vereinbarungen, die zusätzlich getroffen werden und damit das individuelle Arbeitsverhältnis prägen. Es geht um sog. „implizite Kontrakte".

Die Grundannahme ist wiederum die Heterogenität der Arbeitskräfte und der Arbeitsplätze. Zusätzlich werden Arbeiterinnen und Arbeiter als risikoavers modelliert, während die Nachfrager von Arbeit risikoneutral sind. Aus dieser unterschiedlichen Risikoannahme lässt sich erklären, weshalb es zu Lohnstarrheiten und eben nicht zu dem von der Neoklassik unterstellten flexiblen Lohn kommt. Die geringere Risikofreudigkeit der ArbeiterInnen und Arbeiter führte nämlich dazu, dass sie bereit sind, zu einem niedrigeren Lohn zu arbeiten, als sie anderenfalls erhalten können. Im Gegenzug erhalten sie eine möglichst langfristige Lohn-Sicherheit. Insofern ist die Akzeptanz dieses niedrigeren Durchschnittslohns als Risikoprämie zu verstehen, die Arbeitende bereit sind, für die stabile Lohn- und Arbeitssituation zu zahlen. Eine Folge davon ist, dass bei Konjunkturschwankungen der Lohn nicht nach unten angepasst wird, sondern eher Entlassungen erfolgen. Die ArbeitnehmerInnen „erkaufen" sich somit ihre Präferenz für eine sichere Lohnsituation durch eine unsichere Beschäftigungssituation. Die Unternehmen lassen sich darauf ein, weil sie durch die stabile Lohnsituation die Motivation und Produktivität der Arbeit fördern sowie auch langfristig sicherer kalkulieren können.

In der kritischen Reflexion dieser Theorie wurde vor allem Folgendes angeführt:

- Zwar kann die Kontrakttheorie die Starrheit von Löhnen nach unten erklären, aber das gilt nur für die Reallöhne. Somit können Preisentwicklungen nicht integriert werden.
- Überhaupt können zyklische Schwankungen nicht integriert werden, insbesondere gesamtwirtschaftliche zyklische Schwankungen. Somit können auch keine Prozesse der konjunkturellen Arbeitslosigkeit erklärt werden.
- Die Kontrakttheorie will unfreiwillige Arbeitslosigkeit erklären, kann aber nicht hinreichend deutlich machen, wo die Freiwilligkeit aufhört und die Unfreiwiligkeit anfängt. Denn zugunsten der Lohnstabilität wird ja bei Vertragsabschluss von Seiten der ArbeiterInnen das Risiko der Arbeitslosigkeit in Kauf genommen. Ist das nun freiwillig oder unfreiwillig? Offensichtlich passen die Begriffe hier nicht mehr.

4.2.5 Effizienzlohntheorien

Auch diese Theorien setzen an Lohnrigiditäten an und wollen diese erklären. Unterstellt wird wiederum eine heterogene Struktur von Arbeitskräften und Arbeitsplätzen. Die Grundidee ist, dass die UnternehmerInnen zur Steigerung ihres Gewinns einen höheren Lohn zahlen, als es bisher üblich war. Im Gegenzug rechnen sie damit, dass die ArbeiterInnen ihre Produktivität nicht nur entsprechend, sondern sogar stärker erhöhen. Der höhere Lohn ist also deswegen effizient, weil er einen überproportional gesteigerten Produktivitätsgewinn erbringt. Damit übersteigt die Grenzproduktivität die Grenzkosten.

Diese Theorien (die wir schon als Basis einer Unternehmenstheorie in Abschnitt II.2.1.5 kennengelernt haben) begründen ihre Aussagen mit Hilfe zweier Verhaltensannahmen:

- die ArbeiterInnen sind in der Lage, ihre Produktivität zu verändern, wobei das nicht vollständig von Seiten des Unternehmens zu kontrollieren ist;
- die Unternehmer wiederum sind jetzt Lohnsetzer, sie können den Effizienzlohn über den bisherigen Lohn ansetzen und dadurch die Produktivität der Arbeitenden anregen.

Auch in diesem Modell erfolgt die Anpassung an Marktschwankungen eher über die Beschäftigung als über Lohnsenkungen.

Im Rahmen dieser Theorien haben sich verschiedene, in den Grundannahmen zwar gleiche, in der kompletten Argumentation jedoch unterschiedliche Theorien herausgebildet (vgl. dazu Sesselmeier/Blauermehl 1997: 153ff). Hauptpunkte der Kritik sind:

- Die Begründung für die höhere Produktivität der Arbeitenden ist unklar. Mal wird mit Fairness argumentiert, mal mit rein ökonomischem Kalkül, mal mit der Bedrohung durch bestehende Arbeitslosigkeit.

- Wieder ist unklar, ob es sich bei der Arbeitslosigkeit, die sich aufgrund des über dem Markträumungsniveau liegenden Effizienzlohnes einstellt, um freiwillige oder um unfreiwillige handelt. Werden nämlich alle Beteiligten als nach Optimierungskalkül handelnd unterstellt, so rechnen sie das Risiko der Arbeitslosigkeit in ihre Kalkül mit ein.

- Das setzt jedoch die Wahlfreiheit der Beschäftigten zwischen Beschäftigung und Arbeitslosigkeit voraus. Auch diese Annahme wird als unrealistisch kritisiert.

4.2.6 Der Arbeitsmarkt in der Neuen Institutionenökonomik – interne Arbeitsmärkte und Transaktionskosten

Die *Neue Institutionenökonomik* stellt auch in ihrer Analyse des Arbeitsmarktes Verträge in den Mittelpunkt. Dies ist schon aus der Analyse von Gütermärkten bekannt (vgl. dazu Teil II.3.2.4). Vor allem langfristige und unvollständige Verträge, sogenannte relationale Verträge, spielen eine Rolle. Neben der Homogenitätsannahme und der Annahme der vollständigen Information wird auch die Annahme der Abwesenheit von Transaktionskosten aufgehoben – Transaktionskosten sind hier die Grundlage dieser Analyse. Arbeitsmärkte werden als duale Märkte angesehen – auf dem externen Arbeitsmarkt besetzen Unternehmen freie Stellen durch Einstellungen von außen, auf dem internen Arbeitsmarkt werden freie Stellen an bereits Beschäftigte innerhalb eines Unternehmens vergeben. Er ist durch das Innenverhältnis zwischen Management und ArbeiterInnen geprägt. Beide Teilarbeitsmärkte sind nicht voneinander abgeschottet, vielmehr kann der interne Arbeitsmarkt durch den externen unter Druck gesetzt werden. Will sich das Unternehmen diesem Druck entziehen, muss es durch Verträge im Inneren für Stabilität sorgen. Eben dazu dienen unspezifische und langfristig orientierte (relationale) Arbeitsverträge. Dass es relationale Verträge sind, begründet sich wie folgt (vgl. Sesselmeier/Blauermehl 1997: 204ff.):

- Die in der Neuen Institutionenökonomik unterstellte beschränkte Rationalität (vgl. I.3.2), gepaart mit der Unsicherheit, führt dazu, dass sich die Vertragspartner nur schwer über die Einschätzung von Gegenwart und Zukunft einigen können. Ein spezifizierter Vertrag würde hohe Entstehungs- und Durchsetzungskosten mit sich bringen. Deshalb ist es in beider Seiten Interesse, den Vertrag unspezifiziert zu lassen.

- Eine andere Begründung für relationale Arbeitsverträge kommt von der Transaktionskostentheorie: Die Gestaltung des Arbeitsvertrages als langfristiger Vertrag fördert eine Atmosphäre, die Grundlage einer kooperativen Beziehung ist. Das spart Transaktionskosten. Für die Unternehmerseite bedeutet ein solcher Vertrag, dass das von vornherein asymmetrische Autoritätsverhältnis den Unternehmen Handlungsspielraum lässt. Gleichzeitig wird jedoch die Kooperationsbeziehung gestärkt, und zwar dadurch, dass implizite Vereinbarungen getroffen werden, die soziale Normen, Gewohnheiten, die ganze Kultur des Unternehmens betreffen. Interne Arbeitsmärkte, die durch solche impliziten Vereinbarungen im Rahmen von langfristig-unspezifischen Arbeitsverträgen strukturiert sind, können somit in der Neuen Institutionenökonomik prinzipiell opportunistisches Verhalten der Akteure begrenzen. Damit ist der interne Arbeitsmarkt durch die Gleichzeitigkeit von Konflikt und Kooperation gekennzeichnet.

- Als weiteres Argument für unspezifische Arbeitsverträge gilt das schon bei anderen Theorien geäußerte Argument, dass es nicht gelingen kann, die geforderte Intensität der Arbeit festzulegen. So lassen sich nur allgemeine Arbeitsanforderungen festschreiben; deren konkrete Ausführung ist eben eine Frage der „Transaktionsatmosphäre" im Unternehmen.

Interne Arbeitsmärkte sind somit Steuerungsmuster, sogenannte Governance-Strukturen, die aufgrund der Unbestimmtheit und Langfristigkeit der Arbeitsverträge nötig werden. Sie sind gekennzeichnet durch

- langfristige Beschäftigungsverhältnisse
- Zugangsbeschränkungen auf bestimmten Eintrittspositionen
- Existenz von Aufstiegsleitern
- Eine Vielzahl von Anreiz- und Sanktionsmechanismen

Gerade weil es um das kooperative Einbinden der Arbeitskräfte in den Unternehmenszweck geht, reicht der Lohn als alleiniges Allokationsinstrument nicht aus. Hinzu kommen nicht-preisliche Mechanismen, wie Aufstiegschancen, Weiterbildungsmöglichkeiten, Ermöglichung innerbetrieblicher Mobilität. In der Neuen Institutionenökonomik sind interne Arbeitsmärkte aber nicht nur zweckmäßig, sondern sogar unvermeidlich. Und das aus folgenden Gründen:

- Der erste Grund liegt in den Beschäftigungsfixkosten. Darunter werden in der Regel alle Lohnnebenkosten verstanden. Gemäß dem eben Gesagten gilt hier die Aufmerksamkeit vor allem betrieblichen Rekrutierungs- und Ausbildungskosten. Diese stellen Investitionen in das betriebliche Humankapital dar, die gegen Abwanderung der Arbeitskräfte zu sichern sind. Sollen sich diese Beschäftigungsfixkosten amortisieren, muss gemäß dem neoklassischen Maximierungskalkül irgendwann das Wertgrenzprodukt der Arbeit unter dem bezahlten Lohn liegen. Um solche Arrangements möglich zu machen, ist ein stabiler interner Arbeitsmarkt unabdingbar.

- Die zweite Begründung für die Notwendigkeit der Existenz von internen Arbeitsmärkten rührt aus den spezifisch auf den unternehmerischen Arbeitsbereich zugeschnittenen Humankapitalinvestitionen. Durch diese Ausbildung verlieren die ArbeiterInnen an zwischenbetrieblicher Mobilität. Sie würden in einem anderen Unternehmen Einkommensverluste erleiden, da ihre besondere Produktivität dort keine Verwendung finden würde. Auch die Unternehmen haben kein Interesse an der Fluktuation ihrer Arbeitskräfte. Durch diese spezifischen Humankapitalinvestitionen entsteht somit eine Art bilaterales Monopol, durch das die beiden Seiten miteinander verbunden sind.

Insgesamt sind interne Arbeitsmärkte also nötig, um die Beziehung zwischen den verschiedenen Beteiligten zu festigen, betriebliche Regeln und Normen herauszubilden, die Beziehungen insgesamt zu stabilisieren.

> „Die Berücksichtigung der Person des Arbeitnehmers im Rahmen des Human Ressource Managements, die Einführung von Gruppenarbeit, die Mitwirkung und Mitbestimmung von Arbeitnehmern unterhalb der gesetzlichen Mitbestimmungsorgane wie beispielsweise in Qualitätszirkeln zeigen die Relevanz dieses Ansatzes und die Schnittflächen mit der betriebswirtschaftlichen und organisationstheoretischen Forschung, aber auch mit der betrieblichen Umsetzung dieser Erkenntnisse“ (Sesselmeier/Blauermehl 1997: 216).

Damit öffnet sich die Neue Institutionenökonomik, deren Basis nach wie vor der methodologische Individualismus und das opportunistische Menschenbild sind, stark in Richtung anderer Handlungsmuster – der verständigen bzw. vorsorgend-verantwortlichen Kooperation. Denn es ist fraglich, ob die für die langfristige Unternehmensexistenz notwendige Stabilität interner Arbeitsmärkte ausschließlich auf der Basis von Konkurrenz und strategischer Kooperation gewährleistet werden kann. Die Betonung von Normen, Regeln und Beziehungen innerhalb des Unternehmens erinnert stark an die Unternehmenstheorie des Kritischen Institutionalismus. Vielleicht entwickelt sich hier ja mehr als nur eine Annäherung.

4.3 Geschlechtliche Strukturierung des Arbeitsmarktes

Gleichberechtigung und gleiche Chancen für Frauen und Männer am Arbeitsmarkt und in Unternehmen sind immer noch keine Selbstverständlichkeit. Empirisch lassen sich neben einer Verteilung nach Geschlechtern auf Berufe und berufliche Positionen auch beträchtliche Unterschiede in den Gehältern und der zeitlichen Beanspruchung zwischen Frauen und Männern feststellen. Theoretische Erklärungen für diese Unterschiede werden sowohl von orthodoxen wie heterodoxen ÖkonomInnen angeboten. Sie unterscheiden sich neben den oben diskutierten Unterschieden durch den verwendeten Arbeitsbegriff.

4.3.1 Empirische Befunde

Männer- und Frauenberufe – der Segregationsindex

Wie Blau u.a. in ihrem Buch „The Economics of Women, Men and Work“ von 1998 detailliert für die USA darlegen, sind die Arbeitsstellen in vielen beruflichen Kategorien entweder hauptsächlich weiblich oder männlich besetzt. Gemessen wird die geschlechtsspezifische Verteilung, die sich sowohl in Berufssparten, Berufen, Branchen und einzelnen Firmen beobachten lässt, seit etwa fünfzig Jahren mit Hilfe des Index of Dissimilarity von Duncan und Duncan. Die Formel für diesen Segregationsindex lautet:

$$\text{Segregationsindex} = \tfrac{1}{2} \sum_i | M_i - F_i | ,$$

mit M_i = dem Prozentsatz der männlichen Erwerbstätigen, die in Beruf *i* beschäftigt sind und F_i = dem Prozentsatz der weiblichen Erwerbstätigen, die in dem selben Beruf *i* beschäftigt sind. Die Basis für die Berechnung des Index ist die prozentuale Verteilung jeweils aller beschäftigten Männer und Frauen auf die Berufskategorien: $i = 1, 2, ..., n$. Die Betragsstriche besagen, dass die für den Beruf ermittelten spezifischen Differenzen miteinander addiert werden, unabhängig davon, ob sie ein positives oder negatives Vorzeichen haben.

Darum kann sich im Extremfall absoluter Segregation, wenn also alle Berufe entweder ausschließlich mit Männern oder Frauen besetzt wären, ein Betrag von zweihundert ergeben, aus der ein Index von einhundert Prozent errechnet würde. Der Index wäre null, wenn die Verteilung von Männern und Frauen über die beruflichen Kategorien gleich wäre. Anders ausgedrückt gibt der Index die Summe der Prozentanteile von Frauen plus der Prozentanteile von Männern an, die ihre Berufsgruppe wechseln müssten, um eine Gleichverteilung in allen Berufsgruppen zu erreichen. Je nach Höhe des Frauenanteils am Arbeitsmarkt fallen die Prozentanteile für beide Geschlechter sehr unterschiedlich aus.

Insgesamt ist der Segregationsindex in den USA von etwas unter siebzig Prozent in den sechziger Jahren des zwanzigsten Jahrhunderts auf etwas über fünfzig Prozent in den Neunziger Jahren zurückgegangen. Trotz dieses Trends der Angleichung, der sich in den neunziger Jahren verlangsamt, bleibt nach wie vor eine hohe geschlechtsspezifische Segregation bei den Berufen bestehen, die zudem hierarchisch zugunsten der Männer ausfällt. So schreiben Blau u.a., dass, obwohl Frauen in den USA ihren Anteil unter den Managementberufen von 20 Prozent 1972 auf 43 Prozent 1995 ausgedehnt haben, sie auf den Toppositionen immer noch höchst selten anzutreffen sind (etwa 3-5 Prozent). Selbst in typischen Frauenberufen wie Krankenpflege und Verkauf im Einzelhandel sind die führenden Positionen häufig von Männern besetzt (Abteilungsleiter im Warenhaus und Pflegedienstleiter im Krankenhaus). Männliche Domänen waren und sind zudem die traditionellen Handwerks- und Industriearbeiterberufe.

Bei der empirischen Ermittlung des Segregationsindexes kommt es auf die Anzahl der ausgewählten Berufskategorien an. Je grober das Raster der Einteilung gewählt wird, desto niedriger fällt der Index in der Regel aus (z. B. sechs Berufssparten: 30 % Segregation, 600 Berufe: 60 % Segregation). Es macht auch einen Unterschied, ob Segregation auf der Ebene des gesamten Arbeitsmarkts eines Landes, einzelner Branchen oder einzelner Unternehmen untersucht wird. Es wären nämlich die beiden in der folgenden Abbildung aufgelisteten Zahlenbeispiele denkbar:

	männlich N	*weiblich N*	*Frauenanteil in %*
1. Ber. Arbeitsmarkt	100	100	50
Betrieb a)	0	10	100
Betrieb b)	0	20	100
Betrieb c)	20	0	0
Betrieb d)	10	0	0
Betrieb e)	70	70	50
Frauenanteil im Mittel der Betriebe (Beruf 1)			**50**
2. Ber. Arbeitsmarkt	100	900	90
Betrieb a)	5	0	0
Betrieb b)	20	20	50
Betrieb c)	25	25	50
Betrieb d)	40	40	50
Betrieb e)	10	815	99
Frauenanteil im Mittel der Betriebe (Beruf 2)			**50**

Abb. 81: Beispiele der Geschlechteraufteilung in zwei Berufen für den Arbeitsmarkt und in Betrieben (Quelle: Hinz/Schübel 2001)

Die Segregation auf Betriebsebene gleicht in Deutschland gemäß einer Studie von Hinz und Schübel dem Beispiel für den ersten Beruf in der oberen Hälfte der Tabelle. Das heißt, im Durchschnitt entspricht die Segregation auf Betriebsebene etwa der auf dem gesamten Arbeitsmarkt, aber auf der Ebene der kleinen und mittleren Betriebe herrscht eine scharfe Trennung der beruflichen Welten für Frauen und Männer, während der Segregationsindex auf der Ebene der Großbetriebe in etwa dem für den gesamten Arbeitsmarkt entspricht (etwas über 60 %). Ungefähr ein Drittel der deutschen Betriebe kommt für die dreißig häufigsten Berufe auf Segregationsindices von 100, d. h. Frauen und Männer sind in den ausgeübten Berufen vollständig von einander „getrennt". Des Weiteren stellen Hinz und Schübel einen Zusammenhang zwischen Arbeitszeit und Segregation fest:

> „Unsere Auswertungen belegen, dass neben beruflicher Segregation die Trennung nach Arbeitszeit eine wichtige Rolle spielt: Frauen finden Zugang zu Männerberufen vornehmlich in Teilzeitbeschäftigung, während Männer Frauenberufe hauptsächlich in Vollzeitbeschäftigung besetzen" (Hinz/Schübel 2001: 298).

Neben der Beschränkung für die Handlungsfreiheit, die Segregation vor allem für Frauen bedeutet, geht berufliche Segregation auch Hand in Hand mit höheren Löhnen in Männerberufen im Vergleich zu Frauenberufen. Beobachtbar ist dieser Zusammenhang u. a. am Prozess der Resegregation bestimmter Berufe. Mit Resegregation bezeichnet man die Umwandlung von zunächst reinen Männerberufen in reine Frauenberufe oder umgekehrt. Tätigkeiten wie Sekretär oder Bankkassierer, die Anfang des zwanzigsten Jahrhunderts noch reine Männerberufe waren, wurden zunehmend von Frauen übernommen, gleichzeitig nahm die für ihre Ausübung notwendige Qualifikation ab (de-skilling) und sank der Lohn im Vergleich zu anderen Tätigkeiten. Heute sind Bankkassiererin oder Sekretärin eher typische Frauenberufe.

Gehaltsunterschiede zwischen Männern und Frauen

Zwar hat ein hohes Bildungsniveau einen starken positiven Effekt auf das Einkommen von sowohl Männern als auch Frauen, aber Männer verdienen im Durchschnitt immer noch erheblich mehr als Frauen auf demselben Bildungsniveau. Der 2002 veröffentlichte „Bericht der Bundesregierung zur Berufs- und Einkommenssituation von Frauen und Männern“ zeigt hierzu die Darstellung in Abb. 82.

Was hier für den Arbeitsmarkt insgesamt gezeigt wird, gilt auch für Unternehmen. Sonja Bischoff stellt in ihrer Studie über „Männer und Frauen in Führungspositionen der Wirtschaft in Deutschland“ fest, dass Frauen in jeder der von ihr betrachteten Führungsebenen des Managements weniger verdienen als Männer in gleicher hierarchischer Position. Der Vergleich mit älteren von ihr durchgeführten Untersuchungen führt sie zu der Schlussfolgerung, der Abstand sei geradezu zementiert (vgl. Bischoff 1999: 92).

Kaum einen Einfluss auf den Einkommensnachteil der Frauen hat die Unternehmensgröße oder die Branche, aber ein leichter Trend zur Angleichung der Gehälter ist erkennbar. So schreibt Bischoff:

> „Zwar ist der Einkommensnachteil gewissermaßen „alterslos“, das heißt, er ist in allen Altersgruppen zu beobachten. Dennoch deutet sich an, daß nkommensdifferenzen zwischen den jüngeren Männern und Frauen (bis 39 Jahre alt) geringer werden“ (Bischoff 1999: 147).

Außerdem haben Frauen eine Chance, dieselben Einkommen wie Männer zu erzielen, wenn ihre Gehälter variable, d. h. erfolgs- bzw. leistungsabhängige Bestandteile enthalten. Zumindest erreichen Frauen dann das Einkommensniveau von Männern, die lediglich Fixgehälter bekommen, auch wenn ihre Einkommen noch weit unter denen der Männer mit variablen Gehaltsbestandteilen liegen (vgl. Bischoff, 1999: 93).

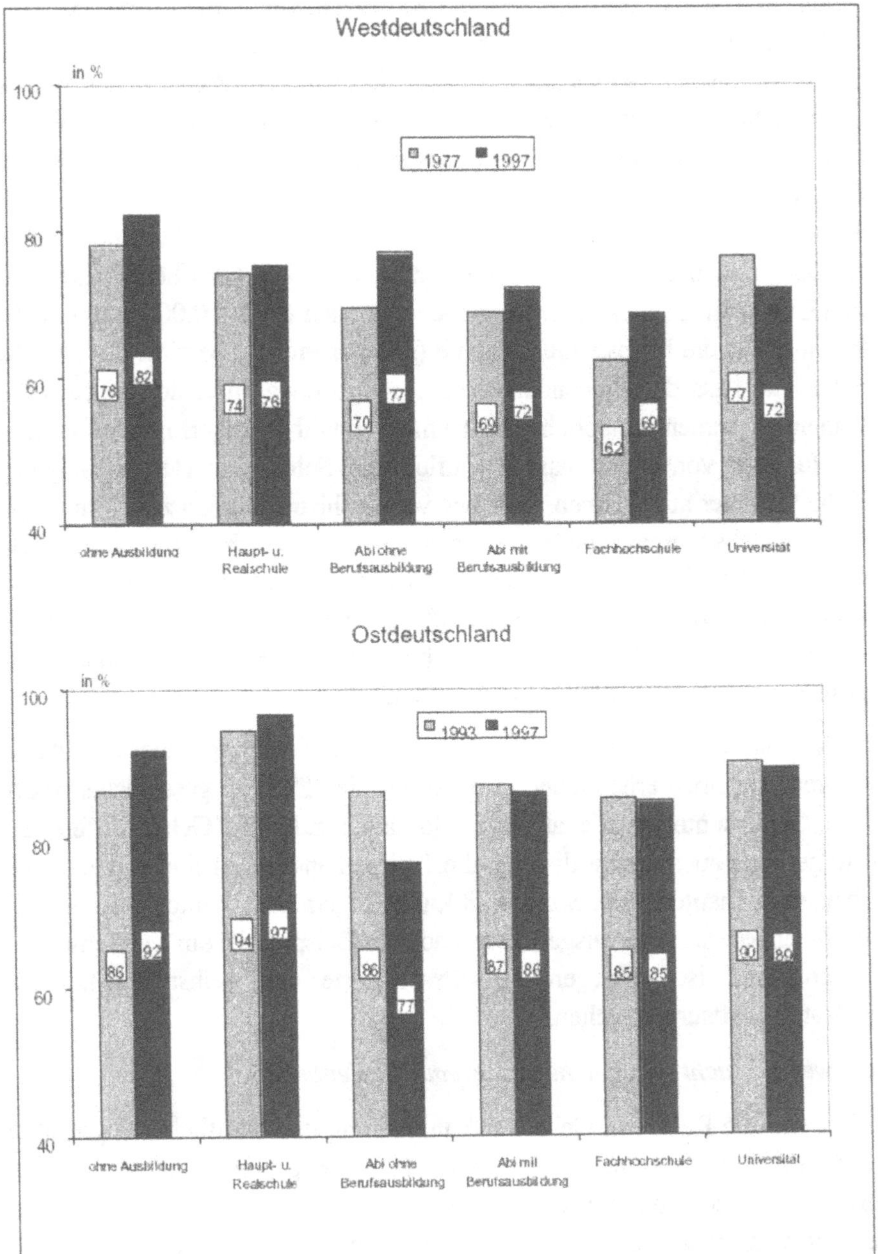

Abb. 82: Verdienstrelationen von sozialversicherungspflichtig beschäftigten Frauen und Männern (Vollzeit) Nach dem Ausbildungsstand in % (Quelle: Bericht der Bundesregierung zur Berufs- und Einkommenssituation von Frauen und Männern 2002, Kurzfassung: 35)

Im Jahr 2000 haben Barbara Seel und Rainer Hufnagel im Auftrag der Zeitschrift *Marie Claire* unter der Überschrift „Wie teuer ist es, eine Frau zu sein?“ das Ausmaß der Gehaltsunterschiede zwischen Männern und Frauen für Deutschland untersucht. Sie unterscheiden zwischen einem „gender gap“ und einem „mother gap“, d. h. sie berücksichtigen, ob neben dem Geschlecht auch die Anwesenheit von Kindern im Haushalt die Gehälter von Frauen gegenüber denen von Männern senkend beeinflusst. Beide Effekte sind deutlich erkennbar und machen zusammengenommen je nach beruflicher Kategorie einen Unterschied im Lebenseinkommen zwischen etwa 300.000 und 900.000 Euro aus. Für die höchste Gehaltsstufe („Management“) bewirkt das „gender gap“ allein, dass das Fraueneinkommensniveau etwa 86 % des Niveaus des Männereinkommens entspricht. Als HumankapitaltheoretikerInnen gehen Seel und Hufnagel von einem starken Einfluss der Schul- und Berufsausbildung auf die Gehälter aus, können aber, wie vergleichbare Studien zuvor, nur etwa 40 % des Gehaltsunterschiedes auf unterschiedliche Ausbildung, Berufserfahrung usw. zurückführen. D. h. ca. 60 % der Gehaltsunterschiede zwischen Männern und Frauen, die Seel und Hufnagel errechnen, hängen von Faktoren ab, die nichts mit den durchschnittlichen Unterschieden im Humankapital zwischen Frauen und Männern zu tun haben.

International vergleichende Studien verweisen auf wichtige überindividuelle Faktoren, die einen erheblichen Einfluss auf die Höhe der geschlechtsspezifischen Gehaltsunterschiede ausüben. So fallen z. B. die Gehaltsdifferenzen desto geringer aus; je zentralisierter die Tarifverhandlungen sind und je stärker Arbeitsmarktinstitutionen, Sozialpolitik und allgemeinen Kultur eines Landes auf Gleichberechtigung ausgerichtet sind. Ein Beispiel für ein Land mit einer solchen Kultur ist Norwegen, wo selbst Minister ganz selbstverständlich in den Vaterschaftsurlaub gehen.

Die zweite Schicht – weibliche und männliche Zeitbudgets

Bisher war die Rede von Gehaltsdiskriminierung und beruflicher Segregation auf dem Arbeitsmarkt, abstrahiert wurde dabei weitgehend vom Versorgungsbereich. Beachtet werden muss aber an dieser Stelle auch, dass weibliche Arbeitskräfte nicht genau wie männliche nach ihren Fähigkeiten und Möglichkeiten dem Arbeitsmarkt zur Verfügung stehen, weil Verantwortung und Arbeitsaufwand im Haushalt traditionell – obwohl eine ganz allmähliche Angleichung zu beobachten ist – immer noch in weitaus stärkerem Maße Frauen als Männern zugewiesen wird, wie zahlreiche Zeitbudgetstudien belegen.

Zeitbudgetstudien sind Erhebungen darüber, wer, wann und wie lange, welche Tätigkeiten in Haushalt und Unternehmen ausübt. Seit den 60er Jahren des zwanzigsten Jahrhunderts wurden solche Studien in vielen Industrieländern und auch einigen Ländern des Südens durchgeführt. Die UNO strebt eine weltweite Verbreitung und Verbesserung solcher Studien im Rahmen ihrer Weltentwicklungsberichte an, und die EU plant für die absehbare Zukunft ein harmonisiertes Set von nationalen Zeitbudgetstudien, die auf standardisierten Erhebungsmethoden basieren sollen. In dem o. g. Bericht der Bundesregierung findet sich folgende Grafik:

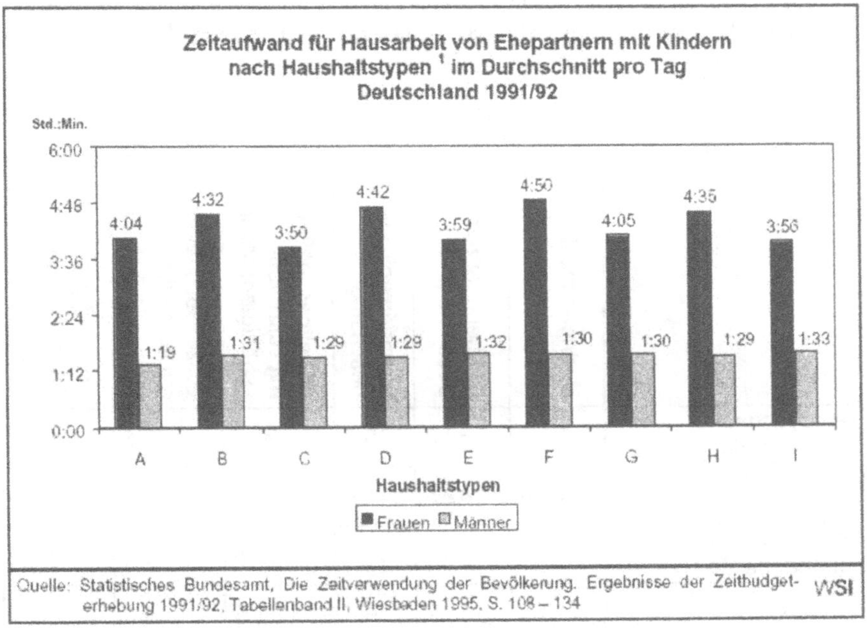

Haushaltstypen:

A: Ehepaar mit 1 Kind unter 6 J. (zusammen);
B: Ehepaar mit 1 Kind zwischen 6 und 18 J. (zusammen),
C: darunter Ehepaar mit 1 Kind zwischen 6 und 18 J. - beide erwerbstätig;
D: Ehepaar mit 2 und mehr Kindern (zusammen);
E: darunter Ehepaar mit 2 und mehr Kindern - beide erwerbstätig;
F: Ehepaar mit 2 und mehr Kindern (jüngstes Kind unter 6 J., zusammen);
G: darunter Ehepaar mit 2 und mehr Kindern (jüngstes Kind unter 6 J.) - beide erwerbstätig;
H: Ehepaar mit 2 und mehr Kindern (zwischen 6 und 18 Jahren, zusammen);
I: darunter Ehepaar mit 2 und mehr Kindern (zwischen 6 und 18 J.) - beide erwerbstätig

Abb. 83: Zeitaufwand für Hausarbeit (Quelle: Bericht der Bundesregierung zur Berufs- und Einkommenssituation von Frauen und Männern 2002, Kurzfassung: 41)

Hier zeigt sich die Verfestigung der geschlechtlichen Arbeitsteilung trotz steigender Erwerbsarbeitsbeteiligung von Frauen. Der Bericht verweist auf den hierarchischen Charakter dieser Arbeitsteilung:

> „Die geschlechtsspezifische familiäre Arbeitsteilung ist zugleich eine *hierarchische Arbeitsteilung*. Zuständigkeit für die Familienarbeit und tendenziell schlechtere Positionen von Frauen auf dem Arbeitsmarkt sowie eingeschränkte berufliche Entwicklungsmöglichkeiten und Verdienstchancen bedingen und verstärken sich wechselseitig. Im innerfamiliären Aushandlungsprozess spielen der geringere Beitrag zum Haushaltseinkommen sowie die eingeschränkten beruflichen Karrieremöglichkeiten von Frauen eine Rolle" (ebenda; 42).

Eine Zeitbudgetstudie für die Bundesrepublik Deutschland aus dem Jahr 2000 über Familien mit Kindern kommt zu dem Ergebnis, dass das Alter des jüngsten Kindes entscheidenden Einfluss darauf hat, ob und wie lange seine Mutter einer Erwerbsarbeit nachgeht, jedenfalls sofern das Gehalt des Mannes einen Erwerbsverzicht oder eine Teilzeitarbeit der Mutter zulässt (vgl. Bauer 2000: 115 f). Die deutlichen Unterschiede in der Zeitverwendung zwischen Männern und Frauen lassen sich aus Abb. 84 ablesen. Für Ostdeutschland fallen die Zahlen ähnlich aus.

	Männer			*Frauen*		
	Partnerin nicht erwerbstätig	Partnerin teilzeitbeschäftigt	Partnerin vollzeitbeschäftigt	teilzeitbeschäftigt, mit vollzeitbeschäftigtem Mann	vollzeitbeschäftigt, mit vollzeitbeschäftigtem Mann	Beschäftigte in Paarhaushalten mit Kindern
Vertragliche Wochenarbeitszeit	38,7	38,3	38,0	20,7	39,5	34,2
tatsächliche Wochenarbeitszeit	42,6	42,5	41,8	21,6	41,7	37,6
Erwerbsarbeitsgebundene Zeit	*46,5*	*46,4*	*45,1*	*23,6*	*44,9*	*40,9*
+ Eigenarbeit	9,5	10,7	9,7	7,5	4,6	8,4
+ Pflege Dritter	0,5	1,1	0,9	0,5	0,8	0,7
+ Hausarbeits- und Kinderbetreuungszeit	16,7	16,8	21,1	41,3	31,3	24,0
=Gesamtarbeit	*73,2*	*75,0*	*76,8*	*72,9*	*81,6*	*74,0*

Abb. 84: Zeitverwendung von Beschäftigten in Paarhaushalten mit mindestens einem Kind nach Geschlecht und Erwerbsbeteiligungsmustern der Partner in Westdeutschland (Angaben in Stunden pro Woche) (Quelle: Bauer 2000: 362)

Hervorstechendes Merkmal der Studie sind bei Beschäftigten in Familienhaushalten in Westdeutschland die reduzierten Erwerbsarbeitszeiten der Frauen (im Osten ist der Anteil der Frauen in Teilzeitarbeit bedeutend geringer!) sowie demgegenüber die geringen Hausarbeits- und Kinderbetreuungszeiten der Männer. Es besteht also eine immer noch weitverbreitete traditionelle geschlechtsspezifische Arbeitsteilung in deutschen Familien.

Unsichtbare Karriereschranken – Frauen und Männer in Führungspositionen

In den USA hat sich die Bezeichnung „glass ceiling" für das Phänomen eingebürgert, dass nur wenige Frauen tatsächlich auf Spitzenpositionen in Unter-

Tarifliche Grundentgelte (mögliche Ursachen von Diskriminierung im Rahmen der Arbeitsbewertung):

1. Nichtbewertung von Anforderungen, die an frauendominierten Arbeitsplätzen auftreten, z. B. Körperkraft bei Pflegepersonal.
2. Verwendung unterschiedlicher Kriterien bei der Bewertung von frauen- und männerdominierten Tätigkeiten.
3. Doppel- oder Mehrfachbwertung von Kriterien, die ähnliche Sachverhalte erfallen und männerdominierte Gruppen begünstigen (z. B. „Kenntnisse" und „Denken").
4. Diskriminierende Auslegung von Kriterien oder Verwendung diskriminierungsanfälliger Kriterien, die Frauen und Männer aus gesellschaftlichen oder physischen Gründen (z. B. tradierte familiäre Rollenverteilung oder Körperkraft) in unterschiedlichem Maße efüllen können.
5. Eröffnen von Bewertungsspielräumen (z. B. durch summarische Bewertung, vage Formulierungen) und Nutzen dieser Spielräume zuungunsten von „Frauentätigkeiten".
6. Aneinanderbinden von Kriterien, z. B. Bewertung von „besonderer Verantwortung" nur dann, wenn „gründliche, umfassende Fachkentnisse und selbständige Leistung" erfüllt sind.
7. Unverhältnismäßig hohe Gewichtung von Kriterien, die v. a. auf männerdominierte Tätigkeiten zutreffen (z. B. Muskelkraft).
8. Bewertung von anspruchsvollen Tätigkeitsanteilen erst dann, wenn sie einen bestimmten Zeitanteil erreichen, z. B. zu 50 % Tätigkeiten, die gründliche und vielseitige Fachkenntnisse erfordern.
9. Verwendung unterschiedlicher Arbeitsbewertungssysteme mit unterschiedlichen Bewertungslogiken seitens derselben Tarifparteien oder desselben Arbeitgebers bzw. derselben Arbeitgeberin (z. B. für Arbeitnehmerinnen und Angestellte, für verschiedene Berufsgruppen).

Quelle: Forschungsgruppe Tondorf 2001

Abb. 85: Tarifliche Grundentgelte (Quelle: Bericht der Bundesregierung zur Berufs- und Einkommenssituation von Frauen und Männern 2002, Kurzfassung: 45)

nehmen gelangen, obwohl sie von ihrer Qualifikation her erreichbar sind. „Glass ceiling" beschreibt die konkrete Situation in vielen Unternehmen, wo es für Frauen auf dem Karrierepfad nach oben eine undurchdringliche Barriere zu geben scheint, die aus verdeckten diskriminierenden Praktiken des höheren Managements besteht. Untersucht wurde dieses Problem durch eine Enquetekommission des amerikanischen Parlaments in den 90er Jahren, deren Arbeitsergebnisse in einem 1995 erschienenen Bericht mit dem Titel Good for Business: Making Full Use of the Nation's Human Capital schriftlich niedergelegt sind. Zwar beginnen die Barrieren für Frauen bereits bei ungleichen Chancen in der Ausbildung, aber diese sind schon seit geraumer Zeit im Abbau begriffen, so dass die Ursachen für die „glass ceiling" eher nach Aufnahme der Berufstätigkeit in den Unternehmen zu suchen ist.

Sowohl Untersuchungen aus den USA wie der oben genannte Bericht der Enquetekommission als auch die Studie von Sonja Bischoff zu „Männern und Frauen in Führungspositionen der Wirtschaft in Deutschland" kommen zu dem Schluss, dass die wichtigste Karriereschranke für Frauen die Vorurteile männlicher Kollegen und Vorgesetzter sind. Diese können z. B. zu einem Ausschluss von informellen Netzwerken führen.

Der o. g. Bericht der Bundesregierung verweist auf einen anderen Diskriminierungsmechanismus: den der Unterbewertung von frauendominierten Tätigkeiten. So hält die Untersuchung verschiedene mögliche Ursachen von Diskriminierung im Rahmen von Arbeitsbewertung fest (s. Abb. 85).

Politische Maßnahmen, die dazu dienen, die Löhne für hauptsächlich von Frauen ausgeführten Arbeiten denen von zumeist von Männern ausgeführten anzugleichen, werden weltweit seit einigen Jahrzehnten unter den Leitbegriffen „comparable worth", „pay equity" und „equal value" diskutiert (vgl. Hartman/Figart 1999). Sie beinhalten den Versuch, die sozial konstruierte geschlechtliche Diskriminierung im Rahmen der Arbeitsbewertung aufzuzeigen (wie in der Tabelle oben) und die Bezahlung entlang den Anforderungen gemessen an den Maßstäben: Fähigkeiten und Fertigkeiten, Aufwand, Verantwortung und Arbeitsumfeld neu und fairer zu bewerten.

4.3.2 Theoretische Erklärungsansätze unter Beibehaltung des engen Arbeitsbegriffs

Humankapitaltheorien

Unter den neoklassischen Erklärungsversuchen für die beobachtbaren Unterschiede im Gehalt und in der Berufswahl zwischen Männern und Frauen argumentiert, wie oben (vgl. Abschnitt 4.2.2) schon deutlich wurde, der Humankapitalansatz von der Seite des Arbeitsangebotes aus. Angenommen wird in dieser Theorie, dass Frauen als rational ihren Nutzen maximierende Individuen Entscheidungen darüber treffen, welche formale (schulische und universitäre) Qualifikation und welche berufliche Ausbildung und Erfahrung sie erwerben wollen, wie viel und an welcher Stelle sie also in ihr Humankapital investieren wollen. Eine weitere Annahme der Theorie lautet, dass Ausbildung und Beteiligung am Erwerbsleben bei Frauen nicht so kontinuierlich verlaufen wie bei Männern, da für sie zumindest in bestimmten Lebensphasen die Kinderbetreuung im Vordergrund steht. Die Humankapitaltheorie geht also von der unhinterfragten Annahme der Zuständigkeit von Frauen für Familie und Haushalt aus. Es ist deshalb für Frauen rational, Berufe zu wählen, in denen der Verlust an Humankapital in Zeiten der Unterbrechung der Erwerbsarbeit relativ gering ist oder sein wird, weil sie sonst in etwas Zeit und Mühe investiert hätten, dessen Wert schnell abnimmt. Frauen werden also in solchen Berufen konzentriert sein, in denen der Wert des Humankapitals nur langsam abnimmt, während Männer auch solche Berufe wählen, die einen kontinuierlichen Aufbau und Erhalt der Humankapitals erfordern.

Da das Gehalt in der Neoklassik Ausdruck des Nutzens ist, der aus der Arbeitsleistung entsteht, und die Höhe der Arbeitsleistung vom eingesetzten Humankapital abhängt, werden folglich auch Berufe, die weniger Humankapital erfordern, schlechter entlohnt. Also wachsen auch die Gehälter der Berufe, deren Humankapital langsamer wächst, entsprechend langsamer, auch wenn sie eventuell ein höheres Eingangsgehalt haben. Gleichzeitig nimmt aber auch das Gehalt in diesen Berufen bei einer Unterbrechung der Tätigkeit weniger schnell ab, weil auch das mit ihnen verbundene Humankapital langsamer an Wert verliert. Hier handelt es sich wiederum um typischerweise von Frauen gewählte Berufszweige. Frauen verdienen also weniger als Männer, weil sie in ein Humankapital mit geringerer Rendite investiert haben.

Kritisiert wird an diesem Erklärungsansatz, dass er in seinen ökonometrischen Studien höchstens zwischen 30 und 50 % der Gehaltsunterschiede auf Unterschiede im Humankapital zurückführen kann (Regenhard/Fiedler 1994: 51). Die meisten der Ursachen für die geschlechtliche Struktur der Gehälter bleiben im Dunkeln. Außerdem hat die Soziologin Paula England nachgewiesen, dass Frauen, die ihre Berufstätigkeit unterbrechen, in Frauenberufen nicht weniger Nachteile haben als in anderen und dass Frauen mit kontinuierlichen Berufsbiographien keine geringere Neigung zu Frauenberufen haben als die mit diskontinuierlichen, was den Erwartungen des Humankapitalansatzes widerspricht (vgl. England 1982).

Hinzu kommt die uns schon bekannte Kritik, die lautet: Dieser Ansatz vernachlässige die Nachfrageseite der Diskriminierung. Die Annahme, Individuen könnten solche vorausschauenden Entscheidungen rational treffen, sei nicht realistisch. Und es werde nicht untersucht, inwieweit eine Entscheidung wirklich „frei" und rational sei, die von allgemeinen gesellschaftlichen Normen, der Sozialisation durch die Herkunftsfamilie und nicht zuletzt der Erwartung von Diskriminierung im Arbeitsmarkt abhängt.

Diskriminierungstheorien

Von der Nachfrageseite her argumentiert die neoklassische Diskriminierungstheorie von Gary Becker. Er nimmt an, es gehe bei bestimmten Arbeitgebern eine „Vorliebe" für Diskriminierung (vgl. im Folgenden Figart 1999: 108/109 und Burnell 1999: 579/580). Diese besondere Präferenz drückt sich darin aus, dass diskriminierende Arbeitgeber eben nur Männer einstellen und dass Frauen darum hauptsächlich in Berufen arbeiten, wo die Präferenz für Diskriminierung gering oder nicht vorhanden ist.

Eine andere Erklärungsvariante von der Nachfrageseite her ist die Annahme der „statistischen Diskriminierung". Sie geht von der Hypothese aus, dass Arbeitgeber bei Einstellung unvollständige Informationen über die zukünftige Produktivität ihrer Arbeitskräfte haben. Die Produktivität für jede/n Einzelne/n herauszufinden verursacht hohe Kosten. Deshalb ist es für den Arbeitgeber rational, zukünftige Arbeitskräfte mit Hilfe der durchschnittlichen Charakteristika zu beurteilen, die er bestimmten Gruppen von ihnen zuschreibt. Gruppeneigenschaften werden also als Signal (signaling) oder Suchkriterium (screening) verwendet. Wenn angenommen wird, Frauen seien als Gruppe weniger verläßliche Arbeitskräfte oder hätten bestimmte stereotype Charakteristika, so werden sie für bestimmte Berufe nicht eingestellt.

Unter der Voraussetzung solcher Diskriminierung von der Nachfrageseite her, wird das Angebot an Arbeitskräften in den nicht diskriminierenden Bereichen konzentriert (Crowding Effekt) und dort den Lohn drücken. Außerdem werden Arbeitnehmerinnen, die Diskriminierung erwarten müssen, in Humankapital in nicht diskriminierenden Bereichen investieren.

Kritisiert wird an diesem Ansatz, dass der zuletzt genannte Zusammenhang zwischen Angebots- und Nachfrageseite vernachlässigt wird, um bei einer Erklärung mit linearem Ursache-Wirkungs-Zusammenhang zu bleiben. Außerdem wirke die Erklärung von der Nachfrageseite her lediglich wie eine nachträgliche Legitimierung von Diskriminierung. Auch könne die Theorie nicht erklären, warum es zu einer Veränderung in der Diskriminierung kommt oder warum die Diskriminierung bestehen bleibt, wenn einzelne Frauen bewiesen haben, dass sie in den diskriminierten Berufen genauso leistungsbereit und fähig sind wie männliche Kollegen. Unterbieten diese weiblichen Arbeitskräfte nämlich die Löhne, die diskriminierende Arbeitgeber zahlen, so könnten nicht diskriminierende Arbeitgeber günstiger produzieren als die diskriminierenden und würden sie folglich aus dem Markt herauskonkurrieren. D. h. Diskriminierung auf dem Arbeitsmarkt ist in der Tendenz instabil. Die Veränderung von diskriminierenden Einstellungen kann nicht erklärt werden, weil auch diese nachfrageorientierte Theorie in ihrem statischen Charakter von gesellschaftlichen Normen und Sozialisation abstrahiert.

Segmentationstheorien

Bezüglich der geschlechtlichen Strukturierung des Arbeitsmarktes kommen die o. g. Segmentationstheorien zu dem Ergebnis, Frauen seien vor allem im sekundären Arbeitsmarkt bzw. Jedermanns-Arbeitsmarkt anzutreffen.

Zum einen wurde das von feministischer Seite stark kritisiert, weil Segmentationstheorien implizit die männlich dominierte Industrieproduktion vor Augen haben und deshalb nicht auf den Dienstleistungssektor passen, wo Frauen heute hauptsächlich beschäftigt seien. Zum anderen sei das Hauptunterscheidungsmerkmal (Berufsqualifikation „skills") sozial konstruiert und deshalb eine geschlechtliche Zuschreibung, die nichts über die tatsächlichen Fähigkeiten aussage. Das werde von den Segmentationstheorien nicht beachtet. Außerdem werde der Versorgungsbereich außer acht gelassen (vgl. Figart 1999: 110).

Andererseits argumentieren Feministinnen mit dem Begriff des „de-skilling". Dahinter steckt die Beobachtung, dass Berufe, deren (formale) Qualifikationsanforderungen abnehmen und deren Lohnniveau gleichfalls sinkt, zunehmend von Frauen ausgeübt werden, die die Stellen der Männer übernehmen, die sich aus dieser Berufssparte zurückziehen (Resegregation). Dieser Prozess wurde oben schon angesprochen (vgl. 4.3.1, Segregationsindex).

4.3.3 Theoretische Erklärungsansätze mit erweitertem Arbeitsbegriff

Die o. g. Theorien können zwar je spezifische geschlechtliche Diskriminierungsprozesse aufzeigen und erklären, scheitern jedoch an der Erklärung der empirischen Tatsache, dass Diskriminierung von Frauen nicht nur in bestimmten Segmenten des Arbeitsmarktes, sondern überall zu finden ist. Es geht nicht nur um Segmentation, sondern um Segregation, d. h. eine überall vorfindliche Schlechterstellung von Frauen. Diese Tatsache verweist auf Einflussfaktoren, die außerhalb des Erwerbsarbeitsmarktes zu finden sind – auf die doppelte Verantwortung von Frauen für Familie/Versorgungsarbeit und Erwerbsarbeit, auf das hierarchische Geschlechterverhältnis, auf gesellschaftliche Abwertungsprozesse bezüglich weiblicher Tätigkeiten.

Zur Erklärung dieser Arbeitsmarktsegregation hat die feministische Theoriedebatte inzwischen eine Vielzahl von Ansätzen entwickelt. Die Diskussion in diesem Gebiet ist lebendig und kreativ. Theorien entstehen, werden kritisiert, weiterentwickelt oder verworfen, neue Ansätze bilden sich heraus. Führend sind in dieser Debatte nicht so sehr die ÖkonomInnen, sondern eher PhilosophInnen und SoziologInnen. Das erklärt sich aus dem traditionell bestimmten Gegenstandsbereich der Ökonomik: aus der Definition von Ökonomie ausschließlich als Marktökonomie. Die Verbindung zur Versorgungsökonomie ist damit abgerissen – ihr Einfluss auf Arbeitsmarktphänomene lässt sich mit orthodoxen Konzepten theoretisch nicht fassen. Somit wird die Ökonomik auch von dieser Seite her aufgefordert, ihren Gegenstandsbereich zu erweitern.

Im Folgenden geht es nicht um eine vollständige Übersicht über die Debatte. Vorgestellt werden vielmehr drei Theoriestränge, die auf unterschiedliche Weise zeigen, wie die Öffnung des Arbeitsbegriffes erfolgen kann und welche Auswirkungen das auf die Analyse des Arbeitsmarktes hat.

Das Konzept des „weiblichen Arbeitsvermögens"

Dieser Ansatz wurde in den 80er Jahren des letzten Jahrhunderts von Elisabeth Beck-Gernsheim und Ilona Ostner entwickelt (vgl. Beck-Gernsheim/Ostner 1978). Danach sind Berufe Ausdrücke des Arbeitsvermögens, das in der Lebensgeschichte der Menschen geschaffen wird. Das Arbeitsvermögen von Frauen ist anders geprägt als das von Männern, weil ihre Erfahrungen in der Hausarbeit eine zentrale Rolle spielen. Hausarbeit ist anders strukturiert, folgt anderen Prinzipien als Erwerbsarbeit. Sie ist eingebettet in soziale und natürliche Kontexte, bedürfnisorientiert und findet in familialen Beziehungen statt. Sie ist daher immer „Beziehungsarbeit". In der Praxis der Haus- oder Versorgungsarbeit entsteht ein spezifisches Arbeitsvermögen, das „weibliches Arbeitsvermögen" genannt wird, weil Männern diese Arbeitspraxis fehlt. Dieses weibliche Arbeitsvermögen steht zwar in einem gewissen Widerspruch zu den Anforderungen des Erwerbsarbeitsmarktes, da dort Leistung und Konkurrenz, hier Fürsorglichkeit und Verständigung gelten, aber diese Eigenschaften werden auch in Unternehmen gebraucht. Sie werden jedoch nicht ausdrücklich bewertet und bezahlt, sondern unbezahlt genutzt. So schaden sie den Frauen, die in der beruflichen Hierarchie eher auf den unteren Rängen bleiben. Außerdem drängen diese Bewertungen Frauen eher in hausarbeitsbezogene, spezifisch weibliche Berufe. Diese sind schlechter bewertet, schlechter bezahlt als die männlich geprägten Berufe.

Diesem Ansatz gemäß ist die Segregation und Segmentation am Erwerbsarbeitsmarkt ursächlich in der unterschiedlichen Ausstattung der Männer und Frauen mit „weiblichem Arbeitsvermögen" verortet.

Die Theorie der „doppelten Vergesellschaftung"

Dieses Konzept ist zwar vor allem mit dem Namen von Regina Becker-Schmidt verbunden (vgl. Becker-Schmidt 1987, 2001), er wird jedoch von einer ganzen Gruppe von Theoretikerinnen getragen, die auch als „Hannoveranerinnen" bezeichnet werden (wegen des Ortes der Entstehung dieser Theorie). Dieser Ansatz kritisiert die eben dargestellte Argumentation wegen der These, Frauen seien hauptsächlich familiär orientiert. Damit verharre die Theorie des „weiblichen Arbeitsvermögens" in einem dualistischen Konzept, setzte Frauen gegen Männer, Familienarbeit gegen Erwerbsarbeit. Notwendig sei vielmehr ein umfassender Blick auf gesellschaftliche Verhältnisse, notwendig sei eine gleichzeitige Betrachtung der verschiedenen Teile der Gesellschaft. Das bedeutet jedoch nicht, dass die unterschiedlichen Sektoren wie Hausarbeit und Erwerbsarbeit als einheitlich gedacht werden. Vielmehr gelten in beiden Bereichen unterschiedliche Prinzipien, jedoch sind beide Bereiche miteinander untrennbar verquickt. Subjektivierungsprozesse, d. h. die Prozesse zur Ausbildung einer eigenen Persönlichkeit, sind durch beide geprägt.

Frauen orientieren sich nach dieser Theorie sowohl familiär als auch beruflich. Sie sind „doppelt vergesellschaftet". Sie sind damit gleichzeitig der Rationalität des Erwerbsarbeitsmarktes als auch der Rationalität in der Familie unterworfen – erstere ist geprägt durch die enge ökonomische Rationalität, letztere durch lebensweltliche Orientierung. Am Erwerbsarbeitsmarkt wird diese doppelte Orientierung Grundlage einer geschlechtsspezifischen Arbeitsmarktsegregation. Gleichzeitig dringt die Rationalität des Erwerbsarbeitsprozesses auch in die Familie ein. Die These von der „doppelten Vergesellschaftung" verweist somit auf die Widersprüchlichkeit in den alltäglichen Arbeitsprozessen von Frauen.

Arbeitsmarktsegmentation und -segregation werden gemäß dieser Theorie also zurückgeführt auf den Gesamtzusammenhang von Hausarbeit und Erwerbsarbeit, in dem sich Frauenbiographien entwickeln. Dass diese Doppelung zu geschlechtlicher Diskriminierung am Arbeitsmarkt führt, ist Ausdruck davon, dass hier Herrschaftsstrukturen wirken: „Frauen unterliegen zwei Herrschaftsformen: einer patriarchalischen und einer gesellschaftlichen, die in „'Männerwirtschaft' nicht aufgeht" (Becker-Schmidt 1987: 18).

Der Bielefelder Subsistenzansatz

Dieses Konzept wurde in den 70er und 80er Jahren des vergangenen Jahrhunderts in Bielefeld von Maria Mies, Claudia von Werlhof und Veronika Bennholdt-Thomsen entwickelt (vgl. Bennholt-Thomsen u.a. 1999). Ausgangspunkt der Untersuchung ist nicht der Markt, sondern die Subsistenzproduktion, d. h. die gebrauchswertorientierte, auf das Ermöglichen von Lebensprozessen gerichtete Produktion. Hierzu gehört neben der Hausarbeit auch Arbeit von Kleinbauern, Arbeit in gegenseitiger Hilfe usw. Diese Subsistenzproduktion, so die These, wird durch die Entwicklung der Warenproduktion nicht aufgelöst, sondern verändert. Sie wird der Warenproduktion untergeordnet. In diesem Unterordnungsprozess kommt es zur „Hausfrauisierung" von Frauen: Aus ehemals in der Versorgungswirtschaft arbeitenden Frauen werden Müßiggängerinnen, Hausfrauen eben. Im Begriff der Hausfrauisierung schwingt somit die Kritik an der Abwertung weiblicher Arbeitsprozesse, an der Unterordnung der Versorgungsarbeit unter die Erwerbsarbeit mit. Die These der Hausfrauisierung wird aber nicht nur auf Hausfrauen, sondern überhaupt auf Arbeit von Frauen ausgedehnt. Das bedeutet, dass auch Erwerbsarbeit von Frauen durch den Prozess der Hausfrauisierung abgewertet wird.

Gemäß diesem Ansatz liegt die Ursache für die geschlechtliche Segregation des Erwerbsarbeitsmarktes in dieser Hausfrauisierung. Sie ist die Ursache für die Entwertung aller Arbeitsprozesse von Frauen, sei es Versorgungsarbeit oder Erwerbsarbeit. Die Theoretikerinnen machen mit diesem Konzept darauf aufmerksam, dass hausfrauisierte Arbeitsverhältnisse auch auf Männer zukommen. Angesichts der Erodierung des sogenannten Normalarbeitsverhältnisses und der Ausdehnung von Billiglohnsektoren entwickeln sie die These von der Verallgemeinerung solcher hausfrauisierter Arbeitsverhältnisse auf alle.

Die hier vorgestellten Theorien, so unterschiedlich sie sind, machen eines deutlich: Die Analyse von Erwerbsarbeitsmärkten ist angewiesen auf die Analyse der umfassenden Arbeits- und Lebensbedingungen von Männern und Frauen. Das jeweilige Arrangement zwischen den Geschlechtern im Alltagsleben prägt auch das Arrangement am Erwerbsarbeitsmarkt. Wie insbesondere die Rekonstruktion von Arbeitsmärkten in Ostdeutschland nach der „Wende" von 1989 gezeigt hat, spielt das je konkrete Geschlechterarrangement in der je konkreten Gesellschaftsstruktur eine Rolle. In diesem Transformationsprozess wird deutlich, dass bei der Rekonstruktion von Arbeitsmärkten, bei der Neuverteilung von Arbeit und Umbewertung von Arbeit, Frauen die Verliererinnen sind.

> „Bei diesen Phänomenen handelt es sich weder um ein bloßes Fortwirken der aus DDR-Zeiten überkommenen geschlechtsspezifischen Strukturen, noch um eine allein marktwirtschaftlich bedingte ökonomische Eigendynamik. Die beobachtbare Rekonstruktion von Geschlechterungleichheit in einzelnen Wirtschafts- und Berufsbereichen muß vielmehr als ein komplexer personal- und arbeitsmarktpolitischer wie auch sozial gestalteter Prozeß begriffen werden" (Gottschall 1995:145).

Man kommt also mit generellen Analysen nur begrenzt weiter. Der je konkrete Prozess muss untersucht werden, um darin die konkrete „Vergeschlechtlichung" aufzuzeigen. Prozesse der Veränderung von Erwerbsarbeitsmärkten sind damit immer auch „Doing-Gender-Prozesse", Prozesse, in denen alte geschlechtliche Strukturen beharren oder sich neue herausbilden.

4.4 Ökologische Ökonomik und Arbeitsmarkt – Nachhaltiges Arbeiten

Schon im vorangegangenen Abschnitt ist der Arbeitsbegriff, um den es bei der Diskussion des Arbeitsmarktes geht, erweitert worden – er umfasst jetzt nicht nur Erwerbsarbeit, sondern auch deren Grundlage, die Versorgungsarbeit. Die Erklärung der Schwankungen am Erwerbsarbeitsmarkt kann, so die These der feministischen Arbeitsmarkttheorien, nicht ohne den Bezug zur Versorgungsarbeit verstanden werden. Auf diese Weise kommt der Bezug zur sozialen Lebenswelt, kommt eine soziale Dimension in die ökonomische Analyse des Arbeitsmarktes herein.

Die Ökologische Ökonomik setzt in ihrer Kritik am Arbeitsmarkt vor allem an der ökologischen Dimension an. Sie kritisiert den hohen Ressourcenverbrauch im Arbeitsprozess, nicht so sehr dessen soziale Ausgestaltung. In der Debatte um Nachhaltigkeit jedoch werden alle drei Dimensionen zusammengeführt – die ökonomische, die ökologische und die soziale. Im Folgenden soll die Frage diskutiert werden, welche Auswirkungen die Ausrichtung von Arbeitsmärkten am Konzept der Nachhaltigkeit hat bzw. haben könnte. Dazu wird zunächst das Konzept der Nachhaltigkeit für den hier zur Diskussion stehenden Zusammenhang konkretisiert. Dann wird eine darüber hinausgehende Erweiterung des Arbeitsbegriffs vorgenommen, die die feministische Position in die Debatte um nachhaltiges Arbeiten hereinholt. Daran anschließend werden Prinzipien für nachhaltiges Arbeiten und entsprechende konkretisierende Konzepte entwickelt. Schließlich werden Arbeitsmarkteffekte nachhaltigen Arbeitens diskutiert.

4.4.1 Arbeiten im Konzept der Nachhaltigkeit – das Verbundprojekt „Arbeit und Ökologie"

Nachhaltig wirtschaften und arbeiten bedeutet, heute so zu arbeiten, dass auch zukünftige Generationen ihre Bedürfnisse nach ihren Vorstellungen befriedigen können. Nachhaltigkeit, das wurde schon deutlich, ist von daher ein inter- und intra-generationales Gerechtigkeitskonzept. Es ist, wie ebenfalls schon gezeigt wurde, in der Diskussion üblich geworden, Nachhaltigkeit in mindestens drei Dimensionen zu betrachten:

- die ökologische Dimension: hier geht es um den langfristigen Erhalt der Evolutionsfähigkeit der natürlichen Mitwelt;
- die ökonomische Dimension: hier geht es um den langfristigen Erhalt der Wertschöpfungsfähigkeit, um die gesellschaftlichen Bedürfnisse befriedigen zu können;

- die soziale Dimension: hier geht es um Partizipation aller an den gesellschaftlichen und wirtschaftlichen Prozessen Beteiligten, um Integration, um Demokratie.

Gerade für die MiSÖP, die Institutionen als gesellschaftlich entwickelte Handlungsmuster in den Mittelpunkt ihrer Analyse stellt, ist die Ergänzung dieser drei Dimensionen um die institutionelle Dimension von Bedeutung. Auch das wurde schon angesprochen (vgl. Teil I.2.4).

Das im Sommer 2000 abgeschlossene Verbundprojekt „Arbeit und Ökologie" (durchgeführt vom Deutschen Institut für Wirtschaftsforschung, vom Wuppertal-Institut für Klima, Umwelt, Energie und vom Wissenschaftszentrum Berlin für Sozialforschung und gefördert von der Hans-Böckler-Stiftung) sieht für den Zusammenhang zur Arbeit folgende Konkretisierung der drei Dimensionen der Nachhaltigkeit vor (vgl. Hans-Böckler-Stiftung 2000b: 14):

- ökologische Dimension:
  - Verbesserung der Umweltqualität
  - Verringerung des Rohstoffverbrauchs
  - Verringerung des Energieverbrauchs
  - Schutz der biologischen Vielfalt
  - Risikovermeidung für Mensch und Umwelt
- ökonomische Dimension:
  - Sicherung der Grundlagen materieller Bedürfnisbefriedigung
  - Erhalt der Leistungsfähigkeit des gesamten Produktionsvermögens
  - Freiheitliche Wirtschafts- und Gesellschaftsordnung
  - Vollbeschäftigung, soziale Sicherung, fairer Lastenausgleich zwischen den Generationen
  - Beitrag zur internationalen wirtschaftlichen Stabilität
- soziale Dimension:
  - selbstbestimmte Lebensführung durch eigene Arbeit
  - Befriedigung der Grundbedürfnisse
  - gesellschaftliches Sicherungssystem
  - gleichberechtigte Teilhabe an der Bürgergesellschaft
  - Ermöglichung sozialer Innovationen und Gestaltung der Arbeitsformen

Der Zusammenhang zur Arbeit ist in dieser Definition vielfältig: In der ökonomischen Dimension der Nachhaltigkeit geht es um den Begriff der Erwerbsarbeit und um die Schaffung von Möglichkeiten zur Teilnahme aller am Erwerbsleben. Was hier genau Vollbeschäftigung bedeutet, wird sich im weiteren Verlauf dieses Abschnitts zeigen – jedenfalls geht es nicht um die Ausdehnung des sogenannten Normalarbeitsverhältnisses (acht Stunden Erwerbsarbeit an fünf Wochentagen mit geregelter Lage der Arbeitszeit, Urlaubsbedingungen usw.), sondern gerade auch um neue Arbeitszeitmodelle und eine Neuverteilung der Arbeit.

Das wird deutlich bei der Betrachtung der sozialen Dimension der Nachhaltigkeit: Hier werden auch andere Formen des Arbeitens als Erwerbsarbeit angesprochen. „Selbstbestimmte Lebensführung durch eigene Arbeit" wird im Projektabschlussbericht nämlich folgendermaßen erläutert:

> „Die wichtigste Grundlage und Teil einer *selbstbestimmten Lebensführung ist eigene Arbeit in verschiedenen Formen,* die mit verschiedenen Einkommensarten und Fähigkeiten verbunden ist – d. h. Erwerbsarbeit bzw. eine Kombination aus Erwerbsarbeit, Versorgungs-, Gemeinschafts- und Eigenarbeit bzw. eine gesellschaftlich sinnvolle Tätigkeit außerhalb der Erwerbsarbeit" (Hans-Böckler-Stiftung 2000a: 72).

Für diese aus vielen Formen bestehende Arbeit wird der Begriff der „Mischarbeit" geprägt. Blicken wir auf die Punkte, die bezüglich der ökologischen Dimension eingeführt werden, so scheint es, als habe diese ökologische Dimension der Nachhaltigkeit nichts mit einem derart veränderten Arbeitskonzept zu tun, da weder der Begriff „Beschäftigung" noch der Begriff „Arbeit" verwendet wird. Das ist jedoch ein Irrtum. Denn die hier formulierten Kriterien erfordern insgesamt einen veränderten Erwerbsarbeitsprozess. Anders sind Verringerung des Rohstoff- und Energieverbrauchs, Verbesserung der Umweltqualität, Schutz der biologischen Vielfalt und Risikovermeidung gar nicht zu erreichen. Ein sofort ins Auge fallendes Beispiel ist die Umstellung von Land- und Forstwirtschaft auf ökologische Landwirtschaft und naturnahen Waldbau. Beide sind arbeitsintensiver als die herkömmliche Land- und Forstwirtschaft. Insgesamt wird nachhaltiges Arbeiten hier wie folgt definiert:

> „Was ist nachhaltige Arbeit?
>
> Aus arbeitspolitischer Sicht wird Arbeit, die eine nachhaltige Lebensführung ermöglicht, durch die folgenden Eigenschaften charakterisiert:
>
> eine Arbeitsgestaltung, die die langfristige Erhaltung der Gesundheit gewährleistet und ein aktives Gesundheitsverhalten ermöglicht (Arbeits- und Gesundheitsschutz, Begrenzung von Arbeitsextensität, Arbeitsintensität und von Zeit- und Koordinationsstress),
>
> eine Entgeltgestaltung, die zumindest ein Grundeinkommen über das gesamte Leben sicherstellt, das die Grundversorgung und die aktive Teilnahme an der Gesellschaft ermöglicht,
>
> die Möglichkeit von optionaler Mischarbeit, d. h. gleichzeitiger Kombination von Erwerbsarbeit mit Versorgungs-, Gemeinschaft- und Eigenarbeit und veränderter Kombination in biografischer Perspektive (Zu- und Übergänge), um sozial-ökologischen Interessen und Perspektiven des einzelnen und der sozialen Gerechtigkeit zwischen den Geschlechtern und Altersgruppen gerecht zu werden (insbesondere Zeitpolitik und Bildungspolitik),

> Ermöglichung von individuellen Gestaltungsbeiträgen und sozialen Innovationen in allen Arbeitsformen durch die Schaffung von rechtlichen und institutionellen Voraussetzungen (insbesondere durch aktivierende Organisationen),
>
> Arbeit in Unternehmen und Infrastrukturen, d. h. Mitarbeit an Produkten, Dienstleistungen und Versorgungsnetzen, die die ökologische Versorgung verbessern und sozial-ökologisch gestaltet sind"
>
> (Hans-Böckler-Stiftung 2000: 33).

4.4.2 Das „Ganze der Arbeit" und seine Vielfalt im Ansatz des „Vorsorgenden Wirtschaftens"

Dieses Konzept nachhaltigen Arbeitens bettet die Erwerbsarbeit und damit die Marktökonomie in soziale und ökologische Zusammenhänge ein. Es bleibt jedoch auf die Marktökonomie als Zentrum fixiert und kann daher die in der feministischen Theoriedebatte aufgedeckten Zusammenhänge zwischen Erwerbsarbeits-Märkten und Versorgungsarbeit nicht vollständig berücksichtigen.

Dies geschieht im Arbeits- und Ökonomiekonzept des feministisch-ökologischen Ansatzes „Vorsorgendes Wirtschaften" (vgl. Teil I.3.8). Hier erfolgt der notwendige Perspektivenwechsel, wie ihn auch der Bielefelder Subsistenzansatz vorgenommen hat: Auf das Ganze der Ökonomie wird von der Versorgungsökonomie her geblickt. Von vornherein werden Produktion und Reproduktion als Einheit begriffen, Erwerbsarbeit und andere Formen von Arbeit als aufeinander bezogen und gleichwertig angesehen. Demgemäß wird der Arbeitsbegriff folgendermaßen definiert:

> „Arbeiten in diesem Wirtschaftskonzept ist ‚vorsorgendes Arbeiten'. Es umfasst alle Tätigkeiten für sich und Andere, die am gesellschaftlichen Leistungsaustausch teilnehmen und durch spezifische gesellschaftliche Koordinationsprozesse (z. B. Markt-, Verständigungs-, Sorgeprozesse) miteinander verbunden sind. Es gestaltet dabei den Stoffwechselprozess mit der natürlichen Mitwelt derart, dass deren Produktivitätsniveau langfristig mindestens erhalten bleibt. Vorsorgendes Arbeiten hat, wie jedes Arbeiten, immer zwei Dimensionen: Es ist gleichzeitig Verausgabung von physischer Kraft sowie reflexive und steuernde Tätigkeit" (Biesecker 2000 b: 261).

Dieser Arbeitsbegriff ermöglicht eine kritische Analyse der gegenwärtigen Arbeitsstrukturen. So wird die lebens- und natur(zer)störende Form vieler Erwerbsarbeitsprozesse gerade mit der Abtrennung von den Reproduktionsprozessen erklärt. Wo die Grundlagen der Produktion missachtet werden, werden auch die produktiven Kräfte (Menschen, natürliche Mitwelt) missachtet. Sorgendes Arbeiten spielt keine Rolle, Verständigungsprozesse sind in einem Erwerbsarbeitsmarkt, der durch den Angebots-Nachfrage-Mechanismus geregelt wird, überflüssig. Durch sorgende Prinzipien geleitete Arbeiten werden abgewertet, oft gar nicht als Arbeit anerkannt.

Gemäß dieser Konzeption beruht die geschlechtliche Segregation am Erwerbsarbeitsmarkt auf der Abtrennung der produktiven von den reproduktiven Prozessen. Letztere sind Prozesse, in denen vor allem Frauen und die ökologische Natur wirken. Die Abtrennung der Produktion von der Reproduktion bedeutet von daher deren Abwertung.

Als Grundlage der MiSÖP haben wir das Ökonomiebild schon zu Beginn dieses Buches erweitert – hin zu einem Konzept der eingebetteten Ökonomie, wie es in Abb. 2 in Teil I dargestellt ist. Im Rahmen dieser eingebetteten Ökonomiekonzeption lassen sich nicht nur die drei Kriterien der Nachhaltigkeit miteinander verbinden, sondern, da auch die MiSÖP aus der Perspektive der Versorgungsökonomie auf die ökonomischen Prozesse blickt, lässt sich auch das weite Arbeitskonzept als „Vorsorgendes Wirtschaften" mit seiner genderkritischen Dimension integrieren. Arbeit besteht jetzt aus Erwerbsarbeit (EA), Versorgungsarbeit (VA), Gemeinschaftsarbeit (GemA) oder bürgerschaftlichem Engagement und Eigenarbeit (EiA). Dies entspricht dem weiten Arbeitsbegriff der MiSÖP (vgl. Teil II.1.1), die sich somit als Konzept erweist, das Arbeiten als nachhaltiges Arbeiten in gender-kritischer Perspektive versteht.

Bei der Beschreibung der einzelnen Komponenten dieses „Ganzen der Arbeit" wird deutlich, dass sich der Arbeitsbegriff insgesamt verändert. Arbeit ist nicht mehr Produktionsfaktor, sondern produktive und reproduktive Tätigkeit zugleich. Arbeiten bedeutet das Gestalten von Neuem bei gleichzeitigem Erhalten der Gestaltungsbedingungen. Es folgt somit den in Teil I.1.1 dargestellten haushälterischen Handlungsprinzipien.

In diesem Arbeitsbegriff sind alle drei Dimensionen der Nachhaltigkeit enthalten: die ökologische Dimension durch das Kriterium des Erhalts der Produktivität der natürlichen Mitwelt; die ökonomische Dimension im Konzept des gesellschaftlich-bestimmten Leistungsaustausches; und die soziale Dimension durch den Bezug zur Gesellschaft, durch das Einbeziehen der Beziehungen zu den anderen Gesellschaftsmitgliedern. In diesem Arbeitsbegriff sind verschiedene Produktivitäten der einzelnen Tätigkeiten integriert. Und sie sind kombiniert mit der Produktivität der natürlichen Mitwelt. Nachhaltiges Arbeiten bedeutet hier, die verschiedenen Arbeitsproduktivitäten mit der Produktivität der natürlichen Mitwelt derart zu verknüpfen, dass Wirtschaft, Gesellschaft und natürliche Mitwelt dauerhaft lebensfähig sind. Arbeitsproduktivität ist hier also immer Mit-Produktivität (die Arbeitsgesellschaft wird zu einer Mit-Gestaltungsgesellschaft).

Der erweiterte Arbeitsbegriff wird aber erst vollständig, wenn er in seiner kooperativen Vielfalt gesehen wird. Denn für nachhaltiges Arbeiten geht es darum, den Menschen die Teilhabe an den verschiedenen Arbeitsprozessen zu ermöglichen. Das schafft gemeinsame Erfahrungsgrundlagen für den Prozess hin zur Nachhaltigkeit, von dem niemand weiß, wie er genau aussieht. Verständigung zwischen den Menschen aufgrund geteilter Erfahrungen ist daher nötig. Solche Verbindungen können auf dreierlei Wegen hergestellt werden (vgl. dazu Biesecker 2000c: 13ff.):

- als intersektorale kooperative Verbindung: als Verbindung von Produktion und Reproduktion, von Gestaltung und Erhaltung durch Zusammenbinden all der Arbeitsprozesse, die zu einem sich gegenseitig bedingenden Produktions- und Reproduktionsprozess gehören. Beispiele dafür sind Kooperationen in Bedürfnisfeldern wie Ernährung oder Wohnen in einer Region, sogenannte „Eco-Industrial-Parks“ mit dem Ziel der Reduktion der gemeinsamen Emissionen möglichst auf Null oder regionale Kooperationen, in denen UnternehmerInnen, VerbraucherInnen, HändlerInnen und NPOs zusammen tätig sind;
- als interpersonale kooperative Verbindung: Hier geht es um die Veränderung der geschlechtlichen Arbeitsteilung und damit um die Umverteilung der verschiedenen Arbeitsformen insbesondere zwischen Versorgungsarbeit und Erwerbsarbeit. Grundlage ist die Aufwertung der Versorgungsarbeit und eine Reduktion der Erwerbsarbeitszeit für Männer, so dass sie sich an der Versorgungsarbeit beteiligen können. Fraser spricht von „caregiver parity“ als Vision einer wirklichen Geschlechterparität im versorgungsökonomischen Bereich (vgl. Fraser 1997). Entsprechende institutionelle Veränderungen sind im Erwerbsarbeitsbereich nötig, um dort Frauen den Weg zu allen Erwerbsarbeitsplätzen gleichberechtigt zu ebnen;
- als intrapersonale kooperative Verbindung: Hier geht es um das Eröffnen von Optionen derart, dass jede Frau und jeder Mann gleichermaßen an den verschiedenen Arbeitsprozessen teilnehmen kann – an Erwerbsarbeit, an Versorgungsarbeit, an bürgerschaftlichem Engagement und Eigenarbeit. Praktische Beispiele sind hier familienfreundliche Arbeitszeitmodelle, wie sie heute in verschiedenen Unternehmen praktiziert werden, sabbaticals oder das dreigeteilte Modell „Neue Arbeit“ von Bergmann (vgl. 4.4.3, Konzept 3).

Für diese Prozesse ist Verständigung nötig, so dass eine neue Art von Arbeit, Moderation bzw. Mediation, hinzukommt – Verständigung über das Wohlfahrtskriterium des „guten Leben“, über neue Bewertungen der einzelnen Arbeitsarten, über Konflikte und entsprechende Aushandlungsprozesse. Insgesamt lässt sich dieser erweiterte Arbeitsbegriff folgendermaßen darstellen:

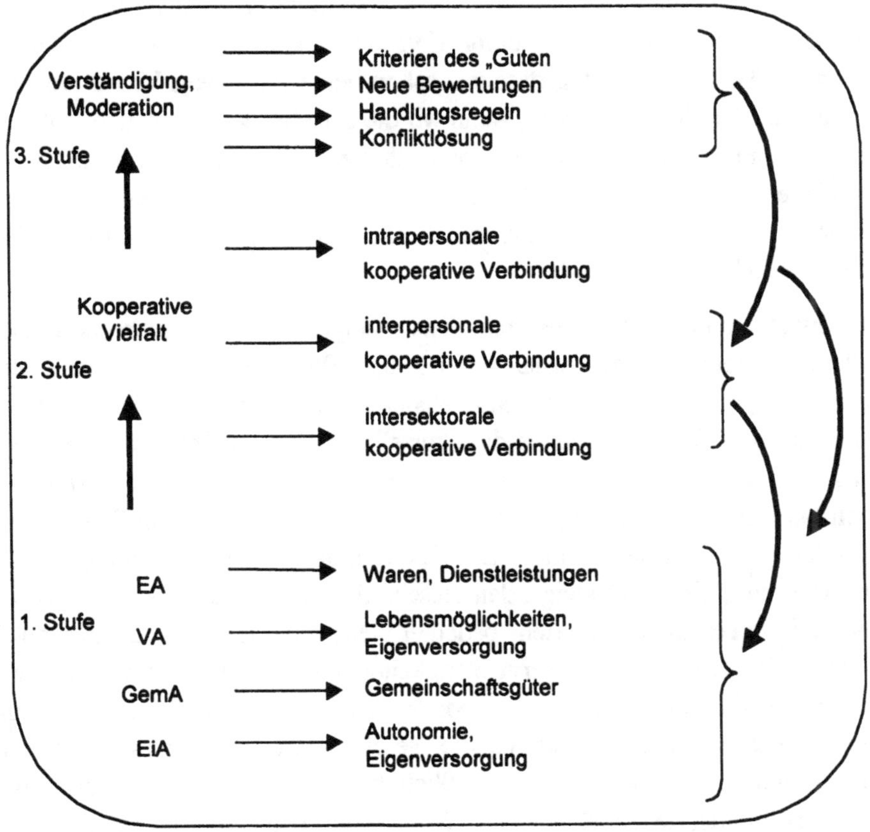

Abb. 86: Der erweiterte Arbeitsbegriff als „kooperative Vielfalt im Ganzen"

Grundlage einer solchen kooperativen Verbindung von einzelnen Arbeitsarten für Nachhaltigkeit ist die Neugestaltung dieser einzelnen Arbeitsarten selbst – es geht um nachhaltige Erwerbsarbeit, nachhaltige Versorgungsarbeit, nachhaltige Gemeinschaftsarbeit (bürgerschaftliches Engagement) und nachhaltige Eigenarbeit. Grundlage ist die gleichberechtigte Teilhabe aller am gesellschaftlichen Arbeitsprozess. Dieses Arbeitskonzept entspricht somit dem Konzept der Nachhaltigkeit als umfassendes Gerechtigkeitskonzept.

4.4.3 Nachhaltiges Arbeiten – konkretisierende Konzepte

Aus der Vielzahl der sich in der Diskussion befindlichen Vorschläge zur Umsetzung nachhaltigen Arbeitens sollen im Folgenden einige Konzepte vorgestellt werden:

1. Das Konzept des Wuppertal-Instituts für Umwelt, Klima, Energie

Dieses Konzept stellt die Steigerung der Ressourcenproduktivität in den Mittelpunkt. Dadurch sollen mehr Beschäftigung und besserer Umweltschutz erreicht werden. Die Herausforderung liegt nach Auffassung der Wuppertaler darin, die Energieproduktivität und die Materialproduktivität zu erhöhen. v. Weizsäcker und andere haben dafür 1995 den sogenannten Faktor 4 vorgeschlagen. Damit ist gemeint, dass wir schon heute mit einem Viertel von Energie und Materie auskommen, wenn wir die bestehenden Kenntnisse nutzen. Ressourcenproduktivität setzt die erwirtschaftete Leistung ins Verhältnis zu den eingesetzten Ressourcen. Dieser Ausdruck wird auch als „Öko-Effizienz" bezeichnet. Dieses Verhältnis soll mittel- und langfristig auf ein 10 bzw. mindestens 4-faches erhöht werden.

Die erwarteten Beschäftigungseffekt dieser Steigerung der Ressourcenproduktivität sind vielfältig (vgl. Costanza u.a. 2001: 106/107 (Box 14)). Zum einen wird damit gerechnet, dass der Rationalisierungsdruck auf die Arbeit nachlassen wird. Zum Zweiten bedeutet die Umstellung auf neue Stoffe und Produktionsverfahren eine Chance für KMU, wodurch auch in diesem Sektor die Nachfrage nach Arbeit steigen dürfte. Hier entstehen hochqualifizierte Arbeitsplätze. Zum Dritten ist diese Entwicklung, da viele Instandhaltungsarbeiten notwendig sind, mit steigenden Beschäftigungsmöglichkeiten für gering Qualifizierte verbunden. Viertens bedeutet Steigerung der Ressourcenproduktivität auch Steigerung der Servicetätigkeiten wie Beratung, Wartung usw. Fünftens ist damit eine ökologische Modernisierung alter Bestände, z. B. von Bausubstanz, verbunden, wodurch die Beschäftigung im Handwerk wieder stark zunimmt. Und sechstens schließlich bekommen Eigenversorgung und Eigenarbeit einen neuen Stellenwert. Wenn nicht mehr alles über Erwerbsarbeit produziert werden muss, wird diese im Vergleich zu den anderen Tätigkeiten unwichtiger, der Arbeitsmarkt wird entlastet.

2. Das „Mehrschichtenmodell produktiver Tätigkeiten" des Club of Rome

Der Club of Rome ist eine internationale Vereinigung von PolitikerInnen, WissenschaftlerInnen und Geschäftsleuten. Sie gründete sich Anfang der 70er Jahre des letzten Jahrhunderts und trat mit dem ersten „Bericht an den Club of Rome" mit dem Titel „Die Grenzen des Wachstums" 1972 an die Öffentlichkeit. Seitdem sind mehrere solcher Berichte erschienen. 1997 trug der Bericht an den Club of Rome den Titel „Wie wir arbeiten werden" („The employment dilemma and the future of work"). Verfasser waren Orio Giarini und Patrick M. Liedke. In diesem Buch wird ein eigenes Konzept für zukunftsfähiges Arbeiten entdeckt, ein „Mehrschichtenmodell produktiver Tätigkeiten".

> „Auch wenn wir die Tatsache unterstreichen, daß in der Dienstleistungsgesellschaft den Tätigkeiten in Eigenleistung ebenso wie den wohltätigen oder freiwilligen unbezahlten Tätigkeiten ein bedeutender wirtschaftlicher Wert zukommt, liegt doch auf der Hand, dass auch in einer modernen postindustriellen Gesellschaft ein wesentlicher Teil der wirtschaftlichen Tätigkeiten um den Austausch von Geld organisiert sein wird. Für die Beschäftigung würde dies bedeuten, daß jeder einzelne und die Gesellschaft gemeinsam ihre Erfindungs-

gabe dafür verwenden sollten, jedem menschlichen Wesen ein Minimum an bezahlter produktiver Tätigkeit zu bieten. Das würde die von uns so bezeichnete ‚erste Schicht' der produktiven Tätigkeit bilden.

Eine ‚zweite Schicht' produktiver Tätigkeit würde jede bezahlte Arbeit über die erste Schicht oder das erste Niveau hinaus umfassen bzw. diese ersetzen. Diese zweite Schicht sollte von staatlichen Eingriffen völlig frei bleiben, abgesehen von der Schaffung der entsprechenden gesetzlichen Rahmenbedingungen. Für eine vermutlich große Zahl von Einzelpersonen würden Tätigkeiten und Beschäftigungen in der zweiten Schicht produktive Tätigkeiten in der ersten Schicht überflüssig machen. Falls die einzelnen Menschen dies wünschen, können sie mehrere Teilzeitbeschäftigungen der zweiten Schicht miteinander kombinieren, statt nur einer Beschäftigung nachzugehen.

Eine ‚dritte Schicht' produktiver Tätigkeit würde sich schließlich für uns alle aus Tätigkeiten in Eigenleistung oder nichtbezahlten freiwilligen Tätigkeiten zusammensetzen. Diese letzteren sind häufig voneinander abhängig und bilden, wie gesagt, vor allem in der modernen Dienstleistungsgesellschaft zunehmend die Hauptvoraussetzung für ein effizientes Funktionieren und die Entwicklung des monetisierten Systems.

An dieser Stelle müssen wir betonen, daß für uns das Ziel äußerste Priorität besitzt, daß jedem einzelnen in der Gesellschaft, der dazu in der Lage ist, eine angemessene Möglichkeit geboten wird, produktive Tätigkeiten zu entfalten.

Ebenso klar ist, daß die drei Schichten produktiver Tätigkeit während des Lebenszyklus von 18 bis 78 Jahren unterschiedlich organisiert sein können und werden. Die Jugendlichen suchen bereits häufig eine Teilzeitarbeit, die es ihnen ermöglichen wird, ihre Unabhängigkeit und ihr Urteilsvermögen im Rahmen einer Beschäftigung auszubauen, während sie gleichzeitig ihre Ausbildung fortsetzen. Die Alten haben der Gesellschaft noch viel zu bieten und können im Alter von sechzig Jahren nicht einfach einer Zukunft von zwanzig Jahren der Untätigkeit entgegenblicken, selbst wenn angemessene finanzielle Garantien vom Staat oder von anderen Einrichtungen, einschließlich dem privaten Sektor, zur Verfügung stehen" (Giarini/Liedke 1998: 231/232).

Dieses Konzept versteht die zukünftige Gesellschaft als Dienstleistungsgesellschaft, in der die drei genannten „Schichten produktiver Tätigkeiten" bei Teilhabe aller für ein gemeinsam definiertes Wohlfahrtsziel miteinander kombiniert werden.

3. Das Konzept „Neue Arbeit" von Frithjof Bergmann

Dieses Konzept entstand in der ersten Hälfte der achtziger Jahre des vergangenen Jahrhunderts in Flint/USA, einer Automobilproduktions-Stadt, in der die Arbeitslosigkeit schon hoch war und wo aufgrund von Rationalisierungen in den Fabriken von General Motors weitere Arbeitslosigkeit drohte. Ausgehend von der Einsicht, dass über die Erwerbsarbeit nie wieder eine Vollbeschäftigung der Arbeitskräfte zu erreichen wäre, entwickelte Bergmann sein Konzept „Neue Arbeit" mit drei Säulen (vgl. zum folgenden Bergmann 1998):

- ein Drittel Erwerbsarbeit;
- ein Drittel „Calling", d. h. Arbeit, die die Menschen sich selbst aussuchen, die sie „wirklich, wirklich tun" wollen;
- ein Drittel „High-Tech Self-Providing", d. h. Selbstversorgung über Eigenarbeit auf hoher technologischer Grundlage.

Als Beispiele nennt Bergmann das gemeinschaftliche Bauen von Häusern und Wohnungen, aber auch die Entwicklung einer urbanen Agrikultur, die auf kleinstem Raum und unter Anwendung neuester Erkenntnisse Lebensmittel in der Stadt produziert. Außerdem setzt er auf „computer aided manufacturing".

> „Wie könnte eine andere Zukunft aussehen? An die Stelle des bisherigen Systems von 100 % Entlohnung für 100 % Arbeitszeit tritt beispielsweise bei Produktivitätssteigerungen statt der Entlassung von 20 % der Beschäftigten eine Arbeitszeit von 80 % der bisherigen für alle. Dafür erhalten die Beschäftigten nur noch 80 % der bisherigen Entlohnung. Zusätzlich aber erhalten sie 20 % der bisherigen Arbeitszeit für das High-Tech-Self-Providing, das Leistungen oder Produkte oder Ersparnispotentiale für die Mitarbeiter und Mitarbeiterinnen im Ausgleich der entfallenen 20 % Entlohnung erbringt. Die Anzahl der Beschäftigten bleibt also ebenso unverändert wie die individuelle Arbeitszeit. Aber das Ergebnis für die Mitarbeiterinnen und Mitarbeiter ändert sich: sie enthalten weniger Lohn in Gestalt von Geldzahlungen, stattdessen erarbeiten sie geldwerte Leistungen, die die verringerte Entlohnung ausgleicht" (Bergmann 1998: 58).

Weitere Reduktion der Erwerbsarbeitszeit schafft Raum für die selbstgewählte Tätigkeit des „Calling". Das kann die Gründung eines eigenen Betriebes sein, das kann das Engagement im sozialen Bereich sein, das kann die Beschäftigung mit Kunst sein. „Die Hoffnung, die wir propagieren, ist die Vision einer Zukunft, in der die Menschen weitaus unabhängiger sind und in der sie eine Aufgabe mit Leidenschaft und großer Liebe erfüllen können" (ebenda).

Als konkreter Ort zur Entwicklung von Ideen für dieses Konzept, zur Kommunikation, zur gemeinsamen Weiterbildung schwebt Frithjof ein „Zentrum für neue Arbeit" vor. Dieses sollte verknüpft sein mit einem Kreditverein oder einer Art Stiftung, um die Ideen, die entwickelt werden, auch finanzieren zu können. Ein solches Zentrum ist inzwischen auch in Deutschland (in Kassel) gegründet worden.

4. Tätigkeit statt Warenkauf – das Konzept der Eigenarbeit

In der Stärkung der selbstbestimmten Tätigkeit, der Arbeit für die eigene Versorgung ähnelt das jetzt vorzustellende Konzept dem von Bergmann. Es geht zurück auf eine Idee von Ivan Illich. Er definierte Eigenarbeit als „Ersatz von Waren durch eigene Tätigkeiten" (Illich 1982: 42).

Eigenarbeit ist Arbeit für sich selbst, allein oder mit anderen. Es ist ganzheitliches Arbeiten. Das bedeutet, dass der Arbeitsprozess von Beginn an, d. h. von der Bedürfnisreflektion an bis zum Nutzen des Ergebnisses, von den Arbeitenden selbst geplant und durchgeführt wird. Eigenarbeit ist somit selbstbestimmte Arbeit. Sie schafft Autonomie und Unabhängigkeit vom Geldeinkommen und setzt an die Stelle von hohem Naturverbrauch den Einsatz menschlicher Arbeitskraft.

> „Die ökologische Bedeutung von Eigenarbeit ist zunächst vor allem in ihrer kulturellen Dimension zu sehen. Beim Selbermachen wird die Dynamik des Schneller und Mehr gebrochen, die beim Warenkonsum für steigenden Ressourcenverbrauch und wachsende Abfallberge verantwortlich ist. Dabei ist kein ausgeprägtes ökologisches Bewusstsein nötig, um Natur schonend zu behandeln. Hierin liegt eine große Chance, der Schlüssel zum positiven Erleben von Suffizienz: nicht Verzicht und Disziplin stehen am Anfang nachhaltigen Handelns, sondern die Lust am Lernen, am Tun, am individuellen Produkt" (Redler 1998: 66).

Um die Potentiale der Eigenarbeit zu entfalten, benötigt das Konzept, ähnlich wie das der „Neuen Arbeit" von Bergmann, einen begehbaren Ort, ein Zentrum, in dem sich die Menschen zu der Tätigkeit, aber auch zur Kommunikation miteinander treffen. Eigenarbeit wird dann zu einer öffentlichen Tätigkeit. In München wurde 1987 ein solches „Haus der Eigenarbeit" gegründet.

> „Wenn die Signale seitens eines Hauses der Eigenarbeit richtig gesetzt sind, d. h. vielfältige Angebote, sozial gestaffelte Preise und eine nicht nur für eine bestimmte Sub-Kultur oder Altersgruppe angenehme Atmosphäre, fördert es Begegnungen zwischen verschiedensten Bevölkerungsgruppen, die in anderen öffentlichen Kultureinrichtungen (Theater, Volkshochschule) nicht die Regel sind" (Redler 1998: 67).

Eigenarbeit ist somit eine Ergänzung zur Erwerbsarbeit und Versorgungsarbeit. Auf der Grundlage einer sozialen Grundsicherung kann sie zeitweise auch die einzige Betätigung sein. Sie ist damit auch eine Form, mit Erwerbsarbeitslosigkeit umzugehen, die soziale Integration zu bewahren, Selbstvertrauen zu erhalten und die eigenen Fähigkeiten weiterzuentwickeln.

4.4.4 Arbeitsmarkteffekte nachhaltigen Arbeitens

Die vorgestellten Konzepte beinhalten eine Vielzahl von Veränderungen der herkömmlichen Erwerbsarbeit. Über deren qualitative Weiterentwicklung, ihre Einbettung in ein umfassendes Konzept von Arbeit und die Aufwertung von sorgenden und selbstbestimmten Tätigkeiten stabilisieren sie den Erwerbsarbeitsmarkt von seinen beiden Seiten her: Zum einen steigt die Nachfrage nach Arbeitskräften durch die für eine nachhaltige Lebensweise umzugestaltenden Produktionsprozesse (ressourcenschonende Prozesse, solarenergiebasierte Prozesse z. B.), durch Ausdehnung ökologischer Dienstleistungen (Reparatur, Wartung, Recycling), durch die wachsende Bedeutung handwerklicher Arbeiten (ökologische Modernisierung der Bausubstanz z. B.) sowie die Umstellung auf ökologische Landwirtschaft. Auf der anderen Seite sinkt das Angebot an Arbeitskraft für den Erwerbsprozess durch Engagement der Menschen in den anderen Arbeitsbereichen: der Versorgungsarbeit, Gemeinschaftsarbeit, Eigenarbeit. Grundlage dafür sind neue Arbeitszeitmodelle und soziale Grundsicherung. Der Begriff der „Vollbeschäftigung“ konzentriert sich dann nicht auf Vollbeschäftigung ausschließlich im Erwerbsarbeitsbereich, sondern meint die volle Beschäftigung in den verschiedenen Arbeitsbereichen. Durch Integration aller in diese verschiedenen Bereiche entfällt das Problem der Arbeitslosigkeit.

5 Nonprofit-Organisationen (NPO)

Bisher wurden die institutionalisierten Handlungszusammenhänge des Haushalts mit der Versorgungsökonomie und des Unternehmens mit der Marktökonomie in ihrer je eigenen Produktivität mit unterschiedlichen Theorien analysiert. Hinzu kamen Güter- bzw. Dienstleistungs- sowie Arbeitsmärkte, deren Wohlfahrtseffekte nicht in eigener Produktivität, sondern in passender Koordination der MarktteilnehmerInnen liegen. Neben diesen gibt es einen fünften institutionalisierten Handlungszusammenhang in der Gesellschaft, der eigene ökonomische Strukturen aufweist – den sogenannten Nonprofit-Sektor mit der Nonprofit-Ökonomie (NPÖ). Dieser Sektor kam erst in den letzten zehn Jahren über die USA hinaus ins Blickfeld ökonomischer Analyse, daher gibt es noch wenige ausformulierte theoretische Untersuchungen. Auch ist es bisher nicht üblich, diesen Sektor in einem mikroökonomischen Lehrbuch zu behandeln. Aus der Perspektive der MiSÖP, die auf Ökonomie als vielfältige Handlungsräume blickt, die durch ebenso vielfältige Koordinationsmechanismen geprägt sind, ist es jedoch notwendig, auch diesen Bereich zu integrieren. Die Antwort auf die zentrale Frage der Ökonomie nach dem Beitrag zur Wohlfahrt kann ohne diesen Sektor nicht umfassend gegeben werden. Wie neu dieser Bereich für die wissenschaftliche Analyse ist, zeigt sich auch in der uneinheitlichen Namensgebung. Häufig wird vom Dritten Sektor gesprochen, wobei mit den ersten beiden Sektoren Markt und Staat gemeint sind und die Haushalte ausgeklammert bleiben. Hier dient die Art der Koordination als Kriterium der Einteilung. Die volkswirtschaftliche Gesamtrechnung allerdings meint mit dem Dritten Sektor den Staat. Die EU, die sich seit ca. 10 Jahren ebenfalls mit dem Nonprofit-Bereich beschäftigt, spricht stattdessen vom „Dritten System“ und betont dadurch die Besonderheit dieses Bereichs bezüglich der Handlungsprinzipien und Systemlogik. Aus der Perspektive der MiSÖP wäre dieser Begriff am passendsten – wenn nicht der ganze Bereich der Versorgungsökonomie ausgeblendet wäre. Wir sprechen daher einfach vom Nonprofit-Bereich oder von der Nonprofit-Ökonomie.

Aufgrund der Neuheit dieses Gebiets lässt sich die bisherige Gliederungsstruktur (sozial-ökologische Theorien, Verengung zur Neoklassik, Erweiterung, Integration der ökologischen und/oder der Gender-Dimension) nicht durchhalten. Stattdessen wird ein Überblick über die theoretische Debatte gegeben, in die die sozial-ökologische Perspektive der MiSÖP eingearbeitet wird. Sodann werden ökonomische Besonderheiten von Nonprofit-Organisationen und Entwicklungstrends des ganzen Sektors dargestellt. Insgesamt erweist sich der Ansatz der MiSÖP mit der Vielfalt der Handlungstypen und

Koordinationsformen als für die Analyse des NPO-Bereichs besonders gut geeignet, da dieser Bereich gerade durch solche Vielfalt geprägt ist.

5.1 Theoretische Bestimmungen des Nonprofit-Sektors

Für die systematische Analyse und empirische Erfassung des Nonprofit-Sektors ist das Johns Hopkins Comparative Nonprofit Sector Project von der Johns Hopkins-Universität in Baltimore maßgeblich. Nach der dort gebräuchlichen Definition umfasst der Nonprofit-Sektor all jene Organisationen, die

- formell strukturiert sind,
- organisatorisch unabhängig vom Staat arbeiten,
- nicht gewinnorientiert wirtschaften,
- eigenständig verwaltet werden,
- zu einem gewissen Grad von freiwilligen Beiträgen getragen werden und keine Zwangsverbände darstellen (vgl. Priller/Zimmer 2001a: 13).

Als Tätigkeitsbereiche, in denen die Organisationen dieses Nonprofit-Sektors ihre Aktivitäten entfalten, werden aufgelistet:

- Kultur und Erholung,
- Bildungs- und Forschungswesen,
- Gesundheitswesen,
- Soziale Dienste,
- Umwelt,
- Entwicklung,
- Wohnungswesen, Beschäftigung,
- Rechtswesen, Bürger- und Verbraucherinteressen, Politik,
- Stiftungswesen, Spendenwesen, Ehrenamtlichkeit,
- Internationale Aktivitäten,
- Religion,
- Wirtschaftsverbände, Berufsverbände, Gewerkschaften,
- Sonstige (vgl. Priller/Zimmer 2001a: 14),

Der Nonprofit-Sektor ist ein beachtlicher Wirtschaftsfaktor, der sich durch starke Entwicklungsdynamik auszeichnet. So tätigte dieser Sektor in Deutschland (alte Länder) 1990 Ausgaben im Wert von 93,4 Mrd. DM, diese Summe stieg 1995 schon auf 135 Mrd. DM. Bezogen auf das Bruttosozialprodukt hat der Nonprofit-Sektor somit eine Bedeutung im Umfang von 4 %. Diese Rolle wird noch gewichtiger, wenn der Blick auf die Beschäftigung gerichtet wird. Waren 1990 insgesamt 1,3 Millionen Menschen in diesem Sektor beschäftigt (Vollzeit, Teilzeit sowie geringfügig), so stieg diese Zahl 1995 auf 2,1 Millionen. Umgerechnet auf Vollzeitäquivalente entsprach das ungefähr einem Anteil von 5 % der Gesamtbeschäftigung. Bezieht man in diese Überlegungen das bürgerschaftliche Engagement, das in diesem Sektor geleistet wird, d. h. die unbezahlte, freiwillige Gemeinschaftsarbeit mit ein, so steigt der Anteil dieses Sektors an der Gesamtbeschäftigung auf 8 % (vgl. zu diesen Zahlen Priller/Zimmer 2001b: 202/203).

Nonprofit-Organisationen werden als intermediäre oder neuerdings als hybride Organisationen bezeichnet (vgl. Evers u.a. 2002). Gemeint ist damit, dass sie in gleicher Weise wesentlich vom Staat, von den Prinzipien des Unternehmertums/des Marktes und von denen der privaten Haushalte geprägt sind. Hinzu kommen eigene Handlungsstrukturen, eigene Handlungsgrundlagen. Um dieses Phänomen zu erfassen, sind sowohl eigenständige Theorien entwickelt als auch bestehende Theorien zur Analyse verwendet worden. Salamon/Anheier geben in ihrem Überblick folgende Theorien an (vgl. Salamon/Anheier 1997: 216ff.):

5.1.1 Heterogenitätstheorie

Diese Theorie wurde von dem Ökonomen Weisbrod 1977 entwickelt. Er ging von dem Phänomen des sogenannten Marktversagens aus, der Feststellung, dass der Markt nicht imstande ist, für die Bereitstellung öffentlicher bzw. kollektiver Güter zu sorgen. (Zur Erinnerung: Öffentliche Güter oder kollektive Güter sind Güter, deren Nutzung durch ein Individuum weder andere von der Nutzung ausschließt oder ausschließen kann (Nicht-Ausschluss-Prinzip) noch deren Nutzung schmälert (Nicht-Rivalitäts-Prinzip). Die Kompensation über Eingriffe des Staates gelingt jedoch auch nicht, weil die Legitimation staatlicher Eingriffe zur Produktion bestimmter Kollektivgüter von demokratischen Mehrheiten abhängig ist. Gibt es diese Mehrheiten nicht, bestehen größere Meinungsverschiedenheiten, so kommt es nicht zur staatlichen Bereitstellung des Kollektivguts. Es gibt „Staatsversagen". Im Rahmen dieser Theorie liegt die Funktion der Nonprofit-Organisationen darin, das „Marktversagen" sowie das „Staatsversagen" bei der Deckung der als heterogen betrachteten Nachfrage nach kollektiven Gütern auszugleichen, die entsprechenden Güter bereitzustellen.

5.1.2 Angebotstheorie

Wie in der Heterogenitätstheorie wird auch in der Angebotstheorie die Nachfrage nach Kollektivgütern durch Markt- und Staatsversagen erklärt. Hinzu kommt jedoch der Blick auf das Angebot. Als zweite Bedingung für die Befriedigung dieser Nachfrage wird die Existenz von „Sozialunternehmern" genannt. SozialunternehmerInnen sind Menschen mit besonderen Motiven zur Schaffung von Nonprofit-Organisationen. Häufig sind diese Menschen religiös motiviert. Dann kommt es zur Entstehung von Nonprofit-Organisationen als Anbieter von Kollektivgütern (z. B. Gesundheitsversorgung, Bildung), um über diese Bereitstellung von Gütern und Dienstleistungen Mitglieder für die jeweilige Religionsgemeinschaft zu werben. (In dieser Theorie scheint schon ein Merkmal auf, das für Nonprofit-Organisationen häufig eine Rolle spielt – die Werte-Grundlage. Viele dieser Organisationen sind sogenannte Wertegemeinschaften.)

5.1.3 Kontraktversagen

In der Argumentation der Theorie des Kontraktversagens geht es nicht um die oben beschriebene Form des Versagen des Marktes oder um Staatsversagen, sondern um eine andere Form des Marktversagens: um Informationsasymmetrien im Bereich von Kollektivgütern. Häufig sind die Leistungen in diesem Bereich schwierig zu beurteilen, die Nachfragenden haben keine ausreichenden Informationen. Dies kann von den Anbietern ausgenutzt werden, indem minderwertige Leistung produziert wird (z. B. im Bereich von Pflegediensten, in Kindergärten oder Altersheimen). Qualitätssicherheit suchen die Menschen dann bei solchen Organisationen, die nicht gewinnorientiert arbeiten, eben bei Nonprofit-Organisationen. Sie verdanken ihre Existenz also dem „Kontraktversagen" und ihrer „Vertrauenswürdigkeit" aufgrund ihrer nicht an Gewinn orientierten Ausrichtung.

Die drei genannten Theorieansätze lassen sich auch mit Hilfe von Elementen der Neuen Institutionenökonomik interpretieren – mit Annahmen über die Heterogenität der Nachfrageseite oder des Angebots, über asymmetrische Informationen, über unvollständige Verträge oder mit Hilfe von Transaktionskosten (vgl. Weiß 1998).

5.1.4 Wohlfahrtsstaatstheorien

Diese Theorien verorten die Rolle von Nonprofit-Organisationen im Spannungsfeld zwischen sozialen Problemlagen in der Gesellschaft und dem Engagement des Sozialstaates, diese zu lösen. Nonprofit-Organisationen werden sozusagen als vor-staatliche (oft auch vor-moderne) Einrichtungen für den Umgang mit modernen Problemen angesehen. In dem Maße, in dem die wirtschaftliche Entwicklung sich stabilisiert und der Staat sich festigt, übernimmt er selbst die Bereitstellung sozialer Dienstleistungen, und Umfang und Bedeutung des Nonprofit-Sektors sinken. Aus dieser Theorieentwicklung folgt, dass die Bedeutung des Nonprofit-Sektors abhängig ist von der Stärke des Wohlfahrtsstaates, d. h. von der Bedeutung der gesellschaftlichen Ziele „Gerechtigkeit" und „Soziale Integration", die die Basis für wohlfahrtsstaatliche Tätigkeiten sind.

Allerdings wirft die jüngere Debatte im wohlfahrtsstaatlichen Bereich, insbesondere bezogen auf die Entwicklung in Deutschland, ein anderes Licht auf das Verhältnis von Wohlfahrtsstaat und Nonprofit-Sektor. Für Deutschland gilt, dass schon in den zwanziger Jahren des vorigen Jahrhunderts im Kernbereich des Wohlfahrtssystems, d. h. dort, wo sich Spitzenverbände der freien Wohlfahrtspflege schon gebildet hatten, eine duale Struktur herausbildete, ein korporatistisches Aushandlungssystem zwischen öffentlichen und freien Trägern der Wohlfahrtspflege. Dieses System ist bis heute beibehalten, wobei es durch die unterschiedlichen Entwicklungen (Ausdehnung des sozialstaatlichen Tätigkeitsfeldes nach dem Zweiten Weltkrieg, staatliche Delegation vieler wohlfahrtspflegerischer Tätigkeiten an die freien Träger, Professionalisierungs- und Ökonomisierungstendenzen während der letzten zwanzig Jahre) zwar verändert, jedoch nie prinzipiell in Frage gestellt wurde.

5.1.5 Interdependenztheorie

Der Hinweis auf die besondere Tradition im wohlfahrtsstaatlichen Bereich in Deutschland leitet über zu einer anderen Theorie, der sog. Interdependenztheorie. Während Heterogenitäts- und Angebotstheorien sowie die Theorie des Kontraktversagens von Konflikt und Konkurrenz zwischen Nonprofit-Sektor und Staat bzw. Markt ausgehen, betont die Interdependenztheorie das kooperative Verhältnis zwischen Nonprofit-Bereich und Staat. Dieses eher partnerschaftliche Verhältnis beruht entweder auf historischen Prägungen, die Nonprofit-Organisationen in Bereichen hervorgebracht haben, in denen auch der Staat als Sozialstaat tätig wird, oder, wie an der deutschen Entwicklung gezeigt, auf spezifischen Ausprägungen der Organisationsstrukturen im Nonprofit-Sektor und deren Beziehungen zum Staat. In diesem kooperativen Verhältnis spielt auch eine Rolle, dass Nonprofit-Organisationen allein schon aufgrund mangelnder Ressourcen nicht in der Lage sind, den Bedarf an kollektiven Gütern zu decken. Staatliche Unterstützung, staatliche finanzielle Ressourcen sind notwendig, damit die Kollektivgutversorgung der Bevölkerung gesichert ist. Die Interdependenztheorie betont also die enge Zusammenarbeit zwischen dem Nonprofit-Sektor und dem Staat bei der Versorgung der Gesellschaft mit öffentlichen Gütern.

5.1.6 Institutionelle Theorie

In den Darstellungen der Wohlfahrtsstaatstheorien und der Interdependenztheorie wurde schon deutlich, dass es schwierig ist, die Existenz von Nonprofit-Organisationen aus einer Ursache heraus zu erklären. Vielmehr kommt es auf die historisch-kulturelle Entwicklung der jeweiligen Gesellschaftsmodelle an. In diesem gesamten Ordnungsrahmen erst lässt sich der jeweilige Nonprofit-Sektor verorten. Salamon/Anheier unterscheiden vier typische Entwicklungsmodelle:

- das liberale Modell (geringe Sozialausgaben, relativ großer Nonprofit-Sektor);
- das sozialdemokratische Modell (hohe Sozialausgaben, großer Nonprofit-Sektor);
- das korporatistische Modell (hohe Sozialausgaben, gegenüber dem Staat schwacher Nonprofit-Sektor);
- das etatistische Modell (starker Staat mit niedrigen Sozialausgaben und entsprechend eingeschränktem Nonprofit-Sektor).

In diesem Theorierahmen einer institutionellen Theorie werden Rolle und Größe des Nonprofit-Sektors im Rahmen der spezifischen Institutionen einer Gesellschaft und ihres Staates erklärt. Der Nonprofit-Sektor hat von vornherein eine eigene Existenz, er wird nicht aus dem Versagen anderer Bereiche erklärt.

5.1.7 Der Nonprofit-Sektor aus der Sicht der MiSÖP

Unter Berücksichtigung insbesondere der Aussagen der Institutionellen Theorie und der eingangs aufgelisteten Tätigkeitsfelder der Non-Profit-Organisationen lässt sich der NPO-Bereich, wie schon Familienhaushalt, Unternehmen, Güter- und Arbeitsmärkte, als institutionalisierter Handlungszusammenhang darstellen (vgl. Abb. 87).

Diese Abbildung ist ein Hilfsmittel – denn sie zeigt nicht eine Nonprofit-Organisation, wie es methodisch richtig wäre, sondern den gesamten Sektor. Es ist noch zu früh, um in einem Lehrbuch für Mikroökonomik eine genaue Analyse einer einzelnen typischen Nonprofit-Organisation vorzulegen. Vielleicht ist das auch gar nicht möglich, denn die Vielfalt in diesem Bereich nötigt zur theoretischen Analyse, die dieser Vielfalt auch gerecht wird. Wohin hier die theoretische Reise geht, verdeutlicht die Analyse von NPO als „hybride Organisationsformen" bei Evers u. a. (2002).

5.2 Ökonomische Spezifika von Nonprofit-Organisationen

Trotz der Vielfalt lassen sich jedoch, auf der Grundlage der MiSÖP, einige generelle qualitative Aussagen zur Ökonomie im Nonprofit-Sektor treffen. Diese beziehen sich vor allem auf die besondere Produktivität in diesem Bereich, auf die zugrundeliegenden Handlungsmuster einschließlich der Handlungslogiken und Handlungstypen, auf die Arbeitsformen sowie die Finanzierungsstrukturen.

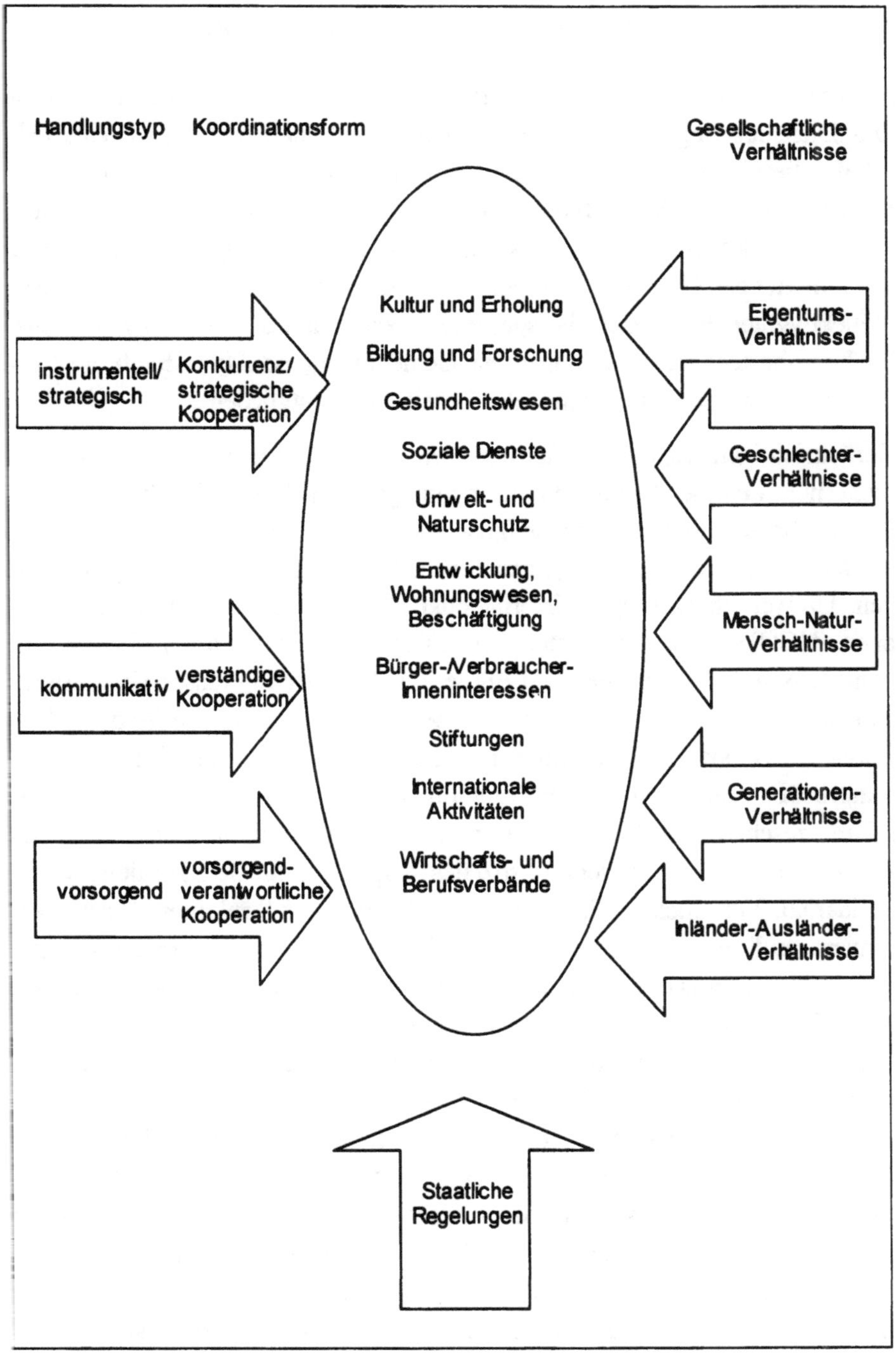

Abb. 87: Der Nonprofit-Sektor als institutionalisierter Handlungszusammenhang

5.2.1 Die besondere Produktivität des Nonprofit-Sektors

Nonprofit-Organisationen leisten ihre Beiträge, die Bereitstellung von Gütern und Dienstleistungen, in dem Raum der Gesellschaft, der als „Zivilgesellschaft" bezeichnet wird. Ihre Leistungsschwerpunkte liegen vor allem im Bereich von Gesundheit, Bildung, Soziales, wie sie politisch abgesegnet wurden. In der ökonomischen Analyse wird das Produkt meist, wie schon gesagt, als „öffentliches Gut" oder „Kollektivgut" bezeichnet. In der Erstellung dieser Kollektivgüter drückt sich die spezielle Produktivität des NPO-Bereichs aus. Im Kern besteht sie in Beiträgen zur Gemeinwohlproduktion durch die Verbesserung der Lebenssituation vieler Gesellschaftsmitglieder.

Berücksichtigen wir die Vielfalt der Formen im NPO-Bereich (dazu gehören nicht nur Vereine, Stiftungen, Einrichtungen der freien Wohlfahrtspflege, Krankenhäuser, Schulen, Wirtschafts- und Berufsverbände, Gewerkschaften, sondern auch Verbraucherorganisationen, Selbsthilfegruppen, Bürgerinitiativen, Umweltschutzgruppen, international tätige Nicht-Regierungs-organisationen (NGO)), so scheint hinter diesen Organisationsstrukturen die Vielzahl von Menschen, Bürgerinnen und Bürgern, auf, die sich in diesen Organisationen an der Gestaltung der Gesellschaft beteiligen. Es ist typisch für den NPO-Bereich, dass sich hier verschiedene Formen von Erwerbsarbeit mit bürgerschaftlichem Engagement, der freiwillig geleisteten Arbeit für die Gesellschaft, mischen. Und hier wird ein besonderes Produktivitätspotenzial dieses Bereichs deutlich – er schafft soziales Kapital, d. h. Demokratiefähigkeit, Solidarität, Vertrauen in die Gesellschaft, kooperative Strukturen, Netzwerke. Putnam, auf den das Konzept in der hier verwendeten Form zurückgeht, spricht von „norms of reciprocity and networks of civic engagement" (Putnam 1993: 171). Später wurde zwischen „bonding social capital" sowie „bridging social capital" unterschieden. Mit „bonding social capital" ist Sozialkapital innerhalb einer Gruppierung gemeint, wodurch Außenstehende oft ausgeschlossen werden, während „bridging social capital" den gruppenübergreifenden Beitrag zur Stabilisierung der Gesellschaft meint (vgl. Gittel/Vidal 1998). Derartig konkretisiert lässt sich sagen, dass der NPO-Bereich insbesondere zu diesem „bridging social capital" beiträgt. Damit ist nicht nur gemeint, dass die in einer Demokratie mehrheitlich gestützten Werte und Vorstellungen weiterentwickelt werden, sondern auch, dass Raum für Nebenöffentlichkeit, für die Aufmerksamkeit für Probleme, die bisher ausgeschlossen wurden, hergestellt wird. Das gilt z. B. für den ganzen Bereich von Armut und Ungerechtigkeit (im globalen Zusammenhang ist dies der Kern der neuen sozialen Bewegung „Attac"), das gilt aber auch für neue Themenfelder wie z. B. die nachhaltige Entwicklung oder die Re-Integration des Themas „Alter und Sterben" in unserer Gesellschaft (z. B. durch die Hospizbewegung). Putnam verzeichnete für die USA eine Verminderung des „sozialen Kapitals“ (vgl. Putnam 1995). In einer späteren Untersuchung relativiert er das z.T. (vgl. Putnam 2000). Diese Untersuchungen haben die Frage nach den Messgrößen für „soziales Kapital“ aufgeworfen.

In Geld, wie es beim Bruttosozialprodukt geschieht, lässt sich dieser Beitrag zur gesellschaftlichen Wohlfahrt nur unzureichend messen. Da ist es nur möglich, die Güter und Dienstleistungen zu bewerten und in Geldgrößen umzurechnen (wie es eingangs mit Hilfe der Ausgaben dieses Bereichs getan wurde). Insofern kommt die Wirtschaftswissenschaft hier mit ihrem traditionellen Handwerkszeug an eine Grenze. Hilfsweise können solche Größen wie Vereinsmitgliedschaften, Schulzufriedenheit, Anzahl von Nachbarschaftskontakten usw. herangezogen werden. Die Wirtschaftswissenschaft ist somit hier aufgefordert, nach neuen Formen der Bewertung zu suchen.

Die genannten Produktivitätseffekte fasst Priller folgendermaßen zusammen:

> „Hervorzuheben ist, dass sich der Einfluß von Nonprofit-Organisationen vor allem im Hinblick auf vier Bereiche herauskristallisiert. Erstens schafft der Nonprofit-Sektor als Teil der Zivilgesellschaft und der demokratischen politischen Kultur die Rahmenbedingungen für Partizipation und bürgerschaftliches Engagement. Insofern sind seine Organisationen Bestandteil jenes „sozialen Kitts“, den auch moderne Gesellschaften für ihren Zusammenhalt benötigen. Zweitens haben Nonprofit-Organisationen einen wesentlichen Anteil an der Wohlfahrtsökonomie, indem sie neben Unternehmen, öffentlichen Einrichtungen sowie privaten Haushalten in beachtlichem Umfang wohlfahrtsrelevante Güter und Leistungen erstellen. Im Zuge einer abnehmenden Leistungskraft von Markt und Staat kann die Position des Nonprofit-Sektors im Wohlfahrtsmix durchaus noch zunehmen, wenn seine „schlummernden Ressourcen“ aktiviert werden. Drittens schaffen Nonprofit-Organisationen mit ihrem aktiven Einsatz für die Wahrung der Menschenrechte, für den Schutz der Angelegenheiten von Minderheiten und sozial Benachteiligten sowie durch ihr engagiertes Eintreten für ökologische Fragen eine Gegenöffentlichkeit zu speziellen Interessen von Wirtschaft und Politik auf internationaler und lokaler Ebene. Viertens schließlich ... ist die arbeitsmarktpolitische Bedeutung des Dritten Sektors herauszustellen. Nonprofit-Organisationen können einen Beitrag zur Milderung der Arbeitsmarktprobleme leisten, indem sie neue Arbeitsplätze schaffen. Gleichzeitig können sie das in den Organisationen traditionell vorhandene ehrenamtliche und freiwillige Engagement nicht nur konsolidieren, sondern um neue Einsatzfelder und Tätigkeiten erweitern. In dieser Hinsicht können sie einen Beitrag zu einer Neubestimmung von Arbeit sein“ (Priller 2000: 249/250).

5.2.2 Handlungslogiken und Handlungstypen im Nonprofit-Sektor

Viele Nonprofit-Organisationen, insbesondere im Bereich von Gesundheit, Soziales, Familienselbsthilfe, Bildung, Umwelt sind Wertegemeinschaften. D. h. sie basieren auf einer gemeinsam geteilten „Ethik des guten Lebens", das die Betroffenen für sich definieren. Häufig spielt religiöse oder weltanschauliche Bindung eine Rolle. Auf dieser Grundlage übernehmen die Menschen in den Organisationen, seien sie dort als hauptamtliche Erwerbstätige angestellt oder als freiwillig Engagierte beteiligt, Verantwortung für den Bereich der Gesellschaft, den sie mitgestalten bzw. in dem sie Dienstleistungen anbieten.

Im Nonprofit-Sektor verbinden sich somit verschiedene Handlungstypen: Für diejenigen, die in diesem Bereich ihre Erwerbsarbeit leisten und somit ihren Lebensunterhalt verdienen, geht es zunächst um rein instrumentelles Handeln (Handlungstyp B). Häufig ist dieses jedoch mit den oben angesprochenen Wertgrundlagen verbunden. Diejenigen, die sich in diesem Bereich freiwillig engagieren, tun dies ebenfalls aus Eigeninteresse, das aber gleichzeitig auf die Kooperation mit anderen und die Verantwortungsübernahme für die gesellschaftliche Gestaltung gerichtet ist. Hier kommen unsere Handlungstypen C und A ins Spiel. Handlungstyp C, vorsorgend/verantwortliches Handeln, begründet sich hier in dem Wunsch, in einem spezifischen Bereich für die Gesellschaft aktiv tätig zu werden. Der Handlungstyp A, das kommunikative Handeln, spielt eine zentrale Rolle, weil die Handlungskoordination im Nonprofit-Sektor auf der Basis der Freiwilligkeit einer Vielzahl der Mitglieder über Diskurs, d. h. über den Austausch von Argumenten, geschieht. Häufig erfolgt dieser Diskurs in der Öffentlichkeit, wenn dort über die „gute Gestaltung" von Gesundheit, Sozialökonomie, Bildung gestritten wird:

> „In dem Bereich der Zivilgesellschaft stellen freiwillige bürgerschaftliche Zusammenschlüsse („Assoziationen") die zentralen kollektiven Akteure dar...; als Zugangsregel zu diesen Organisationsformen läßt sich die freiwillige bürgerschaftliche Bereitschaft zur Mitwirkung identifizieren; das zentrale Prinzip der Handlungskoordination ist „Verhandlung" und als Austauschmedium im Zusammenhang mit kollektiven Entscheidungsfindungsprozessen kann das „bessere Argument" gelten. Freiwillige bürgerschaftliche Assoziationen produzieren unmittelbar kollektive Güter sowohl für Mitglieder als auch für Nicht-Mitglieder. Leistungsstärken und positive gesellschaftliche Funktionen solcher Vereinigungen werden insbesondere in dem Beitrag zur sozialen Kohäsion und Integration moderner hochdifferenzierter Gesellschaften sowie in der Deckung und Stabilisierung politischer und sozialer Engagementbereitschaften gesehen" (Evers/Olk 1996: 26).

Nonprofit-Organisationen werden somit durch Formen der verständigen Kooperation sowie der vorsorgend-verantwortlichen Kooperation koordiniert.

Die meisten dieser Nonprofit-Organisationen erfüllen einen ideellen Zweck, haben jedoch zu dessen Ausführung einen wirtschaftlichen Geschäftsbetrieb. Über diesen kommt der Handlungstyp B, das instrumentelle bzw. strategische Handeln, herein, denn hier muss Förderkriterien gemäß mit Geld umgegangen werden, und hier herrscht Wettbewerb. Insbesondere im Prozess der Ökonomisierung des Nonprofit-Bereichs in den vergangenen 15 Jahren wurde dieser Handlungstyp maßgeblicher (vgl. dazu den folgenden Abschnitt 5.3).

5.2.3 Der Beitrag von Nonprofit-Organisationen zum Arbeitsmarkt

„Nonprofit-Organisationen können einen Beitrag zur Milderung der Arbeitsmarktprobleme leisten, indem sie neue Arbeitsplätze schaffen." So haben wir in 5.2.1 Priller (2000) zitiert. Worin genau liegt dieser Beitrag?

Er liegt auf den ersten Blick in der Schaffung von Erwerbsarbeitsplätzen. So zeigt die vergleichende Studie des Johns Hopkins-Instituts, dass im 22-Länder-Durchschnitt der Anteil der im Nonprofit-Sektor Beschäftigten an der Gesamtbeschäftigung 4,9 % beträgt (ohne Landwirtschaft). Werden die freiwillig Tätigen in diesem Sektor hinzugerechnet, erhöht sich dieser Anteil im internationalen Durchschnitt auf 7,1 %. Fragen wir, welchen Anteil der Nonprofit-Bereich an der Beschäftigung im gesamten Dienstleistungssektor hat, so ergibt sich eine Zahl von 9,4 % (nur Erwerbsarbeitende) bzw. 13,2 % einschließlich der bürgerschaftlich Engagierten. Und beziehen wir die Zahlen auf die Beschäftigung im öffentlichen Sektor, so lauten sie 29,4 % (Anteil der Erwerbsarbeitenden an den Beschäftigten im öffentlichen Sektor) bzw. 42,5 % (einschließlich der bürgerschaftlich Engagierten) (vgl. Priller 2000: 252/253).

Die Durchschnittszahlen verdecken, dass die Entwicklung in den einzelnen Ländern sehr unterschiedlich ist. Das begründet sich in der historischen Entwicklung und der Herausbildung so unterschiedlicher Gesellschafts- und Staatsformen, wie sie (bei Übersicht der Theorien) insbesondere in den institutionellen Theorien und der MiSÖP angesprochen sind. Die Anteile reichen z. B. von 0,3 % der Beschäftigten des Nonprofit-Sektors an der Gesamtbeschäftigung 1995 in Rumänien über 4,9 % für Deutschland bis 12,4 % in den Niederlanden (vgl. Priller 2000: 254).

Wichtig ist dabei die Dynamik dieses Sektors. Vergleichen wir z. B. den Zeitraum von 1960 und 1990, so zeigt sich, dass im Nonprofit-Sektor eine kontinuierliche Beschäftigungszunahme auf hohem Niveau zu verzeichnen ist. Setzen wir 1960 = 100, so liegt das Beschäftigungsniveau 1990 bei 373. Im gleichen Zeitraum sank die Beschäftigung in der Marktökonomie von 100 auf 98 und stieg die Beschäftigung im öffentlichen Sektor von 100 auf 201. Somit hat sich der Nonprofit-Bereich zu einem starken Beschäftigungsfaktor entwickelt. Seine Dynamik wird unterstützt durch die Entwicklung in den neuen

Bundesländern. Dort hat sich die Anzahl der Beschäftigten im Nonprofit-Sektor zwischen 1990 und 1995 verdreifacht (vgl. Priller 2000: 257).

Fragen wir nach den Ursachen für diese Entwicklung, so lässt sich feststellen:

- Der Zuwachs an Arbeitsplätzen im NPO-Sektor ist zum einen durch eine stärkere Nachfrage nach Leistungen und Diensten dieses Bereichs zu erklären.
- Begleitet ist diese Entwicklung von einer Professionalisierung in den Organisationen. Das hat dazu geführt, dass vorher von bürgerschaftlich Engagierten ausgeführte Tätigkeiten in bezahlte Tätigkeiten mit qualifizierter Ausbildung verwandelt wurden. Die Zunahme der Erwerbsarbeitsplätze ist hier auf Kosten der Abnahme der Freiwilligentätigkeiten erfolgt.
- Ein weiterer Grund für den Beschäftigungsanstieg liegt darin, dass sehr viele Tätigkeiten des Nonprofit-Sektors in den Bereichen Soziale Dienste und Gesundheitswesen liegen, d. h. dort, wo personenbezogene Dienstleistungen bereitgestellt werden. Diese sind nur bedingt rationalisierbar.
- Im Vergleich zur Erwerbsarbeit in der Marktökonomie lässt sich festhalten, dass die nicht profitorientierte Arbeitsweise des Nonprofit-Sektors dazu führt, dass der Rationalisierungsdruck geringer ist.
- Hinzukommt die Dynamik des Nonprofit-Sektors, beispielhaft aufgezeigt an der Selbsthilfebewegung. Mitte der achtziger Jahre wurde die Zahl der Selbsthilfegruppen noch auf 25.000 geschätzt, Anfang der neunziger Jahre hatte sie sich bereits verdoppelt. 1995 gab es in Deutschland fast 70.000 Selbsthilfegruppen mit 2,7 Millionen Mitgliedern. Hier entstehen neue Organisationsformen mit einer Mischung aus Erwerbsarbeit und freiwilliger unbezahlter Arbeit. Hier entstehen auch neue Formen der solidarischen Ökonomie wie lokale Beschäftigungsinitiativen und Tauschringe.
- „Ein wichtiger Faktor für die Beschäftigungszunahme sind der Einfallsreichtum und die Innovationsfähigkeit des Dritten Sektors" (Priller 2000: 263). Die Organisationen reagieren mit neuen Arbeitszeitregelungen auf Krisensituationen. So wurden in den letzten Jahren häufig Vollzeit- in Teilzeitarbeitsplätze verwandelt, und der Anteil der geringfügig Beschäftigten stieg. Hinter der Anzahl der Erwerbsarbeitsplätze verbergen sich also auch diese unterschiedlichen Formen.

Damit macht die Untersuchung der Arbeitsmarkteffekte des Nonprofit-Sektors deutlich, dass hinter diesen Effekten eine Kooperation zwischen zwei Formen von Arbeit steht – eine Kooperation zwischen Erwerbsarbeit und bürgerschaftlichem Engagement, freiwilliger, unbezahlter Arbeit für das gesellschaftliche

Gemeinwohl. Unausgesprochen steht hinter diesen dynamischen Arbeitsmarkteffekten also die besondere Produktivität dieser unbezahlten Arbeit.

5.2.4 Finanzierungsstrukturen des Nonprofit-Sektors

Das schon genannte Forschungsprojekt des Johns Hopkins-Instituts unterscheidet drei Einnahmequellen der Nonprofit-Organisationen: öffentliche Mittel, private Spenden und Sponsoring sowie selbst erwirtschaftete Mittel (Gebühren, Mitgliedsbeiträge, Entgelte). Die Relation dieser drei Einnahmequellen ist in den verschiedenen Ländern unterschiedlich. In ihr drückt sich wiederum die schon angesprochene je spezifische historische Entwicklung mit dem je spezifischen Verhältnis zwischen Staat und Gesellschaft aus. So liegt dieses Verhältnis im Durchschnitt von 19 Ländern 1995 bei 40,1 % (öffentliche Hand) zu 10,5 % (Spenden und Sponsoring) zu 49,4 % (selbst erwirtschaftete Mittel). In Deutschland dagegen lauten die Werte: 64,3 % zu 3,4 % zu 32,3 % (vgl. Priller/Zimmer 2001b: 210). In Deutschland sind damit insgesamt fast 2/3 der Einnahmen des Nonprofit-Sektors über Sozialversicherungen oder direkte staatliche Zuwendungen finanziert. Und Spenden und Sponsoring fallen kaum ins Gewicht.

Dieser Vergleich macht zum einen deutlich, welche besondere Rolle in Deutschland das solidarische Versicherungssystem und der Sozialstaat spielen. Zum anderen ändern sich die Werte, wenn in die Berechnung die freiwilligen, unbezahlten Tätigkeiten der Bürgerinnen und Bürger, deren „Zeitspenden", einberechnet werden. Dann lauten die entsprechenden Zahlen für Deutschland: 42,5 % (öffentliche Hand) zu 36,2 % (Spenden und Sponsoring) zu 21,3 % (selbst erwirtschaftete Mittel). Die internationalen Durchschnittswerte verändern sich zu: 32,1 % zu 26,5 % zu 41,4 %. Damit wird die sehr große Bedeutung des freiwilligen Engagements für den Nonprofit-Bereich in Deutschland verdeutlicht.

Dennoch bleibt auf den ersten Blick eine hohe Staatsabhängigkeit des ganzen Bereichs in Deutschland. Diese Aussage wird aber relativiert, wenn der gesamte Nonprofit-Sektor in die verschiedenen Tätigkeitsbereiche aufgespalten wird, wie sie oben angegeben wurden. Dann lässt sich zeigen, dass die hohe Staatsabhängigkeit vor allem für die Sektoren Bildung und Forschung, Gesundheitswesen und Soziale Dienste gilt, während in den Bereichen Kultur und Erholung, Wohnungswesen sowie Umwelt- und Naturschutz eine ausgesprochen geringe staatliche Förderung zu finden ist. Und dieses Bild differenziert sich weiter, wenn einzelne Organisationen betrachtet werden. Hier breitet sich ein sehr differenziertes Spektrum zwischen den drei Einnahmegrößen aus.

Und deutlich wird bei dieser genaueren Betrachtung des Zahlenmaterials auch, dass es unterschiedliche Entwicklungstendenzen gibt: So ist z. B. der Anteil der öffentlichen Finanzierung im Bereich Bildung und Forschung zwischen 1990 und 1995 angestiegen, ebenfalls gilt das für das Gesundheitswesen. Dagegen ist dieser Anteil im Bereich Soziale Dienste gesunken. Es gilt also nicht überall „mehr Staat, weniger Markt", sondern gerade im Bereich der Sozialen Dienste hat sich das Prinzip „weniger Staat, mehr Markt" durchgesetzt. Und in anderen Bereichen, z. B. in den Bereichen Umwelt- und Naturschutz sowie Internationales, gilt eher die Entwicklung „weniger Staat, mehr Zivilgesellschaft" (vgl. Priller/Zimmer 2001b: 214ff.).

Ein Blick in die theoretische Auseinandersetzung mit der Finanzierung von NPOs zeigt, dass hier die Debatte um die Abhängigkeit, die durch die Finanzierung hervorgerufen wird, im Mittelpunkt steht (vgl. dazu Heilbach 1998). Geäußert wird die Befürchtung, dass die ideellen Zwecke, auf deren Basis sich die Nonprofit-Organisationen herausbilden, durch finanzielle Abhängigkeiten zumindest gestört werden. Eine Hoffnung, dem zu entgehen, richtet sich auf die wachsende Anzahl von Stiftungen.

5.3 Entwicklungstrends des Nonprofit-Sektors

Lassen sich aus der Untersuchung der Leistungsstrukturen im Zeitverlauf Entwicklungstrends herausfiltern, die die Befürchtungen rechtfertigen? Oder finden sich andere Trends, die z. B. eher die zivilgesellschaftliche Dimension stärken? Ein Blick in die entsprechende Literatur (vgl. Grenzdörffer 2000, Priller/Zimmer 2001b, Evers u.a. 2002) zeigt Widersprüchliches.

Auf der makroökonomischen Ebene bezüglich des gesamten Nonprofit-Sektors werden neben der Hoffnung auf Expansion und damit verbundene Arbeitsmarkt- und Sozialproduktseffekte folgende Linien diskutiert:

Ökonomisierung: Hier geht es um die Frage, was mit dem Nonprofit-Sektor geschieht, wenn er sich Prinzipien der Effizienz gemäß der Marktökonomie öffnen muss. „Von der Wertegemeinschaft zum Dienstleistungsunternehmen" – in diesem Schlagwort wird das Spannungsfeld zwischen Solidarität und Wettbewerb, um das es geht, deutlich. Diese Diskussion konzentriert sich vorwiegend auf den Sozialbereich, auf das System der Korporation zwischen Sozialstaat und freien Wohlfahrtsverbänden. Dabei ist klar: Diese Verbände sind Dienstleistungsunternehmen, sie handeln ökonomisch. Die Frage steht jedoch, nach welchen ökonomischen Prinzipien sie handeln, welche zu ihnen passen. Die internationale Entwicklung insgesamt geht dahin, Marktprinzipien, unternehmerisches Handeln aus der Marktökonomie zu integrieren. Das bedeutet, den Handlungstyp B gegenüber den Handlungstypen A und C zu stärken. Neue Formen des Kontraktmanagements, der Leistungsvereinbarung und Kriterien der EU-Wettbewerbspolitik drängen die Wohlfahrtsverbände zu mehr marktökonomischem Handeln. Dasselbe gilt für das Gesundheitssystem. Die Frage bleibt, ob damit die Versorgung mit den entsprechenden Kollektivgütern „Gesundheit“ sowie „Soziale Sicherheit und Integration“ gewährleistet werden kann. Wieweit erhalten sich Formen der sorgenden Ökonomie hier gegenüber der Wettbewerbsökonomie? Inwieweit lassen sich die Handlungstypen A und C aufrechterhalten? Von Seiten der MiSÖP gibt es hier noch viel Forschungsbedarf.

Demokratisierung: Der Nonprofit-Sektor ist historisch durch die großen Wohlfahrtsverbände geprägt. In der zweiten Hälfte des vergangenen Jahrhunderts haben sich jedoch eine Vielzahl von sozialen Bewegungen, Selbsthilfegruppen und Netzwerken herausgebildet, die diesem Sektor durch die stärkere Orientierung an der Zivilgesellschaft ein neues Gesicht geben. Beispiele sind die Umwelt-Bewegung mit entsprechenden Organisationen oder auch die internationalen Nonprofit-Organisationen, die von vornherein als „global player“ auftreten (z. B. Greenpeace). Die Enquête-Kommission „Zukunft des Bürgerschaftlichen Engagements“, die von 2000-2002 im Auftrag des Deutschen Bundestages einen Bericht mit Handlungsempfehlungen vorgelegt hat (vgl. Deutscher Bundestag 2002), macht in diesem Bericht deutlich, dass diese Veränderung des Nonprofit-Sektors eine stabile Basis für eine zukunftsfähige Gesellschaft ist. Und sie weist darauf hin, dass sich die herkömmlichen Organisationen in diesem Bereich ebenfalls neuen Formen des bürgerschaftlichen Engagements öffnen müssen. Hinzukommt die Öffnung der staatlichen Institutionen für dieses Engagement – seien es Schulen, Institutionen des Gesundheitswesens, der Kinder- und Jugendhilfe usw. Unter „Demokratisierung“ wird also die Entwicklung von einem korporatistischen System zwischen Wohlfahrtsverbänden und Staat hin zu einer zivilgesellschaftlichen Teilhabe der BürgerInnen an allen Institutionen diskutiert. Evers/Rausch/Stitz sprechen hier von einer Entwicklung „von öffentlichen Einrichtungen zu sozialen Unternehmen“ (Evers u.a. 2002).

Biografisierung: In dieser Diskussion wird auch betont, dass sich die biografische Rolle von Engagement im Nonprofit-Sektor gewandelt hat. Das hat auch Einfluss auf die geschlechtsspezfischen Rollenzuweisungen. Während es in dem traditionellen Teil der Organisationen noch stark darum geht, dass Männer oben managen, während Frauen unten sorgen, gleichen sich die Rollen in neueren Selbsthilfe-Netzwerken und internationalen NGOs eher an. Auch die biografischen Zuordnungen ändern sich, denn das bürgerschaftliche Engagement in diesem Bereich ist dadurch gekennzeichnet, dass es nicht mehr lebenslang, sondern eher zeitlich begrenzt, projektorientiert und auch bezogen auf die eigenen Interessen ausgeübt wird. Der alte Gegensatz „Altruismus versus Egoismus" passt nicht mehr – bürgerschaftliches Engagement geschieht „im Eigeninteresse für alle gemeinsam mit allen gemeinsam" (Hummel, zit. nach Keupp 2000: 21).

Bezüglich der mesoökonomischen Ebene, d. h. der Ebene der einzelnen Organisationen im Nonprofit-Sektor, lautet die Frage, ob sich Trendveränderungen feststellen lassen, die die Verortung der Nonprofit-Organisationen zwischen den anderen drei Bereichen (Familie/Haushalt, Unternehmen/Markt, Staat) verschieben. Grenzdörffer entwickelt zur Diskussion dieser Frage folgendes Schaubild:

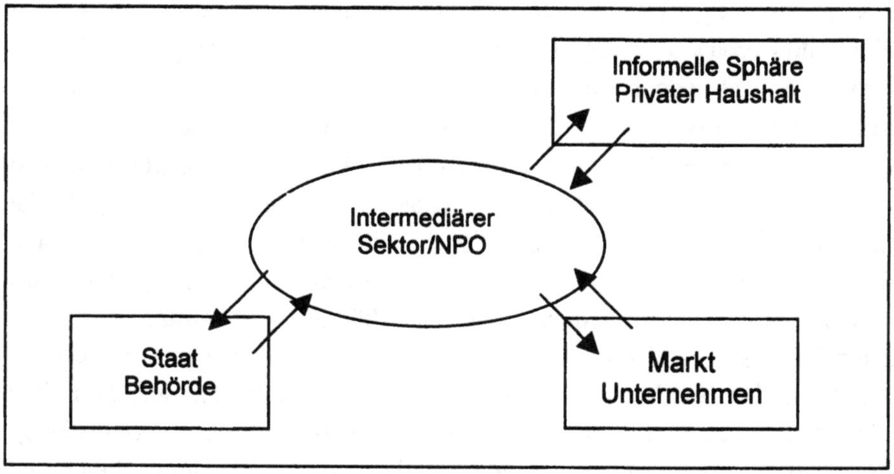

Abb. 88: NPO im intermediären Dreieck (Quelle: Grenzdörffer 2000: 239)

Die Hauptaussage lautet hier: Unterschiedliche Analysen betonen jeweils die Entwicklung hin zum Markt, zum Staat oder zu den Haushalten. Stattdessen kommt es aber darauf an, den eigenen Charakter der NPO gerade in Auseinandersetzung mit dem der anderen Bereiche zu verdeutlichen. In der Sprache der MiSÖP: Es kommt darauf an, die NPO-spezifischen Institutionen, d. h. die besonderen Mischungen von Handlungstypen und Koordinationsformen, zu verdeutlichen und zu erklären.

International ist eine deutliche Entwicklung mit dem Prinzip „weniger Staat, mehr Markt" zu verzeichnen. Priller/Zimmer (2001b) weisen jedoch, wie oben deutlich wurde, daraufhin, dass dieser Trend in Deutschland vergleichsweise wenig ausgeprägt ist.

Hier macht sich die starke zivilgesellschaftliche Einbettung des Nonprofit-Sektors bemerkbar, die schon oben angesprochen wurde. Allerdings stellt sich die Frage, ob dies im Zuge der Entwicklung europäischer Märkte so bleibt – wenn nämlich die ökonomische Basis vieler Organisationen, deren wirtschaftliche Zweckbetriebe, unter dem Druck der EU abgespalten werden müssen, da sie ansonsten indirekt durch die staatliche Unterstützung der Vereine gestärkt würden, was aus der Sicht der EU den Wettbewerb mit rein kommerziellen Unternehmen verzerrt. Hier lautet die Frage, ob es gelingt, in diesem Prozess der Europäisierung und Globalisierung die besondere Tradition des sozialen Wirtschaftsbereichs in Deutschland zu erhalten. Es geht soweit um die Chance, die Handlungstypen A und C zu erhalten, indem die Märkte entsprechend konstruiert und sozial eingebettet werden.

Insgesamt macht die Diskussion deutlich, dass die Verschiebungen des Nonprofit-Sektors in dem intermediären Dreieck nicht eindeutig auszumachen sind. Allerdings ist die Tendenz „weg vom Staat" deutlich, ohne dass sich der NPO-Sektor ganz vom staatlichen Kooperationspartner löst. Es bilden sich „neue soziale Unternehmen" mit neuen Mischungen der Handlungs- und Rationalitätsprinzipien heraus (vgl. Evers u.a.2002: 56 ff). Und deutlich wird auch, dass sich, je genauer die Untersuchung wird, der einheitliche Begriff „Nonprofit-Sektor" oder „Nonprofit-Organisation" in eine Vielfalt auflöst. Für die Untersuchung mit Hilfe der MiSÖP heißt das, die hier spezifischen Handlungsmuster, die sich historisch entwickelt haben, herauszufinden, um auf dieser Grundlage Veränderungen beurteilen zu können.

5.4 Praxisbeispiel: die Bürgschaftsbank für Sozialwirtschaft

So vielfältig, wie der Nonprofit-Sektor sich darstellt, sind auch die Möglichkeiten von Praxisbeispielen. Hier soll eines gewählt werden, das den marktökonomischen Prozessen nicht weit entfernt, sondern eher verwandt ist. So kann verdeutlicht werden, dass die unterschiedlichen Ökonomieprinzipien der Marktökonomie und der Nonprofit-Ökonomie sehr wohl in demselben Bereich wirksam sein können.

Die *Bürgschaftsbank für Sozialwirtschaft* (vgl. zum Folgenden Biesecker/Hofmeister 2000) ist eine Bank, die 1992 von den freien Wohlfahrtsverbänden gegründet und mit einem zinslos zur Verfügung gestellten Stammkapital von 10,3 Mio. DM ausgestattet wurde. Mit dem Aufbau der Bank wurde eine erfahrene Bankerin beauftragt. Die Aufgabe der Bank ist es, Bürgschaften für solche soziale Projekte zur Verfügung zu stellen, die ohne diese Sicherheiten bei den normalen Geschäftsbanken nicht kreditfähig wären, weil sie selbst keine Sicherheiten anzubieten haben. Die Bürgschaftsbank für Sozialwirtschaft übernimmt somit durch ihre Bürgschaft gegenüber den anderen Banken das Risiko des Kreditausfalls. Auf diese Weise trägt die Bürgschaftsbank dazu bei, dass soziale Projekte den Kapitalmarkt für ihre Anliegen nutzen können – sie ist Mittlerin zum Kapitalmarkt. Zielgruppen sind Projekte im Bereich der Altenpflege, Kinder- und Jugendhilfe, Behindertenhilfe sowie Projekte zur Schaffung von Beschäftigungsmöglichkeiten für solche Menschen, die andernfalls auf Sozialhilfe angewiesen wären. Während im Bankenbereich eher eine männlich dominierte Personalstruktur zu finden ist, sind in der Bürgschaftsbank für Sozialwirtschaft überwiegend Mitarbeiterinnen tätig. Auch die Führungspositionen sind vor allem weiblich besetzt.

Der *Prozess der Bürgschaftsvergabe* sieht folgendermaßen aus: Eine soziale Einrichtung wendet sich an ihre Hausbank, die die Rentabilität des angestrebten Projekts prüft. Stimmt diese, sind aber nicht genügend Sicherheiten da, wird ein Bürgschaftsantrag bei der Bürgschaftsbank gestellt. Voraussetzung für den Antrag ist die Gemeinnützigkeit der Antragsteller. Soziale Betriebe mit Erwerbscharakter werden also nicht gefördert. Im nächsten Schritt wird eine Ertragsvorausschau erstellt. Auf dieser Grundlage wird von einer Sachbearbeiterin der Bank eine Bürgschaftsvorlage als Grundlage der Entscheidung in der Bank erarbeitet. Diese enthält, neben den Angaben über den beantragten Bürgschaftskredit, Angaben über rechtliche Verhältnisse, wirtschaftliche Grundlagen sowie die inhaltliche Begründung des Vorhabens. Sind so alle Zahlen aufbereitet, beginnt ein Kommunikationsprozess. Die Sachbearbeiterin selbst geht zu den Menschen, die das Projekt tragen bzw. auf die Beine stellen wollen, um zu klären: Wer sind diese Leute? Was ist ihre Vision? Was können sie? Welches Managementkonzept haben sie? Dieser Kommunikationsprozess wird dann in der Bank selbst fortgesetzt, wo die Bürgschaftsempfehlung der Sachbearbeiterin auf mehreren Ebenen reflektiert wird: zunächst im „Vier-Augen-Gespräch" mit einer Kollegin, dann mit der Geschäftsführung, dann auf der Ebene des betreffenden Spitzenverbandes, und letztlich im Bürgschaftsausschuss der Bank, dem die beiden Vorsitzenden sowie ein Vertreter des antragstellenden Verbandes angehören. Hier wird schließlich über die Bürgschaftsvergabe entschieden. Der Entscheidungsprozess selbst ist also durch einen fünfstufigen Kommunikationsprozess institutionell verankert. Zweck dieses zeitaufwendigen Handlungsmusters der „kommunikativen Kreditvergabe" ist es, die auf den verschiedenen Ebenen der Entscheidungsfindung bei allen Beteiligten eine Rolle spielenden Werturteile transparent zu machen, sie gemeinschaftlich zu reflektieren und schließlich intersubjektiv zu vermitteln. So entsteht eine tragfähige Grundlage für die abschließende Entscheidung.

Mit der Vergabe der Bürgschaft ist jedoch die Beziehung zwischen der Bürgschaftsbank und den Projekten noch nicht beendet, vielmehr beginnt eine neue Phase. Während des ganzen Zeitraums der Bürgschaftsbeziehung, d. h. während 15 bis 23 Jahren, wird der Kontakt zu den Projekten gehalten. Jährlich wird das jeweilige Projekt auf seine Rentabilität im Sinne einer Kostendeckung hin und auf inhaltliche Lebensfähigkeit überprüft. Dort, wo es nötig ist, berät die Bank in Fragen des Managements und bei Personalentscheidungen.

Kriterien der Förderung sind, neben der Gemeinnützigkeit, zum einen die betriebswirtschaftliche Rentabilität. Die geförderten Projekte „müssen sich rechnen“, d. h. sie müssen kostendeckend (nicht gewinnmaximierend) arbeiten. Die Projektbetreuung der Bank hilft selbst mit, Kosten zu senken, denn sie leistet unentgeltlich, was herkömmliche Banken durch Auslagerung eigenständiger Unternehmensberatungsfirmen gegen Geld tun. Sodann und vor allem geht es aber um den Inhalt der Projekte sowie um die TrägerInnen – um deren Fachkompetenz und Visionen. Neben das Kriterium der Rentabilität tritt das Kriterium, dass die Projekte sozial und ökologisch sinnvoll sein sollen. Hier geht es um die Frage, ob das Projekt zur Verwirklichung dessen, was die Beteiligten unter einem „guten Leben“ verstehen, beiträgt. Ein weiteres Kriterium ist die Selbstorganisationsfähigkeit der Projekte. Sie sollen ja nicht wieder abhängig werden von staatlichen Zuwendungen, sondern sich aus sich selbst heraus entwickeln und erneuern. Diese verschiedenen Kriterien der Förderung begründen zusammen einen erweiterten Effizienzbegriff, für den es keine fixen Maßzahlen gibt. Das Verfahren über die verschiedenen Prüfebenen ermöglicht es, die vielen Dimensionen im Entscheidungsprozess zusammenzuführen.

Die *Analyse mit Hilfe der MiSÖP* führt zu folgenden Ergebnissen:

- Die Bank handelt vorsorgend/verantwortlich (Handlungstyp C): Die Bank fördert nicht-gewinnorientierte Projekte, deren Arbeit sozial, ökologisch und ökonomisch sinnvoll ist und die sich mit Hilfe der Bürgschaftsbank unabhängig bei der Gestaltung des eigenen Lebens machen wollen. Damit ist die Arbeit der Bank sowohl auf den Schutz der natürlichen Mitwelt als auch auf die Stabilisierung der sozialen Lebenswelt gerichtet. Ihre ökonomische Tätigkeit ist Mittel für diese Zwecke. Ihre Arbeit ist auf einen langen Zeithorizont ausgerichtet.

- Die Bank handelt verständigungsorientiert (Handlungstyp A): Sowohl für den Entscheidungsprozess über die Vergabe einer Bürgschaft als auch für die Zeit der Begleitung des Projektes hat die Bank eine Diskurskultur entwickelt. Gerade wegen der Lebensnotwendigkeit der Projekte für die Beteiligten wird über den kontinuierlichen Diskurs Risikovorsorge getroffen, das Aufdecken von Fehlern und deren Beseitigung ermöglicht. Für diese Diskursprozesse ist viel Zeit nötig.

- Die Bank handelt instrumentell-strategisch (Handlungstyp B): Damit die Bank derart vorsorgend/verantwortlich und kommunikativ tätig sein kann, muss sie für ihre eigene ökonomische langfristige Stabilität sorgen. Da ihre laufenden Kosten durch den deutlich unter dem Üblichen liegenden Zins und durch eine einmalige Bearbeitungsgebühr nicht gedeckt werden können, ist sie zusätzlich auf durch eigene Kapitalanlagen erwirtschaftete

Zinseinnahmen angewiesen. Hier muss sie sich in der Konkurrenz am Finanzmarkt behaupten.

- Damit spielen alle drei Formen der Koordination wirtschaftlicher Handlungen für die Tätigkeit der Bank eine Rolle. Vorherrschend ist jedoch die vorsorgend/verantwortliche Kooperation, gepaart mit der verständigungsorientierten Kooperation. Dieser Vorrang wird auch durch die Basis der Bank, die freien Wohlfahrtsverbände, ermöglicht. Ihr zur Verfügung gestelltes Stammkapital sichert die Grundlagen der Bank mit ab. Hier kommt die Pfadabhängigkeit der Bürgschaftsbank zum Tragen.
- Und schließlich ist die Tätigkeit der Bank geprägt durch haushälterische Handlungsprinzipien, die durch den Kontakt zu den Projekten immer wieder gefestigt werden.

Über diese Analyse der „Bürgschaftsbank für Sozialwirtschaft“ als NPO hinaus lässt sich festhalten: Die Bank ist ein gutes Beispiel für praktiziertes vorsorgendes Wirtschaften – wegen der Ausdehnung des Effizienzbegriffs hin zu Fragen nach dem „guten Leben“, zu dem die geförderten Projekte beitragen; wegen der praktizierten Kooperations- und Diskurskultur; wegen der inhaltlichen und prozessualen Vorsorge und Verantwortungsübernahme. Die Kombination von freien Wohlfahrtsverbänden, sorge-, verantwortungs- und verständigungsorientiert handelnden MitarbeiterInnen der Bank und den Kooperationsbeziehungen zu den Projekten ermöglicht einen institutionalisierten Handlungszusammenhang, in dem vorsorgendes Wirtschaften als ein Schritt zu nachhaltigem Wirtschaften bei Integration der verschiedenen Dimensionen möglich ist.

III Soziale Wohlfahrt und gesellschaftliches Handeln

Nachdem wir uns in Teil II mit den ökonomischen Handlungen in den je spezifisch institutionalisierten Handlungszusammenhängen beschäftigt haben, wenden wir uns nun der Frage nach der gesamtgesellschaftlichen Bedeutung allen Wirtschaftens zu: Was ist gesellschaftliche Wohlfahrt und wie entsteht sie? Ausgangspunkt (III.1) der Argumentation in diesem Teil ist das bereits aus dem Kapitel über Gütermärkte (II.3.2) bekannte neoklassische Wohlfahrtskriterium des Parto-Optimums (III.1.1). Darauf folgt eine Darstellung der unterschiedlichen kritischen Argumente über die Eindimensionalität des Pareto-Optimums auf der Handlungsebene und der von den Kritikern vorgeschlagenen alternativen Wohlfahrtskriterien (III.1.2). Danach wird die Kritik an der konzeptionellen Enge des Pareto-Optimus diskutiert, die eher von der Warte der überindividuellen Wertebene aus argumentiert, es werden die aus dieser Kritik heraus entwickelten alternativen Wohlfahrtskriterien diskutiert (III.1.3). Auf eine kurze Zusammenfassung der kritischen Argumente und alternativen Wohlfahrtskonzepte (III.1.4) folgt eine Einführung in die Ansätze im Rahmen der orthodoxen Ökonomik, die über das Pareto-Optimum zur Bestimmung von Wohlfahrt hinausgehen (III.1.5). Da es das *eine* richtige Wohlfahrtskriterium nicht geben kann, stoßen sowohl die orthodoxen wie die heterodoxen Konzeptionen schließlich alle auf Probleme der Auswahl von geeigneten Wohlfahrtskriterien durch die jeweils betroffenen und beteiligten Menschen. Der letzte Teil widmet sich der Lösung dieses Problems, die in einem Wohlfahrtsmix besteht, der in institutionalisierten praktischen Verständigungsprozessen entwickelt wird (III.2).

1 Die Diskussion um das Wohlfahrtskriterium

Da der Markt aus Sicht der orthodoxen Ökonomik die soziale Koordinationsform ist, die primär für Entstehung und Mehrung gesellschaftlicher Wohlfahrt verantwortlich ist, ist der Ausgangspunkt dieses Kapitels die Diskussion der unzureichenden Wohlfahrtseffekte des Marktes. Wie am Ende des Kapitels zum Gütermarkt bereits ausführlich dargelegt wurde (vgl. Teil II.3), verzichten TheoretikerInnen von vornherein darauf, Aussagen zur Verteilungsgerechtigkeit zu treffen, wenn sie sich allein vom Pareto-Optimum als Wohlfahrtskriterium des Marktes in ihrer Analyse leiten lassen.

1.1 Pareto-Optimum und Marktversagen

Erinnern wir uns: Das Pareto-Optimum ist der Zustand, bei dem sich durch Tausch niemand mehr verbessern kann, ohne jemand anderen schlechter zu stellen. Dieser Zustand ist nur unter den Bedingungen des vollständigen Marktes und nicht z. B. im monopolistischen Markt erreichbar. Auf dem Weg zu diesem Optimum wird die Ausgangsverteilung als gegeben angenommen und nicht angetastet. D. h. das Pareto-Optimum ist ein Kriterium für die effiziente Allokation von Gütern für einen angestrebten möglichst hohen Güterwohlstand, taugt aber systematisch nicht als Kriterium für die Beurteilung der gerechten Verteilung von Wohlstand. Die vollständige Konkurrenz garantiert das Erreichen eines bei gegebener Ausgangsverteilung durch Tausch erreichbaren besten Zustands. Eine Aussage darüber, ob es sich auch um *den* besten aller denkbaren besten Zustände („maximum maximorum") handelt, der sich etwa bei einer anderen Distribution der Güter ergibt, lässt das Pareto-Optimum nicht zu.

Auch weitere Probleme, die der Markt als Koordinationsform zur Wohlstandsmehrung aus sich selbst heraus nicht lösen kann (Marktversagen), wurden bereits eingehend erläutert: das Entstehen von Informationsasymmetrien, Monopolen und externen Effekten; das Bereitstellen öffentlicher Güter, wie sich am sogenannten „Trittbrettfahrerproblem" oder dem Auseinanderfallen individuell und gesellschaftlich rationaler Nutzensteigerung im Gefangenen-Dilemma zeigt (vgl. Teil I.3.2.1). Alle diese Phänomene verweisen darauf, dass selbst in einer neoklassischen Welt, die allein auf Güterwohlstand gemessen im BSP aufgebaut ist, nur durch Tausch auf dem Markt nicht unbedingt ein Pareto-Optimum erreicht wird.

Die anhaltende Diskriminierung von Frauen auf dem Arbeitsmarkt belegt, dass, wenn auch hier das Pareto-Optimum gelten soll, das Tauschoptimum offensichtlich noch nicht einmal die erwartete Allokationseffizienz (in diesem Fall von Arbeitskräften) gewährleistet. Wenn individuelle Befähigung entscheidender für die Leistungsfähigkeit am Arbeitsplatz ist als geschlechtliche Unterschiede, so muss z. B. berufliche Segregation ineffizient sein (vgl. Teil II.4.3). Der reale Arbeitsmarkt bewirkt also nicht einmal die effiziente Allokation des Produktionsfaktors Arbeit, die zumindest der theoretisch vollkommene Markt erreichen müsste.

1.2 Kritik der Eindimensionalität des Pareto-Optimums auf der Handlungsebene und alternative Wohlfahrtskriterien

Bereits die Diskussion der symbolischen Bedeutung von Gütern für den gesellschaftichen Status ihrer Mitglieder hat verdeutlicht, dass die Bewertung von Gütern nicht rein individuell und für alle Zeit feststehend sein kann, weil die Einschätzung der Positionalität vom Urteil anderer, also der sozialen Umgebung, abhängt (vgl. II.3.2.2). Dies ist aber nur eine Facette der in der modernen Fachdiskussion vorgebrachten kritischen Argumente im Hinblick auf die Eindimensionalität des Pareto-Optimums, die über das hinausgehen, was in der Orthodoxie als „Marktversagen" diskutiert wird. Andere Facetten sind:

- die reine Nutzenorientierung und Stabilität der Präferenzen,
- die versteckten normativen Grundlagen,
- die alleinige Konzentration auf den Güterwohlstand.

1.2.1 Kritik der Eindimensionalität und der Stabilität der Präferenzen bei Sen

Kernargument: Für die Beurteilung der Wohlfahrt von Menschen sind zwei voneinander zu unterscheidende Aspekte wichtig: die Handlungsfreiheit (agency) und das Wohlbefinden (well-being). Beide Aspekt können miteinander verknüpft sein, haben aber auch unabhängig voneinander Bedeutung und sollten deshalb analytisch getrennt voneinander betrachtet werden. Vor allem aber sind weder die Handlungsfreiheit noch das Wohlbefinden gleichzusetzen mit Nutzenmaximierung, sondern erfordern Überlegungen, die über einen rein utilitaristischen Ansatz hinausgehen.

Der Ökonomie-Nobelpreisträger von 1998, *Amartya Sen*, hält die folgenden in der orthodoxen Wohlfahrtstheorie getroffenen Annahmen:

- Freiheit als nur instrumentell wertvoll anzusehen (so dass letztlich nur zählt, was tatsächlich erreicht wird)
- und Handeln ausschließlich als durch die Verfolgung des Eigeninteresses gesteuert zu betrachten (Handlungstyp B),

für zu eng. Er fasst diese eindimensionale Sicht in folgendem Satz zusammen: „Welfarism is the view that the only things of intrinsic value for ethical calculation and evaluation of states of affairs are individual utilities" (Sen 1992: 40).

Lockert man die beiden oben angegebenen engen Annahmen eines Vorteils im Sinne von Nutzen, so verliert Pareto-Optimalität, da sie ja im Sinne von individuellem Nutzen definiert ist, ihren Status sowohl als notwendige wie auch als hinreichende Bedingung für sozial optimale Zustände überhaupt. Für eine Abweichung von der skizzierten Eindimensionalität gibt es aber laut Sen drei gute Gründe:

Erstens müsse man den Aspekt des Wohlbefindens (well-being) vom Handlungsaspekt (agency) unterscheiden. Sich als autonom handelndes Subjekt zu erleben, muss nicht unbedingt an das eigene Wohlergehen gekoppelt und kann trotzdem individuell hoch bewertet sein. So können Menschen Handlungen mit für sie hochgeschätzten Zielen verfolgen. Sie entscheiden sich z. B., dem Wohl der Familie, Gemeinschaft, Partei oder der Unabhängigkeit des eigenen Landes zu dienen. Dieser Dienst hat eventuell nichts mit dem eigenen Wohlbefinden zu tun. Ja, er kann die Handelnden sogar frustriert oder unglücklich machen, obwohl das angestrebte Ziel erreicht wird. So können z. B. Feuerwehrleute einen Brand erfolgreich gelöscht, als Folge aber ihre Gesundheit eingebüßt haben.

Umgekehrt bedeutet, das eigene Wohlbefinden zu steigern nicht unbedingt, selbst tätig zu werden, wie sich am Beispiel eines Krankenhauspatienten leicht zeigen ließe. Agency (Handlungsfreiheit) und well-being (Wohlbefinden) sind also analytisch auseinanderzuhalten.

Diese Unterscheidung bedeute zwar nicht, wie Sen betont, dass es nicht zumeist einen Zusammenhang zwischen den eigenen Handlungen und dem eigenen Wohlbefinden gebe. Aber der Fehler einer ausschließlich am Pareto-Optimum orientierten orthodoxen Wohlfahrtstheorie bestehe darin anzunehmen, beide seien identisch bzw. die normative Bewertung von Handlungen geschehe allein auf der Basis des individuellen Wohlbefindens, das sie hervorrufen oder nicht.

Zweitens sei die utilitaristische Konzeption verfehlt, Wohlbefinden allein am Glücksgefühl und dem Erfüllen von Begierden zu messen. Ein momentanes Hochgefühl sei nicht der einzige Maßstab für das Wohlbefinden, und Begierde zeige zwar an, dass etwas als begehrenswert erscheint, könne als alleiniger Bewertungsmaßstab aber nicht ausreichen:

> „‚Being happy' is not even a valuational activity and ‚desiring' is at best a consequence of valuation. The need for valuation in assessing well-being demands a more direct recognition" (Sen 1992: 46).

Ein Mensch in bedrückenden Lebensumständen wie ein Stadtstreicher z. B. mag große Freude über kleine Gnadenbeweise empfinden, dies Gefühl allein reicht aber als Bewertungsmaßstab seines Wohlstands nicht aus. In der orthodoxen Theorie werden bekanntlich Nutzenvergleiche aufgrund etwaiger objektiver (kardinaler) Kriterien abgelehnt. Das Beispiel zeigt jedoch, wie wenig geeignet ein Wohlstandsvergleich aufgrund rein subjektiver Einschätzung ist, denn die jeweiligen Lebensumstände haben entscheidenden Einfluss auf die Einschätzung des eigenen Wohlbefindens.

Drittens habe Freiheit in Gestalt von Handlungsalternativen und Rechten einen Eigenwert, unabhängig davon, ob sie instrumentell notwendig ist, um einen hohen Wohlfahrtsstandard zu erreichen. So schreibt Sen:

> „If, for example, all the alternatives other than the one actually chosen, were to be eliminated, this need not affect achievement (since the chosen alternative can be still chosen), but the person clearly has less freedom, and this may be seen as a loss of some importance" (Sen 1992: 60).

Dieser Eigenwert der Handlungsfreiheit hat auch ethische Bedeutung. Ich mag beispielsweise das Recht haben, meinen Rasen zu bestimmten Tageszeiten zu mähen. Wenn ich weiß, dass mein Nachbar gerade unter einem Migräneanfall leidet, so sollte ich aus ethischen Gründen aber von diesem Recht erst in ein bis zwei Tagen Gebrauch machen, wenn der Anfall vorüber ist.

Fazit: Da menschliches Wohlbefinden (well-being) nicht mit Nutzen gleichgesetzt werden kann und wirkliche Handlungs- und Wahlfreiheit (agency) in der Vorstellung des Maximierens gegebener Präferenzen verloren geht, reicht das auf den „homo oeconomicus" zurückgehende Pareto-Optimum als Wohlfahrtskriterium nicht aus und muss durch andere Kriterien ergänzt werden.

1.2.2 Das alternative Kriterium der Lebensqualität (capability and well-being) bei Sen und Nussbaum

Kernargument: Die analytische Differenzierung in Wohlbefinden (well-being) und Handlungsfreiheit (agency) wird von Sen verfeinert, indem er bei der Handlungsfreiheit zwischen Handlungsfähigkeiten (functionings) und -möglichkeiten (capabilities) unterscheidet. Da beide Aspekte der Handlungsfreiheit letztlich darüber entscheiden, welche Qualität das Leben für eine Person hat, leiten Sen und Nussbaum daraus für alle Menschen etwa ähnlich geltende qualitative Wohlfahrtsmaßstäbe ab.

Wenn man mit Sen der Ansicht ist, dass es bei der Bestimmung von Wohlfahrt um das Leben geht, das Menschen führen oder führen können: „Die Hauptfrage ist, welche Qualität das Leben hat, das jemand führt" (Sen 2000: 49), dann gilt es, „Grundbedürfnisse" im Hinblick auf die tatsächlichen Möglichkeiten und Fähigkeiten zu formulieren. Wie oben schon klar wurde (vgl. 1.2.1), unterscheidet Sen zwischen dem Erreichen von Zielen und dem persönlichen Wohlergehen, da ein Mensch sehr wohl andere Ziele als das eigene Wohlergehen verfolgen kann. Die Bewertung, ob Menschen ihre Lebensziele verfolgen können, lässt sich anhand zweier Kategorien vornehmen – nämlich den Fähigkeiten und den tatsächlichen Möglichkeiten. Dazu schreibt Sen:

> „Eine tatsächliche Möglichkeit ist etwas, das wirklich erreicht wurde, wohingegen eine Fähigkeit das Vermögen ist, etwas zu erreichen. Tatsächliche Möglichkeiten sind direkter mit den Lebensbedingungen verbunden, denn sie stellen verschiedene Aspekte der Lebensbedingungen dar. Fähigkeiten sind dagegen im positiven Sinn mit Freiheit verbunden: Welche Chancen hat ein Mensch, das Leben zu führen, das er führen möchte?" (Sen 2000: 63f).

Untersucht man z.B die tatsächlichen Möglichkeiten (capabilities) hinsichtlich der Geschlechterungleichheit, so lassen sich die Lebenschancen und -bedingungen nicht in erster Linie am Güterkonsum (BSP) messen, sondern in den kapitalistischen Marktwirtschaften z. B. am Segregationsindex und den Gehaltsunterschieden bei der Erwerbsarbeit (vgl. Teil II.4.3). Der Übergang vom Aspekt der tatsächlichen Möglichkeiten zu dem der Fähigkeiten (functionings) ist allerdings fließend, wie das Beispiel zweier Menschen zeigt, von denen die eine hungert, weil ihr nichts anderes übrigbleibt (da sie sehr arm ist), der andere freiwillig (da er sehr religiös ist). Ihre körperliche Ernährungssituation mag genau die gleiche sein, nehmen wir an, dass sie im gleichen Maße unterernährt sind. Doch derjenige, der aus religiösen Gründen fastet, hungert freiwillig, während die andere keine andere Wahl hat (vgl. Sen 2000: 64f). Beide haben also, vom Zustand der Unterernährung betrachtet, nicht die Möglichkeit der gesunden Ernährung, der eine hat aber die Fähigkeit dazu, die er jedoch bewusst nicht nutzt. Folglich muss Wohlfahrt nicht allein vom Wohlbefinden (well-being) her, sondern abgesehen davon auch von der Handlungsfreiheit (agency) aus bewertet werden. Wie weit die Handlungsfreiheit geht, ist sowohl von den inneren geistigen Fähigkeiten und Begrenzungen als auch von äußeren Rahmenbedingungen und Unterstützungen abhängig. Sowohl die seelische wie die soziale Einbettung von Individuen spielen für deren Handlungsfreiheit als Aspekt ihrer Wohlfahrt eine entscheidende Rolle.

Martha Nussbaum, die zweite Hauptverfechterin des Ansatzes, der Wohlfahrt an den Möglichkeiten misst, ein gutes Leben zu führen, leitet einen Katalog an elementaren menschlichen Funktionsfähigkeiten aus zwei Grundannahmen ab, nämlich:

- Erstens, dass wir uns über viele Unterschiede der Zeit und des Ortes hinweg gegenseitig als Menschen anerkennen.
- Zweitens, dass wir einen weithin akzeptierten Konsens hinsichtlich jener Eigenschaften haben, deren Fehlen das Ende einer menschlichen Lebensform bedeutet.

Diese elementaren Fähigkeiten sind:

> „1. Fähig zu sein, bis zum Ende eines vollständigen menschlichen Lebens leben zu können, soweit wie es möglich ist; nicht frühzeitig zu sterben oder zu sterben, bevor das Leben so vermindert ist, dass es nicht mehr lebenswert ist.
>
> 2. Fähig zu sein, eine gute Gesundheit zu haben; angemessen ernährt zu werden; angemessen Unterkunft zu haben; Gelegenheit zur sexuellen Befriedigung zu haben; fähig zu sein zur Ortsveränderung.
>
> 3. Fähig zu sein, unnötigen und unnützen Schmerz zu vermeiden und lustvolle Erlebnisse zu haben.

4. Fähig zu sein, die fünf Sinne zu benutzen; fähig zu sein, zu phantasieren, zu denken und zu schlußfolgern.

5. Fähig zu sein, Bindungen zu Dingen und Personen außerhalb unserer selbst zu unterhalten; diejenigen zu lieben, die uns lieben und sich um uns kümmern; über ihre Abwesenheit zu trauern sowie Sehnsucht und Dankbarkeit empfinden zu können.

6. Fähig zu sein, sich eine Auffassung des Guten zu bilden und sich auf kritische Überlegungen zur Planung des eigenen Lebens einzulassen.

7. Fähig zu sein, für und mit anderen leben zu können, Interesse für andere Menschen zu zeigen, sich auf verschiedene Formen familialer und gesellschaftlicher Interaktion einzulassen.

8. Fähig zu sein, in Anteilnahme für und in Beziehung zu Tieren, Pflanzen und zur Welt der Natur zu leben.

9. Fähig zu sein, zu lachen, zu spielen und erholsame Tätigkeiten zu genießen.

10. Fähig zu sein, das eigene Leben und nicht das von irgend jemand anderem zu leben.

10 a. Fähig zu sein, das eigene Leben in einer eigenen Umwelt und in seinem eigenen Kontext zu leben“ (Nussbaum 1998: 214f).

Nussbaum und Sen räumen ein, dass eine solche Liste von Handlungsbefähigungen und -beschränkungen vage bleibt. Dies geschieht mit Absicht: Sie wollen Platz lassen für höchst vielfältige Spezifizierungen je nach den verschiedenen örtlichen und persönlichen Kulturen und Vorlieben. Außerdem ist eine solche Liste, die jemand aufstellt, potenziell unbegrenzt, denn sie sollte für die Möglichkeit offen bleiben, von anderen Gesellschaften zu lernen. Deshalb weist Nussbaum entschieden jene Kritik an ihrer Konzeption elementarer Fähigkeiten zurück, die behauptet, sie würde historische und kulturelle Unterschiede und die Autonomie der Menschen missachten sowie die Maßnahmen zur Verbesserung des Lebens vorgeben (vgl. Nussbaum 1998).

Fazit: Eine Folgerung für die Wohlfahrtstheorie aus der Perspektive des „guten Lebens“ ist, dass mit Hilfe des oben zitierten Kriterienkatalogs interpersonelle Wohlstandsvergleiche möglich werden und damit auch die Forderung nach einer gerechteren Verteilung begründet werden kann. In der Praxis geschieht das bereits z. B. durch den von Nussbaum und Sen mitentwickelten „Human Development Index“ der Vereinten Nationen.

1.2.3 Kritik der normativen Grundlage des Pareto-Optimums durch Lutz und Lux

Kernargument: Das Pareto-Optimum beinhaltet Werturteile, ist also kein wertfreies Wohlfahrtskriterium. Außerdem widerspricht die Annahme stabiler Präferenzen der Sprach- und Lernfähigkeit von Menschen.

Lutz und Lux, die wir bereits als Vertreter der „Humanistic Economics" kennengelernt haben (vgl. Teil I.3.3 und II.2.1.6), üben ebenso wie Sen Kritik an der neoklassischen Vorstellung von Präferenzen. Sie heben hervor, dass durch die Konzentration auf individuelle Präferenzen die Frage der gerechten Verteilung als nicht wertfrei ausgeschlossen wird. Denn ohne ein ethisches Urteil, was unter gerecht zu verstehen ist, kann diese Frage nicht beantwortet werden. Dieser Ausschluß ethischer Kriterien ist aber bereits eine ethische Entscheidung (vgl. die Ausführungen zum Werturteilsstreit in Teil I.2.6).

Ein weiteres implizites Werturteil der orthodoxen Wohlfahrtstheorie besteht in der Annahme, dass Menschen das bekommen sollten, was sie wünschen. Daraus folgt, dass Optima nicht beachtet werden, in denen z. B. Gesetz und Sitte den Austausch bestimmter Güter oder Leistungen verbieten. Zur Zeit wird z. B. diskutiert, ob der Wunsch, in das Erbgut der Nachkommen einzugreifen, gesetzlich verboten oder erlaubt sein soll. Ein weiteres Beispiel ist das Tragen eines Sicherheitsgurtes beim Autofahren, welches kraft demokratischer Mehrheitsentscheidung vorgeschrieben und nicht der freien individuellen Entscheidung überlassen ist.

Ebenfalls ein Werturteil ist es, Präferenzen als subjektiv gegeben zu betrachten und Nutzenvergleiche zwischen Personen abzulehnen. Die Frage ist nicht, ob jemand die Erfahrung einer oder eines anderen genauso empfindet wie diese/r selbst, sondern ob wir uns unsere Erfahrungen oder Bedürfnisse mitteilen können. Lutz/Lux zufolge wissen wir, was jemand meint, wenn sie sagt, sie sei hungrig. Wir geben also den Worten anderer dieselbe Bedeutung, die sie auch für uns haben. Wir vergleichen sie mit unseren eigenen Aussagen. Wenn die orthodoxe Wohlfahrtstheorie die Verständigung über Bedürfnisse für unmöglich hält, entzieht sie Kommunikation überhaupt jegliche Basis. Das bedeutet zu bezweifeln, dass Worte überhaupt irgendeine Bedeutung haben, was absurd ist.

Außerdem lässt die Annahme stabiler Präferenzen ungeklärt, wie wir zu unseren Wünschen gelangen. Sie kann also nichts über den Nutzen von Lernprozessen aussagen. Denn an Lernprozessen beteiligt zu sein, beinhaltet auch zu erfahren, welche Wünsche es wert sind, erfüllt zu werden und welche nicht. Daraus folgen notwendigerweise Präferenzänderungen. Die Annahme stabiler Präferenzen verbannt auch die Untersuchung des Einflusses des technischen

Fortschritts und neuer Technologien aus der Betrachtung, denn beide führen ebenfalls zu Veränderungen unseres Arbeitslebens, unserer Persönlichkeit und damit unserer Einstellungen und Wünsche.

Fazit: Da das Pareto-Optimum ohnehin Werturteile beinhaltet, es aber zur Beurteilung vieler Wohlfahrtsfragen nicht ausreicht, können genauso gut andere Wohlfahrtskriterien herangezogen werden, die ebenfalls auf Werturteilen basieren. Diese sollten die Sprach- und Lernfähigkeit von Menschen berücksichtigen.

1.2.4 Alternatives Kriterium eines humanen Standards der „basic needs“ und „higher needs“ bei Lutz und Lux

Kernargument: Auf der Ebene des „lower self“ lassen sich Grundbedürfnisse ermitteln, die im Prinzip von Mensch zu Mensch vergleichbar sind. Darüber hinaus („higher self“) ist das Kriterium für eine gute Wohlfahrt die gleichberechtigte Teilhabe an demokratischen Willensbildungsprozessen und die möglichst freie und hochstehende Persönlichkeitsentwicklung.

Aus den oben genannten Kritikpunkten folgern Lutz/Lux, dass ein alternativer wohlfahrtstheoretischer Entwurf nicht wertfrei sein kann. Sie behaupten deshalb, entgegengesetzt zu den orthodoxen Annahmen, dass objektive, absolute soziale Werte unabhängig von individuellen Präferenzen und der Marktnachfrage existieren. Mit Kant gehen sie davon aus, dass der oberste absolute Wert darin besteht, dass Menschen sich von Dingen unterscheiden. Dinge sind dazu da, benutzt und verbraucht zu werden. Sie sind Mittel mit einem relativen Wert (oder Preis), während Menschen als Ziel und Zweck mit absolutem intrinsischen Wert betrachtet werden sollten (vgl. Teil II.2.1.6). Dieser absolute Wert verleiht ihnen Würde. Daraus folgt, dass das oberste Ziel des Wirtschaftens darin besteht, die Grundbedürfnisse zu befriedigen und allen Selbstachtung zu verschaffen. Gemäß ihrer Vorstellung vom „dual self“ (vgl. Teil I.3.3) unterscheiden Lutz/Lux in ihrer Wohlfahrtskonzeption zwischen Grundbedürfnissen (wie sauberes Wasser, eine Ernährung entsprechend dem Mindestkalorienbedarf, Mindestwohnraum etc.), für die sich eine suboptimale Ausstattung beobachten lässt und damit ein interpersoneller Vergleich de facto möglich ist, und „psychologischen Bedürfnissen“ nach Selbstwert und Selbstbewusstsein. Die gehobenen psychologischen Bedürfnisse werden in erster Linie durch volle gleichberechtigte demokratische Beteiligung (in allen Lebensbereichen einschließlich des wirtschaftlichen) und durch Arbeit im Sinne einer selbstbestimmten erfüllenden Tätigkeit befriedigt. Diese „basic“ und „higher needs“ entsprechen etwas dem von Nussbaum aufgestellten Katalog vergleichbarer menschlicher Bedürfnisse (vgl. 1.2.2).

1.2.5 Kritik der Beschränkung auf den Güterwohlstand bei Scherhorn

Kernargument: Wohlbefinden drückt sich weniger in einer großen Mengen an Gütern aus, die einem Menschen zur Verfügung steht, als vielmehr durch die innere Zufriedenheit, die man erlangt. Dafür werden in erster Linie Zeit und Raum benötigt, um sich zu entfalten. Diese Kritiklinie setzt an der Verengung von Wohlfahrt und Wohlergehen auf reinen Güterwohlstand im Pareto-Optimum an.

Ein Pareto-Optimum ist ja gerade dadurch gekennzeichnet, dass alle oder wenigstens ein Individuum mehr materielle Güter haben als vorher. Der bekannte Konsumforscher Gerhard Scherhorn weist in diesem Zusammenhang *erstens* darauf hin, dass der eigentliche Sinn des Wohlstands im immateriellen Wohlbefinden liegt. Um dies zu erlangen, sind nicht in erster Linie Güter, sondern Zeit und Raum von Nöten. *Zweitens* werde das Streben nach der Steigerung des Güterwohlstands mit der Verringerung des intrinsischen bzw. Zeitwohlstands erkauft. Ein Übermaß an materiellem Aufwand mindert den intrinsischen Genuss an einer Aktivität, einer Begegnung oder einem Erleben, weil es psychische Energie auf die materielle Seite lenkt und von der immateriellen abzieht. Den dahinter liegenden Grund sieht Scherhorn aber nicht nur in dem Streben nach mehr Gütern an sich, sondern im Streben nach mehr Status symbolisierenden Gütern. Viele Menschen wollen nicht nur mehr haben – sie wollen mehr haben als die anderen. Darauf wird viel Zeit verwendet, die für sinnerfüllende Tätigkeiten und menschliche Beziehungen fehlt, die intrinsisches Wohlbefinden stiften. *Drittens* verursacht die Jagd nach positionalen Gütern neben den Schäden für die eigene Gesundheit und das psychische Wohlbefinden auch Naturzerstörung und entzieht damit zukünftigen Generationen die Lebensgrundlage. Alle diese Folgen wachsenden Güterwohlstands übersteigen Berechnungen von ökologischen Ökonomen zufolge (vgl. Leipert 1989 und Max-Neef 1995) seit einiger Zeit die Wachstumsraten des Sozialprodukts, so dass wachsender Güterwohlstand zu einem sinkenden allgemeinen Nettowohlstand führt.

Fazit: Das Pareto-Optimum als Kriterium des Güterwohlstands sagt über das tatsächliche Niveau des Wohlbefindens in einer Gesellschaft nichts aus.

1.2.6 Alternatives Kriterium des Zeit- und Raumwohlstands bei Scherhorn

Kernargument: Wohlstand bedeutet Wohlbefinden, welches weniger durch Anhäufen von Gütern als vielmehr durch intrinsisch sinnerfüllte Betätigung zu erreichen ist.

Seine oben dargelegten Kritik am materiellen Güterwohlstand führt Scherhorn zu dem Schluss:

> „Das Wachstum geht nur noch auf Kosten der Allgemeinheit und der Zukunft. Der Weg aus der Sackgasse führt über einen neuen, ganzheitlichen Wohlstandsbegriff, der den rechten Gebrauch von Zeit und Raum einschließt" (Scherhorn 2001: 212).

Zeitwohlstand bedeutet genug Zeit nicht nur für das Produzieren und Kaufen, sondern auch für Menschen, Gemeinschaftsaufgaben, Kreativität, Naturerleben, Kunstgenuss, Körpererfahrung und Muße zu haben. Für all das werden auch Güter gebraucht, aber nicht immer mehr Güter, sonst absorbiert der Erwerb und Gebrauch der Güter das Bewusstsein, und für anderes bleibt zu wenig Zeit.

Das Wohlbefinden, das durch die mit Hilfe des Zeitwohlstands ermöglichten Tätigkeiten erbracht wird, ist intrinsisch motiviert. Intrinsich motivierte Tätigkeiten tragen ihren Lohn in sich selbst, indem sie von Emotionen der Freude und Erregung sowie dem Erleben von Kompetenz und Selbstbestimmtheit begleitet werden. In manchen Fällen intrinsischer Motivation erleben Menschen *flow* (vgl. Csikszentmihalyi 1975), d. h. ein intensives Glücksgefühl des Getragenwerdens oder Schwebens.

Raumwohlstand habe man, wenn es Raum zum Atmen, Gehen, Begegnen, Spielen, Wohnen gebe und wenn der Raum zuträglich sei: Luft, Wasser und Boden frei von Schadstoffen, Lärm, Verwüstung, Überfüllung. Auch der Raumwohlstand wird durch ein Zuviel an Produktion, Verkehr und Konsum gefährdet. Scherhorns Wohlfahrtskriterium ist also eine optimale Kombination von Güter-, Raum- und Zeitwohlstand.

1.3 Kritik der konzeptionellen Enge des Pareto-Optimums auf der überindividuellen Wertebene

Neben den oben erwähnten Argumenten der Kritik an der Eindimensionalität des Pareto-Optimums, die auf der Ebene des unterlegten Menschenbildes und Handlungsmodels angesiedelt sind, richtet sich eine Reihe weiterer kritischer Argumente auf einer sozialen, überindividuellen Ebene gegen die konzeptionelle Enge dieser Wohlfahrtskonzeption. Die durch die Enge vernachlässigten Fragen sind:

- die der intragenerationalen Gerechtigkeit,
- die der Tragekapazität der Natur,
- und die der intergenerationalen Gerechtigkeit.

1.3.1 Kritik der Ausblendung von Verteilungsfragen (intragenerationale Gerechtigkeit) bei Okun

Kernargument: Aus verschiedenen Gründen gibt es eine gesellschaftliche Präferenz für Gleichheit, deshalb müssen Verteilungsfragen in der Wohlfahrtstheorie mit berücksichtigt werden, um den unausweichlichen negativen Zusammenhang (Trade-Off) zwischen dem Wunsch nach Gleichheit und Effizienz bewerten zu können.

Der neoklassische amerikanische Ökonom Arhur Okun nimmt das durch das Pareto-Optimum vernachlässigte Thema der Verteilungsgerechtigkeit in seinem Buch „Equality and Efficiency – The Big Trade-off" von 1975 wieder auf. Okun verteidigt zwar ein gewisses Maß an ökonomischer Ungleichheit mit dem Argument, diese sei als Anreiz notwendig, um nutzenmaximierende Individuen zu Höchstleistung und Innovation anzutreiben, aber dieses Argument der Effizienzsteigerung könne nicht allein gelten. *Erstens* gebe es ungleiche Startchancen zwischen Habenichtsen und reichen Erben, die nichts mit deren Leistungsbereitschaft zu tun hätten. *Zweitens* sei die durch den Markt positiv sanktionierte Leistung nicht allein individuell erbracht, sondern auch Produkt günstiger Umstände bzw. der umgebenden Sozialstruktur. Als Beispiel nennt er Henry Ford, der mit dem Automobil als Massenprodukt nur in einem Land wie den USA große Gewinne machen konnte, wo das Durchschnittseinkommen vergleichsweise hoch war, wo große Entfernungen zurückzulegen waren, wo es eine gut ausgebildete und leistungsbereite Industriearbeiterschaft gab und die Regierung den Schutz von Reisenden und die Einhaltung von Verkehrsregeln garantierte. *Drittens* sei es barbarisch und nicht einmal effizient, die Verlierer des Marktprozesses verhungern zu lassen. *Schließlich* gebe es so etwas wie eine Präferenz für Gleichheit der bürgerlichen, sozialen und politischen Rechte, wie man leicht an den Grundsätzen der amerikanischen Verfassung zeigen kann. Warum sollte dieses Gerechtigkeitsempfinden vor dem ökonomischen Bereich haltmachen?

Aus den oben genannten vier Argumenten ergibt sich für Okun die Notwendigkeit des Staates, mit Hilfe von progressiven Steuern für einen Ausgleich der durch den Markt verursachten und nicht zu behebenden Ungleichheit zu sorgen. Diese Umverteilung durch Steuern ist auch dann sinnvoll, wenn sie mit einem bürokratischen Aufwand und anderen Nebenverlusten an Effizienz verbunden ist. Auch wenn es also bildlich gesprochen ein Loch in dem Eimer gibt, der für die Umverteilung des Wassers benutzt wird, so ist die Umverteilung dennoch notwendig. Zusammengefasst lautet sein Wohlfahrtskriterium:

> „Given (1) a social preference for equality (or at least for more equality than market-determined incomes provide), and (2) a cost of altering the market-de-

> termined distribution, society faces a trade-off between equality and efficiency. The resulting optimum will normally be a compromise" (Okun 1983: 615).

Dieser Kompromiss ist jedoch nicht in allen Fällen nötig. Gleichheit und Effizienz können auch Hand in Hand gehen. Würden z. B. Bezieher niedriger Einkommen bei der Kreditvergabe nicht benachteiligt, was zumeist geschieht, weil sie über keine Sicherheiten verfügen, so würde dies sowohl Gleichheit als auch Effizienz erhöhen. Denn es ist effizient, Kapital in die Projekte mit den besten Erfolgsaussichten fließen zu lassen, unabhängig vom Reichtum des oder der ProjektbetreiberIn.

Fazit: Da es eine gesellschaftliche Präferenz für Gleichheit in der Verteilung gibt, das Pareto-Optimum aber höchstens Allokationseffizienz gewährleistet, muss mindestens ein weiteres Wohlfahrtskriterium hinzutreten, um den notwendigen Kompromiss zwischen den Wohlfahrtszielen Gleichheit und Effizienz beurteilen zu können.

1.3.2 Kritik der Nichtberücksichtigung der Tragekapazität (carrying capacity) der natürlichen Mitwelt und der zukünftigen Generationen bei Daly u.a.

Kernargument: Die für die Erzeugung von Gütern auf der Erde zur Verfügung stehenden Ressourcen und die Fähigkeit der Natur unseres Planeten zur Aufnahme und Verarbeitung von Schadstoffen ist begrenzt. Das Pareto-Optimum bezieht nur jetzt lebende MarkteilnehmerInnen ein. Die Frage, ob die natürlichen Ressourcen für die zu tauschenden Güter auch noch zukünftigen Generationen zur Verfügung stehen, wird nicht berücksichtigt.

Wenn wir davon ausgehen, dass die Ressourcen des „Raumschiffes Erde" (vgl. Boulding 1966) begrenzt sind, selbst wenn ihre Nutzung durch technischen Fortschritt und schonenden Umgang erweitert wird, so ist auch danach zu fragen, wie viele Passagiere es denn auf seiner Reise tragen kann. Die Antwort, d. h. die konkrete Bevölkerungszahl ist auch davon abhängig, welchen Lebensstil diese Passagiere pflegen, d. h. wie sie mit den Ressourcen umgehen. Costanza u.a. schreiben dazu:

> „Da beispielsweise die Amerikaner im Durchschnitt weit mehr als die Inder konsumieren, wäre die globale Tragfähigkeit für den ‚*Homo americanus*' weit geringer als für den ‚*Homo indus*'. Der *Homo americanus* könnte seinen Ressourcenverbrauch in wenigen Jahren drastisch ändern, während der des *Homo indus* relativ gleich bliebe" (Costanza u.a. 2001: 130).

Der Spielraum für Einsparung und Verzicht ist im Durchschnitt für den Amerikaner weit größer als für den Inder. Um die Tragfähigkeit zu ermitteln (zu operationalisieren), berechnen Ökologische ÖkonomInnen, die sich mit dieser

Frage beschäftigen, deshalb sogenannte Einwirkungseinheiten, die die Verschmutzung, den Flächenverbrauch und die Wirtschaftsproduktion pro Kopf beinhalten (vgl. Constanza u.a. 2001: 129ff). Soll möglichst vielen Menschen jetzt und in der Zukunft ein Leben auf der Erde ermöglicht werden, so folgt daraus zumindest für die BewohnerInnen der Industrieländer, dass sie ihren Konsum reduzieren müssen.

Fazit: Das bedeutet, ein Kriterium, das Wohlstand allein an der Vermehrung der zur Verfügung stehenden Güter misst, ist nicht nur ungeeignet, sondern auch irreführend. Die Kriterien, die Wohlstand am Naturverbrauch messen und die Tragekapazität der Erde brücksichtigen, müssen weiterentwickelt werden.

In der oben behandelten Kritik Scherhorns am Pareto-Optimum als Güterwohlstandskriterium wurde schon darauf hingewiesen, dass zunehmender Güterwohlstand nur durch Nutzung von Naturressourcen zu haben ist (vgl. 1.2.5). Wenn Teile der Natur aufgrund der Nichtbeachtung der Tragekapazität für immer verloren gehen oder als Folge der Güterproduktion Teile der natürlichen Mitwelt für immer von der Erde verschwinden, stehen sie weder der Nutzung noch der Betrachtung oder dem Erlebnis zukünftiger Generationen zur Verfügung. Das Pareto-Optimum als statisches Bewertungskriterium kann diese dynamische Wirkung unseres Wirtschaftens auf zukünftige Generationen nicht berücksichtigen.

Als „zeitloses" Konzept wird im Parto-Optimum auch nicht beachtet, ob bei der Bereitstellung des „Mehr" an Gütern das Zeitmaß der für das Reaktionsvermögen der Umwelt relevanten natürlichen Prozesse in Betracht gezogen wurde.

Fazit: Das Pareto-Optimum geht als statisches Konzept von einem bestehenden Güterraum zu einem bestimmten Zeitpunkt aus. Zu der Frage, ob die natürliche Grundlage für zukünftige Güterräume gegeben sein wird, lässt sich mit Hilfe des Pareto-Optimums keine Aussage treffen.

1.3.3 Alternative Kriterien der koevolutionären Bewährung und der Nachhaltigkeit

Kernargument: Die Entwicklung und Wohlfahrt menschlicher Gesellschaften ist eng verknüpft mit der Entwicklung von Ökosystemen der Natur. Menschliche Gesellschaften leben nicht nur von, sondern mit der Natur. Für ein hohes Wohlfahrtsniveau über einen längeren Zeitraum ist deshalb eine gelingende Koevolution menschlicher Gemeinschaften mit anderen Lebewesen und deren Lebensräumen notwendig. Wohlfahrtskriterien für einen gelungenen Koevolutionsprozess hat die Ökologische Ökonomik orientiert am Begriff der Nachhaltigkeit entwickelt. Wohlfahrtsziel ist hier, ein möglichst hohes Wohlfahrtsniveau für möglichst viele Generationen von Menschen auf der Erde durch das Befolgen von Nachhaltigkeitsregeln zu garantieren, die die Bedingungen der Koevolution beachten.

Das Kriterium der koevolutionären Bewährung beinhaltet die Anpassung an für das biologische Leben notwendige Naturprozesse und das Lernen von ihnen (vgl. Costanza u.a. 2001; Busch-Lüty 1994). Warum dies ein sinnvolles Wohlfahrtskriterium ist, wird einsichtig, wenn wir uns klar machen, dass Wissenschaftler gewohnt sind, ökologische und ökonomische Zusammenhänge getrennt von einander zu betrachten. Unsere Schulen und Universitäten, aber auch andere Einrichtungen des Bildungssystems sind gemäß den Fächergrenzen organisiert. Z. B. untersuchen BiologInnen ökologische Natursysteme, während sich ÖkonomInnen mit dem menschlichen System Ökonomie beschäftigen. Tatsächlich sind diese Systeme und ihre Entwicklung aber auf vielfältige Weise miteinander verbunden. Daher geht die Ökologische Ökonomik davon aus, dass die Merkmale des Lebensraums einer Art (die Ökonomie des Menschen z. B.) zu jedem gegebenen Zeitpunkt vor allem durch andere Arten und ihre Merkmale bestimmt sind (vgl. Costanza u.a. 2001: 77).

Ein Beispiel für eine koevolutionäre Entwicklung ist die Ausbreitung der Kartoffel als Kulturpflanze und die daran gekoppelte Entstehung und Verbreitung von Schädlingspopulationen (wie z. B. dem Kartoffelkäfer) und wiederum deren Bekämpfung durch den Menschen.

Massenweise ausbreiten konnte sich der Kartoffelkäfern nur, weil ihm durch die menschliche Landwirtschaft eine seiner Wirtspflanzen in großer Menge vorgesetzt wurde und ihm durch den transatlantischen Handel auch der Sprung vom amerikanischen auf den europäischen Kontinent gelang. Indem Menschen dann die Vernichtung des Käfers beispielsweise durch Schädlingsbekämpfungsmittel vornehmen, greifen sie wiederum koevolutionär in die Entwicklung des Kartoffelkäfers ein. Die eingesetzten Pestizide töten einige Schädlinge und verhindern die akute Gefährdung der Ernte. Doch die von den getöteten Schädlingen nicht mehr besetzte Nische wird kurz darauf eventuell von einer zweiten Schädlingsart besetzt (oder die ursprüngliche Schädlingsart entwickelt Resistenzen). Außerdem reichern sich die Pestizide und ihre Nebenprodukte in den Böden und im Grundwasser an, was über viele Jahre negative Folgen für die menschliche Gesundheit haben kann. Unsere Koevolution als Menschen mit der Natur und deren unabsehbare Folgen lassen sich nicht vermeiden. Wir können aber darüber entscheiden, wie wir gestaltend Einfluss nehmen wollen. Wenn wir die Folgen nicht einfach auf zukünftige Generationen in Gestalt von z. B. angereicherten Pestizidrückständen abschieben wollen, so müssen wir Kriterien für vorsorgende, verantwortliche Eingriffe in die

Natur entwickeln. Das kann nur ein vorsichtiges Herantasten sein, denn viele Wirkungen und Rückwirkungen zwischen den Subsystemen sind zu komplex, um sie vollständig erfassen und abschätzen zu können. Lernen von der Natur kann für den Fall des Kartoffelkäfers z. B. in biologischer Schädlingsbekämpfung bestehen.

Aus der Erkenntnis, dass Ökonomie und Ökologie sich koevolutionär entwickeln, folgt, dass es unserer Wohlfahrt zuträglich ist, wenn wir uns um das „Offenhalten möglichst vieler Zukünfte" (Busch-Lüty 1994: 221) bemühen. Sollen gemäß dem Wertekanon der Ökologischen Ökonomik auch die Bedürfnisse zukünftiger Generationen neben denen der heute Lebenden befriedigt werden, so kann das nur entlang eines nachhaltigen Entwicklungspfades geschehen. Nachhaltige Entwicklung kann, abgeleitet aus den drei Dimensionen der Nachhaltigkeit, mit drei Zielen (vgl. Teil I.4.4) beschrieben werden:

> „Eine nachhaltige Entwicklung liegt dann vor, wenn die Ökosphäre geschützt wird, die wirtschaftliche Entwicklung stabil verläuft und Lebenschancen gerecht verteilt sind" (Luks 2000: 14).

Das Neue am Wohlfahrtskriterium einer nachhaltigen Entwicklung ist das Einbeziehen der Bedürfnisse zukünftiger Generationen und daraus resultierend die Berücksichtigung der Evolutionsprozesse der Natur. Ausgehend vom normativen Wert einer gerechten Verteilung der Lebenschancen zwischen den Generationen muss die begrenzte Tragekapatzität der Erde, also die Endlichkeit der Ressourcen und die eingeschränkte Aufnahmekapazität an Giftstoffen sowie die Annahme, dass sich „natürliches Kapital" nur begrenzt durch von Menschen erzeugtes Kapital ersetzen lässt, in den Wohlfahrtskriterien der Nachhaltigkeit berücksichtigt werden. Die Ökologische Ökonomik hat aufbauend auf dem Bericht der Brundtland-Kommission Nachhaltigkeitsregeln entwickelt, von denen wir die vier wichtigsten bereits kennengelernt haben (vgl. Teil I.2.3.d). Hinzu kommen noch die Regeln:

- so zu wirtschaften, dass eine möglichst hohe Vielfalt an Biosystemen und Arten erhalten bleibt,
- auf Technologien zu verzichten, die Großrisiken und Großgefahren in sich bergen (z. B. Kernenergie),
- auch den ästhetischen Wert der natürlichen Mitwelt zu erhalten.

Aus der Kritik an der Nichtberücksichtigung der Tragekapazität sowie der Koevolution und aus der Zeitvergessenheit des Pareto-Optimums folgen die Nachhaltigkeitsregeln als alternative Wohlfahrtskriterien. Von der Ökologische Ökonomik wird versucht, die Nachhaltigkeitskriterien im „Index of Sustainable Economic Welfare" (ISEW) zu messen, um einen dem BSP vergleichbaren Wohlfahrtsmaßstab zu haben (vgl. Diefenbacher 2001: 133 ff).

Umstritten ist, wie radikal die in Teil I. genannten vier Prinzipien sowie die drei hier genannten angewandt werden können, ohne das Leben der heutigen Generation zu gefährden oder auch, wie schnell eine Anpassung an eine nachhaltige Wirtschaftsweise möglich ist (vgl. z. B. den Atomkonsens). Bei den weiteren eben genannten Nachhaltigkeitskriterien tun sich eine Reihe von Wissens- und Definitionsproblemen auf. Das heißt, die Beantwortung der Frage, welches Leitbild der Nachhaltigkeit die heutigen Generationen leben wollen und können, kann nur Ergebnis eines gesellschaftlichen Diskurses sein.

1.3.4 Alternatives Kriterium des „Für-das-gute-Leben-Notwendigen" im Vorsorgenden Wirtschaften

Kernargument: Für einen vorsorgenden Umgang mit den Mitmenschen, der natürlichen Mitwelt und zukünftigen Generationen ist eine Verständigung darüber nötig, was für ein gutes Leben notwendig ist.

Die Wohlfahrtskonzeption des Netzwerkes „Vorsorgendes Wirtschaften" geht von folgenden drei Handlungsprinzipien aus (vgl. Teil I.3.8): Vorsorge, Kooperation und Orientierung am Für-das-gute-Leben-Notwendigen. Vorsorge ist ein bewusstes Sich-in-Beziehung-Setzen des Menschen zu seinen Mitmenschen (einschließlich zukünftiger Generationen), zu seiner natürlichen Mitwelt und zu sich selbst als menschlichem Lebewesen. Es beinhaltet eine moralische Haltung bezogen auf den verantwortlichen Umgang mit Asymmetrien und Abhängigkeiten in der Sorgebeziehung:

> „So heißt ‚sorgen' oft, für diejenigen Verantwortung zu übernehmen und für diejenigen etwas zu tun, die dies selber nicht tun können, wie beispielsweise in den klassischen Sorgesituationen der Pflege und Betreuung von Kindern, alten Menschen, Kranken und Behinderten. Auch in der Sorge für die Natur trifft der Mensch auf ein Gegenüber, das nicht autonom handeln kann. Der sorgend handelnde bzw. wirtschaftende Mensch muss diesen asymmetrischen Ausgangspositionen verantwortungsvoll Rechnung tragen" (Biesecker u.a. 2000: 59).

Dabei ist die Erfüllung der Grundbedürfnisse bzw. das Vorhandensein ausreichender Ressourcen ähnlich wie in der Argumentation des Capability-Ansatzes und dem der „basic needs" (vgl. 1.2.2 und 1.2.4) für alle Beteiligten Voraussetzung dafür, die Sorgebeziehung aufrechtzuerhalten. Koordiniert werden Sorgebeziehungen hauptsächlich über verständige und verantwortliche Kooperation (vgl. die Ausführungen zu den Kooperationsformen in Teil I.4).

Die Orientierung am Für-das-gute-Leben-Notwendigen ist das übergeordnete Ziel unter den drei Prinzipien. Dies ist das eigentliche Wohlfahrtskriterium des Vorsorgenden Wirtschaftens. Umstritten ist unter den Vertreterinnen dieses Ansatzes, wie stark kulturell vermittelt das Lernen von der Natur dabei als

Aspekt dieser Orientierung ist, d. h. die Orientierung am Vorbild der Natur und das Lernen von den für das biologische Leben notwendigen Naturprozessen. Die Orientierung an der Natur kann immer nur eine Interpretation von Menschen sein. Sie ist Teil der Verständigung und Auseinandersetzung darüber, was im sozio-kulturellen Sinne das zum guten Leben Notwendige ist. Das Wohlfahrtskriterium des Vorsorgenden Wirtschaftens verknüpft die von Sen/Nussbaum und Lutz/Lux entwickelten Kriterien des „guten Lebens" mit denen des Erhaltens der Natur für zukünftige Generationen der Ökologische Ökonomik und ergänzt sie durch den Gedanken der Verständigung.

1.4 Zusammenfassung der Kritik am Pareto-Optimum und der alternativen Wohlfahrtskriterien

Die genannten Kritikpunkte lassen sich folgendermaßen zusammenfassen: Das Pareto-Optimum reicht als alleiniges Kriterium zur Beurteilung von Wohlfahrt nicht aus, denn:

- Eine auf Nutzenmaximierung durch Güter basierende „Glückskalkulation" ist erstens nicht wertfrei und zweitens eindimensional, wenn sie weitere ethische Kriterien wie die Handlungsfreiheit und eine erweiterte Konzeption von Wohlbefinden nicht berücksichtigt.
- Außerdem ist sie konzeptionell zu eng, sofern sie nicht beachtet, dass die Chancen- und Einkommensverteilung ungerecht ist und zukünftige Generationen benachteiligt werden, da nicht alle Ressourcen erneuerbar sind und Umweltverschmutzung wohlfahrtsmindernd ist.

Ein weiterer bisher nicht erwähnter Kritikpunkt am Pareto-Optimum ist die Nichtberücksichtigung gesellschaftlicher Machtverhältnisse, denn es kommt für das erzielte Wohlfahrtsergebnis auch darauf an, wer welchen Einfluss darauf hat, wie gesellschaftliche Wohlfahrt definiert, geschaffen und verteilt wird.

Der Versuch, qualitative Wertmaßstäbe für die Beurteilung gesellschaftlicher Wohlfahrt als Alternative zum Pareto-Optimum anzugeben, ist in den verschiedenen heterodoxen ökonomischen Ansätzen auf unterschiedliche Art und Weise unternommen worden. In der Humanistic Economics beinhaltet die Vorstellung einer Metapräferenzordnung solche Kriterien (1.2.4), im Capability-Ansatz sind das die am „guten Leben" orientierten Begriffe der Fähigkeiten und des Wohlbefindens (1.2.2), daneben wird noch der Begriff des „Zeitwohlstands" von Scherhorn eingebracht (1.2.6), während der Ansatz des Vorsorgenden Wirtschaftens vom Bewertungsmaßstab des „Für-das-gute-Leben-Notwendigen" ausgeht (1.3.4) und die Ökologische Ökonomik Prinzipien für eine nachhaltige Entwicklung erarbeitet, die sich vom Gedanken der Koevolution leiten lassen (1.3.3).

1.5 Immanente Rettungsversuche und ihr Scheitern

In den folgenden Abschnitten geht es zunächst darum, wie die neoklassische Ökonomik versucht hat, ihr Wohlfahrtskonzept trotz der an ihm geübten Kritik zu retten. Die orthodoxe Theorie hat zum einen versucht, die Kritik zurückzuweisen, indem zumindest prinzipiell ein Weg aufgezeigt wurde, wie eine erhöhte Verteilungsgerechtigkeit auch innerhalb der Grenzen des Pareto-Optimums erreicht werden kann (Kaldor/Hicks-Kriterium, 1.5.1). Zum anderen fand sie die Grenze interpersoneller Nutzenvergleiche unüberwindlich und stieß bei einem konsequent zu Ende gedachten Versuch, individuelle Nutzen zu einer sozialen Wohlfahrtsfunktion zu integrieren, darauf, dass ein solches Unterfangen mit den neoklassischen Standardannahmen nur in einer Diktatur logisch möglich ist (Arrows Unmöglichkeitstheorem, 1.5.2). Ein Ausweg, der heute von TheoretikerInnen der Neuen Institutionenökonomik beschritten wird, ist das Verlagern der Fragestellung von der gesellschaftlichen Wohlfahrt auf die Bestimmung effizienter Institutionen (1.5.3).

1.5.1 Das Problem interpersoneller Nutzenvergleiche und fiktive Kompensationszahlungen – das Kaldor/Hicks-Kriterium

Kernargument: Durch die zumindest theoretisch gegebene Möglichkeit kompensierender Zahlungen von den Gewinnern an die Verlierer einer Umverteilungsmaßnahme ist eine Aussage zur Wohlfahrtssteigerung im Rahmen von Pareto-Optima möglich und ein Weg aufgezeigt, wie man von einem sozial „schlechteren" zu einem sozial „besseren" Pareto-Optimum gelangen könnte.

Der Neoklassiker Pigou ging noch davon aus, es gäbe gewisse Grundbedürfnisse, die bei allen Menschen im Prinzip gleich seien, und trat darauf gegründet für eine Umverteilung zugunsten der ärmeren Bevölkerungsteile ein. Dies folgt aus dem konsequent angewandten utilitaristischen Sozialprinzip des „größten Glücks der größten Zahl" und dem Gesetz vom abnehmendem Grenznutzen, nach dem der Grenzverlust des nach der Umverteilung ärmeren Reichen geringer ist als der gleichzeitige Grenzgewinn des nun reicheren Armen.

Die radikal zu Ende gedachte subjektive Wertlehre führte in ihrer Argumentation aber zu dem Schluss, dass individuelle Nutzen nur ordinal messbar sind. D. h., es ist nicht angebbar, wie hoch der Grenzverlust von dem Reichen und der Grenzgewinn von dem Armen empfunden wird, und deshalb sind sie auch nicht vergleichbar. Das führt zu der Konsequenz, die der Ökonom John Maurice Clark wie folgt ‚ausdrückte:

> „The form and theory which now bears the name can without real unfairness be described as welfare economics with the welfare left out, in a remarkably resolute attempt to meet the real or supposed requirement of economic science. Rejecting ‚interpersonal comparisons' this body of theory seems to end in rather complete agnosticism, aside from policies that increase the national dividend without making anybody worse off. But the existence of a single disadvantaged person acts as a veto on scientific approval of any policy – one cannot be scientifically certain that his loss does not outweigh the gains of many" (Clark 1953: 59).

Da es bei wirtschaftspolitischen Eingriffen in der Wirklichkeit immer Gewinner und Verlierer gibt, wäre es theoretisch für neoklassische Ökonomen unmöglich, wirtschaftspolitische Empfehlungen abzugeben, was in der Praxis mit Hilfe von sogenannten Cost-Benefit-Analysen aber vielfältig getan wird. (Cost-Benefit-Analysen versuchen, die Kosten und Erträge einer vorgeschlagenen politischen Maßnahme abzuschätzen und festzustellen, ob die Maßnahme mehr ökonomischen Wert schafft, als sie vernichtet. Sie gehen zwar von gegebenen Präferenzen und dem Ziel der Nutzenmaximierung aus, verzichten aber auf die Bedingung, dass alle Beteiligten dem Eingriff zustimmen. Die durch Cost-Benefit-Analysen zu beantwortende Frage ist, ob die in Geldeinheiten gemessenen Gewinne der Gewinner die Verluste der Verlierer übersteigen.) Um doch wirtschaftspolitische Empfehlungen geben zu können, bedarf es also einer theoretischen Begründung.

Der bekannteste Begründungsversuch wird heute nach den ihn konzipierenden Theoretikern das „Kaldor/Hicks-Kompensations-Prinzip" genannt. Der Kompensationstest einer wirtschaftspolitischen Maßnahme zur Effizienzsteigerung besteht darin zu prüfen, ob es der Bevölkerungsgruppe, die von der Maßnahme profitiert, möglich wäre, die Verlierer zu kompensieren. Übersteigen die Gewinne der einen die Kompensationszahlungen an die anderen, so kann der Eingriff positiv bewertet werden, da er netto zu einer Wohlfahrtsteigerung beiträgt.

Mit der rein hypothetischen Möglichkeit einer Umverteilung mit Hilfe von Kompensation bei Beachtung des Pareto-Optimums gaben sich Kaldor und Hicks zufrieden. Die Schwierigkeiten fangen aber erst an, wenn man untersucht, wie eine tatsächliche Kompensationszahlung durchgeführt werden soll. So müsste zunächst durch Zahlungsbereitschaftsanalysen festgestellt werden, wie hoch die Gewinne und Verluste beider Gruppen von diesen selbst bewertet werden. Warum aber sollten opportunistische, an ihrem Nutzenmaximum interessierte Individuen, von denen Theoretiker wie Kaldor und Hicks ausgehen, dabei wahrheitsgetreue Angaben machen?

Außerdem ist gegen den Kompensationstest eingewandt worden, dass sich hinter diesem Ansatz die Annahme verbirgt, ein Euro sei für eine arme Person ebensoviel wert wie für eine reiche. Denn Zahlungsbereitschaft muss ja in irgendeiner Währung gemessen werden. Damit würde der kardinale Nutzenvergleich über die Hintertür wieder eingeführt, indem die bewertende ÖkonomIn von einem Wert Euro = Euro ausgeht (ein Kritikpunkt, der im übrigen auch für die Cost-Benefit-Analysen gilt).

Ein weiterer Kritikpunkt betrifft die Entscheidung, wer wen kompensieren soll. Ähnlich wie im Coase-Theorem (vgl. Teil II.3.3.3) könnten ja ebenso die Verlierer die Gewinner der Veränderung dafür kompensieren, dass auf die Veränderung verzichtet wird, wie umgekehrt. Der notwendige Verhandlungsprozess, der daraus folgt, wie auch die oben erwähnte problematische Bewertung der Höhe der Kompensationszahlung machen deutlich, dass sich mit der Idee der möglichen Kompensationszahlung das Ideal vom harmonischen Ausgleichsmechanismus der Edgeworth-Box und des Pareto-Optimums nicht aufrecht erhalten lässt, sondern man auch theoretisch unvermeidlich zu einem Verteilungskonflikt mit vielfältigen Bewertungsproblemen gelangt.

Fazit: Aufgrund der theoretischen Widersprüche und der Probleme, die bei der praktischen Umsetzung entstünden, ist das Kompensations-Prinzip letztlich kein überzeugendes Argument für die Möglichkeit, Verteilungsfragen allein im Rahmen des Pareto-Optimums zu behandeln. Es sind zusätzliche Kriterien nötig, um zu einer wohlfahrtsteigernden Verteilung zu gelangen.

1.5.2 Das Scheitern des Konzepts der sozialen Wohlfahrtsfunktion – Arrows Unmöglichkeitstheorem

Kernargument: Einige neoklassische Ökonomen haben vorgeschlagen, soziale Wohlfahrtsfunktionen zu entwickeln, die ermöglichen sollten, die Höhe der Wohlfahrt einer Gesellschaft in Abhängigkeit von verschiedenen Faktoren zu bestimmen. Der Versuch bei neoklassischen Standardannahmen, eine gesellschaftliche Wohlfahrtsfunktion aus der Summe individueller Nutzenfunktionen abzuleiten, ist jedoch im Rahmen einer demokratischen Gesellschaftsordnung unmöglich.

Neben dem nicht zu umgehenden Problem des interpersonellen Nutzenvergleichs wies bereits Gunnar Myrdal in seinem Buch „Das politische Element in der nationalökonomischen Doktrinbildung“ von 1932 auf die Unvereinbarkeit einer allgemein geltenden sozialen Wohlfahrtsfunktion mit einem demokratischen Gemeinwesen hin.

Um in der traditionellen Wohlfahrtstheorie zu einer allgemein geltenden Wohfahrtsfunktion (d. h. zu einem sozialen Wert, der für die gesamte Gesellschaft gelten soll) zu gelangen, setzen wir, schreibt Myrdal, „die Gesellschaft" als Subjekt unserer Betrachtung ein. Dazu wird für gewöhnlich von der theoretischen Analogie der Gesellschaft zur Familie ausgegangen. Damit in dieser Analogie ein Subjekt mit einheitlicher Zwecksetzung existiert, wird dabei angenommen, dass in dieser Familienvorstellung eine Autorität existiert, die als Quasi-Diktator fungiert:

> „Natürlich gibt es auch in einem Familienhaushalt Konflikte, aber sie werden, so wird vorausgesetzt, durch schiedsrichterlichen Spruch gelöst. Die Wertungen nimmt das Familienoberhaupt vor. Seine Position wird durch das bürgerliche Recht sanktioniert. So ist es z. B. *sein* Einkommen, über das er für sein Wohlergehen und das seiner Angehörigen disponiert. Jedenfalls wird diese Voraussetzung von den Ökonomen gemacht, die sich dieser Analogie bedienen. Lehnt man die autokratische Betrachtung der Gesellschaft ab, entfällt auch die Analogie zwischen Familie und Gesellschaft" (Myrdal 1963 [1932]: 138).

Ohne diese Analogie eines Familienoberhauptes oder Philosophenkönigs für die Gesellschaft bleibt aber die Frage offen, wo die allgemeine Wertprämisse herkommen soll, ohne die die Ableitung eines einheitlichen Wohlfahrtszieles nicht möglich ist. Die Alternative zur Diktatur ist eine demokratische Abstimmung. Der französische Mathematiker und Sozialwissenschaftler Marquis de Condorcet hatte bereits 1785 gezeigt, dass es bei der demokratischen Wahl zwischen Wohlfahrtszuständen zu paradoxen Situationen kommen kann. Machen wir uns an einer modernisierten Variante des condorcetschen Beispiels klar, wieso individuell eindeutige Entscheidungen zusammengefasst zu sozial uneindeutigen werden können (das Beispiel stammt aus dem Buch „Impossibility" von John D. Barrow 1998: 241f):

Nehmen wir an, wir haben drei WählerInnen, die KandidatInnen oder Parteien wählen können, die jeweils Kombinationen aus zwei Meinungen zu zwei politischen Lösungen repräsentieren. Die alternativen Ansichten zu dem ersten Thema könnten „staatliches Gesundheitssystem" (S) oder „privates Gesundheitssystem" (P) sein und für das zweite Politikfeld „Arbeitsbeschaffungsmaßnahmen (jobs)" (J) oder „Steuersenkungen (taxes)" (T). Die vier möglichen Kombinationen aus den Auffassungen der KandidatInnen zu den Themen sind: SJ, ST, PJ und PT. Angenommen die Präferenzen der drei WählerInnen wären wie folgt geordnet:

WählerIn 1: (SJ, ST, PJ, PT)
WählerIn 2: (ST, PT, SJ, PJ)
WählerIn 3: (PJ, PT, SJ, ST).

So können wir erkennen, das es keine politische Überzeugung zu den zwei Themen gibt, die die anderen in einer Wahl schlagen würde, wenn man sie einzeln gegeneinander antreten lässt. Die Präferenzen sind also intransitiv, obwohl die einzelnen Präferenzordnungen transitiv sind.

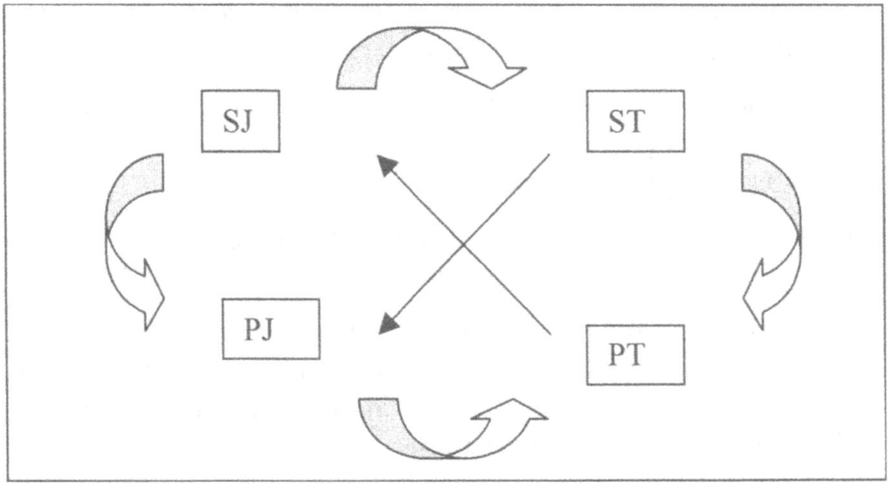

Abb. 89: Bewertung von möglichen politischen Überzeugungen

Es gibt keine kombinierte Überzeugung zu den zwei politischen Bereichen, die allen anderen vorgezogen würde. Die Pfeile zeigen die Mehrheitspräferenzen zwischen den Überzeugungen an. Die Präferenzen sind zyklisch, und daher sind die sozialen Präferenzen intransitiv.

Das hätte man auch anhand eines etwas einfacheren Beispiels durchspielen können, bei dem es drei Meinungen zu einem Thema gibt. Was an diesem Beispiel aber besonders frappierend ist, ist die Tatsache, dass, wenn getrennt über die einzelnen Themen abgestimmt worden wäre, S gegenüber P von den WählerInnen 1 und 2 sowie J gegenüber T von den WählerInnen 1 und 3 vorgezogen worden wäre. Aber obwohl es bei getrennten Wahlgängen eine Mehrheit gäbe, die S gegenüber P und J gegenüber T präferieren würde, so schlägt PT im Falle der kombinierten Überzeugungen SJ, weil diese von einer Mehrheit der WählerInnen (2 und 3) befürwortet wird.

Logisch formal und verallgemeinernd hat sich der Ökonom Kenneth Arrow 1951 in seinem Buch „Social Choice and Individual Values“ mit der Frage beschäftigt: Unter welchen Bedingungen kann in einem demokratischen System solche Intransitivität vermieden werden? Anders formuliert: Gibt es einen verlässlichen Weg, aus den Interessen der Individuen das wahre Interesse der Gesellschaft bezüglich zum Beispiel alternativer Verteilungen des Reichtums abzuleiten?

Für die individuellen Präferenzen hat Arrow zwei Annahmen getroffen (vgl. Teil I.2.5):

- *Vollständigkeit*, d. h. Alternativen müssen vergleichbar sein: Wenn es zwei Alternativen x und y gibt, dann wird x entweder y oder y wird x vorgezogen. Das bedeutet, die Alternativen müssen ausreichend ähnliche Eigenschaften haben, die es erlauben, sie zu vergleichen. Verbindungen zwischen den einzelnen Präferenzen sind nicht zugelassen.
- *Transitivität*: Die Ordnung der Präferenzen muss in der Weise in sich konsistent sein, dass gilt, wenn x dem y vorgezogen wird und y dem z, so muss x auch z vorgezogen werden.

In einem zweiten Schritt hat Arrow fünf Minimalbedingungen für die freie demokratische Auswahl möglicher sozialer (Wohlfahrts-) Zustände definiert:

- *Bedingung 1 (unrestricted domain)*: Keinerlei Präferenzen werden unterdrückt. Jeder und jede kann jeden wie auch immer vorstellbaren sozialen Zustand wählen, sei es Gleichheit oder irgendeine Art der Bevorzugung oder Benachteiligung von Individuen oder Gruppen der Gesellschaft.
- *Bedingung 2 (positive association of social and individual values)*: Wenn x in der gesellschaftlichen Wahl y vorgezogen wird und kein Individuum seine Präferenz von x über y geändert hat, dann muss auch x weiterhin gesellschaftlich y vorgezogen werden. Wenn sich z. B. die Präferenzen für z ändern, so wirkt sich das nicht auf die Ordnung zwischen x und y aus.
- *Bedingung 3 (independence of irrelevant alternatives)*: Die Bewertungsreihenfolge für eine bestimmte Menge an Alternativen ändert sich nicht, wenn Alternativen hinzukommen oder wegfallen.
- *Bedingung 4 (no imposition)*: Es ist unzulässig, dass die gesellschaftliche Rangfolge der Alternativen von außen, z. B. durch Religionen oder Traditionen, vorgegeben werden.
- *Bedingung 5 (no dictatorship)*: Es ist ausgeschlossen, dass ein einziges Gesellschaftsmitglied der ganzen Gesellschaft diktatorisch seine Präferenzen vollständig aufzwingt.

Arrow gelang der Nachweis, der ihm 1972 den Ökonomienobelpreis einbrachte, dass eine soziale Wohlfahrtsfunktion, die alle diese Bedingungen erfüllt und also nicht nach dem Muster eines wohlwollenden, alles abwägenden Schiedsrichters (Philosophenkönig) konstruiert wurde, nicht möglich ist. In Arrows eigenen Worten:

> „If we exclude the possibility of interpersonal comparisons of utility, then the only methods of passing from individual tastes to social preferences which will

be satisfactory and which will be defined for a wide range of sets of individual orderings are either imposed or dictatorial" (Arrow 1951: 59).

Fazit und Konsequenzen: Das bedeutet es ist unmöglich, hypothetische Wohlfahrtsfunktionen als Summe individueller Nutzenfunktionen zu konstruieren. Aus Arrows Paradox sind von ÖkonomInnen drei mögliche Auswege beschritten worden: Der erste besteht darin, die Frage sozialer Wohlfahrt von der Ebene der Individuen auf die der sozialen Koordinationsprozesse (Institutionen) zu verlagern, wie das in der Neuen Institutionenökonomik getan wird (vgl. die unmittelbar folgenden Ausführungen in 1.5.3). Der zweite besteht darin, abzulehnen, dass die von dem Wissenschaftler Arrow aufgestellten Bedingungen überhaupt von allen Beteiligten geteilt werden müssen und deshalb danach zu fragen, wie ein gesellschaftlicher Konsens über solche Bedingungen entstehen könnte (vgl. unten Teil 2.3). Die dritte Möglichkeit ist, die unbeschränkt freie Wahl der Individuen anzuzweifeln, d. h. von sozial eingebetteten Individuen auszugehen. Die oben diskutierten alternativen Wohlfahrtsentwürfe (vgl. Teil 1.2. und 1.3.) tun das – manche mehr, manche weniger – mit jeweils spezifisch gesetztem Schwerpunkt.

1.5.3 Das Ausweichen auf die Bestimmung effizienter Institutionen in der „Neuen Institutionenökonomik"

Kernargument: Institutionen steigern die Wohlfahrt, indem sie helfen, Transaktionskosten zu sparen.

Die Neue Institutionenökonomik lehnt die harmonische Vorstellung eines Pareto-Optimums und den Verzicht der Neoklassik ab, Verteilungskämpfe in der Gesellschaft zu untersuchen (vgl. Richter/Furubotn 1999: 488 ff). Sie geht (vgl. Teil I.3.2 und II.2.3) von einem Individuum aus, das sein Eigeninteresse unter Zuhilfenahme von List verfolgt. Dazu gründet es auch Interessengruppen oder Organisationen, die die Wohlfahrt ihrer Mitglieder auch auf Kosten anderer erhöhen sollen. Damit die Mitglieder einer solchen Organisation nicht gegeneinander arbeiten und sich auch nach besten Kräften für das gemeinsame Ziel einsetzen, sind Durchsetzungs- und Kontrollmechanismen notwendig. Das sind Institutionen in Form von formellen und sanktionierten Handlungsregeln. Die Schaffung und Aufrechterhaltung dieser Bindung zwischen den opportunistischen Individuen ist mit Kosten verbunden, sogenannten Transaktionskosten. Organisationen sind daher nur effizient, wenn ihr Nutzen für die Mitglieder diese Transaktionskosten übersteigt. Die Neue Institutionenökonomik gibt keinen klar definierten Organisationsnutzen oder Wohlfahrtseffekt an, sondern beschränkt sich darauf, die Transaktionskosten ausgehend von einem offensichtlich für die Individuen teureren unorganisierten Zustand aus zu messen. Daraus müsste folgen, dass bestehende institutionelle Arrangements Transaktionskosten sparen und also effizient sind. Wäre das nicht der Fall, so dürften sie keine Mitglieder haben und müssten also verschwinden. Da es aber offensichtlich institutionelle Arrangements gibt, zu denen effizientere Alternativen denkbar wären, die jedoch die bestehenden nicht ablösen, entwickelten Kritiker innerhalb und außerhalb der Neuen Institutionenökonomik den Begriff der Pfadabhängigkeit (vgl. Teil I.3.2.2 und I.4.3.1.).

Fazit: Da Institutionen sich im Verlauf eines geschichtlichen Pfades über Knotenpunkte entwickeln, an denen unumkehrbare Entscheidungen darüber getroffen werden, wie sie verfasst sind, entspricht ihre Gestalt an einem bestimmten Zeitpunkt nicht unbedingt der denkbar effizientesten Variante. Zur Beurteilung der Wohlfahrtseffekte von Institutionen müssen also noch weitere Kriterien herangezogen werden als allein ihre Transaktionskosten senkende Wirkung.

1.5.4 Fazit – die Unmöglichkeit der Bestimmung der gesellschaftlichen Wohlfahrt vom „rein ökonomischen Standpunkt“

Als Ergebnis der Kritik an der orthodoxen Wohlfahrtsökonomik und der Diskussion ihrer immanenten Rettungsversuche kann festgehalten werden: Es ist unmöglich, einen objektiven (eventuell quantitativ messbaren) Wohlfahrtsmaßstab aufzustellen, solange man nicht in einer Diktatur lebt. Abgesehen vom positiven Eigenwert einer demokratischen Gesellschaft ist für kapitalistische Marktwirtschaften auch wesentlich, dass Wohlfahrtsentwicklung in ihnen einen Verlauf bedeutet, dessen Art und Richtung sich als Ergebnis aus (zum Teil konfligierenden) Zielsetzungen mehrerer Individuen bestimmt. Die Wertprämisse für Wohlfahrt muss also zwangsläufig subjektiv bzw. intersubjektiv sein und kann niemals objektiv ermittelt werden. Für die Wohlfahrtstheorie folgt daraus: Sie muss qualitative Elemente und eine Koordinationsform beinhalten, die möglichst viele alternative Werthaltungen bei der Definition und Produktion gesellschaftlicher Wohlfahrt berücksichtigt.

2 Die Bestimmung einer zeitgemäßen Wohlfahrt

Aus der Behandlung der orthodoxen wie heterodoxen Wohlfahrtskonzeptionen ist deutlich geworden, dass es nicht das eine „richtige" Wohlfahrtskriterium geben kann, das ein oder mehrere WissenschaftlerInnen als Ergebnis ihrer Forschung angeben, sondern dass Wohlfahrtskriterien letztlich nur von den Betroffenen und Beteiligten selbst entwickelt werden können (Teil 2.1). Eine solche Vorstellung von Wohlfahrt als kollektiver Bewertungsprozess wurde zuerst vom Kritischen (Amerikanischen) Institutionalismus entwickelt (Teil 2.2). James Buchanan versucht einen solchen Prozess ausgehend von den Betroffenen und Beteiligten als „homines oeconomici" zu konzipieren. Aus der Kritik daran und auf Grundlage der Diskursethik entwickelt Peter Ulrich eine alternative Konzeption (Teil 2.3). Diese Konzeption verlangt nach neuen institutionellen Arrangements für Verständigungsprozesse über Wohlfahrtskriterien (Teil 2.4), die der Unterstützung durch den Staat bedürfen (vgl. Kapitel I.3).

2.1 Die Nichtexistenz eines „richtigen" Wohlfahrtskriteriums

Ergab sich bereits aus dem Versuch, Wohlfahrt vom „rein ökonomischen Standpunkt" zu bestimmen, kein objektives oder „richtiges" Wohlfahrtskriterium, so müssen auch die alternativen Wohlfahrtskriterien erst intersubjektiv genauer bestimmt und konkretisiert werden. Zwar behaupten Lutz/Lux, der Mensch sei objektiv über die Dinge zu stellen, aber wenn wir das akzeptieren, bleibt weiterhin zu klären, mit welchem Maßstab Grundbedürfnisse bestimmt werden und was als selbstbestimmtes Tätigsein angesehen wird und was nicht. Gleiches gilt auch für ein ausgewogenes Verhältnis zwischen Zeit- und Güterwohlstand. Auch die VertreterInnen des Capability-Ansatzes, die meinen, eine Liste essentieller Funktionsfähigkeiten des Menschen angeben zu können, gestehen zu, dass sie ein bewusst vages Konzept gewählt haben, weil die Festlegung und konkrete Ausgestaltung dieser Grundfähigkeiten letztlich vom Austausch von Gründen und Argumenten der beteiligten Menschen abhängt. Ebenso erfordert die Orientierung am „Für-das-gute-Leben-Notwendige" einen Diskurs. Wie ein koevolutionäres Wirtschaften ohne negative Folgen für unseren Wohlstand erfolgen soll, können wir nicht wissen, und selbst wenn wir uns weitgehend über die Notwendigkeit der Einhaltung der Nachhaltigkeitsregeln einig sind, so erfordern doch zumindest die Bestimmung konkreter Maßnahmen sowie das Tempo ihrer Umsetzung einen gesellschaftlichen Klärungs- und Abstimmungsprozess. Für den Kritischen Institutionalismus ist die demokratische Beteiligung der BürgerInnen an der Definition dessen, was sie als ihre Wohlfahrt begreifen, selbst Teil der Wohlfahrtsentstehung.

2.2 Das „Social Value Principle" des Kritischen (Amerikanischen) Institutionalismus

Kernargument: Der Kritische Institutionalimus gibt ebenfalls einige notwendigerweise vage Kriterien für gesellschaftliche Wohlfahrt im sogenannten „Social Value Principle" an. Entscheidend ist aber hier, dass ein fairer und demokratischer Bewertungsprozess bereits Teil der Wohlfahrtsentstehung ist.

Der Wohlfahrtsbegriff des Kritischen Institutionalismus geht von einer Werttheorie mit zwei gegensätzlichen Wertkategorien aus (vgl. Teil I.3.5):

- instrumentellen (problemlösenden) Werten und
- zeremoniellen (Ausdruck von Status, d. h. Macht) Werten.

Für die Wohlfahrtstheorie folgen daraus zwei Grundthesen:

1. These: Instrumentelle und zeremonielle Werte müssen in jeder gesellschaftlichen Problemlösung miteinander vereinbart werden.

2. These: Wert entsteht im Bewertungsprozess.

Das bedeutet wiederum, dass ein möglichst instrumenteller Wert in einem möglichst freien demokratischen Prozess (Maßstab: Jede/r kann sich möglichst weitestgehend daran beteiligen) entsteht. Aus möglichst instrumentell (gut problemlösend), d. h. möglichst demokratisch, folgt, dass dafür Wissen notwendig, also Bildung erforderlich ist.

Als Bewertungskriterium für instrumentelle Bewertungsprozesse hat der kritische Institutionalist Marc Tool das Social Value Principle definiert als:

> „... forward which provides for the continuity of human life and the non-invidious re-creation of community through the instrumental use of knowledge" (Tool zit. n. Reuter 1994: 322).

Entwickelt und konkretisiert werden diese sozialen Werte mit Hilfe eines reformoffenen gesellschaftlichen Diskurses, wie Norbert Reuter schreibt:

> „So sehr die instrumentelle Werttheorie feststehende Werturteile zurückweist, so eindeutig bestimmt sie das einzuhaltende Verfahren, das zu instrumentellen Bewertungen führt. Das Demokratie- und Partizipationsgebot ist das für alle wirtschaftspolitischen Handlungsempfehlungen seitens der Institutionalisten grundlegende oberste Wertprinzip" (Reuter 1994: 326).

Daraus folgt, dass auch staatliche Planungsbehörden nur mit weitgehender demokratischer Kontrolle und Offenheit für Einflüsse der BürgerInnen arbeiten. Die Behörden sind notwendig, weil es aufgrund der Komplexität einer Koordination der Einzelprozesse bedarf. Sie sollen außerdem informieren und beraten und Konflikte lösen helfen. Demokratische Planung ist wegen des Marktversagens unverzichtbar. Die Beteiligung der BürgerInnen setzt deren Wissen und Bildung voraus, da sonst ihre Manipulation droht. „Bildung wird wie Planung als Prozess verstanden“ (Reuter 1994: 357) – sie erfolgen gleichzeitig. Die Rolle des Staates wird beschrieben als: „... the great common agency of a democracy for promoting public welfare“, so der Institutionalist Mitchell (zit. n. Reuter 1994: 343). Die Definition von Gemeinwohl erfolgt aber durch die demokratische Öffentlichkeit. Die Zivilgesellschaft stellt damit im Kritischen Institutionalismus die Alternative zu Marktversagen, Machtkonzentration bei den Konzernen und Unsicherheit dar. Insgesamt betonen Vertreter des Kritischen Institutionalismus aus den USA stärker die Rolle des Staates, während Theoretiker aus Europa (und hier insbesondere aus Skandinavien) eher die Rolle der Zivilgesellschaft hervorheben.

2.3 Die Entwicklung von Wohlfahrtskriterien durch den praktischen Verständigungsprozess zwischen den Betroffenen bei Buchanan und Ulrich

Unbeeinflusst vom Kritischen Institutionalismus, aber in Ausseinandersetzung mit Arrows Nachweis: „homo oeconomici“ haben keine Gesellschaft (sein „Unmöglichkeitstheorem“, vgl. Teil III.1.5.2) suchte James Buchanan nach einer alternativen Möglichkeit, wie sich individuelle Nutzenmaximierer über die Bedingungen einer gemeinsamen Wohlfahrtsfunktion verständigen könnten. Er verlagert das Problem der Entstehung einer gemeinsamen Wohlfahrt ähnlich der Neuen Institutionenökonomik auf die Ebene der Regeln. Buchanan geht davon aus, dass es den Individuen grundsätzlich gestattet sein sollte, völlig frei ihren eigenen Nutzen zu verfolgen. Zum Vorteil aller im Sinne des Pareto-Optimums geht das am besten auf dem Markt. Ob auf dem Markt tatsächlich ein optimales Wohlfahrtsergebnis herauskommt, hält Buchanan für irrelevant, denn, um das zu entscheiden, bräuchte man tatsächlich allgemein akzeptierte Werte oder einen wohlwollenden Diktator im Sinne des Arrowschen Unmöglichkeitstheorems. Beides aber würde die Freiheit der Individuen begrenzen. Die absolute Freiheit des Marktes macht aber laut Buchanan gerade die Effizienz des Marktes aus. Er geht von der Norm der hundertprozentigen Selbstbestimmung und Interessensverfolgung (Handlungstyp B) aus.

Allerdings muss ein für alle Teilnehmenden zum Vorteil gereichender Markt ein institutionell gesicherter Rechtsbereich sein. Ein geregelter Markt bietet den Tauschpartnern bessere Möglichkeiten für das, was sie persönlich als Besserstellung empfinden. Der politische Interaktionsprozess, der über den konstitutionellen Rahmen für den Markt entscheidet, sollte von den gleichen radikalen Freiheitsbedingungen der Teilnehmenden ausgehen, die auch im Markt gelten. D. h. die Teilnehmenden entscheiden durch reine Selbstbindung und mit Bedacht, ob sie ihnen individuell zum Vorteil gereichen, über die konstitutionellen Regeln. Die Einsicht, dass ein Verletzen der Regeln alle und damit auch jede/n einzelne/n schlechter stellen würde, verpflichtet die Beteiligten dazu, sie einzuhalten. Kriterium für den Wert der Regeln ist wieder zunächst allein ihr völlig ungebundenes und nicht prädestiniertes Zustandekommen. Sollten die Beteiligten merken, dass es vielleicht alternative Regeln gibt, die zu einem für sie besseren Ergebnis führen würden, so werden sie aus wohlverstandenem Eigeninteresse heraus einen Versuch machen, die Regeln zu ändern. Dass es nicht von vornherein zu unfairen Regeln kommt, weil die Reichen und Mächtigen eine Verfassung durchsetzen, die ihre privilegierte Stellung gegenüber den Armen und Ohnmächtigen sichert, will Buchanan durch die Annahme eines Schleiers der Unsicherheit gewährleistet sehen. Dieser ähnelt dem Schleier der Unwissenheit, von dem Rawls für seinen theoretischen Verfassungskonsens ausgeht (vgl. Teil I.3.4).

Peter Ulrich kritisiert Buchanans Konzeption des Gesellschaftsvertrages an zwei Punkten:

Erstens, merkt Ulrich sich auf Kant berufend an, dass Buchanans Individuen ihr Gegenüber nicht wirklich als Person behandeln, sondern als Sache. Sie gehen den Vertrag ein, weil er ihnen zum Vorteil gereicht und nicht, weil sie das Gegenüber als vollwertigen Menschen mit denselben Rechten wie sie selbst sie haben, anerkennen.

Zweitens betrachtet Ulrich den Schleier der Unsicherheit als zu weit reichende Abstraktion. In der Wirklichkeit gibt es einen solchen Zustand nicht, d. h. eine Regelsetzung allein entlang den individuellen Interessen wird von vornherein unfair sein, weil sie durch die Macht der Besitzstände geprägt ist, die erhalten bleiben. Insofern steckt in der scheinbar wertfreien Konzeption der Interaktion über Regeln Buchanans sehr wohl eine Wertung, nämlich die eines vorausgesetzten Individualismus der Eigentümer, eines „possesiven Individualismus" wie Ulrich schreibt (vgl. Ulrich 1997: 190). Ginge man anders als Buchanan von Menschen aus, die zwar ihre Interessen verfolgen, als vernunft- und sprachbegabte Wesen ihr Gegenüber aber ebenfalls als vollwertig und gleichberechtigt betrachten, so wäre die Annahme eines Schleiers nicht notwendig, um zu einer Einigung über faire Regeln zu gelangen.

Aus den alternativen Wohlfahrtskonzeptionen mit ihren Kriterien der Lebensqualität und einer nachhaltigen Entwicklung ergibt sich ebenfalls die Notwendigkeit der argumentativen Abstimmung, die sich aber allein aus dem wohlverstandenen Eigeninteresse der Individuen nicht ableiten läßt. Die alternativen Wohlstandskriterien enthalten bewusst andere normative Wertungen als die des „homo oeconomicus".

Wie in den Kapiteln zu den vielfältigen institutionalisierten Handlungszusammenhängen dargelegt wurde, tragen sie alle auf je spezifische und unterschiedliche Art und Weise zur Wohlfahrtsproduktion bei (vgl. Teil II). Sie sind alle Teil eines komplexen vielschichtigen pluralistischen Wohlfahrtsmixes (vgl. Evers/Olk 1996). Ihr Beitrag zur gesellschaftlichen Wohlfahrt erfolgt nach den für sie spezifischen Handlungsmustern mit unterschiedlicher Gewichtung der Handlungstypen, Rationalitäten, Koordinationsformen und -mittel. Die verschiedenen institutionellen Handlungszusammenhänge bei der Produktion von gesellschaftlicher Wohlfahrt ergänzen sich unter bestimmten Voraussetzungen wechselseitig. Sie können aber ebenso wechselseitig miteinander unvereinbar sein, was sich in Konflikten der betroffenen und beteiligten AkteurInnen niederschlagen kann. D. h. diese AkteurInnen müssen unter Umständen über Verständigung und Verhandlung zwischen den in Konflikt geratenen Prinzipien vermitteln.

Ausgehend von seiner Kritik an Buchanan schlägt Ulrich eine alternative Konzeption des Verständigungsprozesses mündiger BürgerInnen in einer kritischen Öffentlichkeit vor. Das entscheidende Kriterium ist hier: Wenn Handeln auch unter den kritischen Augen der Öffentlichkeit stattfinden kann, so ist es moralisch gerechtfertigt, wobei der Schutz von Minderheiten und der Privatsphäre zu beachten sind.

Besteht eine Entscheidung oder Handlung diesen Test nicht, so ist sie vermutlich unrecht. Dabei geht es nicht darum, ob eine Handlung der öffentlichen Meinung entspricht, sondern darum, ob sie sich nach öffentlicher Debatte als legitim erweist (vgl. das Beispiel „Brent Spar", II.2.1.7). Eine Schlüsselrolle für die Bereitstellung kritischer Öffentlichkeit hat die Presse, deren Freiheit der Berichterstattung deshalb besonders geschützt werden muss. Diesen Prozess der Präferenzabstimmung, der mehr ist als reine Willensbildung, beschreibt Ulrich folgendermaßen:

> „Wohlüberlegte politische ‚Präferenzen' der Bürger sind das Ergebnis des Beratungsprozesses in der politischen Öffentlichkeit, nicht die Vorgabe an diesen. Der demokratische Prozess dient somit nicht oder zumindest nicht primär der strategischen Durchsetzung vorentschiedener privater Präferenzen bzw. dem machtmässigen Interessenausgleich, sondern der diskursiven Willensbildung über gesellschaftlich anerkennenswerte Ansprüche oder Bedürfnisse und ihre Bedeutung für das ‚Gemeinwohl' sowie über eine gerechte Gesellschaftsordnung" (Ulrich 1997: 313).

Die Selbstbindung an die Regeln entsteht bei Ulrich nicht durch wohlverstandenes Eigeninteresse, sondern durch die Einsicht in die Nützlichkeit der Regeln für das im Prozess der Verständigung argumentativ ermittelte und möglichst als Konsens formulierte Gemeinwohl. Gleichzeitig ist eine gewisse BürgerInnentugend notwendig, damit der Verständigungsprozess gemäß kommunikativer Vernunft verläuft und nicht zum rein verbalen Schlagabtausch oder rhetorischen Machtkampf verkommt. Ulrich zählt vier Bedingungen dieser BürgerInnentugend auf:

- Erstens muss eine grundsätzliche Reflexionsbereitschaft bei den BürgerInnen hinsichtlich ihrer eigenen Präferenzen und Einstellungen herrschen. Man sollte bereit sein, seine Meinung aus Einsicht zu ändern.
- Zweitens muss eine grundlegende Verständigungsbereitschaft da sein bzw. der gute Wille, einmal beschlossene faire Grundsätze und Verfahrensregeln einzuhalten sowie von der Ausnutzung verfügbarer Machtpotentiale abzusehen.
- Drittens ist eine Kompromissbereitschaft in Fällen eines unauflöslichen Dissenses von Nöten.
- Viertens sollte die Bereitschaft gegeben sein, das eigene „private" Handeln vorbehaltlos der öffentlichen Legitimitätsprüfung zu unterstellen.

Auf mögliche Kritik an einer solchen BürgerInnentugend von Theoretikern wie Schumpeter, Downs oder auch Buchanan, die Politik als reine Wahlhandlungen der ihre eigenen festgelegten Interessen verfolgenden „homini oeconomici" begreifen (vgl. auch Teil III.3), entgegnet Ulrich, seine Konzeption sei realistischer, weil historische Studien gezeigt haben, dass demokratische Gemeinwesen in der Vergangenheit auf der Grundlage solcher BürgerInnentugend entstanden seien. Analytisch sei seine Konzeption zumal überzeugender, weil eine vom „homo oeconomicus" ausgehende Politikkonzeption nicht begründen könnte, warum diese Individuen an Wahlen teilnehmen, obwohl der Nutzen ihrer Stimme im Vergleich zum Aufwand des Wahlaktes verschwindend gering sei. Dieses „Trittbrettfahrer-Problem" („free-riding") entsteht z. B. auch dann, wenn eine Gruppe von „homines oeconomici" eine Organisation zu ihrem gemeinsamen Vorteil gründen wollen, denn jeder Einzelne von ihnen hat natürlich den Anreiz von den Vorteilen der Organisation zu profitieren, die Arbeit (Kosten) für deren Aufbau und Erhaltung aber möglichst den anderen zu überlassen. Analog würde das auch für Wahlen gelten. Jeder wünscht zwar eine gute Regierung, möchte sich aber gleichzeitig die Mühe für die Wahl ersparen (vgl. II.2.3 und III.3.3.1). Die BürgerInnen benötigen aber nicht nur ihre Tugend, um zu kommunikativ vernünftigen Konsensbeschlüssen zu gelangen, sondern auch „institutionelle Rückenstützen", wie Ulrich das nennt. Das heißt, es bedarf Instanzen, die sicherstellen, dass mächtige Interessenlobbies in Schach gehalten werden und die Beteiligungs- und Einspruchsrechte der BürgerInnen verankert sind. Zudem müssen diese Instanzen garantieren, dass für die BürgerInnen freier Zugang zu Informationen herrscht und die Veröffentlichungs-, Rechtfertigung- und Beweispflicht eher auf Seiten der potenziell Mächtigen liegt.

2.4 Der Bedarf an institutionellen Arrangements, die Verständigungsprozesse ermöglichen

Die von Ulrich theoretisch beschriebenen Arenen der öffentlichen Verständigung müssen zum Teil unterstützt und erhalten, zum Teil auch erst geschaffen werden. Es gibt aber solche Formen schon länger im Rahmen von z. B. Tarifauseinandersetzungen, öffentlichen Anhörungen bei größeren Bau- und Investitionsvorhaben, Schöffengerichten, Enquete-Kommissionen usw.. Seit geraumer Zeit gibt es sie auch vermehrt als Mediationsverfahren im Umweltbereich und zur Risikofolgenabschätzung sowie in Gestalt von Unternehmensdiskursen und Runden Tischen zu den verschiedensten Themen. Trotzdem herrscht weiter Bedarf an neuen institutionellen Arrangements, die eine öffentliche Verständigung ermöglichen, und an einer verbesserten praktischen Umsetzung solcher Verfahren.

Die oben genannten Instanzen, die als Rückenstützen für eine faire Arena öffentlicher Verständigungsprozesse sorgen sollen, können nur durch den demokratisch legitimierten Staat gewährleistet werden.

3. Die Rolle des Staates

Die am Ende des vorangegangenen Abschnitts genannten Instanzen, die als Rückenstützen für eine faire Arena öffentlicher Verständigungsprozesse sorgen sollen, können nur durch den Staat gewährleistet werden. Was aber ist der Staat? Der Staat stellt diese Instanzen z. B. in Gestalt von Gerichten zur Verfügung. Der Staat ist aber nicht bloß demokratisch legitimierter Schiedsrichter und Rahmensetzer mit Gewaltmonopol, sondern auch ein weiterer institutionalisierter Handlungszusammenhang neben den in Teil II bereits genannten. In seinen Verwaltungen und Parlamenten interagieren Individuen miteinander. Er ist außerdem auch ein Akteur unter anderen, der, z. B. vertreten durch Verwaltungs-, Regierungs- und Parlamentsangehörige, mit anderen in einen Diskurs eintritt oder auf Märkten als Anbieter oder Nachfrager auftritt. Die folgenden Abschnitte sollen diese unterschiedlichen Rollen des Staates aus der mikroökonomischen Perspektive verdeutlichen.

3.1 Der Mythos vom Gegensatz zwischen Markt und Staat

Dem Ökonomie-Nobelpreisträger Douglass C. North zufolge sollte die Untersuchung des Verhältnisses von Markt und Staat und ihres jeweiligen Beitrags zur gesellschaftlichen Wohlfahrt eigentlich eine der Hauptuntersuchungsfelder der Wirtschaftswissenschaft sein:

> „The creation of a state is an essential precondition for economic growth. The state, however, is the source of man-made economic decline. This paradox should have made the study of the state central to economic history: Models of the state should be an explicit part of any analysis of secular changes“ (North 1979: 249).

Dass in der Orthodoxie bis heute dem Markt eher unterstellt wird, *die* effiziente Koordinationsform zu sein, während der Staat im Gegensatz dazu als den Markt behindernd und damit tendenziell als ineffizient betrachtet wird, hängt zum einen mit ihrer einseitigen Interpretation von Adam Smith zusammen, auf der aufbauend sie sich entwickelt hat und auf die im nächsten Abschnitt kurz eingegangen wird. Zum anderen ist diese Herangehensweise eine Folge des methodologischen Individualismus der Orthodoxie (vgl. Teil I.2.5 und die Ausführungen im folgenden Teil 3.3).

Die von uns vorgestellten heterodoxen mikroökonomischen Ansätze gehen hingegen mit Polanyi („laissez-faire was planned“, vgl. Teil I.1.2.2) davon aus, dass die Herausbildung der zentralen Rolle des Marktes in der Transformation hin zur kapitalistischen Marktwirtschaft nur als eingebettet in staatliche Steuerung zu erklären ist. D. h. der von der Orthodoxie behauptete Gegensatz zwischen Markt und Staat ist ein Mythos. Vielmehr ist der Staat Voraussetzung von funktionierenden Märkten (vgl. Block 1994 und Bürgenmeier 1994).

3.1.1 Bestandsaufnahme: In welcher Rolle erschien der Staat bisher?

Erinnern wir uns, in welcher Form der Staat uns bisher schon begegnet ist. Da ist zunächst im theoriegeschichtlichen Teil der Staat in Gestalt des Herrschers („l'etat c'est moi") bei den Physiokraten. Gegen diese absolute Herrschaft des Staates über die wirtschaftlichen Aktivitäten seiner Untertanen argumentiert Adam Smith für die freie Betätigung der Bürger auf Märkten. In der Smith-Interpretation der Orthodoxie wird dieser Gegensatz hervorgehoben. Dabei wird vernachlässigt, dass Adam Smith den Staat als notwendigen Garanten des „fair play", d. h. als rechtlich-moralischen Rahmen des Marktes ansah. Daneben hielt er ein direktes Eingreifen des Staates in das Wirtschaftsleben für notwendig, wenn für die Gesamtgesellschaft nützliche Güter oder Dienstleistungen bereitgestellt werden müssen, die für private Anbieter keinen Profit abwerfen und deshalb auf dem Markt nicht erscheinen (vgl. Teil I.2.2). Marx sah den Staat als den „Überbau" an, der die Macht der Kapitalisten erhält (vgl. Teil I.2.4). Die Vertreter der Historischen Schule gingen von einem Obrigkeitsstaat aus (vgl. Teil I.2.6), dem die Rolle zukommt, die Vorschläge einer Elite aus Wirtschaftsprofessoren zum Wohle der Nation auszuführen. Die frühe Neoklassik dagegen verbaute dem Staat jeglichen ökonomischen Handlungsspielraum. Er sollte lediglich die Rahmenbedingungen gewährleisten. Dann begegnete uns der moderne demokratische Staat als Sachwalter des demokratischen Wertbildungsprozesses bei den amerikanischen Institutionalisten (vgl. I.2.7.c und III.2.2.). Die Rolle des Sachwalters hielten die Institutionalisten aufgrund der Erfahrung von Krisen der kapitalistischen Marktwirtschaft (z. B. der großen Depression in den USA) für unbedingt notwendig. In der Konzeption der Sozio-Ökonomie fungiert der Staat als moralische Klammer, als Kapsel um den Markt, die die Marktmacht begrenzt (vgl. Teil II.3.1.3). Als durch demokratische Wahl legitimierte gesellschaftliche Koordinationsform, die auf hierarchisch strukturierten Anweisungsketten aufgebaut ist, lernten wir den Staat in der Gesellschaftskonzeption von Habermas kennen (vgl. I.1.2.2). Und schließlich tauchte der Staat im Teil II immer wieder als für die dort behandelten institutionalisierten Handlungszusammenhänge und Koordi-nationsformen Regeln setzende Instanz auf. Er war Beteiligter bei der sozialen Konstruktion von Märkten, wie z. B. in der Entstehungsgeschichte der Bremerhavener Fischauktion (vgl. Teil II.3.1.5), aber auch einer der Stakeholder in der Unternehmenstheorie der MiSÖP.

3.1.2 Die Rolle des Staates für die Ökonomie (Historisches)

Die Politologie, für die der Staat einer ihrer zentralen Gegenstandsbereiche ist, kennt viele Staatsdefinitionen. Hall, auf den wir uns hier beziehen, definiert ihn anhand dreier Kriterien: Erstens ist ein Staat ein Set von Organisationen, deren wichtigste diejenigen sind, die zur Anwendung von Gewalt und Zwang notwendig sind. Der Staat stattet diese organisatorischen Einheiten mit Personal aus. Die zeitliche Kontinuität der Beschäftigung dieses Personals unterscheidet den Staat von anderen vorübergehenden, provisorischen Regierungsformen. Zweitens bilden diese Organisationen das Zentrum eines geographisch abgegrenzten Territoriums und der dort ansässigen Gesellschaft. Der Staat wirkt nach innen in seine eigene Gesellschaft und nach außen auf andere Gesellschaften, inmitten derer er sich bewegt. Sein Verhalten auf dem einen Gebiet kann oft nur durch seine Aktivitäten in dem anderen erklärt werden. Drittens monopolisiert der Staat das Setzen von Regeln in seinem Gebiet. Das führt häufig zu einer gemeinsamen politischen Kultur seiner Bürger (vgl. Hall 1994). In dieser Definition erscheint Staatlichkeit stabiler, als sie in der Realität tatsächlich ist, denn die Stabilität und Stärke eines Staates hängt wesentlich vom Verhältnis des Staates zur Zivilgesellschaft ab, d. h. davon, ob er von seinen Bürgern als legitim betrachtet und getragen wird.

Für unsere Mikroökonomik sind daraus zwei Punkte herauszustreichen. Erstens hat der Staat eine herausgehobene Rolle und kann nicht einfach als ein institutionalisierter Handlungszusammenhang unter vielen angesehen werden (z. B. verfügt er über eine größere zeitliche Beständigkeit), und zweitens ist er die zentrale Regeln setzende Instanz.

In der Definition wird zudem die Raum-, Zeit- und Kulturabhängigkeit von Staaten angedeutet. Staaten haben ein bestimmtes Territorium, eine Geschichte und eigene Kultur. Aus der Geschichte wissen wir, dass Staaten nicht aus Jäger- und SammlerInnen und auch nicht aus Nomadengesellschaften entstanden. In Gesellschaften, die auf diesen Wirtschaftsweisen aufgebaut sind, können die BürgerInnen dieser zu gründenden Staaten einfach davonlaufen, ohne ihre Lebensgrundlage zu verlieren. Bauern dagegen, die in die Bewässerung, Düngung und weitere Bearbeitung ihrer Böden investiert haben, können nicht überleben, wenn sie ihre Äcker verlassen, und geben deshalb die idealen, besteuerbaren StaatsbürgerInnen ab. Staaten konnten also überall dort entstehen, wo die notwendigen Lebensmittel landwirtschaftlich erzeugt wurden.

Die historische Entstehung der Kombination aus stabilen Staaten mit einer kapitalistischen Marktwirtschaft und mit bürgerlichen Freiheiten gerade im Nordwesten Europas, von wo sich dieses Modell ausbreitete, erklärt die Politikwissenschaft aus der Konkurrenz der dort ansässigen Staaten miteinander, die gelernt haben, dass sie die Gans nicht töten dürfen, die die goldenen Eier legt, d. h. die wirtschaftliche Aktivität ihrer BürgerInnen nicht behindern dürfen, sondern fördern müssen, wenn sie in der Konkurrenz untereinander bestehen wollen (vgl. Hall 1994).

3.1.3 Die Durchmischung von Markt und Staat

Es gibt noch vielfältige andere Staatstheorien als die eben genannte. Aus unserer mikroökonomischen Perspektive geht es hier aber nicht um Staatstheorie als solche, sondern lediglich um die Feststellung, dass Staat und Markt in kapitalistischen Marktwirtschaften untrennbar miteinander zusammenhängen. Dass beide Formen der Koordination sich auch aufgrund theoretischer Überlegungen auf vorteilhafte Weise ergänzen, hatte bereits Adam Smith erkannt. Es zeigte sich auch am Beispiel des Gefangenendilemmas, das entsteht, wenn eine Zweipersonen-Gesellschaft aus individuellen Nutzenmaximierern versucht, ein öffentliches Gut in Gestalt von Straßenbleuchtung zu gewährleisten (vgl. Teil I.3.2.1). Ohne Staat könnte diese „Gesellschaft" niemals ihr Pareto-Optimum erreichen.

Praktisch haben wir den Staat als Märkte regelnde, einbettende und fördernde Instanz bereits am Beispiel der Bremerhavener Fischauktion kennengelernt (vgl. Teil II.3.1.5). Der Staat schafft dort die notwendige Infrastruktur, die nur basierend auf Privatinitative nicht entstanden wäre (Fischbahnhof, günstige Bahntarife und Bau der Auktionshalle), erlässt die notwendigen Gesetze und sorgt für Vertrauen in den Markt durch die Vereidigung der Auktionatoren.

In der Geschichte der ökonomischen Theorieentwicklung hat es immer wieder Theoretiker gegeben, die die aktive Rolle des Staates bei der Konstruktion von Märkten hervorgehoben haben (vgl. Evans 1992: 391 ff). Bereits Max Weber hat darauf hingewiesen, dass eine verlässliche staatliche Bürokratie die Voraussetzung für funktionierende Märkte ist (vgl. Weber 1964 [1922]). Der bekannte Wirtschaftshistoriker Alexander Gerschenkron argumentierte, dass ohne die Bereitstellung von Kapital und Technologie für Infrastruktureinrichtungen durch den Staat ökonomische Entwicklung in bestimmten Ländern nicht stattgefunden hätte, weil private Geschäftsleute oder Banken das Risiko nicht übernommen hätten (vgl. Gerschenkron 1962). Die eben erwähnte Fischauktion ist ein Beispiel dafür. Albert O. Hirschman überträgt diese historisch belegte These in die Gegenwart, indem er sie auf die Länder des Südens anwendet und zeigt, dass dort ökonomische Entwicklung erfordert, dass staatliche Angestellte selbst unternehmerisch tätig werden und langfristiges unternehmerisches Denken fördern, indem sie Anreize geben und Risiken absichern (vgl. Hirschman 1958).

Auch für die wirtschaftliche Entwicklung der kapitalistischen Marktwirtschaften in Europa und Nordamerika ist der Staat heute nicht weniger wichtig als in der Vergangenheit. Seine Aufgaben verändern sich angesichts der Herausforderungen durch die Globalisierung der Märkte. Überflüssig wird staatliche Regelung, Einbettung und Förderung von Märkten jedoch auch unter diesen Bedingungen nicht. Die Rolle der Machtkontrolle durch den Staat nimmt angesichts der vielfältigen Unternehmenszusammenschlüsse eher zu, wobei sich dafür neue Staatsebenen herausbilden: z. B. der EU-Staat, an den die europäischen Nationalstaaten einige Kontrollkompetenzen abgegeben haben.

3.2 Der allgegenwärtige Staat und Staatsversagen

Im vorherigen Abschnitt war die Rede von der Rolle des Staates bei der Regelung, Einbettung und Förderung von Märkten. Dies ist aber nur eine der Rollen die der Staat bei der Gestaltung gesellschaftlicher Wohlfahrt übernimmt. Welche Aufgaben hat der Staat noch? Wann kann er diese Aufgaben erfüllen, wann nicht?

3.2.1 Der allgegenwärtige Staat – Überblick

In Abhängigkeit vom jeweiligen theoretischen Standpunkt werden dem Staat recht unterschiedliche Aufgaben zugeschrieben. In der ökonomischen Theorie gibt es grob eingeteilt zwei Sichtweisen, die die Aufgaben grundsätzlich unterschiedlich gewichten. Diese unterschiedlichen Grundauffassungen wurden in den vorherigen Abschnitten bereits angesprochen. Erstens gibt es die liberale Sichtweise der Orthodoxie, wonach vor allem der Markt die Wohlfahrt aller erhöht und staatliche Aktivität eher hinderlich ist. Die neoklassische Othodoxie begrenzt aufgrund dieser Annahme die Aufgaben des Staates auf drei Bereiche, die gegen die klassischen Fälle des Marktversagens gerichtet sind: Erstens ist das Eingreifen der Regierung in den Marktprozess gerechtfertigt, um die Monopolmacht einer Firma zu reduzieren oder zu verhindern, dass eine Monopolstellung im Markt erreicht werden kann. Zweitens muss die Regierung tätig werden, wenn negative externe Effekte wie z. B. Umweltverschmutzung entstehen und dafür sorgen, dass wirklich alle Kosten in die Marktpreise eingehen. Drittens sollte der Staat etwaige Informationsungleichheiten zwischen Anbietern und Nachfragern ausgleichen und VerbraucherInnen auf die Gefahren bestimmter Produkte wie z. B. die Nebenwirkungen von Medikamenten hinweisen. Dies sind Informationen, die allein der Marktprozess eventuell nicht offenbart.

Die verschiedenen heterodoxen Richtungen wie z. B. Keynesianer, Institutionalisten und Sozio-ÖkonomInnen betonen die Notwendigkeit für eine staatliche Aktivität, die weit über die eben beschriebenen minimal regelnden Eingriffe hinausgehen. Sie sehen den Staat als verantwortlich für die Sicherung eines Mindestmaßes an Wohlfahrt für seine Bürger an. Ein solcher Staat ist der moderne Wohlfahrtsstaat (vgl. Esping-Andersen 1998: 32), wie er in seinen unterschiedlichen Ausprägungen in den westlichen Industrieländern als Reaktion auf die Wirtschaftskrisen des Kapitalismus am Ende des neunzehnten und Anfang des zwanzigsten Jahrhunderts entstand. Die wichtigsten Aufgaben des Wohlfahrtsstaates in diesem Zusammenhang sind die Minderung von Einkommensungleichheiten und die Sicherung von Wachstum und Entwicklung (vgl. Stanfield/McClintock 1999: 1245).

Auch aus der Sicht der MiSÖP ist der Staat entscheidend an der Wohlfahrtsproduktion für seine Bürger beteiligt. Es muss jedoch berücksichtigt werden, dass Wachstum und Entwicklung in Koevolution mit der natürlichen Mitwelt geschehen. Der Staat erfüllt seine Rolle in der Wohlfahrtsproduktion auf weitaus vielfältigere Weise als die anderen in Teil II behandelten institutionalisierten Handlungszusammenhänge. Erstens ist er wie diese direkter Produzent von Wohlfahrt, zweitens bietet er Räume für Prozesse der Bestimmung und Bewertung von Wohlfahrtskriterien, und drittens greift er regelnd und machtausgleichend in Prozesse der Wohlfahrtsproduktion ein, die zumeist auch Interessenkonflikte beinhalten.

Die Bedeutung der zuerst genannten Funktion des Staates wird schon allein daran deutlich, dass der Anteil der Staatsausgaben am BSP in den meisten Industriestaaten seit Beginn des neunzehnten Jahrhunderts enorm angestiegen ist (vgl. Pressman 1999: 1104). Bereits 1980 betrugen die Staatsausgaben der westlichen Industrieländer im Durchschnitt ca. 40% des Bruttosozialprodukts mit steigender Tendenz (vgl. Tanzi und Schuknecht 1996). Das hängt zum einen damit zusammen, dass der Staat aus Steuermitteln die Bereitstellung eines Großteils der öffentlichen Güter übernimmt, wie z. B. Landesverteidigung, Bildung, öffentlicher Nahverkehr, öffentliche Sicherheit, Gesundheitsversorgung usw.. Zum anderen ist der Staat auch direkt für die Wohlfahrt seiner BürgerInnen verantwortlich und verteilt Einkommen in Gestalt von z. B. Kinder-, Sozial-, Arbeitslosen- und Wohngeld um. Der Staat organisiert sozusagen den im Wohlfahrtsteil erwähnten Trade-Off zwischen Effizienz und Gerechtigkeit (vgl. Teil III.1.3.1).

Um die Bedeutung der zweiten oben genannten Funktion des Staates als Arena für Verhandlungen und Verständigungsprozesse geht es in Abschnitt 3.4 am Ende dieses Kapitels.

Drittens übernimmt der Staat die wichtige Funktion des Rahmen- und Regelsetzens in Prozessen der Wohlfahrtsproduktion. So regelt das demokratisch legitimierte Parlament aus Sicht der MiSÖP zu Recht die ökonomischen Aktivitäten in einer Weise, die über die oben genannten drei von der Orthodoxie sanktionierten Eingriffe hinausgehen. Aus der post-keynesianischen Unternehmenstheorie (vgl. Teil II.2.1.5) folgt z. B., dass große Monopolunternehmen durchaus ökonomisch effizient und unvermeidlich sein können. Wenn solche marktbeherrschende Stellungen von Unternehmen zugelassen werden, bedeutet das aber auch, dass der Staat die negativen Auswirkungen dieser Macht ausgleichen muss.

3.2.2 Die Theorie des Staatsversagens (funktional/ökonomisch, politisch, finanziell)

Wie Martin Jänicke 1987 in seinem Buch mit dem Titel „Staatsversagen" ausführt, kann sich der Staat durchaus als unfähig erweisen, die erste und dritte der am letzten Abschnitt erläuterten Funktionen zu erfüllen. Fällt die Steuerungsfähigkeit des Staates hinter den Steuerungsbedarf zurück, so versagt der Staat. Jänicke unterscheidet drei Formen des Staatsversagens: eine funktional/ökonomische, eine politische und eine finanzielle. Die ersten beiden Formen definiert er wie folgt:

> „Staatsversagen im ökonomischen Sinne ist die Versorgung eines Landes mit öffentlichen Gütern, deren Preis zu hoch und deren Qualität zu niedrig ist – beides aus strukturellen Gründen. Mit Staatsversagen im politischen Sinne bezeichnet man die gleichfalls nicht zufällige Unfähigkeit, Entscheidungen zu fällen, deren Notwendigkeit weithin unbestritten ist" (Jänicke 1987: 11).

Die Ursache für die funktional/ökonomische Form des Staatsversagens kann darin liegen, dass der Staat, wenn er auf seine Weise Wohlfahrt produziert, genauso versagt wie der Markt (vgl. Teil II.3.2.2 und III.1.1). Die im letzten Abschnitt erwähnten vielfältigen Aufgaben des Staates wurden in der Vergangenheit häufig mit Hilfe von hierarchisch strukturierten Verwaltungen bewältigt. Auch staatliche Bürokratie kann in einem Monopol bestehen, das Leistungen in zu geringem Umfang zu überhöhten Preisen bereitstellt und innovationsschwach ist oder negative externe Effekte verursacht. Auch bei den durch den Staat bereitgestellten öffentlichen Gütern kann das Problem des „Free Riding" in Form von Steuerhinterziehung entstehen. Das Problem der asymmetrischen Informationsverteilung kann ebenfalls auch bei der staatlichen Sozialverwaltung auftreten, wenn z. B. Minderheiten nicht über ihre Rechte aufgeklärt werden oder auf sprachliche Barrieren treffen. Daneben führt der staatliche Apparat allgemein zu zunehmender Kontrolle, Überwachung und Fremdbestimmung.

Staatsversagen ist Jänicke zufolge aber auch eine direkte Folge des Marktversagens, wenn der Staat seine Wohlfahrtsleistungen an private Wirtschaftsunternehmen überträgt und von modernen „Hoflieferanten" (vgl. Jänicke 1987: 57) abhängig wird.

Politisch versagt der Staat, wenn er seine machtausgleichende Funktion nicht wahrnehmen kann, weil er selbst den machtvollen Lobbies zu ähnlich ist, deren Gegengewicht er darstellen soll oder unter deren Einfluss er geraten ist. Die immer wieder aufgedeckten Skandale im Rahmen der Parteienfinanzierung sind ein Hinweis auf die Relevanz dieser Form des Staatsversagens. Politiker als Repräsentanten des Staates können aber nicht nur in die Abhängigkeit von mächtigen Industrieverbänden oder anderen Interessenkoalitionen geraten, sondern auch in die der Medien oder ihrer eigenen Verwaltungen.

Die dritte, finanzielle Form des Staatsversagens entsteht laut Jänicke, wenn der Staat durch die Verflechtung mit der Wirtschaft Subventionen und Steuervergünstigungen vergibt und sich deshalb verschuldet (vgl. Jänicke 1987: 107). Durch die Zinszahlungen für die Staatsverschuldung werden die Staatsaufgaben letztlich teurer für die BürgerInnen als bei einem ausgeglichenen Staatshaushalt. Auch von neoklassischen ÖkonomInnen wird eine hohe Staatsverschuldung, die daraus resultiert, dass die Ausgaben zeitweise oder dauerhaft die Einnahmen des Staates übersteigen, als Staatsversagen interpretiert. Keynesianische und marxistische ÖkonomInnen sehen aus unterschiedlichen Überlegungen dagegen darin kein Versagen, sondern eine Notwendigkeit. (Da diese Diskussion in den Bereich der Makroökonomik gehört, sollen die Argumente hier nicht entfaltet werden. Vgl. zur weiteren Lektüre die Artikel von Pressman 1999, Butler 1999.)

3.2.3 Ein Ausweg – Dezentralisierung und Demokratisierung von unten („Lob der kleinen Einheit“, Stärkung der Meso-Ebene)

Ist der Staat also selbst das Problem, das er lösen soll? Nach den Ausführungen von eben zum Teil schon. Es gibt aber einen Ausweg aus dem Dilemma, d. h. einen Weg, dafür zu sorgen, dass der Staat zumindest weniger häufig versagt. Die Lösung liegt darin, die Einfluss- und Kontrollmöglichkeiten der Bürgerinnen und Bürger zu stärken. Darauf, dass diese Kontrolle am besten dort geschieht, wo die Bürgerinnen und Bürger selbst betroffen sind und über Alltagserfahrungen und Wissen verfügen, hat bereits Jänicke in seinem Buch „Staatsversagen“ hingewiesen. Dazu muss aber auch der Staat sich auf dasselbe Niveau begeben und möglichst dezentral organisiert sein, damit lokale Probleme auch lokal („bürgernah“) angegangen werden können. Das entspricht dem Subsidiaritätsprinzip, das besagt, dass die übergeordnete Gemeinschaft nur leistet, was die untergeordnete nicht leisten kann. Der Ökonomie-Nobelpreisträger Gunnar Myrdal hat bereits in seinem Buch „Beyond the Welfare State“ dieses Subsidiaritätsprinzip, gekoppelt mit hoher demokratischer Beteiligung, zur Grundlage für die weitere Entwicklung der Wohlfahrtsstaaten erhoben (vgl. Myrdal 1968 und Kesting 2002). Dieser Ansatz führt zum „enabling state“, dessen Konzept der MiSÖP entspricht. Bevor dieses

Staatsverständnis weiter entwickelt wird, soll jetzt zunächst, wie in den anderen Abschnitten, die neoklassische Konzeption des Staates dargelegt werden.

3.3 Die ökonomische Theorie der öffentlichen Entscheidungen (public choice)

Kehren wir also zurück zum „homo oeconomicus". Ausgehend von den neoklassischen Grundannahmen stellt sich die Frage, wie es auf der Basis der Betrachtung der Bevölkerung als Summe von nutzenmaximierenden „homines oeconomici" erklärt werden kann, dass sich eine solche Bevölkerung gemeinsame Mindestregeln gibt, die einen vorteilhaften Umgang miteinander erlauben und verhindern, dass es zu einem Krieg aller gegen alle kommt.

3.3.1 Ökonomische Theorie der Demokratie

Wenn die Menschen in einem politischen Gemeinwesen als individuelle Nutzenmaximierer angesehen werden, so gilt das ebenso für die PolitikerInnen. Folglich fragt *Antony Downs* in seiner neoklassichen Analyse der Politik in einer Demokratie (vgl. Downs 1957), welchen Nutzen die Politiker erzielen. Downs geht davon aus, dass PolitikerInnen Einkommen, Macht und Prestige durch die Erlangung eines Amts erreichen wollen. Um aber z. B. Bundeskanzler oder Ministerpräsidentin zu werden oder einen Parlamentssitz zu besetzen, müssen Politiker Wählerstimmen maximieren. Dazu benutzen sie Parteien, mit deren Hilfe sie Wahlprogramme entwerfen, die sie je nach der beobachteten oder vermuteten Verteilung der Wählermeinung verfassen und anpassen. Auf diese Weise können sie eine ausreichende Zahl von Wählerinnen und Wählern dazu veranlassen, ihnen ihre Stimmen zu geben, so dass sie das gewünschte Amt erhalten. Welches Programm das strategisch erfolgversprechendste ist, wird u.a. vom Wahlsystem abhängen. Muss, wie z. B. beim ersten Wahlgang der französischen Präsidentschaftswahl, nur die relative Mehrheit erreicht werden, kann es rational und ausreichend sein, mit einem auf circa zwanzig Prozent der Stimmen ausgerichteten Programm anzutreten. Anders beim amerikanischen Präsidentschaftswahlkampf, wo mindestens 51% der Wahlmännerstimmen erzielt werden müssen.

Das Verhalten der PolitikerInnen unterscheidet sich also, von der Warte dieses Ansatzes aus betrachtet, nicht wesentlich von dem der UnternehmerInnen (vgl. Teil II.2.2). Sie haben eine Partei (Unternehmen), in der politische Programme (Güter und Dienstleistungen) produziert werden, die zum Zweck der Prestige- und Machtmaximierung (Gewinnmaximierung) zur Wahl gestellt (auf dem Markt angeboten) werden.

Die Schwierigkeit für die PolitikerInnen besteht laut Downs grundsätzlich darin abzuschätzen, welche Ansichten und politischen Maßnahmen eine Mehrheit der Wählerschaft bevorzugt. Selbst wenn sehr viel Geld für Meinungsforschung ausgegeben wird, bleibt deren Aussagekraft mit Unsicherheit behaftet. Deshalb ist es für Politiker wie Parteien ökonomisch rational, weil kostensenkend, ihre Programme und Aussagen auf große gesellschaftliche Gruppen auszurichten, die ihre Ansichten kostenfrei jedem frei Haus liefern. Angesichts der Mitgliederzahl des ADAC und der Beschäftigtenzahlen in der Automobilindustrie ist es z. B. eine clevere Strategie für Politiker, sich als „autofreundlich" zu bezeichnen.

Da die Parteien in diesem Erklärungsansatz ihre Programme nach der Wählergunst ausrichten, müsste die Parteienlandschaft in einer Demokratie die statistische Verteilung der Ansichten der Wählerschaft widerspiegeln. Nehmen wir an, die Ausrichtung der Parteiprogramme lässt sich zusammengefasst auf einer horizontalen Skala zwischen progressiv und konservativ abtragen und die Anzahl der Wählerinnen und Wähler mit der jeweiligen Orientierung auf der senkrechten, dann entspricht eine Normalverteilung der Kurve 1 in Abb. 90.

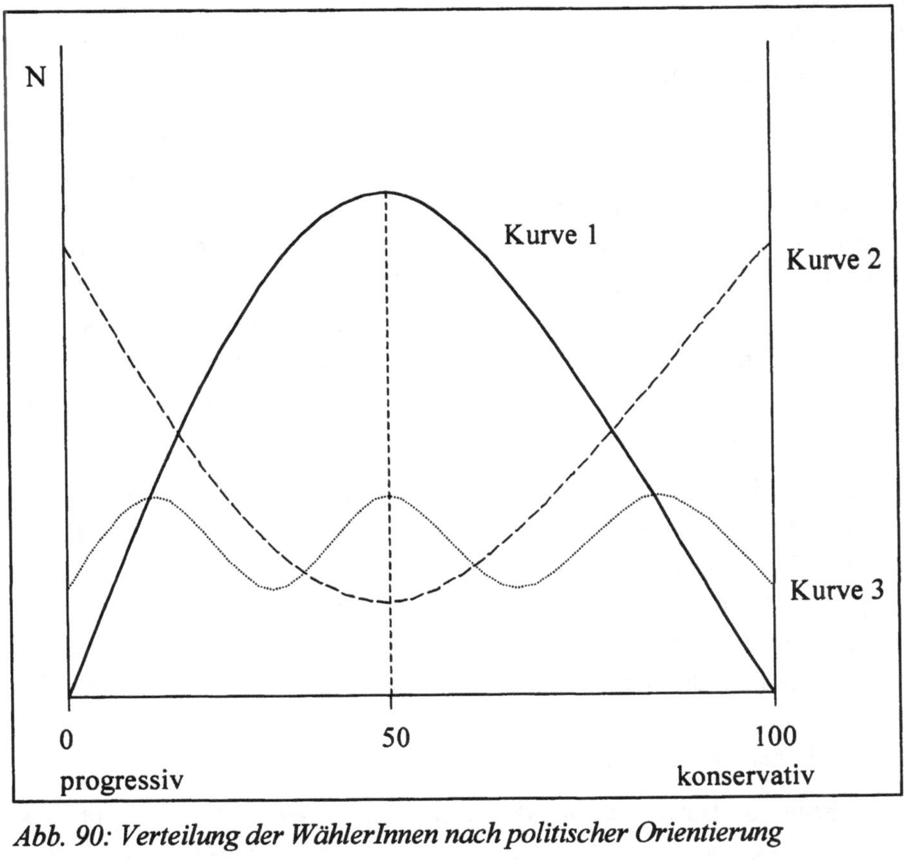

Abb. 90: Verteilung der WählerInnen nach politischer Orientierung

Eine solche Verteilung wird nach Downs dazu führen, dass sich die Parteiprogramme stark ähneln, weil alle Parteien um die zahlenmäßig große Mitte konkurrieren. Wahrscheinlich wird aufgrund der großen Ähnlichkeit auch die Zahl der Parteien gering sein.

Geht man von einer Verteilung der Wählerschaft mit einer großen konservativen Gruppe auf der einen und einer großen progressiven auf der anderen Seite aus, so lässt sich das durch Kurve 2 in Abb. 90 wiedergeben. Die Folge wäre ein Zweiparteiensystem mit zwei ideologisch stark entgegengesetzten konkurrierenden Parteiprogrammen.

Finden wir dagegen ein breites Meinungsspektrum in der Bevölkerung vor, so entspricht diesem auch eine Aufsplitterung der Parteienlandschaft in viele kleine Parteien mit sehr spezifischer programmatischer Ausrichtung, bildlich wiedergegeben in der Wellenlinie (Kurve 3) in Abb. 90.

Zumeist ist die Situation weit komplexer als die einfachen Modelle. Demnach kann man mit Downs sagen, dass die kleineren Parteien sich eher auf spezialisierte kleinere Wählergruppen an den Rändern der Skala konzentrieren, während die Volksparteien um die große Mitte konkurrieren und darum auch einander stark ähnelnde Programme vertreten. Ein Beispiel ist die Konzentration auf familienpolitische Themen durch alle Parteien im Wahlkampf, der den Bundestagswahlen im Jahr 2002 vorausging.

Warum das ja ebenfalls aus rationalen Nutzenmaximierern bestehende Wahlvolk an der Abstimmung teilnimmt, kann dieser Ansatz nicht erklären, denn sich über die Parteiprogramme zu informieren und der Wahlakt als solches verursacht Kosten. Aber was ist der Nutzen für die einzelne Wählerin? Der Nutzen kann nur darin bestehen, mit der eigenen Stimme den Ausgang der Wahl beeinflussen zu können. Das ist aber in den meisten Fällen nicht zu erwarten. Wenn also keine zusätzlichen Verhaltensannahmen über die Wähler getroffen werden, bleibt im Rahmen dieses Ansatzes unerklärbar, warum die Wahlbeteiligung nicht gegen null geht.

Kritisch wird zudem gegen eine solche neoklassische Sicht der Demokratie eingewandt, sie betrachte Demokratie als reine „Technik der Führerbestellung durch dafür vorgesehene Wahlakte“ (Röhrich 1999: 33). D. h. die Übertragung des Marktmodells auf die Politik ist nur scheinbar wertfrei, denn sie leistet einer Vorstellung Vorschub, Demokratie sei ein bloßer Mechanismus zur Bestimmung der herrschenden Elite. Demokratie als Gestaltung der Gesellschaft durch aktive StaatsbürgerInnen und deren Teilnahme am Prozess der politischen Willensbildung wird durch eine solche Theorie ignoriert.

Ausgehend von Downs hat sich der Ansatz der *Neuen Politischen Ökonomik* (NPÖ im Englischen „public choice“) entwickelt, zu dem auch James Buchanan (vgl. den unmittelbar folgenden Abschnitt 3.3.2) gezählt wird. Moderne Beiträge dazu nehmen die Frage nach dem Nutzen und den Kosten der Teilnahme an Wahlen auf und verbinden diesen Ansatz mit der Neuen Institutionenökonomik und Elementen der Spieltheorie wie dem Denken in Gefangenen-Dilemma-Strukturen (vgl. Erlei u.a. 1999). Der Ausgangspunkt der Analyse der NPÖ ist die Feststellung, dass der Staat z. B. bei der effizienten Bereitstellung öffentlicher Güter ebenso versagen kann wie der Markt.

PolitikerInnen und politisch agierende Bürger/WählerInnen werden in diesen Theorieansätzen vom Standpunkt des methodologischen Individualismus aus betrachtet: Sie verfügen über unveränderbare, ihnen bekannte Präferenzen, beziehen aber andere ebensolche Akteure strategisch in ihre Handlungen mit ein, d. h. sie handeln opportunistisch und mit List. Dabei wird besonders betont, dass nicht nur die Produktion öffentlicher Güter Kosten (z. B. der Verwaltung und Präferenzerhebung) verursacht, die die BürgerInnen über ihre Steuern finanzieren müssen, sondern dass auch ihre politische Betätigung selbst vielfältige Transaktionskosten verursacht. Erstens sind das Zeitaufwendungen, um an der Wahl teilzunehmen, aber auch, um sich über Politiker, Parteien und deren Programme zu informieren. Zweitens können „Diskriminierungskosten“ entstehen, womit die Nichterfüllung von Präferenzen von Minderheiten bezeichnet wird, die bei Wahlen überstimmt werden. Drittens entstehen Kosten der Gründung und Aufrechterhaltung von Interessengruppen, um spezifische Präferenzen durchzusetzen, die im Rahmen der NPÖ ähnlich wie die Teamproduktion im Unternehmen analysiert werden (vgl. Teil II.2.3.2). Viertens werden von Vertretern der NPÖ „Entscheidungskosten“ genannt, d. h. Kosten für Wahlkampagnen und Kompensationszahlungen, damit Wählergruppen bereit sind, im Hinblick auf die Erfüllung ihrer Präferenzen Kompromisse zu machen. Fünftens müssen die Bürger/WählerInnen überwachen, ob gewählte PolitikerInnen die Präferenzen ihrer WählerInnen befriedigen oder eigene Interessen verfolgen („rent-seeking“, erläutert im nächsten Abschnitt 3.3.2). Das verursacht Kontrollkosten, die im Rahmen von Principal-Agent-Beziehungen analysiert werden (vgl. Teil II.2.3.3).

Neben der Teilnahme an Wahlen und dem politischen Prozess des Staates oder der Gebietskörperschaft, in der sie beheimatet sind, haben die BürgerInnen auch die Möglichkeit abzuwandern und sich einen Staat oder eine Gemeinde zu suchen, die besser ihren Präferenzen entspricht. Erlei u.a. untersuchen auch diese Alternative entsprechend den üblichen Annahmen der NIÖ und sehen auch hier das Problem vielfältiger Transaktionskosten, d. h. Kosten für den Umzug, Unsicherheit über die Verhältnisse am neuen Ort, die sich nur durch das Beschaffen von Informationen überwinden lässt, was wiederum Kosten verursacht. Schließlich gibt es Kosten, die durch das Verlassen der gewohnten sozialen Umgebung, der formellen und informellen Regeln sowie des Sprachraums entstehen, da all das am neuen Ort erst wieder gelernt und erworben werden muss (vgl. Erlei u.a. 1999: 377).

Aus der Perspektive der Verbindung von NPÖ und NIÖ ist über den Durchschnittswähler oder -bürger zu folgern: „Er ist rational, d. h. knappheitsbedingt, ignorant“ (Erlei u.a. 1999: 363). Aufgrund der hohen Transaktionskosten bedarf es eines hohen Grades an Enttäuschung über die Erfüllung der Präferenzen, bevor rationale BürgerInnen die Kosten des politischen Engagements oder des Abwanderns auf sich nehmen. Die Frage, wann dieser Punkt erreicht ist, lässt sich nicht theoretisch, sondern nur durch empirische Untersuchung konkreter Situationen beantworten (vgl. Erlei u.a. 1999: 409). Durch ihre Fokussierung auf den Kostenaspekt tut sich diese theoretische Perspektive wie schon Downs schwer, Demokratie als Gestaltung der Gesellschaft durch aktive StaatsbürgerInnen und deren Teilnahme am Prozess der politischen Willensbildung zu erklären.

Eine wichtige Schlussfolgerung aus diesem Ansatz ist aber, dass die Transaktionskosten durch eine gute Verfassung des Gemeinwesens entscheidend gesenkt und folglich die politischen Betätigungen der BürgerInnen erleichtert werden können:

> „Wollen Individuen produktiv interagieren, d. h. miteinander komplexe Tauschprozesse initiieren, so bedarf es hierfür eines Staates, der konsensfähige Regeln schafft, überwacht und der bestimmte kollektive Leistungen bereitstellt“ (Erlei u.a. 1999: 457).

Eine transaktionskostensenkende Verfassung würde das Subsidiaritätsprinzip (vgl. Abschnitt 3.2.3 in diesem Kapitel) beinhalten und die Marktmacht eindämmen (vgl. Erlei u.a. 1999: 427 und 437). Um die Schaffung solcher Regeln geht es im nächsten Abschnitt.

3.3.2 Ökonomische Theorie der Verfassung

Der Ökonomie-Nobelpreisträger und Begründer der *ökonomischen Theorie der Verfassung* James Buchanan ist zunächst wie eine Reihe anderer neoklassischer Ökonomen von noch stärker marktorientierten Annahmen in Bezug auf den Staat ausgegangen als Downs. Er unterstellte Politikern die rein monetäre Motivation des „rent-seeking“ für ihr Streben nach einem Amt. Damit ist gemeint, dass die gewählte PolitikerIn ihr Amt dafür nutzt, Einnahmen aus Steuern und Abgaben über Subventionen und das Einräumen von Vergünstigungen anderer Art an alle diejenigen zu verteilen, die sie/ihn bei der Wahl unterstützt haben, und daneben auch für sich selbst etwas beiseite zu schaffen. Da dieses „Umverteilen“ keinerlei Beitrag zur gesellschaftlichen Wohlfahrt leistet, ist es nur folgerichtig, wenn Buchanan zunächst forderte, die Rolle des

Staates müsse auf ein Minimum reduziert werden und gesellschaftliche Koordination sei möglichst weitgehend über den Markt zu organisieren (in der praktischen Politik passt dazu der Ruf nach dem „schlanken Staat"). Vielleicht kann dieser Ansatz das Verhalten eines Diktators erklären. Zum Verständnis, warum kapitalistische Marktwirtschaften heute zumeist auch demokratische Rechtsstaaten sind, trägt der rent-seeking-approach allerdings nichts bei. Denn es ist nicht einzusehen, warum als „homo oeconomicus" konzipierte Raubritter oder Mafiosi, die ihr Gewaltmonopol dazu nutzen, den Rahm der wirtschaftlichen Tätigkeit Anderer abzuschöpfen, sich einen teuren demokratischen Rechtsstaat leisten sollten, der sie in ihren Aktivitäten doch eher behindert.

Dass sich eine Ansammlung rational kalkulierender nutzenmaximierender Individuen einen demokratisch verfassten Rechtsstaat gibt, erklärt Buchanan damit, dass es im Eigeninteresse aller liegt, wenn es verlässliche Persönlichkeits- und Eigentumsrechte gibt, weil so die Chancen für alle steigen, dass vorteilhafte Geschäfte abgeschlossen werden, die sonst aufgrund der hohen Risiken, über das Ohr gehauen zu werden, unterblieben (vgl. Teil III.2.3). Wie wir schon gesehen haben, greift Buchanan ähnlich wie der Sozialphilosoph Rawls (vgl. Teil I.3.4.2) zur Abstraktion des „Schleiers der Unsicherheit", um zu begründen, warum es unter den allein ihre Interessen verfolgenden Individuen überhaupt zu einer Einigung kommen kann. Habenichtse und Wohlhabende, Mächtige und Ohnmächtige haben sehr unterschiedliche Vorstellungen darüber, wie die für sie ideale Gesellschaftsverfassung aussehen soll. Zu einer Einigung über die Verfassung ihres Gemeinwesens können sie nur über die Annahme des „Schleiers der Unsicherheit" gelangen. Wenn nämlich niemand sicher weiß, zu welcher der oben genannten Gruppen er oder sie gehören wird, so werden sich alle in der Variante Buchanans für gleiche Wettbewerbsbedingungen für alle und Gleichheit vor dem Gesetz entscheiden. In der vergleichbaren Variante des „Schleiers der Unwissenheit" von Rawls werden sich ebenfalls alle für eine Verfassung entscheiden, die strikt gleiche Bürgerrechte für alle garantiert und soziale und wirtschaftliche Ungleichheit nur zulässt, wenn sie zum Vorteil aller gereicht, Chancengleichheit gewährleistet und nicht zu einer Einschränkung der Bürgerrechte führt.

An der Abstraktion des Schleiers und den Folgerungen daraus ist vielfältige Kritik geübt worden (vgl. Teil III.2.3 und I.3.4.2). Die MiSÖP teilt die Schlussfolgerung aus dieser Kritik, dass es realitätsnäher und deshalb theoretisch sinnvoller ist, auf die Abstraktion des Schleiers zu verzichten und statt dessen zur Erklärung des Handelns mündiger Bürger und einer guten Verfassung die handlungstheoretische Grundlage hinsichtlich der Handlungstypen, Rationalitäten und Koordinationsformen zu erweitern (vgl. Teil I.4)

3.4 „From Master to Servant" – Der Staat als Förderer gemeinschaftlicher Eigeninitiative

Aus der Sicht der neoklassischen Konzeption des Staates wie auch aus ihrer Weiterentwicklung im Rahmen der Neuen Politischen Ökonomik, der Neuen Institutionenökonomik und der ökonomischen Theorie der Verfassung kann das engagierte Gestalten des Staates durch seine BürgerInnen nicht erklärt werden. Aufgrund der beibehaltenen engen individualistischen Handlungstheorie und der einseitigen Betonung der Transaktionskosten folgt eher die Passivität des rational ignoranten Bürgers als Leistungsbezieher. Wie aus den vorangegangenen Abschnitten deutlich geworden ist, ist Staatsversagen nur durch die engagierte Kontrolle des Staates durch die mündigen Bürger zu verhindern. Nur sie selbst können durch gemeinsames demokratisches Handeln ihren Staat und ihre Wohlfahrt verbessern. Um das Zusammenspiel zwischen engagierten BürgerInnen und dem ermöglichenden Staat geht es in den folgenden Abschnitten.

3.4.1 Die „responsive community" – der Kommunitarismus

Der Kommunitarismus, den wir bereits als philosophische Grundlage der Sozio-Ökonomie kennengelernt haben (vgl. Teil I.3.4.2), verweist auf eine dritte Alternative ohne den radikalen Individualismus der Neoklassik, aber auch ohne den allmächtigen Staat. Als wichtigste Rückenstütze der mündigen BürgerIn betonen die Kommunitaristen anstelle des Staates vor allem die Gemeinschaft. Ihr führender Vertreter Amitai Etzioni bringt das folgendermaßen zum Ausdruck:

> „The key to understanding this notion lies in the importance, especially to communitarians, of the ‚third realm'. This realm is not the state or the market (or individual choices), but rather the community, which relies on subtle social fostering of prosocial conduct by such means as communal recognition, approbation, and censure. These processes require the scrutiny of some behavior, not by police or secret agents, but by friends, neighbors, and fellow members of voluntary associations" (Etzioni 1999: 213).

Etzioni selbst hat als typische Beispiele für solche Gemeinschaften ethnisch und religiös geprägte Nachbarschaften in den USA im Auge. Eine erweiterte Vorstellung von „Gemeinschaft" beinhaltet z. B. die in Teil II.1 erwähnten Nachbarschaften und anderen Formen der Kooperation unter Haushalten (vgl. Teil II.1.1.4 und II.1.5.2). Im Unternehmensteil sind sie unter den Stakeholdern zu finden (vgl. Teil II.2.1.6 und 7). Auch viele Nonprofit-Organisationen sind solche Gemeinschaften (vgl. Teil II.5).

Diese Gemeinschaften tragen neben Markt und Staat zu einem nicht unerheblichen Teil zur Wohlfahrtsproduktion für die Bürger und zu ihrer sozialen Absicherung bei. Adalbert Evers und Thomas Olk sehen deshalb wie die amerikanischen Kommunitaristen eine veränderte Rolle für den Staat:

> „Der Staat kann die bereichsspezifischen Kompetenzen und Ressourcen nichtstaatlicher Organisationen nutzen sowie durch ihren Einbezug in die Umsetzung staatlcher Programme und Maßnahmen das tatsächliche Ausmaß staatlicher Eingriffe und Interventionen in die Gesellschaft partiell ‚herunterspielen'" (Evers/Olk 1996: 29).

3.4.2 Der aktivierende Staat – der Staat als Ermöglicher anstatt als Vollstrecker

Der Staat kann sich also als Produzent sozialer Leistungen zurücknehmen und seine regulierende, moderierende und Bürgerengagement und gesellschaftliche Initiative fördernde bzw. ermöglichende Kolle betonen. Dieser aktivierende und ermöglichende Staat besteht aus Politikern und öffentlicher Verwaltung, die über Steuermittel verfügen und sich als „Diener" der BürgerInnen begreifen (vgl. z. B. Evers 2000). Der aktivierende Staat zeichnet sich durch Eigenschaften aus, die schon von Jänicke zur Eindämmung des Staatsversagens vorgeschlagen wurden: Er folgt dem Subsidiaritätsprinzip und ist dezentral und demokratisch strukturiert. Es ist ein Staat, der „public support for private responsibility" gibt (vgl. Gilbert/Gilbert 1989), denn NPOs und andere Gemeinschaften stellen eine Leistungsreserve dar, die aber auch gepflegt und unterstützt werden muss. Das Prinzip der Subsidiarität und Dezentralisierung verwirklicht ein Staat, der

> „... Großstädte, Kleinstädte, und Dörfer zu seinen Bevollmächtigten macht, der Nachbarschaftskomitees und Aufsichtsgremien seine Unterstützung zuteil werden läßt und der beständig nach Bürgergruppen Ausschau hält, die bereit sind, in Lokalangelegenheiten Verantwortung zu übernehmen" (Walzer 1993: 177).

Die Entwicklung eines aktivierenden Staates sei, so führt Evers aus, selbst als Prozess zu begreifen, und der aktivierende Staat sei wiederum auf engagierte BürgerInnen angewiesen (vgl. Evers 2000: 16), die über die von Ulrich herausgestellten Bürgertugenden verfügen (vgl. Teil II.2.3).

Das Konzept des aktivierenden Staates sieht die Aktivität vor allem auf Seiten der Politik und Verwaltungen. Dem Konzept vom „mündigen Bürger" Peter Ulrichs entspricht aber eher die Vorstellung vom „ermöglichenden Staat" – einem Staat, der durch seine Politik die von den tätigen BürgerInnen selbst ergriffenen Initiativen (in den Marktökonomien, in den Versorgungsökonomien, in der Zivilgesellschaft (soziale Lebenswelt)) unterstützt. Der Staat kann das z. B. tun, indem er öffentliche Räume diskursiver Verständigung herstellt.

Ein Beispiel dafür ist der Prozess der „Agenda 21“, in dem die Tätigkeit der vielen engagierten BürgerInnen durch Kommunen, Länder und Bund ermöglicht werden soll. Nötig ist im Konzept des „ermöglichenden Staates“ finanzielle und infrastrukturelle Unterstützung sowie der Ausgleich gesellschaftlicher Macht in diesen Wertbildungsprozessen.

Der Staat wird in dieser Konzeption auch in Zukunft nicht überflüssig. Er wird nicht durch zivilgesellschaftlich organisierte Gemeinschaften vollständig ersetzt. Die Regierung als durch Wahl legitimierte Vertreterin der Gesamtgesellschaft behält ihre Rolle zum einen als Mediatorin und Regulatorin der oben angesprochenen vielfältigen Prozesse und zum anderen als verantwortliche Instanz für die Umsetzung von Maßnahmen im überindividuellen und räumlich übergreifenden Interesse wie z. B. der Ökosteuer. Und sie erfüllt die Funktion des Machtausgleichs.

Sachindex

Literaturverzeichnis

Albert, H. (1965[1963]): „Wertfreiheit als methodisches Prinzip: Zur Frage der Notwendigkeit einer normativen Sozialwissenschaft", in: Topitsch, E. (Hg.): „Logik der Sozialwissenschaften", Köln u.a.: Kiepenheuer & Witsch, S. 181-210.

Alchian, A.A. u. Demsetz, H. (1972): „Production, information costs, and economic organization", in: American economic review, Bd. 62, S. 777-795.

Alchian, A.A. (1987): „Property rights", in: Eatwell, J., Milgate, M. u. Newman, P. (Hg.): „The new palgrave: a dictionary of economics", Band III (K-P), London: Macmillan, S. 1031-1034.

Althaler, K.S. (Hg.) (1995): „Sozio-Ökonomische Forschungsansätze: Historische Genese, Methoden, Anwendungsgebiete", Marburg: Metropolis.

Arendt, H. (1994[1970]): „Macht und Gewalt", München u.a.: Piper.

Arrow, K.J. (1951): „Social choice and individual values", New York: Wiley; (identische 2. Aufl. mit einem Zusatzkapitel, New Haven: Yale University Press, 1963).

Barrow, J.D. (1998): „Impossibility: the limits of science and the science of limits", Oxford: Oxford University Press.

Bauer, F. (2000): „Zeitbewirtschaftung in Familien: Konstitution und Konsolidierung familialer Lebenspraxis im Spannungsfeld von beruflichen und außerberuflichen Anforderungen", Opladen: Leske + Budrich.

Baukhage, M. u. Wendl, D. (1998): „Tauschen statt bezahlen: die Bewegung für ein Leben ohne Geld und Zinsen", Hamburg: Rotbuch-Verlag.

Beck-Gernsheim, E. u. Ostner, I. (1978): „Frauen verändern – Berufe nicht? Ein theoretischer Ansatz zur Problematik von »Frau und Beruf«", in: Soziale Welt, Nr. 3, S. 257-287.

Becker, G. S. (1993[1976]): „Der ökonomische Ansatz zur Erklärung menschlichen Verhaltens", 2. Aufl., Tübingen: Mohr (Original: Becker, G. S. (1976): „The economic approach to human behavior", Chicago u.a.: University of Chicago press).

Becker-Schmidt, R. (1987): „Die doppelte Vergesellschaftung – die doppelte Unterdrückung: Besonderheiten der Frauenforschung in den Sozialwissenschaften", in: Unterkircher, L. u. Wagner, I. (Hg.): „Die andere Hälfte der Gesellschaft: Österreichischer Soziologentag 1985", Wien: Verlag d. österr. Gewerkschaftsbundes, S. 10-25.

Becker-Schmidt, R. (2001): „Was mit Macht getrennt wird, gehört gesellschaftlich zusammen: Zur Dialektik von Umverteilung und Anerkennung in Phänomenen sozialer Ungleichstellung“, in: Knapp, G.-A. u. Wetterer, A. (Hg.): „Soziale Verortung der Geschlechter: Gesellschaftstheorie und feministische Kritik“, Münster: Westfälisches Dampfboot, S. 91-131.

Bell, D. u. Kristol, J. (Hg.) (1984): „Die Krise in der Wirtschaftstheorie“, Berlin u.a.: Springer.

Bennholdt-Thomsen, V. u.a. (Hg.) (1999): „Das Subsistenz-Handbuch: Widerstandskulturen in Europa, Asien und Lateinamerika“, Wien: Pro Media.

Bergmann, B.R. (1986): „The economic emergence of women“, New York: Basic Books.

Bericht der Enquete-Kommission „Schutz des Menschen und der Umwelt“ (1994): „Die Industriegesellschaft gestalten: Perspektiven für einen nachhaltigen Umgang mit Stoff- und Materialströmen“, Bonn: Economica.

Bierter, W. (1997): „Öko-effiziente Dienstleistungen und zukunftsfähige Produkte“, in: Bullinger, H.-J. (Hg.): „Dienstleistungen für das 21. Jahrhundert: Gestaltung des Wandels und Aufbruchs in die Zukunft“, Stuttgart: Schäffer-Poeschel, S. 557-585.

Biervert, B. (1991): „Menschenbilder in der ökonomischen Theoriebildung: Historischgenetische Grundzüge“, in: Biervert, B. u. Held, M. (Hg.) (1991), a.a.O., S. 42-55.

Biervert, B. u. Held, M. (Hg.) (1989): „Ethische Grundlagen der ökonomischen Theorie: Eigentum, Verträge, Institutionen“, Frankfurt a.M. u.a.: Campus.

Biervert, B. u.a. (Hg.) (1990): „Sozialphilosophische Grundlagen ökonomischen Handelns“, Frankfurt a.M.: Suhrkamp.

Biervert, B. u. Wieland, J. (1990): „Gegenstandsbereich und Rationalitätsform der Ökonomie und der Ökonomik“, in: Biervert, B. u.a. (Hg.) (1990), a.a.O., S. 7-32.

Biervert, B. u. Held, H. (Hg.) (1991): „Das Menschenbild der ökonomischen Theorie: Zur Natur des Menschen“, Frankfurt a.M. u.a.: Campus.

Biervert, B. u. Held, H. (Hg.) (1994a): „Das Naturverständnis der Ökonomik: Beiträge zur Ethikdebatte in den Wirtschaftswissenschaften“, Frankfurt a.M.: Campus.

Biervert, B. u. Held, M. (1994b): „Veränderungen im Naturverständnis der Ökonomik“, in: Biervert, B. u. Held, M. (Hg.) (1994a), a.a.O., S. 7-29.

Biesecker, A. (1992): „Habermas und die ökonomische Wissenschaft: Über-- legungen zur lebensweltlichen Orientierung der Wirtschaftstheorie“, Bremen: Universität Bremen.

Biesecker, A. (1994): „Familienökonomie als Interferenz: Eine sozial-ökonomische These des Haushalts“, in: Grenzdörffer, K. u. Biesecker, A. (Hg.): „Ökonomie als Raum sozialen Handelns“, Bremen: Donat, S. 70-91.

Biesecker A. u.a. (1996): „Migration, Familienökonomie und Biographie: Zur Entdeckung und Entwicklung von Familienökonomien in den Biographien türkischer Migranten der zweiten Generation“, iiso Forschungsbericht Nr. 1 (früher: ÖSO), Bremen: Universität Bremen.

Biesecker, A. (1997): „The market as an instituted realm of social action“, in: Journal for socio-economics, Bd. 26, Nr. 3, S. 215-241.

Biesecker, A. (2000a): „Arbeitsteilung und das Ganze des Wirtschaftens: Die Produktivität sozio-ökonomischer Vielfalt“, in: Held, M. u. Nutzinger, H.G. (Hg.): „Geteilte Arbeit und ganzer Mensch: Perspektiven der Arbeitsgesellschaft“, Frankfurt a.M. u.a.: Campus, S. 204–225.

Biesecker, A. (2000b): „Arbeiten als vielfältiges Mit-Gestalten: Zum Verständnis von Arbeit und Produktivität im Konzept des vorsorgenden Wirtschaftens“, in: Biesecker, A. u.a. (Hg.) (2000), a.a.O., S. 259-264.

Biesecker, A. (2000c): „Kooperative Vielfalt und das »Ganze der Arbeit« - Überlegungen zu einem erweiterten Arbeitsbegriff, Studie im Rahmen des Forschungsprojekts »Arbeit und Ökologie« für das Wissenschaftszentrum Berlin“, WZB-Paper Nr. p00-504.

Biesecker, A. u.a. (2000): „Vorsorgendes Wirtschaften: Auf dem Weg zu einer Ökonomie des Guten Lebens“, Bielefeld: Kleine.

Biesecker, A. u. Hofmeister, S. (2000): „Fallbeispiel »Bürgschaftsbank für Sozialwirtschaft«“, in: Biesecker, A. u.a. (Hg.) (2000), a.a.O., S. 86-93.

Binswanger, H.C. (1991): „Geld und Natur: Das wirtschaftliche Wachstum im Spannungsfeld zwischen Ökonomie und Ökologie“, Stuttgart u.a.: Ed. Weitbrecht.

Birnbacher, B. (1989): „Neue Entwicklungen des Utilitarismus“, in: Biervert, B. u. Held, M. (Hg.) (1989), a.a.O., S. 15-36.

Bischoff, S. (1999): „Männer und Frauen in Führungspositionen der Wirtschaft in Deutschland: Neuer Blick auf alten Streit“, Köln: Wirtschaftsverlag Bachem.

Blau, F.D. u.a. (1998[1986]): „The economics of women, men, and work“, 3. Aufl., Upper Saddle River: Prentice Hall.

Blau, F.D. (1987): „Gender“, in: Eatwell, J., Milgate, M. u. Newman, P. (Hg.): „The new palgrave: a dictionary of economics“, Band II (E-J), London: Macmillan, S. 492-497.

Blaug, M. (1971[1962]): „Systematische Theoriegeschichte der Ökonomie, Band 1: Vom Merkantilismus zu Ricardo“, München: Nymphenburger Verlagshandlung.

Block, F. (1994): „The roles of the state in the economy“, in: Smelser, N.J. u. Swedberg, R. (Hg.): „The handbook of economic sociology“, Princeton u.a.: Princeton University Press u.a., S. 691-710.

Bock, G. u. Duden, B. (1977): „Arbeit aus Liebe – Liebe aus Arbeit? Zur Entstehung der Hausarbeit im Kapitalismus“, in: Gruppe Berliner Dozentinnen (Hg.): „Frauen und Wissenschaft: Beiträge zur Berliner Sommeruniversität“, Berlin: Courage, S. 118-199.

Böhm-Bawerk, E. v. (1896): “Zum Abschluss des marxschen Systems“, in: Boenigk, O. v. u.a. (Hg.): „Staatswissenschaftliche Arbeiten: Festgabe für Karl Knies zur 75. Wiederkehr seines Geburtstages in dankbarer Verehrung“, Berlin: Hearing.

Boulding, K.E. (1972[1952]): „Einführung in die Wohlfahrtsökonomik“, in: Gäfgen, G. (Hg.): „Grundlagen der Wirtschaftspolitik“, Köln: Kiepenheuer & Witsch, S. 77-109.

Boulding, K.E. (1966): „The economics of the coming spaceship earth“, in: Jarret, H. (Hg.): „Environmental quality in a growing economy“, Baltimore: John Hopkins University Press, S. 3-14.

Boulding, K.E. (1986): „What went wrong with economics?“, in: American economist, Bd. 30, Nr. 1, S. 5-12.

Boulding, K.E. (1973[1969]): „Ökonomie als eine Moralwissenschaft“, in: Vogt, W. (Hg.): „Seminar Politische Ökonomie: zur Kritik der herrschenden Nationalökonomie“, Frankfurt a.M.: Suhrkamp, S. 103-125.

Bowles, S. u. Gintis, H. (1990): „Umkämpfter Tausch: Eine neue Mikrofundierung der politischen Ökonomie des Kapitalismus“, in: Prokla, Nr. 81, S. 8-65.

Brandes, W. (Hg.) (2000): „Fischauktion: Geschichten rund um die Seefischversteigerung in Bremerhaven“, Bremen: Edition Temmen.

Brandt, E. (1997): „Zielgruppenanalyse für Car-Sharing: Empirische Untersuchung des Car-Sharing in mehreren deutschen Städten und qualitative Befragung umstiegsbereiter Personen mit einer Auswertung nach Lebensstilkriterien“, Dissertation an der Universität Bremen.

Brösse, U. (1998): „Einführung in die Volkswirtschaftslehre: Mikroökonomie“, 2., durchges. Aufl., München u.a.: Oldenbourg.

Buber, M. (1994[1957]): „Ich und Du“, in: ders.: „Das dialogische Prinzip: Ich und Du: Zwiesprache: Die Frage an den Einzelnen: Elemente des Zwischenmenschlichen: Zur Geschichte des dialogischen Prinzips“, Darmstadt: Wissenschaftliche Buchgesellschaft.

BUND u. Misereor (Hg.) (1996): „Zukunftsfähiges Deutschland: ein Beitrag zu einer global nachhaltigen Entwicklung“, Basel u.a.: Birkhäuser.

Bundesministerium für Umwelt, Naturschutz und Reaktorsicherheit (Hg.) (1992): „Agenda 21: Dokumente der Konferenz der Vereinigten Nationen für Umwelt und Entwicklung im Juni 1992 in Rio de Janeiro“, Bonn: Eigendruck.

Burnell, B.S. (1999): „Occupational segregation“, in: Peterson, J. (Hg.): „The elgar companion to feminist economics“, Cheltenham u.a.: Elgar, S. 107-112.

Busch-Lüty, C. (1994): „Sustainability: Elemente einer am Leitbild der Nachhaltigkeit orientierten ökologischen Ökonomie“, in: Biervert, B. u. Held, M. (Hg.) (1994a), a.a.O., S. 206-223.

Busch-Lüty, C. u.a. (Hg.) (1994): „Vorsorgendes Wirtschaften: Frauen auf dem Weg zu einer Ökonomie der Nachhaltigkeit“, Politische Ökologie, Sonderheft 6, München: ökom.

Busch-Lüty, C. (1995): „Neue Bewertungen als Voraussetzung und Orientierung für Nachhaltiges Wirtschaften“, in: Grenzdörffer, K. u.a. (Hg.): „Neue Bewertungen in der Ökonomie“, Pfaffenweiler: Centaurus, S. 97-113.

Busch-Lüty, C. (1996): „Nachhaltige Entwicklung als Ziel und selbstorganisierender Verständigungsprozeß“, in: Biesecker, A. u. Grenzdörffer, K. (Hg.): „Kooperation, Netzwerk, Selbstorganisation: Elemente demokratischen Wirtschaftens“, Pfaffenweiler: Centaurus, S. 141-160.

Busch-Lüty, C. (2000): „Natur und Ökonomie aus der Sicht der ökologischen Ökonomie: Eine subjektive Spurensuche“, in: Natur und Umwelt: Beiträge zum 9. und 10. Mainzer Umweltsymposium, S. 53-85.

Bush, P.D. (1987): „Theory of institutional change“, in: Journal of economic issues, Bd. 21, Nr. 3, S. 1075-1116.

Butler, G. (1999): „Fiscal crisis of the state“, in: O'Hara, P.A. (Hg.): „Encyclopedia of political economy“, Bd. 1: A-K, London u.a.: Routledge, S. 354-356.

Bürgenmeier, B. (1994): „Der Markt: Selbstregulierung versus institutionelle Veränderung“, in: Biesecker, A. u. Grenzdörffer, K. (Hg.): „Ökonomie als Raum sozialen Handelns“, Bremen: Donat, S. 51-69.

Campbell, C. (1987): „The romantic ethic and the spirit of modern consumerism“, Oxford u.a.: Blackwell.

Clark, J.M. (1953): „Aims of economic life as seen by economists“, in: ders.: „Economic institutions and human welfare“, New York: Alfred A. Knopf.

Clausen, J. u. Biesecker, A. (2000): „Vorsorgendes Wirtschaften im Unternehmen”, in: Biesecker, A. u.a. (Hg.) (2000), a.a.O., S. 179-184.

Coase, R.H. (1937): „The nature of the firm“, Economica, Bd. 4, (N.S.), S. 386-405.

Coase, R.H. (1960): „The problem of social costs“, in: Journal of law and economics, Bd. 3, S. 1-44.

Commons, J.R. (1934): „Myself“, Madison: University of Wisconsin Press.

Costanza, R. u.a. (2001): „Einführung in die Ökologische Ökonomik“, Stuttgart: Lucius & Lucius.

Csikszentmihalyi, M. (1975): „Beyond boredom and anxiety“, San Francisco: Jossey-Bass.

Daly, H.E. (1968): „On economics as a life science“, in: Journal of political economy, Bd. 76, Nr. 3, S. 392-406.

Daly, H.E. u. Townsend, K.N. (Hg.) (1993): „Valuing the earth: economics, ecology, ethics“, Cambridge/Mass. u.a.: MIT Press.

David, P. (1985): „Clio and the economics of Q-W-E-R-T-Y“, in: American economic review, Bd. 75, S. 332-337.

Deutscher Bundestag (Hg.) (2002): „Bürgerschaftliches Engagement: auf dem Weg in eine zukunftsfähige Bürgergesellschaft: Bericht der Enquete-Kommission »Zukunft des Bürgerschaftlichen Engagements« des Deutschen Bundestages“, Opladen: Leske + Budrich.

Deutschmann, C. (1985): „Der Weg zum Normalarbeitstag: Die Entwicklung der Arbeitszeiten in der deutschen Industrie bis 1918“, Frankfurt a.M. u.a.: Campus.

Diefenbacher, H. (2001): „Gerechtigkeit und Nachhaltigkeit: Zum Verhältnis von Ethik und Ökonomie“, Darmstadt: Wissenschaftliche Buchgesellschaft.

Diekmann, J. (1999): „Zwischen Effizienz und Suffizienz“, in: Ökologisches Wirtschaften, Nr. 3, S. 25-26.

Downs, A. (1957): „An economic theory of democracy“, New York: Harper & Row.

Dugger, W.M. (1989): „Corporate hegemony“, New York u.a.: Greenwood Press.

Dürr, H.-P. (1998): „Selbstbeschränkung: eine unmögliche Notwendigkeit? Ökologische Herausforderungen an die Berliner Republik“, Global Challenges Network e.V. (GCN) (Hg.): „Container“, München: Eigendruck.

Eichner, A.S. (1985): „Towards a new economics: essays in post-keynesian and institutionalist theory“, London u.a.: Macmillan.

Ekins, P. (1992) : „Towards a progressive market“, in: Ekins, P. u. Max-Neef, M. (Hg.): „Real-life economics: understanding wealth creation“, London u.a.: Routledge, S. 322-327.

Elster, J. (1994): „Argumenter et negocier dans deux assemblées constituantes“, in: Revue francaise de leience politique, Bd. 44, Nr. 2, S. 187-256.

England, P. (1982): „The failure of human capital theory to explain occupational sex segregation“, in: The journal of human resources, Bd. 17, S. 358-370.

Erlei, M. u.a. (1999): „Neue Institutionenökonomik“, Stuttgart: Schäffer-Poeschel.

Esping-Andersen, G. (1998): „Die drei Welten des Wohlfahrtskapitalismus: Zur Politischen Ökonomie des Wohlfahrtsstaates“, in: Lessenich, S. u. Ostner, I. (Hg.): „Welten des Wohlfahrtskapitalismus: Der Sozialstaat in vergleichender Perspektive“, Frankfurt a.M. u.a.: Campus, S. 19-56.

Etzioni, A. (1988): „The moral dimension: toward a new economics“, London: Macmillan.

Etzioni, A. (1994): „Jenseits des Egoismus-Prinzips: Ein neues Bild von Wirtschaftspolitik und Gesellschaft“, Stuttgart: Schäffer-Poeschel.

Etzioni, A. (1996): „The new golden rule: community and morality in a democratic society“, New York: Basic Books.

Etzioni, A. u. Lawrence, P.R. (Hg.) (1991): „Socio-economics: toward a new synthesis“, New York: Sharpe.

Etzioni, A. (1999): „The limits of privacy“, New York: Basic Books.

Evans, P. (1994): „The state as problem and solution: predation, embedded autonomy, and structural change“, in: Hall, J.A. (1994) (Hg.): „The state: critical concepts“, London u.a.: Routledge.

Evers, A. u. Olk, T. (1996): „Wohlfahrtspluralismus: Analytische und normativ-politische Dimensionen eines Leitbegriffs“, in: dies. (Hg.): „Wohlfahrtspluralismus: vom Wohlfahrtsstaat zur Wohlfahrtsgesellschaft", Opladen: Westdeutscher Verlag, S. 9-62.

Evers, A. (2000): „Aktivierender Staat: eine Agenda und ihre möglichen Bedeutungen", in: Mezger, E. u. West, K.-W. (Hg.): „Aktivierender Sozialstaat und politisches Handeln", Marburg: Schüren, S. 13-29.

Evers, A. u.a. (2002): „Von öffentlichen Einrichtungen zu sozialen Unternehmen: Hybride Organisationsformen im Bereich sozialer Dienstleistungen", Berlin: Sigma.

Feess, E. (1997): „Mikroökonomie: Eine spieltheoretisch- und anwendungsorientierte Einführung", Marburg: Metropolis.

Feess, E. (1998): „Umweltökonomie und Umweltpolitik", 2. Aufl., München: Vahlen.

Feess-Dörr, E. (1991): „Mikroökonomie: Eine Einführung in die neoklassische und klassisch-neoricardianische Preis- und Verteilungstheorie", Marburg: Metropolis.

Ferber, C. v. (1965): „Der Werturteilsstreit 1909/1959: Versuch einer wissenschaftsgeschichtlichen Interpretation", in: Topitsch, E. (Hg.): „Logik der Sozialwissenschaften", Köln u.a.: Kiepenheuer & Witsch, S. 165-180.

Ferber, M.A. u. Nelson, J.A. (Hg.) (1993): „Beyond economic man: Feminist theory and economics", Chicago: University of Chicago Press.

Figart, D.M. (1999): „Discrimination, theories of", in: Peterson, J. (Hg.): „The elgar companion to feminist economics", Cheltenham u.a.: Elgar, S. 578-584.

Frankfurt, H.B. (1971): „Freedom of the will and the concept of the person", in: Journal of philosophy, Bd. 68, S. 5-20.

Freeman, R.E. (1984): „Strategic management: a stakeholder approach", Boston: Pitman.

Freimann, J. (1996): „Betriebliche Umweltpolitik: Praxis, Theorie, Instrumente", Stuttgart u.a.: Haupt.

Gadamer, H.-G. (Hg.) (1960): „Immanuel Kant: Auswahl und Einleitung von Hans-Georg Gadamer", Frankfurt a.M. u.a.: Fischer.

Georgescu-Roegen, N. (1976): „Energy and economic myth: institutional and analytical economic essays", New York u.a.: Pergamon Press.

Gerschenkron, A. (1962): „Economic backwardness in historical perspective: a book of essays", Cambridge/Mass.: Belknap.

Giarini, O. u. Liedtke, P.M. (1998): „Wie wir arbeiten werden. Der neue Bericht an den Club of Rome", Hamburg: Hoffmann und Campe.

Gilbert, N. u. Gilbert, B. (1989): „The enabling state: modern welfare capitalism in America", Oxford u.a.: Oxford University Press.

Gittell, R.J. u. Vidal, A. (1998): „Community organizing: building social capital as a development strategy", Thousand Oaks: Sage.

Gossen, H.H. (1854): „Entwicklung der Gesetze des menschlichen Verkehrs und der daraus fließenden Regeln für menschliches Handeln", Braunschweig: Vieweg.

Gottschall, K. (1995): „Geschlechterverhältnis und Arbeitsmarktsegregation", in: Becker-Schmidt, R. u. Knapp, G.-A. (Hg.): „Das Geschlechterverhältnis als Gegenstand der Sozialwissenschaften", Frankfurt a.M. u.a.: Campus, S. 125-162.

Gowdy, J. u. O'Hara, S. (1995): „Economic theory for environmentalists", Boca Raton/Florida: St. Lucie Press.

Grabher, G. (1993): „The embedded firm: on the socioeconomics of industrial networks", London u.a.: Routledge.

Granovetter, M. u. Swedberg, R. (Hg.) (1992a): „The sociology of economic life", Oxford u.a.: West View Press.

Granovetter, M. u. Swedberg, R. (1992b): „Introduction", in: dies. (Hg.) (1992a), a.a.O., S. 1-28.

Granovetter, M. (1992): „The sociological and economic approaches to labor market analysis: a social structural view", in: Granovetter, M. u. Swedberg, R. (Hg.) (1992a), a.a.O., S. 233-263.

Granovetter, M. (1994): „Business groups", in: Smelser, N.J. u. Swedberg, R. (Hg.): „The handbook of economic sociology", Princeton: Princeton University Press, S. 453-475.

Granovetter, M. (2000): „Ökonomische Institutionen als soziale Konstruktionen: Ein Analyserahmen", in: Bögenhold, D. (Hg.): „Moderne amerikanische Soziologie", Stuttgart: Lucius & Lucius, S. 199-217.

Grenzdörffer, K. (2000): „Transversion von Nonprofit-Organisationen im intermediären Dreieck", in: Grenzdörffer, K. u.a. (Hg.): „Vielfalt und Interaktion sozioökonomischer Kulturen: Modernität oder Zukunftsfähigkeit?", Herbolzheim: Centaurus, S. 219-247.

Haase, M. (2000): „Institutionenökonomische Betriebswirtschaftstheorie: Allgemeine Betriebswirtschaftslehre auf sozial- und institutionentheoretischer Grundlage“, Wiesbaden: Dt. Univ.-Verlag.

Habermas, J. (1988[1981]): „Theorie des kommunikativen Handelns“, 2 Bde., Frankfurt a.M.: Suhrkamp.

Haibach, M. (1998): „Spezifika der Finanzierung des Dritten Sektors“, in: Strachwitz, R. (Hg.): „Dritter Sektor – dritte Kraft: Versuch einer Standortbestimmung“, Düsseldorf: Raabe, S. 475-490.

Hall, J.A. (1994): „General commentary“, in: ders. (Hg.): „The state: critical concepts“, London u.a.: Routledge.

Hampicke, U. (1992): „Ökologische Ökonomie: Individuum und Natur in der Neoklassik“, Opladen: Westdeutscher Verlag.

Hans-Böckler-Stiftung (Hg.) (2000a): „Verbundprojekt »Arbeit und Ökologie«: Abschlußbericht“, Berlin u.a.: Eigendruck.

Hans-Böckler-Stiftung (Hg.) (2000b): „Arbeit und Ökologie: Wege in eine nachhaltige Zukunft“, Düsseldorf: Hans-Böckler-Stiftung.

Hargreaves-Heap, S. u. Hollis, M. (1987a): „Economic man“, in: Eatwell, J., Milgate, M. u. Newman, P. (Hg.): „The new palgrave: a dictionary of economics“, Band II (E-J), London: Macmillan, S. 54-55.

Hargreaves-Heap, S. u. Hollis, M. (1987b): „Epistemological issues in economics“, in: Eatwell, J., Milgate, M. u. Newman, P. (Hg.): „The new palgrave: a dictionary of economics“, Band II (E-J), London: Macmillan, S. 166-168.

Hartfiel, G. (1968): „Wirtschaftliche und soziale Rationalität: Untersuchungen zum Menschenbild in Ökonomie und Soziologie“, Stuttgart: Ferdinand Enke Verlag.

Hauff, V. (Hg.) (1987): „Unsere gemeinsame Zukunft: Der Brundtland-Bericht, Bericht der Weltkommission für Umwelt und Entwicklung“, Greven: Eggenkamp.

Heidenreich, R. (1998): „Economics and institutions: the socioeconomic approach of K. William Kapp“, in: Journal of economic issues, Bd. 32, Nr. 4, S. 965-984.

Hildebrand, B. (1848): „Die Nationalökonomie der Gegenwart und Zukunft“, Frankfurt a.M.: Rütten.

Hinz, T. u. Schübel, T. (2001): „Geschlechtersegregation in deutschen Betrieben“, in: Mitteilungen aus der Arbeitsmarkt- und Berufsforschung, Bd. 34, Nr. 3, S. 286-301.

Hirschman, A.O. (1958): „The strategy of economic development“, New Haven: Yale University Press.

Hodgson, G.M. (1988): „Economics and institutions: a manifesto for a modern institutional economics“, Cambridge: Polity Press.

Hofmann, W. (1971[1964]): „Wert- und Preislehre“, 2., unveränd. Aufl., Bd. 1, Berlin: Duncker & Humblot.

Hofmeister, S. (1995): „Der »blinde Fleck« ist das Ganze: Anmerkungen zur Bedeutung der Reproduktion in der Ökonomie“, in: Grenzdörffer, K. u.a. (Hg.): „Neue Bewertungen in der Ökonomie“, Pfaffenweiler: Centaurus, S. 51-65.

Hofmeister, S. (1999): „Über die Produktivität der Reproduktion: Der Beitrag des Konzeptes Vorsorgendes Wirtschaften zum Nachhaltigkeitsdiskurs“, in: Wellen, I. u.a. (Hg.): „Nachhaltigkeit und Feminismus: Neue Perspektiven, alte Blockaden“, Bielefeld: Kleine, S. 73-95.

Homann, K. u. Suchanek, A. (2001): „Ökonomik: Eine Einführung“, Tübingen: Mohr.

Hurtienne, T. (1984): „Theoriegeschichtliche Grundlagen des sozialökonomischen Entwicklungsdenkens“, 2 Bde., Saarbrücken u.a.: Breitenbach.

Immler, H. (1985): „Natur in der ökonomischen Theorie“, Opladen: Westdeutscher Verlag.

Immler, H. (1989): „Vom Wert der Natur: Zur ökologischen Reform von Wirtschaft und Gesellschaft“, Opladen: Westdeutscher Verlag.

ImmlerH. u. Hofmeister, S. (1998): „Natur als Grundlage und Ziel der Wirtschaft: Grundzüge einer Ökonomie der Reproduktion“, Opladen u..a.: Welstdeutscher Verlag.

Inhetveen, H. (1994): „Hortikultur als Vorbild“, in: Busch-Lüty, C. u.a. (Hg.) (1994), a.a.O., S. 22-27.

Jacobsen, J.P. (1996): „The economics of gender“, Cambridge/Mass. u.a.: Blackwell.

Jänicke, M. (1987): „Staatsversagen: Die Ohnmacht der Politik in der Industriegesellschaft“, 2. Aufl., München: Piper.

Jensen, M.C. u. Meckling, W.H. (1976): „Theory of the firm: managerial behavior, agency costs and ownership structure“ in: Journal of financial economics, Bd. 3, Nr. 3, S. 305-360.

Jevons, W.S. (1941[1871]): „Die Theorie der politischen Ökonomie“, Jena: Fischer.

Jevons, W.S. (1965[1865]): „The coal question: an inquiry concerning the progress of the nation, and the probable exhaustion of our coal mines“, New York: Kelley.

Jochimsen, M. u.a. (1994): „Vorsorgendes Wirtschaften: Konturenskizze zu Inhalt und Methode einer ökologischen und sozial verträglichen Ökonomie“, in: Busch-Lüty, C. u.a. (Hg.) (1994), a.a.O., S. 6-11.

Jochimsen, M. u. Knobloch, U. (1995): „Verschleiernde Wertungen in der Ökonomie: Das gemeinsame Schicksal von Natur und menschlichen Bedürfnissen“, in: Grenzdörffer, K. u.a. (Hg.): „Neue Bewertungen in der Ökonomie“, Pfaffenweiler: Centaurus, S. 81–96.

Jonas, H. (1979): „Das Prinzip Verantwortung: Versuch einer Ethik für die technologische Zivilisation“, Frankfurt a.M.: Insel Verlag.

Jürgens, K. u. Reinecke, K. (1998): „Zwischen Volks- und Kinderwagen: Auswirkungen der 28,8-Stunden-Woche bei der VW AG auf die familiale Lebensführung von Industriearbeitern“, Berlin: Sigma.

Känel, E. u.a. (1998): „Umweltverantwortliches Alltagshandeln beim global action plan: Die Bedeutung sozialer Netze“, Schriftenreihe studentische Arbeiten Nr. 11 der interfakultären Koordinationsstelle für allgemeine Ökologie an der Universität Bern.

Kant, I. (1993[1764]): „Beobachtungen über das Gefühl des Schönen und Erhabenen“, Frankfurt a.M.: Hain.

Kant, I. (1993[1785]): „Grundlegung zur Methaphysik der Sitten“, Frankfurt a.M.: Hain.

Kapp, K.W. (1988[1950]): „Soziale Kosten der Marktwirtschaft: Das klassische Werk der Umwelt-Ökonomie“, Frankfurt a.M.: Fischer.

Katterle, D. (1998): „Gerhard Weissers Beitrag zur Theorie der Wirtschaftspolitik“, in: Henkel, H.A. u.a. (Hg.): „Gegen den gesellschaftspolitischen Imperialismus der reinen Ökonomie: Gedächtnisschrift für Gerhard Weisser“, Marburg: Metropolis, S. 63-85.

Kesting, S. (1999): „Diskurs und Macht: Ein Beitrag zur ökonomischen Handlungstheorie“, Pfaffenweiler: Centaurus.

Kesting, S. (2002): „Wohlfahrtsentstehung im kritischen (alten) Institutionalismus: Der Beitrag Gunnar Myrdals", in: Ipsen, D. u. Peukert, H. (Hg.): „Institutionenökonomie: Theoretische Konzeptionen und empirische Studien", Frankfurt a.M.: Haag und Herchen, S. 21-42.

Keupp, H. (1987): „Soziale Netzwerke: eine Metapher des gesellschaftlichen Umbruchs", in: Keupp, H. u. Röhrle, E. (Hg.): „Soziale Netzwerke", Frankfurt a.M.: Campus, S. 11-53.

Keupp, H. (2000): „Eine Gesellschaft der Ichlinge? Zum bürgerschaftlichen Engagement von Heranwachsenden", hrsg. v. Sozialpädagogischen Institut im SOS-Kinderdorf e.V. München, München: Eigenverlag.

Kirchler, E. (1989): „Kaufentscheidungen im privaten Haushalt: Eine sozialpsychologische Analyse des Familienalltags", Göttingen u.a.: Verl. für Psychologie.

Knies, K. (1873-1879): „Geld und Credit", 2 Bde., Berlin: Weidmann.

Knies, K. (1964[1883]): „Die politische Ökonomie vom Standpuncte der geschichtlichen Methode", Braunschweig: Schwetschke und Sohn.

Kontos, S. u. Walser, K. (1979): „... weil nur zählt, was Geld bringt: Problem der Hausfrauenarbeit", Berlin u.a.: Burckhardthaus-Laetare Verlag.

Kregel, J.A. u.a. (1992): „The market shock: an agenda for the economic and social reconstruction of central and eastern europe", Vienna: Austrian academy of sciences.

Kregel, J.A. u.a. (1994): „The post-shock agenda: how to make the market – forms of property and control", in: Perczynski, M. u.a. (Hg.): „After the market shock: central and eastern european economics in transition", Aldershot: Dartmouth, S. 293-303.

Krüsselberg, H.-G. u.a. (1986): „Verhaltenshypothesen und Familienzeitbudget: Die Ansatzpunkte der »Neuen Haushaltsökonomik«für die Familienpolitik", Stuttgart u. a.: Kohlhammer.

Kuhn, T.S. (1973): „Die Struktur wissenschaftlicher Revolutionen", Frankfurt a.M.: Suhrkamp.

Leipert, C. (1989): „Die heimlichen Kosten des Fortschritts: Wie Umweltzerstörung das Wirtschaftswachstum fördert", Frankfurt a.M.: Fischer.

List, F. (1959[1877]): „Das nationale System der politischen Ökonomie", Basel u.a.: Gotta.

Loske, R. u.a. (Hg.) (1996): „Zukunftsfähiges Deutschland: Ein Beitrag zu einer globalen nachhaltigen Entwicklung", Studie des Wuppertal-Instituts für Klima, Umwelt, Energie GmbH, Berlin u.a.: Birkhäuser.

Lucas, R. (1981): „Studies in business cycle theory", Oxford: Blackwell.

Luhmann, N. (1988): „Die Wirtschaft der Gesellschaft", Frankfurt a.M.: Suhrkamp.

Luks, F. (2000): „Postmoderne Umweltpolitik? Sustainable development, steady state und die »Entmachtung der Ökonomik«", Marburg: Metropolis.

Lutz, M.A. u. Lux, K. (1988): „Humanistic economics: the new challenge", New York: Bootstrap Press.

Margulis, L. u. Sagan, D. (1997): „Leben: Vom Ursprung zur Vielfalt", Heidelberg u.a.: Spektrum.

Marschak, J. (1934): „The meeting of the econometric society in Leyden, September-October, 1933", in: Econometrica, Bd. 2, S. 187-203.

Marx, K. (1967[1861-1863]): „Theorien über den Mehrwert", Bd. II, Kap.10 („Ricardos und A. Smith ‚Theorien über den Kostpreis' – Widerlegung"), Berlin: Dietz, S. 158-234.

Marx, K. (1972[1867, 1885, 1894]): „Das Kapital", Band I – III, MEW Band 23 – 25, Berlin: Dietz.

Max-Neef, M. (1995): „Economic growth and quality of life: a threshold-hypothesis", in: Ecological economics, Bd. 15, Nr. 2, S. 115-118.

McDonough, T. (1999): "Social structure of accumulation: corporate", in: O'Hara, P. A. (Hg.): „Encyclopedia of political economy", London u.a.: Routledge, S. 1056-1058.

Meier-Seethaler, C. (1997): „Gefühl und Urteilskraft: Ein Plädoyer für die emotionale Vernunft", München: Beck.

Menger, C. (1883): „Untersuchungen über die Methode der Sozialwissenschaften und der politischen Oekonomie insbesondere", Leipzig: Duncker & Humblot.

Menger, C. (1968[1871]): „Gesammelte Werke, Band I: Grundsätze der Volkswirtschaftslehre", hrsg. v. Hayek, F.A. v., Tübingen: Mohr.

Menger, C. (1970[1884]): „Die Irrtümer des Historismus in der deutschen Nationalökonomie", in: ders.: „Gesammelte Werke", hrsg. v. Hayek, F.A. v., Bd. III, Tübingen: Mohr, S. 1-89.

Meyer-Abich, K.M. (1997): „Praktische Naturphilosophie: Erinnerung an einen vergessenen Traum“, München: Beck.

Mill, J.S. (1848): „Principles of political economy with some of their applications to social philosophy“, London: Routledge.

Müller-Armack, A. (1976[1952]): „Stil und Ordnung der Sozialen Marktwirtschaft“, abgedruckt in: ders: „Wirtschaftsordnung und Wirtschaftspolitik: Studien und Konzepte zur Sozialen Marktwirtschaft und zur europäischen Integration“, 2. Aufl., Bern: Haupt.

Myrdal, G. (1963[1932]): „Das politische Element in der nationalökonomischen Doktrinbildung“, Hannover: Verlag für Literatur u. Zeitgeschehen.

Myrdal, G. (1968): „Beyond the welfare state: economic planning and its international implications“, New Haven u.a.: Yale University Press.

Neale, W.C. (1994): „Institutions“, in: Hodgson, G.M. u.a. (Hg.): „The elgar companion to institutional and evolutionary economics“, Aldershot u.a.: Elgar, S. 402-406.

Neass, A. (1989): „Selbst-Verwirklichung: Ein ökologischer Zugang zum Sein in der Welt“, in: Seed, J. u.a. (Hg.): „Denken wie ein Berg“, Freiburg: Bauer, S. 35-42.

Neisser, H.P. (1965): „Das Oligopol als Nichtnullsummenspiel“, in: Ott, A.E. (Hg.): „Preistheorie“, Köln u.a.: Kiepenheuer & Witsch, S. 465-491.

Nelson, R.R. u. Winter, S.G. (1982): „An evolutionary theory of economic change“, Cambridge/Mass. u.a.: Belknap Press.

North, D.C. (1979): „A framework for analyzing the state in economic history“, in: Explorations in economic history, Bd. 16, S. 249-259.

North, D.C. (1981): „Structure and change in economic history“, New York u.a.: Norton.

North, D.C. (1992): „Institutionen, institutioneller Wandel und Wirtschaftsleistung“, Tübingen: Mohr.

Nussbaum, M.C. (1998): „Menschliches Tun und soziale Gerechtigkeit: Zur Verteidigung des aristotelischen Essentialismus“, in: Steinfath, H. (Hg.): „Was ist ein gutes Leben? Philosophische Reflexionen“, Frankfurt a. M.: Suhrkamp, S. 196-234.

Okun, A.M. (1975): „Equality and efficiency: the big trade-off“, Washington: Brookings Institution Press.

Okun, A.M. (1983): „Economics for policymaking: selected essays of Arthur M. Okun“, Cambridge/Mass.: MIT Press.

Phelps, E.S. (1990): „Seven schools of macroeconomic thought: the Arne Ryde memorial lectures“, Oxford: Clarendon Press.

Pigou, A.C (1962[1920]): „The economics of welfare“, 4. Aufl., London: Macmillan.

Polanyi, K. (1978[1944]): “The great transformation: politische und ökonomische Ursprünge von Gesellschaften und Wirtschaftssystemen“, Frankfurt a.M.: Suhrkamp.

Pressman, S. (1999): „Budget deficit“, in: O'Hara, P.A. (Hg.): „Encyclopedia of political economy“, Bd. 1: A-K, London: Routledge, S. 48-50.

Pribram, K. (1992[1983]): „Geschichte des ökonomischen Denkens“, 2 Bde., Frankfurt a.M.: Suhrkamp.

Priller, E. (2000): „Der Dritte Sektor – Hoffnungsträger für mehr Beschäftigung?“, in: Grenzdörffer, K. u.a. (Hg.): „Vielfalt und Interaktion sozioökonomischer Kulturen: Modernität oder Zukunftsfähigkeit?“, Herbolzheim: Centaurus, S. 248-265.

Priller, E. u. Zimmer, A. (2001a): „Wohin geht der Dritte Sektor? Eine Einführung“, in: dies. (Hg.): „Der Dritte Sektor international: Mehr Markt – weniger Staat?“, Berlin: Sigma, S. 9-26.

Priller, E. u. Zimmer, A. (2001b): „Wachstum und Wandel des Dritten Sektors in Deutschland“, in: dies. (Hg.): „Der Dritte Sektor international: Mehr Markt – weniger Staat?“, Berlin: Sigma, S. 199-228.

Putnam, R.D. (1993): „Making democracy work: civic traditions in modern Italy“, Princeton: Princeton University Press.

Putnam, R.D. (1995): „Bowling alone: America's declining social capital“, in: Journal of democracy, Bd. 6, Nr. 1, S. 65-78.

Putnam, R.D. (2000): „Bowling alone: the collapse and revival of american community“, New York u.a.: Simon & Schuster.

Putterman, L. (Hg.) (1994): „The economic nature of the firm: a reader“, Cambridge u.a.: Cambridge University Press.

Quesnay, F. (1976[1757]): „Ökonomische Schriften“, hrsg. von M. Kuczynski, Band II, 1. Halbband (Schriften aus den Jahren 1763 – 1767), Berlin: Akademieverlag.

Rawls, J. (1979[1971]): „Eine Theorie der Gerechtigkeit“, Frankfurt a.M.: Suhrkamp.

Redler, E. (1998): „Tätigkeit statt Warenkauf: Über Stellenwert, Möglichkeiten und Grenzen der Eigenarbeit", in: Politische Ökologie, Bd. 16, Nr. 54, München: ökom, S. 65-67.

Reese-Schäfer, W. (1991): „Jürgen Habermas", Frankfurt a.M. u.a.: Campus.

Regenhard, U. u. Fiedler, A. (1994): „Frauenlöhne: Resultat rationalen Optimierungsverhaltens? Zur humankapitaltheoretischen Erklärung der Mindestentlohnung von Frauenerwerbsarbeit", in: Regenhard, U. u.a. (Hg.): „Ökonomische Theorien und Gesellschaftsverhältnis: Der männliche Blick der Wirtschaftswissenschaft", Berlin: Sigma, S. 41-65.

Reiß, W. (1990): „Mikroökonomische Theorie: Historisch fundierte Einführung", München u.a.: Oldenbourg.

Resch, M.G. (1991): „Haushalt und Familie: Der zweite Arbeitsplatz: Analyse der Reproduktionsarbeit in Haushalt und Familie auf Grundlage der Handlungsregulationstheorie", Bern u.a.: Huber.

Reuter, N. (1994): „Der Institutionalismus: Geschichte und Theorie der evolutionären Ökonomie", Marburg: Metropolis.

Ricardo, D. (1951[1811]): „Appendix to »The high price of bouillon: a proof of the depreciation of bank notes«", in: Sraffa, P. (Hg.): „The works and correspondence of David Ricardo", Bd. 3, Cambridge u.a.: Cambridge University Press, S. 99-127.

Ricardo, D. (1951[1823]): „Absolute value and exchangeable value", in: Sraffa, P. (Hg.): „The works and correspondence of David Ricardo", Bd. 4, Cambridge u.a.: Cambridge University Press, S. 357-412.

Ricardo, D. (1959[1817]): „Über den Wert", in: ders.: „Über die Grundsätze der politischen Ökonomie und der Besteuerung", Berlin: Akademie Verlag, S. 9-49.

Richter, R. u. Furubotn, E.G. (1999): „Neue Institutionenökonomik: eine Einführung und kritische Würdigung", 2. Aufl., Tübingen: Mohr.

Robbins, L.C. (1949[1932]): „An essay on the nature and significance of economic science", London: Macmillan.

Robinson, J.V. (1965): „A reconsideration of the theory of value", in: dies.: „Collected economic papers", Bd. 3, Oxford: Oxford University Press, S. 173-181.

Roscher, W. (1854-1894): „System der Volkswirthschaft: Ein Hand- und Lesebuch für Geschäftsmänner und Studierende", 5 Bde., Stuttgart u.a.: Cotta.

Roscher, W. (1998[1843]): „Grundriss zu Vorlesungen über die Staatswirthschaft nach geschichtlicher Methode“, Göttingen: Dieterichsche Buchhandlung.

Röhrich, W. (1999): „Demokratie als Markt: Eine Kritik an den Theorien von Schumpeter und Downs“, in: Helmedag, F. u. Reuter, N. (Hg.): „Der Wohlstand der Personen: Festschrift zum 60. Geburtstag von Karl Georg Zinn“, Marburg: Metropolis, S. 31-44.

Ryan, A. (1987): „Property“, in: Eatwell, J., Milgate, M. u. Newman, P. (Hg.): „The new palgrave: a dictionary of economics“, Band III (K-P), London: Macmillan, S. 1029-1031.

Salamon, L.M. u. Anheier, H.K. (1998): „Der Nonprofit-Sektor: ein theoretischer Versuch“, in: Anheier, H.K. u.a. (Hg.): „Der Dritte Sektor in Deutschland: Organisation zwischen Staat und Markt in gesellschaftlichem Wandel“, 2., durchges. Aufl., Berlin: Sigma, S. 211-246.

Samuelson, P.A. (1983[1947]): „Foundations of economic analysis“, Cambridge/Mass. u.a.: Harvard Univ. Press.

Samuelson, P.A. (1975): „Volkswirtschaftslehre: Eine Einführung“, 6., vollst. neubearb. Aufl., 2 Bde., Köln: Bund-Verlag.

Sandel, M. (1982): „Liberalism and the limits of justice“, Cambridge: Cambridge University Press.

Sax, E. (1887): „Grundlegung der theoretischen Staatswirthschaft“, Wien: Hoelder.

Scherhorn, G. (1991): „Autonomie und Empathie: Die Bedeutung der Freiheit für das verantwortliche Handeln: Zur Entwicklung eines neuen Menschenbildes“, in: Biervert, B. u. Held, M. (Hg.) (1991), a.a.O., S. 153-172.

Scherhorn, G. (1997): „Das Ganze der Güter“, in: Meyer-Abich, K.M. (Hg.): „Vom Baum der Erkenntnis zum Baum des Lebens: Ganzheitliches Denken der Natur in Wissenschaft und Wirtschaft“, München: Beck, S. 162 – 251.

Scherhorn, G. u.a. (1997a): „Wohlstandskosten und verantwortliches Handeln“, Arbeitspapier 68, Stuttgart: Universität Hohenheim.

Scherhorn, G. u.a. (1997b): „Wege zu nachhaltigen Konsummustern: Überblick über den Stand der Forschung und vorrangige Forschungsthemen“, Marburg: Metropolis.

Scherhorn, G. (2001): „Neue Wohlstandsmodelle: Was ist ein zukunftsfähiger Lebensstil?“, in: Costanza u. a., (Hg.): „Einführung in die Ökologische Ökonomik“, Stuttgart: Lucius & Lucius, S. 211-213.

Schmid, H. u.a. (1990): „Ökonomik des Arbeitsmarktes“, 2 Bde., Stuttgart u.a.: Haupt.

Schmoller, G. (1883): „Zur Methodologie der Staats- und Sozialwissenschaften“, in: ders. (Hg.): „Jahrbuch für Gesetzgebung, Verwaltung und Volkswirtschaft im Deutschen Reich“, Leipzig: Duncker & Humblot, S. 239-258.

Schmoller, G. (1911): „Volkswirtschaft und Volkswirtschaftslehre“, in: Elster, L. u.a. (Hg.) (1923–1929): „Handwörterbuch der Staatswissenschaften“, 4. gänzl. umgearb. Aufl., Jena: Fischer, S. 786-856.

Schumacher, E.F. (1974): „Es geht auch anders: Jenseits des Wachstums – Technik und Wirtschaft nach Menschenmaß“, München u.a.: Desch.

Schumpeter, J.A. (1934[1911]): „The theory of economic development: an inquiry into profits, capital, credit, interest, and the business cycle“, New York: Oxford University Press.

Schumpeter, J.A. (1965[1954]): „Geschichte der ökonomischen Analyse“, Göttingen: Vandenhoeck & Ruprecht.

Schütz, A. u. Luckmann, T. (1979): „Strukturen der Lebenswelt“, Frankfurt a.M.: Suhrkamp.

Schweitzer, R. v. (1991): „Einführung in die Wirtschaftslehre des privaten Haushalts“, Stuttgart: Ulmer.

Seel, B. (1995): „Haushaltsproduktion und Umweltbelastung: Ansätze einer Ökobilanzierung für den privaten Haushalt“, Frankfurt a.M.: Campus.

Sen, A.K. (1982[1977]): „Rational fools: a critique of the behavioural foundations of economic theory“, in: ders.: „Choice, welfare and measurement“, Oxford: Blackwell, S. 84-106.

Sen, A.K. (1992): „On ethics and economics“, Oxford u.a.: Blackwell.

Sen, A.K. (1997): „On economic inequality“, Oxford u. a.: Clarendon Press.

Sen, A.K. (2000): „Der Lebensstandard“, Hamburg: Rotbuch-Verlag.

Shapiro, C. u. Stiglitz, J.E. (1984): „Equilibrium unemployment as a worker discipline device“, in: American economic review, Bd. 74, Nr. 3, S. 433-444.

Sidgwick, H. (1987): „Economic science and economics“, in: Eatwell, J., Milgate, M. u. Newman, P. (Hg.): „The new palgrave: a dictionary of economics“, Band II (E-J), London: Macmillan, S. 58-59.

Simon, H.A. (1957): „Models of man“, New York u.a.: Wiley.

Simon, H.A. (1976): „From substantive to procedural rationality", in: Latsis, S.J. (Hg.): „Method and appraisal in economics", Cambridge u.a.: Cambridge University Press, S. 129-148.

Simon, H.A. (1997): „An empirically based microeconomics", Cambridge: Cambridge University Press.

Skourtos, M.S. (1994): „Vom Oikos zur Ressource: Entwicklung der Naturwahrnehmung in der Wirtschaftswissenschaft", in: Biervert, B. u. Held, M. (Hg.) (1994a), a.a.O., S. 30-53.

Smith, A. (1973[1776]): „Eine Untersuchung über Natur und Wesen des Volkswohlstandes", 2 Bde., Gießen: Achenbach.

Smith, A. (1985[1759]): „Theorie der ethischen Gefühle", Hamburg: Felix Meiner Verlag.

Smith, A. (1996[1752/63]): „Vorlesungen über Rechts- und Staatswissenschaften", St. Augustin: Academia Verlag.

Sozialpädagogisches Institut im SOS-Kinderdorf München e.V. (Hg.) (2000): „Alles unter einem Dach: Einblicke in das SOS-Mütterzentrum Salzgitter", München: Eigenverlag.

Söderbaum, P. (2000): „Ecological economics: a political economics approach to environment and development", London: Earthscan.

Sraffa, P. (1976[1960]): „Warenproduktion mittels Waren", Frankfurt a.M.: Suhrkamp.

Stackelberg, H. v. (1934): „Marktform und Gleichgewicht", Berlin u.a.: Springer.

Stanfield, J.R. u. McClintock, B. (1999): „Welfare state", in: O'Hara, P.A. (Hg.): „Encyclopedia of political economy", Bd. 1 (A-K), London: Routledge, S. 1245-2148.

Strachwitz, R. Graf (2000): „Aktuelle Anmerkungen zur Reform des Stiftungs- und Gemeinnützigkeitsrechts", in: Zimmer, A. u. Nährlich, S. (Hg.): „Engagierte Bürgerschaft: Traditionen und Perspektiven", Opladen: Leske +Budrich.

Strassert, G. (2000): „Die Produktivität eines regionalen Produktionssystems: Konzeptionelle Überlegungen zum Produktivitätsbegriff sowie Thesen zur Weiterentwicklung des Produktionssystems", in: Grenzdörffer, K. u.a. (Hg): „Vielfalt und Interaktion sozioökonomischer Kulturen: Modernität oder Zukunftsfähigkeit?", Pfaffenweiler: Centaurus, S. 47-71.

Swedberg, R.M. (1991): „The battle of methods: toward a paradigm shift?", in: Etzioni, A. u. Lawrence, P.R. (Hg.) (1991), a.a.O., S. 13-33.

Tanzi, V. u. Schuknecht, L. (1996): „The growth of government and the reform of the state in industrial countries", IMF Working Paper, 95/130, Washington: IMF.

Taylor, C.R. (1988): „Negative Freiheit? Zur Kritik des neuzeitlichen Individualismus", Frankfurt a.M.: Suhrkamp.

Tronto, J.C. (1993): „Moral boundaries: a political argument for an ethic of care", New York u.a.: Routledge.

Ulrich, H. (1990): „Unternehmenspolitik", 3. Aufl., Bern u.a.: Haupt.

Ulrich, P. (1993[1986]): „Transformation der ökonomischen Vernunft: Fortschrittsperspektiven der modernen Industriegesellschaft", 3., rev. Aufl., Bern u.a.: Haupt.

Ulrich, P. (1996): „Brendt Spar und der »moral point of view«: Reinterpretation eines unternehmensethischen Realfalls", in: Die Unternehmung, Bd. 50, Nr. 1, S. 27-46.

Ulrich, P. (1997): „Integrative Wirtschaftsethik: Grundlagen einer lebensdienlichen Ökonomie", Bern u.a.: Haupt.

Ulrich, P. u. Meyer-Faje, A. (1991): „Der andere Adam Smith: Beiträge zur Neubestimmung von Ökonomie und Politischer Ökonomie", Bern u.a.: Haupt.

Ulrich, P. u. Fluri, E. (1992[1984]): „Management: Eine konzentrierte Einführung", 6., neubearb. u. erg. Aufl., Bern u.a.: Haupt.

Varian, H.R. (1987): „Microeconomics", in: Eatwell, J., Milgate, M. u. Newman, P. (Hg.): „The new palgrave: a dictionary of economics", Band III (K-P), London: Macmillan, S. 461-463.

Veblen, T.B. (1898): „The theory of the leisure class", New York u.a.: Macmillan.

Veblen, T.B. (1901): „Gustav Schmoller's economics", in: ders. (1909): „The place of science in modern civilisation and other essays", New York: Thoemmes, S. 252-278.

Veblen, T.B. (1909): „The limitations of marginal utility", in: ders.: „The place of science in modern civilisation and other essays", New York: Thoemmes, S. 231-251.

Verein für Socialpolitik (1910): „Verhandlungen des Vereins für Sozialpolitik in Wien, 1909", Leipzig: Duncker & Humblot.

Walras, L. (1881[1876]): „Prinzip einer mathematischen Theorie des Tausches, Denkschrift von 1873“, in: ders.: „Mathematische Theorie der Preisbestimmung der wirtschaftlichen Güter“, Stuttgart: Enke, S. 1-17.

Walzer, M. (1993): „Die kommunitaristische Kritik am Liberalismus“, in: Honneth, A. (Hg.): „Kommunitarismus: eine Debatte über die moralischen Grundlagen moderner Gesellschaften“, Frankfurt a. M. u.a.: Campus, S. 157-180.

Waring, M. (1988): „If women counted: a new feminist economics“, New York: HarperCollins.

Weber, M. (1964[1922]): „Wirtschaft und Gesellschaft: Grundriss der verstehenden Soziologie“, 1. Bd., Köln u.a.: Kiepenheuer &. Witsch.

Weber, M. (1982[1917/18]): „Der Sinn der »Wertfreiheit« in den soziologischen und ökonomischen Wissenschaften“, in: ders.: „Gesammelte Aufsätze zur Wissenschaftslehre“, 5. Auflage, Tübingen: Mohr, S. 489-540.

Weber, M. (1988[1904]): „Die protestantische Ethik und der Geist des Kapitalismus“, in: „Gesammelte Aufsätze zur Religionssoziologie“, Bd. I, Tübingen: Mohr.

Weise, P. u.a. (1991): „Neue Mikroökonomie“, 2., vollst. überarb. u. erw. Aufl., Heidelberg: Physika-Verlag.

Weiß, M. (1998): „Der »Dritte Sektor« zwischen Markt und Staat: Eine Analyse zur Relevanz ökonomischer Theorien amerikanischer Provenienz am Beispiel der USA und der BRD“, Frankfurt a.M. u.a.: Lang.

Weizsäcker, E.U. v. (1994): „Erdpolitik: ökologische Realpolitik an der Schwelle zum Jahrhundert der Umwelt“, Darmstadt: Wissenschaftliche Buchgesellschaft.

Werlhof, C. v. (1978): „Frauenarbeit: Der blinde Fleck in der politischen Ökonomie“, in: Beiträge zur feministischen Theorie und Praxis, Heft 1, München: Verlag Frauenoffensive.

Williamson, O.E. (1985): „The economic institutions of capitalism: firms, markets, relational contracting“, New York u.a.: Free Press.

Wolf, S. (1996): „Ökonomie und »Geschlechterverhältnis«: zu den Möglichkeiten und Grenzen der Einbindung des Geschlechterverhältnisses in die ökonomische Theorie“, Pfaffenweiler: Centaurus.

Zameck-Glyscinski, W. v. (1985): „Neoklassische Bevölkerungsökonomik“, München: HVVF.

Zimmer, A. u. Nährlich, S. (Hg.) (2000): „Engagierte Bürgerschaft: Traditionen und Perspektiven“, Opladen: Leske + Budrich.

www.ingramcontent.com/pod-product-compliance
Lightning Source LLC
LaVergne TN
LVHW080746300926
849162LV00008BA/1766